DECF 7

MANUEL & APPLICATIONS

Contrôle de gestion

Collection Expert Sup
DECF

Manuels et Corrigés du manuel

Épreuve n° 1	***Droit des sociétés***, France Guiramand et Alain Héraud. + Corrigés du manuel
Épreuve n° 1	***Droit fiscal***, Emmanuel Disle et Jacques Saraf. + Corrigés du manuel
Épreuve n° 2	***Relations juridiques,*** *Travail, Social, Crédit, Pénal, Contentieux* Paulette Bauvert et Nicole Siret.
Épreuve n° 3	***Organisation et gestion de l'entreprise***, Jean-Luc Charron et Sabine Sépari (Corrigés inclus dans le manuel).
Épreuve n° 4	***Gestion financière***, Jean Barreau, Jacqueline Delahaye et Florence Delahaye. + Corrigés du manuel
Épreuve n° 5	***Mathématiques appliquées***, Rachid Zouhhad, Jean-Laurent Viviani et Françoise Bouffard (Corrigés inclus dans le manuel).
Épreuve n° 6	***Comptabilité approfondie et révision***, Robert Obert. + Corrigés du manuel
Épreuve n° 7	***Contrôle de gestion***, Claude Alazard et Sabine Sépari. + Corrigés du manuel

Cas pratiques

Épreuve n° 1	***Droit des sociétés***, France Guiramand.
Épreuve n° 1	***Droit fiscal***, Patrick Pinteaux et Charles-Édouard Godard.
Épreuve n° 2	***Relations juridiques***, Paulette Bauvert et Nicole Siret. (Corrigés inclus dans l'ouvrage).
Épreuve n° 4	***Gestion financière***, Jean Barreau, Jacqueline Delahaye et Florence Delahaye.
Épreuve n° 5	***Informatique***, Félix Jolivet.
Épreuve n° 6	***Comptabilité approfondie et révision,*** Robert Obert.
Épreuve n° 7	***Contrôle de gestion,*** Claude Alazard et Sabine Sépari.

La collection **Expert Sup** :

- Des **Manuels** complets et à jour avec de nombreux exemples et des énoncés d'applications. Les **Corrigés** de ces applications sont publiés séparément.
- Des **Cas pratiques** avec corrigés commentés et rappels de cours.
- Des **Annales** actualisées, corrigées et millésimées.

Claude ALAZARD
Agrégée d'économie et gestion
Professeur en classes préparatoires au DECF

Sabine SÉPARI
Agrégée d'économie et gestion
Docteur en sciences de gestion
Maître de conférences à l'université Paris XI

DECF 7

MANUEL & APPLICATIONS

Contrôle de gestion

6e édition

DUNOD

ISBN 2 10 007502 0
ISSN 1269-8792

Avant-propos

L'objectif essentiel de ce livre est d'aider à la préparation de l'épreuve n° 7 du DECF : Contrôle de gestion. Tous les points du programme sont ainsi traités de façon exhaustive.

Cette épreuve cherche à tester deux qualités chez les étudiants :
– la connaissance et la maîtrise des techniques du contrôle de gestion ;
– la capacité d'analyse critique pour prendre du recul par rapport à des techniques.

L'ouvrage permet de répondre à ces deux exigences :

– pour les questions techniques de l'étude de cas :
  • avec l'exposé des outils et des méthodes du contrôle de gestion,
  • avec les applications proposées pour s'entraîner ;
– pour les questions d'analyse de l'étude de cas : avec les réflexions sur les thèmes à la fin de chaque chapitre.

Les applications sont corrigées dans un livre publié séparément.

La démarche proposée pour étudier le contrôle de gestion correspond à l'analyse de l'évolution de ce domaine.

Il paraît intéressant de comprendre les mutations de l'entreprise, de son organisation, de ses besoins en information, de ses procédures de contrôle ainsi que leurs causes, avant d'exposer les techniques du contrôle de gestion utilisées jusqu'à maintenant et les nouvelles méthodes qui se développent pour faire face à ces évolutions.

C'est pourquoi les chapitres de l'ouvrage se déroulent dans un ordre quelque peu différent de celui du programme (voir tableau page suivante).

• La première partie permet de situer le contrôle de gestion en tant que système d'information dans la problématique actuelle de la gestion, de le rattacher aux analyses faites sur les tendances stratégiques et structurelles des entreprises contemporaines.

Les connaissances et analyses présentées permettent aux candidats de prendre du recul par rapport aux techniques et outils du contrôle de gestion et de répondre à des questions plus larges sur l'utilisation, l'évolution, les problèmes du contrôle de gestion.

• La deuxième partie présente de manière complète les techniques de tous les outils du contrôle de gestion les resituant dans leur champ d'analyse et en montrant leurs évolutions. Elle doit donc permettre au candidat de maîtriser tous les exercices de techniques proposés à l'épreuve.

• La troisième partie analyse les pratiques et les conditions de mise en place du contrôle de gestion dans les organisations actuelles. Elle se rattache à la première partie pour mieux analyser la place du contrôle de gestion dans les entreprises.

PROGRAMME DE L'ARRÊTÉ DU 4 AOÛT 1997

→ Le renvoi aux chapitres correspondants apparaît en capitales grasses et précédé d'une flèche

DECF épreuve n° 7 • CONTRÔLE DE GESTION

Durée de l'enseignement	Nature de l'épreuve	Durée	Coefficient
(à titre indicatif) **160 heures**	Étude de cas et éventuellement questions	**4** heures	1

Le candidat doit : maîtriser les outils du contrôle de gestion ; savoir les choisir, les utiliser et les adapter pour faire un diagnostic ; savoir en déduire des propositions sous forme de conseils. Le programme des épreuves du DPECF doit être connu des candidats.

1. Introduction au contrôle de gestion

Les définitions et les objectifs. L'évolution historique. L'harmonisation du vocabulaire : le plan comptable général. La normalisation internationale : les travaux de l'International Federation of Accountants (IFAC). → **CHAP.1 & 4**

Le lien avec les autres domaines de la gestion : stratégie, gestion de la production, gestion des ressources humaines, etc. → **CHAP.3**

Le lien avec des disciplines plus générales : théorie des organisations, sociologie des organisations, théorie de la décision, théorie des systèmes. → **CHAP.2**

Les différences avec d'autres formes de contrôle : audit interne, audit opérationnel, contrôle d'exécution, audit ou contrôle stratégique. → **CHAP.1**

2. Les outils du contrôle de gestion

2.1 *La formalisation des prévisions*

- *Les techniques d'aide à la prévision.* Rappels du programme de statistiques et probabilités : les ajustements et les lois de probabilité. → **CHAP.15**
- *La comptabilité de gestion.* Les coûts fixes et variables et les simulations, le point mort prévisionnel. Les coûts marginaux et différentiels et les simulations. Les coûts complets préétablis, avec ou sans imputation rationnelle des charges fixes, par la méthode des centres d'analyse ou par activités. Les coûts cibles. → **CHAP.5 à 10, 24**
- *Les prévisions à moyen terme et long terme : la planification.* → **CHAP.11**
- *Les prévisions à court terme : les budgets.* → **CHAP.11**
- *Le recoupement du plan et des budgets avec les états financiers prévisionnels* → **CHAP.19**

2.2 *Le contrôle des réalisations*

- *La comptabilité de gestion.* Analyse des écarts (sur charges, sur marges) dans le cadre des différents coûts (complets et partiels). → **CHAP.13 & 14**
- *La synthèse du contrôle.* Le reporting et les tableaux de bord. → **CHAP.23**
- *Le recoupement avec la comptabilité financière* → **CHAP.13**
- *Le surplus de productivité globale et sa répartition* → **CHAP.21**

3. Le contrôle de la gestion appliqué aux différentes fonctions

3.1 *La gestion des stocks et approvisionnement*

Optimisation, « juste-à-temps ». → **CHAP.3 & 17**

3.2 *La gestion de la production*

Optimisation, analyse de la valeur, gestion de la qualité, mesure de la productivité (d'un seul facteur de production ou globale), représentation matricielle des fonctions de production. → **CHAP.14, 16 & 22**

3.3 *La gestion des ressources humaines*

- *Les aspects comportementaux.* Motivation, direction par objectifs, évaluation des performances individuelles et collectives. → **CHAP.11**
- *Les aspects financiers.* Analyse des variations de la masse salariale en volume, prix, glissement vieillesse et technicité (GVT), impact de la rotation du personnel (« effet noria »), effets de report, de masse, des mesures individuelles. → **CHAP.20**

3.4 *La gestion commerciale*

La segmentation des marchés et les politiques de prix, analyse des écarts sur marge. → **CHAP.3, 13 & 15**

3.5 *La gestion des investissements*

Rentabilité prévisionnelle, rappel des notions de mathématiques financières nécessaires aux calculs de choix d'investissement, utilisation du coût d'opportunité. → **CHAP.18**

4. Le contrôle de gestion et l'animation d'une structure

- *L'articulation stratégie, plan, budget, contrôle* → **CHAP.11**
- *Le contrôle de gestion et la gestion de projets* → **CHAP.3**
- *Le contrôle de gestion et les centres de responsabilité.* Adéquation du découpage budgétaire avec l'organigramme, prix de cession interne et budget base zéro. → **CHAP.11 & 12**
- *Les dysfonctionnements et les coûts cachés* → **CHAP.5 & 10**

5. Exemples d'adaptation du contrôle de gestion

- *Le contrôle de gestion dans les petites et moyennes entreprises* → **CHAP.25**
- *Le contrôle de gestion dans les cabinets d'expertise comptable et de commissariat aux comptes* → **CHAP.25**

6. La conception et l'organisation d'une comptabilité de gestion

→ **CHAP.25**

Table des matières

Partie 2
LES OUTILS DU CONTRÔLE DE GESTION

Sous-partie 1
Les outils du calcul des coûts

Sous-partie 2
Les outils de la gestion budgétaire

Sous-partie 3
De nouveaux indicateurs pour piloter la performance

Partie 3
LA MISE EN ŒUVRE DU CONTRÔLE DE GESTION

Première partie

Le contrôle de gestion aujourd'hui

1 Le contrôle de gestion et le contexte de gestion : apparition et évolution

Pour percevoir les motifs d'apparition du contrôle, son évolution et pour délimiter son champ d'analyse, il semble nécessaire de resituer la gestion des entreprises dans l'environnement économique et technologique avant de progresser plus avant dans les enjeux actuels du contrôle de gestion.

1. Environnement économique et technologique des entreprises

Il est possible de répérer les évolutions majeures du contexte économique et technologique des entreprises à partir du début du XXe siècle et du développement massif de l'industrialisation.

1.1 Environnement économique

Pour bien comprendre les outils d'aide élaborés par les gestionnaires dans leurs prises de décision, il convient de caractériser les forces et les contraintes de l'environnement actuel des entreprises.

a) L'offre

Les producteurs industriels, peu nombreux au début du XXe siècle et localisés géographiquement dans seulement quelques pays occidentaux, proposent des produits peu diversifiés, qui satisfont le marché.

L'offre en quantité, nettement inférieure aux besoins qui s'expriment, trouve sans problème des débouchés, de manière stable dans le temps et l'espace.

Les entreprises y ont peu besoin de lutter entre elles et leur mode de gestion est relativement proche.

Le développement de plusieurs pays et marchés, la forte croissance conjoncturelle après la Seconde Guerre mondiale provoquent de profondes modifications dans l'offre de production :
- des entreprises de plus en plus nombreuses, situées dans des zones géographiques très éloignées et très différentes, proposent des produits assez similaires ;
- on aboutit aujourd'hui à une mondialisation des échanges, des marchés autour de trois pôles qui forment la triade : zone Europe, zone Amérique, zone Asie ;
- cette extension du champ d'action des entreprises modifie profondément leur gestion car la concurrence s'intensifie et les gestionnaires ont besoin de nombreux paramètres pour différencier leurs produits.

b) La demande

Avec l'industrialisation du début du siècle et l'apparition de produits satisfaisant des fonctions et des besoins nouveaux, la demande accepte et absorbe sans difficulté les productions des entreprises.

Cette « première » demande en forte croissance est seulement quantitative, peu évolutive dans le temps et peu exigeante dans les caractéristiques des produits.

Après une période de production et de consommation de masse, avec des produits standard, la demande devient plus précise dans ses attentes, plus versatile dans sa fidélité aux entreprises et à leurs marques, avec des évolutions rapides et imprévisibles.

Les produits doivent être plus diversifiés et avec une dimension qualitative certaine.

Pour résumer, il est possible de montrer dans un tableau le passage d'une **économie de « production » à une économie de « sélection » :**

Économie de production ⟶	**Économie de sélection**
– offre inférieure à la demande ; peu de concurrence	– demande inférieure à l'offre ; forte concurrence
– demande homogène stable dans le temps et quantitative	– demande hétérogène instable avec des exigences de qualité
– marchés locaux	– marché mondial

1.2 Environnement technologique

Avec les contraintes techniques du début du siècle, les entreprises disposaient de machines « rigides » destinées à une seule opération, une seule fonction, un seul produit.

À partir de 1960, grâce à la diffusion des technologies de l'électronique pouvant s'intégrer dans tous les métiers, à tous les niveaux dc gestion, les rigidités techniques disparaissent.

Les machines et les postes de travail deviennent **polyvalents**, **flexibles** pouvant changer d'outils, de fonctions, de produits.

Cette souplesse dans la production permet de réduire une contrainte forte des entreprises et de proposer des produits plus diversifiés en petite quantité.

Mais les potentialités des technologies électroniques ne s'arrêtent pas au domaine de la production; l'information et la communication sont particulièrement touchées par l'électronique, la télématique qui offrent des supports aux performances presque illimitées.

Les entreprises intègrent ces nouvelles technologies de l'information et de la communication tant à l'intérieur qu'à l'extérieur de leur organisation, modifiant ainsi sensiblement leur **mode de gestion**, leur processus décisionnel, leur structure de fonctionnement.

1.3 Évolution des modes de production

De ces nombreuses évolutions du contexte tant économique que technologique des entreprises, il en découle une adaptation nécessaire des modes de production.

• Les entreprises ont d'abord mis en place une organisation taylorienne pour une **production standardisée**.

• Puis face à une demande de plus en plus segmentée, les entreprises ont élaboré une organisation avec une différenciation retardée des produits permettant une **production diversifiée**.

• Aujourd'hui, les entreprises doivent souvent modifier leur organisation et leurs combinaisons productives pour une **production flexible**.

Ainsi, l'environnement économique et technologique paraît aujourd'hui instable, en perpétuelle évolution dans le temps et dans l'espace.

Il ressort que les qualificatifs qui caractérisent le mieux l'état actuel de l'environnement de la gestion sont : **complexe, turbulent, incertain** :
- complexe car les interrelations, interdépendances entre toutes les variables, sont difficilement connues et maîtrisées par les gestionnaires ;
- turbulent car les évolutions sont rapides, fréquentes, dispersées, nombreuses, peu prévisibles et induisent en permanence un état de connaissances très incertain.

Les besoins en information et la conception des systèmes d'information de l'entreprise dépendent fortement de ces degrés de turbulence et de complexité du contexte de gestion.

> Les entreprises doivent adapter leurs outils de production, la structure et le fonctionnement de leur organisation ; elles doivent donc aussi réfléchir à des évolutions de leurs outils de gestion, et au contrôle de gestion en particulier.

2. L'entreprise et sa gestion

La présentation des objectifs et des variables actuelles de la gestion permet de mieux situer les enjeux du contrôle de gestion.

2.1 La gestion des entreprises aujourd'hui

La gestion, science des choix et de l'action, consiste à conduire une organisation en utilisant de nombreuses techniques et démarches pour aider aux décisions.

La gestion est à la fois théories et pratiques, application de plusieurs sciences, hybride entre des sciences « dures » (sciences exactes) et des sciences « molles »(sciences humaines), carrefour de plusieurs disciplines (économie, histoire, géographie, sciences politiques, droit, sociologie, mathématiques).

Dans son acception actuelle, **la gestion** (traduction du terme anglo-saxon *management*) **regroupe deux dimensions : la gestion stratégique et la gestion opérationnelle**.

GESTION

Gestion stratégique ou gestion de marché	+	**Gestion opérationnelle** ou gestion de l'entreprise
↓		↓
– analyse stratégique – orientations – mise en œuvre – contrôle		– structure – systèmes de décision – systèmes d'information – systèmes d'animation des hommes

Ainsi la gestion voit son champ d'action s'agrandir tant à l'intérieur qu'à l'extérieur de l'organisation.

Dans ce contexte complexe et incertain, les variables à gérer comme leviers des décisions se multiplient et s'influencent réciproquement, parfois de manière contradictoire; ainsi, par exemple, le gestionnaire doit piloter la qualité tout en minimisant les coûts, et réduire les délais tout en distribuant des produits et des services sur un espace plus grand.

Le cadre actuel de la gestion est celui de la recherche d'une **compétitivité permanente**, c'est-à-dire d'une position concurrentielle forte tant par les prix que par d'autres paramètres.

Liés à la compétitivité, deux concepts forts apparaissent aujourd'hui dans les objectifs de la gestion, nous allons les présenter avant d'en déduire les variables à piloter : **la valeur et la performance.**

2.2 Performance, valeur et coût

a) La performance

Pour être compétitive, toute entreprise doit être performante, c'est-à-dire meilleure que ses concurrents tant dans sa stratégie que dans son organisation.

> En gestion, le terme de performance est défini comme l'association de **l'efficacité et de l'efficience.**

L'efficacité (traduction de l'anglais *effectiveness*) consiste pour une entreprise à obtenir des résultats dans le cadre des objectifs définis.

L'efficience (traduction de l'anglais *efficiency*) correspond à la meilleure gestion possible des moyens, des capacités en relation avec les résultats.

Il est possible de délimiter l'efficience avec les deux notions d'**oisiveté** et de **gaspillage**. L'oisiveté est la non-utilisation des capacités de production qui engendre des coûts de capacité. Le gaspillage est l'utilisation partielle de capacités qui pourraient produire davantage et qui engendrent des coûts de fonctionnement.

> Ainsi l'efficience peut être définie[1] comme le produit d'un rendement des ressources utilisées (non-gaspillage) par un taux d'utilisation des ressources (non-oisiveté) :
>
> efficience = non-gaspillage × non-oisiveté

La performance oblige donc à une vision globale interdépendante de tous les paramètres internes et externes, quantitatifs et qualitatifs, techniques et humains, physiques et financiers de la gestion.

Qu'est-ce que la performance en gestion ?

Les différentes études pour cerner la notion et ses évolutions peuvent être synthétisées dans les deux approches suivantes : celle de A. Bourguignon et celle de M. Lebas tirées de la *RFC* (extraits des articles regroupés sans ordre hiérarchique).

- «La *performance* n'existe pas de façon intrinsèque. Elle est définie par les utilisateurs de l'information par rapport à un contexte décisionnel caractérisé par un domaine et un horizon-temps.»
- «La *performance* ne peut s'exprimer que comme un ensemble "équilibré" de paramètres complémentaires, et parfois contradictoires décrivant le(s) résultat(s) et le(s) processus d'atteinte de ce(s) résultat(s).»

1. H. Bouquin, *Comptabilité de gestion*, Sirey, 1997.

• «La *performance* n'est pas ponctuelle, elle ne se comprend que de façon dynamique, dans le long terme. Une performance n'est qu'instantanée. Elle ne devient significative de *performance* que si l'entreprise se donne la capacité à renouveler, pour le futur et de façon récurrente, ce résultat favorable.

• Le terme *performance* devrait être réservé à la description de l'évolution des résultats sur une période jugée assez longue par le preneur de décision.»

• «La notion de *performance* est toujours attachée à la notion de responsabilité. Celui qui est responsable est celui qui peut ou doit agir sur les paramètres de la performance et doit rendre des comptes sur sa performance et sur l'utilisation des moyens mis sous son autorité.»

• «La *performance* n'existe que si on peut la mesurer, c'est-à-dire qu'on peut la décrire par un ensemble ou un vecteur de mesures (ou d'indicateurs) plus ou moins complexes. La mesure de la performance ne peut en aucun cas se limiter à la connaissance d'un résultat. Il ne faut en aucun cas confondre la *performance* avec le (les) indicateur(s) ou la (les) mesure(s) qui la décri(vent)t.»

• «La *performance* n'est pas un concept qui se définit de façon absolue. Elle appelle un jugement et une interprétation. Le choix du référentiel de comparaison est une décision stratégique fondamentale.

• La *performance*, c'est faire mieux que le «concurrent» sur le moyen et long terme, dans l'idéal sur l'ensemble des paramètres définissant la performance, au minimum sur ceux des paramètres jugés être les plus significatifs de la satisfaction des clients.»

• «La *performance* n'est pas une simple constatation, elle se construit.»
«Elle n'a de sens que par rapport à une prise de décision par un utilisateur responsable. La performance est relative à un contexte choisi en fonction de la stratégie.
Elle est spécifique à un utilisateur et à une stratégie.

• Elle correspond à un domaine d'action et à un horizon temps. Elle résulte de la définition d'un champ de responsabilité et définit celui-ci en retour.

• Il n'y a pas de définition exhaustive et universelle de la *performance*, et pourtant chaque entreprise doit définir le terme pour sa communication interne et externe.»

A. Bourguignon, *Revue française de comptabilité*, août 1995.

«En matière de gestion, la performance est la réalisation des objectifs organisationnels»

Cette définition est applicable dans tous les champs de la gestion (contrôle de gestion, politique générale, GRH...). Elle vaut pour l'organisation comme pour l'individu : est «performant» celle/celui qui atteint ses objectifs. Elle induit que :

– la performance dépend d'un référent : l'objectif (ou but) ;
– la performance est multidimensionnelle dès lors que les buts sont multiples ;
– la performance est un sous-ensemble de l'action. Deux lectures sont possibles :
  • au sens strict, la performance est l'effet, le résultat de l'action ;
  • au sens large, on peut considérer, dans une approche plus systémique, qu'un résultat n'est rien en soi mais qu'il est indissociable de ses moyens (buts, activités, feedback) : la performance est l'ensemble des étapes logiques élémentaires de l'action, de l'intention au résultat effectif ;
– la performance est subjective, puisqu'elle est le produit de l'opération, par nature subjective, qui consiste à rapprocher une réalité d'un souhait, à constater le degré de réussite d'une intention.

Cette définition est déclinable au pluriel, sans modification de sens. Elle est nécessairement aussi floue que le concept qu'elle explicite, puisqu'elle en contient les multiples sens.»

M. Lebas, *Revue française de comptabilité*, août 1995.

Le gestionnaire doit donc rechercher la performance globale, qui intègre plusieurs niveaux d'évaluation :
- pour la production, c'est l'amélioration permanente de la productivité, donc un rendement physique, associé à un niveau élevé de qualité ;
- pour la vente, c'est la compétitivité sur le marché ou la différence valeur-coût ;
- pour la finance, c'est la rentabilité qui peut être définie de plusieurs manières.

Dans une approche financière restrictive, il est ainsi possible de décomposer un ratio de rentabilité globale en une combinaison de plusieurs indicateurs de performance pour chacun des domaines :

$$\text{Taux de profit} = \text{Taux de marge} \times \text{Rotation du capital}$$

$$\frac{\text{Profit}}{\text{Capitaux}} = \frac{\text{Profit}}{\text{Chiffre d'affaires}} \times \frac{\text{Chiffre d'affaires}}{\text{Capital}}$$

Cette formule n'intègre pas tous les paramètres influençant la performance mais a pu être considérée au départ comme fondatrice du contrôle de gestion.

Elle a été remise en cause de plusieurs manières pour élargir le champ d'analyse de la performance en introduisant d'autres variables et aboutir à la notion de valeur.

b) La valeur

Aujourd'hui, la notion de **valeur** prend une importance cruciale dans la gestion, au-delà de son sens économique premier. La valeur concerne le produit et l'entreprise.

• La valeur d'un produit n'est pas seulement la différence entre un prix de vente et un coût de revient mais l'appréciation subjective et fluctuante, par la demande, de l'utilité apportée par les fonctions d'un produit.

• La valeur d'un produit ne s'obtient pas seulement par l'activité de transformation de matières premières en biens et ne se limite pas à la notion de valeur ajoutée ; elle découle aussi de l'apport de toutes les activités principales et de soutien de l'organisation comme l'analyse la notion de « chaîne de valeur » de M. Porter :

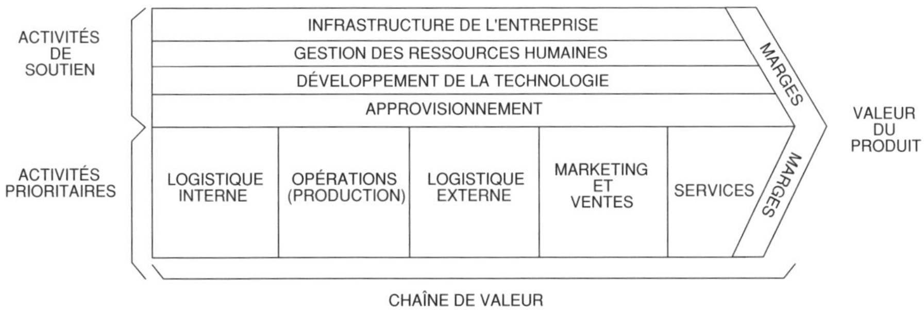

La valeur de l'entreprise dépendra ainsi, en partie, de la valeur de ses produits et de ses activités.

Le gestionnaire n'agit plus seulement en fonction des coûts mais doit piloter **le couple valeur-coût.**

L'approche en termes de valeur oblige donc à gérer les activités, à remettre en cause éventuellement l'organisation et son système d'information.

2.3 Les variables de gestion essentielles aujourd'hui

Dans cet environnement, face à ces contraintes économiques et technologiques, quels sont les leviers essentiels de l'action pour le gestionnaire ?

Il semble possible de présenter les dimensions essentielles de la gestion contemporaine. Pour être compétitive et performante, l'entreprise recherche la flexibilité sous de nombreuses formes, induisant ainsi une gestion de variables multiples :

gestion de la flexibilité →

- gestion du temps
- gestion du risque
- gestion de la taille
- gestion des frontières
- gestion de l'innovation
- gestion de la qualité
- gestion de la structure
- gestion des connaissances
- gestion des coûts

→ **gestion du changement**

Tous ces problèmes actuels conduisent le gestionnaire à piloter un changement permanent tant dans les produits, les activités que dans les structures, le management, les outils de gestion. (Pour un développement précis de ces dimensions, voir *Organisation et gestion de l'entreprise*, S. Sépari et J.-L. Charron, coll. « Expert sup. », Dunod, 2004).

Pour conclure, il est possible de présenter un synopsis résumant la problématique actuelle de la gestion des entreprises.

Contexte → **Objectifs pour l'entreprise** → **Variables de gestion**

Contexte :
- Mondialisation
- Forte concurrence
- Segmentation des marchés
- Demande hétérogène, instable
- Technologies flexibles
- Complexité de l'environnement
- Incertitude de l'environnement

Objectifs pour l'entreprise :
- **Valeur**
- **Performance**
- **Productivité**
- **Flexibilité**
- **Coût**
- **Qualité**
- **Délai**

Variables de gestion :
- Variables stratégiques
- Variables organisationnelles
- Temps, espace, taille
- Qualité, innovation
- Risque, connaissances
- Changement

⇒ **Outils de mesure ? Méthodes pour gérer la performance ?**

Construits pour une économie de l'offre dans un environnement stable et peu concurrentiel dans la première moitié du XXe siècle, la plupart des outils de gestion et de contrôle de gestion en particulier doivent être rénovés pour aider au management, compte tenu des besoins actuels

3. L'apparition du contrôle de gestion

3.1 Les premières formalisations

Il semble que l'écriture soit apparue à Sumer en Mésopotamie, vers 3300 avant-J.C. pour aider à la gestion des terres et des troupeaux. Pour contrôler des relations économiques, une comptabilité a été élaborée; ainsi serait née la première représentation écrite des nombres.

La gestion, la comptabilité et le contrôle apparaissent donc indissociables et essentiels dès lors qu'une activité économique doit être maîtrisée.

Si des prémices de comptabilité de coûts sont observables dans des manufactures textiles italiennes au XVe siècle et chez un imprimeur français au XVIe siècle, il est clair que les besoins de mesure et de contrôle des activités économiques augmentent et se diffusent véritablement à grande échelle à la fin du XIXe siècle, avec la constitution de grandes unités industrielles de production qui regroupent des machines et doivent organiser le travail.

D'un point de vue historique, il paraît nécessaire de séparer l'évolution portant sur le calcul et l'analyse des coûts de celle du contrôle des activités.

a) Histoire des « coûts »

L'histoire du calcul des coûts apparaît comme la plus ancienne car elle concerne toutes les formes d'entreprise, dès lors que s'instaure une activité économique.

Il est possible de repérer son apparition dès le XVe siècle :
- la technique comptable d'élaboration de coûts est formalisée par un moine vénitien Luca Pacioli en 1494 ;
- des manufactures de draperies et de laine à Florence vers 1450, une exploitation de mines d'argent et de cuivre en Autriche vers 1570, un imprimeur français à Anvers vers 1570 essaient de reconstituer la formation de leurs coûts, mais ce sont des essais ponctuels.

La diffusion des pratiques et des formalisations (pas nécessairement corrélées) sur le calcul et l'analyse des coûts progresse véritablement avec la première phase de la révolution industrielle et ira en s'amplifiant.

> Dans l'histoire de la comptabilité[1], il est intéressant de noter que les calculs des coûts ne peuvent être analysés comme une simple technique proposée par des « théoriciens » et « plaquées » sur des entreprises. Les calculs de coûts reflètent plutôt des pratiques d'acteurs qui utilisent des outils pour gérer des structures, pour canaliser des comportements, pour organiser le travail.
>
> Bertrand Gille[2] parle de « socialisation de la technique »; Ainsi donc, au-delà d'un processus technique, le calcul et l'analyse des coûts comportent des aspects économiques, organisationnels, sociaux, juridiques, donc transmettent une vision transversale et pluridisciplinaire des entreprises.

Les modifications organisationnelles de la production expliquent l'évolution des besoins dans le calcul des coûts.

C'est le passage du système du *putting-out* (production externalisée chez les ouvriers) au système de *factory* (production regroupée dans une usine).

- **Le système externalisé de production ou putting-out**

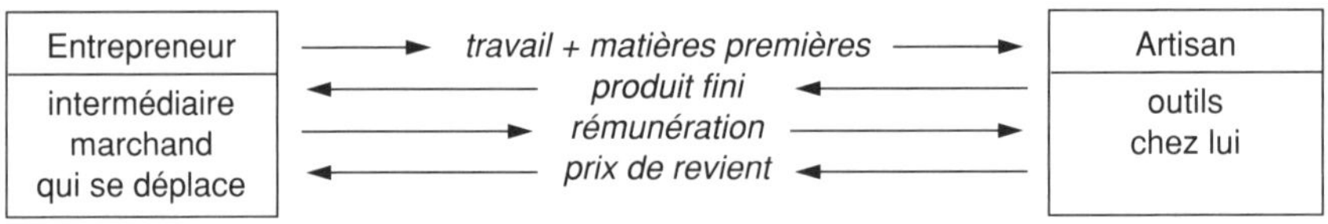

Dans le système de production le plus répandu avant la révolution industrielle, l'entrepreneur est un intermédiaire qui se déplace, apporte travail et matières premières chez l'artisan qui possède ses outils puis revient chercher le produit fini (d'où l'origine du terme « prix de revient »)

Dans ce système, l'entrepreneur ne cherche pas à connaître le coût, puisque l'information de la valeur ajoutée lui est donnée par le « prix de revient » qu'il compare au prix d'achat des matières.

- **Le système regroupé de production ou factory**

Les nouvelles technologies du XVIIIe et du XIXe siècle bouleversent les sources d'énergie et les machines et poussent ainsi à une organisation concentrée de la production: les machines sont regroupées dans des usines dans lesquelles les ouvriers viennent travailler.

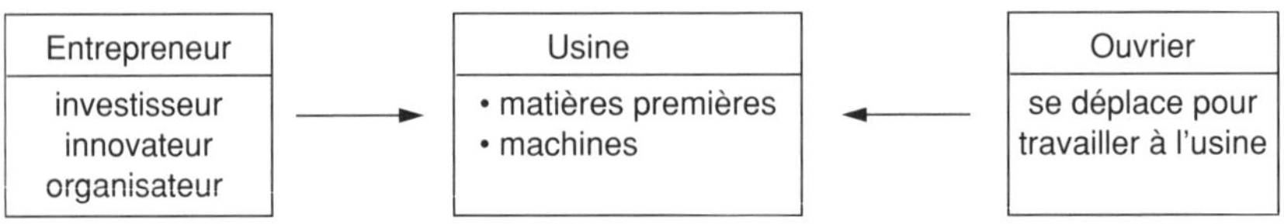

1. Chatfield, *A history of accouting throught*, The dryden press, 1974.
2. B. Gille, *Histoire des techniques*, La Pleiade, Gallimard, 1978.

L'entrepreneur n'est plus alors seulement un intermédiaire marchand, il devient également un investisseur et un innovateur. Dès lors il cherche à mesurer des coûts et à contrôler le travail.

Dans l'histoire des coûts appliquée aux entreprises industrielles, plusieurs étapes apparaissent avec une évolution du vocabulaire.

• D'abord c'est la **comptabilité industrielle** qui s'élabore et se diffuse avec le développement industriel occidental durant tout le XIXe siècle (même si des formalisations n'apparaissent, en France, dans des traités de comptabilité industrielle qu'à partir de 1870).

Elle consiste à mesurer les coûts des flux internes à l'organisation, c'est-à-dire les coûts de transformation des matières premières sur les machines de l'usine avec des ouvriers.

Elle doit permettre au gestionnaire de mesurer les coûts des processus de production, donc des produits fabriqués, et d'aider à la fixation des prix face à la concurrence des autres industriels.

• Vers 1915 avec l'OST (organisation scientifique du travail) proposée par F. Taylor, la comptabilité s'affine, segmente les activités, calcule des normes (coûts standard, coûts préétablis), des écarts par rapport aux normes, contrôle des résultats, des responsabilités. La **comptabilité devient analytique d'exploitation** afin de prévoir et de vérifier les réalisations de toutes les organisations, et pas seulement industrielles.

• À l'heure actuelle, le terme **comptabilité de gestion** permet d'intégrer toutes les démarches et les techniques qui aident les gestionnaires à connaître les coûts au sein de leur organisation.

b) Histoire du « contrôle »

Le contrôle des activités et le domaine du contrôle de gestion qui en découle sont plutôt corrélés à la phase d'industrialisation de la fin du XIXe siècle et surtout du début du XXe siècle.

• Né de l'évolution du monde technique et économique avec les analyses de Taylor (1905) sur le contrôle de productivité, les recherches de Gantt (1915) sur les charges de structure et les choix de General Motors (1923) et de Saint-Gobain (1935) pour des structures par division, le contrôle de gestion concerne alors principalement **l'activité de production** mais ne s'appelle pas encore ainsi.

• Une première évolution dans les enjeux et le champ d'analyse des premières formes de contrôle de gestion va apparaître avec l'accroissement de la taille des unités de production et de leur diversification. Il devient nécessaire de déléguer des tâches, des responsabilités tout en exerçant un contrôle sur les exécutants.

Ainsi, après l'analyse des coûts, les entreprises mettent en place des budgets prévisionnels et réels pour contrôler les réalisations et mesurer les écarts ; c'est pourquoi le contrôle de gestion est souvent considéré comme synonyme, à tort, du **contrôle budgétaire**.

Si les premiers principes et méthodes du contrôle de gestion sont apparus entre 1850 et 1910, aux États-Unis et en Europe, les pratiques se sont élaborées progressivement en fonction des besoins des entreprises.

• Ensuite, avec le développement des produits et des services dans une conjoncture en croissance, les gestionnaires vont chercher dans le **contrôle de gestion** une aide aux décisions ainsi que des pistes pour contrôler les acteurs dans la structure.

Jusqu'au début des années 70, les grandes entreprises françaises qui ont introduit un contrôle de gestion ont reproduit approximativement le modèle des firmes industrielles américaines :
- un processus de **planification,** de gestion budgétaire, de contrôle budgétaire, allant du long terme au court terme ;
- dans une **structure hiérarchique** découpée verticalement en centres de responsabilité ;
- avec un système de pilotage par le **couple objectifs-moyens** (c'est-à-dire des informations sur des résultats qui permettent de réguler les actions).

Ainsi, depuis le début du siècle, le contrôle de gestion a été conçu dans le cadre d'une gestion taylorienne fondée sur **quatre principes** :
- stabilité dans le temps ;
- information parfaite des dirigeants ;
- recherche d'une minimisation des coûts ;
- coût de production dominant dans le coût total.

La contrôle de gestion est alors un modèle pour mesurer et contrôler la productivité industrielle et en particulier la productivité du travail direct.

• À partir des années 70, les perturbations extérieures et intérieures aux organisations obligent à une remise en cause assez profonde de ce modèle dans ses objectifs, ses outils, ses utilisations.

3.2 Des évolutions permanentes

Tout système d'information d'aide à la gestion d'une performance doit tenir compte des contraintes et des opportunités de l'environnement économique, des orientations stratégiques des entreprises, des contraintes de structure des organisations.

Ainsi de nombreuses pressions et évolutions ont fait émerger un contrôle de gestion avec des objectifs plus larges, des démarches et des outils diversifiés.

Nous aborderons les influences de la stratégie et de la structure dans le chapitre 3 avant de présenter les outils dans le chapitre 4.

4. Les différentes formes de contrôle

4.1 La notion de contrôle

• **Contrôler** une situation signifie être capable de la maîtriser et de la diriger dans le sens voulu. Tout contrôle vise à mesurer les résultats d'une action et à comparer ces résultats avec les objectifs fixés *a priori* pour savoir s'il y a concordance ou divergence.

Le contrôle doit donc aboutir, si nécessaire, à un retour sur l'amont pour rectifier les décisions et les actions entreprises.

Pour une entreprise, le contrôle est d'abord compris et analysé comme le respect d'une **norme ;** c'est un **contrôle de régularité**. Il participe alors au « processus de la gestion » :

Information ⟶ **Décision** ⟶ **Action** ⟶ **Contrôle**

Il est à noter qu'en France, les entreprises et les acteurs développent une culture forte pour ce contrôle de régularité associé à une sanction ou une récompense. Les raisons historiques remontent à Charlemagne, chargeant les *missi dominici* de contrôler les comptes dans les provinces.

Au sein d'une organisation, le contrôle se développe de manière dynamique; c'est pourquoi il faut plutôt parler du processus de contrôle.

• **Le processus de contrôle** comprend toutes les étapes qui préparent, coordonnent, vérifient les décisions et les actions d'une organisation.

Le processus comprend donc en général trois phases :

Décision ⟶	Action ⟶	Résultat
Avant	**Pendant**	**Après**

Ces trois étapes sont repérées par des questions et des tâches précises [1]:

- **finalisation** : quels objectifs ? quelles ressources ? comment employer au mieux ces ressources ? comment évaluer les résultats ?
- **pilotage** : pendant l'action, quelles corrections mettre en place si nécessaire pour réorienter le déroulement en fonction des finalités choisies ?
- **évaluation** : quelle mesure des résultats ? quelle efficience ? quelle efficacité ?

Le processus de contrôle touche toutes les décisions et les actions d'une entreprise.

Ainsi il est possible d'appliquer ces trois étapes sur les trois niveaux de décision mis en évidence par I. Ansoff : décision stratégique, décision tactique, décision opérationnelle. On obtient un processus de contrôle distinct pour chaque niveau de décision ; cette définition permet de délimiter le contrôle de gestion ainsi que nous le verrons par la suite.

1. H. Bouquin, *op. cit.*

4.2 Décisions de gestion et niveaux de contrôle

Avec un découpage temporel de la gestion, clair plus que réaliste, il est possible de définir plusieurs contrôles corrélés à chaque niveau de gestion.

• La **gestion stratégique** oriente les activités sur le long terme de l'entreprise : à ce niveau, un contrôle stratégique doit aider les prises de décisions stratégiques par la planification stratégique, l'intégration de données futures en fonction d'un diagnostic interne et externe.

• La **gestion quotidienne** ou courante suit les actions de court terme (un an) et très court terme (moins d'un an) : c'est alors un contrôle d'exécution ou contrôle opérationnel qui doit permettre de réguler les processus répétitifs (productifs ou administratifs) en vérifiant que les règles de fonctionnement sont respectées.

Dans cette décomposition du temps, le **contrôle de gestion est alors positionné comme interface** entre le contrôle stratégique et le contrôle opérationnel. Il permettrait de réguler sur le moyen terme en contrôlant la transformation des objectifs de long terme en actions courantes.

Long terme : Stratégie, planification	⟶	Contrôle stratégique
		⇓⇑
Moyen terme : Interface	⟶	**Contrôle de gestion**
		⇓⇑
Court terme : Gestion quoditienne	⟶	Contrôle opérationnel, contrôle d'exécution

Si l'on intègre les trois étapes du processus de contrôle, on obtient le tableau suivant, en sachant que les frontières entre chaque case ne sont pas étanches:

Niveau de décision / Processus de contrôle	stratégique	tactique	d'exécution
• Finalisation • Pilotage • Évaluation	**contrôle stratégique** ⇔	**contrôle de gestion** ⇔	**contrôle d'exécution**

4.3 Les premières définitions du contrôle de gestion

Anthony [1] définit le contrôle de gestion en 1965, de la manière suivante : « Le contrôle de gestion est le processus par lequel les dirigeants s'assurent que les ressources sont obtenues et utilisées avec efficacité (par rapport aux objectifs) et efficience (par rapport aux moyens employés) pour réaliser les objectifs de l'organisation. »

1. R. N. Anthony, *Planning and Control Systems: a Framework for Analysis*, Harvard University, 1965.

> Le Plan comptable général (PCG) de 1982 reprend cette analyse pour définir le contrôle de gestion comme « l'ensemble des dispositions prises pour fournir aux dirigeants et aux divers responsables des données chiffrées périodiques caractérisant la marche de l'entreprise. Leur comparaison avec des données passées ou prévues peut, le cas échéant, inciter les dirigeants à déclencher des mesures correctives appropriées. »

Cette approche limite le contrôle de gestion à des **procédures mécaniques de rétroaction**, sans tenir compte des orientations stratégiques ni du management de l'organisation.

Depuis la Seconde Guerre mondiale, avec l'évolution de l'environnement, des comportements et des besoins nouveaux sont apparus et les entreprises ont donné des dimensions supplémentaires au contrôle : celles de conseil et de **pilotage de l'organisation**.

La notion de contrôle de gestion est difficile à cerner car son champ d'analyse s'enrichit au fur et à mesure que la production évolue. Nous avons vu qu'historiquement, avec le développement industriel, c'est la connaissance des coûts qui était recherchée.

Mais **le contrôle de gestion englobe un champ d'analyse plus large que celui des coûts**.

> Dès le début, les gestionnaires recherchent, avec le contrôle de gestion, au-delà de la connaissance des coûts, à orienter les acteurs pour **organiser et piloter la performance.**

Cette double mission se développera dans l'environnement contemporain (voir chapitre 3).

Ainsi le besoin de contrôle s'est élargi et s'est diversifié; de nombreuses formes de contrôle sont apparues. Il semble nécessaire de les définir afin de délimiter et de positionner le contrôle de gestion.

4.4 Le contrôle organisationnel

Pour piloter la performance, le gestionnaire ne peut se contenter de réguler les actions et leurs résultats; il doit aussi surveiller la fiabilité et la qualité du fonctionnement de l'organisation, c'est-à-dire ses processus décisionnels.

L'entreprise dispose de ressources internes propres qui doivent être contrôlables pour être en permanence opérationnelles et tournées vers l'objectif à atteindre.

Le contrôle organisationnel cherche à améliorer les règles et les procédures qui structurent les décisions et auxquelles les décideurs se réfèrent pour déterminer leurs comportements. Son domaine est très vaste et englobe les systèmes décisionnels et informationnels. Il ne se limite pas au seul contrôle technique.

> Le contrôle organisationnel doit donc assurer, en temps réel, le suivi et la qualité des processus décisionnels.

> Toutes les dimensions de l'organisation y sont intégrées : les structures, les procédures de décision, les comportements des acteurs et la culture de l'organisation.

Ainsi le contrôle organisationnel interne concerne tous les niveaux de l'organisation (fonctionnel et opérationnel) et vise à ce que les actions individuelles et collectives soient en convergence avec les objectifs assignés.

Trois types de méthodes sont utilisés par le contrôle organisationnel :
- la planification ;
- la fixation des règles et des procédures ;
- l'évaluation des résultats et de la performance.

4.5 Le contrôle interne

> Le contrôle interne concerne la fixation des règles, des procédures et le respect de celles-ci.

L'Ordre des experts-comptables et comptables agréés (OECCA) en donne la définition suivante : « C'est l'ensemble des sécurités contribuant à la maîtrise de l'entreprise. Il a pour but, d'un côté d'assurer la protection, la sauvegarde du patrimoine et la qualité de l'information, de l'autre, l'application des instructions de la direction et de favoriser l'amélioration des performances. Il se manifeste par l'organisation, les méthodes et les procédures de chacune des activités de l'entreprise pour maintenir la pérennité de celle-ci. »

4.6 Audit interne, audit financier, audit opérationnel

Le terme « audit » est actuellement largement répandu dans les entreprises.

> Selon l'Institut français des auditeurs et contrôleurs internes, l'audit interne est une activité autonome d'expertise, assistant le management pour le contrôle de l'ensemble de ses activités. L'audit doit permettre un avis sur l'efficacité des moyens de contrôle à la disposition des dirigeants.

L'audit doit permettre de :
- mesurer et améliorer la fiabilité des systèmes d'information comptable et financier existant ;
- mettre en place des systèmes efficaces de contrôle de tous les domaines de l'entreprise.

Le terme « interne » précise que le contrôleur fait partie de l'entreprise mais l'audit peut être aussi externe.

La première acception de l'audit est la révision comptable, c'est-à-dire l'examen des états financiers. Mais son champ s'est élargi à d'autres domaines : audit informatique, audit social, audit juridique, audit fiscal, etc.

Si **l'audit financier**, le plus répandu, a pour champ d'analyse les comptes de l'entreprise, l'audit opérationnel cherche à améliorer toutes les dimensions de la gestion d'une entreprise. C'est pourquoi la délimitation entre contrôle de gestion et audit est parfois tenue surtout si, au sein d'une organisation, les deux fonctions sont effectuées par la même personne.

La différence essentielle entre audit et contrôle de gestion tient à la temporalité :
– l'audit est une mission ponctuelle ;
– **le contrôle de gestion fonctionne en permanence dans une entreprise**.

4.7 La place du contrôle de gestion

Pour essayer de positionner les différents contrôles et les articuler les uns par rapport aux autres, voici une représentation possible:

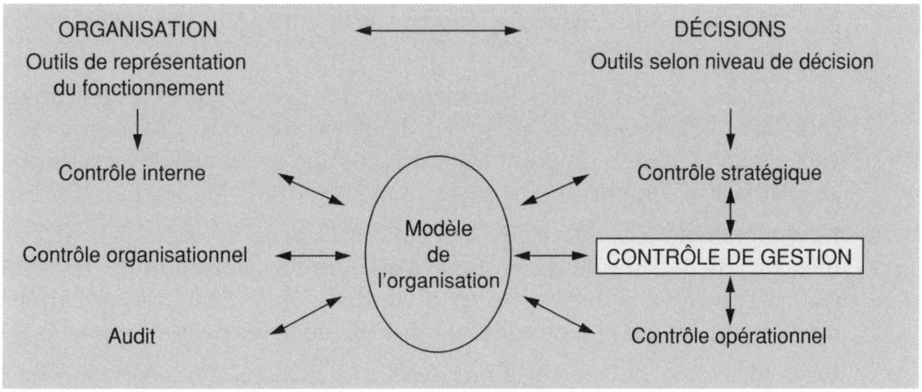

Désormais, il est possible d'enrichir les premières définitions du contrôle de gestion :
– le contrôle de gestion doit permettre de gérer au mieux les décisions et les actions de moyen terme, en général un an ;
– le contrôle de gestion est aussi l'interface entre la stratégie et les actions de routine et doit assurer la cohérence entre les deux ;
– en tant que processus de contrôle il est possible de préciser, pour les trois étapes, les tâches du contrôle de gestion :
  • la finalisation du contrôle de gestion consiste à planifier les actions (planification budgétaire) et à établir les rôles des acteurs,
  • le pilotage dans le contrôle de gestion consiste à déclencher des actions correctives en fonction des écarts, des tableaux de bord mis en place,
  • l'évaluation dans le contrôle de gestion correspond à la mesure des résultats et de la performance des actions.

H. Bouquin propose alors la définition suivante : « Le contrôle de gestion est formé des processus et des systèmes qui permettent aux dirigeants d'avoir l'assurance que les choix stratégiques et les actions courantes seront, sont et ont été cohérents, notamment grâce au contrôle d'exécution. »

L'idée essentielle à retenir est que le contrôle de gestion est un système d'information qui s'est construit par étapes, sur l'organisation interne de l'entreprise.

Il s'appuie sur une représentation, une modélisation, à un moment donné, de l'organisation de l'entreprise.

5. Les sources d'information

5.1 La comptabilité, matière première essentielle du contrôle de gestion

Le système d'information financier comptable, commun à toute entreprise, est la première source de données pour mesurer et analyser l'activité économique.

Mais la **comptabilité générale** n'est pas suffisante pour décomposer les coûts et calculer des rentabilités.

Dès le début du siècle, des ingénieurs et des gestionnaires américains et français (Gantt) élaborent des méthodes d'analyse des coûts : séparation coût fixe-coût variable, notion de point mort, imputation rationnelle proposée en France en 1928 par Rimailho.

La comptabilité est donc, jusqu'aux années 70, la source essentielle des analyses menées par le contrôle de gestion; d'ailleurs l'organisation du travail fondée sur les principes tayloriens se retrouve dans ce système d'information comptable et correspond aux objectifs assignés au contrôle de gestion.

En France, c'est le PCG 1982 qui définit les notions fondamentales de coût et utilise le terme de « comptabilité analytique » et non « comptabilité de gestion ». Le PCG doit permettre une harmonisation du vocabulaire, des procédures et des analyses.

5.2 Comptabilité de gestion et comptabilité financière

Si les deux termes existent, la frontière entre ces deux comptabilités n'est pas très nette et les gestionnaires utilisent les deux conjointement. D'ailleurs la comptabilité financière a besoin de la comptabilité de gestion pour établir ses résultats.

Les angles d'attaque de ces comptabilités diffèrent par les utilisations de leurs informations ; en effet, la **comptabilité financière** est « réservée « **à ceux qui financent les activités**, les tiers qui ont besoin d'évaluer la situation de l'entreprise, alors que la **comptabilité de gestion** est utilisée par **ceux qui gérent** pour aider à positionner l'entreprise par rapport aux concurrents.

Cette dichotomie simple ne reflète pas complètement la réalité car les pratiques conduisent à utiliser les informations d'où qu'elles viennent pourvu qu'elles soient pertinentes pour les décisions. Il n'est pas possible de faire un classement des comptabilités selon les utilisateurs car alors chaque décideur ou responsable, selon sa position et son métier, aurait besoin de son propre système d'information.

Il est difficile d'élaborer des passerelles entre la comptabilité de gestion et la comptabilité financière même si la gestion actuelle a besoin de cette association et si des logiciels peuvent aider à cette intégration.

5.3 Vers une normalisation internationale

L'internationalisation des marchés et des échanges commerciaux et financiers, la multiplication des alliances transnationales entre entreprises, nécessitent une homogénéisation des indicateurs de performance des entreprises.

Au-delà des associations nationales de comptables et de contrôleurs de gestion qui discutent de leurs problèmes et harmonisent leurs pratiques, des consortiums ou des fédérations internationales essaient de rassembler ces professions pour élaborer des procédures communes.

Mais les convergences sont difficiles à trouver et l'observation de la réalité fait apparaître une juxtaposition de référentiels.

Depuis une vingtaine d'années, une institution internationale réfléchit au problème de la mondialisation des règles comptables.

• En **1973,** des associations professionnelles de comptables ont constitué un comité international pour la normalisation comptable, **l'IASC** (*International Accounting Standards Comittee*), organe privé sans pouvoir institutionnel sur les entreprises.

Pendant une première période, de 1973 à 1995, le comité a essayé d'élaborer des normes internationales en comparant les normes de chaque pays et en choisissant les plus pertinentes.

Les normes internationales étaient déterminées de telle manière qu'elles soient les plus cohérentes possibles avec des référentiels nationaux très différents.

L'IASC avait alors un rôle d'harmonisateur pour des pratiques financières transnationales (fusions, consolidations, achats) sans pour autant avoir un quelconque pouvoir de contrainte sur les entreprises pour leur adoption.

Le comité a ainsi édicté trente-deux normes comptables internationales (IAS, *International Accounting Standard*).

• En **1995,** l'IASC a conclu un accord avec un organisme regroupant les commissions de bourse (IOSCO) pour proposer une panoplie complète de normes permettant aux entreprises de se faire coter à l'étranger avec les mêmes états financiers.

Ainsi, l'IASC n'est **plus seulement un harmonisateur mais devient un concepteur de normes** *ex nihilo* sans référence à une pratique déjà existante dans un pays.

Mais l'IASC n'est pas le seul organe de réflexion et des divergences, des rapports de force apparaissent.

Ainsi le *Financial Accouting Standards Board* (**FASB**), comité américain travaillant davantage sur la finance, a émis des normes moins strictes que l'IASC dans le domaine des dépréciations d'actifs, favorisant éventuellement des entreprises qui souhaiteraient se présenter sur des marchés boursiers américains.

De même, le **SEC** (*Securities and Exchange Commission*), organe très puissant de la bourse américaine, essaie d'influencer les orientations de l'IASC pour maintenir sa suprématie.

Ainsi en 1998, il existe deux référentiels adaptés aux firmes transnationales : le premier est américain et le deuxième est celui de l'IASC devenu IASB en 2001 ; les entreprises hésitent parfois à opter pour les normes IAS car elles craignent des difficultés pour pénétrer le marché américain. Toutefois, le passage à ces normes est obligatoire à compter du 1er janvier 2005 pour toutes les sociétés cotées.

La tendance d'un rapprochement des référentiels nationaux vers une norme internationale semble inéluctable : sinon comment lire et comparer des bilans de sociétés de nationalité différente ? La convergence apparaîtra certainement dans quelques années.

Le contrôle de gestion est dépendant de tendances d'harmonisation internationale car il utilise des données comptables et financières issues des systèmes comptables imposés, mais les démarches et les techniques du contrôle de gestion ne sont pas soumises à des normalisations européennes ou internationales; chaque entreprise élabore ses systèmes de prévisions, de contrôle, ses tableaux de bord « sur mesure » en fonction de ses besoins.

RÉFLEXIONS SUR LE THÈME

1. La difficile délimitation des termes et des périodes

Dans l'analyse de l'évolution du contrôle de gestion, il est difficile de donner des périodes précises car il y a toujours des différences entre la date d'apparition d'une méthode, dans une entreprise, dans un pays, et sa date de diffusion réelle et massive dans l'ensemble des entreprises.
De même, apparaissent souvent des décalages et des distorsions entre les pratiques instaurées dans les organisations et les formalisations décrites dans des traités universitaires.
Ainsi, il faut être vigilant quant au terme employé car il ne recouvre pas la même réalité selon le moment et le lieu.
Par exemple le contrôle de gestion pris de manière restrictive comme contrôle budgétaire apparaît dans les années 30 mais se diffuse réellement dans les entreprises françaises dans la décennie 60.

2. Les outils sont indissociables des acteurs et des structures

Les techniques de gestion, et le contrôle de gestion en particulier, ne peuvent être comprises et maîtrisées qu'en les resituant dans leur contexte organisationnel.
Un outil n'existe, ne fonctionne, n'est « bon ou mauvais » qu'en fonction d'une structure spécifique, en fonction du comportement des acteurs. En effet, un outil de gestion est conçu, utilisé, interprété par des décideurs aux caractères très différents et ne peut s'analyser en dehors de ce cadre.
Tant pour l'environnement économique, technologique que pour l'entreprise, il faut donc tenir compte des facteurs de contingence propres à chaque organisation, à chaque moment.
Les outils de gestion ne sont plus perçus comme des réponses uniques, universels, « plaqués » de la même manière sur toutes les entreprises, mais comme des propositions « satisfaisantes, à un moment donné, dans un contexte donné » et spécifiques à chaque organisation.
Ainsi plusieurs facteurs de contingence peuvent influencer les techniques de contrôle de gestion mises en place : la taille et l'âge de l'entreprise, la structure et le style de direction des acteurs, les contraintes de l'environnement.

Application

Le contrôle dans l'organisation

(Extrait de l'article de C. Grenier, «Contrôle de gestion», *Encyclopédie du management*, Vuibert, 1992, tome 1.)

On s'accorde généralement pour reconnaître que l'activité de gestion recouvre trois ensembles d'actions nécessairement intégrées :
- choisir les objectifs, pour l'entreprise ou pour un sous ensemble de celle-ci ;
- déterminer et agencer les moyens à mettre en œuvre pour atteindre ces objectifs ;
- mettre en place les instruments permettant d'évaluer les méthodes employées et les résultats effectivement obtenus.

Ainsi, de la même façon qu'il inclut les fonctions de prévision et d'organisation, le système de gestion de l'entreprise inclut la fonction de contrôle inséparable des précédentes. Le contrôle est donc une mission qui relève de la responsabilité de celui qui gère. Mais la complexification croissante des activités concernant la gestion des entreprises conduit à une différenciation progressive des fonctions et à l'apparition d'organes spécifiques permettant de les accomplir. Cette différenciation apparaît à deux niveaux : celui du système global de gestion et celui de ses composantes, parmi lesquelles figure le système de contrôle. Dans cette perspective, la notion générale de contrôle organisationnel va permettre de délimiter les champs respectifs du contrôle interne, de l'audit interne et du contrôle de gestion.

La notion de contrôle organisationnel

Les actions de finalisation, d'organisation et de contrôle aboutissent, *toutes ensemble*, à conduire l'entreprise vers la réalisation progressive de ses buts. Cependant, comme dans tout processus dynamique continu, il n'y a pas d'arrêt : lorsque, à un moment donné, les objectifs fixés antérieurement ont été atteints, d'autres, plus récents, orientent les nouvelles actions à entreprendre. Le système entreprise ne peut alors être analysé que dans la dualité état/mouvement. L'entreprise dispose, par toutes ses ressources, d'un potentiel d'énergies internes qui doit être en permanence en *état* de contrôlabilité (ou encore «sous tension»), pour que les actions puissent mobiliser les énergies permettant le *mouvement*.

Le contrôle organisationnel interne correspond à cette dynamique de la contrôlabilité : faire en sorte que les actions individuelles se déroulent conformément aux objectifs de l'entreprise. L'expression «contrôle organisationnel interne» semble préférable à celle de «contrôle interne opérationnel», car elle signifie que le contrôle concerne toute l'organisation quel que soit le niveau de la décision, et elle évite l'ambiguïté de la distinction fonctionnel/opérationnel.

Le contrôle de soi exige, on le sait bien, surveillance et maîtrise de ses tendances naturelles ; il s'agit d'un *acte volontaire*, réfléchi, dans lequel s'équilibrent impulsion et inhibition et qui met en jeu des régulations d'une grande complexité. De manière analogue, le contrôle organisationnel est *construit* dans le but d'assurer la coordination d'intérêts et de comportements multiples, et il met aussi en œuvre des mécanismes complexes.

Trois ensembles de méthodes permettent de réaliser globalement cette coordination : la *planification*, l'*orientation des conduites* à travers des règles et des procédures, la régulation selon un processus de *rétroaction* (*feed-back*). Ceci concerne évidemment l'organisation dans son ensemble. Mais chaque res-

ponsable dispose également de moyens pour agir, auprès de ses subordonnés, sur deux facteurs essentiels de la performance : la compétence et la motivation. On ne peut, dans le cadre de cet article, développer davantage, mais il faut insister sur l'extrême importance, à côté de l'information formalisée, des éléments *informels* de la communication lorsqu'il s'agit :
- d'expliciter et de clarifier les rôles, les objectifs, la manière de faire le travail ;
- de restituer le compte rendu de ce qui a été fait ;
- d'administrer les récompenses et les sanctions.

Le contrôle de gestion et les autres contrôles

Le schéma montre que le contrôle de gestion est essentiellement tourné vers la conception et la mise en œuvre des instruments de pilotage destinés à assurer la *cohérence économique globale* de la relation Objectifs-Moyens-Réalisations. Ces instruments de prévision, de commande et d'observation ne peuvent fonctionner convenablement que s'ils sont alimentés par une information de qualité. Le contrôle interne, l'audit interne et, en particulier, l'audit comptable et financier sont les garants de cette qualité.

SCHÉMA
CONTRÔLE DE GESTION ET FONCTIONNEMENT D'UNE ORGANISATION

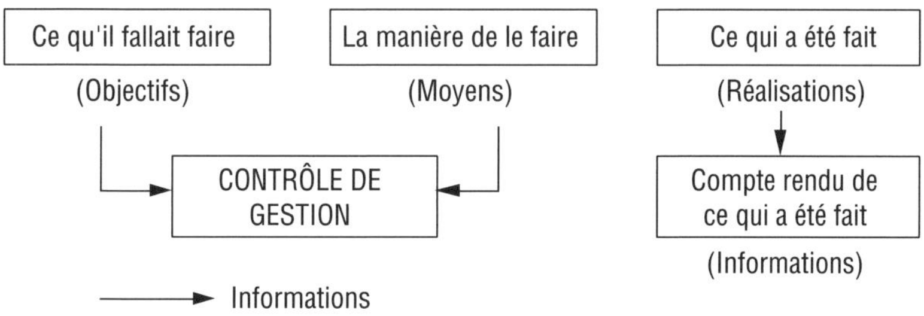

Ainsi le contrôle, au sens le plus large, permet de s'assurer que les actions individuelles et collectives se déroulent en conformité avec les objectifs de l'organisation. Le contrôle organisationnel interne recouvre tous les éléments formels et informels permettant d'orienter les conduites. Le contrôle de gestion apparaît comme la composante chargée de définir, d'une part, les *règles* relatives au *choix* des actions à entreprendre et des moyens à mettre en œuvre, d'autre part, les *procédures d'évaluation* des résultats. La définition des *règles d'accomplissement* des actions choisies relève du contrôle interne. Ces deux ensembles, règles de décision, règles d'exécution, contribuent à la maîtrise de l'organisation. Encore faut-il vérifier que ces règles sont effectivement appliquées. L'audit interne a pour rôle d'en surveiller l'existence et l'application.

Par exemple, la gestion des investissements suppose :
1. des règles de choix (critères de rentabilité, de risque) ;
2. des procédures d'exécution (cahier des charges, autorisation de dépense, règles de comptabilisation) ;
3. des méthodes de suivi des réalisations (évaluation des temps, des coûts).

Les points 1 et 3 concernent le contrôle de gestion alors que le point 2 relève du contrôle interne. L'audit interne permettra à la direction de s'assurer que, pour les actes d'investissement, les règles et procédures existent et sont convenablement employées. Le contrôle de gestion a pour but l'élaboration des méthodes qui permettent de surveiller et de maintenir la cohérence globale des actions, sachant que la performance économique ne résulte pas seulement de règles formalisées.

Toutefois les différents types de contrôle ont tendance à voir leurs champs respectifs se modifier, se recouvrir, en partie sous l'influence des contraintes économiques générales, mais aussi à cause du mouvement naturel qui fait que des informations, on remonte aux opérations, puis aux décisions qui leur ont donné naissance. Malgré cela, il faut surtout retenir la complémentarité des formes du contrôle qui s'exerce :

– d'abord par une action préventive et prévisionnelle :
  - prévision des événements (contrôle de gestion),
  - prévision des conduites à tenir par l'organisation des rôles et la fixation des règles et des procédures (contrôle interne) ;
– puis par une évaluation des actions et de leurs résultats :
  - dans une optique de régularité (audit interne) ;
  - dans une optique économique d'efficacité et d'efficience (contrôle de gestion).

QUESTIONS

1. Quelle est la conception développée par l'auteur sur le «contrôle dans l'organisation» ?
2. Quelle est la place du contrôle de gestion parmi les autres contrôles ?

2 Le contrôle de gestion et les formalisations des organisations

Il semble nécessaire de présenter les différentes approches élaborées depuis le début du siècle sur l'organisation pour délimiter le cadre actuel de compréhension de la gestion et ainsi positionner mieux les objectifs, les rôles, les enjeux du contrôle de gestion aujourd'hui.

1. Les théories de la firme et les théories des organisations

1.1 Une meilleure compréhension du fonctionnement des organisations

Devant les problèmes auxquels se trouvaient confrontés les gestionnaires des premières grandes organisations industrielles du début du XXe siècle, des ingénieurs, des chefs d'entreprises, des chercheurs ont réfléchi aux processus de fonctionnement des entreprises pour améliorer les démarches de gestion.

Plusieurs analyses se sont succédé, complétées, enrichies, constituant un ensemble de formalisations regroupées dans la théorie des organisations.

Ainsi la vision de l'organisation s'est progressivement constituée en intégrant une dimension sociale, humaine, politique, à la première dimension technique productive.

Ainsi, il est possible de résumer l'évolution de la vision de l'organisation au travers des différentes approches combinatoires de la théorie des organisations, reprises dans les points suivants :
– entreprise productive, modèle unique rationnel (environ 1910-1940) ;
– entreprise, construit d'acteurs à rationalité limitée (environ 1940-1960) ;
– entreprise, système de liens sociaux et de jeux politiques (depuis 1960) ;
– entreprise, lieu d'apprentissage et de routines (depuis 1960) ;
– entreprise contingente de nombreux facteurs (depuis 1970).

Nous arrivons aujourd'hui à une analyse assez réaliste de l'organisation et de son fonctionnement sans pour autant figer cette vision; l'analyse des organisations n'est pas stabilisée, elle est en évolution permanente en fonction des pratiques et des formalisations diverses apportées par de nombreux auteurs de pays et de cultures différents.

D'autre part, une meilleure compréhension de l'organisation ne veut pas dire une plus grande résolution des problèmes de gestion; à l'inverse, il semble que plus la représentation de l'organisation est proche de la réalité avec de multiples facteurs quantitatifs et qualitatifs pour expliquer son fonctionnement, moins il est possible de modéliser des situations et de trouver des solutions optimales.

À l'issue de ces approches, nous aboutissons à un cadre actuel de formalisation de l'organisation dans lequel sont traités les problèmes de gestion et donc le contrôle de gestion.

Toute entreprise est une organisation finalisée et structurée :
- sociotechnique,
- réunissant des acteurs aux compétences et aux objectifs différents,
- système ouvert sur l'environnement,
- lieu de décision dans un contexte contingent et de rationalité limitée,
- lieu de pouvoir, de coalitions et de contrats.

1.2 Deux ensembles complémentaires de formalisation

Dans une approche plus micro-économique, plusieurs chercheurs ont apporté des éclairages différents sur les enjeux et le fonctionnement des entreprises, constituant la théorie de la firme.

Ainsi, aujourd'hui il est possible d'associer ces deux corpus théoriques qui s'enrichissent mutuellement pour aboutir à une meilleure compréhension de l'organisation, induisant une plus grande maîtrise de son pilotage et des outils dont elle a besoin.

Il est possible de lister toutes les approches sans gage d'exhaustivité en les présentant chronologiquement alors même que de multiples chevauchements existent :

Théories de la firme	Théories de l'organisation
1930 : Théorie microéconomique classique : Entreprise boîte noire	*1910-1940 : analyse rationnelle classique* OST. Entreprise lieu de production
1937-74 : Théories contractuelles : théorie des coûts de transaction : Entreprise, organisation nécessaire	*1940-1960 : analyse sociale* Entreprise groupe social
1970-80 : Théorie des droits de propriété : Entreprise managériale:	*1950-1960 : analyse système* Entreprise système ouvert sociotechnique
1976 : Théorie de l'agence : Entreprise ensemble de contrats	*1950-1960 : analyse de la décision* Entreprise lieu de processus décisionnel à rationalité limitée
1980 : Théorie de la régulation : Entreprise institution	*1970-1980 : analyse de la contingence* Entreprise contingente
	1980 : analyse évolutionniste Entreprise lieu de routines et d'apprentissage

Nous reprenons la plupart de ces courants pour les présenter rapidement et en voir les conséquences sur le contrôle de gestion.

2. Le contrôle de gestion et l'approche rationnelle de l'organisation

2.1 Les premières formalisations de l'organisation

Dans le contexte des débuts de la société industrielle, la **productivité** constitue l'objectif prioritaire. Il faut produire en grande quantité des produits standard pour répondre à la demande et réduire les coûts unitaires.

Taylor introduit l'organisation scientifique du travail, Bedeaux décompose les mouvements et mesure les temps d'opération pour diviser les tâches et augmenter les rendements. Weber analyse la bureaucratie comme l'établissement de normes et de règles imposées à des exécutants. Fayol délimite les fonctions essentielles pour gouverner une entreprise dont la fonction de contrôle.

Toutes les démarches et analyses cherchent une plus grande **rationalité** dans la production, dans la structure, dans la direction.

Les concepts sur lesquels repose ce cadre d'analyse sont essentiellement :
- les **économies d'échelle** : fabrication par lot de grande taille pour augmenter la productivité et réduire les coûts unitaires en répartissant les frais fixes sur des quantités importantes ;
- la **standardisation** : homogénéité des produits sans différenciation ;
- la **division du travail, spécialisation** : décomposition et segmentation des tâches ;
- l'**exécution/contrôle** : mesure de l'activité et du rendement des postes, comparaison aux normes établies.

2.2 Le contrôle de gestion au travers de ces formalisations

Le contrôle est un des fondements de cette vision de l'organisation. Principalement quantitatif, il est nécessaire à tous les niveaux de l'entreprise.

Le contrôle de gestion qui apparaît vers les années 1930 est un outil de gestion élaboré pour s'intégrer dans cette problématique.

Il s'insère tout à fait dans les principaux concepts cités :
- la séparation des coûts directs et indirects souvent fixes, le calcul des coûts unitaires ;
- le découpage de l'activité, la décomposition du coût de production selon les étapes techniques ;
- le calcul et l'analyse des écarts permettent de contrôler l'exécution des tâches.

Le contrôle de gestion permet de mesurer quantitativement des actions pour les comparer aux normes préétablies et les corriger si besoin est.

Il a souvent été utilisé comme moyen de contrôle, voire de sanction pour les salariés de l'entreprise.

> **Le contrôle de gestion dans l'approche classique** est une mesure quantitative des écarts entre réalisations et prévisions pour sanctionner les exécutants.

3. Le contrôle de gestion et l'approche sociale de l'organisation

3.1 L'approche sociologique et psychologique

L'école des relations humaines a profondément modifié les conceptions sur l'intégration des individus dans l'entreprise.

Différentes études ont mis en évidence les motivations affectives et l'importance de la participation des acteurs de l'entreprise.

a) L'approche béhaviourale : « l'homme main + cœur » (Mayo, Herzberg, McGregor)

La réaction à l'école classique prend plusieurs aspects.

• Mayo met en évidence à la Western Electric que les salaires et les conditions de travail ne suffisent pas à motiver les acteurs de l'entreprise. La productivité augmente en revanche avec l'attention qui leur est portée et les motivations sont plus fortes avec un degré de responsabilité plus élevé.

• McGregor présente la théorie *Y* (opposée de la théorie *X*) où l'individu est capable de s'intéresser, de participer aux buts et aux activités de l'organisation tout en essayant de réaliser ses propres objectifs.

• Herzberg analyse les facteurs de satisfaction au travail et démontre l'importance et la nécessité d'enrichir et d'élargir les tâches et les responsabilités des acteurs de l'organisation.

> Le contrôle s'en trouve modifié, dans son objectif et dans ses moyens. Il n'est plus seulement ressenti comme une vérification du supérieur hiérarchique sur l'exécutant. Le subordonné plus responsable peut s'autocontrôler, au moins pour les tâches les plus courantes.

b) L'approche socio-économique : « l'homme Main + cœur + tête »

Les études menées depuis une trentaine d'années tout en corroborant l'analyse béhaviouriale ajoutent une dimension supplémentaire en accordant des capacités d'initiative, de créativité aux participants à l'organisation.

• Emery et Trist mettent en évidence la double dimension de l'organisation technique et sociale et cette analyse socio-technique privilégie les groupes de travail autonomes ou semi-autonomes.

• Cyert et March dans leur théorie comportementale de la firme montrent que les individus ont des objectifs et que les buts de l'organisation dépendent des coalitions des acteurs.

• Ouchi présente la théorie Z dans laquelle il analyse l'identité et la culture de l'entreprise comme moyens pour obtenir une meilleure coopération et une symbiose plus forte des participants à l'organisation.

À l'issue de ces courants, le contrôle en général et le contrôle de gestion en particulier doivent s'orienter vers une dimension sociale. L'accomplissement d'une tâche est fonction du comportement et des motivations de l'individu. Il faut donc que le contrôle intègre ces facteurs pour bien jouer son rôle de mesure, de conseil et améliorer les actions réalisées.

3.2 Le contrôle de gestion après l'école des relations humaines

Le contrôle de gestion peut être un outil de contrôle des individus mais aussi un instrument de motivation et de participation.

Ce sont les principes de contrôle des objectifs, la direction par les objectifs (DPO), la direction participative par les objectifs (DPPO), le système de sanction-récompense qui seront abordés dans le chapitre 21.

> **Le contrôle de gestion dans l'approche des relations humaines** est un moyen pour stimuler des acteurs de l'organisation.

4. Le contrôle de gestion et l'approche système de l'organisation

4.1 L'approche systémique

a) Qu'est-ce qu'un système ?

Vers 1930 des biologistes voulant comprendre le fonctionnement d'une cellule étaient bloqués dans leur recherche alors qu'ils avaient parfaitement analysé tous les éléments constitutifs de la cellule. S'apercevant que cette approche n'expliquait pas les relations entre les composants de la cellule, ils élaborèrent une démarche globale qui s'intéressait aux liaisons entre les éléments.

L. Von Bertalanffy généralise ces travaux en 1968 en une *Théorie générale des systèmes* (Dunod, 2e édition 1993).

La théorie des systèmes essaie donc de modéliser dans sa globalité l'ensemble d'éléments en interaction qui composent un système dynamique, ouvert sur son environnement qui cherche à lutter contre *l'entropie* (tendance de tout système à se désorganiser et à s'autodétruire) en mettant en place des *processus de régulation* (ou feed-back).

> C'est une structure organisée réunissant plusieurs éléments différents mais qui fonctionnent en interaction pour atteindre un objectif commun.

Cinq caractéristiques de l'approche système peuvent être repérées et appliquées à toute entité :
- des éléments différenciés et interdépendants (1),
- une frontière (2),
- un environnement (3),
- un objectif (4),
- des processus de régulation (rétroaction) (5).

SCHÉMA GÉNÉRAL D'UN SYSTÈME

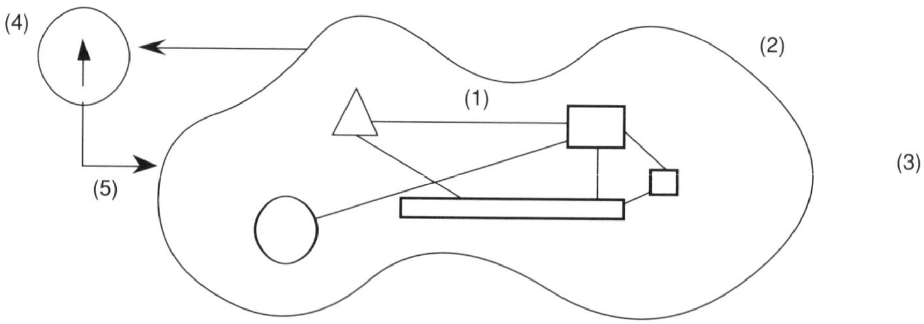

b) L'entreprise système

Si l'on applique cette démarche système à l'entreprise il ressort que :
- les éléments différenciés sont : les **fonctions et services** de l'entreprise qui ont chacun des objectifs, des moyens, des structures spécifiques mais doivent pourtant travailler ensemble ;
- la frontière est : la **structure** de l'entreprise, son organisation interne ;
- l'environnement est : les **partenaires obligés** de l'entreprise, clients, fournisseurs, concurrents, État, banques, syndicats ;
- l'objectif est : la **survie** de l'entreprise à long terme et des objectifs économiques et sociaux évolutifs sur le moyen terme ;
- les processus de régulation sont : les **décisions** et les **actions** de pilotage pour recentrer l'organisation vers ses objectifs.

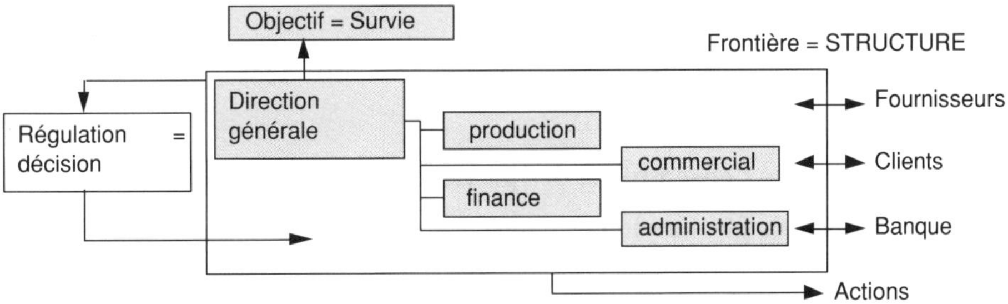

Dans cette approche, l'entreprise devient un système complexe, finalisé, ouvert sur l'environnement incertain, regroupant des acteurs et des fonctions en interrelation. Ce sont donc les **liaisons** internes qui apparaissent plus importantes que les composantes de l'organisation.

L'entreprise peut être décomposée de manière dynamique et opératoire en trois pôles interdépendants essentiels à son fonctionnement : Décision, Information, Action.

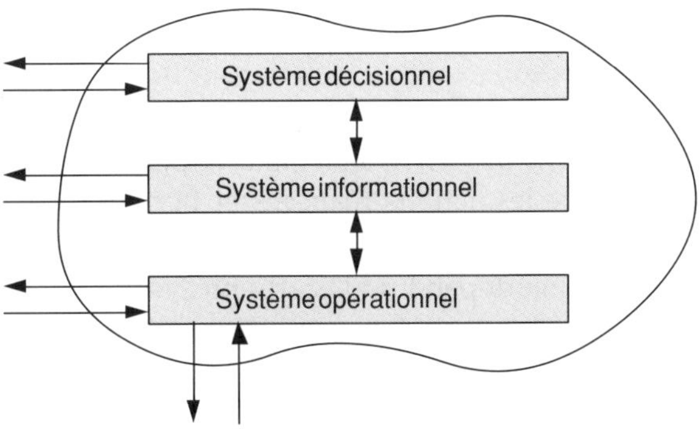

Si l'ensemble des décisions (système décisionnel) est appréhendé de manière globale et interdépendante, il faut que les outils de traitement des informations (système informationnel) intégrent aussi cette approche pour aider à la décision.

4.2. Le contrôle de gestion dans une approche systémique

a) Une vision globale nécessaire

Le pilotage de l'organisation repose sur le cycle :

INFORMATION → DÉCISION → ACTION → CONTRÔLE

Le contrôle de gestion apparaît comme un instrument indispensable au pilotage et ce, sous plusieurs aspects.

- **Pilotage de l'ensemble et des parties**

Le contrôle de gestion doit être une «loupe» sur certains points de l'activité (par l'intermédiaire, entre autres, des calculs de coûts partiels), mais doit aussi donner une image de l'enchaînement des activités pour en mesurer l'efficacité globale, au travers des plans et budgets, par exemple.

- **Pilotage permanent**

Le contrôle de gestion est aussi un baromètre permanent pour mesurer les actions et aider au recentrage des actions pour atteindre les objectifs fixés.

b) Une vision cybernétique nécessaire

La cybernétique est la discipline qui analyse le comportement des systèmes finalisés. Elle étudie comment ces derniers s'adaptent aux modifications de leur environnement, grâce à des procédures de contrôle qui régulent par rétroaction.

Le **contrôle de gestion** s'intègre bien dans cette problématique.

Pour lutter contre les dérèglements du système dus aux prévisions imparfaites et aux perturbations de l'environnement et pour rétablir l'équilibre, le contrôle de gestion mesure les actions réalisées et permet les **rétroactions nécessaires** sur les prévisions, les objectifs et les actions.

En effet, la décision dépend de l'écart entre les objectifs prévus et les résultats pour rétroagir sur la cause. On peut ainsi représenter la place du contrôle de gestion dans le processus par le schéma suivant :

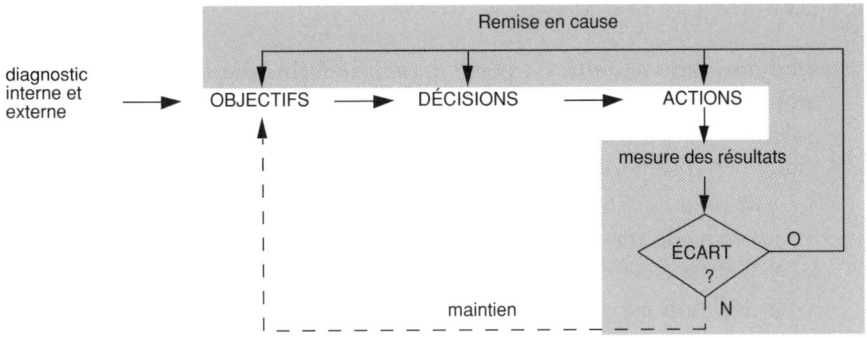

Le **contrôle de gestion** apparaît alors comme le sous-système permettant d'organiser l'effet de rétroaction nécessaire.

5. Le contrôle de gestion et l'approche décisionnelle de l'organisation

5.1 La décision et la rationalité limitée

a) Définition

La décision peut être définie comme un choix délibéré parmi plusieurs possibilités, dans le but de résoudre un problème.

b) Les théories de la décision

Trois théories ont étudié la décision en y apportant successivement une dimension supplémentaire[1].

• **Théorie classique** : la théorie de l'acteur rationnel. La décision est linéaire, unique et optimale.

• **Théorie du processus politique** : la rationalité est limitée et la décision est incertaine. Les acteurs tentent d'influencer la décision.

• **Théorie du processus psychologique** : dans le contexte contemporain la décision ne peut être que contingente. La décision «satisfaisante» à un moment donné dans un contexte précis a remplacé la décision optimale, unique et standard, quel que soit le cadre d'action.

1. Sfez L., *Critique de la décision*, Presses de la Fondation nationale des sciences politiques, coll. « Références », 1992.

c) La nature de la décision

• **La décision actuelle est prise dans un environnement partiellement connu**, aux mutations rapides et imprévisibles ; décider l'acquisition d'une nouvelle machine de production suppose un choix dans un environnement technologique très fluctuant et rapidement obsolète.

• **La décision est toujours multirationnelle** : les critères de décision pour acheter la nouvelle machine vont différer selon le décideur car l'optique du comptable n'est pas celle de l'ingénieur ni celle du financier.

• **La décision est plurifinalisée** : la nouvelle machine doit être techniquement performante, économiquement rentable, financièrement compatible avec les ressources.

d) Le processus de décision

Le terme de processus indique qu'il y a plusieurs étapes à la prise de décision :

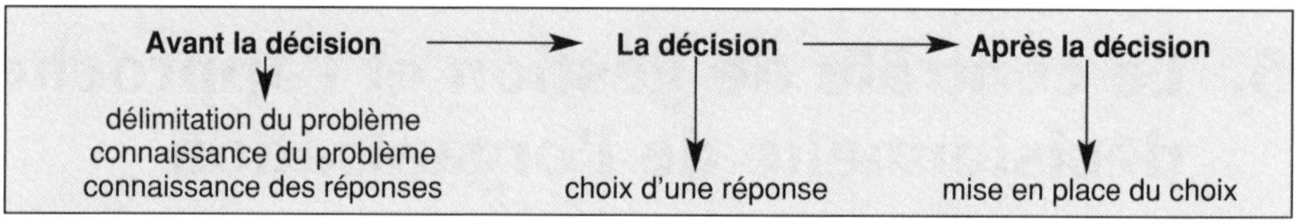

e) Le modèle IMC

Dans le cadre de l'école des systèmes sociaux (1960), Simon propose un modèle qui reste le plus répandu, le **modèle IMC** (en anglais : *Intelligence, Modelisation, Choice*).

I : – formulation du problème à résoudre et délimitation du champ d'analyse.

M : – recherche et collecte de toutes les informations nécessaires pour appréhender et résoudre le problème ;
– élaboration de toutes les solutions alternatives possibles et compatibles pour l'entreprise.

C : – détermination d'un critère de choix pour sélectionner la solution la plus satisfaisante.

De nombreux autres modèles ont été élaborés mais tous reprennent la même séquence en la détaillant plus ou moins.

Simon introduit la notion de **rationalité limitée** : les décideurs ne peuvent appréhender l'ensemble du problème qui se pose à eux et simplifient donc leur délimitation du champ d'analyse.

D'autre part, les connaissances sont incomplètes pour donner une image fidèle, objective et rationnelle du problème.

De plus, le système de valeurs du décideur biaise ses choix.

La rationalité limitée des individus affecte donc les processus décisionnels mais aussi les systèmes d'information qui sont mis en place pour aider à la décision. Cela touche donc le contrôle de gestion.

5.2 L'organisation est un système social

Après l'école des relations humaines qui prend conscience des besoins et des motivations de l'homme au travail, l'étape suivante est la conception de l'organisation comme un système social.

En élargissant la perception et le rôle de l'entreprise, les auteurs tels que Herzberg, Crozier recherchent la participation et l'intégration du personnel pour améliorer les performances de l'organisation. Cela conditionne de nouvelles formes d'autorité, de nouvelles pratiques du pouvoir, de responsabilisation et d'autonomie.

L'aboutissement du mouvement des relations humaines est l'intégration de la dimension humaine dans l'analyse économique des entreprises.

L'analyse socio-technique montre l'interdépendance du système technique avec ses critères quantitatifs et du système social avec ses implications psychologiques et ses contraintes sociales.

La prise en compte de l'environnement turbulent et incertain, de la double dimension technique et humaine de toute entreprise bouleverse l'analyse de la stratégie et des décisions.

La gestion des structures, des procédures de travail, des contrôles et surtout de l'information, de sa circulation, de la communication s'en trouve également modifiée.

Ansoff et Drucker ont largement contribué à élargir l'approche de l'organisation pour aboutir à :
- un **système** dont les éléments en interdépendance doivent coopérer et communiquer,
- **ouvert** sur l'environnement incertain et perturbateur,
- **socio-technique**,
- et **finalisé**, avec des objectifs qui évoluent et des mécanismes régulateurs pour piloter l'ensemble.

5.3 Évolution du contrôle de gestion après les théories de la décision

Ces nouvelles approches ont fortement influencé la place et l'optique données au contrôle en général, au contrôle de gestion en particulier.

L'enrichissement des tâches, la délégation et la décentralisation du pouvoir et des décisions, l'introduction de la dimension qualitative ne peuvent que modifier les objectifs et les utilisations du contrôle de gestion.

• On passe du seul **contrôle de régularité**, de conformité, à des normes avec d'éventuelles sanctions à la clé au **contrôle d'efficacité**, appréhendé comme une source de conseil pour améliorer les performances de l'entreprise et demandant une plus grande responsabilisation et autonomie des acteurs.

• On passe du contrôle *ex post* pour vérifier un passé à un **suivi permanent** pour aider avant, pendant et après l'action. Ce n'est plus un «bâton» mais un outil de communication et de « médiation» entre les partenaires de l'entreprise.

6. Le contrôle de gestion et l'approche contingente de l'organisation

6.1 L'approche de la contingence

Les théories de l'organisation essaient de répondre à la question : existe-t-il une structure idéale pour l'entreprise et quelle est-elle ?

À la différence des théories classiques qui cherchent à établir LA norme, LE «bon» modèle quelles que soient les entreprises, les théoriciens de la contingence, une des dernières écoles de la théorie des organisations (1980), recherchent **une solution satisfaisante pour une entreprise spécificique dans un contexte particulier.**

L'organisation est soumise à des facteurs de contingence, c'est-à-dire des éléments propres à une entreprise, qui évoluent avec elle et qui influencent ses choix et ses actions.

L'environnement et ses caractéristiques sont des facteurs discriminants pour structurer l'organisation.

Plusieurs facteurs de contingence sont repérables :
- **la technologie** : selon J. Woodward, le choix de la structure est déterminé, «contingent» à la technologie utilisée dans le système de production de l'entreprise (production en petite ou grande série, processus continu ou discontinu) ;
- **la taille**, **l'âge** et **le pouvoir** de l'entreprise : Lawrence & Lorsch, Mintzberg analysent ainsi les structures les plus adéquates en fonction de ces facteurs et de leur évolution ;
- **l'environnement** : l'activité, les offreurs et les demandeurs, toutes les dimensions de l'environnement influencent également les choix structurels.

6.2 Influence de la contingence sur le contrôle de gestion

Grâce à cette problématique, il n'est plus possible de considérer le contrôle de gestion comme un outil standard pour toutes les organisations.

Le contrôle de gestion doit être un système d'information pour la dimension technique (approche quantitative du coût) mais aussi pour la dimension sociale (approche qualitative de la performance de l'organisation).

Le contrôle de gestion doit aussi être un outil de communication entre les acteurs et les services de l'organisation. Il doit faciliter les procédures de travail.

Sa place, l'importance de son rôle, sa conception et son utilisation vont être très différents selon les spécificités des entreprises.

Le contrôle de gestion doit s'adapter aux besoins d'information de l'organisation et ne pas être «plaqué» de la même manière dans toutes les entreprises.

> **Le contrôle de gestion dans les approches récentes** est un instrument d'analyse des performances, spécifique selon les objectifs de l'organisation et les comportements des participants.

7. Le contrôle de gestion et les approches contractuelles de l'organisation

7.1 L'organisation, lieu de contrats

Cette approche provient des formalisations de la théorie de la firme. Trois courants peuvent apporter un éclairage sur l'organisation et son contrôle.

a) Théorie des coûts de transaction

R. Coase (1937) a montré la nécessité des organisations à partir du concept de coût de transaction. Dans une économie de marché, il existe des coûts incontournables lorsque l'on s'adresse au marché : ce sont les coûts de fonctionnement du système d'échange pour procéder à l'allocation des ressources et transférer des droits de propriété (coût d'information, coût de transport, coût de négociation, coût de taille, etc.). Ces coûts de transaction sur le marché plus ou moins élevés conduisent à se détourner du marché et à mettre en place des organisations limitant ainsi les échanges. Donc les coûts de transaction expliquent l'existence des firmes mais, à l'inverse, les coûts organisationnels de fonctionnement de la structure de la firme limitent la substitution complète du marché par les organisations.

b) Théorie des droits de propriété

L'entreprise « managériale » qui apparaît dans les années 60 aux États-Unis fait apparaître une séparation entre le propriétaire de la firme (actionnaires) et le dirigeant manager gérant l'organisation. Le propriétaire délègue au gestionnaire un mandat de gestion de ses droits de propriété.

c) Théorie de l'agence

Une relation d'agence est un contrat par lequel une personne (le principal) engage une autre personne (l'agent) pour exécuter en son nom une tâche qui implique une délégation d'un certain pouvoir de décision à l'agent.

Cette réalité apparaît dans les organisations avec la diversification des activités et donc la nécessaire spécialisation des tâches ; un seul acteur ne peut maîtriser tous les domaines de la gestion.

Avec cette approche, synthèse des deux précédentes, l'entreprise devient un ensemble de contrats au sein de l'organisation, qu'il faut mettre en place puis contrôler.

7.2 Le contrôle de gestion, outil des relations contractuelles

• En fonction de la complexité de l'environnement, des variables qu'il faut prendre en considération, l'organisation sera plus ou moins externalisée en comparant les coûts de transaction et les coûts organisationnels. Ainsi, l'organisation n'est pas un état fini mais un processus de transformation permanente, ce qui oblige à modifier les procédures de travail, de contrôle en fonction de l'évolution de la structure. Il faut donc adapter les méthodes du contrôle de gestion pour mesurer, coordonner et faire communiquer les différentes unités internes ou extérieures à l'organisation. Le contrôle de gestion sera d'autant plus difficile et compliqué que l'entreprise sera éclatée ou en « réseau ».

• Avec l'entreprise managériale, le propriétaire actionnaire souhaite contrôler les résultats du gestionnaire et éventuellement orienter ses actions en fonction de ses propres objectifs qui ne sont pas nécessairement ceux du gestionnaire. Le contrôle de gestion peut alors être élaboré et utilisé comme un outil de mesure des performances, base de dialogue et de négociations entre ces deux acteurs.

• De même, dans les relations d'agence, donc de délégation de pouvoir et de responsabilité à l'intérieur de l'organisation, des outils du contrôle de gestion peuvent être des systèmes d'information assurant le suivi des actions mandatées et le contrôle de leurs résultats.

8. Le contrôle de gestion et l'approche évolutionniste de l'organisation

8.1 L'approche évolutionniste (1980)

Se fondant sur des modèles biologiques et sur les principes de la sélection naturelle, des analyses montrent que les organisations évoluent et se transforment pour répondre aux sollicitations et modifications externes et internes.

L'organisation réagit à son environnement et s'adapte grâce à ses compétences d'«apprentissage ». L'apprentissage est défini comme un processus par lequel la répétition et l'expérience accumulées font que les activités sont effectuées de mieux en mieux, de manière de plus en plus efficace.

La valeur et la qualité d'une organisation dépendent ainsi de sa capacité à mettre en place des procédures organisationnelles, des « routines » pour maîtriser ses apprentissages.

8.2 Le contrôle de gestion comme moyen de routines ou d'apprentissage

En fixant des procédures de mesure et de contrôle, des démarches de résolution de problème et d'amélioration de processus, le contrôle de gestion peut être considéré comme un ensemble de routines garantissant la pérennité de l'organisation. Il peut également, par des remises en cause de ses objectifs, de ses rôles, de ses techniques, devenir un levier du changement et d'apprentissage organisationnel.

TABLEAU RÉSUMANT LA PROBLÉMATIQUE ACTUELLE DU CONTRÔLE DE GESTION

De l'étude de la théorie des organisations il en découle un nouveau cadre d'analyse pour le contrôle de gestion :

– le contrôle de gestion doit être appréhendé comme un SYSTÈME, système d'information pour le système Entreprise ;
– le contrôle de gestion s'insère dans une entreprise et un environnement COMPLEXE et INCERTAIN ;
– les objectifs et les paramètres du contrôle de gestion ÉVOLUENT dans le temps et l'espace, tant à l'intérieur qu'à l'extérieur de l'organisation ;
– le contrôle de gestion s'insère dans un système décisionnel à RATIONALITÉ LIMITÉE ;
– le contrôle de gestion doit intégrer une DIMENSION HUMAINE et sociale.

Ces caractéristiques ne réduisent pas la portée et l'intérêt du contrôle de gestion mais en modifient le champ d'analyse et obligent à faire évoluer les outils de gestion.

– approche système
– dimension humaine
– approche socio-technique
– rationalité limitée
– contingence
– coût de transaction
– incertitude complexité

⇒

CHAMP ÉLARGI DU CONTRÔLE DE GESTION :
– avec des variables quantitatives et qualitatives
– avec la dimension humaine
– pour un pilotage adaptatif
– à l'intérieur et à l'extérieur organisation

⇓

Contrôle de gestion, système d'information, contingent et social, outil d'aide à la décision, dans un environnement complexe et incertain.

⇓

LES 4 MISSIONS DU CONTRÔLE DE GESTION
- planifier
- suivre
- motiver
- mesurer les performances

⇓

LE CONTRÔLE DE GESTION EST UN SYSTÈME { d'ANIMATION / d'INFORMATION / de CONTRÔLE

LES SCIENCES UTILISÉES PAR LE CONTRÔLE DE GESTION

Techniques comptables
Informatique de gestion
Analyse des organisations
Analyse socio-technique
Systémique

→ SYSTÈME CONTRÔLE DE GESTION

RÉFLEXIONS SUR LE THÈME

1. Une vision plus réaliste des organisations mais plus complexe

L'approche de l'entreprise s'est modifiée avec l'enrichissement de la théorie des organisations.

Aujourd'hui l'organisation ne peut être considérée que comme un système aux multiples dimensions, aux multiples objectifs, composé d'acteurs aux multiples motivations, qui ne peut que sous-optimiser sous contraintes dans un contexte contingent et fluctuant.

Tous les éléments d'analyse nous permettent d'appréhender l'entreprise de manière vivante, globale, proche de sa réalité d'action.

Mais la modélisation de l'entreprise et de son fonctionnement qui résultait de la vision classique, simple mais incomplète, est de moins en moins possible.

Les facteurs, les critères quantitatifs et qualitatifs qu'il faudrait intégrer pour une représentation complète sont difficiles à introduire et à mesurer.

Voilà pourquoi la gestion des entreprises requiert des domaines de plus en plus variés tels que les statistiques, la comptabilité, la recherche opérationnelle mais aussi la sociologie des organisations, la psychologie, etc.

2. Une évolution déterminante et irréversible du contrôle de gestion : vers une dimension sociale

La pratique du contrôle est devenue indispensable et doit dorénavant intégrer deux aspects essentiels :

- les **relations sociales** à l'intérieur et à l'extérieur de l'entreprise, mettant en jeu des critères qualitatifs,
- et la **complexité** des échanges, des facteurs, des interdépendances qui conditionnent l'organisation.

L'analyse des théories des organisations montrent bien les liens étroits qui existent entre l'entreprise, organisation structurée et finalisée qui doit s'adapter à son environnement et les systèmes d'information – et en particulier le contrôle de gestion – qui aident à prendre les bonnes décisions.

La vision plus riche et plus réaliste de l'organisation au travers des théories des organisations conduit à bousculer le concept de contrôle de gestion.

Le **contrôle vérification a posteriori-sanction** devient un **contrôle-suivi-conseil.**

L'évolution du contexte et de la compréhension des organisations induit donc nécessairement des changements à tous les niveaux.

C'est pourquoi les outils et les méthodes du contrôle de gestion doivent évoluer et s'adapter comme nous l'étudierons à travers les deux volets de la seconde partie du livre : les techniques de base et les nouvelles techniques.

3. L'approche analytique n'est pas exclue, elle est complémentaire de l'approche systémique

L'approche système ne relègue pas l'analyse au rang des outils périmés. Les deux angles d'attaque sont différents mais éclairent une entité de manière aussi riche ; c'est l'association des deux démarches qui permet de mieux comprendre la structure et le fonctionnement d'un ensemble.

Applications

(1) *L'entreprise système*

(Fericelli A.M., extrait d'article de la revue *Connaissance politique*, n°1 Dalloz, février 1983.)

L'entreprise : un système adaptatif complexe

Pour étudier le fonctionnement et l'évolution de l'entreprise, dans ses relations avec l'environnement, c'est cette notion de système adaptatif complexe qui nous semble la plus fructueuse.
Ainsi que tout système ouvert, le système adaptatif complexe doit être considéré comme un système *finalisé*. Aussi bien, la notion d'autorégulation, et *a fortiori* celle d'autodirection, impliquent-elles la référence à une norme, à une fin ultime. En d'autres termes, le fonctionnement logique de la firme, système adaptatif complexe, comporte la poursuite d'un état recherché. Cet état peut être très généralement défini comme la survie, ou comme le maintien de la viabilité du système.
La complexité du système que constitue la firme doit par ailleurs être davantage explicitée. Elle doit l'être notamment grâce aux efforts de la théorie des organisations, qui conduit Mesarovic à définir l'entreprise comme un *ensemble de sous-systèmes hiérarchisés à objectifs multiples*. Cette définition plus complète permet surtout d'éclairer les conditions du fonctionnement interne de la firme, et en particuler les conditions de coordination et de communication entre les diverses unités de décision. Mais ce serait appauvrir l'analyse de fonctionnement et d'évolution que nous nous proposons de développer ici, que de négliger les cheminements internes à l'entreprise.
Au total, par conséquent, nous considérerons l'entreprise comme un système ouvert, adaptatif, finalisé et formé de sous-systèmes hiérarchisés.

L'environnement : un ensemble d'états et d'événements

Il reste maintenant à définir la notion d'environnement. Nous avons déjà souligné que l'environnement avec lequel l'entreprise entretient des échanges est de nature économique, sociale et politique. [...]
[...] L'environnement est conçu comme un ensemble d'éléments plus ou moins distincts et appréhendés par l'entreprise sous la forme *d'états ou d'événements*. Dans cette acception, un événement est un ensemble d'états différents qui ont la même signification pour l'entreprise. Les relations spatiales et temporelles particulières qui existent entre les états et les événements d'un environnement spécifique, constituent les *propriétés* de cet environnement. Plusieurs arrangements des relations entre états et événements sont possibles ; chacun d'eux correspond à ce que l'on a coutume d'appeler une *variété* de l'environnement. D'un autre côté, une variété particulière d'environnement peut être caractérisée par les relations spatiales et/ou temporelles relativement stables dont elle est formée. Les relations relativement stables d'une variété d'environnement sont appelées *contrainte*. Par opposition, on qualifiera de *chaos* une variété d'environnement dans laquelle les relations entre éléments sont si peu fixes qu'il y a la même probabilité pour un événement ou un état d'être associé à n'importe quel autre événement ou état. Cette situation de hasard total indique une variété d'environnement sans contrainte, qui ne saurait rendre compte de la notion d'environnement économique, social et politique de l'entreprise, si ce n'est peut-être aux époques les plus révolutionnaires.
C'est donc la notion de *variété contrainte d'environnement* qui sera ici retenue et l'environnement lui-même sera défini par la nature et le nombre des variétés contraintes qu'il peut revêtir.

L'efficacité des procédures d'information

L'entreprise a besoin de deux catégories d'informations : une information sur l'environnement, une information sur son propre fonctionnement.
L'information sur l'environnement lui permet de connaître la variété de celui-ci à un moment donné, de prévoir les éventualités de transformation de cette variété dans l'avenir, de saisir le moment particulier où l'une des variétés possibles se réalise.
L'information sur son propre fonctionnement permet à l'entreprise de contrôler à chaque moment la

conformité des résultats à l'égard des objectifs et de réviser la stratégie dans l'hypothèse de non-conformité. [...] Bien entendu, c'est essentiellement à l'épreuve des faits que l'on est à même de juger de la qualité d'une fonction d'information. Cette qualité est évidente si les signaux internes ont permis la révision au moment opportun et si les signaux d'environnement ont permis de mettre en œuvre une stratégie qui réalise la finalité de survie de la firme. On retrouve ainsi, au niveau du choix des fonctions d'information, le rôle de l'apprentissage à partir des expériences passées.
Le choix des signes d'information constitue l'opération primordiale de la procédure d'information. C'est cette opération qui détermine la qualité de l'information. Mais la procédure d'information ne saurait être efficace s'il n'y a pas communication des flux d'information aux niveaux de décision opportuns et aux moments opportuns. [...]

QUESTIONS

1. Comment est défini l'environnement ?

2. Retrouver les caractéristiques de l'entreprise système.

3. En quoi et comment le contrôle de gestion sert les procédures d'information ?

② *Les analyses théoriques sous-jacentes au contrôle de gestion*

(Extrait de l'article de C. Grenier, «Contrôle de gestion», *Encyclopédie du management*, Vuibert, 1992.)

Sont maintenant présentés et expliqués les fondements du contrôle de gestion par référence à deux courants théoriques :
- la cybernétique et la théorie de l'information,
- la théorie de l'agence ou du mandat.

1. L'approche cybernétique

Le «paradigme cybernétique» constitue le modèle implicite de référence dans de nombreuses analyses de gestion, et en particulier dans celles relatives au système d'information. La cybernétique est présentée traditionnellement comme l'étude des systèmes, considérés sous l'angle de la commande et de la communication. Tous les systèmes semblent donc, a priori, concernés : automates, organismes vivants, organisations sociales. Les apports de cette discipline sont indiscutables sur le plan de la compréhension des mécanismes ; mais il faut se méfier des dangers de généralisation hâtive.

Les apports les plus notables de la cybernétique sont les suivants :
- elle permet de mettre en évidence les concepts logiques du contrôle qui reposent sur la dualité entre les actions mécaniques et les actions d'information ;
- par là même, elle met en évidence le rôle central joué par l'information dans le processus de contrôle ; elle y apparaît sous trois formes : comme *objet* soumis à des opérations, comme *programme d'instructions*, comme *intermédiaire de la régulation*, en particulier par la rétroaction, notion devenue aujourd'hui très familière.

La théorie de l'information a apporté des compléments intéressants :
- plus une situation est complexe, plus le nombre d'informations nécessaires pour la connaître ou la commander est élevé (loi de la variété requise) ; cela explique, on le verra plus loin, que les modes de contrôle deviennent de plus en plus globaux et qualitatifs ;
- une information renseigne d'autant plus sur une situation que cette dernière était moins probable ; se trouve ainsi justifiée l'importance qu'il convient d'accorder aux signaux faibles, hors des champs habituels et peu agrégés.

La limite de cette approche tient au fait que l'information n'y est considérée que par sa forme. Centrée sur le comportement des automates, la cybernétique ne peut pas prendre en considération la connaissance, la motivation, la compétence des individus. La transposition des concepts cybernétiques au contrôle de gestion doit donc se faire de façon restrictive. L'existence de propriétés formelles communes autorise des analogies satisfaisantes sur le plan de la compréhension des phénomènes ; mais l'entreprise possède d'autres propriétés qui ne s'accommodent pas de cette vision réductrice.

2. L'approche contractuelle

La théorie contractuelle des organisations, «en voie d'émergence», renferme, semble-t-il, de nombreuses potentialités explicatives. Elle permet déjà, dans un premier temps, de faire une lecture nouvelle des problèmes de contrôle dans l'entreprise.

Cette théorie considère l'entreprise comme un ensemble de contrats (explicites ou implicites) désignés sous le terme générique de mandat. Au sens strict, le mandat est en effet un contrat par lequel une personne (le mandant, ou principal) donne à une autre personne (le mandataire, ou agent) le pouvoir de faire quelque chose pour lui et en son nom. En prenant quelque distance par rapport aux aspects juridiques, on peut dire que la relation de mandat, ou la relation d'agence, caractérise la délégation de pouvoir, comme par exemple celle donnée par les propriétaires aux dirigeants. Les systèmes de contrôle externe sont la conséquence de cette différence de pouvoirs. La tenue des comptes joue alors un rôle de surveillance, tout particulièrement sur les avoirs de l'entreprise. Mais les systèmes comptables ont évolué graduellement et, sans abandonner les impératifs de surveillance, ils sont maintenant devenus plus sensibles à la réussite et à la performance dont ils permettent l'évaluation.

Entre les responsables et leurs collaborateurs existent également des relations de mandat : elles s'expriment implicitement (par exemple, à travers les contrats budgétaires ou les contrats de progrès) ou explicitement (par le contrat de projet, effectivement signé indépendamment du contrat de travail). On peut émettre l'hypothèse que les systèmes de contrôle interne, en particulier par les sécurités mises en place, sont en fait des moyens pour réduire les coûts liés à ces contrats (les coûts d'agence). En garantissant la confiance dans l'information et en réduisant l'incertitude dans les échanges (au sens large), ils ont une fonction d'assurance implicite.

Cette théorie, qui est loin d'être arrivée au stade de la maturité, permet toutefois de mettre en évidence les points suivants :
- elle vient compléter la vision globale de l'entreprise par une vision plus individualiste, expliquant les ajustements élémentaires (interpersonnels) ;
- elle réintroduit, à travers la relation de mandat, les problèmes d'autonomie et d'engagement volontaire ; la confiance mutuelle s'accompagne d'une demande mutuelle de contrôle. Cela est conforme aux études sur la communication qui montrent que sa réalisation effective repose autant sur la confiance réciproque entre les interlocuteurs que sur la vérité de la connaissance transmise.

L'approche cybernétique permet une description formelle des processus de contrôle, dans une perspective de régulation globale. L'approche contractuelle permet de réintroduire les acteurs dans le système. Cependant il ne s'agit là que d'éléments de compréhension et nous ne disposons pas d'une véritable théorie. Ces éléments suffisent toutefois pour justifier l'existence d'une demande de contrôle qui ne cesse de s'amplifier sous l'effet d'un accroissement simultané de la variété, de la complexité, de l'incertitude de systèmes gouvernés par des acteurs dont la rationalité est limitée.

QUESTION

Délimiter et résumer les deux approches récentes de la théorie des organisations présentées par C. Grenier qui précisent le fondement du contrôle de gestion.

3 Le contrôle de gestion et les domaines de la gestion

Le contrôle de gestion, comme système d'information de l'organisation, doit tenir compte des évolutions des domaines qui l'influencent : la stratégie, les fonctions, la structure.

L'analyse de ces influences permet de définir la place actuelle du contrôle de gestion, ses objectifs et ses enjeux.

1. L'influence de la stratégie sur le contrôle de gestion

1.1 Les définitions de la stratégie

Les premières formalisations de la stratégie pour les entreprises ont été faites au début des années 60 par Chandler et Ansoff. Ainsi pour Chandler, «la stratégie consiste en la détermination des buts et des objectifs à long terme d'une entreprise, l'adoption des moyens d'action et d'allocation des ressources nécessaires pour atteindre ces objectifs».

La stratégie se doit d'assurer la pérennité de l'organisation tout en respectant un niveau de performance satisfaisant pour ses différents partenaires, dirigeants, actionnaires, pour son personnel...

Plusieurs éléments permettent une délimitation actuelle de la stratégie.

• La stratégie se définit en comparant les forces et les contraintes de l'environnement avec les capacités et les ressources de l'organisation ; c'est pourquoi il est important et nécessaire de faire un diagnostic pertinent des potentialités et des coûts d'une organisation.

Ainsi la délimitation de la stratégie peut apparaître comme un compromis ou un arbitrage entre les trois questions suivantes :
- que veut faire l'entreprise ? ⟶ valeur, finalité, objectifs ;
- que sait faire l'entreprise ? ⟶ compétences, ressources, facteurs clés de succès ;
- que peut faire l'entreprise ? ⟶ contraintes, chances externes.

• Les raisons de définir une stratégie sont nombreuses.

La stratégie choisie sous contraintes par une entreprise doit permettre à l'organisation :
- de réagir aux évolutions de l'environnement ;
- de rechercher une compétitivité-coût et hors coût ;
- de se différencier des concurrents ;
- de se développer.

Pour l'aider dans tous ces choix, le gestionnaire a besoin d'informations précises et permanentes sur la performance de son entreprise : des indicateurs quantitatifs et qualitatifs, financiers mais aussi physiques sur toutes les ressources de l'organisation, passées et futures.

1.2 Le contexte stratégique actuel

Il est possible de repérer plusieurs tendances pour caractériser le contexte stratégique actuel.

a) Un système d'objectifs diversifiés et contradictoires

L'entreprise doit essayer simultanément d'atteindre plusieurs objectifs pas toujours convergents :
- la **productivité** et la **flexibilité,** auparavant considérées comme un dilemme, sont recherchées conjointement ;
- une **qualité** élevée et un **coût** minimum doivent coexister ;
- un temps de réaction court et des **délais** toujours plus serrés doivent s'insérer dans les objectifs précédents.

Le gestionnaire a donc besoin d'indicateurs sur tous ces paramètres, quantitatifs et qualitatifs, pour opérer des arbitrages et obtenir des avantages concurrentiels.

b) Un fort degré de concurrence

La mondialisation de l'offre et de la demande, la réduction du temps et de l'espace, les turbulences économiques, politiques sociales et technologiques, accroissent fortement le nombre de leviers d'action qu'il faut gérer pour faire face à une **concurrence de plus en plus diversifiée** et dispersée.

Les entreprises ont besoin de piloter leurs activités de manière précise et permanente pour les réorienter si les concurrents et le marché évoluent.

c) Un raccourcissement du temps de réaction

Ces évolutions économiques et technologiques inhérentes à tout environnement d'entreprise se situent aujourd'hui dans une dimension temporelle différente de celle du début du siècle.

Les évolutions et les retournements de tendances sont rapides, le degré de volatilité et de versatilité est fort, les périodes de stabilité se réduisent.

Donc une contrainte nouvelle forte pour la gestion des entreprises apparaît : **le temps**, c'est-à-dire le **délai de réaction**, la **durée** de fabrication, de distribution.

Là encore, cette contrainte supplémentaire conduit le gestionnaire à intégrer des paramètres qu'il faut mesurer, contrôler, suivre.

Ainsi, pour répondre à ces contraintes et à ces turbulences, les entreprises doivent mettre en place des analyses précises de leurs forces et de leurs faiblesses, des diagnostics internes et externes, pour bien orienter leurs choix stratégiques et les actions qui en découlent.

L'analyse stratégique comprend trois volets :
- l'analyse de la concurrence et du marché dans lequel l'entreprise évolue ;
- l'analyse des potentialités technologiques, des tendances et des opportunités ;
- l'analyse des compétences de l'organisation, de la structure, des acteurs.

Le contrôle de gestion en tant qu'aide au pilotage stratégique et à la gestion des acteurs peut être un système d'information efficace.

1.3 Les orientations stratégiques actuelles

L'entreprise doit déterminer les **domaines d'activité**, les couples **produit-marché** sur lesquels elle se positionne, ainsi que les modes **d'obtention d'avantage concurrentiel**, pour être compétitive sur ces domaines.

a) La segmentation stratégique

L'entreprise délimite son champ d'action :
- **une activité** plus ou moins étendue : spécialisation sur un produit, focalisation sur un interstice de marché ;
- ou **un portefeuille d'activités** : diversification ou intégration verticale.

Elle doit également définir la dimension de son domaine d'activité : nationale ou internationale.

Pour tous ces choix, l'entreprise opère une segmentation stratégique à partir de son ou ses métiers.

Un **segment stratégique** est un sous-ensemble de l'activité totale de l'entreprise pour lequel la combinaison des facteurs clés de succès est spécifique.

Plusieurs critères de segmentation fondés sur les caractéristiques du métier ou des compétences distinctives peuvent être utilisés :
- une technique,
- un produit,

– un type de client,
– une zone géographique.

Après avoir effectué cette segmentation, le gestionnaire pourra déterminer le type de produit et le prix qu'il va proposer sur chaque segment.

Le contrôle de gestion sera alors utile pour aider à la fixation des prix en fonction des coûts et des performances des activités.

b) Les axes stratégiques

L'entreprise doit d'abord choisir ses axes de développement sur chaque activité : le **maintien**, la **croissance** ou **l'abandon**.

Puis, pour acquérir ou maintenir un avantage concurrentiel sur ses marchés, l'entreprise recherche les moyens de se démarquer de ses concurrents.

Pour ce faire, deux grands axes stratégiques sont repérés par M. Porter :
– la stratégie de **domination par les coûts** et/ou,
– la stratégie de **différenciation des produits**.

Il est possible d'ajouter d'autres stratégies fondées sur d'autres facteurs clés de succès :
– la stratégie d'**innovation**,
– la stratégie de **flexibilité**.

Là encore, le choix de ces axes s'appuie sur les informations données par les outils de gestion et en particulier le contrôle de gestion quand il s'agit de stratégie de domination par les coûts.

1.4 La stratégie et le contrôle de gestion

a) Le contrôle de gestion et le diagnostic

Dans ce contexte, le contrôle de gestion voit ses objectifs et son champ d'analyse s'élargir.

Les décideurs cherchent à utiliser les outils du contrôle de gestion comme une **aide au diagnostic** des **facteurs clés de succès** (FCS), des compétences spécifiques de l'organisation, pour toutes ses activités et les départements de sa structure.

H. Bouquin représente ainsi le contrôle de gestion comme déclinaison de la stratégie [1] :

1. H. Bouquin, *Fondement du contrôle de gestion*, PUF, Que sais-je ?, n° 2892.

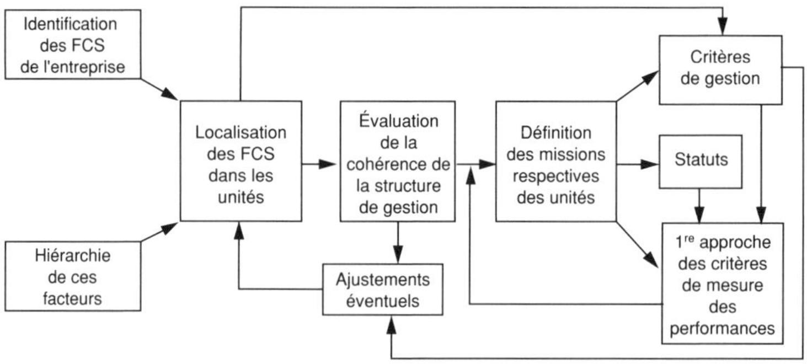

À partir de la détermination des facteurs clés de succès, il est nécessaire d'organiser les actions qui en découlent, les investissements nécessaires et d'affecter les objectifs et les ressources aux différents départements ou centres de responsabilité concernés ; enfin une fois définies les missions, il faut élaborer les critères pour mesurer les résultats.

b) Le contrôle de gestion et le pilotage

Comme ensemble de procédures représentant tout le fonctionnement d'une organisation, le contrôle de gestion peut être une **aide au pilotage permanent,** donnant en temps réel des indicateurs de performance pour orienter les décisions stratégiques.

Ainsi il est possible de situer le contrôle de gestion dans une démarche de pilotage de l'organisation.

> D'après Demeestère[1], le pilotage est une démarche de management qui relie stratégie et action opérationnelle et qui s'appuie, au sein d'une structure, sur un ensemble de systèmes d'informations comme les plans, les budgets, les tableaux de bord, la comptabilité de gestion, qu'est le contrôle de gestion.

Le pilotage et donc le contrôle de gestion sont au cœur d'un ensemble de relations comme le montre le schéma suivant :

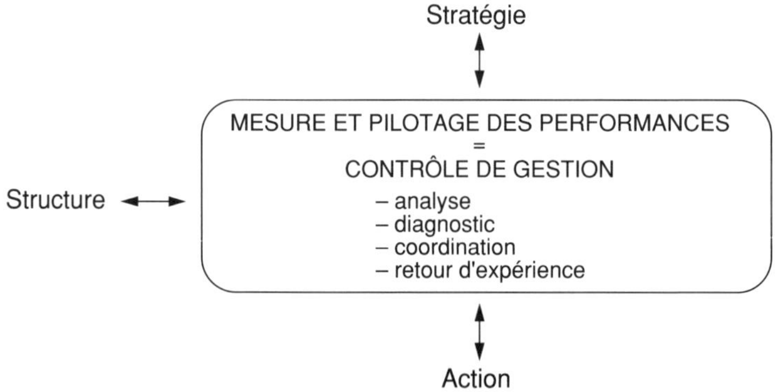

1. R. Demeestere, P. Lorino, N. Mottis, *Contrôle de gestion et pilotage de l'entreprise*, Nathan, 2002.

c) La place du contrôle de gestion dans le processus stratégique

Le contrôle de gestion doit être en interaction avec les objectifs et les stratégies de l'entreprise.

Les techniques pour préparer, coordonner et contrôler l'activité de production doivent s'articuler à partir des objectifs et des stratégies définis globalement pour l'entreprise et doivent servir à mesurer leur efficience et leur efficacité.

Pour ce faire, le contrôle de gestion intervient **avant**, **pendant** et **après** l'action.

On peut présenter l'intégration du contrôle de gestion dans le processus de pilotage de l'entreprise par le schéma ci-dessous.

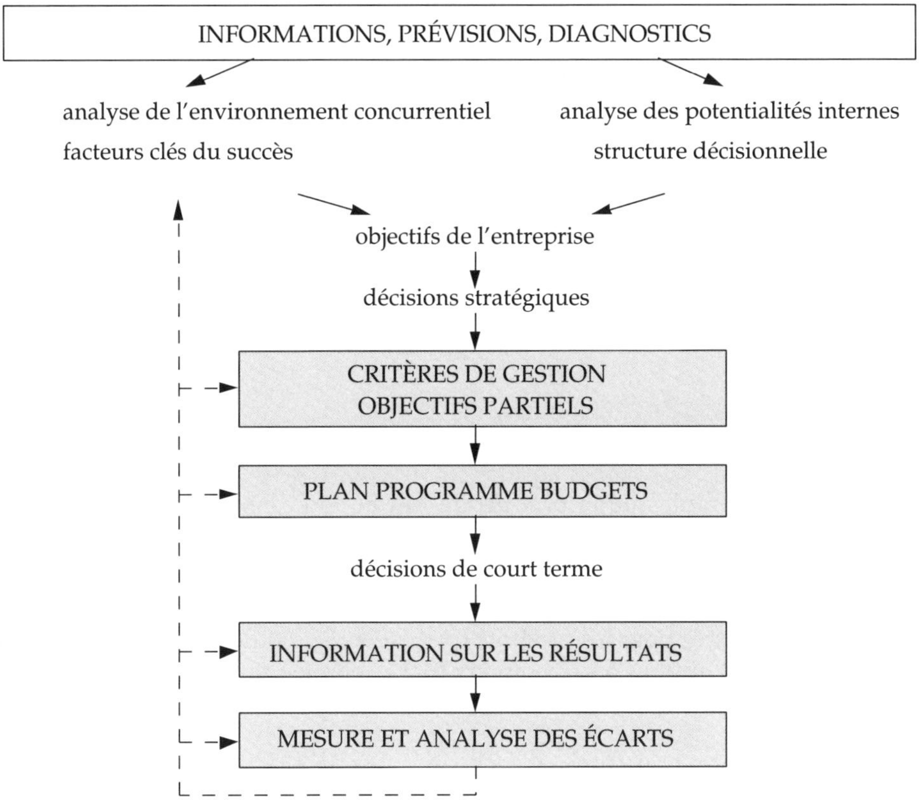

(Le contrôle de gestion apparaît dans les cadres grisés)

2. L'influence des pôles de la gestion sur le contrôle de gestion

Au fur et à mesure de la mise en exergue des différentes fonctions de l'entreprise et de l'importance des interdépendances entre les quatre pôles de la gestion : production – commercial – finance – ressources humaines, les gestionnaires étendent leurs demandes aux outils du contrôle de gestion.

2.1 Les fonctions premières du contrôle de gestion

a) Le domaine spécifique de la production

Avec les grandes entreprises industrielles du début du XXe siècle, les responsables et décideurs de la **production** apparaissent comme les acteurs stratégiques essentiels de l'entreprise. L'objectif essentiel de productivité et de rendement quantitatif aboutit à des choix de production bien délimités :
- une production de masse,
- des produits faiblement diversifiés,
- une division du travail et une centralisation des responsabilités.

Le premier champ d'action du contrôle de gestion se limitait alors à la gestion de la production dans un objectif de productivité et de rationalisation, dans une organisation taylorienne et une approche quantitative de la résolution des problèmes.

b) Le contrôle de gestion comme outil de suivi opérationnel

Les responsables de la production ont alors besoin d'outils et de démarche pour effectuer un suivi opérationnel de court terme.

Il faut contrôler la réalisation des actions, déterminer des écarts par rapport à des objectifs fixés. Le calcul des coûts de production permet d'orienter les actions futures pour les produits (par exemple : nouveau prix de vente, nouvelle quantité) et pour les opérateurs (par exemple : taux de rémunération, heure de travail...).

2.2 Évolution de la prédominance des fonctions de l'entreprise

a) Les différentes phases de domination des domaines de gestion

À partir de la décennie 60, une **deuxième période** apparaît pour l'ensemble des entreprises : la **fonction commerciale**. Après la forte absorption de la demande, la saturation apparaît et les exigences du marché se traduisent par une diversité et une qualité accrues des produits.

L'entreprise doit alors appliquer la démarche mercatique (l'inverse de celle du producteur dans la phase précédente) pour connaître son marché avant de produire les biens qui seront acceptés.

Les orientations stratégiques :
- diversification des produits et des marchés,
- raccourcissement du cycle de vie des produits,

obligent à de nouveaux choix de production faisant émerger la nécessité d'une certaine flexibilité.

Il est possible de repérer une **troisième phase** durant la décennie 70 ; c'est l'émergence, la diffusion et la domination au sein des grandes entreprises de la fonction **ressources humaines**. Les choix stratégiques et les résultats des activités semblent essentiellement corrélés à la gestion des acteurs. En tout état de cause, après cette période, il n'est plus possible de négliger la dimension humaine au sein des organisations.

La décennie 80 peut constituer une **quatrième étape** dans l'évolution des dominations des fonctions ; en effet, avec les profondes modifications des marchés financiers, la fonction **finance** apparaît comme prédominante pour assurer la performance des entreprises

Après la domination successive des quatre pôles de la gestion durant une quarantaine d'années, les années 90 voient apparaître une approche systémique mettant en évidence les influences réciproques, multiples et permanentes de toutes les dimensions de la gestion.

Ainsi toutes ces phases aboutissent à une vision contemporaine interdépendante nécessitant l'intégration de toutes les variables de gestion.

Les choix stratégiques comme les choix de production évoluent dans ce nouveau cadre et nécessitent des adaptations des outils d'aide à la décision et au contrôle.

b) Extension du contrôle de gestion aux autres fonctions

Face à cette interdépendance des fonctions et des activités, les outils de suivi et de contrôle de la production sont étendus et adaptés aux autres fonctions :
- le marketing,
- les ressources humaines,
- la finance.

Le contrôle de gestion doit donc servir au suivi opérationnel de court terme de toutes les fonctions et activités de l'entreprise.

2.3 La nouvelle problématique de la production

a) Évolution de la stratégie de production

Les évolutions de la demande, de la technologie de l'offre (que nous avons présentées dans le chapitre 1) orientent les choix stratégiques et induisent une nouvelle problématique de la production tant dans les objectifs, les stratégies, l'organisation que dans les outils de gestion.

1) De nouveaux objectifs

Face à ces nouvelles contraintes et opportunités économiques et technologiques de l'environnement mondial, l'entreprise cherche à satisfaire ses clients pour conserver et accroître sa part de marché (**flexibilité**) et en même temps recherche la minimisation de ses coûts (**productivité**).

Les entreprises sont donc face à un système d'objectifs :
- augmentation de la qualité,
- augmentation de l'adaptabilité des produits,
- diminution des délais,
- diminution des coûts,

que la fonction de production doit chercher à atteindre.

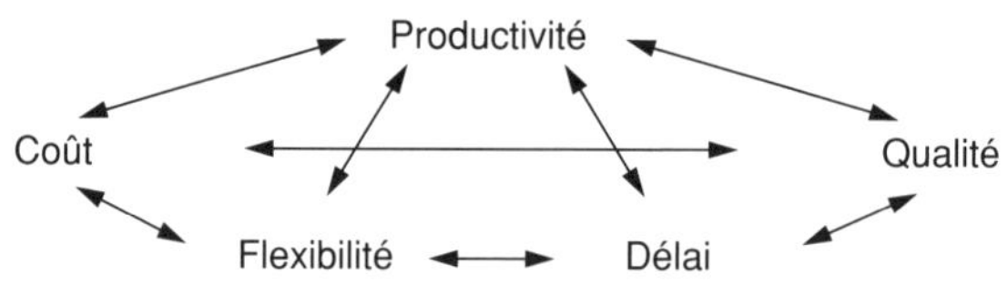

> Les deux objectifs auparavant contradictoires – **productivité** et **flexibilité** – peuvent être dorénavant compatibles **simultanément** grâce aux possibilités technologiques des machines.

2) De nouveaux moyens

Le dilemme être rentable – avec des grandes séries pour atteindre des économies d'échelle mais avec des produits homogènes qui ne conviennent pas à tous les clients – ou être près du client – avec des produits spécifiques mais coûteux et non rentables car fabriqués en petites séries – n'existe plus.

Les technologies flexibles et les nouvelles organisations de la production permettent de faire des petites séries rentables tout en satisfaisant le client.

Les équipements électroniques et les machines à commande numérique apportent une souplesse considérable. En effet, la production peut être faite en petits lots pour répondre aux besoins spécifiques de différents clients tout en restant rentable car la flexibilité des outils permet de ne pas perdre de temps et d'avoir des coûts plus bas.

3) De nouvelles stratégies

Plusieurs nouvelles orientations stratégiques permettent de répondre à ce contexte :
- élaborer des produits qui représentent de la **valeur** pour la demande (utilité, service, qualité) ;

– être **flexible** dans la production, l'organisation et les hommes pour s'adapter à toutes les évolutions rapides des marchés ;
– obtenir simultanément une **réduction des coûts** et une amélioration de la **qualité**.

Pour réaliser ces objectifs, les entreprises sont de plus en plus amenées à travailler au-delà de leur structure, avec des partenaires extérieurs qui sont ponctuellement et temporairement plus efficaces ; ces coopérations conduisent à des relations interfirmes de plus en plus nombreuses.

Ces évolutions provoquent nécessairement des modifications et des adaptations des outils de gestion et du contrôle de gestion :
– de nouvelles méthodes apparaissent : analyse de la valeur, contrat d'assurance qualité... ;
– le domaine du contrôle de gestion s'étend : il englobe toutes les étapes du processus de production.

À ce niveau d'analyse, pour bien comprendre la nécessité de faire évoluer la notion de coûts et de contrôle de gestion, il semble nécessaire d'insister sur deux caractéristiques actuelles importantes de la gestion des produits.

• **L'association des cycles** au sein d'une organisation

Dans l'optique d'une meilleure réactivité, d'une gestion du temps et d'une recherche de plus de valeur pour le produit, les gestionnaires essaient de réduire le temps, les coûts en rapprochant voire superposant les trois étapes successives pour proposer un produit :

Conception → Fabrication → Distribution

Il faut donc que l'organisation permette cette intégration plus grande entre ces trois cycles, une communication plus homogène et plus rapide entre les acteurs.

En conséquence associer les cycles conduit à :
– **associer les tactiques** et les démarches : tous les services doivent avoir les mêmes conceptions de la qualité, de l'amélioration permanente des processus, de l'optique client et temps (*time to market*) ;
– **associer les acteurs** : tous les métiers et tous les partenaires doivent travailler ensemble aussi bien à l'intérieur qu'à l'extérieur de l'organisation (c'est le but de la gestion par projet ou de **l'ingénierie simultanée**) ;
– **associer les outils et les méthodes** : pour gagner du temps et se comprendre les acteurs doivent utiliser les mêmes systèmes d'information, les mêmes indicateurs de gestion et démarches de calculs.

Cette intégration nécessaire pour la réussite des stratégies induit des remises en cause profondes de la structure de l'organisation et des outils de gestion, en particulier le contrôle de gestion.

• **L'engagement des dépenses** pour un produit durant son cycle de vie

Dans la même optique que précédemment et dans le cadre de cette association des cycles, les choix d'investissements qui sont faits pour apporter la valeur aux produits sont décidés dès les premières phases de conception. Ainsi dès le début du cycle de vie du produit, des dépenses sont engagées de manière irréversible, alors même que le produit n'est pas encore achevé et sans qu'il soit possible d'en modifier le contenu et le montant.

Dès la conception, environ 80 % des dépenses futures sont décidées même si les dépenses effectives se répartiront sur l'ensemble de la vie du produit. Il est possible de représenter la situation par un graphique :

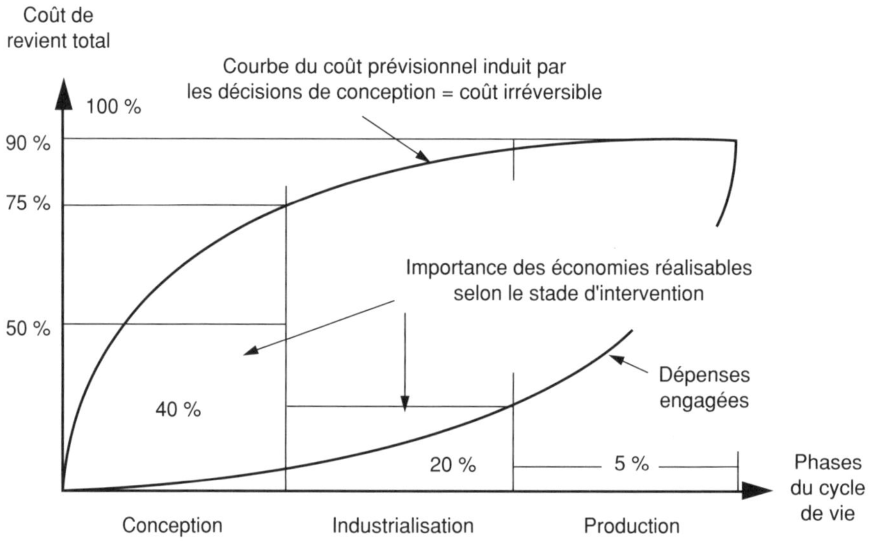

Source : *Revue française comptable*, n° 253, février 1994.

C'est pourquoi, là encore, le calcul des coûts au sein du contrôle de gestion doit s'adapter à cette évolution pour mieux aider aux choix stratégiques.

b) Évolution de l'organisation de la production

L'organisation industrielle mise en place au début du siècle avec l'explosion du secteur secondaire, en fonction des objectifs et des contraintes du moment, était fondée **sur des lignes de production rigides, une régulation assurée par des stocks** de produits intermédiaires et finis, **une planification de la production en amont** à partir de prévisions de vente.

Cette organisation dite taylorienne, par association à l'organisation scientifique du travail, a constitué (et constitue encore pour de nombreuses entreprises) le cadre de référence de la fonction de production et donc du contrôle de gestion.

Dans le contexte actuel de la production, pour mieux atteindre le système d'objectifs – qualité, délai, coût, flexibilité – les entreprises mettent en place de nouvelles structures tant à l'intérieur qu'à l'extérieur de l'organisation.

• **Dans le domaine de l'organisation de la production**, on cherche à gérer des flux (et non des stocks qui coûtent cher), c'est-à-dire une suite d'opérations qui s'enchaînent sans attente (flux tendus) et à déclencher ces flux en fonction de la demande en aval (flux tirés).

• Dans le cadre plus large des **trois cycles «conception-fabrication–distribution»**, on cherche à intégrer toutes les étapes dans une approche transversale, décloisonnée, de processus.

• En intégrant les relations de la production avec tous **les partenaires extérieurs** et en tenant compte de la sous-traitance, l'organisation englobe une partie de son environnement et devient un réseau.

1) La production en juste-à-temps

• Les flux tirés

La gestion de la production à flux tirés ou juste-à-temps peut être définie de la manière suivante :

> La gestion de la production en flux tirés cherche à produire pour satisfaire :
> – **la demande juste au moment où la vente doit avoir lieu,**
> – **de la juste quantité et qualité demandées.**
>
> Cette approche aboutit donc à l'opposé d'une production sur stock qu'elle cherche justement à réduire voire supprimer, d'où le nom de gestion de flux.

Cette démarche productive venue du Japon cherche donc à réduire les coûts et les délais en installant des procédures de production déclenchées par l'aval, par une demande effective, donc avec moins d'attente et de stock.

Le principe du juste-à-temps est davantage une modification organisationnelle qu'un changement technologique. L'aval (la demande) qui tire et initialise la production correspond à l'inverse de la méthode de prévision de la production où le déclenchement vient de l'amont.

• Les flux tendus

L'étape suivante d'amélioration consiste à tendre les flux (d'où le terme «production à flux tendus»), c'est-à-dire à réduire progressivement les stocks pour que le processus soit de plus en plus fluide (encore moins de temps d'attente, de délai, de coût).

L'aboutissement de cette nouvelle organisation est donc une gestion à flux tirés et tendus. Mais cela nécessite la mise en place de nouvelles procédures de travail, de contrôle et une nouvelle circulation des informations dans et à l'extérieur de l'organisation.

2) La méthode kanban

La méthode kanban s'inscrit dans la démarche du juste-à-temps (JAT). Kanban n'est pas synonyme de JAT ; il y a d'autres techniques qui organisent la production à flux tendus.

Le terme kanban signifie étiquette ou ticket en japonais.

Organiser la gestion de la production avec Kanban consiste à mettre en place un système d'information dont le point de départ est l'aval du processus productif.

Les différentes étapes du processus productif sont pilotées par l'aval, c'est-à-dire que : le poste aval, juste quand il en a besoin, requiert du poste situé juste en amont de lui qu'il lui fabrique juste ce dont il a besoin.

L'ordre se propage ainsi jusqu'au premier maillon de la chaîne de fabrication ou d'approvisionnement.

La caractéristique de la méthode réside dans le procédé pour transmettre l'information entre les deux postes aval-amont : ce sont des étiquettes qui circulent et qui donnent les ordres de fabrication ou d'approvisionnement.

Le flux physique de production est donc dans le sens inverse du flux d'information et de circulation des étiquettes.

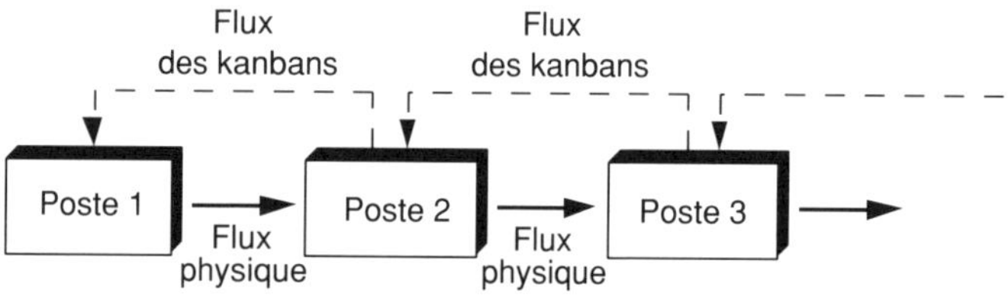

Exemple

Soit le poste de travail ① en amont et le poste ② en aval.

Un lot de pièces fabriqué par le poste ① est affecté d'un kanban, étiquette qui précise la référence de la pièce, la capacité du lot rangé dans un conteneur et les coordonnées des postes aval et amont.

Lorsque le poste ② utilise les pièces d'un nouveau conteneur, il transmet le kanban correspondant au poste ①.

Cette étiquette devient alors un ordre de fabrication pour le poste ①.

Lorsque le poste ① a terminé la production d'un lot, le conteneur avec son kanban est apporté au poste ②.

Il y a entre 2 postes un nombre défini de kanbans et donc des containers.

Chacune de ces étiquettes est soit attachée à un conteneur de pièces achevées par le poste ① et non encore utilisées par le poste ②, soit sur un tableau de kanbans au poste ① en attente d'usinage.

S'il n'y a pas de kanban au poste ①, c'est que le poste ② n'a pas exprimé de besoins, donc le poste ① ne produit pas.

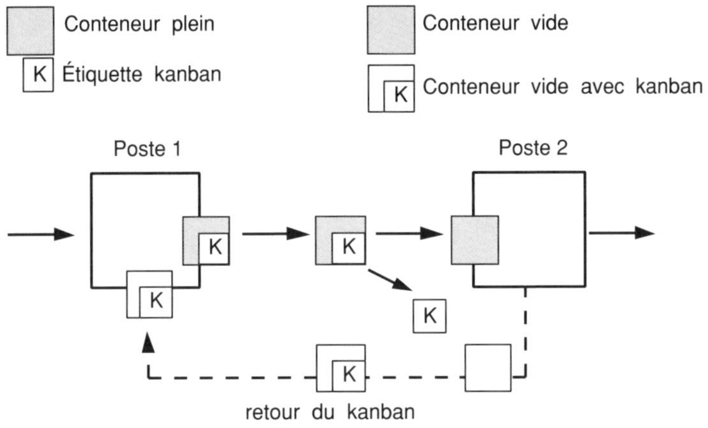

Calcul du nombre de kanbans nécessaires entre deux postes de travail

Entre un poste ① amont et un poste ② aval, le nombre optimal N de kanbans qui doivent circuler, est donné par la formule suivante :

$$N = \frac{D \,.\, L(1 + s)}{C}$$

avec :

D : nombre de pièces demandées par le poste aval par unité de temps (heure).

L : délai (en heure) de mise à disposition par le poste amont d'un conteneur de pièces (usinage + attente + transport + récupération du kanban).

s : facteur de sécurité.

C : capacité d'un conteneur.

Le raisonnement pour obtenir la formule est simple.

• Il faut déterminer le **nombre de pièces rangées dans un conteneur**, c'est-à-dire la caisse qui circule entre deux postes. Ce nombre est fonction de la taille des lots produits par le poste de travail amont, donc des contraintes techniques des machines de ce poste.

Ces conditions déterminent également le **temps nécessaire pour que le poste mette à disposition sa production au poste aval**. Le temps global englobe le temps de fabrication, le temps de transport et d'attente vers le poste aval.

• Puis on évalue la **consommation moyenne du poste aval**. Cette demande est fonction des contraintes techniques du poste.

• Le nombre de conteneurs nécessaires, donc d'étiquettes, vient alors simplement de la division de la demande du poste aval en quantité en tenant compte de son temps de mise à disposition par la capacité du conteneur.

Ainsi avec :
D : 1 000 pièces/heure
L : 30′ = 1/2 h
s : 2 % de la demande
C : 200 pièces.

Il vient $N = \frac{1\,000 \times 1/2\,(1{,}02)}{200}$ = 3 étiquettes (arrondi au nombre entier supérieur).

3) Les problèmes organisationnels de mise en place du JAT

Shingo[1] analyse bien les cinq handicaps essentiels de l'organisation de la production telle qu'elle est pratiquée dans les entreprises occidentales :
– pannes fréquentes des machines,
– longs changements d'outils,
– mauvaises implantations des postes de travail,
– qualité non maîtrisée,
– contraintes imposées par les fournisseurs.

Pour masquer ces faiblesses et ne pas trop arrêter le flux de production, les entreprises «gonflent» les stocks de matières, d'en-cours et de produits finis et «piochent» dans ces stocks en cas de blocage. D'où l'image d'un haut niveau d'eau dans la rivière pour cacher les cinq rochers.

LES CINQ ROCHERS QUI FREINENT LE FLUX DE LA PRODUCTION

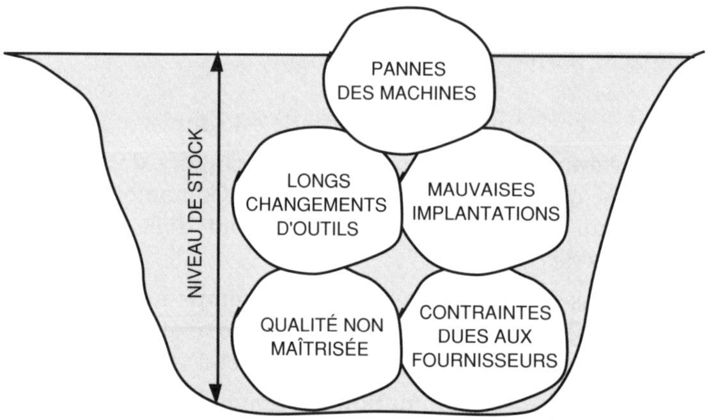

Le juste-à-temps ne peut être implanté sans simplifications et modifications organisationnelles préalables pour améliorer la productivité de toutes les ressources.

1. Shingo, *Maîtrise de la production, méthode Kanban*, Ed. Organisation, 1988.

• **Les relations avec les fournisseurs** : les contraintes de temps, de transports de coûts doivent être allégées en réduisant et en simplifiant les trajets avec les fournisseurs.

• **Le changement d'outils** : actuellement les machines peuvent effectuer des fonctions différentes en y adaptant des outils différents. Mais ces manipulations sont longues, bloquent donc le processus de production et augmentent le coût de production.

Il faut mettre en place des procédures plus rapides.

Des méthodes existent comme par exemple la méthode SMED (*Single Minute Exchange of Dies*) : grâce à des techniques d'accrochages plus pratiques et plus rapides, à des outils rangés et présentés différemment, à des manipulations et des gestes moins nombreux, l'objectif est de changer un outil en moins de 10 minutes.

Exemple

La société Citroën a mis en place le plan Mercure pour réorganiser sa production en JAT. Les tableaux suivent montrent les améliorations apportées et les résultats obtenus pour les changements d'outils :

(Exemples de résultats obtenus par les sociétés Citroën et Brown Boveri France)

Machines	Temps de changement d'outils en minutes		Gain	Coût des modifications
	Avant	Après		
– Presse d'emboutissage (Weingarten 1 500 tonnes)	285	22	93 %	12 000 €
– Tour multibroches Bullard	40	10	75 %	200 €
– Presse de découpages de tôles Spiertz (300 L) + équipement de déroulage et planage	58	15	74 %	12 200 €
– Soudeuse monopoint Languepain	70	20	71 %	4 000 €
– Presse de moulage caoutchouc Desma	120	15	87 %	6 000 €
– Presse de moulage plastique D.K. (200 t)	120	15	87 %	11 600 €
– Tour horizontale Ramo à commande numérique	5	1	80 %	6 000 €
– Four de fusion de fonte Brown Boveri	180	60	66 %	8 200 €
– Ligne d'emboutissage et de formage pour carrosserie automobile composée de 6 presses Spiertz (de 1 400 t et 400 t)	130	26	80 %	21 400 € (*)
– Ligne de 5 presses Bliss (1 400 t et 400 t)	100	18	82 %	19 800 € (*)
– Ligne de 7 presses Sciaky pour soudure par points	33	5	85 %	4 600 € (*)

(*) Prix moyen par machine.

• **La qualité** : la mise en place de procédures de contrôle pour améliorer la qualité du produit et du processus de fabrication (son étude sera faite au chapitre 23).

• **Les implantations des machines et des cellules de travail. Les flux et les transports de pièces entre les postes de travail.**

Il faut organiser l'espace de l'atelier et de l'usine et positionner les postes de travail les uns par rapport aux autres de telle manière que les trajets soient les plus courts possible pour économiser le temps et les coûts. Toute la gestion des flux internes physiques et informationnels d'une entreprise s'appelle la logistique. Prenant conscience de son importance pour obtenir des avantages concurrentiels (coût, délai, services), les entreprises ont étendu le champ d'action de la logistique.

c) La logistique

> La logistique regroupe la gestion :
> – des stocks,
> – des transports à l'intérieur et à l'extérieur de l'entreprise,
> – des entrepôts et de l'espace des ateliers,
> – des places des machines,
> – de l'après-vente et de la maintenance.

Mathé analyse la logistique selon trois types d'opération, physique, administrative et de planification :

Flux d'information	*Opérations de planification*	*Opérations administratives*	*Opérations physiques*	*Flux physique*
↓	• Prévision de la demande de produits finis. • Correction par suivi des commandes au plus tard. • Ordonnancement des transports de livraison. • Gestion des flux de produits finis. • Planification opérationnelle de la production. • Ordonnancement des moyens de production. • Gestion des flux de semi-œuvrés. • Programmation des approvisionnements.	• Traitement administratif des commandes clients. • Suivi du service rendu. • Contrôle des tournées de livraison. • Tenue des stocks de PF et inventaire. • Commandes des magasins, régionaux aux magasins centraux. • Commandes à la production. • Suivi du service rendu. • Tenue des stocks de semi-œuvrés. • Tenue des stocks de matières et composants. • Traitement administratif des commandes fournisseurs. • Suivi du service rendu.	• Préparation physique des commandes. • Réalisation de la livraison des commandes. • Rangement et entretien des articles magasin. • Livraison des magasins régionaux depuis les magasins centraux. • Transfert et manutention depuis la sortie de production jusqu'aux magasins centraux. • Emballage et conditionnement en sortie d'usine. • Transfert interusines et interateliers. • Transfert et manutention des matières et composants. • Livraison des matières depuis leur origine jusqu'aux lieux de transformation. • Préparation physique des commandes par les fournisseurs.	↑

Source : Mathé H., Tixier D., *La logistique*, PUF, 1991.

L'implantation des postes de travail et l'aménagement spatial de l'usine peuvent sensiblement influencer les délais, la productivité et les coûts de production.

C'est pourquoi, alors que l'organisation taylorienne regroupait les machines par catégorie, multipliant et allongeant les transports entre postes de travail, la logique actuelle privilégie une organisation modulaire regroupant les différentes machines nécessaires pour un processus de production. Les trajets et donc les coûts en sont considérablement diminués.

Deux exemples de modification des postes de travail chez Citroën et chez Toyota sont représentés par les schémas ci-dessous ; les flux internes sont très sensiblement réduits :

Création de cellules de machines dans un atelier de fabrication

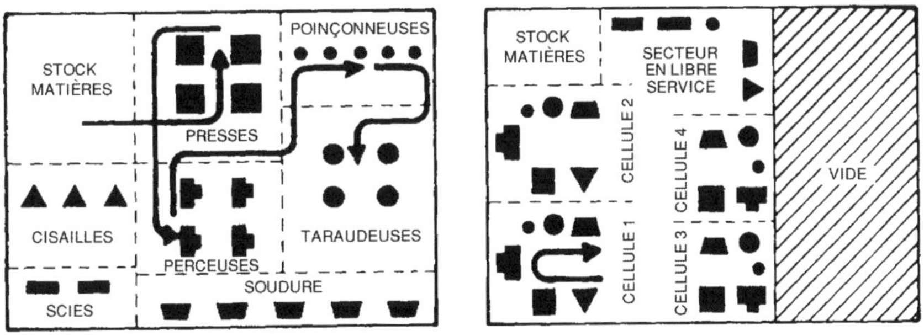

Avant Après

Exemple de rapprochement d'activités (usine Citroën de Rennes La Barre Thomas)

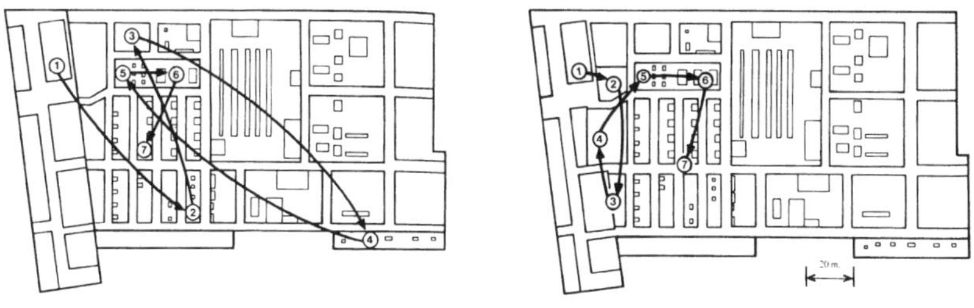

Avant Après

Source : Béranger P., *Les nouvelles règles de la production : vers l'excellence industrielle*, Dunod, 1989.

Il est alors possible de regrouper les machines de chaque circuit élémentaire, et de les disposer sous la forme d'un «U» dans lequel les machines se succèdent dans l'ordre des opérations de fabrication.

La plupart des trajets de pièces se limitent alors au parcours d'une des cellules ainsi obtenues.

d) La maintenance

Il faut réduire les pannes des machines, donc leur temps d'inactivité, donc leur coût de fonctionnement en améliorant les systèmes de maintenance et de prévention sans attendre que la machine s'arrête. À l'image de la qualité totale, les entreprises mettent en place des procédures de maintenance totale. Béranger [1] analyse ainsi la maintenance.

Les formes de maintenance

La maintenance accidentelle, curative

Les problèmes de pannes de machines ont longtemps été traités par la maintenance curative.

Hormis les graissages, elle consiste essentiellement à attendre la panne pour réparer.

Avec la maintenance curative, les pannes sont donc totalement subies, ce qui peut avoir, dans certains cas, des conséquences désastreuses. Souhaitant prévenir de plus en plus les pannes, de nombreuses entreprises ont mis en place une maintenance préventive.

La maintenance préventive

La maintenance préventive consiste à effectuer systématiquement des interventions, essentiellement pour changer des éléments et remettre à neuf les machines. Les interventions ont lieu après une période de fonctionnement déterminée, qui peut être, par exemple, de trois mois, six mois ou une année, selon le type d'équipement. La périodicité des interventions est généralement déterminée par une analyse statistique des pannes antérieures.

La maintenance préventive apporte indiscutablement des progrès importants dans la fiabilité des équipements.

La maintenance prédictive

Si la maintenance prédictive cherche également à prévenir les pannes, elle veut être plus économique et plus sûre que la préventive.

Son principe est de suivre régulièrement un équipement pendant son fonctionnement, afin d'identifier des dégradations et de prédire un besoin d'intervention. Le suivi s'effectue essentiellement par «oscultation» de la machine : mesure des taux de vibration, des débits, des couples exercés par les moteurs ou outils, etc.

Elle se veut économique, en éliminant les remplacements superflus ou prématurés de la maintenance préventive, et plus sûre, en prédisant des cas de pannes anormaux que le préventif peut laisser passer.

1. Béranger P., *Les nouvelles règles de la production : vers l'excellence industrielle*, Dunod, 1995.

Le débat curatif/préventif

Le curatif est souvent jugé – à tort – plus économique que le préventif, puisqu'il conduit à remplacer les éléments usagés plus tard, uniquement lorsque c'est nécessaire.

Ce raisonnement oublie que le coût de l'immobilisation des équipements n'est pas nul. Il peut même être très élevé : le coût horaire de l'immobilisation d'un équipement qui serait le goulot d'étranglement d'une usine équivaut à la valeur de la production annuelle de toute l'usine, divisée par le nombre d'heures productives de cet équipement.

Les suppléments de coût du préventif sont en fait très largement compensés par l'augmentation de la capacité de production, par la réduction des délais et par l'accroissement de la durée de vie des équipements.

Le débat préventif/prédictif

Il ne faut pas croire que le prédictif remplacera totalement le préventif. Les deux approches doivent être complémentaires. Dans de nombreux cas, en effet, le préventif systématique reste plus économique que les oscultations périodiques qui peuvent s'avérer très délicates.

La maintenance totale

Les préalables :
- un cahier de suivi permanent par équipement ,
- nettoyage de chaque machine par son opérateur.

Le principe : L'élimination progressive des pannes et incidents par :
- l'identification des cas les plus fréquents (Pareto) ;

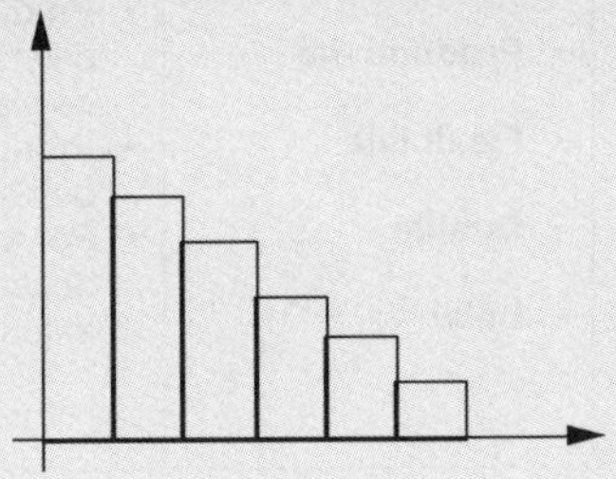

- des actions appropriées :
  - amélioration des machines,
  - amélioration des conditions d'utilisation,
  - formation des opérateurs,
  - entretien de conduite assuré par les opérateurs,
  - maintenance préventive,
  - à plus long terme : maintenance à la conception (fiabilité, maintenabilité).

Les nouvelles formes d'organisation de la production (juste-à-temps, kanban) ne peuvent être implantées avec efficacité que si ces cinq faiblesses sont endiguées : c'est un préalable indispensable à leur réussite.

e) Les nouveaux enjeux du contrôle de gestion dans la problématique actuelle de la production

Ainsi, est-il possible de synthétiser ces évolutions du contexte, des objectifs et des choix de gestion dans le tableau suivant :

PROBLÉMATIQUE TRADITIONNELLE DE LA PRODUCTION

Environnement →	Objectifs →	Choix stratégiques →	Choix de gestion
• Offre peu nombreuse peu concurrentielle inférieure à la demande • Demande homogène, stable, quantitative • Technologies rigides	• **Productivité** • **Quantité**	• Produits standard peu diversifiés • Production de masse, de grande série • Division du travail, spécialisation, centralisation	• Pilotage par l'amont • Régulation par les stocks • Opérateur exécutant • Contrôle *a posteriori*

PROBLÉMATIQUE ACTUELLE DE LA PRODUCTION

Environnement →	Objectifs →	Choix stratégiques →	Choix de gestion
• Offre diversifiée, concurrentielle, supérieure à la demande • Demande hétérogène, instable, quantitative et qualitative • Technologies flexibles	• **Productivité** • **Flexibilité** • **Qualité** • **Délai**	• Produits flexibles, diversifiés, durée de vie courte • Production de petites séries • Polyvalence, décentralisation, externalisation	• Pilotage par l'aval • Peu de stocks • Opérateur responsable • Contrôle sur toute la ligne

Dans cet environnement contraignant et ce système d'objectifs fixé à la production, les demandes d'information des gestionnaires évoluent et le champ d'action du contrôle de gestion va encore s'élargir.

De nouvelles demandes apparaissent :

- comment mesurer, suivre et gérer la **qualité** sous diverses dimensions dans les produits, les processus, les activités ?
- comment gérer les flux et les **processus** dans la nouvelle problématique de la production ?
- quels indicateurs mettre en place pour suivre, contrôler les activités et les **flux extérieurs** à l'organisation ?

Résumé de l'évolution des demandes des fonctions au contrôle de gestion en trois étapes :

1. **Suivi opérationnel quantitatif** de la production puis de toutes les fonctions : mise sous tension des fonctions.
2. **Élargissement du contrôle pour chaque fonction** :
- pour la qualité,
- pour la flexibilité et la réactivité,
- pour l'externalisation.
3. **Élargissement du contrôle pour toute l'organisation** :
- pilotage transversal de la structure,
- pilotage des activités et des processus.

3. L'influence de la structure et de l'organisation sur le contrôle de gestion

3.1 Importance de l'organisation

a) Définition de l'organisation

Robbins[1] définit l'organisation comme « un ensemble de moyens structurés constituant une unité de coordination ayant des frontières identifiables, fonctionnant en continu en vue d'atteindre un ensemble d'objectifs partagés par les membres participants.»

En effet, un ensemble d'activités ne peut se faire sans une certaine organisation. Quelles que soient la complexité et la diversité des tâches des acteurs, il est nécessaire de **diviser** le travail mais aussi de le **coordonner.**

Ainsi dès qu'une organisation apparaît pour générer une activité économique, il semble utile de pouvoir mesurer et contrôler ses résultats.

b) Les différentes dimensions de l'organisation

La gestion actuelle considère l'organisation de manière dynamique et beaucoup plus largement que la seule représentation de la division des tâches visualisée par l'organigramme. L'organisation correspond :
- à la structure choisie pour répartir le travail, tant à l'intérieur qu'à l'extérieur de l'entreprise ;
- à la délimitation du pouvoir et des processus de prise de décision ;
- aux systèmes d'information mis en place ;
- à l'animation des acteurs.

1. S.P. Robbins, *Théorie des organisations*, Prentice Hall, 1987.

c) Corrélation stratégie – organisation/structure

Depuis les analyses de Chandler, les gestionnaires perçoivent les interférences entre les choix stratégiques et les caractéristiques structurelles d'une organisation.

Le diagnostic stratégique des forces et des faiblesses d'une entreprise ne peut ignorer les atouts et les compétences de son organisation, autant comme points d'appui pour fonder un axe stratégique que pour mettre en œuvre des choix stratégiques.

Ainsi le contrôle de gestion considéré comme un système d'information pour la stratégie et l'opérationnel, doit aussi tenir compte de la structure et se construit à partir de la représentation organisationnelle de l'entreprise.

3.2 Les tendances organisationnelles actuelles

a) La structure organisationnelle

L'organisation a besoin d'une structure pour combiner et coordonner ses activités afin d'atteindre ses objectifs.

Mais la notion de structure recouvre des conceptions plus ou moins larges.

Si dans un sens restreint et statique, la structure est la décomposition des services, le découpage des tâches et les relations hiérarchiques, dans un sens plus dynamique, la structure intègre également les procédures de fonctionnement et de communication entre chaque pôle.

La structure de l'organisation est influencée par les stratégies des entreprises, mais à son tour influence le système décisionnel et informationnel.

C'est dans cette problématique que le contrôle de gestion peut orienter l'efficience et l'efficacité de la structure.

b) Les différentes structures classiques

1) La structure est contingente

Il n'existe pas une structure idéale universelle pour toutes les organisations, quels que soient la taille, l'activité, l'âge.

La théorie de la contingence a bien déterminé les facteurs qui conditionnent chaque organisation dans son contexte, vers des structures spécifiques : technologie, type de pouvoir, environnement, taille et âge de l'entreprise.

2) Les critères pour diviser l'organisation

Plusieurs formes sont possibles, les entreprises les combinent et les font évoluer en fonction de leurs besoins.

• **Structure hiérarchique** : un service est relié à un seul chef. Le pouvoir hiérarchique descendant est fort. Le contrôle est plutôt du type vérification *a posteriori* et sanction.

• **Structure fonctionnelle** : l'autorité est découpée comme la structure selon les fonctions nécessaires à l'activité. Cette spécialisation conduit à une multiplicité de chefs pour chaque service. Cela peut donc poser des problèmes de coordination, de communication et de contrôle. Les critères de contrôle ne sont pas identiques selon les fonctions concernées.

• **Structure hiérarchico-fonctionnelle** (*staff and line*) : solution hybride des deux premières, elle associe des services hiérarchiques qui peuvent contrôler et des services fonctionnels qui conseillent sans autorité.

• **Structure matricielle** : structure souple en deux dimensions, évoluant selon les besoins ; chaque salarié est rattaché à un chef de produit et à un responsable fonctionnel. Cette structure permet la décentralisation des pouvoirs et le regroupement des compétences de salariés dispersés dans les services, mais requiert une coordination précise. De plus le contrôle est parfois délicat à mettre en place car la structure floue ne délimite pas de manière précise et définitive l'autorité.

c) Les influences de la structure sur le contrôle de gestion

Pour mesurer les performances de l'activité, il est nécessaire de décomposer l'organisation. C'est pourquoi la structure, comme élément du système de décision, de communication et de coordination, est importante et influence le contrôle de gestion.

> Le contrôle de gestion doit mettre en place des indicateurs et des tableaux de bord pour suivre les réalisations en s'appuyant sur le découpage de l'activité.

Exemple

Une entreprise textile produit des articles de prêt-à-porter féminin et masculin ainsi que des tissus pour les tailleurs. Quelles divisions créer et quels critères de performances et de gestion mettre en place pour contrôler l'activité ?

Les dirigeants ont différencié les critères de performances selon les deux activités :

– **prêt-à-porter** : le facteur essentiel est le coût. La production doit être contrôlée de manière précise. Les critères de gestion seront donc les coûts matières, main d'œuvre, coûts totaux de production ;

– **tissu** : le facteur essentiel est la rapidité de réponse au client. Les critères de gestion seront le délai de traitement d'une commande, le délai de livraison, le coût de stockage.

Il ressort que l'entreprise n'aura pas une structure fonctionnelle (fonction production et fonction vente) mais une division par produit.

d) Les évolutions nécessaires des structures

1) *Un contexte différent*

- **Un environnement turbulent**

Non seulement toutes les dimensions (économiques, technologiques, sociales) et tous les acteurs de l'environnement (concurrents, clients, État, pays) changent mais leurs évolutions sont incertaines, aléatoires, interdépendantes et rapides.

Les marchés sont mondiaux et globalisés, les interrelations économiques rendent complexes toute décision et toute action, et pourtant les entreprises doivent s'y adapter rapidement.

- **Une démarche productive orientée vers le client**

La demande devient diversifiée, exigeante et les produits doivent proposer une valeur reconnue par les clients et source de gains pour l'entreprise. La production est donc fondée sur la demande, la recherche de la qualité et les entreprises sont à l'écoute des clients. Cette démarche mercatique canalise l'enchaînement des activités de l'entreprise.

- **Une participation des acteurs de l'organisation**

L'entreprise a besoin des idées de ses membres, elle cherche l'implication de ses acteurs pour apporter productivité et valeur ajoutée. L'organisation, groupe humain et cellule sociale, a besoin d'information et de communication pour que les acteurs coopérent ensemble.

Les structures traditionnelles fondées sur la division taylorienne du travail et le cloisonnement des fonctions s'avèrent alors de plus en plus inadaptées à ces enjeux.

2) *La structure comme variable dynamique*

Dans sa conception actuelle, la structure devient un paramètre essentiel de la performance car elle sous-tend les choix stratégiques mais en plus, dans une approche dynamique, c'est une **variable à gérer**.

La structure doit évoluer et s'adapter pour accompagner, voire anticiper, les réorientations du pilotage de l'entreprise.

Il est ainsi possible d'y rattacher la notion **d'apprentissage organisationnel**, c'est-à-dire le processus dynamique permanent d'accumulation d'expériences, de savoir-faire, de connaissances, individuel et collectif, qui permet à l'organisation d'améliorer son fonctionnement.

De plus, la structure est un paramètre, un levier d'action **au service de la flexibilité**.

Les gestionnaires doivent essayer d'insuffler plus de réactivité, de souplesse, autant par les comportements des acteurs que par les procédures de travail, donc des routines simples, rapides, pas trop rigides qui permettent des marges de manœuvre.

3) Une démarche pour améliorer la structure : la reconfiguration

Pour passer d'une organisation classique verticale, hiérarchique et cloisonnée, à une structure plus aplatie avec une approche transversale des processus, il est parfois nécessaire d'étudier l'ensemble des processus de production et de repenser l'organisation des activités de production : c'est le but de la **reconfiguration** (*reengineering* ou BPR *Business Process Reengineering*, en anglais).

La reconfiguration est une remise complète et profonde de l'organisation existante et une redéfinition des activités en termes de processus opérationnels plus performants. Ce n'est pas une opération ponctuelle pour améliorer localement une partie de l'organisation, mais une rationalisation globale en raisonnant sur la succession des opérations. L'objectif est de réduire les coûts, l'espace productif, les temps de fabrication et d'attente. Des résultats spectaculaires ont été obtenus dans certaines entreprises (papeterie Hallmark, télécommunication Bell Atlantic), mais il faut cependant remarquer que ces reconfigurations se sont souvent faites avec des licenciements et de nombreux plans sociaux.

e) La recherche de nouvelles formes structurelles

Cette remise en cause des objectifs et des formes traditionnelles des structures conduit à mettre en place de nouvelles organisations.

Pour répondre aux trois caractères du contexte présentés au début du paragraphe 3.2 d, il est possible de répérer trois orientations des structures.

1) Des structures plus aplaties

Pour augmenter la réactivité de l'organisation, pour améliorer la communication et la synergie entre les acteurs, les entreprises essaient de réduire le nombre de niveaux hiérarchiques.

Des structures aplaties apparaissent nécessitant l'élaboration de nouvelles procédures de décision, d'action, de contrôle.

2) Une organisation par processus

Une seconde orientation, pour se rapprocher du client, consiste à structurer l'organisation par rapport à un processus transversal, tiré par l'aval, en fonction du client.

Il est possible de définir un **processus** comme une suite d'activités mettant en œuvre diverses ressources pour obtenir un résultat précis (ex. : gestion d'une commande, production d'un bien, accueil d'un client).

La norme internationale ISO/DIS 8402 le définit «comme un ensemble de moyens (personnel, installations, équipements, techniques, méthodes) et d'activités liés qui transforment des éléments entrants en éléments sortants».

A.D. Little (1993) comprend un processus transversal comme «toutes les actions qui concourent à la réalisation d'un produit ou d'un service interne».

Il faut retenir deux caractéristiques : les processus servent des «clients» (en aval du processus, internes ou externes à l'entreprise) et traversent les structures verticales formelles. Un processus doit donc créer de la valeur pour le client, en termes de réduction de coût, ou de rapidité de réponse.

Fondée sur le même principe, l'organisation par processus diffère de l'organisation par projet, par sa durée : elle est permanente dans l'entreprise. Au lieu de gérer d'après le découpage en fonction, on gère globalement un processus qui nécessite l'activité de plusieurs fonctions ; c'est donc une approche transversale et système de l'organisation.

3) Une organisation par projet

Une vision globale de toutes les activités nécessaires à la production de biens permet d'améliorer tout le processus, en coût, en qualité et en délai.

On cherche alors à réfléchir sur l'enchaînement des opérations, donc sur une approche transversale depuis la conception jusqu'à la distribution.

L'organisation par projet consiste à mobiliser, de manière temporaire, pour un objectif bien précis, des individus rattachés d'ordinaire à des services, en fonction de leurs compétences. L'équipe-projet est dirigée par un chef-projet autonome, responsable du succès du projet et qui a complète autorité sur les membres du groupe.

Cette forme d'organisation n'est pas nouvelle mais elle se diffuse beaucoup à l'heure actuelle, en se superposant à la structure traditionnelle pour répondre mieux et plus rapidement aux évolutions demandées.

Quand le problème est résolu, la structure pour ce projet disparaît. La constitution des groupes est différente selon les objectifs et les compétences, offrant ainsi une souplesse structurelle. La participation et la créativité des participants sont grandes car une large initiative leur est laissée.

Certes, des difficultés peuvent apparaître dans la superposition de la structure par projet (parfois au pluriel) avec des durées de vie et des compositions variées et de la structure permanente.

L'exemple de structure et de gestion par projet réussies est la voiture Twingo.

Une proposition de définition large d'un projet est l'essai de réalisation concrète d'une idée, d'un objectif, d'un produit, organisé dans un cadre spatial et temporel précis et limité, avec une organisation, un mode de fonctionnement et des moyens spécifiques.

Les caractéristiques d'un projet sont les suivantes :
- demande plus ou moins floue non assurée de résultat,
- non-répétitivité,
- organisation souple temporaire,
- interdisciplinarité,
- importance du chef de projet animateur du groupe,
- pas de référence ou de standard existant, pas d'outil spécifique de mesure,
- innovations importantes dans les procédures de gestion et dans les réalisations.

Avec ce type d'organisation, qui cherche à répondre de manière rapide à une demande précise de clients, les compétences des acteurs, leur participation et leur implication au sein d'une équipe sont essentielles.

4) L'organisation en réseau

Avec les mêmes objectifs stratégiques que précédemment, des entreprises peuvent choisir une organisation en réseau, c'est-à-dire un maillage de firmes qui s'associent, se groupent pour proposer ensemble des activités et des services.

Un réseau est un ensemble d'entités connectées entre elles de manière plus ou moins permanente et régulière. Ce peut être un réseau de personnes (associations professionnelles, réseaux d'anciens...), un réseau d'entreprises (sous-traitants, accords de distribution, relations universités-entreprises...).

Pour l'entreprise, c'est une manière souple de s'adapter à un environnement particulier, de trouver des compétences spécifiques, de mettre en œuvre des actions coordonnées en divers endroits et à divers moments. Le réseau permet une flexibilité dans le temps et l'espace, et peut-être aussi un moyen de réduire des coûts.

Un réseau est donc un système souple de coopérations qui fait éclater les frontières de l'entreprise puisqu'elle peut travailler avec des partenaires extérieurs. Chaque entité reste autonome mais les procédures de travail, de coordination et de contrôle doivent être adaptées à ce type d'organisation.

C'est donc une structure externalisée qu'il faut gérer.

3.3 Organisation et contrôle de gestion

Le manager demande aussi au contrôle de gestion d'être un outil d'animation de la structure, d'amélioration des processus de fonctionnement, de régulation des comportements des acteurs.

Les systèmes classiques du calcul de coût se fondent sur les divisions traditionnelles des organisations (structure fonctionnelle, divisionnelle).

L'approche transversale de l'organisation, la volonté de suivre les activités tout au long du processus de transformation, le décloisonnement et la mise à plat des fonctions sont donc en contradiction avec le découpage proposé par la comptabilité analytique.

Si l'on veut que le contrôle de gestion soit un système d'information qui aide au pilotage, un indicateur de création de valeur et de satisfaction du client, il faut modifier et adapter les principes de calcul, la décomposition du prix des produits, intégrer de nouvelles variables qualitatives, organisationnelles et humaines.

Conclusions sur les systèmes et les structures

Facteurs de contingence → *Contexte de la structure* → *Type de structure*

- âge, taille, activité
- technologie, système productif
- environnement
- pouvoir, leader

⇒ INCERTITUDE COMPLEXITÉ ⇒ DIFFÉRENCIATION INTÉGRATION

↓

Système d'information et de contrôle

CONTRÔLE COMPLEXE
INTERCONNEXION DE SYSTÈMES DIFFÉRENTS
AUTO-CONTRÔLE
CRITÈRES QUALITATIFS et QUANTITATIFS
MODULARITÉ ET ADAPTABILITÉ DU CONTRÔLE

Le contrôle de gestion élaboré dans un but de contrôle pour des organisations productives tayloriennes est perçu dorénavant avec des objectifs et un champ d'action beaucoup plus étendus. Ses techniques évoluent principalement en fonction des nouvelles structures organisationnelles, de la place accordée aux acteurs de l'organisation et aux orientations stratégiques des entreprises.

4. Une délimitation actuelle du contrôle de gestion

4.1 Les demandes actuelles au système d'information du contrôle de gestion

Il est possible de résumer les objectifs et le champ d'analyse du contrôle de gestion actuel par un tableau montrant l'élargissement des demandes faites au contrôle de gestion

Besoins-demandes initiales →	Extension des besoins
• Analyse, suivi de la production	• Analyse, suivi de toutes fonctions, toutes activités
• Vision interne	• Interne et externe, réseau, partenariat
• Organisation verticale cloisonnée	• Structure transversale aplatie
• Données quantitatives et financières	• Quantitatif et qualitatif, financier et physique
• Analyse statique, ponctuelle	• Analyse dynamique avec amélioration permanente
• Analyse du passé	• Analyse rétrospective et anticipatrice
• Analyse opérationnelle	• Analyse stratégique, tactique, opérationnelle
• Homme exécutant	• Acteur décideur responsable
• Concept lié : **productivité**	• Concept lié : **valeur**

Ainsi, le cadre de réflexion et de construction du système « contrôle de gestion » a changé.

Les premières représentations classiques de l'organisation utilisées par le contrôle de gestion intègrent trois caractéristiques fortes :
– une structure hiérachique cloisonnée, donc des centres de responsabilités ;
– une articulation du long terme au court terme par la planification budgétaire ;
– un culture de contrat-objectif pour un contrôle d'exécutant.

Or ces trois caractères sont remis en cause ; il est nécessaire d'élaborer une **nouvelle représentation de l'organisation** telle qu'elle fonctionne aujourd'hui pour faire émerger un nouveau contrôle de gestion :
– une **structure plus transversale avec des flux à gérer** ;
– des choix stratégiques fondés sur des paramètres financiers et de coûts mais aussi des **variables qualitatives et physiques** ;
– des **acteurs responsables** avec des décisions décentralisées.

Les mêmes demandes au contrôle de gestion se développent dans un cadre organisationnel différent :

Auparavant : →	Maintenant :
– pour la production	– pour toutes les activités
– pour une structure verticale cloisonnée stable	– pour une structure dynamique transversale
– pour le court terme	– pour le court terme, le moyen terme et le long terme
– pour des exécutants dans une entité	– pour des acteurs responsables dans des réseaux

De ces nouvelles demandes découle un élargissement du champ d'action du contrôle de gestion.

4.2 Les rôles assignés au contrôle de gestion : performance et changement

Dans le cadre concurrentiel et organisationnel actuel, le contrôle de gestion, plus qu'un ensemble de techniques, est mis en place et utilisé pour répondre à deux dimensions du pilotage, essentielles pour les entreprises aujourd'hui :
– le **pilotage de la performance**,
– le **pilotage du changement**.

a) Le contrôle de gestion pour piloter la performance

Aujourd'hui, dans le contexte actuel, le contrôle au sein d'une entreprise doit remplir deux rôles :
– **aider à piloter l'efficacité**, c'est-à-dire à gérer les facteurs clés de compétitivité par un ensemble de décisions et d'actions stratégiques (ex. : un tableau de bord pour maîtriser la qualité perçue par la demande d'un produit pour se différencier des concurrents) ;

– **aider à piloter l'efficience**, c'est-à-dire gérer les moyens opérationnels pour atteindre les objectifs fixés, donc maîtriser les facteurs clés de l'équilibre financier (ex. : un calcul d'écart pour réduire un coût de production et atteindre un point mort).

Il serait restrictif d'associer le contrôle de gestion à la seule seconde fonction.

Ainsi par l'efficience et l'efficacité, le contrôle de gestion doit aider à **piloter la performance.** H. Bouquin[1] précise les fonctions du contrôle de gestion en tant que pilotage de la performance par les trois verbes suivants :
– modéliser la complexité ;
– organiser la division du travail du management ;
– réguler les comportements.

> Ainsi, le contrôle de gestion apparaît comme un processus articulant le long terme avec le court terme, de la stratégie à l'exécution. C'est pourquoi, il apparaît deux fonctions essentielles synthétiques et complémentaires du contrôle de gestion :
> – **informer les décideurs** par des coûts, des indicateurs, des tableaux de bord, pour aider aux décisions stratégiques, tactiques et opérationnelles ; mettre en relation les objectifs et les ressources, gérer la performance par le couple valeur-coût ;
> – **aider à réguler les comportements** des acteurs, à gérer le changement organisationnel, à améliorer les processus de fonctionnement de la structure.

b) Le contrôle de gestion comme outil de pilotage du changement

De manière corrélée, le contrôle de gestion peut aussi être une aide pour **piloter le changement :**
– aide à la réactivité stratégique par la mesure permanente du couple valeur/coût ;
– aide à l'amélioration opérationnelle par des démarches Kaisen ;
– aide au changement organisationnel, comme nous venons de le voir avec la régulation des comportements.

> Ainsi le contrôle de gestion, défini aujourd'hui comme un outil de maîtrise de la performance doit traiter et intégrer quatre variables :

Coût	+	**Qualité**	+	**Temps**	+	**Organisation**
• Production		• Indicateurs		• Temps réel		• Implication des acteurs
• Conception		• Amélioration permanente		• Délai réduit		• Changement de structure
• Distribution						
• Externalisation						

1. H. Bouquin, *op. cit.*

RÉSUMÉ DE L'ÉVOLUTION DU CHAMP D'ACTION DU CONTRÔLE DE GESTION

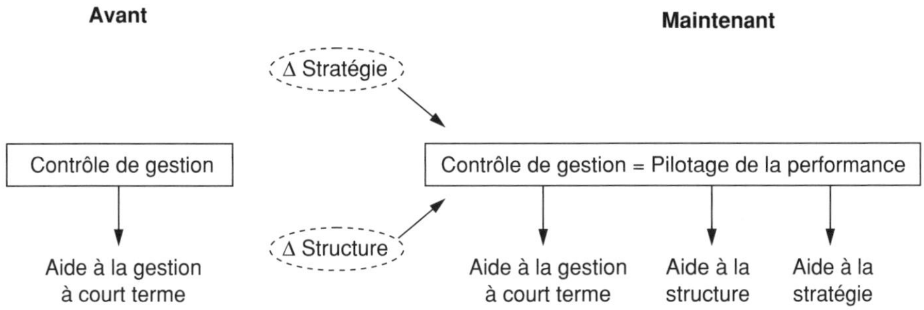

Il est également possible de résumer l'évolution du contrôle de gestion en citant Lorino[1].

Le contrôle de gestion passe d'une approche centrée sur les **ressources** et les **responsabilités** à une approche centrée sur les **processus** et les **compétences**

SCHÉMA SYNTHÉTIQUE DU CONTRÔLE DE GESTION AUJOURD'HUI

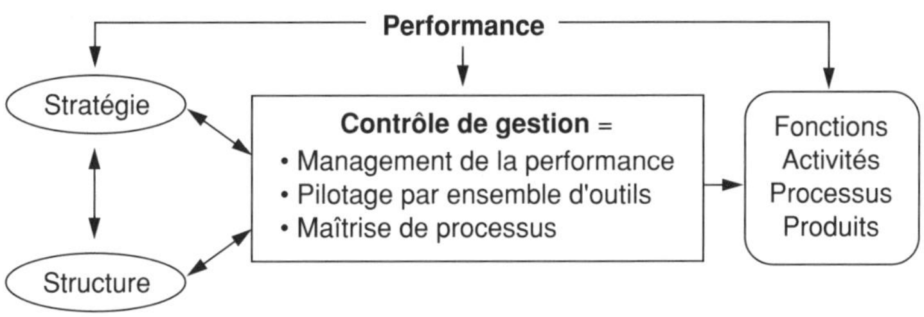

Conclusion

La gestion de la performance par le contrôle de gestion passe par l'intégration de trois familles d'outils :
- la comptabilité de gestion, l'analyse des coûts,
- les budgets,
- des indicateurs variés (tableaux de bord ou autres).

Nous allons les présenter dans le chapitre 4 et cette typologie fondera l'articulation de la deuxième partie de l'ouvrage.

1. P. Lorino, *Contrôle de gestion et pilotage*, Nathan, 1997.

RÉFLEXIONS SUR LE THÈME

1. Une évolution dans les structures : des pratiques intégratives

De nombreuses nouvelles orientations dans les objectifs et les démarches stratégiques conduisent à des structures et à des pratiques plus intégratives qu'auparavant. En voici trois exemples :

- l'objectif de qualité oblige à une vision globale et complète de l'organisation et impose une coopération étroite entre des fonctions et/ou des services autrefois cloisonnés, ainsi qu'entre des salariés avant isolés ;
- de même, les principes de production en juste-à-temps, en réduisant les stocks donc les tampons, nécessitent une «solidarité» plus forte entre les fournisseurs et les entreprises ;
- la «maintenance productive totale» cherchant à prévenir les pannes et à améliorer la qualité est une activité très intégrative à l'intérieur comme à l'extérieur de l'organisation.

Donc de nouvelles procédures de travail et de communication se mettent en place. Les indicateurs pour suivre les réalisations et les critères de performance du contrôle de gestion doivent s'y adapter.

2. Les difficultés pour responsabiliser les hommes, créer un esprit d'équipe et une culture d'entreprise

Il ne suffit pas de critiquer les politiques de personnel mécanistes et productivistes du début du siècle. Les entreprises et les dirigeants doivent être capables de mettre en place une politique de ressources humaines et de «culture d'entreprise» pour intégrer au mieux les individus et les rendre performants. Mais ces politiques aux dimensions psychologique et sociologique, individuelle et collective qui touchent le comportement des participants, leur style de vie et leur adéquation au rythme et à l'identité de l'entreprise sont difficiles à délimiter, à gérer. Les facteurs de motivations sont rarement quantifiables et il faut tenir compte d'éléments subjectifs difficiles à cerner.

«Il n'est de richesse que d'hommes», disait le juriste Bodin au XVIe siècle mais, si c'est la matière première la plus précieuse, c'est aussi la plus difficile à gérer.

3. Le coût complet et la vie du produit

La recherche de la productivité conduit les firmes industrielles à construire un système d'information dont l'objectif essentiel est de cerner le coût de production des produits. Si toutes les charges d'une période sont effectivement intégrées au coût de revient des produits, il semble abusif de considérer ce coût comme un coût complet par rapport aux produits. En effet, la production d'un produit nécessite en amont des dépenses de recherche et développement, de lancement du produit sur le marché qui génèrent des charges importantes non rattachées aux coûts des produits. Il n'est pas possible alors de parler de coûts de revient d'un produit.

Dans ces conditions, se servir de la méthode des coûts complets pour définir un niveau de prix qui assure une exploitation bénéficiaire du produit peut entraîner des erreurs de gestion lourdes de conséquences pour la pérennité de l'entreprise.

La détermination d'un prix de vente doit donc s'effectuer sur la base d'un coût de revient complet de longue période incluant les charges de conception du produit et non pas seulement les charges de production. C'est cet aspect qui est développé dans la notion de coût global analysée dans le chapitre 10.

Applications

① Évolution des organisations

(Extrait de la revue *Alliance des organisations citoyennes*, «spécial emploi-activité», janvier 1995.)

Organisation classique	Organisation qualifiée	Organisation qualifiante
Savoirs acquis	Savoirs supérieurs à l'organisation antérieure mais acquis en formation initiale	Savoirs en développement permanent
Savoir-faire non mobilisés	Savoir-faire rodés par l'expérience	Savoir-faire s'adaptant aux éléments nouveaux
Prescription des tâches élémentaires (rationalisation du travail)	Organisation prescrite	Organisation à structurer (propositions à élaborer)
Organisation stable	Organisation stabilisée	Organisation flexible (adaptation au contexte)
Déresponsabilisation dans le travail	Initiative dans le travail	Initiative liée à l'organisation
Centrée sur l'exploitation courante	Centrée sur l'exploitation courante	Articulation forte entre exploitation courante et innovation
Cloisonnement	Décloisonnement fonctionnel	Décloisonnement fonctionnel
Traitement de l'information centralisé	Transmission d'informations	Transmission des objectifs
Pas d'informations économiques transmises	Informations économiques transmises aux agents	La stratégie est réappropriée par l'équipe
Hiérarchie forte	Hiérarchie raccourcie	Équipes par projet

QUESTION :

Expliquer les évolutions retracées et résumées dans ce tableau.

② La gestion des processus

(Demeestère R., *RFG*, 104, juin-juillet-août 1995)

Transversalité, gestion des flux, organisation horizontale, management des projets, gestion des interfaces entre les fonctions, réingénierie des processus... le thème du décloisonnement de la gestion des entreprises, de la recherche d'une meilleure coordination entre les unités et les acteurs concourant à la réalisation d'un même projet ou contribuant au fonctionnement d'un même processus, apparaît avec force depuis quelques années dans les réflexions sur la gestion des entreprises et dans les actions de changement conduites par celles-ci.

1. Les sources du mouvement

Depuis quelques années, l'organisation des entreprises industrielles a connu des bouleversements profonds. Juste-à-temps, gestion en flux tendus furent les mots qui désignèrent la recomposition des processus de production passant par des opérations de simplification, de réorganisation des flux et des implantations des postes de travail, de diminution des temps, de changement d'outils et de fabrication, de réduction des aléas (pannes...) et de maîtrise de la qualité, de changement des systèmes de pilotage des flux physiques, de développement de partenariat client-fournisseur... Cet ensemble de changements a permis de réduire les délais de fabrication, les stocks, les coûts, la non-qualité et de mieux respecter les délais prévus, d'améliorer la flexibilité de l'entreprise ; il constitue en quelque sorte, un nouveau «modèle» de l'entreprise, et, en s'appuyant sur une forte décentralisation, une polyvalence accrue du personnel, la réduction du nombre de niveaux hiérarchiques, comporte déjà les principaux traits de «l'entreprise-processus» que l'on voit apparaître maintenant par extension de démarches analogues à d'autres domaines que celui de la production.

Mais déjà auparavant les démarches qualité avaient été amenées à porter un regard transverse sur l'entreprise, à s'intéresser à l'ensemble des activités constituant un processus de production, quel que soit le rattachement hiérarchique à tel ou tel service de ces activités : le contrôle statistique des processus s'attache à analyser les enchaînements d'activités conduisant à la réalisation d'un produit fini ou semi-fini afin de prévenir et de maîtriser à chaque étape les non-conformités ; les démarches d'analyse des causes des problèmes et de recherche des leviers d'action pour y remédier font apparaître que ceux-ci se situent dans d'autres services que celui où on en constate les conséquences ; là aussi apparaît la nécessité de considérer l'ensemble d'un processus et de mieux coordonner ses activités pour l'améliorer.

Cet intérêt pour les processus ne s'est d'ailleurs pas limité au seul domaine de la production ; les relations avec les clients et les fournisseurs par les processus de prise de commande-facturation-règlement donnent lieu à des enchaînements d'opérations dans des services divers ; il en est de même pour de multiples opérations administratives ou comptables au sein des entreprises. Cela a donc conduit à travailler à la recherche d'une meilleure organisation de ces processus, à s'assurer de la fiabilité et de la qualité de ceux-ci par des démarches analogues à celles appliquées pour des processus productifs.

Les démarches dites «de réingénierie» des processus se situent dans cette ligne, mais en visant des sauts de performances drastiques par des refontes complètes et rapides.

Bien entendu, tout cela n'a rien de spécifique à l'entreprise industrielle et concerne les secteurs les plus divers (assurances, banques, services publics...).

Par ailleurs, dans le secteur industriel, un autre champ de réflexion et d'action a été très fécond ces dernières années, c'est celui du management des projets de développement des nouveaux produits. En particulier, dans les secteurs où la dimension produit est forte (automobile, informatique...) et où le lancement des produits nouveaux représente un enjeu stratégique majeur pour l'entreprise, le souci de mieux maîtriser ces processus-projets interfonctionnels que sont les développements produits a conduit à des progrès significatifs : réduction des délais de développement, ingénierie concourante, maîtrise des coûts dès la phase de conception...

Ces différentes approches mettent l'accent sur trois priorités :

1° La prise en compte du point de vue du client.

2° La flexibilité de l'entreprise, sa capacité à s'adapter dans un univers incertain.

3° La maîtrise des performances (qu'il s'agisse des coûts, des délais, de la qualité ou de toute autre caractéristique permettant de se différencier des concurrents et de satisfaire les demandes d'un segment de clientèle) ; et cela passe par une meilleure coordination entre les participants aux différents processus et projets permettant d'apporter ces prestations, cette valeur au client.

Mais l'expérience montre aussi que la mise en œuvre d'une gestion des processus et des projets dépend d'évolutions dans plusieurs domaines :

- évolutions dans la structure d'organisation (ex. : redéfinition des rôles respectifs des responsables projets ou processus, vis-à-vis des directions de métiers) ;
- évolutions dans les démarches de gestion des ressources humaines (exemples : gestion des carrières, modes d'évaluation des membres des équipes projets ou processus, mécanismes d'apprentissage et de formation) ;
- évolutions aussi dans les démarches de contrôle de gestion.

C'est ce dernier aspect que nous allons maintenant examiner rapidement.

2. *Une évolution nécessaire du contrôle de gestion*

Il y a déjà un certain temps que la nécessité de «réinventer le contrôle de gestion» a été proclamée par différents auteurs. À cet égard, le diagnostic semble clair : une perspective trop exclusivement axée sur les budgets, le reporting et la gestion des centres de responsabilité, est trop pauvre pour permettre un réel pilotage de l'action.

Le défi qui est lancé à la fonction contrôle de gestion et aux différents responsables opérationnels et fonctionnels qui mettent en œuvre dans l'entreprise le pilotage est multiple.
– Passer d'un référentiel rentabilité à un référentiel stratégique ; c'est-à-dire construire le système de pilotage sur les facteurs clés de succès de l'entreprise (garants de sa rentabilité à moyen terme), ce qui implique non seulement d'identifier ceux-ci mais aussi de repérer les contributions que peut apporter chaque activité à la réalisation de cette stratégie, à la création de valeur par l'entreprise.
– Assurer non seulement l'évaluation des performances, mais aussi l'identification des leviers d'action pour maîtriser les performances, la construction de plans d'action et leur suivi à l'aide d'indicateurs de pilotage ;
– Piloter non seulement les centres de responsabilité et les produits, mais aussi les processus et projets transverses.
– Passer d'un suivi très fortement marqué par le cycle de la comptabilité (résultat annuel) à un pilotage axé sur les différents cycles (court terme, long terme) pertinents dans chaque cas spécifique d'entreprise.
En ce sens, le pilotage de l'entreprise a lui aussi besoin de décloisonnement : une situation où les uns s'occupent de planification et de suivi des coûts et de la rentabilité, les autres de délai, d'autres encore de qualité, de coordination technique, avec une faible intégration de ces différents aspects, paraît peu satisfaisante. De la même façon, l'articulation entre les orientations stratégiques et la coordination au quotidien apparaît trop souvent comme imparfaite. C'est pourquoi les systèmes de pilotage ou encore de contrôle de gestion stratégique tendent de plus en plus à s'appuyer sur la notion de processus ; la coordination entre les activités y est souvent assurée par la présence de pilotes et de groupes de pilotage de processus ; cela permet de faire le lien entre la stratégie de l'entreprise et la gestion au quotidien de ses multiples activités et vise également à assurer une intégration accrue de la gestion des différentes activités constituant un processus ; cette intégration porte sur les différentes dimensions de la performance (coût, délai, qualité et performance technique...) ; elle nécessite que l'on définisse clairement les rôles respectifs des pilotes transverses et des responsables hiérarchiques, et que l'on modifie les modes d'élaboration des budgets.

QUESTIONS

1. Comment l'approche par les processus peut-elle améliorer le fonctionnement des organisations et leur performance ?
2. Quelles peuvent être les conséquences pour le contrôle de gestion ?

③ *Peugeot*

(Entretien avec le directeur de projet chez Peugeot, *Peugeot Magazine*, n° 120, février 1995.)

Comment avez-vous constitué votre Équipe projet ?

Cette équipe s'est constituée progressivement. Au début de la phase de définition préliminaire, toutes les fonctions d'Adjoints Coûts, Qualité et Planning, ainsi que celles de Chefs de projet Produit, Méthodes Carrosserie, Méthodes Mécaniques, Achats, Études et Production ont été pourvues. Une douzaine de personnes ont donc été installées sur le site de La Garenne, dans des bureaux regroupés à proximité du département définissant l'architecture des véhicules.
Lorsque le projet a été suffisamment mûri pour pouvoir être présenté à la Direction générale avec une première estimation des performances et des coûts, tous les Responsables de lots ont été nommés. Le véhicule est en effet, découpé en plusieurs grandes fonctions, appelées «lots». Pour maîtriser la totalité du projet, une personne va être désignée pour chacun des lots du véhicule : 18 proviennent de la Direction des Études, dont 2 pour le style, 2 pour les synthèses d'implantation et d'expérimentation et 14 pour les lots de conception (structure, adaptation moteur, architecture électrique, etc.), et 8 responsables de lots proviennent de la Direction des Méthodes pour l'emboutissage, le montage, la peinture, la qualité opérationnelle, etc.
Puis, le plateau s'est physiquement déplacé sur le site des études chargées du développement, à Sochaux, dans des locaux aménagés spécialement, permettant d'accueillir simultanément jusqu'à 70 personnes.
Nous ont rejoints alors les Responsables métiers du Centre pilote de production (synthèse qualité, emboutissage, ferrage, fournitures extérieurs, etc.) mais également un représentant de la Direction Après-vente, trois Développeurs de la Sogedac chargés de suivre les études en partenariat avec les fournisseurs.

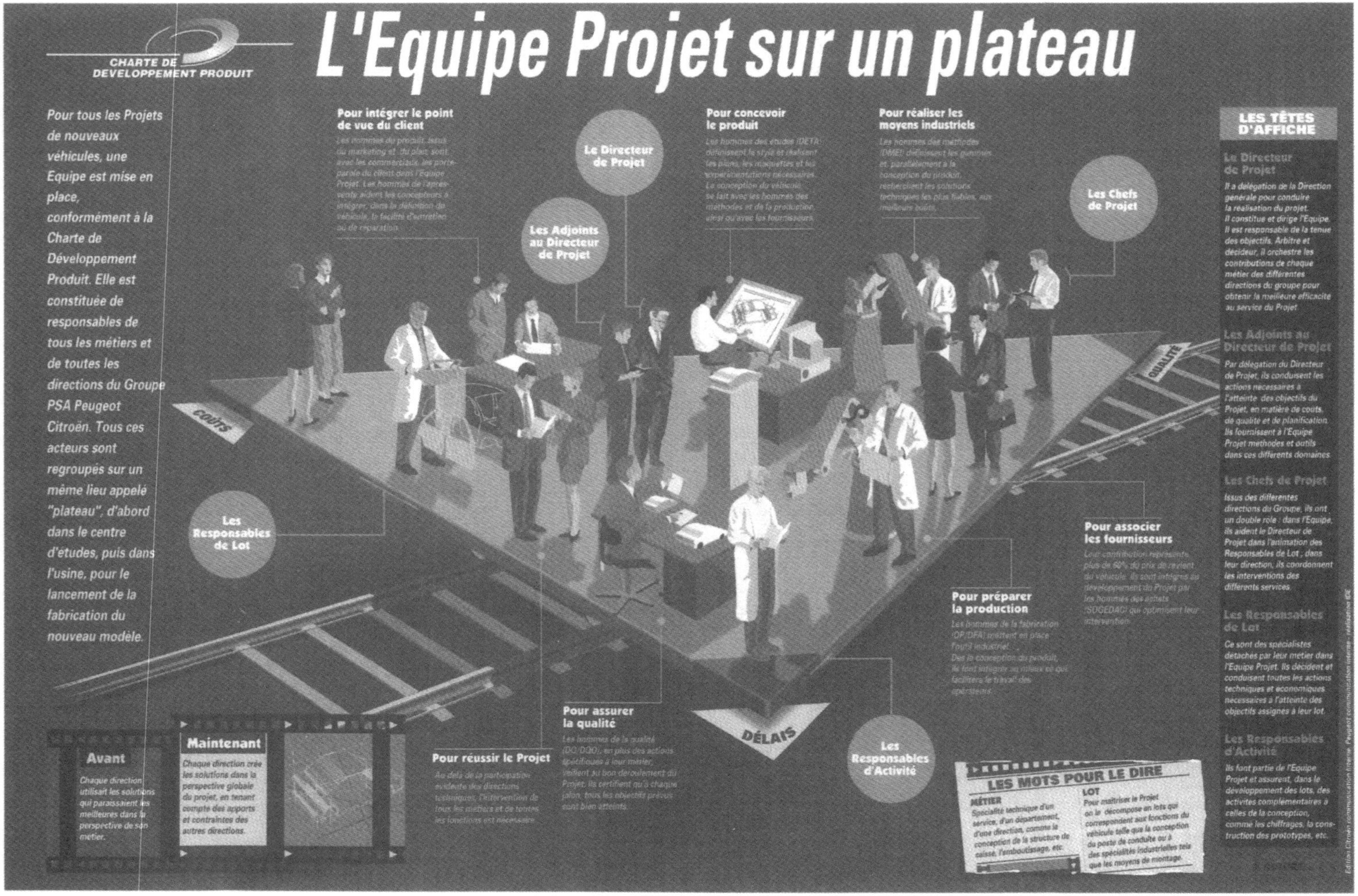
CHARTE DE DEVELOPPEMENT PRODUIT
L'Equipe Projet sur un plateau
Pour tous les Projets de nouveaux véhicules, une Equipe est mise en place, conformément à la Charte de Développement Produit. Elle est constituée de responsables de tous les métiers et de toutes les directions du Groupe PSA Peugeot Citroën. Tous ces acteurs sont regroupés sur un même lieu appelé "plateau", d'abord dans le centre d'études, puis dans l'usine, pour le lancement de la fabrication du nouveau modèle.
Pour intégrer le point de vue du client
Le Directeur de Projet
Les Adjoints au Directeur de Projet
Pour concevoir le produit
Pour réaliser les moyens industriels
Les Chefs de Projet
COÛTS
QUALITÉ
DÉLAIS
Les Responsables de Lot
Les Responsables d'Activité
Pour associer les fournisseurs
Pour préparer la production
Pour assurer la qualité
Pour réussir le Projet
Avant
Chaque direction utilisait les solutions qui paraissaient les meilleures dans la perspective de son métier.
Maintenant
Chaque direction crée les solutions dans la perspective globale du projet, en tenant compte des apports et contraintes des autres directions.
LES TÊTES D'AFFICHE
Le Directeur de Projet
Il a délégation de la Direction générale pour conduire la réalisation du projet. Il constitue et dirige l'Equipe. Il est responsable de la tenue des objectifs. Arbitre et décideur, il orchestre les contributions de chaque métier des différentes directions du groupe pour obtenir la meilleure efficacité au service du Projet.
Les Adjoints au Directeur de Projet
Par délégation du Directeur de Projet, ils conduisent les actions nécessaires à l'atteinte des objectifs du Projet, en matière de coûts, de qualité et de planification. Ils fournissent à l'Equipe Projet méthodes et outils dans ces différents domaines.
Les Chefs de Projet
Issus des différentes directions du Groupe, ils ont un double rôle : dans l'Equipe, ils aident le Directeur de Projet dans l'animation des Responsables de Lot ; dans leur direction, ils coordonnent les interventions des différents services.
Les Responsables de Lot
Ce sont des spécialistes détachés par leur métier dans l'Equipe Projet. Ils décident et conduisent toutes les actions techniques et économiques nécessaires à l'atteinte des objectifs assignés à leur lot.
Les Responsables d'Activité
Ils font partie de l'Equipe Projet et assurent, dans le développement des lots, des activités complémentaires à celles de la conception, comme les chiffrages, la construction des prototypes, etc.
LES MOTS POUR LE DIRE
MÉTIER
Spécialité technique d'un service, d'un département, d'une direction, comme la conception de la structure de caisse, l'emboutissage, etc.
LOT
Pour maîtriser le Projet on le décompose en lots qui correspondent aux fonctions du véhicule telle que la conception du poste de conduite ou à des spécialités industrielles tels que les moyens de montage.
Edition Citroën communication interne - Peugeot communication interne - réalisation IDE

À ce stade, comme le montre le Schéma sur les Équipes Projet, on peut dire que tous les métiers de toutes les directions impliquées dans un projet automobile sont à pied d'œuvre.

Qu'est-ce qui caractérise le travail en plateau ?

Je vais vous citer un exemple très concret : sur le plateau T1, nous avons regroupé dans un même bureau, les partenaires travaillant sur une même zone de la voiture. Ainsi, par exemple, sont regroupés ensemble, les Responsables des lots Conception poste de conduite, Conception architecture électrique, Méthodes Montage, le Responsable du lot Conception électricité de l'habitacle et le Développeur Achat travaillant sur le poste de conduite.
Cela favorise la prise en compte, dès les premiers dessins, des difficultés que l'on pourrait rencontrer au montage (travail en recouvrement entre les Études et la Production) ; cela permet aussi de trouver une solution conciliant le prix unitaire de la pièce avec l'investissement à consentir pour la fabriquer (travail en commun entre Études et Méthodes).

Pourriez-vous nous expliquer en quoi consiste la démarche par objectif dans votre projet ?

Cette démarche est fondamentale ; elle est d'ailleurs couramment appliquée par chacun d'entre nous dans notre vie quotidienne. Je m'explique : chaque ménage a un budget déterminé tous les mois et, en fonction de ce budget, il décide de faire tel ou tel achat. Il fait des choix, essayant de trouver le meilleur compromis entre les frais fixes, type loyer, et les frais dits variables, tels que la nourriture, et au-delà les loisirs.
Dans un projet automobile, il est indispensable d'appliquer une démarche de ce type. On sait que les niveaux de prix et de performances d'un nouveau modèle sont déterminés par les souhaits du client que les enquêtes marketing ont pu quantifier et par le niveau de la concurrence. Nous devons également tenir compte des capacités de financement des investissements de la Société.
Pour T1, nous sommes donc partis d'un objectif de prix de vente compatible avec le marché ; nous en avons déduit l'objectif de prix de revient de fabrication du véhicule. Nous avons alors réparti ce prix de revient par lot. Cette somme attribuée constitue l'objectif prix du Responsable de lot qu'il décompose à son tour, en objectifs par grande fonction, puis par pièce. Il lui appartient ensuite de concevoir, en collaboration avec les différents acteurs du plateau (Méthodes, Fournisseurs…) les pièces en fonction de ce prix, et ce, en respectant les objectifs de performances, de qualité, de masse, les investissements à consentir, etc. Compromis toujours difficile à trouver.
C'est ce que l'on appelle parfois en d'autres termes la démarche *Design to cost.* Cette démarche par objectif nécessite un changement important de nos comportements. Mais elle est absolument nécessaire pour respecter les objectifs globaux du projet, gages de la réussite du véhicule.

QUESTION

Quelles sont les caractéristiques essentielles de la gestion de projet mises en évidence par l'expérience Peugeot ?

4 Système d'information et contrôle de gestion

Le contrôle de gestion, système d'information pour le système de décision, traite de nombreuses données en utilisant des méthodes et des outils pris dans toutes les disciplines.

Le contrôle de gestion rassemble un ensemble d'outils qui évoluent et s'enrichissent mais se focalisent toujours sur les mêmes calculs :
– calculs de coûts et d'écarts sur coûts,
– calculs de budgets et d'écarts,
– calculs d'indicateurs, de ratios et de variations.

1. Les systèmes d'information

1.1 L'information

a) Définition de l'information

Le mot latin *informare* veut dire «mettre en forme».

Mc Kay définit l'information comme une connaissance qui change la représentation actuelle d'une entité (quelconque). Pour Davis[1], l'information représente les données transformées sous une forme significative pour la personne qui les reçoit : elle a une valeur pour ses décisions et ses actions.

1. G.-B. Davis, M.H. Olson, J. Ajenstat, J.-L Peaucelle, *Système d'information pour le management*, Economica, 1986.

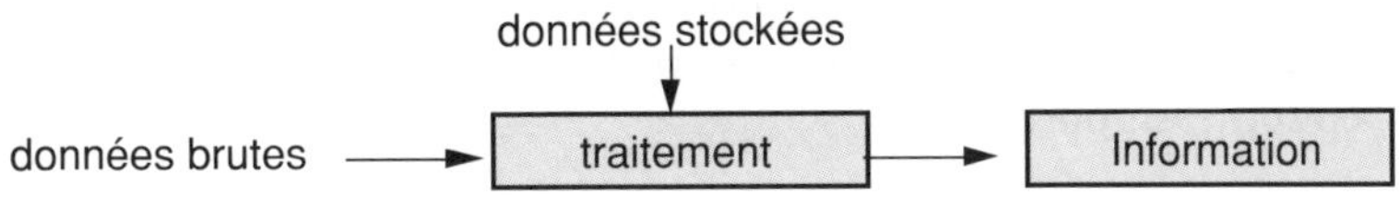

b) Les caractères de l'information

Ils permettent de définir l'information et d'en évaluer la qualité, c'est-à-dire le **coût** et **l'utilité** :

- **forme** :
  - quantité globale de l'information,
  - intelligibilité : facilité de compréhension,
  - pertinence : utilité par rapport au besoin,
  - fiabilité : quelle assurance de validité ?
- **délais** :
  - âge : de quand date l'information ?
  - durée de vie : temps de fiabilité et de pertinence,
  - vitesse d'accès/réponse : temps pour obtenir l'information.
- **lieux** :
  - conditions physiques d'accès : mode technique d'utilisation,
  - conditions juridiques d'accès : accès pour tous ou réservé à certains.
- **contenu** :
  - contenu sélectif : ce que l'on retient de l'information,
  - contenu structurel : comment l'information est décomposée, structurée,
  - contenu métrique : quel est le degré de précision nécessaire de l'information ?

La **valeur** de l'information dépend donc de tous ces paramètres pondérés différemment selon les besoins de l'utilisateur et les spécificités du contexte.

c) Les sources de l'information

Les sources d'information sont nombreuses et différenciées, internes ou externes à l'entreprise, formalisées ou non.

Le schéma page suivante permet d'en repérer quelques-unes.

d) Les supports de l'information

Les supports de l'information sont d'autant plus nombreux que des technologies nouvelles, en particulier l'électronique, apparaissent et offrent des potentialités plus larges.

La grande variété des supports pose un problème de choix qui dépend :

- de la **nature du système de traitement** : est-ce l'homme ou la machine qui traitera l'information ?
- de **l'objectif** poursuivi : est-ce pour stocker, transmettre ou utiliser l'information ?

La qualité des supports s'analyse selon plusieurs critères :

- **commodité** pour l'utilisateur ;

– **sécurité** sur la validité des informations ;
– **vitesse** de transmission des informations ;
– **coût** du support.

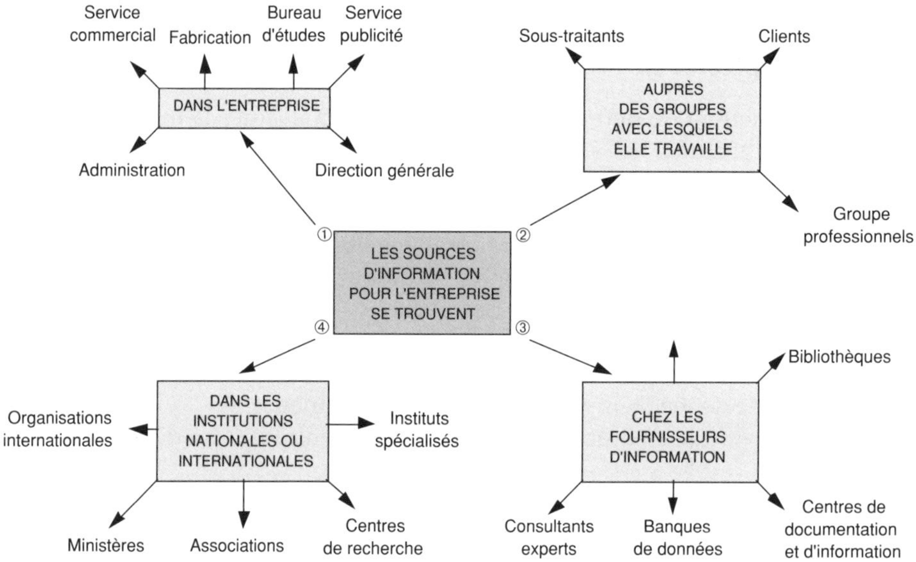

Source : David, Sutter, *La gestion de l'information dans l'entreprise*, Eyrolles, AFNOR Gestion, 1985.

On peut repérer trois types de supports :
– **papier** : ouvrages, périodiques, brevets, normes, catalogues, comptes rendus, rapports, affiches ;
– **audio et audiovisuel** : photos, films, disques, cassettes, microfiches ;
– **informatique et télématique** : logiciels de traitement d'informations et de textes, base de données, banque de données.

1.2 Le système d'information

a) Définitions

Plusieurs définitions peuvent être reprises pour cerner la notion :

> H.C. Lucas [1] analyse le système d'information comme «l'ensemble des procédures organisées qui permettent de fournir l'information nécessaire à la prise de décision et/ou au contrôle de l'organisation».

Une définition simple est donnée par C. Dumoulin [2] : «Ensemble des informations circulant dans l'entreprise, ainsi que les procédures de traitement et les moyens octroyés à ces traitements.»

1. Lucas H.C., *in* Davis, *Système d'information pour le management*, 1986.
2. Dumoulin C., *Management des systèmes d'information*, Éditions d'Organisation, 1986.

Les procédures de circulation et d'opération sur les informations constituent l'élément le plus opérationnel, mais aussi, bien sûr, le plus difficile à mettre en œuvre dans le système d'information.

b) La fonction du système d'information

À partir de ces définitions, il ressort que la fonction première d'un système d'information est de **produire** de l'information.

Le tableau de Dumoulin permet de situer la place du contrôle de gestion.

		Exemples de tâches correspondantes	**Types de services actuellement en charge de la fonction**
Fonction principale : **production de l'information**	• Écoute : – externe – interne	– Analyse de l'information générale, économique, professionnelle – Veille stratégique – Information de gestion	– Économique – Des études – Information, communication – Du personnel – Marketing – **Contrôle de gestion**
	• Expression	– Codage – Formalisation de la communication interne et externe – Structuration des langages (culture de l'organisation)	– Communication – Personnel – **Contrôle de gestion** – Marketing
	• Mémorisation : – des données – des programmes	– Aménagement de la mémothèque et de ses accès	– Informatique – Autres départements (archivages)
	• Organisation (structuration – coordination)	– Compression des données – Établissement des procédures – Liaison information/tâche – Aménagement de l'apprentissage – Formation	– Organisation – **Contrôle de gestion** – Formation

c) Les qualités d'un système d'information

Après cette analyse on peut essayer de dégager les qualités d'un «bon» système d'information, c'est-à-dire opérationnel pour la prise de décision.

> Le système d'information doit permettre de :
> – connaître le présent ;
> – prévoir ;
> – comprendre ;
> – informer rapidement.
>
> Le système d'information doit être :
> – adapté à la nature (taille, structure) de l'organisation,
> – efficace (rapport qualité/coût).

Le système d'information «Contrôle de gestion» doit donc remplir ces conditions.

1.3 Les besoins de l'entreprise en information

La gestion des entreprises, donc toutes les décisions de court et long terme pour piloter l'entreprise, nécessite des informations sur l'environnement extérieur et sur le fonctionnement interne.

Par exemple :
- **variables externes** : le taux de base du marché bancaire, les pourcentages de part de marché des différents concurrents, le taux de croissance du secteur, l'élasticité de la demande au prix et au revenu ;
- **variables internes** : les capacités de production, le taux d'endettement, les plans marketing...

Mais l'évolution essentielle qu'il faut mettre en avant porte sur les caractéristiques de la variable **information** et non sur son existence intrinsèque : en effet, ce qui est nouveau pour l'entreprise c'est le prodigieux élargissement de l'horizon spatial et temporel des informations. Les entreprises, comme les individus, sont impressionnées devant la masse, la rapidité et la diversité de ces informations. Les entreprises actuelles se préoccupent donc davantage de l'importance et des difficultés du traitement de ces informations.

Face à ce besoin d'information inhérent au fonctionnement de l'entreprise, J.-L. Peaucelle[1] identifie les **trois finalités** essentielles d'un système d'information :
- **contrôle** : le système d'information doit être la mémoire de l'organisation, en traitant les données passées ;
- **coordination** : le système d'information doit permettre de suivre les actions présentes ;
- **décision** : le système d'information traite des données prévisionnelles pour aider à préparer le futur.

Ces trois qualificatifs s'appliquent tout à fait au contrôle de gestion qui doit être un système d'information représentant le fonctionnement de l'entreprise pour le contrôler, pour le coordonner et pour aider à la prise de décision.

2. Le contrôle de gestion, système d'information pour le système de décision

2.1 Les relations système décisionnel /système informationnel

L'analyse du processus décisionnel met en évidence l'omniprésence et l'importance de tous les systèmes d'information qui sont des outils d'aide à la décision.

1. J.-L. Peaucelle, «À quoi servent les systèmes d'information», *RFG*, décembre, 1983.

Les interactions entre le système décisionnel et le système informationnel peuvent être représentées en tenant compte des spécificités des trois niveaux de décision :

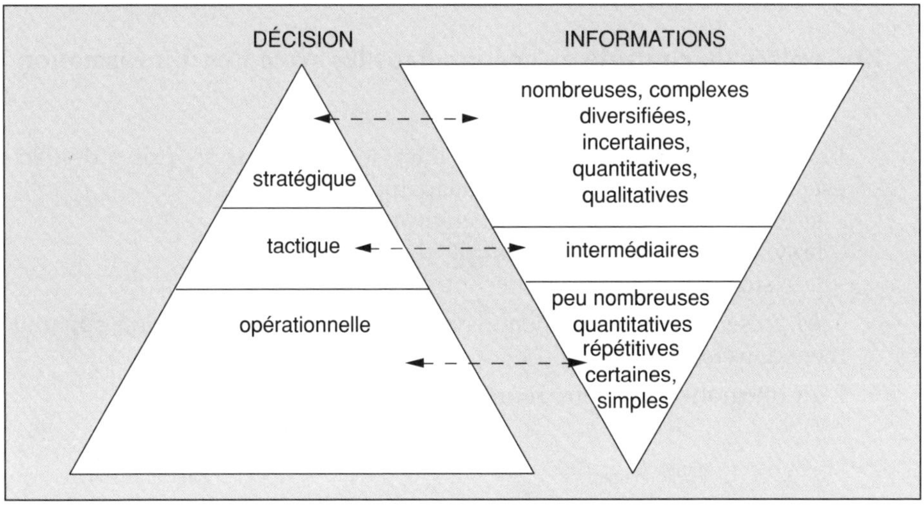

2.2 Place du contrôle de gestion, système d'information pour les systèmes de décision

a) Le système d'information «contrôle de gestion»

Si l'on veut représenter la boîte noire du contrôle de gestion, avec ses inputs, ses outputs et la transformation effectuée, on obtient :

- **en entrée** : les charges et les produits de la comptabilité générale ainsi que d'autres données de la comptabilité analytique ; les flux financiers externes et les flux internes constituent les entrées du système d'information ;
- **traitement** : les procédures comptables, l'établissement des budgets, le calcul des coûts et des écarts sont les traitements de ce système d'information ;
- **en sortie** : les coûts.

Les budgets, les plans, les coûts, les écarts sont les sorties du système d'information.

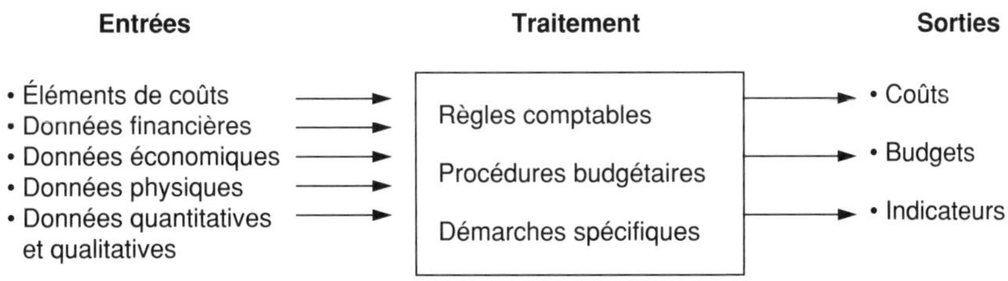

Les interactions entre le système d'information et le système de décision sont très fortes. Le contrôle de gestion, comme système d'information, influence donc les décisions de l'entreprise, tant tactiques que stratégiques.

b) La place du contrôle de gestion dans les systèmes d'information de l'entreprise

Plusieurs systèmes d'information interviennent pour les prises de décision. Il est possible d'en repérer trois principaux :
– le système d'information sur l'environnement ;
– le système d'information contrôle de l'opérationnel ;
– le système d'information du contrôle stratégique.

Très présent dans le deuxième système, le contrôle de gestion apparaît également dans le dernier.

Leur intégration peut être représentée dans le schéma suivant :

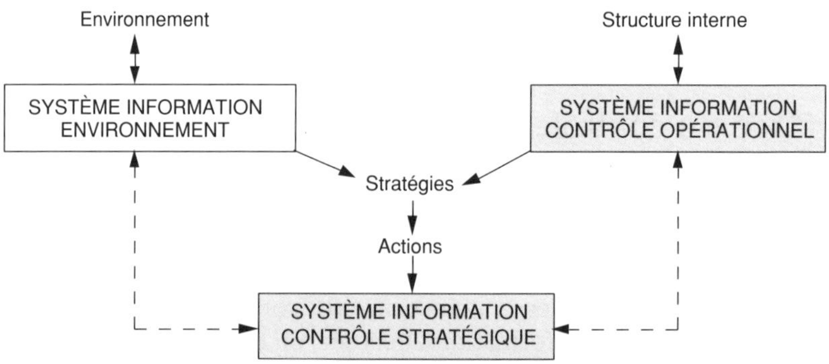

–

(Le contrôle de gestion apparaît dans les cadres grisés.)

c) Quel système d'information pour le contrôleur de gestion ?

À l'inverse, on peut s'interroger sur les systèmes d'information «utiles» au contrôle de gestion : quel type d'informations et quelles procédures de traitement de l'information utilise plus spécifiquement le contrôleur de gestion ?

Le contexte économique de plus en plus turbulent, complexe et incertain, et les nouveaux concepts mis en évidence par la théorie des organisations (voir chapitre 2) conduisent le contrôleur de gestion à rechercher des informations physiques et qualitatives, avec d'autres indicateurs que monétaires. Le système d'information dont il a besoin pour réguler et contrôler, doit s'adapter au nouveau type de pilotage de l'entreprise et aux évolutions qu'il faut maîtriser en permanence.

3. Les apports des systèmes d'information au contrôle de gestion

3.1 L'informatisation des systèmes d'information et de communication

Le fort développement et la large diffusion de l'informatique de gestion ont permis une offre considérable de produits qui bouleverse les calculs et les procédures du contrôle de gestion.

Il est nécessaire de distinguer les logiciels qui permettent des traitements plus ou moins complexes d'information des canaux qui transmettent et font circuler les informations.

a) Les systèmes d'information

Tous les logiciels sont des systèmes d'information qui permettent une décision plus ou moins automatisée ; il est ainsi possible de les classer selon ce critère :

Système de prise de décision	Logiciel totalement programmé : prise de décision automatique
Système de reporting	Logiciel donnant des tableaux de données périodiques et l'utilisateur prend les décisions (cas classique du contrôle de gestion)
Système interactif d'aide à la décision SIAD, EIS par exemple	Logiciel donnant des modèles et des données élaborées, des simulations ; l'utilisateur maîtrise les décisions
Système reposant sur l'intelligence artificielle – SE, par exemple	Logiciel capable d'apprentissage et assistant la décision en proposant des solutions
Système d'aide à la décision de groupe ECR, DATA WHARE HOUSE, par exemple	Logiciels de calculs et de communication pour assister un processus collectif de prise de décision

(À partir de R. Reix, *Systèmes d'information*, Vuibert 1998)

Il semble nécessaire de préciser quelques caractéristiques de ces systèmes d'information :

• **SIAD**, Système Interactif d'Aide à la Décision : c'est un système d'information assisté par ordinateur fournissant une assistance aux décideurs pour des problèmes non structurés, combinant le jugement humain et le traitement automatisé de l'information ; un SIAD comprend trois éléments : une base de données, une base de modèles et une fonction de gestion du dialogue homme-machine.

Un SIAD efficace dans sa conception et son utilisation nécessite un apprentissage de la part du décideur et des allers-retours pour améliorer le système. Des SIAD permettent d'élaborer et de contrôler des budgets.

Structure type d'un SIAD

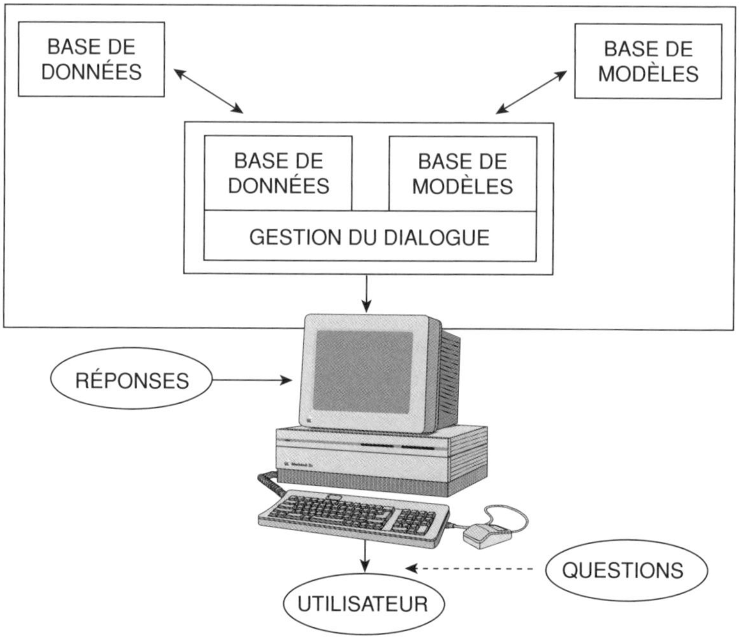

Source : R. Reix, *Systèmes d'information et management des organisations*, Vuibert, 1998.

• **EIS**, *Executive Information System* ou *ESS Executive Support System* : c'est un SIAD spécifique pour les besoins des cadres supérieurs, c'est-à-dire pour des tâches de finalisation, formulation d'objectifs et de stratégie, des tâches d'animation contrôle pour le suivi des performances ; ces besoins sont diversifiés, hétérogènes, complexes et les solutions proposées par les logiciels ou EIS sont des tableaux de bord électroniques construits par les cadres et dirigeants.

• **DATA WAREHOUSE** ou entrepôts de données : plusieurs logiciels articulés permettent de collecter, de stocker et d'exploiter une énorme masse d'informations, de les interroger avec un langage de requête (SQL), de traiter des données multidimensionnelles (ROLAP), de faire des statistiques (*data mining*) pour mieux comprendre des situations et aider aux décisions.

• **SE**, système expert : logiciel informatique simulant le raisonnement d'un expert dans un domaine de connaissance spécifique. Un système expert comprend une base de faits, une base de règles et un moteur d'inférence avec une informatique heuristique (non algorithmique) qui exécute un raisonnement en interprétant les règles et en les appliquant aux faits pour résoudre un problème.

Un SE est élaboré à partir des raisonnements, des démarches intelligentes d'un expert traduits par un cogniticien. Un SE est un système ouvert qui évolue en fonction de nouveaux faits et des nouvelles règles qui apparaissent au cours des traitements. C'est le domaine de l'intelligence artificielle, qui essaie de reproduire les réseaux de neurones des hommes.

Ainsi, il est possible de faire des diagnostics (dans les domaines financiers, de production) des prévisions (évolution d'un marché, planification de la production, financement d'un investissement, planification stratégique), des conduites de processus.

• **ECR**, *Efficient Consummer Response* ou réponse efficace au consommateur : par la collecte d'informations sur les choix des consommateurs, à partir des tickets de caisse, il est possible d'avoir une meilleure connaissance des clients et d'améliorer l'efficacité de la promotion, de la logistique, des lancements de produits nouveaux et l'assortiment des points de vente.

C'est aussi une immense base de données que l'on interroge pour mieux cerner une situation, faire des comparaisons et aider aux décisions.

• **ERP**, *Enterprise Resource Planning*, issu de l'appellation *MRP material* ou *management requirement* ou *resources planning* dans le domaine de la production : système d'information intégré visant à articuler plusieurs traitements qui s'enchaînent le long du processus de gestion, en particulier, vente-production-approvisionnement-comptabilité finance-ressources humaines.

De manière générale, ce sont tous les logiciels intégrés qui permettent d'associer plusieurs fonctions d'une organisation créant ainsi un réseau d'informations sur lequel travaillent tous les acteurs. Les technologies des réseaux ont permis d'intégrer plusieurs bases de données, de relier, l'amont, le centre et l'aval du processus, au sein et à l'extérieur d'une entreprise. Un ERP doit permettre plus de productivité, de flexibilité, et la réduction de tous les cycles. Il est possible de repérer plusieurs caractéristiques d'un ERP :

– les modules sont intégrés pour une utilisation plus facile ;
– le système est orienté vers l'utilisateur ;
– les données sont disponibles en temps réel, pour un pilotage plus performant des variables d'action. Le principe d'intégration qui structure les ERP a obligé les entreprises qui souhaitaient les mettre en place à décloisonner les fonctions, à rendre homogènes et cohérentes les procédures de fonctionnement des services. Ainsi, un ERP est un outil de normalisation et de standardisation des processus d'une entreprise.

Le logiciel intégré le plus répandu est SAP.

Une société allemande créée par cinq anciens cadres d'IBM a proposé en 1979 la première version du logiciel SAP (Systèmes, applications et produits pour le traitement des données). Les dernières versions, en 2000, sont SAPHostings et SAPMarkets.

Cette entreprise est devenue le troisième éditeur mondial, avec 23 000 employés et un chiffre d'affaires de plus de 6 milliards d'euros en 2002 ; 30 000 progiciels sont implantés pour dix millions d'utilisateurs dans cinq cents des plus grandes entreprises européennes et américaines.

La structure et les modules du progiciel intégré SAP peuvent être visualisés de la manière suivante :

STRUCTURES ET MODULES D'UN PROGICIEL INTÉGRÉ (SAP, 1999)

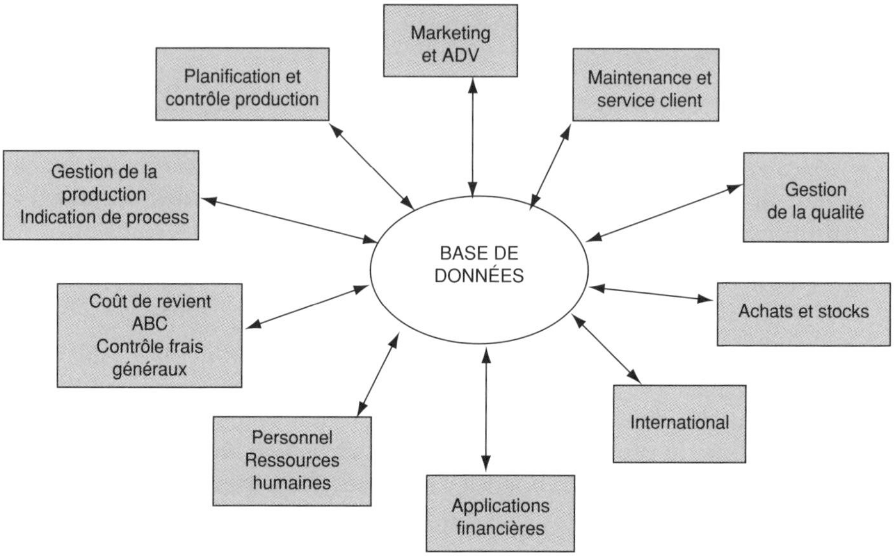

C'est une architecture intégrée, mise en place sur une organisation décrite de manière transversale, avec une saisie unique des données standard mises à jour en temps réel. Le principe est le suivant : une vente provoque tout un ensemble d'événements enchaînés pour aboutir à un résultat ; la commande client déclenche la suite des traitements en terme de trésorerie, de comptabilité, de logistique et de production, dans une optique quantitative et qualitative, en volume et en valeur.

b) Les systèmes de communication

Ils constituent les «canaux» indispensables pour faire circuler les informations et relier les logiciels, les organisations, les acteurs, donc constituer des réseaux locaux ou plus larges, publics ou privés. Deux tendances semblent se développer dans les organisations, le travail en groupe et les systèmes inter-organisationnels qui modifient les procédures de fonctionnement des outils de gestion.

1) Aide au travail de groupe

Workflow ou outils de travail coopératif permettant de travailler ensemble, à des moments différents ou non, sur un même lieu ou des lieux différents. Ces systèmes de communication peuvent aider les acteurs dans leurs tâches sans les contraintes de temps et d'espace.

2) Systèmes inter-organisationnels

• **EDI**, échange de données informatisées : service qui assure le transfert par télécommunication des données normalisées entre partenaires en s'appuyant sur une messagerie.

L'EDI est donc un support pour des transactions courantes entre organisations.

Plusieurs systèmes de normalisation coexistent à différents niveaux :

- par exemple, au niveau national, Galia pour les constructeurs automobiles en France, GENCOD pour la distribution ;
- au niveau européen, Odette pour la construction automobile, EAN pour la distribution, par exemple ;
- au niveau international, IATA pour le transport aérien.

Sous la tutelle des Nations Unies une norme commune EDIFACT mondiale et multisectorielle doit remplacer les nombreuses normes existantes.

• **Internet** : ensemble de réseaux utilisant un même protocole TCP/IP (transmission control protocol/Internet protocol) pour connecter tous les ordinateurs par tout moyen de télécommunication, en particulier le réseau téléphonique mondial. Il permet de communiquer, de transférer des données, des fichiers, d'effectuer des traitements à distance, de faire du commerce électronique (*B to B, business to business*, ou *B to C, Business to Consummer*)

• **Intranet** : réseau privé construit à l'intérieur d'une organisation, pour relier ses membres et utilisant les technologies d'internet.

3.2 L'évolution du contrôle de gestion

Face à toutes ses possibilités informatiques, le choix du ou des systèmes d'information pour le contrôle de gestion dépend de nombreux facteurs :

- les objectifs de contrôle de gestion : est-ce un calcul de coût isolé ou un système complet de calcul et de pilotage ? est-ce la gestion d'un stock ou le pilotage de tout un processus de production ? un pilotage permanent en temps réel ou un contrôle à période fixe ? cherche-t-on un système plus ou moins automatisé, plus ou moins décentralisé pour quels utilisateurs ?
- les moyens disponibles : les investissements immatériels portent-ils sur des logiciels standard ou sur mesure ? quelle est la formation nécessaire des utilisateurs ? quelle adaptation et quelle maintenance des systèmes ? Tous ces moyens constituent des coûts importants et récurrents, peu envisageables pour beaucoup d'entreprises.

Il est donc nécessaire de dimensionner les investissements en logiciels en fonction de la rentabilité de l'activité, des seuls besoins des utilisateurs, de la performance attendue.

Dans les entreprises qui ont choisi d'utiliser des logiciels, plusieurs tendances apparaissent :

- *un traitement des informations en temps réel* ou s'en rapprochant, modifiant ainsi les procédures de travail du contrôleur de gestion ;
- *une interconnexion de plusieurs sites, établissements ou organisations par des réseaux télématiques*, ce qui permet d'accélérer les échanges et d'améliorer la qualité du service mais qui oblige à des standardisations de procédures de travail donc à des changements et des adaptations des acteurs ;

– *une utilisation de logiciels intégrés* qui permettent d'optimiser l'ensemble des étapes du processus de gestion en associant des modules informatiques de traitement de comptabilité, d'investissement, de trésorerie, de ventes, de stocks…

Le contrôle de gestion est modifié avec la mise en place d'un ERP ; en effet, il se trouve inséré dans une chaîne de traitement d'informations depuis la commande client jusqu'au paiement. Toutes les étapes des processus de vente, production, approvisionnement peuvent être analysées, suivies, contrôlées. Il en découle ainsi des conséquences sur le contrôle de gestion d'une entreprise :

– les données sont cohérentes, disponibles, avec une bonne traçabilité
– les processus et les flux de données peuvent être modélisés.

Les domaines de la gestion intégrés dans les ERP sont classiquement les suivants :

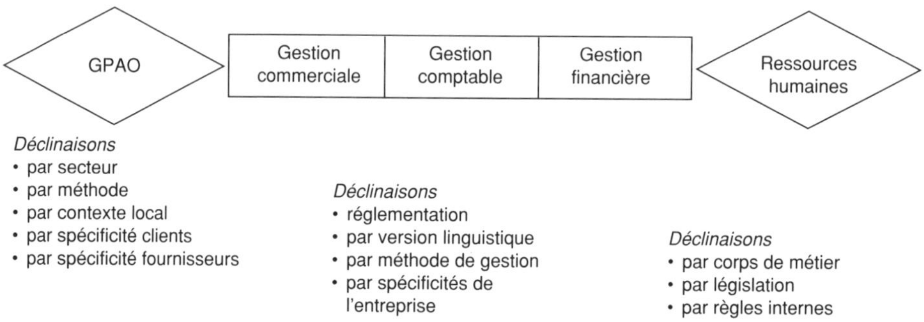

Les systèmes d'information intégrée de type ERP permettent d'aider aussi bien au pilotage du *front office* (les relations avec les clients) que du *back office* (les informations pour suivre et contrôler les activités), donc tous les champs du contrôle de gestion :

– la gestion des commandes ;
– la gestion de la force de vente ;
– la gestion des budgets.

On y ajoute aujourd'hui des modules pour la gestion logistique, pour la gestion du marketing et de la clientèle, pour la gestion de la maintenance.

3.3 Contrôle de gestion, système d'information et apprentissage organisationnel

Les systèmes d'information et de communication peuvent permettre d'accélérer la transmission et l'acquisition de connaissances, d'expérience, développant ainsi un cercle vertueux de la qualité et de la performance.

Le contrôle de gestion, en tant que système d'information, peut avoir une influence sur la gestion de la qualité et sur l'amélioration permanente du pilotage grâce à l'expérience accumulée et le transfert des compétences entre les acteurs au sein d'une organisation, donc l'**apprentissage organisationnel**.

« L'apprentissage repose sur le principe de perfectibilité de la personne dans un cercle social » déclare Jean-Jacques Rousseau.

L'apprentissage dans une organisation est la création et la modification de routines par les acteurs ; c'est l'acquisition de connaissances et de compétences individuelles utiles à l'organisation, l'amélioration de la capacité à réaliser des actions efficaces, la capacité collective à interpréter et à donner du sens.

Le processus d'apprentissage, dans une approche constructiviste, est appréhendé comme la transformation des représentations, des modes de pensée, des connaissances.

D'après Jean Piaget, l'apprentissage organisationnel s'intéresse plus particulièrement au savoir qui se construit par l'action et dans l'interaction entre l'environnement et les modes de pensée. L'apprentissage organisationnel est envisagé comme une résolution de problèmes installée dans l'action. Chris Argyris énonce que « nous apprenons quand nous détectons une erreur et la corrigeons ».

Dans ce cadre de formalisation et le contexte stratégique actuel, le contrôle de gestion, grâce aux systèmes d'informations cités plus haut, peut aider au pilotage de la performance d'une organisation en intégrant la gestion des informations et des connaissances pour une amélioration permanente de la qualité des procédures, des routines, pour un apprentissage organisationnel.

AMÉLIORATION PERMANENTE DU PILOTAGE DU CONTRÔLE DE GESTION PAR LE CERCLE VERTUEUX DE L'INFORMATION ET DE LA CONNAISSANCE

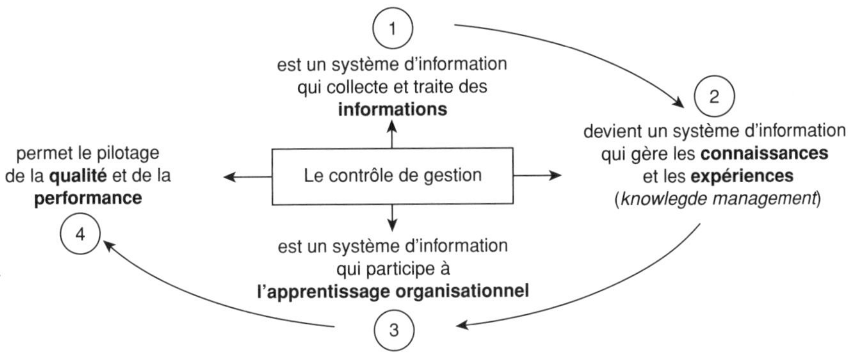

4. Le contrôle de gestion et les outils d'aide à la décision

4.1 La diversité des outils

La gestion concerne à la fois des domaines techniques quantitatifs et des domaines humains et qualitatifs. C'est pourquoi au cours du développement et de la formalisation des sciences de gestion, des outils d'aide à la décision ont été empruntés tant aux sciences exactes (mathématiques, statistiques, etc.) qu'aux sciences humaines (sociologie, psychologie, etc.) puis adaptés.

La gestion est une science «hybride», phagocytant des outils et des démarches d'autres disciplines et constituant aussi des techniques qui lui sont propres.

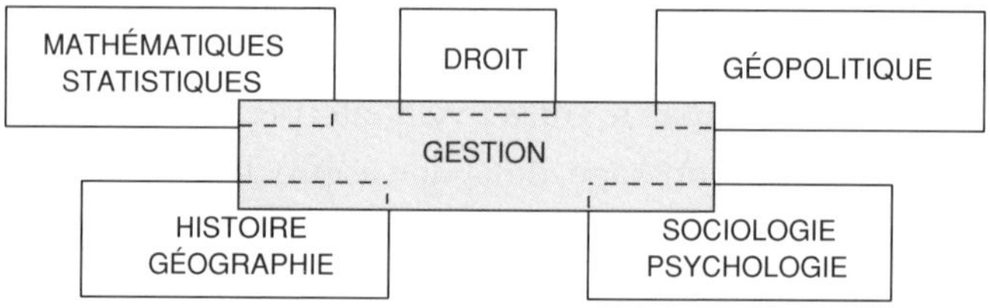

Les services du contrôle de gestion ont souvent besoin de traiter, de transformer, de calculer des informations avant de pouvoir les utiliser dans les méthodes, les procédures de contrôle de gestion et de les analyser pour en tirer des conclusions. Ils se servent donc de nombreux outils d'aide à la décision «piochés» dans différentes disciplines et transformés pour leurs besoins ou conçoivent des outils spécifiques.

(Des présentations de plusieurs outils nécessaires en préalable à des procédures de contrôle de gestion sont exposées tout au long des chapitres suivants.)

Ainsi pour montrer l'étendue de la gamme des outils d'aide à la décision dont disposent les gestionnaires et le contrôle de gestion, il est possible de dresser un tableau de quelques techniques classées par fonction ou domaine d'utilisation (voir page suivante).

Il faut bien noter que le panorama est loin d'être exhaustif et tout à fait perfectible.

L'essentiel est de comprendre la diversité et la transversalité des techniques : des outils statistiques sont utilisés par toutes les fonctions de l'entreprise et à l'inverse la fonction commerciale utilise des techniques quantitatives de gestion comme des outils quantitatifs d'autres disciplines (mathématiques, statistiques, RO, informatique) autant que des techniques de sciences humaines.

Mais il est également possible de présenter des outils d'aide à la décision selon le type d'environnement pour lequel ils sont conçus.

4.2 Des outils pour la prise de décision en univers certain

La définition de l'univers certain est résumée par le terme de **certitude**.

Le cadre de la décision est connu, l'avenir est prévisible, les informations sont accessibles et certaines.

Parmi les nombreuses techniques afférentes à cet univers, en voici quelques-unes dont certaines seront traitées dans d'autres chapitres :

- comptabilité générale,
- analyse marginale,
- actualisation,

	FONCTION	PRODUCTION	COMMERCIALE	FINANCIÈRE	RESSOURCES HUMAINES
TECHNIQUES PROPRES À LA GESTION	Techniques quantitatives de gestion	• Gestion des stocks • **Gestion des stocks en avenir aléatoire** • Comptabilité analytique (coûts préétablis et écarts) • Analyse de la valeur • Goulot d'étranglement • Contrôle de gestion (budget de production)	• Comptabilité analytique (marges et prix de vente) • **Prévisions des ventes** • Ratios de rentabilité commerciale • Contrôle de gestion (budget des ventes)	• Comptabilité générale • Contrôle de gestion (budgets d'investissement ou de trésorerie) • Seuil de rentabilité • Analyse financière (ratios, effet de levier) • Délai de récupération du capital, TIR et VAN • **Méthode des scores** • **Théorie des portefeuilles**	• Contrôle de gestion (DPO et DPPO) • Comptabilité analytique (évolution coûts salariaux) • Bilan social
	Organisation administrative	• Ordonnancement • Circuit d'information (SCOM) • Conception graphique	• Ordonnancement • Circuit d'information (SCOM) • Conception formulaire	• Ordonnancement • Conception graphique	• Circuit d'information (SCOM) • Organigramme • Conception de formulaires
TECHNIQUES D'AUTRES DISCIPLINES	Mathématiques statistiques	• Statistique descriptive • **Probabilité** • **Espérance mathématique** • **Loi de distribution statistique**	• Moyennes mobiles • Moindres carrés • Statistique descriptive • **Espérance mathématique** • **Probabilité** • Arbre de décision • **Arbre probabilisé** • Actualisation • Lissage exponentiel	• Statistique descriptive • *Critères de choix (Hurwick, Wald, Laplace)* • **Arbre probabilisé** • **Espérance mathématique** • **Probabilité** • **Loi de distribution statistique**	• Statistique descriptive
	Recherche opérationnelle	• *Théorie des jeux* • **Gestion des files d'attente** • Gestion des flux	• *Analyse bayésienne* • *Optimisation des flots* (logistique et transports)	• *Analyse bayésienne* • *Théorie des jeux* • PERT ou MPM	
	Sciences humaines	• Brainstorming • Cercles de qualité	• Étude des motivations • Études des besoins	• Étude des motivations • Psychologie	• Analyse psychologique • Bilan social • Sociologie des groupes • Méthodes de recrutement
	Informatique	• **Simulation, systèmes expert** • Logiciel de production (GPAO, MRP)	• **Simulation, systèmes expert** • Logiciels de gestion commerciale	• **Simulation, systèmes expert** • Logiciel de comptabilité et de finances	• **Simulation, systèmes expert** • Logiciel de paie

En romain : avenir certain – En **gras** : avenir incertain – En *italique* : avenir indéterminé.

- programmation linéaire :
  - simplexe pour optimiser un programme de distribution,
  - plan de charge pour optimiser un programme de production,
- gestion des stocks ;
- cheminement optimal :
  - ordonnancement PERT ou MPM,
  - modèle de transport par la théorie des graphes.

4.3 Des outils pour la prise de décision en univers aléatoire

L'univers aléatoire se définit avec la notion de **risque**.

Le cadre de la décision comporte des incertitudes et des aléas. L'avenir est risqué mais on peut évaluer les chances d'apparition de chaque état possible avec des **probabilités**.

Chaque action correspond donc à une variable aléatoire.

Parmi les nombreuses techniques afférentes à cet univers, en voici quelques-unes :
- espérance mathématique,
- arbre de décision probabilisé ou non,
- espérance mathématique et risque de dispersion,
- équivalent certain,
- espérance mathématique de l'utilité,
- statistiques, loi de Pareto,
- gestion probabilisée des stocks.

4.4 Des outils pour la prise de décision en univers incertain

La spécificité de l'univers incertain est **l'indétermination**.

Le cadre de la décision n'est pas parfaitement connu. L'avenir comporte des risques. Le décideur est capable d'énoncer les différents «états de la nature» possibles mais n'est pas capable de probabiliser l'apparition de ces différentes situations possibles.

Parmi les nombreuses techniques :
- les critères de choix dits objectifs,
- l'analyse bayesienne.

Si le contrôleur de gestion utilise des techniques de plusieurs disciplines pour préparer ses données, il élabore aussi des méthodes propres qui constituent les démarches du contrôle de gestion pour atteindre les objectifs fixés.

5. Les outils du contrôle de gestion

5.1. Représentation de l'organisation et construction des outils

Pour bien analyser la définition et l'utilité des outils de gestion et du contrôle de gestion en particulier, il est important d'identifier deux principes fondateurs.

1. La construction d'outils de gestion au sein d'une entreprise se fait à partir de la **représentation faite de l'organisation**. La vision plus ou moins réelle (il faut tenir compte de la rationalité limitée) de la structure, de la hiérarchie, des processus décisionnels, des zones de pouvoir, va conditionner l'élaboration et l'utilisation des outils de gestion.

2. **Aucune construction d'outil n'est statique**. Elle évolue en fonction de l'environnement. Le gestionnaire a besoin de nouvelles informations, de nouvelles analyses de données, de nouveaux domaines d'interprétation qui nécessitent l'amélioration des outils existants ou l'élaboration de nouveaux outils.

Ainsi il existe de fortes corrélations entre l'évolution du « modèle » de l'organisation tel qu'il est perçu et géré par les acteurs et les évolutions dans la construction des outils qui s'appuient sur cette représentation.

Liées à ces évolutions diverses et conjointes, il est possible de repérer plusieurs sources de construction de nouveaux outils de contrôle de gestion. À titre d'exemple et sans être exhaustif, nous reprenons l'analyse proposée par le Commissariat général du plan[1].

a) Des outils liés à une vision de la réalité économique

À partir d'une représentation économique de l'entreprise, fondée sur un concept précis, des outils sont élaborés pour mesurer et piloter la performance de l'entreprise au travers de ce concept. Pour illustrer cette démarche, il est possible de citer :
– le concept de productivité globale (voir chapitre 21),
– le concept de valeur ajoutée directe.

Une alternative à la détermination des prix par les coûts de revient : la valeur ajoutée directe

L'accentuation de la concurrence, la diversité de la demande ne permettent plus de définir les prix de vente en s'appuyant sur les seuls coûts de revient qui, de plus n'expriment pas la totalité des charges relatives à la vie du produit. C'est pourquoi Paul-Louis Brodier du cabinet Brodier propose de déterminer les prix de vente en s'appuyant sur «le prix que le client est prêt à payer en fonction des facteurs de valeur qu'il apprécie».

La valeur perçue par le client résulte de nombreux facteurs qui intègrent tous les aspects du produit :
– la qualité,
– la durée et le respect du délai,
– les conditions de règlement,
– la gamme dans laquelle il s'insère,
– la notoriété et l'image de l'entreprise.

1. Commissariat général du plan, *Entreprise et performance globale*, Économica, 1997.

Cette notion de valeur permet de privilégier comme critère de performance la «valeur ajoutée directe (VAD)» qui se définit comme «la différence entre le prix de vente et le coût de la matière qu'il a fallu acheter pour le fabriquer».

La VAD est «l'apport économique principal de l'entreprise». Elle permet à l'entreprise de développer une stratégie de «compétitivité par la valeur» en privilégiant tous les avantages qui différencient le produit par rapport à la concurrence. Cela peut conduire à augmenter les coûts si cela aboutit à une augmentation de la valeur reconnue du produit.

Cette proposition permet une approche globale multi-facteurs de l'efficacité et évite la démarche trop restrictive de la compétitivité par les prix qui conduit à vouloir réduire à tout prix les coûts de revient.

b) Des outils liés aux évolutions de techniques comptables et de management

Avec de nouvelles représentations des entreprises (structure aplatie, décentralisée, transversale) apparaissent de nouvelles techniques comptables qui intègrent de nouvelles dimensions ou variables. Ainsi le découpage de l'organisation en activités, processus, projets, conduit à de nouveaux outils de calculs de coûts ou de nouvelles démarches de management :
- comptabilité par activités,
- gestion par processus, par projet.

c) Des outils construits pour des problèmes spécifiques, sur mesure

Dans le cas de contexte très contingent d'entreprise, dans lequel les outils « classiques » ne peuvent s'appliquer, les gestionnaires conçoivent des techniques spéciales correspondant à une seule situation d'entreprise :
- un modèle mathématico-logique pour un choix d'investissement, par exemple, des compagnies pétrolières en avenir incertain ;
- un modèle de planification et de contrôle décentralisé mis en place pour la RATP ;
- un outil de classification des malades hospitalisés dans le cadre du programme de médicalisation du système d'information (PMSI).

Remarque : le texte proposé en application (p. 111) analyse bien l'évolution de la représentation des organisations et l'évolution des besoins en information et en outils qui en découlent.

5.2 La diversité des outils et de leur utilisation

De nombreuses typologies des outils du contrôle de gestion peuvent être présentées selon divers critères : mise en place historique, objectifs visés, horizon temporel, fonction ou service utilisateur.

Nous choisissons de présenter les grandes familles d'outils selon leur ordre d'apparition en montrant l'évolution des besoins qu'ils doivent satisfaire, donc l'évolution des techniques utilisées et pour quels champs d'action ils se situent : la stratégie, le suivi opérationnel des fonctions, la structure. Il est alors possible de croiser les outils et les niveaux d'action pour dresser un essai de panorama de l'utilisation du contrôle de gestion.

Ainsi apparaissent trois grands types d'outils :
– le **calcul des coûts**,
– le **calcul budgétaire**,
– les **indicateurs de performance**.

qui répondent à plusieurs objectifs évolutifs et plusieurs niveaux de décision de la stratégie, de la structure, du suivi des fonctions.

Il est possible de visualiser l'utilisation de ces outils dans un tableau :

Outils / Champ d'utilisation	Coûts	Budget	Indicateurs
Stratégie	XX		XX
Suivi opérationnel des fonctions	XX	XX	XX
Structure organisationnelle		XX	XX

Ainsi le calcul des coûts est utile aussi bien pour le pilotage stratégique que pour le suivi opérationnel des fonctions.

De même, selon le type choisi, les indicateurs peuvent aider des choix stratégiques, des recentrages de fonctions ou des améliorations organisationnelles.

L'analyse des besoins auxquels répondent les trois familles d'outils du contrôle de gestion est développée dans la suite. Cette articulation structurera les différents chapitres de la deuxième partie de l'ouvrage.

5.3 Les outils du calcul des coûts

L'analyse détaillée est présentée dans les chapitres 5 à 10.

a) Le champ d'action

La connaissance des coûts des produits, des services, des activités et de leur décomposition sert pour tous les niveaux décisionnels :
– **stratégique** pour fixer des prix de vente,
– **opérationnel** pour suivre une fonction ou une activité.

Il est ainsi possible de présenter tous les types de coûts selon leur niveau d'utilisation :

Niveau d'utilisation = champ d'utilisation	Types de coûts
Stratégie	– Coût complet des produits – Coût par activité des produits, des clientèles
Tactique	– Imputation rationnelle – Coût préétabli, coût standard, écarts
Exécution	– Coûts partiels (variables ou directs)

b) Les besoins de gestion satisfaits par l'analyse des coûts

Il est possible de repérer quatre demandes faites au calcul et à l'analyse des coûts. Elles ne sont pas toutes apparues au début du contrôle de gestion mais se sont développées progressivement avec l'évolution de l'environnement économique et des organisations.

1) Besoins de prévisions et de contrôle

Quel sera le coût de fabrication, de distribution d'un produit ? Quel sera le coût total d'une activité ? Quel sera le prix à partir duquel le seuil de rentabilité sera atteint ? Le gestionnaire a besoin de prévoir, d'anticiper des résultats pour décider. Il a également besoin de vérifier *a posteriori* si la réalité est conforme à la prévision pour orienter ses actions : il va donc calculer des **écarts.**

Ces besoins sont apparus dès le début de l'industrialisation et correspondent aux premières demandes faites à la comptabilité de gestion et au contrôle de gestion.

2) Besoins d'une nouvelle approche du coût des produits

Puis, avec l'extension de la concurrence, le gestionnaire cherche à obtenir des informations en amont pour **réduire les coûts des produits**. Il ne lui suffit plus d'avoir une image d'un coût à un instant donné mais il désire une **vision dynamique de la structure du coût** pour trouver des moyens de diminuer certaines composantes de ce coût (voir courbe de vie du produit et des dépenses engagées, chap. 3)

3) Besoins de nouvelles informations

Ensuite, avec l'intégration de la variable qualité, l'importance du délai de réaction, la nécessité d'être flexible, le gestionnaire a besoin d'informations plus nombreuses, plus diversifiées et plus qualitatives que le seul coût quantitatif. Il faut alors élaborer et calculer de nouveaux coûts comme le coût d'opportunité, le coût de la qualité et de la non-qualité, le coût de conception, etc.

S'appuyant sur les méthodes de calcul de coût, d'autres besoins apparaissent dans une optique d'amélioration permanente, de pilotage des activités et des processus.

Résumé de l'évolution des besoins liés au calcul des coûts :
- d'abord connaître, mesurer et contrôler les coûts (statique) ;
- puis réduire les coûts (dynamique) ;
- enfin maîtriser et améliorer l'ensemble (pilotage permanent).

5.4 Les outils de la gestion budgétaire

L'analyse détaillée est présentée dans les chapitres 11 à 20.

a) Le champ d'action

L'analyse budgétaire – élaboration des budgets et contrôle budgétaire – a été conçue pour aider à la gestion des différentes fonctions des entreprises en termes financiers et humains. La gestion budgétaire doit donc servir pour le **suivi opérationnel** et pour la **structure.**

b) Les besoins de gestion satisfaits par la gestion budgétaire

Là encore les demandes sont nombreuses et se sont développées avec le temps.

1) Besoin de prévisions et de contrôle

Tout d'abord pour les entreprises de grande taille, découpées en fonctions et départements, il a été nécessaire de mettre en place un suivi opérationnel pour contrôler la réalisation des objectifs fixés.

2) Besoin d'animation de la structure, responsabilité des acteurs

Puis dans l'optique de l'organisation « groupe social », les dirigeants ont cherché à responsabiliser les acteurs, à leur donner plus d'initiatives et de pouvoirs à tous les niveaux de la hiérarchie tout en contrôlant leurs actions.

Au-delà de l'animation de la structure, le gestionnaire cherche à gérer l'organisation en tant que variable clé de la performance, c'est pourquoi il essaie d'adapter les méthodes budgétaires au suivi des activités et des processus.

5.5 De nouveaux indicateurs pour piloter la performance

L'analyse détaillée est présentée dans les chapitres 21 à 24.

a) Le champ d'action

Ils se développent surtout depuis une période récente car ils permettent plus de souplesse et s'adaptent à tous les niveaux de la gestion. Ils sont utilisés pour le **pilotage stratégique**, pour le **suivi opérationnel** des fonctions ou des activités et pour manager la **structure**.

b) Les besoins satisfaits par les indicateurs de performance

Sous diverses formes, les indicateurs permettent de gérer de nouvelles variables, peu présentes dans le contexte taylorien et que les gestionnaires doivent intégrer et maîtriser aujourd'hui. Dans le contexte économique actuel, les besoins des gestionnaires en informations nouvelles sont nombreux, diversifiés, parfois divergents et contradictoires.

Pour les satisfaire, divers outils et méthodes sont élaborés dans des problématiques différentes, peu homogènes, difficiles à classer, parfois construits à partir de techniques anciennes ou bien sont complètement nouveaux.

Ainsi au-delà des coûts et des budgets strictement quantitatifs et financiers, le contrôle de gestion élabore des indicateurs qui peuvent aider au pilotage de la qualité, du temps, des processus, de l'amélioration du management, de l'ensemble de l'organisation.

1) Besoin d'amélioration du management par les budgets

Des améliorations ont été recherchées pour les outils budgétaires du contrôle de gestion. Ainsi dans les années 70, des expériences ont été menées avec la **direction par objectif**, le **budget base zéro** pour impliquer davantage les acteurs en leur octroyant davantage de marge de manœuvre.

Dans les années 90, à la suite des travaux sur les méthodes de coûts par activité, ont été élaborés le **budget fondé sur l'activité** (ABB) et le **budget fondé sur le processus** (PBB).

En effet, avec le développement des alliances, l'externalisation de certaines activités, l'évolution du découpage de l'organisation – passant d'une décomposition verticale à une décomposition par activité ou par processus –, les gestionnaires ont essayé d'élargir la gestion budgétaire en intégrant des paramètres nouveaux. Il s'agit alors de traiter des informations tant internes qu'externes à l'entreprise, de budgéter des activités et non plus des fonctions. C'est ainsi qu'apparaissent les **budgets par activité** et les **budgets par processus**.

2) Besoin d'une vision globale de l'organisation

À partir d'une approche économique de l'entreprise fondée sur le concept de productivité, un indicateur a été construit pour aider au pilotage global de l'organisation et des partenaires internes et externes à l'organisation : c'est le **surplus de productivité globale**.

On peut citer aussi l'approche par la **valeur ajoutée directe.**

3) Besoin de gérer la qualité

De nombreux outils aident à gérer la qualité :
- outils statistiques, lois de probabilité, analyse de Pareto ;
- contrôle technique de la qualité par sondage, échantillonnage, courbe d'apprentissage ;
- coûts de gestion de la qualité (prévention, détection), coût de non-gestion de la qualité (défaillance) ;
- cercles de qualité ;
- diagramme cause-effet (arête de poisson ou Ishikawa) ;
- analyse de la valeur.

Toutes ces techniques traitent des données qui seront ensuite intégrées dans des démarches de coûts et de budgets, améliorant ainsi la précision des informations du contrôle de gestion.

4) Besoin de gérer le temps et la réactivité

Pour avoir une vision plus synthétique, plus rapide des résultats de l'activité, et donc réagir vite et piloter mieux, les gestionnaires ont éprouvé le besoin de « résumer » dans des tableaux les indicateurs qu'ils utilisaient le plus souvent.

Ainsi les **tableaux de bord** sont apparus, élaborés de manière très souple en fonction des besoins et des objectifs des utilisateurs et pouvant s'adapter en fonction des évolutions souhaitées ou contraintes.

Par exemple, un directeur de production construit un tableau de bord pour un atelier de montage avec cinq indicateurs quantitatifs et deux qualitatifs puis rajoute deux qualitatifs car la qualité doit être mieux gérée ; alors que pour un autre atelier d'assemblage, il construira un autre tableau de bord mieux adapté à l'activité.

5) Besoins d'amélioration des processus

Enfin, aujourd'hui le gestionnaire veut piloter en permanence son organisation pour que son entreprise soit performante et compétitive. Il souhaite des démarches de coûts qui lui permettent de maîtriser et d'améliorer les processus de production, les processus de fonctionnement de l'organisation. Ainsi, par exemple, la **méthode du coût-cible** peut aider au pilotage d'une démarche Kaisen, amélioration continue progressive de toute l'organisation

D'autres propositions ont été faites dans les années 90 dans ce sens, comme le **management fondé sur l'activité** (ABM).

TABLEAU RÉSUMANT L'ÉVOLUTION DES OUTILS DU CONTRÔLE DE GESTION

1910-1945 Démarrage de la production industrielle	Mise en place du calcul des **coûts** :	→ pour aider à fixer les prix ; → pour suivre l'activité industrielle.
1945-1975 Croissance industrielle	Mise en place des **budgets** :	→ pour mettre sous tension les fonctions ; → pour agir sur la structure.
1975-2000 Crise et complexité	Mise en place d'**indicateurs** variés :	→ pour la gestion stratégique ; → pour la gestion organisationnelle.

RÉFLEXIONS SUR LE THÈME

1. Une remise en cause permanente des outils de contrôle de gestion

Dès la mise en place de contrôle de gestion dans les entreprises, les utilisateurs ont réfléchi à des démarches différentes pour améliorer le fonctionnement de ce contrôle ou enrichir les objectifs poursuivis dans les calculs de coûts comme dans les budgets.

Les outils du contrôle de gestion se sont constitués au fur et à mesure des besoins des entreprises et se sont différenciés selon la taille et les activités des organisations (PME, entreprises de services...).

Si pendant les années 70, de multiples tentatives pour améliorer le contrôle de gestion ont porté sur les outils (par exemple, la direction par objectif, le budget base zéro), il semble que, depuis les années 80, la remise en cause du contrôle de gestion soit plus large et oblige à des reformulations de l'ensemble du système de management utilisé.

Aujourd'hui, le gestionnaire doit s'interroger simultanément sur la structure la plus adéquate et sur le système d'information lié qui permettront les décisions stratégiques et opérationnelles les plus pertinentes pour piloter la performance.

(Voir également le texte proposé dans l'application 3 p. 111 de ce chapitre)

2. Des outils de plus en plus souples et qualitatifs

Le contrôle de gestion doit proposer aux décideurs d'organisations très différentes des outils appropriés à leurs besoins ; ainsi, les démarches normatives, « plaquées » à l'identique sur toutes les organisations, ne sont pas possibles. Les utilisateurs cherchent auprès du contrôle de gestion des outils adaptatifs à l'évolution de leurs objectifs, de leur champ d'action. Ainsi, des indicateurs de qualité, des démarches d'amélioration et d'apprentissage apparaissent comme des outils mieux adaptés au contexte concurrentiel actuel tant pour les décisions stratégiques que tactiques et opérationnelles.

3. Fiabilité et limites des systèmes d'information mis en place

La fiabilité des systèmes d'information dépend de la qualité et de la validité des **informations entrées**. Il faut donc relativiser les données résultantes qui ne sont que des transformations des inputs.

Mais il faut aussi tenir compte du **modèle** lui-même qui est une représentation plus ou moins fidèle et réaliste des faits.

De par leur construction, les systèmes d'information utilisés par le contrôle de gestion (comptabilité analytique, budgets, etc.) **biaisent la perception de la réalité, évaluent et interprètent les faits**. Ce ne sont pas des outils totalement objectifs.

Ces idées montrent la complexité de toute mesure, de tout système d'information et donc les limites de ces outils d'aide à la décision.

4. Le goût du risque du décideur

Tous ces critères ne donnent que des résultats relatifs et subjectifs, fonction du contexte et du comportement du décideur.

Aucun outil d'aide à la décision ne peut donner **la solution optimale rationnelle et objective.**.

Par exemple :
- l'actualisation est fonction du taux choisi par le décideur ;
- les critères de choix dépendent du degré de risque accepté par le décideur.

Il faut donc intégrer la psychologie du décideur et son degré d'irrationalité dans les choix qui sont faits.

Applications

① *Les qualités de l'information comptable*

(Casta J.F., «La comptabilité», article de *L'encyclopédie de gestion*, Économica, 1989.)

Extrait n° 1

Les besoins d'information des utilisateurs varient en fonction de leurs objectifs propres. Ils peuvent, par exemple, faire référence à une perspective d'investissement, de placement à court terme, d'octroi de crédit, d'évaluation de la situation de l'emploi ou d'appréciation de l'efficience sociale d'une activité. Il est cependant possible de spécifier les qualités requises de l'information financière et comptable. Il s'agit de :
- la pertinence, c'est-à-dire l'utilité de l'information pour la prise de décision ;
- l'objectivité de la mesure comptable, c'est-à-dire son caractère vérifiable ;
- la comparabilité de l'information (interentreprise ou intertemporelle) ;
- la rapidité de la publication ;
- la validité et la fidélité de la mesure comptable ;
- l'impartialité de l'information par rapport aux différents groupes d'utilisateurs ;
- l'importance relative des valeurs, c'est-à-dire leur caractère significatif ;
- l'exhaustivité de l'information significative concernant un problème particulier ;
- enfin, éventuellement, la comparaison entre le coût de l'information et les avantages escomptés.

Extrait n° 2

La comptabilité analytique, instrument de gestion interne à l'usage des dirigeants, a pour fonction de déterminer :
- les coûts et prix de revient par produit (ou par secteur d'activité) à chacun des stades du processus de production et de distribution,
- les différentes marges et le résultat analytique par produit.

Instrument d'aide à la décision et de contrôle de gestion, elle produit une information destinée :
- à la mesure de performance en termes de rentabilité (ou de productivité) par centre ou par ligne de produits,
- à l'élaboration de budgets et comptes prévisionnels,
- à l'actualisation des indicateurs de gestion formant le tableau de bord de l'entreprise.

QUESTION

À partir des deux extraits ci-dessus, faire ressortir les caractéristiques essentielles :
– de l'information comptable,
– du système d'information «comptabilité analytique».

② *Entreprise OP*

(À partir du sujet 2003, épreuve DESCF 2)

La société OP produit des machines d'impression et de façonnage en ligne (étiquette, emballages, tickets de jeu) et réalise trois sortes d'activités : fabrication de machines sur commande (70 % du CA), modification de machines (20 % du CA), SAV (10 % du CA) avec la possibilité de concevoir des lignes de production sur mesure et de réaliser intégralement en continu les lignes d'impression et de façonnage, ce que ne proposent pas ses concurrents.

OP conçoit pour des clients internationaux des produits adaptés à leurs besoins, dans une démarche qualité totale dont les compétences techniques, la fiabilité du suivi, l'assistance permanente sont reconnues.

La procédure pour réaliser un contrat portant sur un matériel nouveau est la suivante :

– négociation commerciale avec signature du contrat précisant le prix définitif et le risque de change si le prix est en devise ;
– le service « Études et développement » précise le plan de la machine et les étapes de fabrication ;
– le service « Achats-planification » établit le calendrier prévisionnel des achats d'équipement, de fournitures, et des étapes de fabrication ;
– la « fabrication » se déroule sur deux sites : Tournon et Limoges ;
– le service « groupage mise en route » assure l'assemblage final, les essais machine, la formation du client, le démontage et l'emballage du matériel.

La société OP, bénéficiaire depuis 1995, fonde sa stratégie sur :

• *Un réseau mondial*

L'équipe d'ingénieurs commerciaux, de qualification technique polyvalente, conçoit et étudie les conditions les mieux adaptées aux besoins de chaque client partout dans le monde. Le réseau des agents OP constitue une base logistique et commerciale, assurant la mise en œuvre et le suivi des projets individuels au plus près.

• *Une conception originale*

Aux demandes spécifiques, les ingénieurs OP répondent par des concepts originaux, mixant les procédés en ligne afin d'accroître la valeur ajoutée ou proposant des solutions innovantes qui se démarquent de la concurrence. La maîtrise de ces techniques, reconnue dans le monde de l'emballage, conforte les grands opérateurs internationaux qui affirment leur confiance dans le savoir-faire de OP en Europe comme aux États-Unis et en Asie.

• *Un partenariat créatif*

Le groupe OP, attaché au principe de partenariat actif, associe étroitement ses clients au développement de ses nouveaux concepts. Une importante banque de données techniques de suivi des machines permet d'améliorer en continu la durée de vie des outillages et d'orienter les développements pour mieux répondre aux demandes nouvelles des marchés.

• *Un support logistique*

Grâce à la formation dispensée par OP, la technicité de ses machines devient accessible. Les futurs techniciens utilisateurs sont formés à la conduite de leur machine à Limoges, puis sur le lieu d'exploitation.
Le suivi et l'assistance s'effectuent en direct par les techniciens du constructeur ou par télémaintenance *via modem*. Les visites régulières de nos ingénieurs assurent la bonne utilisation des machines sur site.

• *Un partenariat actif*

Associés à la démarche qualité du groupe OP, les fournisseurs et sous-traitants sont sélectionnés pour la qualité de leurs fabrications, leur fiabilité et leur capacité de service à l'export. Le partenariat s'exerce couramment dans la recherche de solutions performantes, évolutives et adaptables à chaque configuration.

OP s'interroge sur son système d'information, les améliorations possibles, sur les avantages et les inconvénients des nouveaux systèmes d'information : le système informatique est rattaché à la direction générale, tous les services sont situés à Limoges sauf un site d'usinage à Tournon. Une description du système existant est donnée en annexe.

QUESTIONS

1. Quel diagnostic peut-on faire des systèmes d'information utilisés tout au long du processus et dans l'entreprise OP ? Quelles améliorations seraient souhaitables par rapport à leur stratégie ?

2. Que peuvent apporter les nouveaux systèmes d'information et de communication ? Quels en sont les enjeux humains, financiers, organisationnels ?

ANNEXE

Système d'information : état des lieux

La comptabilité (générale, analytique, budgétaire) est informatisée sur un ordinateur IBM AS 400 équipé du logiciel Antarel loué à une SSII (GAC).

Sur ce même ordinateur sont implantés deux autres logiciels : un pour l'édition des liasses fiscales et un logiciel de facturation (Helis). Ces deux logiciels ont été achetés par l'intermédiaire de GAC qui les a adaptés pour une utilisation avec Antarel.

Le logiciel Antarel comporte également un module de gestion commerciale qui équipe l'agence commerciale de Paris.

Le logiciel d'édition des liasses fiscales reprend les données issues d'Antarel ; le logiciel Helis déverse dans Antarel les données relatives à la facturation.

Helis prend en charge la facturation en devises. Il a été adapté pour tenir compte des particularités de l'entreprise : facturation soit au taux mensuel à la date de facturation, soit au taux historique correspondant à la date de signature du contrat si celui-ci est d'une durée supérieure à 12 mois, ce qui est toujours le cas pour les livraisons de machines.

Le bureau d'études utilise un logiciel de CAO, Fantil, acheté il y a plus de dix ans et dont l'éditeur a fait faillite.

La gestion de production utilise Torux, logiciel de type MRP, pour gérer les achats, les commandes, les stocks, les plannings et le suivi des temps de main d'œuvre. Ce logiciel, ainsi que les deux machines sur lesquelles il fonctionne (serveur principal et serveur de secours) a été acquis en 1991 pour un prix global de 2 MF HT. Il existe deux « ponts » entre Helis et Torux (gestion commerciale/gestion de production) : un pour la récupération des commandes clients et un pour la récupération des commandes fournisseurs, dont la réception est validée dans Torux. De ce fait, deux journaux d'achat sont tenus : un journal achats Torux et un journal achats autres (essentiellement les frais généraux qui ne passent pas par Torux).

Les informations concernant Torux issues de l'unité de Tournon sont saisies sur place grâce à une connexion utilisant une ligne Transpac louée.

La maintenance du logiciel de gestion de production, Torux, est assurée par une SSII (HTJ).

La gestion des ressources humaines dispose du logiciel CPX (loué) pour la gestion de la paye et des déclarations sociales (par télétransmission). Les informations concernant l'unité de production de Tournon (heures effectuées, congés, absences...) sont transmises par fax et saisies à Limoges. Les informations concernant la paye (comptabilité générale et analytique) sont éditées et ressaisies dans Antarel.

Les échanges d'informations avec la société mère au Japon, les autres unités du groupe et les partenaires commerciaux de l'entreprise se font par fax.

La gestion de la trésorerie est suivie sur tableur.

Il existe dans l'entreprise un certain nombre de postes individuels principalement équipés de logiciels bureautiques et reliés, selon les cas au serveur de gestion de production ou au serveur de la comptabilité. Un seul poste, isolé du réseau interne, est connecté à Internet, par modem. Il est utilisé pour la télétransmission des déclarations fiscales et sociales. Pour des raisons de sécurité, aucun autre poste n'est relié à Internet.

Le service informatique de l'entreprise comprend, au 31.12.N, six personnes, dont un apprenti. Les coûts informatiques sont pris en compte dans les charges de production à hauteur de 70 %, 10 sont imputés au bureau d'études et les 20 % restant figurent dans les charges de structure. Le poste matériel de bureau et informatique figure au bilan pour 1 333 612 € dont 66 992 € d'acquisitions effectuées en N.

③ *L'entreprise en mutation : la multiplication des outils de gestion et de leurs usages*

(Moisdon J.-C., *Du mode d'existence des outils de gestion*, Seli Arslan, 1997).

Il est vrai qu'à partir des années soixante-dix, les témoignages de responsables d'entreprise et les écrits de chercheurs et d'observateurs se sont multipliés pour exprimer leur scepticisme devant le programme de la rationalité instrumentale.

Pourtant, on ne peut pas dire que de telles critiques se soient concrètement traduites par l'abandon des outils en question ; on peut même dire rigoureusement le contraire : on assiste à l'heure actuelle plutôt à une véritable prolifération d'outils en tous genres, innovateurs ou non.

Si les modèles sophistiqués d'aide à la décision ne sont pas légion, sauf dans des domaines particuliers où précisément les liens avec l'organisation sont plus faibles qu'ailleurs, comme les modèles de marché financier par exemple, peu de secteurs de l'entreprise semblent épargnés par le type de rationalisation étudiée ici. Que l'on songe par exemple à l'univers de la conception de produit, longtemps considéré comme de l'ordre du talent individuel, difficile à formaliser et à évaluer : depuis la moitié des années quatre-vingt, toute une série de travaux, de réflexions et d'expérimentations ont proposé d'une part de nouvelles structurations de l'activité (développement de la logique projet), d'autre part un outillage multiforme destiné à organiser et orienter les efforts des concepteurs (planification, gestion budgétaire, indicateurs de qualité, etc.). Si les critères classiques de productivité, mettant l'accent sur le coût de la main-d'œuvre directe, sont de plus en plus apparus inadaptés pour représenter les performances visées, les efforts actuels vont bien davantage vers l'idée d'une substitution que vers celle de l'abandon pur et simple de la mesure.

L'orientation des calculs comptables vers d'autres formes d'agrégation des données élémentaires, comme celles connues sous le terme de «comptabilités par activités», peut légitimement apparaître comme un progrès incontestable par rapport aux pratiques traditionnelles, compte tenu des nouveaux contextes de l'activité productive ; il n'en reste pas moins qu'il s'agit toujours de combinaisons des éléments issus de la comptabilité générale, évitant seulement une partie des conventions pesant sur les calculs de coût de revient des produits. On a commencé également à voir émerger des systèmes experts centrés sur la gestion, visant à «capturer» les compétences individuelles dans le cas de configurations combinatoires (problèmes d'ordonnancement par exemple) particulièrement difficiles à formaliser. Encore faut-il ajouter qu'il s'agit là de nouveautés, connaissant des succès variables au sein des entreprises, et que l'accroissement de l'instrumentation, que nous évoquons ici, se traduit bien davantage par une diffusion protéiforme et rapide d'outils relativement classiques sinon banals dans leurs formes, allant de simples ratios à des bases de données en passant par des tableaux d'indicateurs physiques tentant de représenter les différents angles de la performance d'un sous-ensemble d'activités.

Ces constatations renvoient à une idée simple : les conditions actuelles dans lesquelles s'effectue l'acte productif ne libèrent pas les entreprises de la rationalité limitée ; elles en accentuent au contraire les manifestations et les effets. Complexification, variété des produits, réactivité, multiperformance, flexibilité, etc., tels sont quelques maîtres mots à la fois des ouvrages et des discours sur la gestion ; ils semblent en effet avoir des traductions concrètes dans les organisations, même si le paysage que l'on peut dresser à l'issue d'observations sérieuses apparaît sans doute moins bouleversé que ces mêmes commentaires aimeraient le présenter ; mais ils signifient en même temps que les dispositifs formalisés de coordination et d'évaluation gagnent clairement en importance : il faut savoir de plus en plus vite accorder son activité à celle des autres, repérer de plus en plus vite si la direction prise est la bonne. Dans ces conditions, la nécessité de disposer de représentations synthétiques de l'activité, la sienne et celle des autres, semble de plus en plus impérieuse.

Somme toute, l'espoir d'organisations libérées des instruments du contrôle et de la rationalisation, d'un post-taylorisme radical, apparaît singulièrement démenti par les faits.

Outils d'investigation du fonctionnement organisationnel

À partir de la proposition selon laquelle de tels modèles d'aide à la décision renferment en eux-mêmes une représentation implicite de l'organisation, les chercheurs ont expliqué les succès relatifs de la formalisation par l'écart existant entre cette représentation implicite et les règles dites et non dites par lesquelles les acteurs se partagent leurs activités et se coordonnent. Mais en même temps, cette confrontation du modèle et de l'organisation constitue une opération de dévoilement du fonctionnement organisationnel lui-même, dont à la fois les chercheurs et leurs interlocuteurs n'avaient qu'une image confuse.

Des tentatives de formalisation de l'activité organisation reposent sur des hypothèses implicites quant aux pratiques instituées, hypothèses qui se révèlent plus ou moins éloignées des modes concrets de segmentation des tâches, de coordination des acteurs, ou d'évaluation de l'activité. À ce titre, il semble que nous restions dans le cadre du programme critique de la rationalité instrumentale développé plus haut ; mais l'on voit apparaître une fonction nouvelle de l'outil : celle de révéler les déterminants essentiels de l'organisation et d'aider les intervenants et leurs interlocuteurs du terrain à imaginer de nouveaux schémas d'évolution. On aperçoit par là même comment la notion d'application d'un outil est insuffisante : un échec apparent peut en fait masquer un phénomène d'apprentissage, susceptible de se révéler à terme davantage stratégique qu'une amélioration des procédures de choix ou d'organisation du travail.

Outils d'accompagnement de la mutation

Le point de départ est le changement lui-même : une évaluation des forces et faiblesses de l'organisation a été faite, des voies d'évolution ont été tracées, il s'agit d'engager des transformations éventuellement profondes. Dans quelle mesure des instruments de gestion peuvent-ils avoir leur part dans le pilotage de ces transformations, et quelles sont alors leurs caractéristiques ?

Dans la problématique actuelle de l'apprentissage organisationnel, le rôle de l'instrumentation apparaît qualitativement différent de celui qui lui était dévolu dans le premier modèle de rationalité : il s'agit plutôt ici du support d'une construction progressive de représentations partagées, à partir duquel se structurent les négociations et les débats contradictoires, et, *in fine*, se pilote le changement.

Outils d'exploration du nouveau

Les outils de gestion peuvent aider, non seulement à construire de meilleures images des variables organisationnelles dans lesquelles évoluent les métiers et à les reconfigurer, mais également à orienter ces derniers vers des transformations de leurs savoirs de base, ceux que l'on appelle habituellement techniques, et par lesquels ils maîtrisent leur activité propre.

L'évolution conjointe des organisations et de leur instrumentation

Les usages des outils de gestion que l'on vient de répertorier répondent peu au schéma traditionnel de la recherche opérationnelle, du calcul économique, ou encore du contrôle de gestion. Cela ne signifie pas que ce schéma ne soit pas opérant ici ou là : quelques modèles comme la programmation linéaire par exemple fonctionnent dans certains secteurs de façon transparente ; de même, les pratiques traditionnelles de contrôle à partir d'indicateurs peuvent apparaître souvent particulièrement résistantes face aux transformations en cours, mais l'on voit incontestablement se dessiner des évolutions marquantes dans la façon qu'ont les entreprises de penser l'efficacité de leur appareil gestionnaire.

Certes, l'outil de gestion constitue toujours une structuration essentielle de l'entreprise, mais il semble aussi plus malléable, moins stable.

Il faut relativiser *a priori* l'intérêt d'une instrumentation stable et normative. Mais il apparaît clair également que les organisations elles-mêmes ont pris la mesure de l'irréalisme des schémas traditionnels d'action et de pilotage, de l'incomplétude et des imperfections consubstantielles de l'instrumentation gestionnaire. Cette dernière reste toutefois un langage obligé ; on le construit et on le parle en ayant conscience de ses lacunes.

Un certain nombre de caractéristiques des outils actuels, constatables à la lecture des cas proposés ici, attestent de cette transformation de leur statut, liée à celle des organisations qui les accueillent.

- *La flexibilité* : le rythme de fabrication et de modification des outils tente de s'adapter aux transformations qu'ils sont censés réguler. Ainsi en est-il, par exemple, des indicateurs introduisant dans la conception chez Renault la nouvelle préoccupation du recyclage, indicateurs supposés être amendables en continu au fur et à mesure des progrès des connaissances sur cette prestation supplémentaire et de l'avancée du dossier.

- *La fragilité* : corrélativement, le processus de naissance et de mort des appareils de gestion s'accélère. On se trouve donc de moins en moins dans la situation de mécanismes résistants, «accrochés» à des forces de stabilisation, et conduisant alors à des résistances contre-productives de l'organisation face à des changements nécessaires.

- *La simplicité* : la conception de l'appareillage gestionnaire devient caractérisée par la recherche systématique de la facilité d'usage ; on a pu le constater soit sur l'exemple de l'introduction du juste-à-temps chez Renault, soit encore sur celui de l'introduction du recyclage dans la conception de nouvelles voitures. Au-delà de l'aspect ergonomique d'une telle démarche, cela signifie que ce qui compte est moins une formalisation intégrant tous les raffinements proposés par l'édifice théorique que l'idée d'un cadre référentiel permettant de guider la réflexion.

- *L'interactivité* : de plus en plus, un des principes mêmes de construction des instruments de gestion consiste à les inclure dans un dispositif dynamique, où ils ne constituent que l'initialisation d'un processus de rétroaction et de révision des choix effectués dans le cadre d'une temporalité définie à l'avance.
- *La discutabilité* : on se rend compte qu'en certains cas, de plus en plus plus fréquents, les outils servent moins à conformer à l'avance des choix individuels qu'à structurer les négociations d'acteurs ayant à organiser leurs interactions dans un contexte complexe.
- *La décentralisation* : les outils ne sont plus systématiquement conçus et utilisés au niveau du management supérieur de l'entreprise. L'exemple du juste-à-temps chez Renault montre au contraire que, dans certains cas, ce sont les niveaux opérationnels eux-mêmes qui décident de se munir de représentations simplifiées de leurs activités et qui développent une instrumentation pour ce faire.

Évidemment, ces caractéristiques sont loin d'être indépendantes et sont même souvent étroitement corrélées. Si de cette longue analyse des évolutions de l'instrumentation gestionnaire l'on désire tirer le message le plus synthétique possible, on peut au fond tirer parti de la double nature d'un outil de gestion. Comme Janus, en effet, l'outil de gestion possède deux faces : l'une tournée vers la conformation, sous forme d'une prescription ou d'une incitation, l'autre tournée vers la connaissance, puisqu'un outil de gestion constitue toujours une représentation simplifiée, même imparfaite, de la situation à laquelle sont confrontés les acteurs qui sont censés l'utiliser ou le subir. Il semble alors que les évolutions actuelles, que nous venons de décrire, peuvent se résumer par la constatation que de plus en plus la face connaissance se substitue à la face conformation, qui était celle visible initialement, lorsque le modèle de la rationalité instrumentale s'est diffusé au sein des entreprises.

Les différentes caractéristiques listées ci-dessus se ramèneraient en fait à celle-ci : l'outil de gestion constitue une représentation provisoire, autour de laquelle les acteurs entreprennent par «des apprentissages croisés».

Il ne s'agit pas seulement d'apprendre sur l'organisation, c'est-à-dire sur les formes de délégation ou de coordination à établir, mais également sur le contenu même des métiers ; en fait, ces deux types d'exploration se rejoignent, la production de connaissances sur les objets ou les services produits se révélant de plus en plus dépendante des dispositifs d'organisation susceptibles d'être mis en place pour stimuler et capitaliser cette production.

Ces propositions ont une conséquence importante : la conception d'un outil de gestion, dans la mesure où elle ne vise plus qu'une construction préalable à un processus d'exploration collective, est inséparable de la notion d'intervention sur l'organisation, c'est-à-dire d'un dispositif d'interaction mettant en mouvement les acteurs, coordonnant leurs efforts d'exploration, confrontant leurs schémas d'interprétation et se déroulant dans la durée.

QUESTIONS

1. Quelles sont les tendances d'évolution de l'organisation et de ses outils de gestion ?

2. Quelles sont les utilisations repérables des outils de gestion ? quelles conclusions peut-on en tirer ?

Deuxième partie

Les outils du contrôle de gestion

Sous-partie 1

Les outils du calcul des coûts

Les outils du calcul des coûts sont présentés par rapport à la nature de la réponse qu'ils apportent aux besoins de gestion. Ils sont replacés dans le contexte qui leur donne toute leur pertinence. Cependant cette vision tient compte d'une logique historique de diffusion de ces méthodes.

L'étude débute donc par une réflexion sur **la notion de coûts et sur l'état de la comptabilité analytique** qui, pour la France, peut être assimilée à la méthode des coûts complets : l'inadaptation de cet outil à des préoccupations de tarification qui relèvent du contrôle stratégique sera mise en évidence (chapitre 5).

Nous verrons, par l'**étude des coûts partiels** (chapitres 6 et 7) et du **coût différentiel** (chapitre 8) que, sauf dans un contexte de court terme où les coûts fixes peuvent être considérés comme «fatals», ils ne peuvent être une réponse pertinente aux problèmes de tarification.

L'étude de **coût d'imputation rationnelle** (chapitre 9) nous permet de réintroduire une logique de causalité dans la formation du résultat mais pas de répondre de façon satisfaisante à des préoccupations de politique de prix.

Cette présentation des méthodes de calculs des coûts se termine par l'étude des **coûts par activités** (chapitre 10) qui, proposant une modélisation de coûts complets plus proche de la réalité et de la diversité du fonctionnement de l'entreprise, apporte une réponse pertinente en termes de positionnement des produits en matière de prix et autorise le contrôle stratégique.

5 Les coûts et la comptabilité analytique

Pour piloter et prendre des décisions de court et long terme, le gestionnaire élabore et utilise des outils d'aide à la décision. Dans de très nombreux cas, il fonde ses décisions sur des démarches d'analyse de coûts. La pertinence de ses choix dépend de la nature et de la qualité des coûts envisagés.

Dans sa volonté d'harmonisation, le plan comptable (PC) a défini la notion de coûts et les caractéristiques qui permettent leur classification.

Cette démarche de normalisation a conduit à développer un modèle de calcul des coûts dit méthode des coûts complets, système original et propre à la France, très répandu dans les entreprises. Recommandée par le Conseil national de la comptabilité, imposée par l'administration fiscale pour l'évaluation des stocks, cette méthode des coûts complets recouvre dans le langage courant la notion de comptabilité analytique : ce système d'information, dont le fonctionnement et les objectifs diffèrent de ceux de la comptabilité générale, est en crise.

Un des aspects de la remise en cause de l'utilité du coût de complet s'inscrit dans la définition du contenu des charges analysées. Or les gestionnaires, tant au plan stratégique qu'au plan opérationnel, expriment d'autres demandes par rapport à l'outil «analyse des coûts». Ils éprouvent le besoin de définir la pertinence et leurs champs d'action sur les coûts calculés.

1. Les coûts définis par le plan comptable

Le PC définit un coût comme «**la somme des charges relatives à un élément défini au sein du réseau comptable**».

Cet élément peut être un produit, une opération ou une fonction.

Le choix des coûts à calculer se fait en fonction des activités de l'entreprise, de sa structure, de ses impératifs de gestion.

D'après le PC, le coût se définit par trois caractéristiques indépendantes les unes des autres :
- le champ d'application,
- le moment du calcul,
- le contenu.

Le PC a résumé les différentes caractéristiques des coûts dans le schéma suivant :

CARACTÉRISTIQUES DES COÛTS SELON LE PLAN COMPTABLE

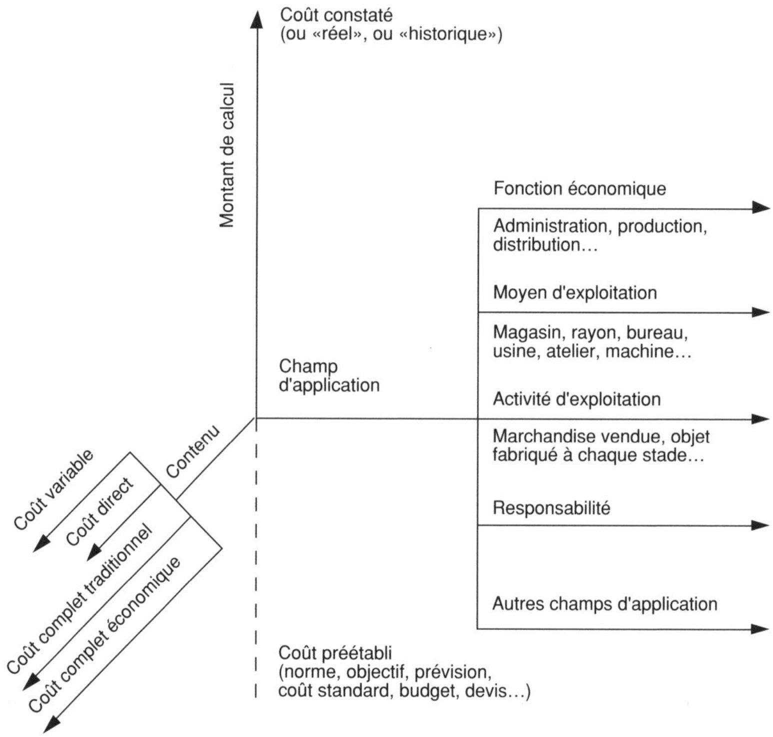

1.1 Le champ d'application

Le champ d'application du coût est très varié :
- une **fonction ou une sous-fonction économique** de l'entreprise (approvisionnement, production, distribution ou administration) ;
- un **moyen d'exploitation** c'est-à-dire une machine, un poste de travail, un rayon de magasin, un canal de distribution ;

– une **activité** à savoir une famille de produits, un produit, ou encore une zone d'activité ;
– un **centre de responsabilité** c'est-à-dire un sous-système de l'entreprise doté d'un indicateur de performance et à qui est laissée une certaine latitude dans les moyens à mettre en œuvre pour satisfaire ses objectifs.

1.2 Le moment du calcul

Ce critère permet de distinguer deux types de coûts :
– le coût **historique** qui est un coût calculé postérieurement aux faits qui l'ont engendré : on parle aussi de coût constaté ou coût réel ;
– le coût **préétabli** qui est un coût calculé antérieurement aux faits qui l'engendreront.

Le coût préétabli peut avoir le caractère de «normes» ou de simples prévisions. Selon l'optique du calcul, on parlera de **coûts standard**, de **devis** ou plus simplement de **coûts prévisionnels**.

1.3 Le contenu

Pour une période déterminée, un coût peut être calculé, soit en y incorporant toutes les charges enregistrées en comptabilité générale, soit en n'y incorporant qu'une partie de ces charges.

Le PC distingue ainsi deux familles de coûts.

a) Les coûts complets

Ces coûts sont constitués par la totalité des charges relatives à l'objet du calcul.

Il en existe deux sortes :
– les coûts complets **traditionnels** si les charges de la comptabilité générale sont incorporées telles quelles sans modifications ;
– les coûts complets **économiques** si ces charges ont subi des retraitements en vue d'une meilleure expression économique des coûts.

b) Les coûts partiels

Ce sont des coûts obtenus en n'incorporant qu'une partie des charges pertinentes en fonction du problème à traiter.

Il existe deux grandes catégories de coûts partiels.

• Le COÛT VARIABLE : c'est un «coût constitué **seulement des charges qui varient avec le volume d'activité** de l'entreprise sans qu'il y ait nécessairement une exacte proportionnalité entre la variation des charges et celle du volume des produits obtenus».

Sont donc **exclues** du calcul les charges dites «**de structure**» qui sont considérées comme fixes sur la période considérée.

• Le COÛT DIRECT : c'est un «coût constitué par des charges qui peuvent lui être **directement affectées** (généralement charges opérationnelles ou variables) et **des charges qui**, même si elles transitent par des centres d'analyse, **concernent** ce **coût sans ambiguïté** (variables et fixes)».

Le calcul et la connaissance des coûts qui viennent d'être définis sont élaborés par un système spécifique d'informations appelé la **comptabilité analytique**.

2. Mise en œuvre d'un cas pratique de calcul des coûts complets

La méthode des coûts complets n'est plus officiellement au programme de l'UV 7 : Contrôle de gestion du DECF, mais elle reste la méthode la plus utilisée dans la pratique des entreprises françaises. C'est également par rapport aux insuffisances de cette méthode en termes d'aide à la décision principalement en matière de tarification que de nombreux chercheurs et praticiens ont élaboré des critiques et proposé d'autres méthodes de calculs dont celle des coûts par activités.

Dans cette perspective, la connaissance de la méthode des coûts complets est indispensable tant en termes de mise en œuvre des calculs que de la logique interne qui sous-tend sa conception.

C'est pourquoi dans le cadre de cet ouvrage, nous proposerons un cas pratique résolu sur les coûts complets et des éléments de réflexion sur la logique de modélisation de l'entreprise qu'elle induit.

2.1 Cas pratique résolu : entreprise Madac

Thème d'application : Entreprise Madac (d'après DECF)

Une entreprise fabrique un seul produit fini PF à partir de deux matières premières MP1 et MP2. Le processus de fabrication conduit à l'obtention d'un sous-produit SP vendable après traitement et d'un déchet D, sans valeur, qu'il convient d'épurer avant évacuation pour éviter la pollution de l'environnement.

Quatre ateliers assurent cette production :

- atelier A1 : utilisation de la matière première MP1 pour obtenir le produit intermédiaire PI livré en continu (sans stockage) à l'atelier A2 ;
- atelier A2 : adjonction de matière première MP2 au produit intermédiaire PI pour obtenir le produit PF ; cette opération donne naissance au sous-produit SP et au déchet D ;
- atelier A3 : traitement du sous-produit SP pour le rendre commercialisable ;
- atelier A4 : épuration chimique du déchet D avant évacuation par épandage canalisé, au fur et à mesure de la production, donc sans stockage.

Pour un exercice donné, on vous fournit les renseignements suivants :

Données d'inventaire au 1er janvier de l'exercice :

MP1	500 kg à 8,10 €/kg
MP2	900 kg à 50,40 €/kg
Produit fini PF	184 unités à 120 €/unité
Encours de PF	170 unités pour une valeur de 17 340 €
Sous-produit SP	80 kg à 200 €/kg
Déchet D	néant

Achats de l'exercice :

Matière MP1	1 500 kg à 7,80 €/kg
Matière MP2	2 500 kg à 51,40 €/kg

Consommations de l'exercice :

Matière MP1 1 400 kg
Matière MP2 3 200 kg
Eau (pour évacuer D) 142,5 m^3 pour une valeur de 270,50 €
Produit chimique 45 kg à 6,50 €/kg

Main-d'œuvre directe utilisée :

Atelier A1	510 h à 48,50 €/h
Atelier A2	1 500 h à 51,00 €/h
Atelier A3	605 h à 52,40 €/h
Atelier A4	169 h à 45,00 €/h
Distribution :	210 h à 62,00 €/h

Les totaux des centres d'analyse après répartition primaire des charges par nature de la comptabilité générale, ainsi que les clés de répartition entre centres, se ventilent comme suit :

Charges	Totaux	Centres auxiliaires		Centres principaux						
				opérationnels						Structure
		Gestion du matériel	Gestion du personnel	Approvisionnement	Atelier 1	Atelier 2	Atelier 3	Atelier 4	Distribution	Administration
Totaux primaires	100 350	3 750	4 600	2 000	40 000	20 000	15 000	5 000	3 000	7 000
Gestion du matériel (%)			10	25	20	20	5	5	15	
Gestion du personnel (%)		5		15	25	25	5	10	10	5
Totaux secondaires										
Unités d'œuvre				(A)	(B)	(C)	(D)	(E)		(F)
Nombre d'unités d'œuvre				?	?	?	?	?		?

Renvois :
(A) kg de matière première achetée ;
(B) kg de matière première MP 1 consommée ;
(C) h de main-d'œuvre directe ;
(D) kg de sous-produit SP obtenu ;
(E) m^3 de déchet D traité ;
(F) coût de production des produits vendus.

Nota : Arrondir les coûts unitaires au centime supérieur

Production de l'exercice :

Produit PF	2 660 unités
Sous-produit	250 kg
Déchet D	142,50 m^3

Ventes de l'exercice :

Produit PF	2 800 unités à 150 €/l'unité
Sous-produit SP	270 kg à 208 €/kg

Données d'inventaire au 31 décembre :

Matière MP1	580 kg
Matière MP2	205 kg
Produit P	44 unités
Sous-produit SP	60 kg
Encours de P	220 unités
Déchet D	néant

Règles de valorisation retenues par l'entreprise

- Toutes les sorties de stocks sont valorisées selon la méthode du premier entré-premier sorti.
- Il est admis que le coût de production du sous-produit SP à la sortie de l'atelier A3 est égal au prix de vente moyen sur le marché de ce sous-produit. Pour l'exercice concerné, l'entreprise a prévu et retenu un prix de 210 €/kg.
- L'ensemble des charges de distribution est imputé uniquement sur les coûts du produit PF.
- Pour l'évaluation des encours de l'atelier 2, on considère que chaque produit encours a reçu la totalité des matières et 50 % de la MOD et des charges indirectes.

Résolution du cas pratique

1) Étude du schéma technique

Le schéma technique est alors le suivant :

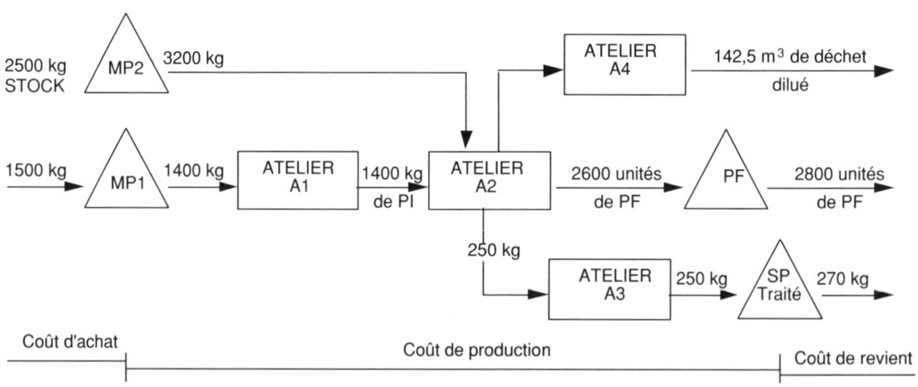

Commentaires

- Il a été retenu la symbolique suivante :
  triangle = stock ; rectangle = atelier.
- Le processus de fabrication se définit ainsi : transformation de la matière MP1 en produit fini PF.
- Ce processus est décomposé en plusieurs phases de production qui se définissent par rapport au produit principal ; ici on observe deux phases correspondant aux ateliers A1 et A2.
- Les valeurs numériques représentent la valeur des flux entrant et sortant des différents lieux : ateliers ou stocks. Ce sont ces valeurs qui peuvent être retenues pour évaluer l'activité des centres d'analyse ; elles représentent le nombre d'unités d'œuvre de ces mêmes centres.

  Exemple : la nature de l'unité d'œuvre du centre «Atelier A1» est le kg de matière première MP1 consommée.

  Sur le schéma, on peut lire cette quantité comme le flux entrant dans l'atelier A1 soit 1 400 kg.
- Le schéma de production permet de connaître l'enchaînement des coûts à calculer. On distingue :
  – avant le stockage des matières premières : coût d'achat (un par matières premières stockées) ;
  – entre le stockage des matières premières et des produits finis : coûts de production avec, en général, un calcul de coût par phase du processus de fabrication ;
  – après le stockage des produits finis : coûts de revient (un par produit vendu).

Point méthode

• En général, le processus de fabrication est défini dans l'énoncé du problème : bien lire le sujet et vérifier l'exactitude du schéma tracé avec le processus de fabrication ; toute la justesse de votre raisonnement en dépend.

• Repérer à l'aide du schéma le nombre et la nature des coûts à calculer avant tout calcul.

• Dès que le processus de fabrication est complexe (pertes de poids dues au traitement dans les ateliers, modifications des unités de produits), il est fortement recommandé de valoriser les flux entrant et sortant des ateliers.

2) Tableau de répartition des charges indirectes

Le tableau de répartition des charges indirectes se présente ainsi après résolution des prestations réciproques :

Soit X le centre de gestion du matériel et Y le centre de gestion du personnel :

$X = 3\,750 + 0{,}05\,Y$

$Y = 4\,600 + 0{,}10\,X$ après résolution, on obtient :

$X = 4\,000$ et $Y = 5\,000$

Le tableau des charges indirectes peut alors être établi.

TABLEAU DE RÉPARTITION DES CHARGES INDIRECTES

Charges	Totaux	Centres auxiliaires		Centres principaux						
		Gestion du matériel	Gestion du personnel	Approvisionnement	Atelier 1	Atelier 2	Atelier 3	Atelier 4	Distribution	Administration
Totaux primaires	100 350	3 750	4 600	2 000	40 000	20 000	15 000	5 000	3 000	7 000
Sous-répartition :										
– gestion du matériel		– 4 000	400	1 000	800	800	200	200	600	-
– gestion du personnel		250	– 5 000	750	1 250	1 250	250	500	500	250
Totaux secondaires	100 350	0	0	3 750	42 050	22 050	15 450	5 700	4 100	7 250
Nature de l'unité d'œuvre				kg de MP achetée	kg de MP1 consommée	heures de MOD	kg de sous-produit S obtenu	m³ de déchet D traité		
Nombre d'unités d'œuvre				4 000	1 400	1 500	250	142,5		
Coût de l'unité d'œuvre				0,9375	30,035714	14,70	61,80	40,00		
arrondi au centime supérieur				0,94	30,04					

3) Les coûts d'achat et les comptes de stock de matières

Les coûts d'achat se présentent ainsi :

CALCUL DES COÛTS D'ACHAT

	MP1			MP2		
	Qtés	Coût	Montant	Qtés	Coût	Montant
Charges directes – Achats	1 500	7,80	11 700	2 500	51,40	128 500
Charges indirectes – Centres approvisionnement	1 500	0,94	1 410	2 500	0,94	2 350
Coût d'achat des MP	1 500	8,74	13 110	2 500	52,34	130 850

POINT MÉTHODE

- La séquence de travail peut se résumer aux quatre étapes suivantes :
  1. élaboration du schéma de production,
  2. calcul des prestations réciproques si nécessaire,
  3. mise en évidence du coût des unités d'œuvre (tableau de répartition),
  4. calcul des coûts d'achat.
- Il faut calculer autant de coûts d'achat qu'il y a de matières approvisionnées.

L'entreprise MADAC utilise la méthode FIFO pour valoriser ses sorties de stocks. Les comptes de stocks des deux matières premières se présentent ainsi :

MATIÈRE PREMIÈRE MP1

Libellé	Q	CU	Montant	Libellé	Q	CU	Montant
Stock initial	500	8,10	4 050	Sorties	500 900	8,10 8,74	4 050 7 866
					1 400		11 916
Entrées	1 500	8,74	13 110				
				Mali d'inventaire	20	8,74	174,8
				Stock final	580	8,74	5 069,2
	2 000		17 160		2 000		17 160

MATIÈRE PREMIÈRE MP2

Libellé	Q	CU	Montant	Libellé	Q	CU	Montant
Stock initial	900	50,40	45 360	Sorties	900	50,40	45 360
Entrées	2 500	52,34	130 850		2 300	52,34	120 382
					3 200		165 742
Boni d'inventaire	5	52,34	261,7	Stock final	205	52,34	10 729,7
	3 405		176 471,7		3 405		176 471,7

Point méthode

- Lire les énoncés avec précision pour connaître la méthode de valorisation des stocks choisie ; si aucune méthode n'est précisée, il faut alors utiliser la plus fréquente c'est-à-dire celle du coût unitaire moyen pondéré de fin de période.
- Présenter le compte de stock équilibré c'est-à-dire avec mise en évidence des différences d'inventaire et du stock final.
- Les informations nécessaires pour présenter un compte de stock sont soit :
  - des données : le stock initial, les quantités sorties, le stock final réel en quantités,
  - le résultat de calculs précédents : valeur des entrées,
  - des informations à calculer : valeur des sortie, et valeur du stock final.

4) *Les coûts de production*

a) Coût de production du produit intermédiaire PI : cas simple

Charges directes : Mat. première MP1 consommée	500 900	8,10 8,74	4 050 7 866
Main-d'œuvre directe	510	48,50	24 735
Charges indirectes : Centre ATELIER 1	1400	30,04	42 056
Coût de production du produit PI	1400	56,22	78 707

b) Coût de production du produit fini : cas complexe

Le calcul du coût de production du produit fini est lui un peu plus complexe puisqu'il cumule plusieurs difficultés :

- des encours,
- des déchets,
- un sous-produit.

Évaluation des encours de fin de période

Rappel : «Pour l'évaluation des encours à l'atelier 2, on considère que chaque produit a reçu la totalité des matières et 50 % de la MOD et des charges indirectes.»

On nous indique qu'il a été terminé sur la période 2 660 unités de PF et qu'il reste en cours de fabrication 220 produits.

En appliquant la règle d'évaluation de l'exemple on peut écrire que :

• Par rapport aux matières consommées

Il s'agit tout à la fois du produit intermédiaire PI et de la matière première MP2.

Les encours de la période ont un degré d'avancement de 100 % et donc qu'ils sont équivalents à :

220 × 100 % = 220 produits «Équivalents terminés»

La production réelle de la période pour cet élément de coût a donc été de :

	2 660 produits	terminés sur la période
+	220 produits	commencés sur la période
–	170 produits	commencés au cours de la période précédente
=	2 710 produits	qui ont consommé 100 % des matières.

Cette production a reçu 1400 kg de produit PI en provenance de l'atelier A1 pour une valeur globale de 78 707 €. Chaque produit a donc consommé :

78 707 / 2 710 = 29 € de produit PI.

Pour une consommation de matières premières MP2 de 165 742 € (*cf.* compte de stock), chaque produit a consommé :

165 742 / 2 710 = 61,16 € de MP2.

• Par rapport à la MOD et aux charges indirectes

Les encours de la période ont un degré d'avancement de 50 % et ils sont donc équivalents à :

220 × 50 % = 110 produits «Équivalents terminés».

La production réelle de la période par rapport à ces éléments de coûts doit tenir compte :

- du travail effectué sur les encours de début de période qui ont été œuvrés en priorité soit : 170 encours × 50 % = 85 produits «Équivalents terminés» ;
- du travail effectué sur les produits commencés et terminés sur la période soit : 2 660 produits terminés – 170 produits commencés sur la période précédente = 2 490 produits ;
- du travail effectué sur les encours de fin de période soit 110 produits «Équivalents terminés».

On obtient une production réelle de : 85 + 2 490 + 110 = 2 685 produits

Pour des charges de main-d'œuvre de 76 500 € et des charges de centre atelier 2 de 22 050 €, chaque produit a supporté :

(76 500 + 22 050) / 2 685 = 30,70 €

• Valeur des encours de fin de période

Produits PI	220	29,00	6 380
Matières consommées	220	61,16	13 455,2
Main-d'œuvre } Centre Atelier 2	110	30,70	3 377
Coût des encours de fin de période	220	105,51	23 212,2

soit une valeur arrondie à 23 212 €.

POINT MÉTHODE

• L'évaluation des encours doit se faire avant le calcul du coût de production du produit principal.

• Pour chaque composante d'un coût à savoir : matières consommées, main d'œuvre directe et charges indirectes :
- lire avec précaution l'énoncé pour déterminer les différents degrés d'avancement des encours ;
- calculer la production réelle de la période en utilisant la notion d'équivalents terminés ;
- en déduire le coût de la composante supporté par un produit.

• Additionner les coûts des différents éléments pour obtenir la valorisation des encours.

Évaluation des déchets

Rappel : Un déchet apparaît au niveau de l'atelier A2 et doit être épuré chimiquement dans l'atelier A4 avant épandage (cf. texte).

Le coût de l'atelier A4 est assimilable au coût d'élimination du déchet et viendra en augmentation du coût du produit principal.

COÛT DE L'ÉPANDAGE

Charges directes				
Eau	142,5	m^3	-	270,50
Pdt chimique	45	kg	6,50	292,50
Main-d'œuvre	169	h	45	7 605,00
Charges indirectes				
Centre A4				5 700,00
Coût de l'épandage	142,5	m^3	97,32	13 868,00

Évaluation du sous-produit

Rappel : Un sous-produit apparaît au niveau de l'atelier A2 ; il doit être traité dans l'atelier A3 pour être commercialisable.

Pour le calcul du coût de production du sous-produit au sortir de l'atelier A2, le raisonnement est le suivant :

Le prix de vente du marché est égal au coût de production du sous-produit à la sortie de l'atelier de transformation ; comme on connaît les charges spécifiques à cette transformation, on peut en déduire le coût de production à l'entrée de ce même atelier, ce qui revient à déterminer le coût de production au sortir de l'atelier A2.

Prix de vente	250	210	52 500
à déduire :			
charges de A3			
main-d'œuvre directe	605	52,4	– 31 702
atelier A3			– 15 450
Coût de production du sous-produit SP à la sortie de l'atelier A2			= 5 348

C'est ce coût qui viendra en déduction du coût du produit principal.

Coût de production de PF

En intégrant toutes les difficultés précédentes, le coût de production de produit PF devient :

Charges directes :			
Produits PI consommés	980	80,31	78 707
Matières MP2	{ 900	50,40	45 360
	2300	52,34	120 382
Main-d'œuvre	1500	51,00	76 500
Charges indirectes			
Atelier A2	1500	14,70	22 050
Charges de la période			342 999
• Encours initiaux			+ 17 340
• Encours de fin de période			– 23 212
• Coût de production du sous-produit SP			– 5 348
• Coût d'élimination du déchet D			+ 13 868
Coût de production du produit PF	2660	129,94	345 647

Il faut ensuite présenter les comptes de stocks du produit PF et du sous-produit SP :

PRODUIT FINI PF

Libellé	Q	CU	Montant	Libellé	Q	CU	Montant
Stock initial	184	120	22 080	Sorties	{ 184	120	22 080
					2 616	129,94	339 923
					2 800		362 003
Entrées	2 660	129,94	345 647	Stock final	44		5 724
	2 844		367 727		2 844		367 727

SOUS-PRODUIT SP

Libellé	Q	CU	Montant	Libellé	Q	CU	Montant
Stock initial	80	200	16 000	Sorties	80	200	16 000
Entrées	250	210	52 500		190	210	39 900
				Stock final	60	210	12 600
	330		68 500		330		68 500

5) *Les coûts de revient et les résultats analytiques*

Il est possible, maintenant, de terminer le tableau des charges indirectes puisque l'on connaît la valeur de l'assiette de répartition utilisée pour le centre de structure «Administration».

En effet, le coût de production des produits vendus s'élève à :

$$362\,003 + 55\,900 = 417\,903\ €$$

Le taux de frais du centre «Administration» est de :

$$7250\ /\ 417\,903 = 1{,}73\ \%$$

Les charges de distribution étant spécifiques au produit fini PF (*cf.* Thème d'application), le tableau de calcul du coût de revient peut se présenter ainsi :

	Produit PF			Produit SP		
Coût de production des produits vendus	2 800		362 003	270		55 900
Coût de distribution						
• MOD	210	62	13 020			–
• Centre distribution	–		4 100			–
Quote-part des centres de structure						
• Administration	362 003	1,73 %	6 263	55 900	1,73 %	967
Coût de revient	2 800	137,64	385 386	270	210,62	56 867

Les résultats se présentent ainsi :

CALCUL DES RÉSULTATS ÉLÉMENTAIRES

	Sous-produit SP			Produit fini PF		
Chiffre d'affaires	270	208	56 160	2 800	150	420 000
Coût de revient des produits vendus	270	210,62	56 867	2 800	137,64	385 386
Résultats élémentaires	270	– 2,62	– 707	2 800	12,36	34 614

6) *Concordance : le résultat DE LA comptabilité analytique*

a) Informations complémentaires sur le cas

Les charges indirectes se décomposent en :

- *frais de personnel* 23 000 €
- *autres charges* 51 650 €
- *charges d'usage* 19 700 €
- *éléments supplétifs* 6 000 €

Les dotations aux amortissements et aux provisions de la comptabilité générale se décomposent en :
– dotations aux amortissements : 17 300 €
– dotations aux provisions : 4 750 € non incorporables.

L'entreprise a encaissé 2 100 € de produits financiers non incorporables.

La résolution du thème a mis en évidence des différences d'inventaire constatées et des différences sur coûts et taux de cession.

b) Analyse des différences de traitement comptables

Différences d'inventaire constatées

- Mali d'inventaire sur MP1 : 20 kg à 8,74 soit 174,8 €.
- Boni d'inventaire sur MP2 : 5 kg à 52,34 soit 261,7 €,

soit au total un boni de 86,9 €.

Différences sur coût et taux de cession

Elles proviennent principalement de l'utilisation de coûts d'unités d'œuvre arrondis :

Centre	Approvis.	Atelier 1	Administ.
Total des charges	3 750	42 050	7 250
Charges imputées	3 760	42 056	7 230
Frais résiduels	– 10	– 6	+ 20

soit en global des frais résiduels de 4 € en sous-imputation dans les coûts des produits.

L'ensemble des différences peut être regroupé dans le tableau suivant :

N° compte	Nature de la différence	Montant
971	Différences sur amortissements et provisions (19700 – 17 300) ↗ coûts ↘ R. Élém. →	+ 2 400
972	Différences sur éléments supplétifs ↗ coûts ↘ R. Élém. →	+ 6 000
973	Différences sur autres charges de la CG ↘ coûts ↗ R. Élém. →	– 4 750
974	Différences d'inventaire constatées ↗ coûts ↘ R. Élém. →	+ 86,9
975	Différences sur coûts et taux de cession ↘ coûts ↗ R. Élém. →	– 4
977	Différences sur produits de la CG ↘ Produits ↘ R. Élém. →	+ 2 100
Total des différences de traitement comptable		+ 5 832,9

POINT MÉTHODE

L'influence des différences d'incorporation est variée. Si certaines d'entre elles ne peuvent agir que dans un sens, d'autres peuvent avoir des incidences inverses au sein d'un même exercice ou dans des exercices différents.

Il est conseillé aux étudiants d'éviter de retenir par mémorisation ces règles mais plutôt de s'attacher à comprendre les mécanismes de fonctionnement, de telle sorte qu'ils puissent les réutiliser en toutes circonstances.

Le **résultat DE LA comptabilité analytique** apparaît alors comme la somme des résultats élémentaires sur produits et du total des différences de traitement comptable :

– Résultat sur le produit PF	+ 34 614
– Résultat sur le sous-produit SP	– 707
– Différence de traitement comptable	+ 5 832,9
Résultat de la comptabilité analytique	39 739,9

Ce travail de concordance peut être vérifié par l'établissement du compte de résultat.

Un premier tableau reprend les stocks de matières et de produits afin de calculer des variations de stock.

	Stock initial	Stock final réel	Variation de stock
Matières premières MP1	4 050	5 069,2	– 1 019,2
Matières premières MP2	45 360	10 729,7	+ 34 630,3
			+ 33 611,1
Encours de production	17 340	23 212	– 5 872
Produit PF	22 080	5 724	+ 16 356
Sous-produit SP	16 000	12 600	+ 3 400
			+ 13 884

Par conséquent, le compte de résultat se présente ainsi :

Achats	140 763,00	Production vendue	476 160
Variation de stocks	+ 33 611,10	Production stockée	– 13 884
MOD	+ 153 562,00	Produits financiers	+ 2 100
Autres charges	+ 96 700,00		
BÉNÉFICE	+ 39 739,90		
Total général	464 376,00	Total général	464 376

Détails :

Achats MP1 + MP2 + Pds chimique + Eau

11 700 + 128 500 + 292,5 + 270,5

MOD = 24 735 + 76 500 + 31 702 + 7 605 + 13 020

Charges indirectes = Total RS – Éléments supplétifs + Charges non incorporables + Dotation aux amortissements – Charge d'usage

= 100 350 – 6 000 + 4 750 + 17 300 – 19 700

Point méthode

Dans un travail de concordance, il est important de recenser de façon exhaustive l'ensemble des différences de traitement comptable.

Penser que la majorité des différences d'incorporation est indiquée comme «informations» de la comptabilité générale et apparaissent très souvent dans le tableau de répartition des charges indirectes.

Les différences d'inventaire et de taux de cession résultent de vos calculs. Il dépend de vous, de les repérer au moment de l'établissement des coûts.

En tout état de cause, des erreurs dans l'élaboration des coûts n'empêchent pas l'obtention d'un résultat concordant.

2.2 Principes et hypothèses implicites du système

Les outils de gestion sont des réponses à des préoccupations de gestion inscrites dans le temps et dans l'espace. Pour bien comprendre la portée d'un outil, il est logique de le resituer dans le contexte où il est apparu. Chaque outil renvoie à un modèle implicite de fonctionnement des entreprises qui lui assure sa pertinence.

a) Le contexte de référence

Le calcul des coûts complets ou du moins sa diffusion semble apparaître dans les années 30, même si le problème du calcul des coûts de revient se pose de façon beaucoup plus précoce. À cette époque, les entreprises sont des firmes dont les caractéristiques essentielles sont les suivantes :
- vente de produits homogènes, fabriqués en grandes séries ;
- procédés de fabrication stables et homogènes ;
- prépondérance de la fonction de production au sein de l'entreprise ;
- importance des consommations directes dans le coût des produits ;
- gestion taylorienne qui dissèque le travail humain dans des gammes opératoires ;
- notion de performance de l'entreprise identifiée à la minimisation du coût du produit.

Par ailleurs, l'écoulement des produits n'est pas une difficulté car les entreprises travaillent sur des marchés «de relative pénurie» c'est-à-dire que la demande de produits est supérieure à l'offre : on parle aussi de «marchés offreurs».

Cette réalité inscrite dans le temps de l'entreprise conduit le système de calcul des coûts à être **essentiellement un système de calcul du coût de production.**

b) Organisation générale de la méthode

Pour la méthode des coûts complets, l'objet du calcul des coûts est essentiellement le produit fabriqué et vendu. Elle préconise donc un calcul par stades de fabrication qui doit respecter la réalité du processus de production de chaque entreprise.

En conséquence, les charges de la comptabilité générale doivent être agrégées suivant leur appartenance à une des étapes définies ci-dessus et cela qu'il s'agisse de charges directes ou de charges indirectes.

La constitution des coûts par étapes fait apparaître :
- un ou des coûts d'approvisionnement ou d'achat,
- des coûts de production,
- des coûts de distribution.

L'obtention du coût de revient des produits se fait par intégration successive des différents coûts selon un procédé s'apparentant au mécanisme des «poupées gigognes» :

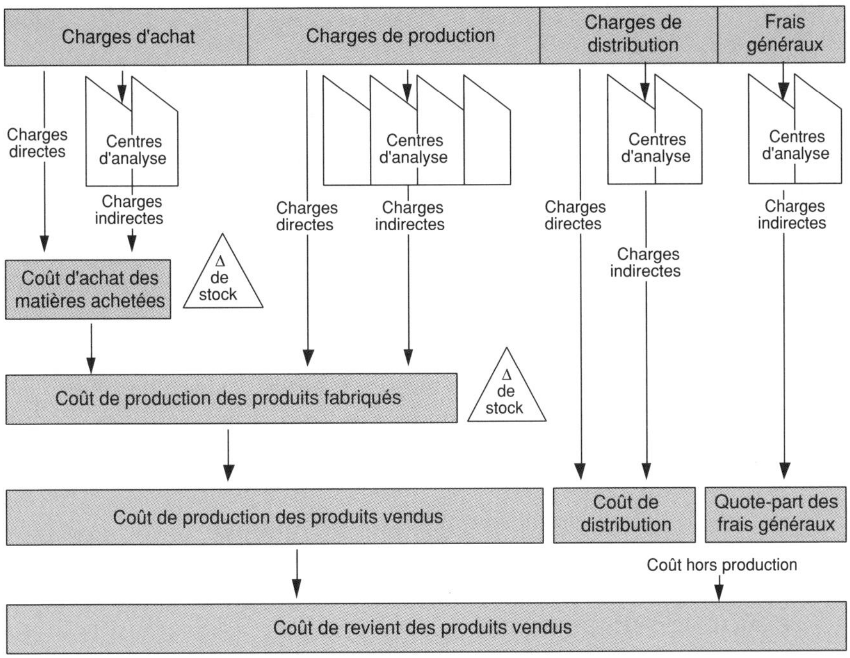

Ce principe de reversement d'un coût dans un autre et ce, de façon successive, est énoncé de façon très générale et oblige à une adaptation à chaque entreprise.

En effet, le PC stipule que «le système de comptabilité analytique d'une entreprise doit être adapté exactement à sa structure organique et aux activités d'exploitation particulières qu'elle exerce.»

L'obtention du coût complet du produit postule qu'il est possible de regrouper l'ensemble des charges engagées pour produire et vendre les produits.

L'attachement direct des charges aux produits s'opère sur la base de normes techniques issues de la taylorisation et qui sont regroupées dans des nomenclatures pour les consommations physiques et des gammes pour la main d'œuvre directe.

Les charges indirectes sont donc définies *a contrario* : elles concernent plusieurs produits ou l'ensemble de l'entreprise. Elles obligent, pour connaître leur destination, à des calculs préalables dans les **centres d'analyse**.

Le cheminement des différentes charges vers les coûts peut être schématisé de la façon suivante :

AFFECTATION DES CHARGES

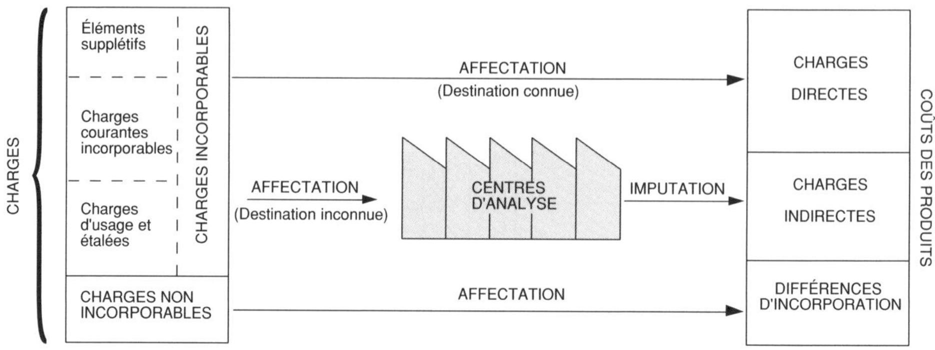

L'unité qui est utilisée pour mesurer l'activité des différents centres d'analyse est appelée **unité d'œuvre**, elle mesure l'œuvre réalisée par le service concerné et permet une imputation des charges indirectes aux coûts des produits.

Comme toutes les méthodes de calcul de coûts, celle-ci cherche des réponses à des questionnements précis :
– comment se font les consommations de ressources ?
– est-il possible de mieux utiliser les ressources consommées ?

Ces considérations obligent à définir deux principes fondateurs de tout système de calcul de coûts pertinents.

c) Principes fondateurs

Se préoccuper du mode de consommations des ressources revient à définir dans le système d'information les processus techniques qui permettent la transformation des ressources obtenues de l'environnement en biens finals. C'est la **notion de traçabilité** des coûts.

Ce principe est appliqué dans la méthode des coûts complets : le cheminement du calcul des coûts doit s'appuyer sur le schéma productif de l'entreprise.

La deuxième question renvoie à la notion d'efficience, c'est-à-dire à la confrontation des ressources consommées avec la valeur générée par ses mêmes ressources. Pour être un levier d'amélioration, c'est-à-dire dans le contexte de l'entreprise taylorienne, pour permettre une baisse des coûts, il faut introduire un **lien de causalité** entre le volume de production et le volume de la ressource consommée.

Si cet aspect semble assez évident pour les charges directes où la non-réalisation du produit entraîne de façon évidente la non-consommation de ressources, le respect de ce principe est moins évident pour les charges indirectes.

La méthode des coûts complets préconise le regroupement de ces charges dans des «**sections homogènes**» définies comme une entité comptable dont l'activité peut être mesurée par une unité d'œuvre. Cette section produit une seule activité selon un processus stable. Les ressources imputées à ces sections sont homogènes dans leurs comportements et liées au niveau d'activité de la section. Est ainsi recréé un lien de causalité ou, à défaut, un lien de corrélation qui permet une modélisation satisfaisante du calcul des coûts.

La validité de l'architecture des coûts ainsi construite a conduit la comptabilité générale (et l'administration fiscale du moins dans un contexte français) à s'intéresser au système d'information de la comptabilité analytique.

d) Les liens entre comptabilité analytique et comptabilité générale

La comptabilité analytique organise le cheminement des flux internes en vue d'aboutir à des coûts par produits ; elle présente une vision détaillée de chaque activité et développe des procédures spécifiques à chaque entreprise.

La comptabilité générale donne une vue globale et synthétique des comptes de l'entreprise. Obligatoire et normalisée, elle manipule des flux externes essentiellement monétaires. Base de calcul de l'impôt, fortement influencée par des visions juridiques et patrimoniales, la comptabilité générale est incapable avec sa seule logique de répondre à des questions indispensables au calcul du résultat.

Elle doit puiser dans l'architecture des coûts de la comptabilité analytique les informations nécessaires à :
– l'évaluation des stocks et des encours dont l'importance croît avec des processus productifs de plus en plus complexes ;
– l'évaluation des productions d'immobilisations faites par l'entreprise.

Le schéma suivant reprend les liens entre les comptabilités.

LE CHAÎNAGE DES DEUX SYSTÈMES D'INFORMATION : comptabilité générale et comptabilité analytique

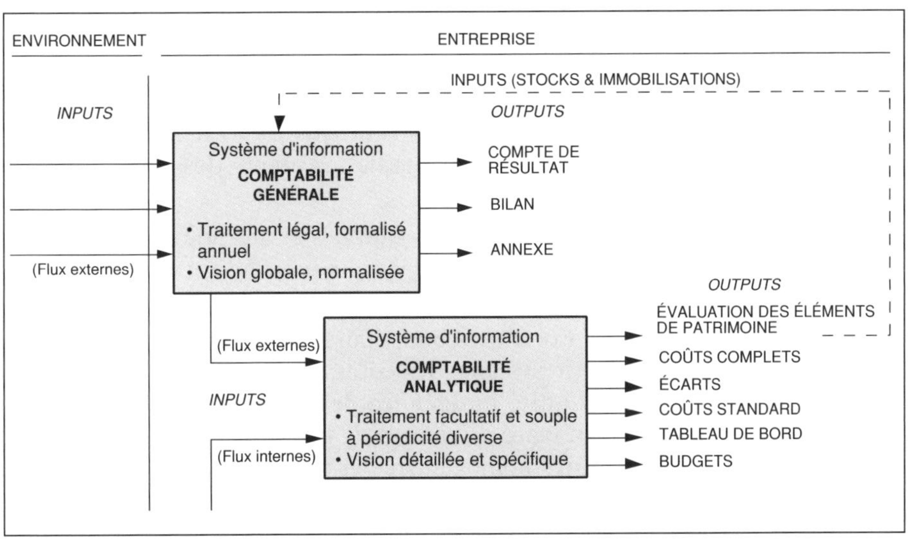

La comptabilité analytique calcule des coûts en respectant les principes généraux définis par le PC. Celui-ci se contente de proposer différents modes d'élaboration des coûts en laissant les entreprises libres de choisir celui ou ceux qui leur conviennent.

Cet outil de calcul des coûts a été et est encore majoritairement utilisé par les entreprises. Avec la pratique et le temps, la base de données d'informations qu'il constitue a permis de répondre à des besoins de gestion élargis qui ont fait perdre au système ses cohérences internes d'autant que le contexte qui l'avait vu naître a profondément évolué en cinquante ans.

3. Un système d'information en crise

Séduits par l'architecture des coûts proposés par la méthode des coûts complets, les gestionnaires se sont servis de sa base de données pour asseoir des réponses à des besoins de gestion complémentaires.

3.1 Des demandes diversifiées

Sur la base du système d'information analytique mis en place, des demandes issues de la gestion sont apparues. Elles portent leur propre logique qui peut être contradictoire avec la qualité d'un «bon système de calcul des coûts».

Une première distorsion est apparue dès la mise en place du système ; selon le positionnement dans le temps, la demande implicite au calcul des coûts n'a pas le même sens :

- calculer le coût de revient *a priori* relève du contrôle stratégique et d'un choix de positionnement sur le marché, le **problème de la pertinence de la modélisation proposé par le calcul des coûts est fondamental** ;
- faire le même calcul *a posteriori* relève du suivi opérationnel et donc du contrôle mensuel des consommations de ressources et de la productivité de la main-d'œuvre. Dans ce contexte, **la concordance avec la comptabilité financière trouve sa logique** et la qualité de traçabilité des coûts revêt un aspect important.

Très vite, l'existence en parallèle des gammes et des nomenclatures et du suivi en matière de coûts, a permis d'envisager un bouclage et un processus de rétroaction avec la mise en place des coûts préétablis et du calcul des écarts.

La généralisation des procédures budgétaires à l'ensemble de l'entreprise s'est elle aussi appuyée sur le système des coûts complets tendant **à transformer la section homogène en unité budgétaire de base**. Ce phénomène s'est trouvé accentué par la mise en place de centres de responsabilité nécessaire à la dynamisation de la structure : l'homogénéité des activités et le lien de causalité entre consommations de ressources et volume d'activité se sont alors distendus.

Parallèlement, la comptabilité générale a exprimé une demande plus pressante de normalité dans le cadre de l'évaluation des stocks.

Tous ces aspects, souvent contradictoires dans leurs objectifs, ont conduit à faire de la méthode des coûts complets la base incontournable de la comptabilité analytique. L'apparition dans les années 70 de logiciels informatiques a été perçue comme une possibilité de répondre à toutes les demandes complexes adressées au système d'information.

Mais très vite, les contradictions ont été mises en évidence entre les logiques implicites des différentes demandes, l'informatisation apportant une rigidité supplémentaire à toute remise à plat du système d'autant que le contexte économique et productif se transformait radicalement.

3.2 Un contexte différent

En cinquante ans, le contexte économique et productif a été profondément bouleversé. Cet aspect a déjà été étudié dans les chapitres précédents, nous n'y reviendrons pas. Toutes les caractéristiques de l'entreprise énoncées plus haut se trouvent modifiées mais certaines ont une influence plus prépondérante sur la perte de pertinence du système de calcul des coûts.

La production est maintenant caractérisée par :
- une flexibilité apportée par les machines à commande numérique,
- une différenciation poussée des produits,
- une diversité des tailles des séries,
- la diminution du travail humain agissant sur les objets.

En conséquence **le respect de l'homogénéité comme celui de la prépondérance de la main-d'œuvre directe est perdu**.

Des fonctions autres que la fonction de production émergent.

• L'approvisionnement se modifie dans sa nature : les aspects «réception magasinage» perdent de l'importance au profit d'activités d'études de marché et de recherche de fournisseurs et de la logistique qui devient fondamentale avec la gestion en flux tendus.

• La «recherche et développement» peut représenter jusqu'à 30 % des coûts d'une période et ses choix sont décisifs sur les coûts des produits futurs (composants ou technologie de production).

• La commercialisation et la distribution deviennent plus prépondérantes que la production : la démarche s'est renversée : c'est le client qui décide en fonction de combinaisons produits/services/valeur.

• Les activités de supports comme la qualité, la maintenance, la logistique, les ressources humaines prennent de l'importance en fonction de la transformation de la perception de la valeur par le client.

En conséquence, **le coût de production n'est plus prépondérant dans l'ensemble des coûts** de l'entreprise et les **charges indirectes deviennent majoritaires**.

La perte de validité du modèle des coûts complets s'explique par des modifications profondes du contexte mais aussi par les pratiques des entreprises.

3.3 Des pratiques simplificatrices

La mise en œuvre de la méthode des coûts complets conduit à des visions simplifiées du modèle. Ainsi, il est constaté :

- l'utilisation d'une unité d'œuvre majoritaire, la main-d'œuvre directe, alors que rien ne s'oppose à l'utilisation d'autres unités de mesure plus judicieuses ;
- l'utilisation de reversement en cascades entre sections sans respect du principe de traçabilité ni celui de causalité ;
- l'affectation de charges dans des sections exprimant plus la volonté de répartir toutes les charges que celle de les répartir en respectant le principe de causalité compte tenu du coût d'obtention de l'information complémentaire sur ce lien ;
- la définition des centres d'analyse sur la base des centres budgétaires ou de responsabilités conduisant à un regroupement de plusieurs activités non homogènes ;
- une difficulté de mise à jour du système de calcul des coûts tenant compte des modifications des procédés de fabrication : définition de nouveaux centres, éclatement de certains pour maintenir le principe d'homogénéité.

Parallèlement de nouveaux besoins ont été exprimés au système de calcul des coûts et d'évaluation de la performance que la méthode des coûts complets ne prend pas en compte.

3.4 De nouveaux besoins

La notion de performance s'est déplacée du concept de minimisation du coût vers celui de coût-valeur du produit qui ne peut se comprendre sans une confrontation avec le marché. Cette vision implique une nouvelle conception de l'architecture des coûts qui se traduit par :

- une multiplication des objets de coûts ;
- un questionnement sur la participation de l'activité à la valeur ;
- une même importance des différentes fonctions à ce processus de valeur ;
- l'abandon de la vision micro-économique en termes d'optimisation : un optimum global n'est pas la somme des optimums locaux ;
- l'introduction de la dimension humaine dans la création de la valeur.

Le système de calcul des coûts se doit donc de clairement distinguer ce qui relève de l'évaluation *a priori* du coût dans une démarche de contrôle stratégique (politique de réduction des coûts à la conception), de ce qui relève d'une démarche d'amélioration continue (politique de maintenance du coût).

Cette remise en cause du modèle dominant de calcul des coûts oblige à s'interroger sur la notion de coût et de son utilité pour le gestionnaire.

4. Le gestionnaire face aux coûts

Le gestionnaire, décideur stratégique ou responsable opérationnel, aura à cœur de choisir le coût pertinent et de connaître les limites de son action, c'est-à-dire le pouvoir qu'il peut avoir sur les coûts envisagés.

4.1 La pertinence du coût

Le contrôle de gestion a été défini comme un système d'information.

Pour qu'un système d'information soit efficace, les résultats du traitement doivent être en adéquation avec les objectifs et les besoins de l'utilisateur.

Le contrôle de gestion doit donc informer le système de décision en proposant le coût le plus adapté possible aux problèmes de gestion à résoudre.

> Le meilleur coût pour une organisation n'est pas nécessairement celui qui a le plus de qualité, mais celui qui apparaît au bon moment et à la bonne place, qui parvient au bon utilisateur avec la précision souhaitée par ce dernier.

C'est la notion de **pertinence** qui est subjective et différente selon les entreprises, en fonction de leurs facteurs de contingence.

Dubrulle analyse la pertinence des coûts de la comptabilité analytique à partir de quatre critères :
- l'évolution des prix,
- le niveau d'activité,
- l'efficacité de l'exploitation,
- l'identification des responsabilités.

Il en tire le tableau présenté page suivante.

Les prises de décision évoquées précédemment s'appuyaient sur des coûts constitués de charges saisies par le système d'information. Pour autant, ne rien faire peut entraîner un coût pour l'organisation sous forme d'un manque à gagner.

4.2 Le coût d'opportunité

> Le coût d'opportunité est «le manque à gagner résultant du renoncement qu'implique tout choix[1]».

Il s'analyse plus comme une perte de ressources probables que comme un coût à proprement parler. La comptabilité analytique tournée essentiellement vers

1. P. Lassègue, *Gestion de l'entreprise et comptabilité*, Dalloz, 1988.

LA PERTINENCE DES DIFFÉRENTS TYPES DE COÛTS

Critères d'appréciation	Coûts complets	Coûts variables (direct costing)	Coûts spécifiques	Coûts d'imputation rationnelle
Évolution des prix et des rémunérations	Toutes les méthodes sont en mesure de donner les éléments nécessaires. Le problème, ici, n'est pas de choisir une méthode de coûts plutôt qu'une autre mais de mettre en place un cadre suffisamment analytique.			
Le niveau d'activité	La méthode est totalement inadaptée. Les charges fixes et les charges variables ne sont pas distinguées.	Charges fixes et charges variables sont distinguées mais les coûts de sous-activité ou les boni de suractivité n'apparaissent pas.		La méthode donne tous les éléments d'appréciation.
Efficacité de l'exploitation	Les différentes méthodes donnent des moyens similaires. Ici encore, l'important est le cadre analytique (décomposition détaillée des éléments des coûts, choix des centres et des unités d'œuvre).			
Identification des responsabilités	Même si des centres de responsabilité sont définis, toutes les charges s'y trouvent rassemblées, y compris les charges de structure sur lesquelles les responsables «opérationnels» n'ont guère de possibilités d'agir. En outre, les centres auxiliaires sont répartis de façon souvent arbitraire sur les centres principaux de telle sorte que les responsabilités se trouvent diluées.	Seules sont retenues les charges variables, que les responsables peuvent effectivement maîtriser. Cela est vrai même pour les charges des centres auxiliaires pour lesquels un critère logique de répartition peut généralement être trouvé.	Mêmes caractéristiques que pour les coûts variables. De plus les charges fixes spécifiques sont souvent liées à des décisions des responsables.	La méthode permet toutes les analyses. Les responsables mesurent, de plus, clairement les conséquences des variations d'activité dont ils sont parfois à l'origine, d'autant que les frais fixes des centres auxiliaires ne sont retenus qu'en fonction de l'activité réelle des centres principaux.

Source : Dubrulle L., Servan R. *Comptabilité analytique de gestion : manuel pratique,* Dunod, 1991.

une optique de maîtrise des coûts néglige cette notion. Pour autant, les techniques classiques intègrent cette approche des coûts dans les modèles de gestion des stocks en prenant en compte un coût de pénurie qui s'évalue souvent comme le manque à gagner résultant de la rupture de stock et des demandes non satisfaites qui en découlent.

Les gestionnaires tentent de plus en plus d'intégrer les coûts d'opportunité dans l'analyse économique des problèmes de gestion et principalement les coûts d'opportunité sociale tels que l'absence d'un opérateur, l'apparition d'un conflit ou une dégradation du climat social comme source de manque à gagner.

La maîtrise et la connaissance des coûts sont des éléments des problèmes de décision, mais encore faut-il savoir quel coût prendre en compte ?

4.3 Le pouvoir du gestionnaire sur les coûts

Le décideur doit se préoccuper de connaître son champ d'action et donc identifier les coûts sur lesquels il a une emprise et ceux qui échappent à son autorité.

a) Coût réversible et irréversible

Un coût est dit **irréversible** quand il n'est plus permis de revenir sur la décision d'engagement. Il est **réversible** dans le cas contraire.

Exemple

La décision d'installation d'une nouvelle machine est irréversible alors que celle d'engager des heures supplémentaires ne l'est pas.

L'augmentation des coûts irréversibles réduit le champ d'action du décideur.

b) Coût contrôlable et coût administré

Un coût est dit **contrôlable** quand le décideur a un pouvoir total sur l'apparition de ce coût (embauche d'un salarié) et dit **administré** quand il s'impose au décideur de l'extérieur de l'entreprise par l'administration ou les pouvoirs publics (charges sociales, fiscales ou redevances).

La proportion des coûts administrés s'accroît principalement pour la main-d'œuvre. Les freins au licenciement ont d'ailleurs tendance à faire de ce coût un élément irréversible. On comprend mieux alors que l'embauche de personnel supplémentaire, coût irréversible et pour partie administré, devienne une décision difficile à engager.

c) Coûts déterminés et discrétionnaires

Un coût est dit **déterminé** quand il a une relation claire avec l'effet obtenu : la consommation de matières qui est dépendante de la production effectuée.

Un coût est dit **discrétionnaire** lorsque la relation est plus diffuse (discrète) avec le résultat (il est difficile de trouver une corrélation entre des tâches administratives et la consommation de fournitures de bureau).

d) Coûts visibles et coûts cachés

Un coût **caché** est provoqué par un élément connu (exemple : délai d'attente entre lots de fabrication) dont les charges qu'il génère ne sont pas isolées par le calcul mais agrégées à un autre coût de l'entreprise (le coût de production des produits fabriqués).

Le contrôle des coûts en tant que système d'information n'est pas en mesure de calculer les coûts cachés. La non-qualité, les délais d'attente des clients sont des exemples de coûts cachés. En général, tout ce qui relève de la qualité du service ou du produit s'apparente à des coûts cachés.

Il est possible d'évaluer une partie des coûts cachés par des études spécifiques : l'augmentation des pièces rebutées peut exprimer une baisse de qualité des produits fabriqués.

Ainsi, la recherche de la «qualité totale» dans l'entreprise tendra à mettre en évidence tous les coûts cachés de non-qualité : on parle même du «gisement de non-qualité».

e) Coûts internes et coûts externes

Les coûts **externes** sont des coûts transférés à des tiers extérieurs à l'entreprise.

Ainsi, l'entreprise qui transfère l'obligation du stockage chez son fournisseur ou qui fait supporter par la collectivité les charges de dépollution qu'engendre son activité reporte sur les autres des charges qu'elle devrait supporter : il s'agit de coûts externes.

L'autorité du décideur est limitée à l'ensemble des coûts internes, contrôlables. Elle sera forte sur des coûts visibles, réversibles et non discrétionnaires. À l'opposé, le décideur n'a que peu d'emprise sur des coûts administrés externes.

Le pouvoir du décideur sur les coûts est donc limité. Le schéma suivant essaie de résumer les coûts inhérents à toute organisation qu'ils soient ou non pris en compte par la comptabilité analytique.

LE GESTIONNAIRE FACE AUX COÛTS

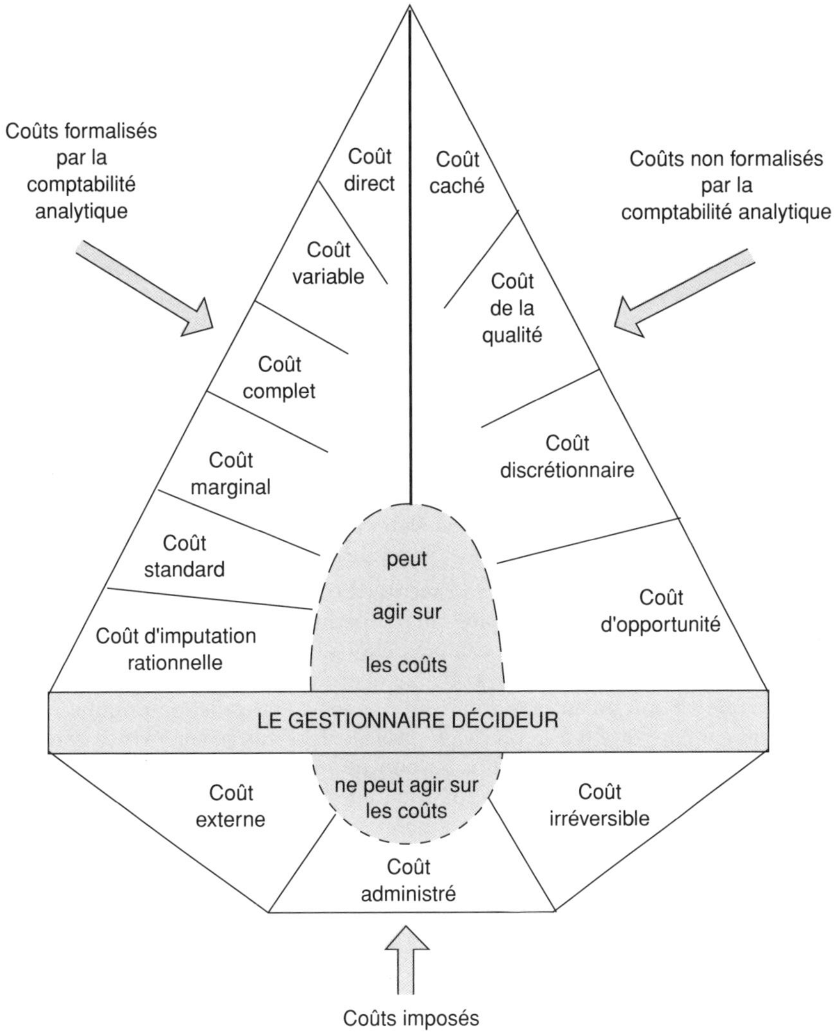

RÉFLEXIONS SUR LE THÈME

1. La faible utilisation de la comptabilité analytique par les entreprises

La comptabilité analytique reste aujourd'hui, principalement, le fait de grandes entreprises et de certaines PME ou PMI. Pour la majorité d'entre elles la tenue d'une comptabilité analytique constitue un ensemble de travaux extra-comptables non intégré à la comptabilité générale et rarement rapproché avec cette dernière.

En fait, le tissu industriel français est composé à 95 % d'entreprises de moins de 10 salariés qui ignorent toute pratique systématique de calcul de coût ou de suivi analytique. Ces réalités doivent faire comprendre que si les techniques classiques de contrôle de gestion sont remises en cause au sein des grandes organisations, elles restent des aides précieuses qu'il est nécessaire de propager dans de nombreuses entreprises.

2. Un coût est un compromis

Un coût est dit pertinent s'il est élaboré au bon moment pour le bon décideur et avec la précision satisfaisante pour ce dernier.

Cette notion diffère de celle d'exactitude d'un coût. L'exactitude renvoie à la validité des calculs arithmétiques qui ont permis l'élaboration du coût. Or l'exactitude, c'est-à-dire la prise en compte de tous les éléments pour leur bon montant et de façon exhaustive, a un coût. Le degré de précision des calculs peut parfois n'être obtenu qu'au prix d'un coût d'accès à l'information prohibitif par rapport au gain apporté par la précision des calculs. Dans ce contexte, il vaut mieux élaborer un coût approximatif au bon moment qu'un coût exact mais tardif. Il convient d'arbitrer entre le coût de l'information supplémentaire et le risque de prendre une décision sur un coût non exact mais existant.

Ainsi, un «bon» système de coût est un compromis entre le coût d'obtention des informations et celui provoqué par des informations inexactes.

3. Le contexte de l'élaboration de la méthode des coûts complets

La méthode des coûts est issue des travaux menés avant la Seconde Guerre mondiale par le lieutenant-colonel Rimailho dans le cadre de l'organisation des ateliers de l'armée puis poursuivie dans le cadre de la Cegos (Commission générale d'organisation scientifique), cabinet de conseil et de formation pour les entreprises. À cette époque, on parle de méthode des sections homogènes et pas encore de centres d'analyse.

Elle est reconnue et adoptée par la Commission de normalisation des comptabilités (décret du 4 avril 1948) et par les plans comptables généraux de 1947 et de 1957.

Le PC de 1982 retient certaines critiques faites à la méthode des sections homogènes et propose des modifications :

- le remplacement des sections homogènes (compartiment comptable de regroupement des charges indirectes) par la notion de centre d'analyse (division réelle de l'entreprise) qui peut ainsi permettre un calcul de coûts et de résultats (si possible) par centre de responsabilité ;

– la création de centres de structure qui regroupent les charges générées par des fonctions communes à l'entreprise dans son ensemble :
  • administration générale (service juridique, comptabilité, informatique...),
  • financement (trésorerie, gestion des emprunts…).

Ces charges n'intégreront les coûts qu'au stade ultime de leur élaboration, c'est-à-dire dans le coût de revient.

Elles n'entrent pas dans l'évaluation du coût des produits stockés.

4. La pertinence de la méthode face à la nature des charges

La validité de cette méthode repose sur une idée implicite : un coût complet est constitué de charges directes (affectables sans ambiguïté au produit) et de charges indirectes qui, pour être imputées au coût des produits, doivent être «retravaillées», ce qui ne peut se faire sans une part d'arbitraire : celle-ci réside principalement dans l'utilisation de clés de répartition aux niveaux primaire et secondaire du tableau des charges indirectes.

Pour la pertinence du calcul, on suppose que la part de charges directes dans les coûts complets doit être importante eu égard à l'ensemble des charges composant le coût afin de limiter l'arbitraire des calculs. C'était le cas au moment où la méthode a été élaborée dans ses grands principes.

Il y a depuis quelques décennies une évolution de la nature des charges des entreprises qui peut se révéler préjudiciable à la méthode.

ÉVOLUTION SCHÉMATIQUE DE LA NATURE DES CHARGES DES ENTREPRISES INDUSTRIELLES

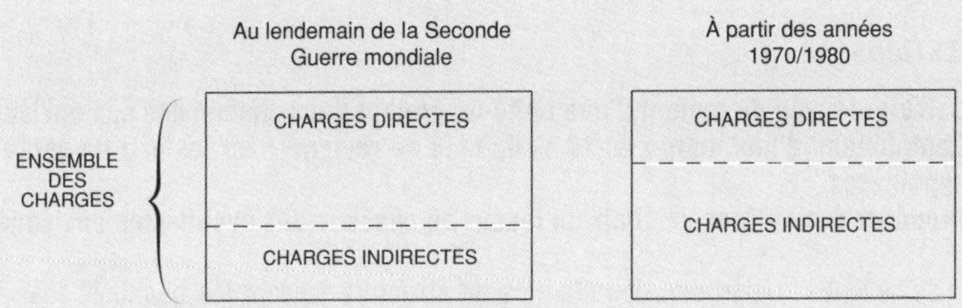

Applications

① *Analyse de coûts*

Une entreprise anonyme fabrique et commercialise trois familles de produits A, B et C.

Pour le mois de novembre, les charges proportionnelles aux quantités produites et vendues sont les suivantes :

Produits	A	B	C
Quantités vendues	8 000	5 000	6 000
Charges proportionnelles unitaires	20	25	30

Pour la même période, l'ensemble des charges de structure, c'est-à-dire indépendantes de la production, s'élève à 570 000 €.

I. En vue de fixer les prix de vente de chacune de ses familles de produits, l'entreprise cherche à déterminer ses coûts de revient. Elle souhaite faire ses calculs selon trois modalités différentes et comparer les résultats obtenus.

Cas 1 : l'entreprise répartit les charges de structure proportionnellement aux quantités produites et vendues de chaque produit.

Cas 2 : l'entreprise répartit les charges de structure au prorata des charges variables de chacun des produits.

Cas 3 : l'entreprise répartit les charges de structure de façon égalitaire sur chacun des produits.

QUESTIONS

1. **Calculer le coût de revient d'une unité de produit dans chacun des cas envisagés.**
2. **Compte tenu d'une marge de 10 % du coût de revient, fixer les prix de vente de chacune des hypothèses.**
3. **Proposer des critères de choix en faveur de chacune des hypothèses envisagées.**

II. L'entreprise retient la répartition des charges de structure suivant les quantités (cas 1) et suite à une concurrence plus intense que prévue elle ne peut vendre les produits A, B et C qu'aux prix respectifs de 55 €, 65 € et 57 €. Les quantités vendues restent conformes aux prévisions.

QUESTIONS

1. **Calculer les résultats obtenus par produit ainsi que le résultat de l'entreprise.**
2. **Commenter la rentabilité apparente des différents produits.**

III. Suite aux calculs précédents, l'entreprise décide de supprimer l'exploitation du produit C. Dans l'hypothèse où elle ne modifie pas les quantités produites et vendues des produits A et B, elle désire étudier le bien fondé de sa décision.

QUESTIONS

1. **Calculer les résultats par produit ainsi que le résultat de l'entreprise.**
2. **Commenter les résultats obtenus. Ces derniers modifient-ils votre réponse à la question 5 ? En quoi ?**

IV. Les différents travaux effectués ont convaincu la direction de l'entreprise d'étudier la nature des charges de structure afin d'améliorer leur répartition.
À la suite de cette étude, il apparaît qu'une partie des charges fixes sont en fait des charges directement affectables aux produits. On peut ainsi faire la distinction suivante :

Produits	A	B	C
Charges fixes directes	120 000	210 000	140 000

Les autres charges fixes sont communes à tous les produits et peuvent être considérées comme des frais généraux indirects.
En reprenant les hypothèses initiales de production et de vente des différents produits, la direction souhaite connaître leur rentabilité.

QUESTIONS

1. **Calculer, par produit, la marge sur coût variable puis après imputation des frais fixes directs la marge sur coûts spécifiques. Retrouver le résultat de l'entreprise.**
2. **Que pensez-vous de cette nouvelle analyse ? Quelle conclusion doit en retirer l'entreprise ?**

(2) *Charges incorporables*

Les informations suivantes extraites de la comptabilité générale vous sont fournies :

Informations concernant le mois de septembre
- Ensemble des comptes 60 à 66 : 127 000 €
- Compte 67 : 2 300 €

Informations annuelles
- Compte 6811 : 60 000 €
- Compte 6815 : 260 000 €
- Compte 6872 : 36 000 €

Le *comptable* vous précise, par ailleurs, que :
- les dotations aux amortissements comprennent 18 000 € de dotations aux frais d'établissement ;
- les immobilisations ont une valeur d'origine de 420 000 € et sont amorties linéairement sur une durée de 10 ans ;
- les dépenses de chauffage des locaux sont abonnées et prises en compte pour un montant mensuel de 2 200 €. Montant des dépenses réelles : 22 300 €.

Le *responsable analytique* vous explique son intention de tenir compte dans l'évaluation des charges incorporables, des éléments suivants :
- la moitié des immobilisations a une valeur sur le marché de 300 000 € et l'entreprise n'envisage de les utiliser que sur une période de 5 ans ;
- parmi les provisions, 120 000 € concernent un litige exceptionnel et l'entreprise a l'habitude d'étaler des charges pour un montant annuel de 180 000 € ;
- les capitaux propres de l'entreprise s'élèvent à 400 000 €. Ils sont rémunérés au taux de 6 % l'an ;
- l'exploitant évalue sa rémunération à 9 500 € par mois.

QUESTION

Calculer le montant des charges incorporables aux coûts pour la période du mois de septembre en distinguant clairement les charges prises en compte en comptabilité analytique de celles de la comptabilité générale et les différences d'incorporation créées à cette occasion. (Faire un tableau.)

(3) SA Les Minoteries Réunies

La société anonyme les Minoteries Réunies traite des blés tendres de différentes qualités pour obtenir de la farine. Elle s'approvisionne pour partie auprès de coopératives sur le territoire national, pour partie sur le marché international.
Les différentes phases du traitement pour obtenir de la farine à partir des grains de blé sont les suivantes.

• **Le premier traitement** subi par le blé consiste en un passage dans un atelier de «nettoyage» ayant pour but d'éliminer du blé les diverses impuretés (morceaux de paille, grains d'avoine, d'orge ou de maïs...).
La quantité de déchets récupérés est estimée en moyenne à 1,6 % du poids du blé obtenu après nettoyage. Ces déchets sont vendus au prix de 7 € le quintal et c'est sur la base de ce prix que se fait l'estimation du coût des déchets, coût venant en déduction du coût du traitement du blé.

• Dans une **seconde phase**, tout le blé nettoyé passe dans un atelier de préparation pour que les grains de blé se présentent, du point de vue consistance, dans les meilleures conditions permettant une séparation facile des enveloppes du grain de blé et de l'amande farineuse.
Le blé nettoyé subit en particulier un lavage ayant essentiellement pour conséquence d'élever le taux d'humidité des grains afin de poursuivre la fabrication, ce qui se traduit par une augmentation du poids du blé nettoyé de 2 %. On obtient alors le froment prêt à être réduit en farine.

• **Troisième traitement** après un repos d'environ 48 heures, tout le froment est écrasé dans un atelier de broyage à l'aide de machines spécialisées de plusieurs types (en particulier des machines appelées «planchisters»).
Le broyage permet d'obtenir de la farine en vrac faisant l'objet d'un stockage et un sous-produit important : le son, destiné à l'usine d'aliments pour bétail. Le poids de son représente 20 % de la quantité de froment broyé.
Le coût de production du son est établi à partir de sa valeur commerciale (29 € le quintal) estimée au prix du marché, déduction faite d'une décote forfaitaire de 2,5 € par quintal pour frais de distribution et de 8 € par quintal de main d'œuvre directe pour frais de manutention.

• Enfin, lors d'un **quatrième traitement**, la farine en vrac ayant fait l'objet de commande est conditionnée dans un atelier de commercialisation. Le conditionnement s'effectue sous différentes formes :
– par sachets papier de 1 kg pour la farine destinée à l'usage ménager,
– par sacs de 50 kg pour les utilisateurs professionnels (boulangers et autres).

On vous fournit les renseignements concernant le mois de décembre N.

Stocks au 01.12.N
• Blé : 25 350 quintaux pour 332 700 € (1 quintal = 100 kg)
• Farine en vrac : 30 464 quintaux pour 901 136 €
• Encours atelier broyage : 366 035 €

Stocks au 31.12.N
• En-cours atelier broyage : 323 030 €

Achats du mois de décembre
• Blé : 185 000 quintaux à 12,84 € le quintal
• Quantité de blé entrant dans l'atelier de nettoyage : 173 736 quintaux
• Déchets récupérés à la sortie de l'atelier de nettoyage : 2 736 quintaux
• Coût d'achat du sac de 50 kg : 0,8 €
• Coût d'achat du sachet de 1 kg : 0,06 €

Ventes du mois de décembre
• Farine destinée à l'usage professionnel : 217 500 sacs à 20,6 € le sac
• Farine destinée à l'usage ménager : 3 625 000 sachets à 0,54 € le sachet

Heures machine utilisées
- Dans l'atelier nettoyage : 3 477 heures
- Dans l'atelier préparation : 4 618 heures

Main-d'œuvre directe utilisée
- Dans l'atelier préparation : 11 856 €
- Dans l'atelier broyage : 44 205 €
- Dans l'atelier commercialisation : 17 110 €, dont 2 610 € pour le conditionnement à usage professionnel
  14 500 € pour le conditionnement à usage ménager

Charges indirectes du mois de décembre
Totaux des centres après répartition primaire :
- Centre force motrice .... 174 000 €
- Centre gestion du matériel .... 22 000 €
- Centre transport .... 416 400 €
- Centre nettoyage .... 59 448 €
- Centre préparation .... 484 452 €
- Centre broyage .... 770 100 €
- Centre de distribution .... 493 040 €

Clés de répartition pour la répartition secondaire :

Centre force motrice :
- 10 % au centre gestion du matériel
- 10 % au centre nettoyage
- 20 % au centre préparation
- 50 % au centre broyage
- 10 % au centre de distribution

Centre de gestion du matériel :
- 15 % au centre force motrice
- 15 % au centre transport
- 15 % au centre nettoyage
- 15 % au centre préparation
- 30 % au centre broyage
- 10 % au centre distribution

Nature des unités d'œuvre
- Centre transport : quintal de marchandise transportée (blé acheté et farine vendue)
- Centre nettoyage : heure machine
- Centre préparation : heure machine
- Centre broyage : quintal broyé
- Centre de distribution : 20 € de vente de farine

(d'après examen)

QUESTIONS

1. Présenter le tableau de répartition des charges indirectes. (Il est demandé de justifier tous les calculs.)

2. Déterminer les coûts de revient des deux types de farine en distinguant les coûts des différentes phases du traitement.

④ *Société «Les Sablières de Sologne»*

La société Les Sablières de Sologne a été créée dans les années 70 par M. Émile Chantereau qui en était le PDG et le principal actionnaire, jusqu'à son décès en 1983. Par la suite la direction de l'entreprise fut assurée par sa femme Sylvie Chantereau.

L'activité première de la société était l'exploitation de carrière et la fabrication de sable et de gravier. Vint s'y ajouter, quelques années plus tard et pour profiter de l'ouverture de grands chantiers de BTP dans la région, une importante activité de fabrication de grave et de béton.

Après plusieurs années de prospérité et d'expansion, la position commerciale et financière de l'entreprise a commencé à se dégrader : baisse du chiffre d'affaires et du résultat, problèmes incessants de trésorerie. Sans être dramatique, la société disposant d'une assise financière très solide, la situation reste préoccupante pour Mme Chantereau, celle-ci ayant le sentiment que le contrôle de son entreprise lui échappe.

Ainsi, la société souffre chroniquement d'une certaine désorganisation au niveau de la production. L'éloignement des centres de traitement et des gisements distants entre eux de plusieurs kilomètres rend le contrôle de la direction technique difficile. Les arrêts sont fréquents, leurs causes multiples (intempéries, «pauses sauvages», pannes dues elles-mêmes à la fois à un matériel vieillissant et à un certain laxisme du service d'entretien).

D'autant que la force de vente, composée par deux représentants encadrés par M. Roy, est peu stimulée car ce dernier est absorbé par des problèmes liés à la gestion des véhicules et à l'administration commerciale, ce qui se ressent sur le dynamisme commercial de l'entreprise. Or celle-ci pourrait facilement augmenter son chiffre d'affaires moyennant une politique de prospection plus intense.

Par ailleurs, l'entreprise est confrontée depuis quelques années à un gonflement de ses frais administratifs et il devient urgent de pouvoir suivre l'évolution de ce poste au mois le mois. Il en est de même pour les frais financiers.

Dans l'esprit de Mme Chantereau, le redressement de son entreprise doit suivre deux axes : d'une part une politique commerciale plus rigoureuse et le développement éventuel de nouveaux produits et d'autre part, la mise en place d'un système de contrôle de gestion et d'un certain nombre d'outils de suivi de la trésorerie.

En tout état de cause, le système mis en place devra déboucher sur la construction, à terme, d'un tableau de bord permettant de suivre la rentabilité globale et par activité, l'évolution des points clés de l'entreprise, en particulier les quantités produites, l'efficience dans l'utilisation des moyens de production et l'état des stocks.

Mme Chantereau souhaite pourvoir disposer mensuellement de quelques indicateurs lui permettant de mesurer la performance du service commercial et d'autre part de cerner l'efficacité de la gestion financière à court terme.

Dans une première mission, votre travail sera de concevoir et mettre en place une comptabilité analytique en coûts complets. Un triple objectif vous est imposé :

1. l'évaluation des coûts de revient des produits vendus de façon à pouvoir déterminer un prix de vente dans un contexte fortement concurrentiel ;
2. l'évaluation des stocks ;
3. la préparation de l'entreprise au contrôle de gestion tel qu'il a été envisagé plus haut.

QUESTIONS

1. **Dans le cadre d'une mise en place d'une comptabilité analytique, définir un découpage pertinent pour les centres d'analyse, les types de charges qui y seront affectés, et les unités d'œuvres utilisées.**
2. **Analyser la structure des coûts à calculer et les éléments de charges à prendre en compte pour ces calculs.**

Ces travaux doivent permettre, à terme, de répondre aux souhaits de la direction de l'entreprise : ils doivent donc s'appuyer sur des propositions de réorganisation qui permettraient d'améliorer l'efficacité de la société.

(d'après DESCF 91)

ANNEXE 1
Processus de production

L'entreprise exploite deux types de matériaux bruts :
- le calcaire brut de la carrière n° 1,
- le tout-venant de la carrière n° 2.

Le processus d'extraction est assuré par plusieurs équipes d'ouvriers munis de pelleteuses. Ces équipes interviennent indifféremment dans les deux carrières.

Des camions de l'entreprise assurent le transport, jusqu'aux différents centres de traitement I, II et III, des matériaux bruts qui y sont stockés en attente de traitement. Ces mêmes camions sont également utilisés pour le transport des matériaux à la clientèle.

Sur la base du calcaire brut et à l'issue du traitement I, on obtient simultanément trois types de matériaux différents : calcaire 5,25 – 0/6,3 – 30/120. Ce type de situation, très fréquente dans les carrières, se retrouve aussi à l'issue du traitement II. Elle rend impossible l'imputation de coûts de traitement aux matériaux sur la base d'unités d'œuvres classiques : heure/machine, heure/main-d'œuvre.

De même, sur la base du tout-venant et à l'issue des opérations du traitement II : criblage et lavage, sortent simultanément 3 types de matériaux : sable 0/4, gravillons 4/10, gravillons 6/20.

En plus de ces activités de traitements de matériaux, l'entreprise a une importante activité de fabrication de grave et de béton. Aussi dispose-t-elle, au site n° III, d'une unité de fabrication pouvant produire soit du grave CPJ, soit du grave laitier, soit du béton, selon la demande. Chaque production exige un mélange particulier incluant les matériaux issus de l'entreprise et des matériaux achetés à l'extérieur. Par exemple, le béton est élaboré à partir d'un mélange de gravillons 6/20 et 0/6,3, de sable 0/4 et de sablon et adjuvant CPJ 45 acheté à l'extérieur.

Les différents traitements nécessitent une importante consommation d'électricité. Il existe un réseau de distribution d'énergie propre à l'entreprise.

ANNEXE 2
Circuit de traitement des matériaux

(Sablières de Sologne)

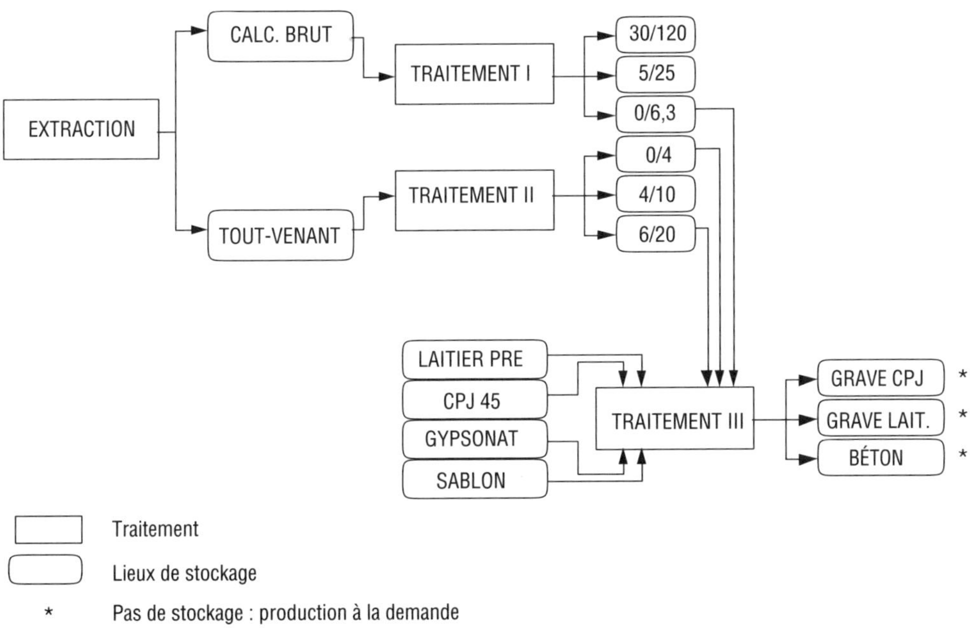

ANNEXE 3

ORGANIGRAMME DE L'ENTREPRISE

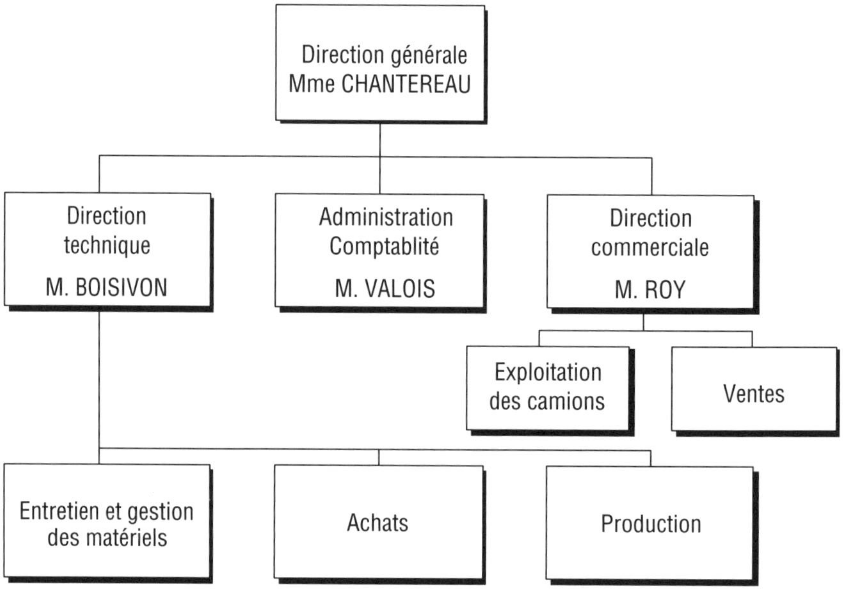

⑤ *Entreprise industrielle*

Une entreprise industrielle fabrique des objets P sur commande, à partir de trois matières M1, M2, M3, dans trois ateliers A, B, C.

Le tableau de répartition des charges indirectes du mois de janvier entre les centres d'analyse peut être résumé ainsi :

	Total	Approvisionnement et manutention	Atelier A	Atelier B	Atelier C	Distribution	Autres frais à couvrir
Charges	125 220	6 750	18 000	31 500	52 000	16 700	270
Unité d'œuvre			heures MOD	heures machines	Heures machines	100 € de ventes	
Nombre d'unités			6 000	1 800	2 600	3 340	

Dans ces charges indirectes figurent :
- des matières consommables, pour 3 290 € ;
- les intérêts à 5 % du capital qui s'élève à 76 800 €.

Un certain nombre de provisions s'élevant à 720 € ne sont pas comprises dans le total ci-dessus parce que non incorporables aux coûts.

Le centre «Approvisionnement et manutention» se répartit de la façon suivante :
- 60 % aux achats de matières premières *au prorata* des quantités achetées ;
- 40 % au coût de revient des ventes des deux commandes n° 1722 et n° 1723, proportionnellement aux nombres 4 et 5.

Stocks au 1er janvier

- matière première MP1 .... 25 tonnes à 327,60 € la tonne
- matière première M2 .... 10 tonnes à 279,00 € la tonne
- matière première M3 .... 8 tonnes à 240,75 € la tonne
- matières consommables : .... 2 952 €

Achats effectués au cours du mois de janvier

- matière M1 .... 15 tonnes à 340 € la tonne
- matière M2 .... 20 tonnes à 312 € la tonne
- matière M3 .... 10 tonnes à 216 € la tonne
- matières consommables : .... 3 924 €

Les opérations de fabrication de janvier ont intéressé quatre commandes portant les numéros 1722, 1723, 1724 et 1725. Les deux premières ont été terminées et vendues avant le 31 janvier : les deux autres sont inachevées à la fin de ce mois. Il n'existait aucune commande en cours de fabrication au 1er janvier.

Charges	Commande 1722	Commande 1723	Commande 1724	Commande 1725
Matière première M1	4 300 kg	5 430 kg	3 780 kg	2 110 kg
Matière première M2	3 780 kg	4 620 kg	3 240 kg	1 870 kg
Matière première M3	2 120 kg	2 940 kg	1 910 kg	1 050 kg
Heures de main-d'œuvre directe				
Atelier A	1610 h	2 030 h	1 550 h	810 h
Atelier B	720 h	840 h	430 h	220 h
Atelier C	340 h	420 h	240 h	–
Heures machines				
Atelier A	80 h	95 h	72 h	38 h
Atelier B	590 h	680 h	380 h	150 h
Atelier C	910 h	1 240 h	450 h	–

Coût de l'heure de main-d'œuvre directe :

- atelier A .... 36,80 €
- atelier B .... 34,40 €
- atelier C .... 38,40 €

Sorties des magasins de matières premières : elles sont chiffrées au coût moyen pondéré en tenant compte du stock initial et des achats du mois.

Le 31 janvier, il vous est en outre communiqué les renseignements suivants :

a) Provenant de la comptabilité analytique :

- résultat analytique sur la commande n° 1722 .... 7 347 €
- produits d'exploitation non incorporés .... 1 730 €
- les règles d'arrondi sur les consommations de matières ont généré 0,43 € de différence de coût et taux de cession de sur-imputation.

b) Provenant de la comptabilité générale :

- *montant des ventes :*
  commande n° 1722 .... 150 000 €
  commande n° 1723 .... 184 000 €
- *résultats de l'inventaire extra-comptable :*
  matière M1 .... 24,35 tonnes
  matière M2 .... 16,44 tonnes
  matière M3 .... 10 tonnes
  matières consommables .... 3 584 €

– *non incorporables aux coûts et résultats analytiques :*
profits exceptionnels .... 215 €
pertes exceptionnelles .... 3 214 €

QUESTIONS

1. **Mettre en évidence les différences d'inventaire sur matières et valoriser les stocks de fin de période.**
2. **Calculer le coût de production des commandes 1723, 1724 et 1725. Expliquer et justifier vos calculs. Le coût total des matières consommées par commande est arrondi à l'euro le plus proche.**
3. **Calculer le résultat analytique de la commande 1723.**
4. **Retrouver toutes les différences de traitement comptable et en déduire le résultat de la comptabilité analytique.**
5. **Retrouver ce résultat en présentant un compte de résultat simplifié (optique comptabilité générale).**

(d'après examen)

⑥ *Société Plastymère*

L'un des établissements industriels de la société Plastymère fabrique, entre autres, quatre types de films plastiques multi-couches en polypropylène vendus en rouleaux.
Lors d'une première phase sont obtenus des granulés dans un atelier de granulation.
Lors de la phase suivante, dans un atelier d'extrudage, ces granulés subissent un traitement complémentaire par mise en œuvre de techniques dépendant de la nature du produit attendu. À cette occasion, diverses matières pondéreuses sont adjointes (cartons minces, aluminium, etc., selon le type de film souhaité).

Lors de la phase *granulation*, les informations suivantes relatives à l'exploitation du mois écoulé ont été collectées :

- Une seule matière première principale a été utilisée. Le stock au début du mois dans l'atelier était de 100 tonnes (évaluées au total 57 000 €). Les entrées du mois ont été, dans l'ordre chronologique, les suivantes :
  200 tonnes pour un coût total de .... 116 000 €
  250 tonnes pour un coût total de .... 150 000 €
  300 tonnes pour un coût total de .... 188 400 €
  Les sorties et le stock de clôture sont évalués selon la méthode du «premier entré, premier sorti». Il n'y a pas de différences d'inventaire.

- Consommations :
  Matière première principale consommée (800 tonnes) .... (à calculer)
  Matières additives diverses consommées (de poids négligeable) .... 312 352 €
  Main-d'œuvre directe .... 1 199 200 €
  Autres charges .... 888 328 €

- Les opérations de granulation n'entraînent aucune perte de poids ou de matière.

- Les encours du début du mois ont déjà absorbé :
  Matière première principale (48 tonnes) .... 39 824 €
  Matières additives diverses .... 32 000 €
  Main-d'œuvre directe .... 80 288 €
  Autres charges .... 75 600 €
  227 712 €

  Les degrés d'avancement correspondants ne sont pas connus.

- À la fin du mois, un encours de 160 tonnes est constaté, et les degrés d'avancement suivants ont pu être recensés :
  Matière première principale .... 100 %
  Matières additives diverses .... 80 %
  Main-d'œuvre directe .... 50 %
  Autres charges .... 60 %

QUESTIONS

1. Calculer le coût de production des granulés finis obtenus durant le mois.
2. Calculer le coût de l'encours de clôture. Proposer une vérification.

(7) *Entreprise Lambda*

Note : Faute de demande explicite du texte, tous les coûts globaux sont arrondis à l'euro le plus proche et les coûts unitaires au centime le plus proche.

Les calculs doivent être clairement explicités et présentés le plus possible sous forme de tableaux.

Dans son usine d'Angoulême, l'entreprise Lambda fabrique et vend un produit unique, appelé PF. Vous êtes responsable du service comptabilité analytique de cette usine.

Le traitement de ce produit unique nécessite :
- le passage dans un atelier d'usinage dans lequel est incorporée, en début de fabrication, une matière M1 qui a subi, dès son achat, un traitement de préparation spécifique ;
- la pièce usinée est transmise immédiatement à l'atelier suivant, où elle est traitée anti-corrosion par vaporisation en continu d'une matière M2...

Le produit traité est stocké pour séchage. Il est vendu à des grossistes par sachet de 3 unités conditionnés en boîte de 10 sachets. Certaines ventes, en vrac, sont effectuées à l'usine de Blaye qui appartient à la firme Lambda.
Le traitement spécifique de préparation de la matière M1 est effectuée dès son acquisition et avant stockage. Pendant ce traitement, la matière traitée perd 2 % de son poids par évaporation, et fait apparaître un déchet dont le poids peut être évalué à 10 % des quantités de matières stockées.
Ce déchet est vendu 2,50 € le kilogramme à une entreprise qui se charge de l'évacuer mais uniquement par lots de 500 kilogrammes.

Stocks au 1.04.N

Matière première M1 :	2 000 kg pour un total de 64 565 €
Matière première M2 :	15 kg pour une valeur de 2 692 €
Emballages perdus :	
• sachets :	2 200 à 0,50 € le sachet
• boîtes cartons :	1 120 à 5,70 € la boîte
Emballages récupérables	
• palettes :	480 à 35 € la palette dont 200 chez les clients.
Encours d'usinage	34 996 €
Encours de TT anti-corrosion	20 379 €
Produit fini PF	2 000 à 29,30 € l'unité

Achats de la période

Matière première M1 :	16 500 kg à 12 € le kg
Matière première M2 :	215 kg à 242 € le kg
Emballages perdus :	
• sachets :	17 000 à 0,50 € le sachet
• boîtes cartons :	5 000 à 5 € la boîte

Consommations de la période
Matière première M1 : 13 090 kg
Matière première M2 : 210 kg
Main-d'œuvre directe (atelier de préparation M1) : 400 h
Sachets : compte tenu des problèmes de réglage des machines, on considère comme normale une consommation de 105 sachets pour 300 produits.

Production de la période :
52 000 unités de produit fini PF.

Ventes de la période
Produit fini PF : 1 500 boîtes à 1 490 € la boîte et 7 200 en vrac à 3 800 € le cent
Déchets : 2 enlèvements ont eu lieu

Tableau de répartition des charges indirectes

Traitement MP1	Approvisionnement	Usinage	Traitement Anti-corrosion	Distribution
95 070	256 550	160 470	131 980	40 560
kg traité	kg matière stockée	HMOD	HMOD	€ de CA exprimé en %

L'entreprise a l'habitude d'imputer les coûts UO arrondis au centime le plus proche.

Taux horaire de la main-d'œuvre directe
Atelier de préparation M1 32 €
Atelier d'usinage 70 €
Atelier de TT anti-corrosion 50 €

Éléments de valorisation des encours : Situation au 30 avril N

Équipes	Produits terminés			Produits en cours		Heures réelles fournies
		dont encours au 1.04.N Nombre	Valeur	Nombre	% d'avancement	
At. Usinage (évalués en kg)						
Équipe 1	6 000	130	18 900	120	20 %	2 200 H
Équipe 2	7 000	110	16 096	140	50 %	2 320 H
						4 520 H
At. Anti-corrosion (évalués en unités de produits)						
Équipe 1	24 400	800	16 240 (80 %)	680	70 %	3 050 H
Équipe 2	27 600	200	4 139 (80 %)	520	60 %	3 550 H
						6 600 H

Remarque : L'usine a l'habitude de retenir des rendements standards pour la valorisation de ses encours à savoir :
- 0,30 heure pour un kilogramme,
- 0,125 heure pour un produit.

On considère comme normal l'obtention de 4 produits par kilo de matière M1 usinée.

Remarques relatives à l'inventaire de fin de période
Matière première M1 : 3 600 kg
Matière première M2 : un pot de 2 kg de matière a disparu
Emballages commerciaux perdus :
- sachets : 3 400 unités
- boîtes : pas de manquantes

QUESTIONS

1. **Déterminer le coût d'entrée en stock de la matière M1 et présenter le compte de stock correspondant, sachant que par simplification, les sorties de stock de matière M1 sont valorisées à un coût conventionnel de 37 € le kilogramme.**
2. **Présenter les calculs conduisant à la valorisation des encours au 30.04.N. Justifier toutes vos sommes.**
3. **Un client a passé commande de 9 000 unités de produit fini PF. conditionnées et livrées par palettes de 50 boîtes. Chaque palette lui a été consignée 45 € l'unité. Un escompte de 1 % hors taxes lui a été accordé.**
Présenter le corps de la facture. Déterminer le coût de revient et le résultat analytique de cette commande.

(8) *Société Aramis*

La société Aramis a pour activité la réalisation de logiciels informatiques de gestion pour de grands groupes. Chaque logiciel vendu représente un projet important qui nécessite entre 100 et 10 000 « jours-hommes » pour sa réalisation et permet à l'entreprise de réaliser un chiffre d'affaires compris entre 50 milliers d'euros et 5 millions d'euros par projet. Certains projets sont pluriannuels. Chaque développement de logiciel constitue un projet spécifique qui est l'objet d'un contrat préalable, mais aussi d'avenants signés en cours de réalisation.

L'entreprise se développe sur trois marchés principaux :
- des clients de l'entreprise de longue date et qui sont qualifiés de partenaires de l'entreprise ;
- des clients plus récents qui correspondent à un redéploiement des activités de l'entreprise ;
- et enfin un marché international assez spécifique en termes d'approche commerciale.

La gestion de cette société se trouve confrontée à trois préoccupations principales :
- Le suivi des projets informatiques, car tout dépassement de temps se répercute très rapidement sur les résultats du projet et par conséquent de l'entreprise.
- La nécessité d'une analyse permanente de la rentabilité, d'autant plus indispensable que chacun des projets est important.
- L'importance croissante des investissements de recherche et développement qui nécessite un retour sur investissement court compte tenu de l'évolution technologique extrêmement rapide dans ce secteur.

Le contrôleur de gestion de cette société vous confie une mission qui porte sur une étude de rentabilité par catégories de clients. La société Aramis effectue, jusqu'à présent, un calcul de coût pour chacun de ses principaux métiers : développement, installation, maintenance. Mais ce calcul ne permet pas une détermination des marges réalisées.
La société souhaite donc compléter ce calcul de coûts par une étude de la rentabilité par catégorie de clients :

- Clients – Partenaires.
- Nouveaux clients – nouveaux marchés.
- Clients à l'international.

Une analyse des charges est également effectuée pour les centres d'activités suivants :
- Le centre « Recherche et développement ».
- Le centre « Commerce » qui regroupe l'ensemble des frais du département commercial.
- Le centre « Structure ».

QUESTIONS

1. Mise en œuvre de la procédure

1.1 Calculer les marges par catégorie de clients en respectant la nouvelle procédure.

1.2 Calculer le résultat global de l'entreprise et les résultats analytiques par catégorie de clients.

2. Réflexion sur les modalités de calcul de la procédure

2.1 Pour chaque type de charges indirectes (cf. annexe 3) par rapport aux catégories de clients et aux centres d'activités, plusieurs clefs de répartition étaient possibles. La clef de répartition sélectionnée pour l'ensemble de ces charges est le critère des effectifs. Rappeler les règles qui prévalent dans le choix d'une clé de répartition. Comment ont été trouvées les différentes clés possibles. Justifier le choix du critère de l'effectif au détriment des autres clés possibles.

2.2 Commenter la pertinence des modalités d'imputation des charges des centres d'activités à chaque catégorie de clients.

3. Analyse des résultats obtenus

3.1 Commenter la rentabilité relative des différents clients ainsi que celle de l'entreprise.

3.2 Quels sont à votre avis les avantages de cette démarche de calcul par rapport à celle pratiquée par l'entreprise auparavant (analyse par métiers) ?

ANNEXE 1

Procédure de calcul de la rentabilité par clients

Étape 1. Détermination de la marge de calcul de la rentabilité par clients

Un coût direct, composé du montant des charges de personnel (charges sociales et fiscales incluses) et des frais de déplacement, est calculé pour chaque type de clients et chaque centre d'activités.
Ensuite une marge sur coût direct et un taux de marge sont mis en évidence par type de clients.

Étape 2. Détermination de la marge sur coût de production (recherche et développement incluse) par catégorie de clients

1) Les charges indirectes (données en annexe 3) sont réparties entre les types de clients et les centres concernés proportionnellement aux effectifs. Les montants attribués aux types de clients sont considérés comme des éléments des coûts de production des logiciels.
2) Les frais de recherche et développement sont imputés à chaque catégorie de clients et au centre de structure, en fonction du nombre de jours de recherche.
3) Calcul de la marge sur coût de production et du taux de marge par catégorie de clients.

Étape 3. Détermination du résultat analytique par catégorie de clients

1) Les frais commerciaux sont imputés à chaque catégorie de clients au prorata du chiffre d'affaires.
2) Les charges de structure sont imputées à chaque catégorie de clients au prorata des coûts de production (recherche et développement incluse).
3) Calcul du résultat et du taux de rentabilité en % du chiffre d'affaires par type de clients.

ANNEXE 2

Informations relatives aux charges de personnel et frais de déplacement de l'exercice N

Répartition des effectifs par type de clients et centres d'activités

Catégorie de clients ou centre / Qualification	Clients type 1	Clients type 2	Clients type 3	R & D (1)	Commerce	Structure	Effectif total
Ingénieurs informaticiens	30	4	10	2			46
Analystes	8	2	5	1			16
Programmeurs	4	1	4	1			10
Total production	**42**	**7**	**19**	**4**			**72**
Attachés administratifs					2	2	4
Ingénieurs commerciaux					3	1	4
Cadres de direction					1	1	2
Effectif total	**42**	**7**	**19**	**4**	**6**	**4**	**82**

(1) R & D = Recherche et développement

Rémunération du personnel

Qualification du personnel	Effectif total	Salaires bruts totaux (milliers d'euros)
Ingénieurs informaticiens	46	1 900,00
Analystes	16	400,00
Programmeurs	10	220,00
Total production	**72**	**2 520,00**
Attachés administratifs	4	64,00
Ingénieurs commerciaux	4	160,00
Cadres de direction	2	120,00
Total des rémunérations	**82**	**2 864,00**

Charges sociales et fiscales sur salaires

1 718,40 milliers d'euros, soit 60 % des rémunérations brutes.

Frais de déplacements

	Clients type 1	Clients type 2	Clients type 3	R & D (1)	Commerce	Structure
Total (milliers d'euros)	80,00	20,00	90,00	10,00	30,00	30,00

(1) Recherche et développement.

ANNEXE 3

INFORMATIONS RELATIVES AUX AUTRES CHARGES ET AU CHIFFRE D'AFFAIRES DE L'EXERCICE N

Charges indirectes par rapport aux catégories de clients et centres d'activités

Type de charges	Critères de répartition envisagés	Montant (milliers d'euros)
Énergie informatique	• Nombre de jours facturés • Effectifs	400
Équipement	• Nombre de jours facturés • Effectifs	300
Locaux	• Nombre de jours facturés • Effectifs • Charges de personnel	200
Total		900

L'« énergie informatique » est le terme employé pour désigner la consommation de puissance de calcul au niveau des unités centrales des systèmes informatiques. Les charges correspondantes sont consommées pour les études réalisées pour les clients ainsi que la « Recherche et développement » mais ne concernent pas les centres « Commerce » et « Structure ».

Modalités d'imputation des charges de recherche et développement

Les jours de « Recherche et développement » de l'exercice se sont répartis comme suit :

	Clients type 1	Clients type 2	Clients type 3	Structure	Total
Investissements commercialisables	100	400	400		900
Investissements non commercialisables				50	50
Total	**100**	**400**	**400**	**50**	**950**

Chiffre d'affaires

	Clients type 1	Clients type 2	Clients type 3	Total
Montant (milliers d'euros)	**3 900,00**	**620,00**	**2 200,00**	**6 720,00**

(D'après DECF 2000.)

6 Le seuil de rentabilité

La définition d'un coût complet ne se comprend vraiment que comme une évaluation prospective du coût futur d'un produit afin de déterminer soit :
- son prix dans une conception d'un marché offreur ;
- son lancement si ce coût semble acceptable par rapport aux exigences des clients potentiels dans un marché demandeur.

Dans les deux cas, le positionnement du calcul des coûts est celui du long terme et du choix stratégique.

Si le contrôle de gestion est conçu comme le processus qui décline les choix stratégiques en plans opérationnels à moyen et court terme, il se doit de proposer des méthodes de calcul des coûts qui répondent aux besoins à court terme des gestionnaires; dans cet horizon, des capacités existent, des choix ont été faits, des moyens mis en œuvre et donc certains coûts sont irréversibles et imposés aux responsables.

Dans ce contexte, il est logique de ne considérer que les coûts variables ou directement reliés aux coûts des produits. Les méthodes de calcul des coûts sont alors des méthodes de coûts partiels. Elles servent au pilotage opérationnel des centres de responsabilité et permettent une aide à la décision à très court terme.

Une de ces analyses s'appuie sur la différence de comportement des charges en distinguant charges variables et charges fixes. La prise en compte de la variabilité des charges permet de structurer le compte de résultat différemment, de mettre en œuvre une analyse coût-volume-profit ou seuil de rentabilité, outil qui se prête aisément à des travaux de prévision de court terme.

1. Un modèle de comportement des charges

Après avoir défini le critère de variabilité, nous étudierons les conséquences mathématiques de cette approche puis l'incidence des rendements et des modifications de structure sur la représentation du comportement des charges.

1.1 Critère de variabilité

Dans le cadre de cette méthode, on cherche une représentation simplifiée du comportement des charges qui doit permettre l'explication et l'étude d'une situation réelle complexe. On établit bien alors un **modèle** de comportement des charges qu'il faut appréhender comme une **simplification de la réalité plus opératoire** pour maîtriser cette même réalité.

Deux grands types de comportement sont retenus.

1. **Les charges variables**, c'est-à-dire celles dont le montant varie dans le même sens que l'activité mesurée soit par la production, soit par un temps d'activité. La simplification nécessaire à l'élaboration du modèle conduit à considérer que ces charges varient de façon **proportionnelle** à l'activité : on parle alors de **charges variables opérationnelles**.

Ainsi les charges dont le comportement est retracé dans le schéma *1* seront, dans le modèle, représentées par les fonctions du schéma 2.

SIMPLIFICATION DU COMPORTEMENT DES CHARGES VARIABLES

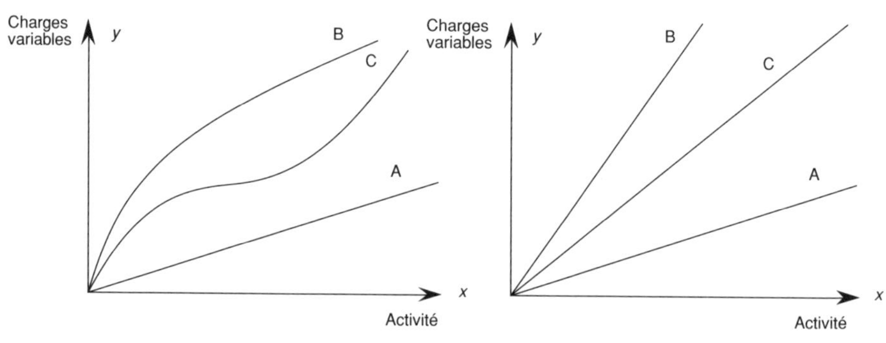

Schéma 1
Comportement réel des charges

Schéma 2
Comportement modélisé des charges

Charges A : réellement proportionnelles aux quantités.
Charges B : augmentation moins rapide que les quantités.
Charges C : augmentation moins rapide au début, puis plus rapide que l'activité.

2. Les charges fixes dont le montant est indépendant de l'activité dans le cadre d'une structure donnée, c'est-à-dire d'une organisation productive caractérisée par un nombre fixé de machines, d'opérateurs qui définissent une capacité productive possible.

Cette notion de structure est une référence de court terme. Tout investissement supplémentaire de capacité peut modifier la structure et donc les charges qui s'y rattachent. Sur un horizon supérieur à deux ou trois ans, aucune charge ne peut être considérée comme fixe.

Ces charges sont encore appelées **charges de structure**.

Le modèle doit permettre des analyses de situations existantes (travaux *a posteriori*) et des prévisions (travaux *a priori*). C'est pour cela qu'il est utile de connaître les fondements mathématiques du choix des comportements des charges.

1.2 Étude des différentes charges

Les charges analysées restent celles de la comptabilité générale. On cherche à collationner un certain nombre d'informations statistiques sur les montants des charges et le niveau de l'activité ou de la production.

Chaque charge est analysée de telle façon que l'on puisse déterminer son comportement par rapport à une structure donnée définie par des machines, des hommes et des capacités productives.

Exemple

Soit un atelier organisé de 5 machines identiques fonctionnant avec deux ouvriers qualifiés par machine et un chef d'atelier. Dans le cadre de cette structure, et pour des niveaux d'activité différents évalués en heure machine, les montants de charges par nature ont été relevés dans le tableau suivant :

Niveaux d'activité	800	1 000	1 200	1 600
Montant total :				
• Matières	48 000	60 000	72 000	96 000
• Main-d'œuvre	34 000	40 000	46 000	58 000
• Amortissement matériel	50 000	50 000	50 000	50 000

Les charges de main-d'œuvre sont constituées des salaires des ouvriers, payés aux heures travaillées et des appointements du chef d'atelier.

On constate que :

– les charges de matières sont variables et proportionnelles aux temps d'activité, sans doute par le respect d'un rendement (60 € de matières par heure-machine) ;

– les charges d'amortissement du matériel semblent indifférentes au niveau d'activité, du moins dans une plage de 800 à 1 600 heures machine ;

– les charges de main-d'œuvre augmentent avec l'activité mais sans rapport de proportionnalité évident.

a) Les charges semi-variables

Les informations complémentaires fournies font apparaître que les charges de main-d'œuvre sont de nature composite, sans doute fixes pour la partie des appointements du chef d'atelier et variables pour le reste. Dans ce cas, on parle de charges **semi-variables**. La logique de la méthode oblige à éclater les charges semi-variables en charges opérationnelles et en charges fixes.

Exemple

Soit la représentation graphique des charges de main-d'œuvre en fonction de l'activité :

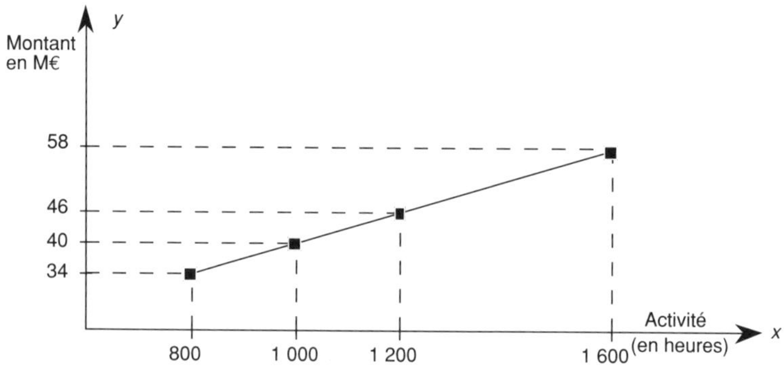

Connaissant pour des valeurs données de l'activité (x) la valeur des charges (y) il suffit de déterminer les valeurs de a et b, paramètres de la droite d'équation $y = ax + b$.

Soit deux observations M de coordonnées (800 ; 34 000) et N de coordonnées (1600 ; 58 000) :

$$\begin{cases} 34\,000 = a \times 800 + b \\ 58\,000 = a \times 1600 + b \end{cases} \quad \text{on obtient} \quad \begin{cases} a = 30 \\ b = 10\,000 \end{cases}$$

Cette distinction nous permet alors de regrouper les charges variables et les charges fixes entre elles.

Le tableau se présente ainsi :

Niveaux d'activité	800	1 000	1 200	1 600
Charges totales				
• Charges variables	72 000	90 000	108 000	144 000
• Charges fixes	60 000	60 000	60 000	60 000
Coût total	132 000	150 000	168 000	204 000

Niveaux d'activité	800	1 000	1 200	1 600
Charges unitaires				
• Charges variables	90	90	90	90
• Charges fixes	75	60	50	37,5
Coût moyen	165	150	140	127,5

b) Les charges variables

Charges variables totales

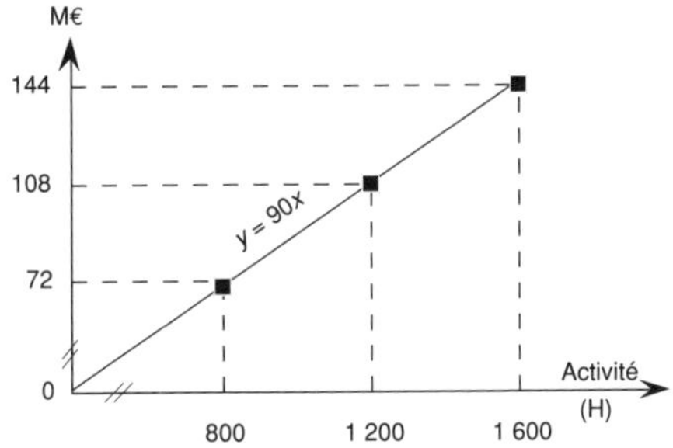

Forme générale : $y = ax$

Charges variables unitaires

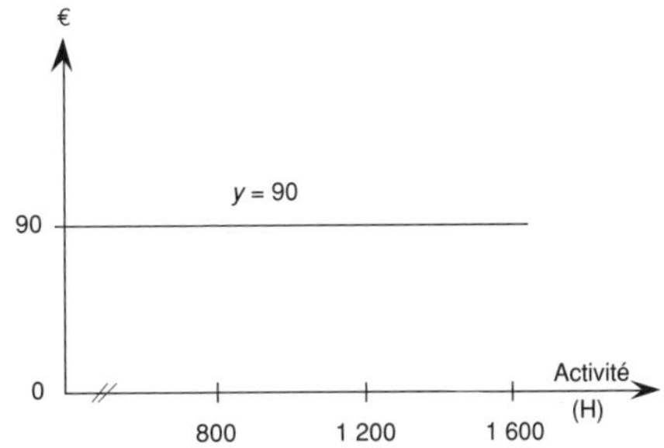

Forme générale : $y = a$

UNITAIREMENT, les charges variables sont **CONSTANTES** par rapport à l'activité.

c) Les charges fixes

Charges fixes totales

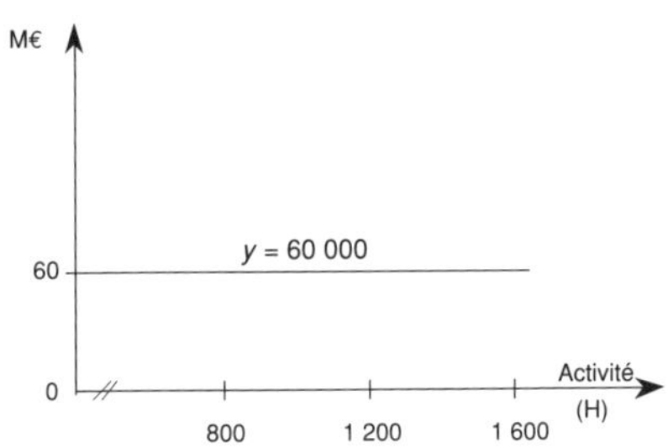

Forme générale : $y = b$

Charges fixes unitaires

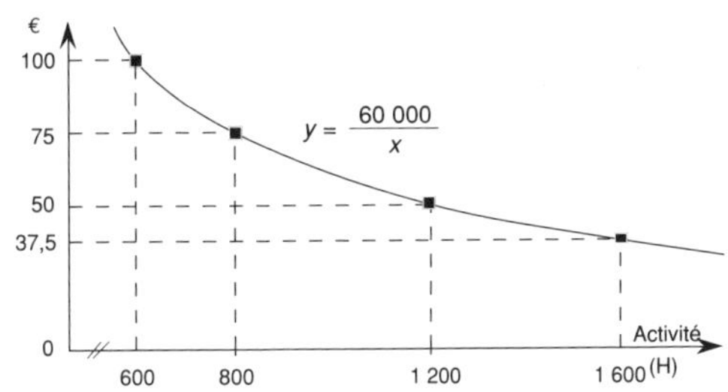

Forme générale : $y = \frac{b}{x}$

UNITAIREMENT, les charges fixes sont **DÉCROISSANTES** par rapport à l'activité.

d) Le coût total et le coût moyen

Coût total

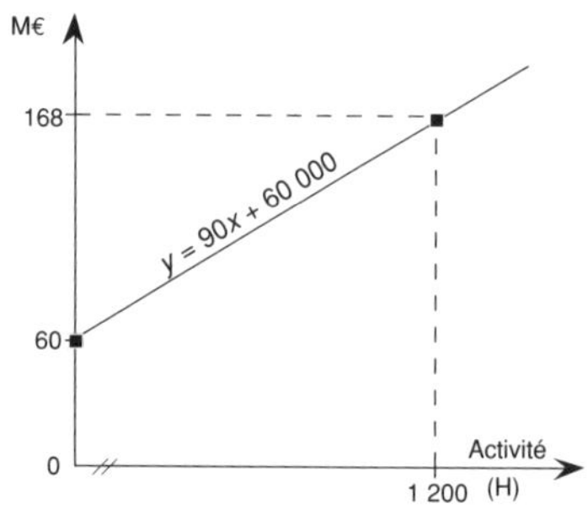

Coût moyen

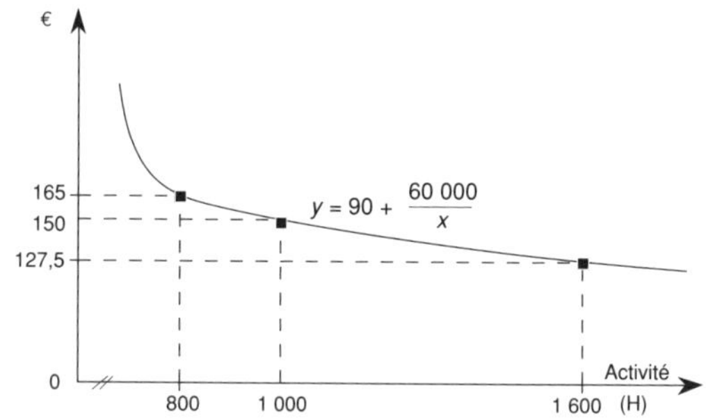

Forme générale : $y = ax + b$

Forme générale : $y = a + \frac{b}{x}$

> Compte tenu des régles de comportement des charges énoncées plus haut, il est préférable de travailler sur :
> - des charges variables unitaires,
> - des charges fixes totales.

Les représentations graphiques proposées ici sont celles qui seront retenues dans le modèle de variabilité des charges mais elles restent une approximation et une simplification de la réalité. Ainsi, pour une structure donnée, les rendements ne sont pas toujours identiques.

1.3 Coûts et rendements

Il est fréquent que la fonction de coût total soit représentée par une courbe dite «en S» plus réaliste :

FONCTION DE COÛT TOTAL

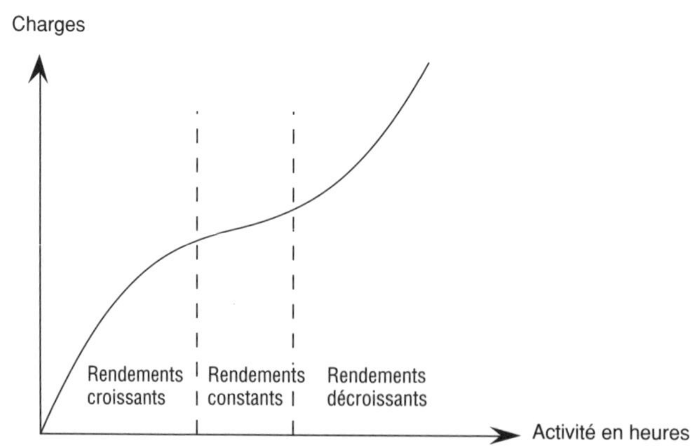

Il est possible de distinguer trois zones :

– celle des **rendements croissants** où des phénomènes d'apprentissage et d'économies d'échelle permettent une amélioration plus que proportionnelle de la productivité ;
– celle des **rendements constants** qui est la référence implicite du modèle précédent ;
– celle des **rendements décroissants** où l'intensification des conditions d'exploitation (heures supplémentaires, pannes plus fréquentes) entraîne une dégradation de la productivité.

Traduit unitairement, les variations de coûts par rapport à l'activité sont représentées dans le graphique suivant :

FONCTION DU COÛT MOYEN, VARIABLE, FIXE (UNITAIREMENT)

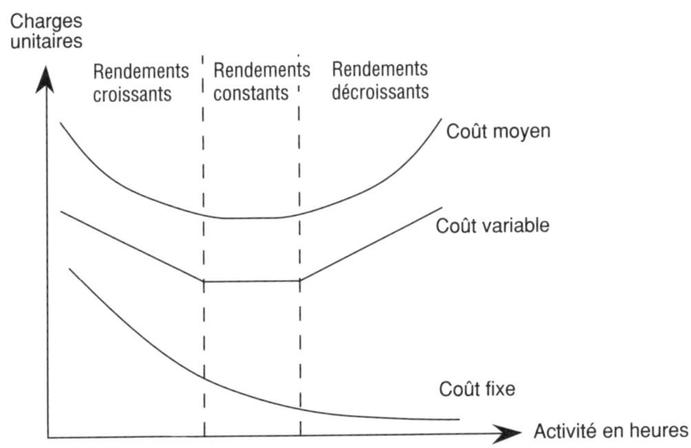

Toutes les analyses précédentes se sont situées dans le cadre d'une structure identique. Pourtant de nombreux problèmes de prévision font référence à des changements de structure ou même à des choix de structure. Le comportement des charges peut être facilement généralisé.

1.4 Comportement des charges et structures multiples

Chaque changement de structure entraîne une cassure dans le représentation du coût total qui peut provenir d'une modification :
– soit des charges fixes totales,
– soit des deux types de charges.

Exemple

Soit une structure donnée, une première rupture apparaît avec une augmentation des charges fixes sans modification des charges variables unitaires : par exemple, il y a ajout d'un poste de travail (charges d'amortissement fixes en plus) sans modification de la technologie (charges variables inchangées) (structure 2).

Un deuxième changement de structure s'accompagne d'une modification des conditions d'exploitation représentée par une diminution des charges variables unitaires : on augmente la capacité de production mais avec du matériel plus performant donc plus économe en charges variables (structure 3).

ÉVOLUTION DES COÛTS EN CAS DE CHANGEMENTS DE STRUCTURE

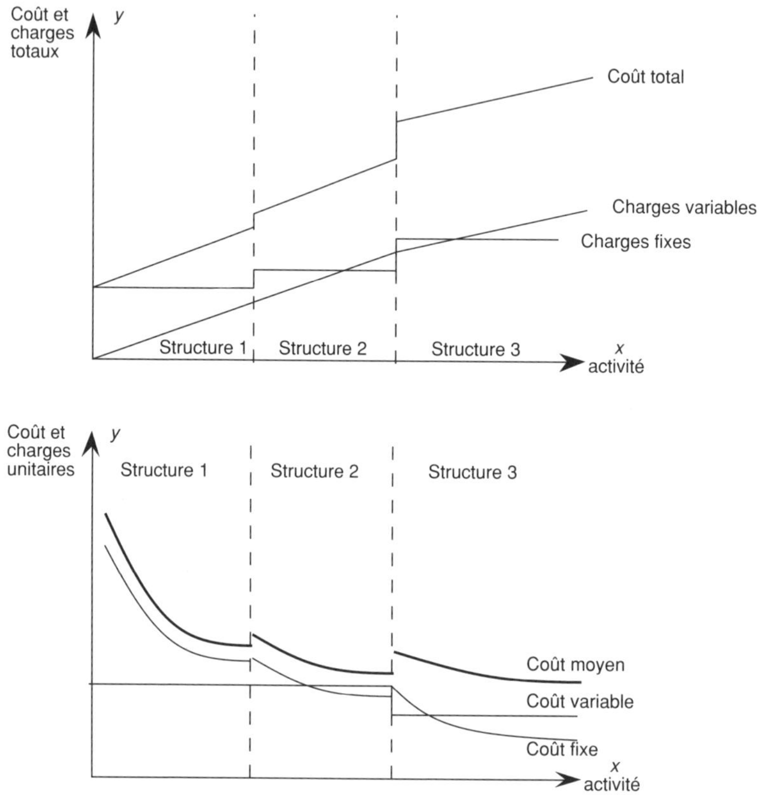

Une fois l'étude de l'ensemble des charges effectuée selon le critère variable/fixe, on peut chercher à présenter le compte de résultat en utilisant cette distinction.

2. Le compte de résultat différentiel

L'utilisation des charges variables permet la mise en évidence de résultats intermédiaires par le calcul de coûts partiels et de marges, termes qu'il faut préalablement définir.

2.1 Terminologie

Le plan comptable définit les termes suivants :

- **résultat** : différence entre prix de vente et coût de revient (donc complet) ;
- **marge** : différence entre un prix de vente et un coût partiel ; on obtient de multiples marges qui se définissent par référence au coût partiel qui a permis leur calcul (ex. : par rapport à un coût d'achat, un coût variable et un coût direct, nous aurons respectivement une marge sur coût d'achat, marge sur coût variable, marge sur coût direct).

La marge sur coût variable (M/CV) se définit donc comme la différence entre le chiffre d'affaires et l'ensemble des charges variables nécessaires à l'obtention du produit.

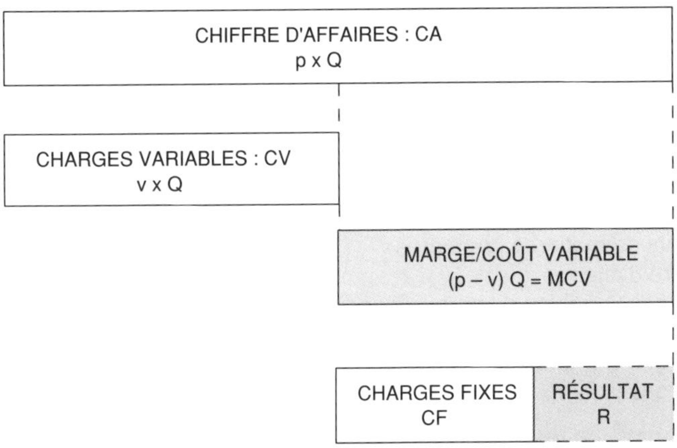

avec p : prix de vente
v : charges variables par produit
Q : quantités produites et vendues

Les trois notions, chiffre d'affaires, charges variables et marge sur coût variable, sont proportionnelles aux quantités.

Si le prix de vente est le même sur toute la période de référence des calculs, il est possible d'écrire que les charges variables et la marge sur coût variable sont proportionnelles au chiffre d'affaires.

Ainsi sont définis :

- le **taux de charges variables** comme le rapport des charges variables totales sur le chiffre d'affaires :

$$t' = \frac{CV}{CA} \times 100$$

- le **taux de marge sur coût variable,** souvent appelé taux de marge, comme le rapport entre la marge sur coût variable et le chiffre d'affaires :

$$t = \frac{MCV}{CA} \times 100$$

Compte tenu de leur définition, l'égalité suivante doit être respectée :

$$t = 1 - t' \quad \text{ou encore} \quad t + t' = 1$$

Il peut être utile d'analyser le compte de résultat en distinguant charges variables et charges fixes. C'est l'objet du compte de résultat différentiel.

2.2 Le compte de résultat différentiel

Il s'agit d'un tableau de détermination du résultat qui fait apparaître les marges sur coûts variables pour chaque étape de la fabrication.

Exemple

Le chef d'entreprise des établissements De Lamotte vous communique les renseignements suivants extraits de sa comptabilité (en euros) :

Stock initial de matières premières :	12 500
Stock initial de produits finis :	15 000
Stock final de matières premières :	13 500
Stock final de produits finis :	14 142,5
Achats de matières premières :	43 000
Chiffre d'affaires :	121 700
Charges variables d'approvisionnement :	11 830
Charges variables de production :	27 550
Charges variables de distribution :	7 820,5
Charges fixes :	26 000

Le compte de résultat différentiel se présente ainsi :

COMPTE DE RÉSULTAT DIFFÉRENTIEL

Chiffres d'affaires				121 700	100 %
Coût variable d'achat			53 830	– 53 830	
• Consommations de matières premières		42 000			
– Achat	43 000				
– Stock initial	12 500				
– Stock final	– 13 500				
• Charges variables d'approvisionnement		11 830			
MARGE/COÛT VARIABLE D'ACHAT				67 870	55,76 %
Coût variable de production			28 407,5	– 28 407,5	
• Variation de stock de produits finis		857,5			
– Stock initial	15 000				
– Stock final	– 14 142,5				
• Charges variables de production		27 550			
MARGE/COÛT VARIABLE DE PRODUCTION				39 462,5	32,46 %
Coût variable de distribution			7 820,5	– 7 820,5	
• Charges variables de distribution		7 820,5			
Charges variables totales			90 058		74 %
Marge sur coût variable				31 642	26 %
Charges fixes				– 26 000	
Résultat différentiel				5 642	4,63 %

Dans cet exemple, le taux de marge apparaît comme égal à 26 %.

Cette présentation du résultat met l'accent essentiellement sur l'analyse des charges variables et impute globalement, et donc sans arbitraire, les charges fixes sur la marge sur coût variable. Le gestionnaire ressent alors son objectif de rentabilité comme l'obligation de maximiser la marge sur coût variable sur laquelle viendront s'imputer des frais fixes sur lesquels il n'a pas prise.

Dans cette optique, il est intéressant de savoir à partir de quand la marge sur coût variable couvrira les frais fixes.

3. Le seuil de rentabilité

3.1 Notion de seuil de rentabilité

Le **seuil de rentabilité** d'une entreprise est le CHIFFRE D'AFFAIRES **pour lequel l'entreprise couvre la totalité de ses charges (CV + CF) et donc dégage un** RÉSULTAT NUL.

Il est aussi appelé **chiffre d'affaires critique** (CAC) ou de **point mort**.

Cette définition entraîne trois relations qui permettent de connaître le **seuil de rentabilité** (noté S*) :

Relation 1 :	S* (=) CAC = Charges variables + Charges fixes
Relation 2 :	S* (=) Résultat = 0
Relation 3 :	S* (=) Marge/Coût variable = Charges fixes

Si les trois relations permettent de déterminer le seuil de rentabilité (nous le verrons graphiquement), la dernière reste la plus utilisée car la plus propice à des travaux de prévision.

Exemple

L'exploitation de l'entreprise De Lamotte peut être schématisée de la façon suivante :

Chiffre d'affaires	121 700	100 %
Charges variables	– 90 058	74 %
Marge sur coût variable	31 642	26 %
Charges fixes	– 26 000	
Résultat	5 642	4,6 %

Le seuil de rentabilité peut être calculé de façon arithmétique ou de façon algébrique.

a) Calcul arithmétique

On utilise les règles de proportionnalité dégagées entre la marge sur coût variable et le chiffre d'affaires.

Exemple

Pour un chiffre d'affaires de 121 700 €, on dégage une marge sur coût variable de 31 642 €. Quel chiffre d'affaires permet de dégager une marge de 26 000 € (montant des frais fixes) ?

Pour MCV = 31 642 → CA = 121 700

Pour MCV = 1 → $CA = \frac{121\,700}{31\,642}$

Pour MCV = 26 000 → $CA = \frac{121\,700 \times 26\,000}{31\,642}$

d'où l'égalité :

$$S^* = \frac{CF \times CA}{MCV} = \frac{26\,000 \times 121\,700}{31\,642}$$

S* = 100 000 €

On a défini précédemment le taux de marge sur coût variable (t) comme le rapport entre la MCV / CA. Il vient donc que :

$$S^* = CF \times \frac{1}{t}$$

ou encore plus simplement que :

$$S^* = \frac{CF}{t}$$

b) Calcul algébrique

Ce mode de calcul est préférable dès qu'une représentation graphique est demandée puisqu'il oblige à définir les équations des différentes droites concernées.

La relation est toujours S* (=) MCV = CF

Exemple

Équations des droites :
Charges fixes → $y1 = 26\,000$
Marge / CV → $y2 = 0{,}26\,x$
avec x représentant le chiffre d'affaires en euros.
Au seuil de rentabilité, on a $y1 = y2$
et donc : $26\,000 = 0{,}26\,x$, soit S* = 100 000

POINT MÉTHODE

- La ventilation des charges en charges fixes et charges variables est souvent demandée en début d'exercice : contrôler vos calculs pour ne pas travailler sur des chiffres erronés.
- Ne pas confondre taux de charges variables et taux de marge.
- Les liens entre les différentes données du tableau différentiel doivent être connus et doivent permettre de retrouver un élément connaissant les autres.
- Attention, la proportionnalité des données avec le chiffre d'affaires est rompue dès l'introduction des charges fixes : le résultat n'est jamais proportionnel au chiffre d'affaires.

De nombreux problèmes relatifs au seuil de rentabilité vont simuler l'évolution des grandeurs : chiffres d'affaires, marge sur coût variable ou résultat, dans des hypothèses d'exploitation prévisionnelles.

Il peut être intéressant de vouloir en donner une illustration et, très souvent, la détermination algébrique du seuil est complétée par des représentations graphiques.

3.2 Représentation graphique

Trois représentations illustrent les trois relations mises en évidence plus haut.

a) Relation 1 : S* ⇒ CA = CV + CF

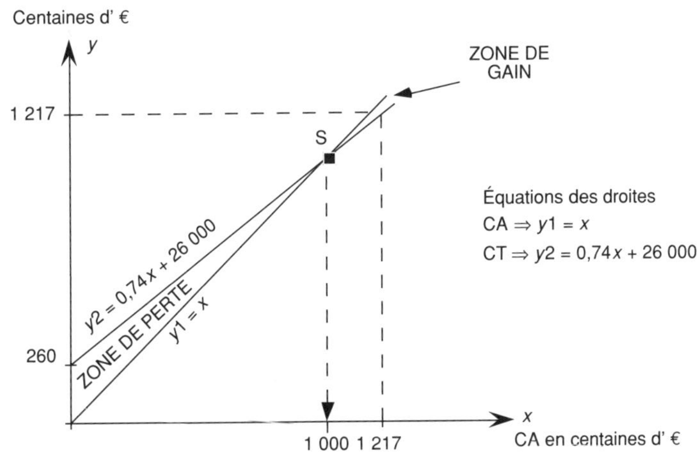

b) Relation 2 : S* ⇒ R = 0

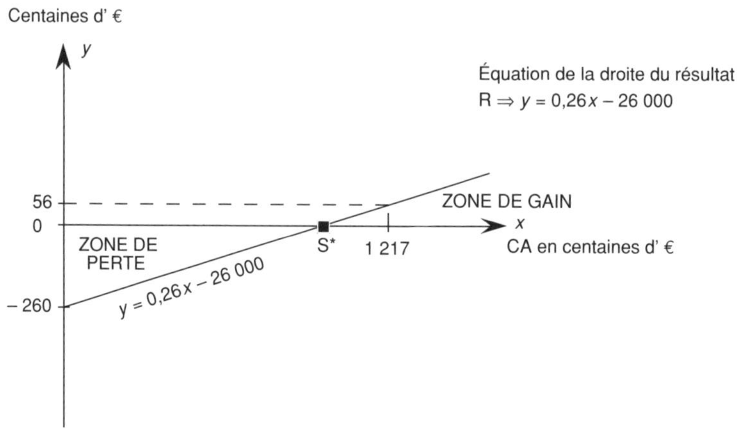

c) Relation 3 : S* ⇒ MCV = CF

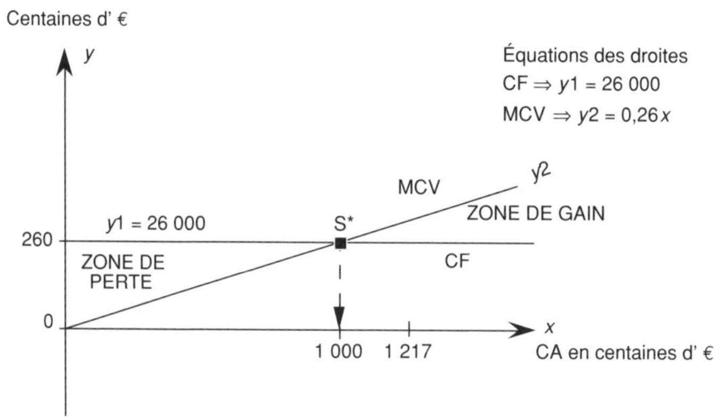

Toutes les représentations graphiques proposées l'ont été en fonction du chiffre d'affaires. Mais il peut être nécessaire d'illustrer les problèmes en fonction d'autres éléments comme les quantités de produits ou le temps. Cela conduit à étudier le déroulement de l'exploitation à la fois en termes de rentabilité mais aussi de sécurité.

3.3 Rentabilité, sécurité et seuil de rentabilité

Soit : **CA** le chiffre d'affaires,
S* le seuil de rentabilité,
CF les charges fixes,
MCV la marge sur coût variable,
R le résultat.

Il est possible de définir plusieurs indicateurs de rentabilité et de sécurité.

a) La date du seuil

Sous l'hypothèse d'une réalisation régulière du chiffre d'affaires, il est possible d'utiliser les règles de proportionnalité pour déterminer la date à laquelle le seuil a été, ou sera atteint.

Exemple

Pour un CA de 121 700 €, il s'est déroulé 12 mois.

Pour un S* de 100 000 €, il s'est déroulé *x* mois.

Date : $\frac{100\,000 \times 12}{121\,700} = 9{,}86$

soit 9 mois + 0,86 mois et sur la base d'un mois de 30 jours : 0,86 × 30 = 25,8 jours.

S* est atteint le 26 octobre.

Plus un seuil de rentabilité est atteint tôt dans l'année civile, plus l'entreprise est à l'abri d'un retournement de tendance qui ferait chuter ses ventes. Elle est donc plus tôt en sécurité.

La date du point mort est donc un premier indice de sécurité.

b) La marge de sécurité (MS)

Elle se définit comme la différence entre le chiffre d'affaires annuel et le chiffre d'affaires critique.

$$MS = CA - S^*$$

La **marge de sécurité** représente le montant de chiffre d'affaires qui peut être supprimé par une conjoncture défavorable sans entraîner de perte pour l'entreprise.

Cette marge est souvent rapportée au chiffre d'affaires annuel. On parle, alors d'**indice de sécurité (IS)**.

$$IS = \frac{CA - S^*}{CA}$$

c) L'indice de prélèvement (IP)

Il se définit comme le pourcentage du chiffre d'affaires qui sert à couvrir les charges fixes.

$$IP = \frac{CF}{CA} \times 100$$

Plus la valeur de cet indice est faible, plus l'entreprise peut facilement atteindre son seuil de rentabilité.

d) Le coefficient de volatilité ou levier opérationnel (LO)

Il exprime le pourcentage de variation du résultat obtenu pour une variation en pourcentage du chiffre d'affaires.

Ainsi un LO de +2 signifie que pour une variation positive de 10 % du chiffre d'affaires, le résultat augmenterait de :

$$\Delta R = LO \times 10\ \% = 20\ \%$$

Il représente aussi **l'élasticité du résultat par rapport au chiffre d'affaires** d'où son nom de **coefficient de volatilité**.

Il s'écrit :

$$eR/CA = \frac{\frac{\Delta R}{R}}{\frac{\Delta CA}{CA}}$$

Pour le calculer une autre forme plus opérationnelle est possible :

$$eR/CA = \frac{\frac{\Delta R}{R}}{\frac{\Delta CA}{CA}} = \frac{\Delta R}{R} \cdot \frac{CA}{\Delta CA} = \frac{\Delta R}{\Delta CA} \cdot \frac{CA}{R}$$

Or, il vient :

$\Delta CA = CA' - CA$

$\Delta R = R' - R = [(CA' . t) - CF] - [(CA . t) - CF]$

$= t\,(CA' - CA)$

dont le rapport $\frac{\Delta R}{\Delta CA} = \frac{t\,(CA' - CA)}{CA' - CA} = t.$

Reporter dans l'expression de l'élasticité, on obtient : $eR/CA = \frac{CA . t}{R} = \frac{MCV}{R}$

D'où la définition du levier opérationnel :

$$LO = \frac{MCV}{R}$$

Mais toutes ces transformations n'ont été possibles que sous réserve d'hypothèses implicites relatives aux calculs, à savoir :

- le prix de vente est constant ;
- les conditions d'exploitation sont identiques tant pour les charges variables unitaires que pour les charges fixes globales.

DONC la variation du chiffre d'affaires envisagée ne peut provenir que d'**une variation des quantités**.

Remarque

Le levier opérationnel est aussi égal à l'inverse de l'indice de sécurité calculé précédemment.

$$LO = \frac{MCV}{R} = \frac{t \cdot CA}{t \cdot CA - CF}$$

et, en simplifiant par t, on obtient : $\dfrac{CA}{CA - \dfrac{CF}{t}}$

L'expression de $\dfrac{CF}{t}$ est égale au seuil de rentabilité noté S*.

Donc : $LO = \dfrac{CA}{CA - S^*} = \dfrac{1}{IS}$

La notion de seuil de rentabilité ainsi que le modèle de comportement des charges qui la sous-tend permettent des projections dans l'avenir qui en font des outils de gestion précieux.

4. Seuil de rentabilité et gestion

De nombreux cas de gestion sont appréhendés par l'outil que représente le seuil de rentabilité. Nous n'en présenterons ici que certains aspects : le problème des entreprises à production irrégulière, l'aide apportée dans le choix de nouvelles structures, l'impact de l'élasticité dans les prévisions et l'utilisation de l'outil dans le cadre d'un avenir incertain.

4.1 Seuil de rentabilité dans les entreprises saisonnières

Les entreprises saisonnières réalisent leur chiffre d'affaires de façon irrégulière au cours de l'année. Il n'est pas possible de considérer chaque mois comme identique.

Ces variations saisonnières en cours d'exercice n'ont pas d'incidence sur les conditions d'exploitation de l'entreprise et n'**influencent donc pas la valeur du chiffre d'affaires critique** mais, par contre, elles **modifient la date** à laquelle le seuil de rentabilité sera atteint.

Exemple

Supposons que l'entreprise De Lamotte ait une activité saisonnière répartie de la façon suivante (en % du CA annuel) :

janvier	5 %	février	5 %	mars	10 %
avril	10 %	mai	16 %	juin	16 %
juillet	16 %	août	-	septembre	10 %
octobre	4 %	novembre	4 %	décembre	4 %

Compte tenu des conditions d'exploitation inchangées, le seuil de rentabilité est toujours de 100 000 €. Mais il est impossible d'utiliser la proportionnalité entre le temps et le chiffre d'affaires pour déterminer la date à laquelle il est atteint. Il faut donc décomposer période par période la constitution du chiffre d'affaires.

Exemple

Mois CA	En %	CA mensuel	CA en cumul
J	5	6 085	6 085
F	5	6 085	12 170
M	10	12 170	24 340
A	10	12 170	36 510
M	16	19 472	55 982
J	16	19 472	75 454
J	16	19 472	94 926
A	-	-	94 926
S	10	12 170	107 096
O	4	4 868	111 964
N	4	4 868	116 832
D	4	4 868	121 700

Le seuil de rentabilité est atteint dans le courant du mois de septembre :

CA de début de mois : 94 926 ;
CA de fin de mois : 107 096 .

En septembre, il a donc fallu 30 jours pour réaliser un chiffre d'affaires de 12 170 €. Pour atteindre le seuil de rentabilité, il fallait réaliser un chiffre d'affaires de :

100 000 – 94 926, soit 5 074 €

Il vient : $\frac{5\,074 \times 30}{1\,217} \approx 13$ jours.

Le seuil sera atteint le 13 septembre soit un mois plus tôt environ que dans le cas d'une production régulière.

Le calcul a été effectué par rapport au chiffre d'affaires mais il aurait pu être fait par rapport à la marge sur coût variable.

Graphiquement, et en fonction du temps, la recherche de la date du seuil de rentabilité se présente ainsi :

ÉVOLUTION DE LA MARGE SUR COÛT VARIABLE (PRODUCTION IRRÉGULIÈRE)

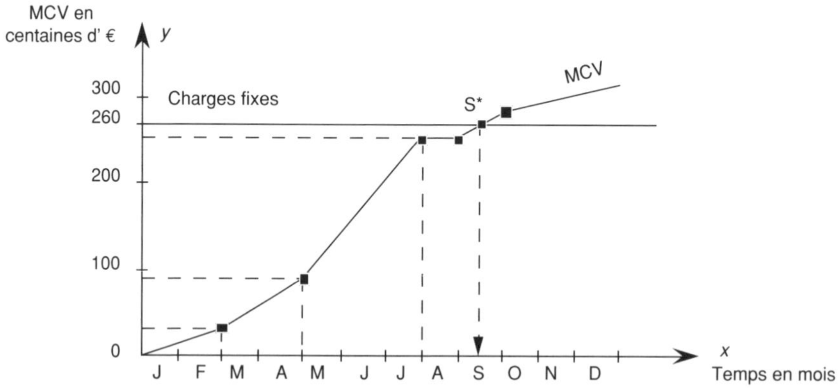

Cet exercice a été présenté dans le cadre d'une entreprise à ventes saisonnières mono-productrice. Nous verrons, dans le chapitre suivant, que la même problématique peut être utilisée dans le cas d'entreprises à plusieurs produits dès lors qu'on ne les écoule pas sur le marché de façon simultanée.

Très souvent la recherche de la date du seuil de rentabilité est liée à des changements de structure.

4.2 Seuil de rentabilité et modifications des conditions d'exploitation

Exemple

Soit l'entreprise De Lamotte.

Pour l'exercice N+1, on retient les conditions suivantes :

Chiffre d'affaires mensuel : 10 100 (sur 12 mois)
Taux de marge sur coût variable : 0,26
Charges fixes : 26 000 €

Devant la faiblesse du résultat de l'exercice N (voir page 166), l'entreprise envisage d'améliorer son outil productif et par la suite sa capacité de production.

La mise en place de l'investissement se déroulera suivant le calendrier ci-après :

- Le 1er mai N+1 : mise en place des nouveaux matériels
  Valeur d'acquisition : 60 000 €
  Durée d'amortissement : 10 ans
  Compte tenu des temps d'essai et mise en route, le nouveau matériel ne serait pas opérationnel avant deux mois.
- Le 1er juillet N+1 : mise en production des nouveaux matériels qui permettent une économie de charges variables, et portent le taux de charges variables à 65 %, et lancement d'une action de promotion des ventes qui aurait pour effet immédiat de permettre une augmentation en quantités des ventes de 10 % sans diminution de prix. Coût de l'opération : 5 000 €.

Nous avons un cas d'implantation de matériel en deux temps qui a pour conséquence :

– une augmentation des charges fixes,
– une augmentation des charges fixes et du taux de marge.

Résolution de l'exemple

De janvier à fin avril

Les charges fixes annuelles s'élèvent à 26 000 € et la marge sur coût variable mensuelle est de : 10 100 € × 0,26, soit 2 626 €.

À fin avril, l'exploitation a généré 2 626 € × 4 mois soit 10 504 € de marge sur coût variable qui ont servi de couverture pour les charges fixes.

Il reste donc un montant de : 26 000 – 10 504, soit 15 496 € de charges fixes à couvrir.

De mai à fin juin

La mise en place du nouveau matériel entraîne une augmentation des charges fixes due aux amortissements (*prorata temporis*) qui s'élèvent à :

60 000 × 0,10 × 8/12, soit 4 000 €.

La marge générée est de 2 626 € × 2 mois, soit 5 252 €.

Les charges fixes annuelles non couvertes à la fin de la période s'élèvent à :

15 496 € + 4 000 € – 5 252 €, soit 14 244 €.

De juillet à fin décembre

À partir de cette date, la marge sur coût variable est modifiée sous les influences conjuguées d'une augmentation des quantités de 10 % et des améliorations des conditions d'exploitation qui permettent une augmentation de taux de marge de 9 points (taux de CV passant à 65 %).
(Ancien taux 26 %, nouveau taux 26 % + 9 % = 35%.)

La marge générée sur la période est donc de :
(10 100 × 1,10 × 0,35) sur 6 mois, soit 3 888,5 × 6 = 23 331 €.

Les charges fixes non couvertes par la marge sont d'un montant de :
14 244 € + 5 000 € = 19 244 €.

Le résultat prévisionnel de l'exercice N+1 s'élève à :
23 331 – 19 244 = 4 087 €.

Le seuil de rentabilité est atteint quand la totalité des charges fixes (26 000 + 4 000 + 5 000), soit 35 000 €, est couverte par la marge sur coût variable. Cela se passe durant le second semestre de l'exercice.

La date peut être déterminée comme suit :

19 244 / 3 888,5 = 4 mois et 29 jours, soit environ fin novembre.

La représentation graphique (en fonction du temps) de ce cas est figurée ci-dessous :

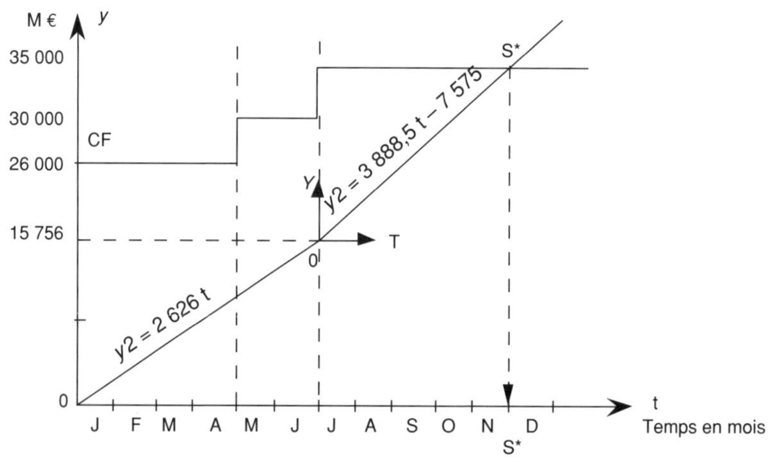

On constate deux changements de charges fixes : une fin avril (nouveau matériel) et l'autre début juillet (campagne de promotion).

Un changement de taux de marge au début juillet. Cette modification nous oblige, pour connaître l'équation de la marge sur coût variable à un changement de repère.

Équation des droites

1. Charges fixes :

- de janvier à fin avril : $y_1 = 26\,000$
- de mai à fin juin : $y_1 = 30\,000$
- de juillet à fin décembre : $y_1 = 35\,000$

2. Marge sur coût variable :

- de janvier à fin juin : $y_2 = 2\,626$ t (temps en mois)
- de juillet à fin décembre :

Dans le nouveau repère *T0Y* avec 0 (6,15756)[1]

$Y_2 = 3\,888{,}5$ T

Dans l'ancien repère t0y, l'équation devient :

$(y_2 - 15\,756) = 3\,888{,}5\,(t - 6)$

soit $y_2 = 3\,888{,}5\,t - 7\,575$

La détermination algébrique de la date du seuil de rentabilité s'effectue, alors, sans difficulté.

S* (=) MCV = CF, soit $y_1 = y_2$

et donc $35\,000 = 3\,888{,}5\,t - 7\,575$

t = 10 mois et 29 jours, soit fin novembre.

Le chiffre d'affaires critique s'établit à :

$(10\,100 \times 6) + (10\,100\ x\ 1{,}10 \times 4{,}95$ mois$) = 115\,594{,}5$ €

Si l'on compare les exploitations des exercices N et N+1 :

	Exercice N	Exercice N+1
Résultat Date du seuil	5 642 fin octobre	4 087 fin novembre

Il est possible de croire que tant au niveau de la rentabilité (résultat) que de celui de la sécurité (date), la situation N+1 est plus mauvaise que celle de l'exercice précédent.

Il s'agit, cependant, d'une période de transition (mise en place de nouvelles installations). En supposant que les prévisions d'augmentations des ventes peuvent se maintenir dans l'avenir, il faut considérer l'exploitation sur un exercice complet. Dans ce cas, le résultat serait de :

$(3\,888{,}5 \times 12$ mois$) - 35\,000 = 11\,662$ €

et le seuil de rentabilité serait atteint au bout de 9 mois soit fin septembre :
$(35\,000 / 3\,888{,}5 = 9)$.

La modification des conditions d'exploitation paraît, dans ce contexte, parfaitement souhaitable.

1. Marge cumulée au 30 juin N.

POINT MÉTHODE

- Dans la détermination de la date du seuil de rentabilité, ne pas oublier le mois éventuel de congés.
- Ne pas confondre le taux de marge (expression de la MCV en fonction du chiffre d'affaires) et la MCV en fonction du temps qui définit le rythme d'accroissement de celle-ci. Dès que ce rythme n'est pas constant, un raisonnement cumulatif est nécessaire : ce cas peut se présenter alors même que le taux de marge reste le même.
- Attention, les représentations graphiques d'un même exercice sont différentes selon que l'on représente la MCV en fonction du chiffre d'affaires ou en fonction du temps : lire attentivement l'énoncé pour repérer ce qui est demandé.

4.3 Seuil de rentabilité et élasticité

Dans le cadre du modèle «coût-volume-profit», le décideur peut vouloir intégrer à ses choix de gestion des contraintes externes comme la réaction du marché en terme de quantités à une modification du niveau des prix décidée par l'entreprise. La notion d'élasticité répond à ces préoccupations.

a) Élasticité simple

L'élasticité se définit comme le rapport des variations relatives de deux variables économiques. Elle traduit l'impact de la variation de la variable du dénominateur sur la variation du numérateur.

Exemple

Élasticité de la demande/prix : $E\ D/P = \dfrac{\frac{\Delta D}{D}}{\frac{\Delta P}{p}}$

exprime l'impact d'une variation des prix sur la variation de la demande.

Élasticité de la demande/publicité : $E\ D/pub = \dfrac{\frac{\Delta D}{D}}{\frac{\Delta pub}{pub}}$

exprime l'impact d'une variation d'un budget de publicité sur la variation de la demande.

L'élasticité exprime la sensibilité ou la volatilité d'une variable par rapport à l'autre. Plus l'élasticité est importante plus sa valeur absolue est importante et plus la variable exprimée au numérateur est sensible à une variation de la variable du dénominateur.

La valeur de l'élasticité peut être positive ou négative selon les sens relatifs de variation des deux variables ; elle s'exprime par un nombre et un signe.

Exemple

Une élasticité E D/P de + 0,5, signifie que si les prix augmentent de 10 %, la demandeaugmentera (élasticité positive donc variation dans le même sens) de :
10 % × (+ 0,5) = + 5 %.

Cette situation est le fait de produit de luxe où un prix élevé est synonyme de qualité (effet de snobisme).

Par contre, une élasticité de même nature de – 1,2, signifie qu'une augmentation des prix de 10 % provoquera une baisse de (+ 10 %) × (– 1,2) = – 12 % de la demande. C'est le cas de la majorité des produits de grande consommation où, pour une entreprise de taille moyenne, augmenter ses prix signifie diminuer ses ventes. À l'inverse, une baisse des prix permet un accroissement des quantités vendues.

b) Élasticité croisée

Une élasticité est croisée quand la modification des prix d'une catégorie de produits entraîne une influence **à la fois** sur la demande de la catégorie concernée et sur une demande d'une autre catégorie de produit. Il est donc nécessaire d'étudier l'impact des changements de prix sur l'ensemble de l'offre de produits de l'entreprise.

Exemple

Soit une structure qui propose sur le marché deux produits similaires A et B aux prix respectifs de 12 € et 18 €.

En cas d'une hausse de prix, l'élasticité de la demande du produit B par rapport au prix de B est égale à – 0,2 et l'élasticité de la demande du produit A par rapport au prix de B est de + 0,4.

Ainsi pour une augmentation des prix de B de 10 % :
– la demande de produit B diminue de : (10 %) × (– 0.2) = – 2 % ;
– et celle du produit A augmente de : (10 %) × (+ 0,4) = + 4 %.

La hausse des prix du produit B décourage des clients d'acheter ce produit et transfère sur les produits A une partie de la demande : les produits sont substituables.

c) Recherche de l'optimum économique

Lorsqu'une entreprise connaît son marché, elle peut vouloir se servir de l'élasticité pour déterminer le couple « demande-prix » qui assure le profit maximum. Il s'agit dans ce cas de rechercher l'optimum de profit.

Il s'agit donc de définir mathématiquement la fonction de profit qui dépend tout à la fois du niveau des prix et de celui de la demande soit deux inconnues pour une équation. Dans ce cas, il faut pour pouvoir trouver l'optimum de la fonction éliminer une des inconnues en se servant de la relation existant entre elles deux définie par la notion d'élasticité.

Dans ce type de problème, on connaît généralement :

• Une situation de base caractérisée par :
– un prix de vente : P ;
– des quantités vendues : D ;
– des informations permettant de calculer la marge sur coûts variables ;
– le montant des charges fixes.

• L'élasticité de la demande par rapport au prix :

$$E\ D/p = \frac{\frac{\Delta D}{D}}{\frac{\Delta P}{p}} = \frac{\Delta D}{D} \times \frac{P}{\Delta P} = \frac{\Delta D}{\Delta p} \times \frac{P}{D}$$

Dans un exercice, les valeurs de E D/p, P et D sont connues, il est alors possible d'exprimer la variation de la demande en fonction de la variation des prix comme suit :

$$\Delta D = \left(E\ D/p \times \frac{D}{P}\right) \Delta P$$

Il est alors possible d'exprimer la fonction de profit en fonction de ΔP et de maximiser cette fonction.

Exemple

Soit une entreprise dont les caractéristiques d'exploitation, pour l'année N, sont les suivantes : quantités vendues : 5 000 unités ; prix de vente unitaire : 50 € ; charges variables : 30 € par unité ; charges fixes globales : 80 000 € ; élasticité de la demande par rapport au prix : – 1,5.

Le résultat actuel de l'entreprise est de :

5 000 produits (50 € – 30 €) – 80 000 = 20 000 € ,

et le taux de marge est de 20/50, soit 40 %.

Recherche de la relation entre ΔD et ΔP

$$E\ D/p = \frac{\frac{\Delta D}{D}}{\frac{\Delta P}{p}} = \frac{\Delta D}{D} \times \frac{P}{\Delta p} = \frac{\Delta D}{\Delta p} \times \frac{P}{D}$$

Dans cette relation : E D/p = – 1,5 ; P = 50 A ; D = 5 000 produits,

d'où il vient :

$$\Delta D = \left(E\ \frac{D}{p} \times \frac{D}{p}\right) \Delta P = \left(-\ 1{,}5 \times \frac{5\ 000}{50}\right) \Delta P = -\ 150\ \Delta P$$

Équation de la fonction « Résultat »

Il est, ici, équivalent de chercher à maximiser la fonction « Marge sur coûts variables » ou la fonction « Résultat » car elles ne diffèrent que d'un facteur constant (les charges fixes) qui est éliminé au moment de la dérivation puisque la dérivée d'une constante est nulle.

Marge sur coûts variables = Chiffre d'affaires – Charges variables

• Expression du chiffre d'affaires :

$$(D + \Delta D)(P + \Delta P) = \{5\,000 + (-150\,\Delta P)\}\{50 + \Delta P\}$$
$$= 250\,000 - 7\,500\,\Delta Pt + 5\,000\,\Delta P - 150\,\Delta P^2$$
$$= -150\,\Delta P^2 - 2\,500\,\Delta Pt + 250\,000$$

• Expression des coûts variables

$$30\text{ €}\,(D + \Delta D) = 30\,\{5\,000 + (-150\,\Delta P)\}$$
$$= -4\,500\,\Delta Pt + 150\,000$$

• Expression de la marge sur coûts variables

Chiffre d'affaires = $-150\,\Delta P^2 - 2\,500\,\Delta Pt + 250\,000$

Charges variables = $-(-4\,500\,\Delta Pt + 150\,000)$

Marge sur coûts variables = $-150\,\Delta P^2 + 2\,000\,\Delta Pt + 100\,000$

C'est cette fonction dont il faut rechercher le maximum.

Maximum de la fonction « Marge sur coûts variables »

Dérivée première = $-300\,\Delta P + 2\,000$.

Cette dérivée s'annule pour $\Delta P = +0{,}67$; pour cette valeur, la fonction présente un extremum.

Dérivée seconde = – 300 ; pour cette valeur, l'extremum est un maximum.

Pour un prix majoré de 0,67 €, soit 50,67 €, le résultat sera maximum. En conséquence la demande s'établira à 5 000 + (– 150 × 0,67) = 4 900. Le tableau différentiel se présente ainsi :

Chiffre d'affaires :	4 900 × 50,67 =	248 283	100 %
CV de production :	4 900 × 30 =	– 147 000	59,61 %
Marge/coûts variables :	4 900 × 20,67 =	101 283	40,79 %
Charges fixes :		– 80 000	
Résultat d'exploitation :		21 283	8,57 %

Le résultat augmente de 6,42 %.

Rechercher le profit maximum peut conduire l'entreprise à une stratégie totalement différente de celle choisie. C'est le cas lorsque la décision oblige à modifier profondément le rapport quantités, prix et en conséquence le positionnement commercial de l'entreprise.

Ces calculs ne doivent pas inciter à penser que le lien mécanique entre quantités et prix peut être facilement mis en œuvre par l'entreprise : l'élasticité des quantités par rapport aux prix est rarement un levier d'action pour l'entreprise, elle ne se décrète pas, elle s'impose à l'entreprise. Elle est, d'autre part, assez difficile à connaître et ou à modifier.

Tous ces raisonnements ont été effectués dans la cadre implicite d'un avenir certain : le décideur avait une connaissance absolue de l'état de la nature dans lequel se déroulerait sa décision. Or, le niveau des ventes ne dépend pas de la volonté du décideur mais lui est imposé par le marché. C'est pourquoi la recherche d'un seuil de rentabilité s'effectue le plus souvent dans le cadre d'un avenir incertain.

4.4 Seuil de rentabilité et avenir incertain

L'avenir incertain se caractérise par un environnement dont il est possible de lister de façon exhaustive les différents états possibles et de leur affecter une probabilité d'apparition.

Cette situation théorique traduit l'incertitude du décideur quant au niveau auquel se situera la demande à l'entreprise. Dans cette perspective, il ne faut plus déterminer le montant exact du chiffre d'affaires critique mais la probabilité que ce seuil soit atteint ou dépassé.

Nous nous contenterons ici d'envisager la cas d'une demande suivant une loi de probabilité de Laplace-Gauss dite Loi normale.

Exemple

Supposons que la demande, exprimée en quantités, de l'entreprise Delamotte suive une loi normale de moyenne 6 000 et d'écart type 1 000.

Les conditions d'exploitations sont les suivantes :
- prix de vente : 20 €,
- charges variables unitaires : 15 €
- charges fixes : 26 000 €

Pour résoudre ce problème, nous avons deux possibilités :
- déterminer les quantités vendues au seuil de rentabilité et utiliser la loi de probabilité des quantités ;
- ou chercher la probabilité que le résultat soit strictement positif, mais dans ce cas il faut reconstituer la loi de probabilité suivie par le résultat.

a) Résolution par les quantités

Exemple

La marge sur coût variable unitaire est de 5 €, donc le seuil, exprimé en quantités, est de : 26 000/5 = 5 200 unités.

On cherche donc la probabilité que les quantités vendues soient supérieures à 5 200.

$Q \to \mathcal{N}$ (6 000 ; 1 000)

$$\text{Prob } [Q > 5\,200] = \text{Prob}\left[T > \frac{5\,200 - 6\,000}{1\,000}\right] = \text{Prob } [T > -0{,}8]$$

Prob [T > – 0,80] = 1 – Prob [T < – 0,80] = 1 – (1– μ(0,80))

La lecture dans la table de la variable centrée réduite donne une probabilité de : 78,81 %.

Il y a donc 78,81 % de chance pour que le seuil de rentabilité soit atteint, c'est-à-dire que 5 200 unités soient vendues.

b) Résolution par le résultat

Le résultat est lié aux quantités par la relation suivante :

$$(p - v)\,Q - CF$$

où p, v et CF sont des constantes données.

Cette relation est de type linéaire, et compte tenu des propriétés des variables aléatoires indépendantes, il est possible d'écrire que :

$$E(R) = (p - v)\,E(Q) - CF$$
et
$$\sigma(R) = (p - v)\,\sigma(Q)$$

Exemple

$E(R) = 5 \times E(Q) - 26\,000 = 5 \times 6\,000 - 26\,000 = 4\,000$

$\sigma(R) = 5 \times 1\,000 = 5\,000$

Le résultat suit donc une loi normale de caractéristiques :

$R \rightarrow \mathcal{N}\,(4\,000 ; 5\,000)$

On cherche la probabilité que le résultat soit strictement positif.

$$\text{Prob}\,[R > 0] = \text{Prob}\left[T > \frac{0 - 4\,000}{5\,000}\right] = \text{Prob}\,[T > -0{,}80] = 78{,}81\ \%$$

Il y a donc 79 % de chance que le résultat soit positif.

Cette démarche conduit à mettre en œuvre la notion de **probabilité de ruine**.

> La PROBABILITÉ DE RUINE est la probabilité qu'un seuil fixé, arbitrairement, ne soit pas atteint.

Ce seuil appelé «**situation de ruine**» est soit fixé *a priori* par le décideur, soit considéré comme égal au chiffre d'affaires critique.

Le niveau de ce seuil dépendra de l'aversion du décideur face au risque.

Dans notre exemple, la probabilité de ruine représente la probabilité inverse de celle calculée, soit 100 – 78,81 = 21,19 %.

RÉFLEXIONS SUR LE THÈME

1. Le seuil de rentabilité conduit à des réponses d'une grande simplicité.

De nombreux problèmes de gestion, même quotidiens, peuvent s'analyser en termes de seuil de rentabilité.

Dans le cadre d'un voyage, à partir de combien de personnes vaut-il mieux choisir un véhicule personnel plutôt qu'un transport collectif ?

Pour rentabiliser l'organisation d'une soirée, quel est le nombre minimum de billets qu'il faut vendre ?

À partir de combien de participants vaut-il mieux organiser une formation interne au lieu d'une formation externe ?

Par ailleurs, la simplicité des notions utilisées permet également d'en faire un critère de choix accessible et acceptable par des non-spécialistes.

2. Peut-on prendre des décisions pertinentes après tant d'approximations ?

La facilité du modèle et des procédures de traitement des informations est due, en grande partie, aux simplifications qui sont faites par rapport à la réalité. La question de la fiabilité de ces mesures se pose alors : est-il utile d'avoir une indication même approximative sur le niveau d'activité minimum rentable ?

Cela peut être une réponse pertinente dans le cadre d'un pilotage d'activité ponctuelle, tout en reconnaissant le caractère biaisé, imparfait et temporaire d'une telle information.

Encore une fois, il ressort qu'un coût est un compromis à un moment donné et dans un contexte spécifique. C'est une représentation des idées et des comportements des gestionnaires et non pas un fait certain.

Applications

(1) *Entreprise Sureau*

La société Sureau assure la commercialisation de produits agricoles. En tant que contrôleur de gestion, on vous sollicite pour tester plusieurs hypothèses de ventes et les bénéfices potentiels correspondants.

I. Vous relevez dans des livres comptables de la société les informations de base suivantes :
- charges fixes : 192 000 €,
- marge sur coûts variables d'achat : 40 %,
- charges variables de distribution : 20 %

QUESTION

Déterminer le seuil de rentabilité en présentant une solution graphique et une solution comptable.

II. Une meilleure utilisation des machines de conditionnement pourrait entraîner une diminution des charges fixes de 28 800 €.

QUESTION

Déterminer le nouveau seuil de rentabilité en précisant son pourcentage de diminution par rapport au précédent.

III. Les informations de base restant inchangées, vous constatez qu'en majorant le montant des charges variables de distribution de 10 %, il serait possible de réaliser un bénéfice de 139 200 €.

QUESTION

Déterminer le chiffre d'affaires qui correspond à ce bénéfice.

IV. En examinant la structure de la société, vous constatez qu'une augmentation massive des ventes est possible. Cependant, elle entraînerait une augmentation des charges fixes, à savoir :

Chiffre d'affaires (en milliers d'euros)	Inférieur à 1 200 M€	Compris entre 1 200 et 1 600 M€	Supérieur ou égal à 1 600 M€
Charges fixes correspondantes	192 000	264 000	400 000

QUESTIONS

1. **Déterminer les résultats obtenus pour les chiffres d'affaires de 1 200 et 1 600 milliers d'€.**
2. **Déterminer les points morts correspondants.**
3. **Rechercher les nouvelles valeurs de la marge sur coûts variables d'achat qui permettraient d'obtenir un résultat nul lorsque les ventes atteignent 1 200 et 1 600 milliers d'euros.**
4. **Quelle est la valeur de la marge sur coûts variables d'achat qui permettrait de dégager un résultat positif, quel que soit le palier de frais fixes envisagé ?**

V. Vous retenez l'hypothèse d'une marge sur coûts variables d'achat de 42 % en considérant que les charges variables de distribution restent inchangées.

QUESTION

1. **Rechercher les montants des ventes pour lesquels la société Sureau ne réaliserait pas de bénéfices.**

(2) *Société Agro*

La société Agro envisage d'acquérir, d'ici quelques mois, une nouvelle trémie qui modifierait les conditions d'exploitation d'un atelier. Elle hésite entre trois modèles T1, T2 et T3. Chacun de ces modèles permettrait de faire face à la demande du marché estimée à 2 500 000 sachets pour une saison.
Pour chaque modèle, les données suivantes d'exploitation pour une saison ont été collectées (sur la base d'une production prévisionnelle de 2 500 000 sachets que le centre de distribution s'engage à acheter dès leur production).

	T1	T2	T3
Charges de structure imputables	812 000 €	2 000 000 €	3 960 000 €
Bénéfice prévu	638 000 €	1 125 000 €	1 540 000 €

Quel que soit le modèle choisi, les coûts opérationnels sont considérés comme proportionnels au nombre de sachets vendus.

QUESTIONS

1. **Calculer le résultat dégagé par chaque modèle pour une production de 1 980 000 sachets. Calculer le seuil de rentabilité en volume (à 10 000 unités près) de chaque modèle. Calculer pour chaque modèle le taux de marge de sécurité dans l'hypothèse d'une production de 2 500 000 sachets.**
2. **En utilisant les seules informations disponibles, déterminer à partir de quel volume de production (calculé à 10 000 unités près) un modèle doit être préféré à un autre.**
3. **Retrouver graphiquement les conclusions de la question précédente.**

(d'après DECF)

(3) *Entreprise Gamma*

L'entreprise Gamma fabrique des articles de série. Mme Guillaume, dirigeante de la société, prévoit une augmentation importante de la concurrence sur ce segment de marché dès le début de l'année N.

En tant que contrôleur de gestion, vous êtes donc chargé en janvier N d'intervenir sur une étude prévisionnelle de l'année N et de l'année N + 1 afin de conseiller Mme Guillaume sur les orientations de gestion à prendre.

Il est convenu qu'un certain nombre d'hypothèses doivent être testées tout en retenant les principes suivants :
– maintien des conditions d'exploitation de l'année N – 1 ;
– volonté de développer le chiffre d'affaires après absorption des charges fixes.

I. Étude de l'exploitation de l'année N – 1

Au vu de la comptabilité générale de N – 1, vous sélectionnez dans les livres comptables, les renseignements chiffrés hors taxes suivants :

	Montant	*Dont variable*
– Chiffre d'affaires	625 400 €	
– Consommation de matières premières	147 267 €	100 %
– Frais de main-d'œuvre	130 200 €	100 %
– Frais de fabrication	100 800 €	2/3
– Frais d'administration	80 325 €	2/5
– Frais d'entretien	49 920 €	100 %
– Frais sur les ventes	52 380 €	9/20

QUESTIONS

1. **Présenter le tableau d'exploitation prévisionnel de l'année N – 1.**
2. **En déduire la date à laquelle le seuil de rentabilité a été atteint. Calculer le coefficient de volatilité. Faire les commentaires et donner la signification des résultats obtenus.**
3. **À partir de cette date, de quel pourcentage maximum aurait pu être diminué le prix de vente unitaire ?**
4. **Quelle diminution annuelle aurait pu supporter les ventes (en quantités) sans pour autant entraîner un résultat déficitaire ?**

II. Prévisions des résultats de l'année N

Une étude de marché estime l'elasticité des ventes en volume par rapport au prix de – 3 sur ce segment. En conservant les conditions d'exploitation de l'année N – 1, vous devez étudier les conséquences des hypothèses suivantes.

QUESTIONS

1. **Dans le cas d'une réduction annuelle de 10 % du prix de vente, estimer le résultat attendu en N. Comparer avec le résultat sans diminution de prix. Faire les commentaires nécessaires. En quoi l'utilisation du coefficient de volatilité est-elle impropre dans ce cas ?**
2. **Quelle est l'élasticité maximum qui permettrait de ne pas abaisser le résultat ?**
3. **Dans le cas où l'élasticité reste de – 3, quel devrait être le taux de marge minimum pour obtenir un résultat au moins égal au résultat de l'année N – 1.**

III. Prévisions des résultats de l'année N + 1

Pour effectuer cette étude, vous retenez tour à tour les principes suivants :
- aucun changement des conditions de production ;
- mise en place de nouveaux moyens de production.

Toutes choses égales par ailleurs, en partant du principe que les conditions de production restent inchangées, le budget N + 1 peut se résumer ainsi :

- chiffre d'affaires : 649 440 €
- charges variables : 487 080 €
- charges fixes : 110 400 €

À l'inverse, la mise en place de nouveaux moyens de production en N + 1 entraînerait durant l'année :

- au 1er mars N + 1, augmentation des parts de marché à l'étranger. Ceci entraîne un accroissement de la production de 25 % en quantités. Ce surplus peut être vendu à cette même date sans autre coût supplémentaire que 3 000 € par mois de charges variables correspondant à la main-d'œuvre à l'étranger et 6 000 € de coûts fixes pour l'année restante ;
- au 1er octobre N + 1, mise en place d'un procédé de fabrication informatique pouvant fonctionner immédiatement. Ceci entraîne une augmentation des coûts variables de 500 € et des coûts fixes de 2 000 € par mois. Par ailleurs, on constate une réduction de la main-d'œuvre de 3 800 € par mois et de 900 € par mois en ce qui concerne les achats de matières.

QUESTIONS

1. **Présenter un tableau indiquant mensuellement l'évolution du chiffre d'affaires, des charges variables, de la marge sur coûts variables, des charges fixes abonnées et du résultat.**
2. **Représenter graphiquement le seuil de rentabilité (évolution de la marge sur coûts variables en fonction du temps).**
3. **Analyser l'augmentation du bénéfice entre le mois de janvier et septembre.**

(4) *Produit Rox*

La demande observée l'année précédente du produit Rox dont la rentabilité peut être améliorée était de 45 000 unités. Le prix de vente pratiqué alors était de 75 € l'unité.
Le département marketing a déterminé l'élasticité de la demande par rapport au prix, soit une élasticité de : – 2.
Les coûts variables unitaires sont de 60 €. Les charges fixes spécifiques sont de 500 000 €.

QUESTIONS

1. **Déterminer le prix de vente maximisant le bénéfice spécifique de Rox. Indiquer la quantité vendue et le résultat correspondant.**
2. **Pour quel(s) prix de vente obtient-on la zone de profitabilité de Rox ? À quelles quantités vendues correspondent-ils ?**

(5) *Société X*

Une société X vend et fabrique des produits de grande consommation.
Dans le cadre de la préparation du budget de l'année prochaine, la direction générale étudie, dans un premier temps, une série d'hypothèses de travail **exclusives** les unes des autres. Il s'agit des propositions faites par les différents responsables de la société.
Dans un deuxième temps, la direction générale retiendra une combinaison des hypothèses jugées les plus réalistes.
Le contrôleur de gestion prépare le programme annuel de gestion budgétaire et ventile les dépenses en coûts fixes (F) et coûts proportionnels (P). Il a obtenu la structure des coûts et des recettes suivantes (en milliers d'euros) pour l'exercice prochain.

• Recettes (240 000 unités) :	4 800
• Coûts :	
– achats et variations de stock :	2 000
– frais de personnel (à 2/3 P) :	1 200
– services extérieurs (à 100 % P) :	600
– autres charges de gestion (à 100 % F) :	200
– charges financières (à 100 % P) :	200
– amortissements :	400
Résultat :	200

La direction générale considère comme *rentable toute proposition qui permet de dégager un résultat supérieur à celui prévu.* Elle recherche donc, dans chaque cas, les quantités minimales à produire et vendre pour rentabiliser les propositions alternatives des différents responsables.

QUESTIONS

1. **Déterminer le seuil de rentabilité (en milliers d'euros). Déduire les quantités au point mort et l'époque de l'année où il est atteint. Les ventes se répartissent ainsi sur l'année civile (en % du CA annuel).**
   - **janvier-février : 25**
   - **mars-avril-mai : 15**
   - **juin-juillet : 10**
   - **septembre-octobre : 20**
   - **novembre-décembre : 30**
2. **De combien varierait le résultat si les ventes (en quantités) dépassaient de 10 % le niveau qui a été prévu ? Rappeler les conditions de validité du coefficient de volatilité.**

3. Le directeur du marketing propose de lancer une campagne publicitaire qui nécessite un budget de 44 660 euros. Quelle incidence doit avoir cet effort commercial pour qu'il soit rentable d'engager cette dépense ?

4. Le directeur technique demande que l'on mécanise un ensemble d'opérations. L'investissement correspondant aurait pour effet d'augmenter les frais de structure de 120 000 € et de réduire en revanche les coûts variables de 1 € par unité. À quelles conditions cette décision serait-elle favorable à l'entreprise ?

5. Un représentant déclare que «si l'entreprise baissait de 10 % son prix de vente, elle augmenterait ses ventes d'une façon telle que le bénéfice augmenterait forcément». À quel niveau devrait se situer l'élasticité des quantités par rapport aux prix pour que cette affirmation soit vérifiée ?

6. Sous quelles conditions peut-on combiner la mécanisation proposée par le directeur technique avec une baisse de prix de vente de 5 % ?

7. En supposant que la campagne publicitaire soit engagée le 1er avril, que la mécanisation débute le 1er juin et qu'une baisse des prix de 5 % soit décidée le 1er septembre, déterminer les quantités annuelles à vendre si l'on suppose que l'on veut atteindre le seuil de rentabilité le 30 septembre.

Proposer une solution graphique dans une hypothèse de vente régulière tout au long de l'année (l'entreprise est fermée en août). Indiquer de façon très explicite les équations des différentes droites.

8. En reprenant les hypothèses initiales (question 1), mais en supposant que les ventes puissent varier de façon aléatoire, calculer la probabilité d'atteindre ou de dépasser le seuil de rentabilité dans les deux cas suivants :

***1er cas* : on suppose que les ventes peuvent prendre les trois valeurs suivantes :**

• ventes (milliers d'€) :	**4 000**	**4 800**	**5 500**
• probabilité :	**0,2**	**0,6**	**0,2**

***2e cas* : on suppose que les ventes suivent une loi normale de moyenne 4 800 milliers et d'écart type 1 500 milliers d'euros.**

(6) *Hôtel-association*

Vous êtes nommé gérant d'un hôtel d'association : il s'agit de structure de vacances appartenant à une association (loi 1901) et proposant aux membres de l'association des séjours à tarifs préférentiels. Votre structure est située en bord de mer ; elle est composée d'un restaurant type brasserie, d'un hôtel qui propose des chambres avec salle de bain (chambre-bain) et d'autres avec salle d'eau (chambre-douche) et d'un terrain de camping où les adhérents peuvent soit louer des bungalows sur place ou réserver des espaces pour tentes ou caravanes.

Ces installations viennent d'être rénovées et il s'agit pour vous d'optimiser les offres tarifaires de sorte d'améliorer la marge globale de cette structure.

A) Le restaurant-brasserie bénéficie d'une terrasse avec vue sur mer. Il offre des repas simples de cuisine du terroir au prix moyen de 18 €. Sa capacité est de 145 repas par jour. Une étude commerciale indique qu'une publicité bien réalisée à destination des adhérents peut permettre d'augmenter significativement le nombre de repas servis. Vous prévoyez à partir de l'an prochain d'augmenter votre budget publicitaire de 50 % qui atteindrait alors 120 000 €.
Informations complémentaires :
- coût variable d'un repas : 6,6 € ;
- l'élasticité de la demande par rapport à la variation des charges publicitaires peut être évaluée à + 0,3 ;
- charges fixes prévues hors publicité de l'exercice : 250 000 € ;
- le restaurant sert actuellement environ 120 repas par jour ;
- le restaurant est ouvert 270 jours par an.

QUESTIONS

1. **Quel résultat d'exploitation annuel pouvez-vous attendre d'une telle décision ? Portez un jugement sur l'opportunité de l'opération.**
2. **Pouvait-on prévoir le résultat attendu de l'augmentation de la publicité en utilisant le levier opérationnel ? Argumentez votre réponse.**

B) Vous êtes également responsable de la gestion de l'hôtel qui dispose de 80 chambres réparties en deux catégories :
– 30 chambres doubles catégorie « chambre-bain » à 60 € la nuit ;
– 50 chambres doubles catégorie « chambre-douche » à 35 € la nuitée.
Afin d'optimiser la politique de prix et le résultat d'exploitation, vous envisagez plusieurs stratégies alternatives :
– augmentation du prix du produit « chambre-bain » de 10 % ;
– baisse du prix de la nuitée « chambre-bain » de 7,2 € ;
– augmentation du prix du produit « chambre-douche » de 3.5 €.
Les tableaux d'élasticité croisée en annexe devraient vous permettre de prendre une décision rationnelle.

QUESTIONS

1. **Sachant que le coût variable d'une nuitée « chambre-bain » est de 35 € et de 20 € pour la catégorie « chambre-douche », quelle est la stratégie qui optimise la marge sur coût variable prévisionnelle ? Quel sera le montant de la marge sur coût variable prévisionnelle annuelle ?**
2. **Les charges fixes prévisionnelles ayant été estimées à 310 000 €, à quelle date le seuil de rentabilité sera-t-il atteint en admettant que l'activité soit régulière tout au long de la saison (la saison s'étend de mars à octobre inclus) ?**

ANNEXE

L'hôtel est ouvert 270 jours par an. Le coefficient d'occupation est de 80 % pour les chambres catégorie « douche » et de 90 % pour les chambres « bain ».

Tableau des coefficients d'élasticité-prix :

	Élasticité-prix par rapport à une hausse des prix		**Élasticité-prix par rapport à une baisse des prix**	
	Demande chambre-bain	Demande chambre-douche	Demande chambre-bain	Demande chambre-douche
Prix chambre-bain	– 0,3	0,5	– 1,1	0,4
Prix chambre-douche	0,6	– 0,4	– 0,1	– 0,4

⑦ *Cas Pizza*

Cinq jeunes étudiants dynamiques, Sabrina, Angélique, Louis, Philippe et Sophia, après lecture d'un dépliant publicitaire fourni en annexe 1 commentent ce prospectus (annexe 2).

ANNEXE 1

Que faites-vous durant l'été du 1er juin au 30 septembre ?
Venez aux Sables-d'Olonne travailler avec nous !
Nous vous offrons de cuisiner et de vendre vos pizzas sur un emplacement agréé par la municipalité, à quelques mètres de la grande plage.

Nous vous prêtons un véhicule, agréé par les services sanitaires et sociaux, pour un prix de 10 000 € (prix forfaitaire sur la période de fonctionnement).

Nous vous assurons contre le risque d'incendie, vol, responsabilité civile..., pour un coût journalier de 20 €.

Nous vous formons entre le 15 mai et le 31 mai pour un coût de 4 000 €.

Nous vous louons un emplacement 600 € par mois en juin et septembre et 1 000 € par mois en juilllet et août. Ce prix est divisé par deux pour une location de 15 jours.

À vous de faire le reste !

L'expérience montre que vos dépenses prévisionnelles peuvent être évaluées à :

- Coût des denrées par pizza : 3,20 € jusqu'à 50 pizzas par jour, 3 € au-delà de 50 pizzas par jour.
- Coût de livraison forfaitaire des pizzas : 2 € par livraison.
- Coût d'un salarié « extra » sur les périodes de juillet et août : 3 000 € par mois charges sociales incluses.
- Consommables à prévoir (eau, gaz, électricité) : 0,60 € par pizza.
- Assistance en gestion et divers : 200 € par quinzaine.
- Environ 40 % des pizzas sont livrées : la livraison n'est pas facturée ; le nombre de pizzas livrées par livraison est en moyenne de 2,5 pizzas.

Si vos pizzas sont bonnes,
si vous ne faites pas trop attendre trop longtemps vos clients,
si votre prix de vente est raisonnable (9,80 € par pizza),
si vous avez le sens de la communication,
si vous n'êtes pas avare de vos heures,
alors vous pouvez raisonnablement gagner votre vie !

Afin d'étayer vos prévisions, nous vous communiquons quelques chiffres prévisionnels de vente pour la période à cet emplacement, dans des conditions normales d'exploitation :

- 1re quinzaine de juin et 2e quinzaine de septembre : 35 pizzas par jour.
- 2e quinzaine de juin et 1re quinzaine de septembre : 50 pizzas par jour.
- Juillet et août : 75 pizzas par jour.
- Élasticité des quantités par rapport au prix de vente égale à – 1,8.
- Les quantités globales sur la période du 1er juin au 30 juin suivent une loi normale : la probabilité que les quantités vendues soient inférieures de 20 % aux prévisions est égale à 0,15.

Ce projet vous intéresse,
alors signez votre contrat.

ANNEXE 2

Quelques propos de nos quatre étudiants

Sabrina :
Déjà, j'aimerais bien connaître, compte tenu des prévisions de ventes annoncées, du prix de vente indicatif, combien de pizzas je dois vendre pour ne pas perdre de l'argent et à partir de quand je commencerai à faire du bénéfice...

Angélique :
C'est peut-être intéressant mais je ne vois pas l'utilité de commencer dès le 1er juin et de finir le 30 septembre... Un fonctionnement du 16 juin au 15 septembre me semble plus pertinent : on doit gagner autant et c'est moins risqué !

Louis :
Je suis plus malin que vous, je pense que cette offre est intéressante sur les quatre mois mais il faut être un peu plus combatif sur les prix ; je baisse les prix de 10 % et à moi les bénéfices...

Philippe :
Pour ma part, j'aurais beaucoup d'autres questions à poser, il me manque des informations. Et puis de toutes façons, avec ma rigueur mathématique, il me faudrait un graphique pour comprendre et visualiser le chiffre d'affaires, le résultat en fonction du temps...

Sophia :
Je veux bien travailler quatre mois sans un seul jour de congé, mais il faut que la probabilité que cela me rapporte 10 000 € soit convaincante !

QUESTION

En reprenant les propos de chaque étudiant, apporter des réponses précises et complètes aux différentes questions ou affirmations. (Considérer des mois de 30 jours).

7 Les coûts partiels : variables ou directs

La notion de seuil de rentabilité repose sur la distinction entre charges variables et charges fixes. Alors que les premières dépendent des quantités vendues, les secondes sont fonction du temps et non des quantités. Pour une période donnée, **la répartition des charges fixes ou de structure dans le coût d'un produit** met en jeu **nécessairement une hypothèse** de quantités.

Par ailleurs, la mise en œuvre des coûts de revient s'appuie sur la séparation entre charges directes et charges indirectes. Dans cette méthode, la répartition des charges indirectes n'est pas exempte de critiques et **oblige à des choix** forcément contestables.

C'est pourquoi certains gestionnaires renoncent à pratiquer toute répartition et privilégient une approche de coûts partiels : la performance de chaque produit est analysée par la marge qu'il dégage et qui contribue à la couverture des charges non réparties.

Il existe plusieurs systèmes de coûts partiels qui reposent tous, sur une même volonté, celle de n'**intégrer aux coûts que la partie jugée pertinente des charges** de l'entreprise. C'est pourquoi, après avoir défini ces méthodes de coûts partiels, il sera nécessaire de réfléchir à leur mise en œuvre.

1. Les méthodes de coûts partiels

En reprenant les deux classifications ci-dessus, l'ensemble des charges incorporables peut être représenté par le schéma suivant :

	Charges variables	Charges fixes
Charges directes	1	3
Charges indirectes	2	4

Les différentes méthodes de coûts partiels vont privilégier l'une ou l'autre des deux classifications.

1.1 La méthode des coûts variables

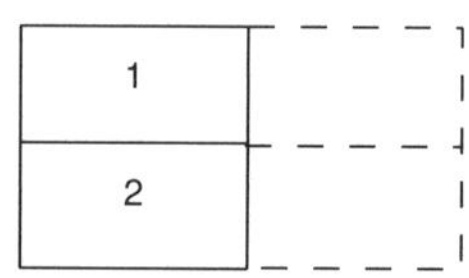

> La **méthode des coûts variables** ne retient que les **charges variables, qu'elles soient directes ou indirectes,** dans le coût des produits (zones 1 et 2).

Pour ce calcul, il est donc indispensable d'identifier les charges variables des centres. Cette démarche concerne essentiellement les centres opérationnels principaux et certains centres opérationnels auxiliaires. L'imputation des charges indirectes variables s'effectue, en général, sans difficulté puisque les charges variables sont, par définition même, normalement liées aux opérations de production et de vente.

Les coûts variables obtenus permettent le calcul d'une marge sur coût variable par produit. Chaque produit est jugé sur sa contribution à la couverture des charges non réparties à savoir ici les **charges de structure**.

Ce mode de traitement permet un jugement sur l'opportunité de supprimer ou de développer les ventes d'un ou des produits.

Exemple

Une société est spécialisée dans la fabrication et la vente de trois articles A, B et C.

Une étude des coûts de revient, pour la période de référence, donne les résultats suivants :

Produits	Total	A	B	C
Quantités vendues	NS	400	200	600
Chiffres d'affaires	2 000 000	800 000	360 000	840 000
Coût de revient des produits vendus	1 970 000	802 000	484 400	683 600
Résultat analytique	30 000	– 2 000	– 124 400	156 400

Les dirigeants s'interrogent sur la rentabilité de leurs produits et sur la suppression éventuelle des produits déficitaires.

L'étude plus précise des conditions d'exploitation met en évidence que certaines charges sont proportionnelles aux quantités.

Produits	Total	A	B	C
Charges variables unitaires	–	1 250	1 200	400

Les dirigeants décident de calculer la marge sur coûts variables de leurs produits afin de vérifier les résultats précédemment retenus.

Produits	Total	A	B	C
Quantités vendues		(400)	(200)	(600)
Chiffres d'affaires	2 000 000	800 000	360 000	840 000
Coûts variables des produits vendus	– 980 000	500 000	240 000	240 000
Marge sur coûts variables	1 020 000	300 000	120 000	600 000
Charges fixes	– 990 000			
Résultat	+ 30 000			

Toutes les marges sur coûts variables sont positives et donc tous les produits concourent à la couverture des charges fixes. La suppression éventuelle des produits déficitaires A et B aurait conduit à imputer les charges fixes de 990 000 € sur la marge du produit C et à provoquer une perte de 390 000 €.

Par rapport à l'hypothèse initiale, ce résultat présente une détérioration de 420 000 €, équivalente à la somme des marges sur coûts variables générées par les produits A et B.

L'utilisation de la méthode des coûts variables permet de déterminer les produits à supprimer. Ce sont uniquement ceux dont la marge sur coûts variables est négative.

Remarque

La méthode des coûts variables est définie par le Plan comptable. Elle est aussi connue sous d'autres appellations :

- **méthode des coûts proportionnels,**
- ***direct costing,*** terme originaire des États-Unis (il faut alors traduire «*direct*» par opérationnel).

Ce dernier nom est source de confusion entre charges variables et charges directes.

1.2 La méthode des coûts directs

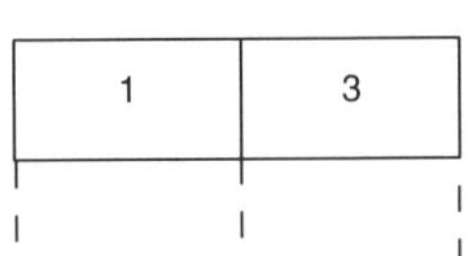

> La **méthode des coûts directs** intègre dans les coûts uniquement les **charges affectables sans ambiguïté** aux produits qu'il s'agisse de charges variables ou de charges fixes (zones 1 et 3).

Comme ce coût ne comprend que des charges directes, c'est donc un regroupement aisé à réaliser et dont le calcul ne souffre aucune ambiguïté. Il n'analyse pas les charges indirectes qui sont imputées globalement sur la somme des marges sur coûts directs générées par chaque produit.

Cette méthode est définie par le plan comptable. Sous cette forme, elle reste peu utilisée, les entreprises préférant une approche mixte de l'analyse des coûts combinant les deux classifications.

1.3 La méthode des coûts spécifiques

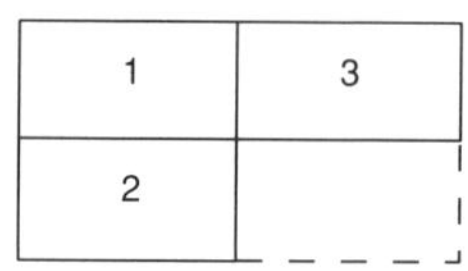

> La **méthode des coûts spécifiques** prolonge la démarche de celle des coûts variables. Elle impute, à chaque produit, les charges directes fixes qui lui sont propres. Elle permet ainsi de dégager une **marge sur coûts spécifiques** (du produit) qui doit permettre la couverture des charges fixes indirectes réputées charges communes à l'entreprise.

Ce coût partiel intègre donc les zones 1, 2 et 3 du schéma initial.

Cette démarche considère que la méthode des coûts variables est insuffisante pour comparer le coût des produits : c'est souvent le cas dans des entreprises de production où une part importante des charges fixes est liée à la production des produits.

Le principe retenu est le suivant :

– incorporation dans le coût des produits des charges de structure directes ;

– rejet des charges de structure communes.

Exemple

Reprenons l'exemple précédent : les dirigeants décident de poursuivre l'analyse des charges fixes. Une étude leur permet de connaître le montant des charges fixes propres à chaque produit.

Produits	Total	A	B	C
Charges de structure spécifiques	410 000	70 000	140 000	200 000

Les résultats par produits deviennent donc :

Produits	Total	A	B	C
Quantités vendues		(400)	(200)	(600)
Chiffres d'affaires	2 000 000	800 000	360 000	840 000
Coût variables des produits vendus	– 980 000	500 000	240 000	240 000
Marge sur coûts variables	1 020 000	300 000	120 000	600 000
Charges fixes directes	– 410 000	70 000	140 000	200 000
Marge sur coûts spécifiques	+ 610 000	230 000	– 20 000	400 000
Charges fixes communes	– 580 000			
Résultat	+ 30 000			

Cette méthode permet de faire apparaître la «réelle» mauvaise performance du produit B dont la marge sur coûts variables ne permet pas de couvrir ses propres charges fixes. En conséquence, sa suppression entraînerait :

– la disparition de la marge sur coûts variables qu'il génère soit 120 000 €,

– l'économie de charges fixes qui lui sont spécifiques soit un montant de 140 000 €,

ainsi le résultat total augmenterait de 20 000 € (la différence entre 140 000 et 120 000).

Cette démarche permet d'analyser de façon pertinente la rentabilité des différents produits et d'éviter les décisions erronées qui auraient été prises sur la base des coûts de revient obtenus par la méthode des coûts complets (ici, les charges indirectes avaient été réparties proportionnellement aux chiffres d'affaires des différents produits).

Remarque : Cette méthode est aussi appelée :

– **méthode du coût variable évolué** ;

– **direct costing évolué** (ce dernier terme appelle la même remarque terminologique que plus haut : le mot «direct» doit être traduit par «opérationnel») ;

– **méthode des contributions ou des apports** (en référence à la contribution de chaque produit à la couverture des charges fixes communes).

L'Ordre des experts-comptables a défini le **coût spécifique** de façon sensiblement différente. Il retient comme charges spécifiques :

– les charges **directement affectées**, ce sont principalement des charges opérationnelles mais certaines peuvent être de structure ;

– les charges qui peuvent être **rattachées à ce coût sans ambiguïté** même si elles **transitent par des centres d'analyse** dès lors qu'elles sont liées au cycle de production ou de vente.

Cette définition correspond aux zones 1, 2 , 3 et à une partie de la zone 4.

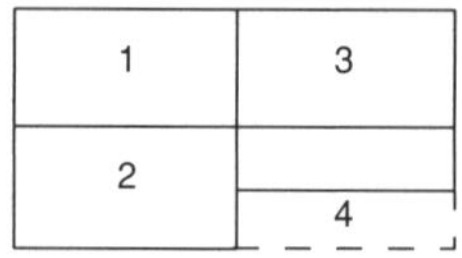

Toutes ces méthodes reposent sur le même principe : n'analyser que les charges jugées pertinentes et regarder la contribution de chaque produit à la couverture des charges non réparties. Elles évitent ainsi une partie des travaux analytiques lourds et coûteux que nécessite l'imputation de toutes les charges incorporables aux coûts. Cependant, leur mise en œuvre soulèvent quelques problèmes.

2. La mise en œuvre des coûts partiels

La question principale reste le choix de la méthode et du niveau désiré d'analyse des charges. Pour autant, l'utilisation des méthodes de coûts partiels permet des approches fructueuses de choix de produits dans le cadre du seuil de rentabilité. Toutefois, la valorisation des stocks par ces méthodes impose des ajustements avec le résultat de la comptabilité générale.

2.1 Quelle méthode choisir ?

La finalité des calculs de coûts partiels est, entre autres, de **prendre des décisions sur la suppression ou le développement des produits**. Il convient de déterminer quelles sont les charges qui apparaissent ou disparaissent en fonction de ces décisions.

Par ailleurs, il est préférable d'obtenir un ordre de grandeur juste, plutôt qu'une répartition contestable de toutes les charges. C'est donc la structure des charges de l'entreprise et la capacité de cette dernière à les analyser qui détermineront la méthode utilisée.

Ainsi, en reprenant la représentation des charges, il est possible de schématiser le choix de la façon suivante :

Les charges sont **majoritairement variables**, le choix de l'entreprise se portera sur la **méthode des coûts variables**.

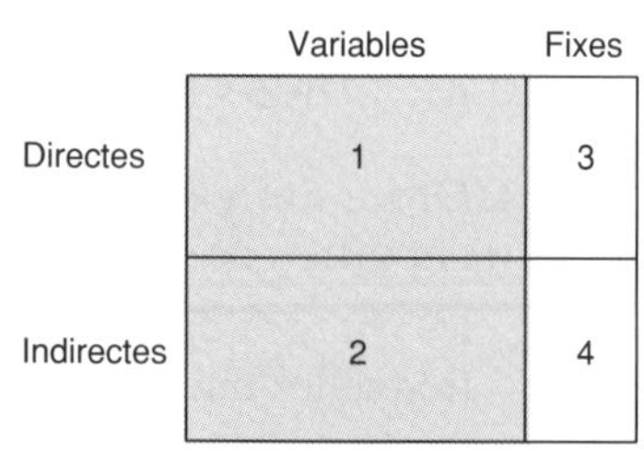

Les charges sont **majoritairement directes**, le choix de l'entreprise se portera sur la **méthode des coûts directs** (entreprise commerciale par exemple).

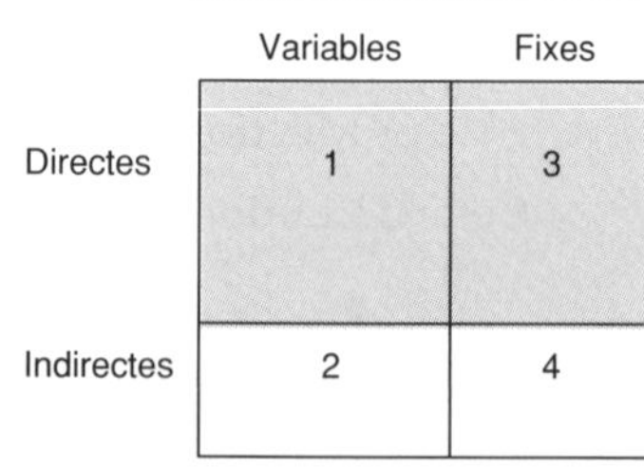

En tout état de cause, c'est au responsable analytique de l'entreprise de juger quel degré d'analyse il doit atteindre pour que son travail soit significatif. Ce choix résulte toujours d'un arbitrage entre le gain apporté par plus de précisions dans les calculs et le coût d'obtention de cette même précision.

2.2 Les coûts partiels et le seuil de rentabilité

Le seuil de rentabilité se calcule sur la marge totale sur coûts variables. Il représente le chiffre d'affaires obtenu par une combinaison des différents produits dans une hypothèse de production simultanée.

Exemple

Reprenons l'exemple précédent dans l'hypothèse de la suppression du produit B.

Le compte de résultat différentiel se présente ainsi :

Produits	Total	A	C
Quantités vendues		400	600
Chiffres d'affaires	1 640 000	800 000	840 000
Coût variable des produits vendus	– 740 000	– 500 000	– 240 000
Marge sur coûts variables	+ 900 000	300 000	600 000
Charges fixes directes	– 270 000	– 70 000	– 200 000
Marge sur coûts spécifiques	+ 630 000	230 000	400 000
Charges fixes communes	– 580 000		
Résultat	+ 50 000		

Le seuil de rentabilité est égal à :

$$S^* = \frac{\text{Charges fixes totales} \times \text{Chiffre d'affaires}}{\text{Marge sur coûts variables totale}}$$

$$= \frac{850\,000 \times 1\,640\,000}{900\,000} = 1\,548\,800 \text{ € arrondi à la centaine inférieure}$$

Dans l'hypothèse d'une production simultanée des produits A et C, la combinaison productive de base est constituée de 2A et 3C et représente un chiffre d'affaires de : $(2 \times 2\,000 \text{ €}) + (3 \times 1\,400 \text{ €}) = 8\,200 \text{ €}$

Le point mort en quantités est donc de : 1 548 800 / 8 200 soit 189 combinaisons productives de base équivalentes à :

- $189 \times 2\text{ A} = 378\text{ A}$
- $189 \times 3\text{ C} = 567\text{ C}$

Cette combinaison de A et C est une solution pour obtenir le seuil de rentabilité mais l'entreprise peut désirer tester d'autres proportions entre les produits A et C qui permettent le même résultat.

Cela conduit à une représentation graphique particulière :

- équation du chiffre d'affaires critique $\Rightarrow MCV_A \cdot A + MCV_B \cdot B = CF$

$\Rightarrow 750\text{ A} + 1\,000\text{ C} = 850\,000$

• équation du résultat ⇒ 750 A + 1000 C – 850 000 = 50 000
avec 750 et 1 000 les marges sur coûts variables unitaires de A et de C.

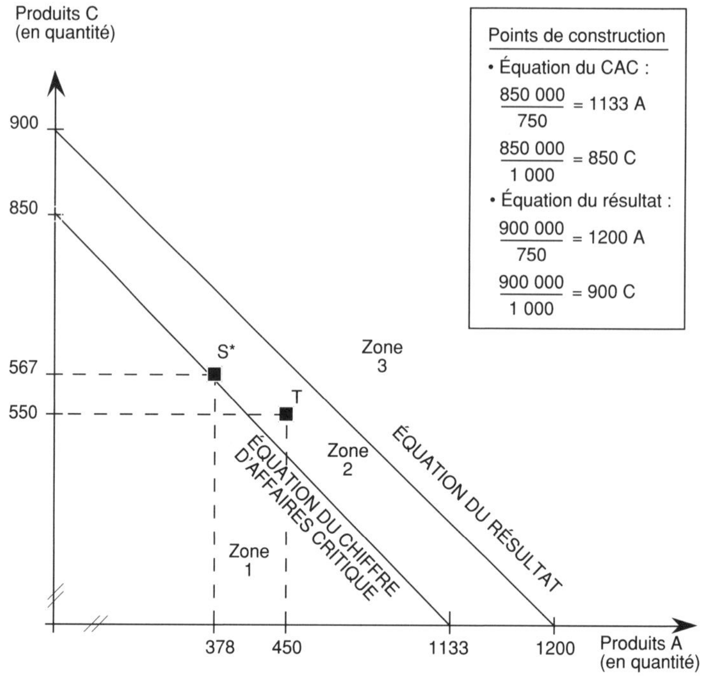

Le tracé des droites délimite trois zones dans le plan :
- **zone 1** : chiffre d'affaires critique non atteint et résultat inférieur à 50 000 € ;
- **zone 2** : chiffre d'affaires critique dépassé mais résultat inférieur à 50 000 € ;
- **zone 3** : résultat supérieur à 50 000 € et chiffre d'affaires supérieur au chiffre d'affaires critique.

Il est envisageable, alors, de tester des hypothèses de combinaisons de A et C différentes de celles prévues et d'analyser leurs conséquences.

Supposons que les ventes réelles s'établissent à 550 A et 450 C (point T du graphique), on voit que le chiffre d'affaires critique est atteint mais que le résultat obtenu est inférieur à celui prévu.

2.3 La méthode des coûts variables et la valorisation des stocks

Dans les exemples précédents, ont été volontairement négligés les problèmes de variation de stocks entre produits vendus et produits fabriqués.

Soit une entreprise en situation de stockage sur une période donnée. Par simplification, on supposera qu'il n'y a pas de stock initial de produits.

Le compte de résultat de la comptabilité générale peut être représenté ainsi :

Coût de production complet des produits fabriqués : – produits vendus – produits stockés Résultat de la comptabilité générale	• Chiffres d'affaires des produits vendus • Production stockée évaluée au coût de production complet des produits stockés

La production stockée au crédit annule en fait le coût de production des produits stockés qui ne généreront des résultats qu'au moment de leur commercialisation.

Le résultat obtenu par la méthode des coûts variables ou «**résultat de contribution**» s'obtient de la façon suivante :

Chiffre d'affaires des produits vendus
– Coût de production variable des produits vendus
= **Marge sur coûts variables des produits vendus**
– Charges fixes de la période
= **Résultat de contribution**

Les charges fixes de la période sont, en comptabilité générale, réparties entre les produits vendus et les produits stockés ; or, en «comptabilité de contribution», elles sont supportées en totalité par les produits vendus. La part des charges fixes relatives aux produits stockés crée donc une différence de traitement comptable entre les deux comptabilités.

Il est facile de généraliser cette procédure de concordance à une situation de variation de stocks. Dans ce cas il vient :

Chiffre d'affaires des produits vendus
– Coût de production variable des produits vendus
= **Marge sur coûts variables des produits vendus**
– Charges fixes de la période
= **Résultat de contribution**
– Charges fixes incluses dans la variation de stocks (stock initial - stock final)
= **Résultat de la comptabilité générale**

Exemple

Soit la production de 600 produits dans les conditions d'exploitation suivantes :

Charges variables unitaires : 400 € par produit.
Charges fixes de la période : 480 000 €.
Stock initial : 100 produits à 106 000 € dont 70 000 € de charges fixes.
Il a été vendu 580 produits à 1400 € l'un.

Le CUMP de la période apparaît à :

$$\frac{106\ 000\ € + [(600 \text{ pdts} \times 400\ €) + 480\ 000\ €]}{100 + 600} = 1\ 180\ €.$$

et le stock final = 120 pdts × 1 180 = 141 600 €.

Calcul du résultat de la comptabilité générale

Charges variables 600 produits × 400	240 000	Chiffre d'affaires (580 produits × 1 400)	812 000
Charges fixes	480 000	Production stockée (141 600 – 106 000)	+ 35 600
Résultat général	127 600		
Total	847 600	Total	847 600

Le compte de résultat différentiel s'établit comme suit :

Chiffres d'affaires :	812 000
Charges variables des produits vendus :	
$\frac{(36\ 000\ € + 240\ 000\ €)}{700} \times 580$ pdts =	– 228 686
Marge sur coût variable :	583 314
Charges fixes de la période :	– 480 000
Résultat de contribution :	103 314

L'écart entre les deux résultats est de 24 286 € et correspond aux charges fixes incluses dans la variation de stocks :

Variation de stock en coût complet : (SF : 141 600 – SI : 106 000)	(+ 35 600)
Variation de stock en coût variable : (SF : 47 314 – SI : 36 000)	– (+ 11 314)
	= 24 286

RÉFLEXIONS SUR LE THÈME

1. L'environnement économique et social crée des charges indirectes fixes

Les charges fixes indirectes soulèvent souvent des problèmes de répartition. Or l'environnement économique et social actuel crée des charges de cette nature : nous allons essayer de l'illustrer de façon simplificatrice et schématique avec l'évolution de la nature des charges de personnel de production.

Dans la première moitié du siècle, la main-d'œuvre est peu protégée par les législations et rémunérée en fonction de son rendement. Par ailleurs, l'organisation taylorienne de la production affecte l'opérateur à des tâches précises sur un cycle de fabrication : le coût de cette main-d'œuvre peut-être analysé comme une charge variable directe.

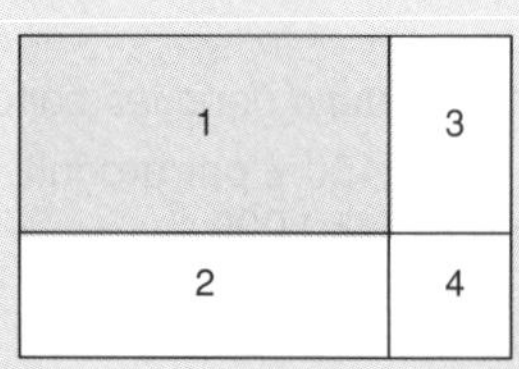

Dans les années 70 : la protection sociale s'est accrue, on ne peut plus aussi facilement ajuster son personnel aux variations d'activité. D'autres part, les conditions de rémunérations (mensualisation, congés payés et autres avantages) transforment la nature de la charge. Les conditions de production restent globalement les mêmes : la main d'œuvre peut être considérée comme un coût fixe direct.

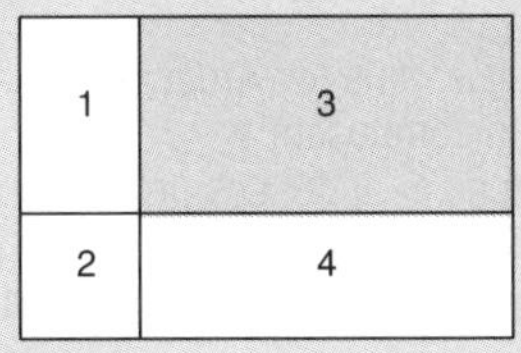

Dans les années 80 : les conditions de rémunération sont les mêmes mais l'organisation de la production évolue. Les ateliers sont structurés par cellules de postes de travail diversifiés avec des opérateurs polyvalents. La production est organisée en petites séries de produits différents ; la main-d'œuvre de production devient une charge fixe indirecte.

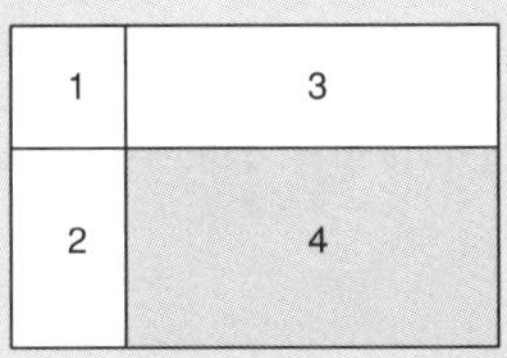

Cette évolution schématique est constatée, par ailleurs, dans d'autres domaines : à l'heure actuelle, il est fréquent que les charges indirectes représentent 70 % de l'ensemble des charges de l'entreprise.

2. Les méthodes de coûts partiels sont complémentaires des méthodes de coûts complets

Les méthodes de coûts partiels refusent les répartitions des charges indirectes et fixes, mais pour autant elles ne s'opposent pas aux méthodes de coûts complets. Elles répondent à d'autres préoccupations et doivent être envisagées comme un outil complémentaire d'analyse.

Ainsi, l'étude de l'exploitation future d'une liaison aérienne s'appuiera sur le coût de revient du passager transporté en fonction des types d'avions envisagés (gros ou moyen porteur) afin de déterminer la rentabilité éventuelle du projet. Par contre, une fois le choix effectué et les frais fixes engagés, une connaissance du coût variable du passager transporté est suffisante pour définir des politiques de tarifications préférentielles qui doivent permettre un meilleur taux de remplissage.

Il est aisé de voir que les deux types de méthodes répondent à des préoccupations différentes mais non contradictoires. C'est au contrôleur de gestion de connaître, en fonction des besoins, quelle méthode est la plus pertinente.

Applications

① *Société Santal*

La société anonyme Santal est installée dans les Ardennes. Elle fabrique des produits électroniques sur la base de quatre composants *x* pour un composant *y*.
Il n'y a aucun encours initial et de fin de période. Les produits fabriqués sont directement livrées aux distributeurs : il n'y a donc pas de stock de produits finis.
Vous relevez les renseignements suivants en ce qui concerne l'activité du mois de juin :

	Composant *x*	Composant *y*
Production mensuelle (en unités)	24 000	6 000
Consommation de matières premières au coût moyen pondéré	199 200 €	78 000 €
Main d'œuvre directe variable (charges sociales comprises)	84 000 €	36 000 €
Prix de vente unitaire	35 €	60 €
Frais de distribution (proportionnels au CA HT)	4,5 %	2,25 %

Les frais d'atelier sont de 548 000 € dont 320 000 € de frais fixes répartis entre les coûts de production de x et de y proportionnellement au coût de la main d'œuvre affecté à chaque article.

QUESTIONS

Pour chacun des deux produits :

1. Calculer le coût de revient unitaire.

2. Calculer le résultat analytique mensuel.

3. Calculer la marge sur coûts variables et le pourcentage de cette marge par rapport au prix de vente.

4. Déterminer le seuil de rentabilité du mois (au millier d'euros supérieur).
Exprimer le seuil de rentabilité en articles à produire et à vendre sachant qu'il y a toujours 4 *x* pour 1 *y*.

5. Suite aux résultats trouvés précédemment :

a) déterminer un nouveau prix de vente pour *x* de telle sorte que le pourcentage du résultat analytique par rapport au prix de vente soit le même pour les deux articles, toutes les données du texte restant inchangées ;

b) l'acquisition de nouvelles parts de marché entraînant une augmentation de la production moyennant une augmentation des charges fixes de 12 500 € pour le mois, calculer la nouvelle production de x et de y à réaliser pour obtenir un résultat mensuel de 385 000 €. (Les autres données de l'énoncé restant inchangées.) Présenter une solution comptable et une solution graphique.

② *Produits joints ou liés*

Un atelier traite des matières premières animales (achetées auprès des abattoirs) et végétales (achetées auprès des maraîchers). Dès leur arrivée dans l'atelier, ces matières, additionnées de composés nutritifs spécifiques, sont malaxées et cuites dans une batterie d'autoclaves-extracteurs.
Il n'y a pas de stockage, les produits, obtenus en continu, étant aussitôt «vendus» au centre de distribution avec application d'un prix de cession interne. Le centre de distribution s'engage à acheter toute la production de l'atelier.
À l'issue de cette première phase, trois produits sont nécessairement obtenus ***conjointement*** à la sortie des autoclaves-extracteurs :

– un **compost** organique, que la texture rend impropre à la consommation animale, mais qui peut être utilisé par l'agriculture maraîchère ;
– un composé complexe de **graisses** légères ;
– une **base** qui constitue l'élément essentiel de produits destinés à l'alimentation animale.

- Le *compost* peut être vendu en l'état, sans frais complémentaires, au prix de 400 € la tonne. Il peut être aussi compacté sous forme de galettes de 5 kilogrammes vendues 2,5 € l'une.
- Les *graisses* subissent systématiquement un *premier affinage* à l'issue duquel elles sont conditionnées en fûts plastifiés de 50 litres et vendues 120 € le fût. Il est possible aussi, après le premier affinage et avant tout conditionnement, de faire subir à ces graisses affinées un *second affinage,* suivi d'un conditionnement en bidons plastifiés de 10 litres. Chaque bidon peut être vendu 38 €.
- La *base* peut être vendue, après ensachage en *sacs* de 100 kilogrammes, au prix de 64 € le sac. Elle peut aussi faire l'objet d'un traitement complémentaire sans ensachage (adjonction d'additifs vitaminés et de colorants, conditionnement sous *paquets* de 1 kilogramme) et vendue 0,50 € le paquet.

Pour le trimestre à venir, les informations prévisionnelles suivantes ont été collectées (il est considéré que les coûts fixes éventuellement imputés sont tous spécifiques et disparaissent si l'action qui les génère cesse complètement).

Première phase (mélange et traitement en autoclaves-extracteurs)

Matières végétales et animales achetées pour un coût total de 700 000 €.
Additifs spécifiques consommés pour un coût total de 40 000 €.
Charges opérationnelles : 120 000 €.
Charges de structure imputables : 68 200 €.
Production prévue : seront conjointement obtenus :
1 400 tonnes de compost brut, 100 000 litres de graisses brutes et 1 200 tonnes de «base» brute.

Traitement éventuel du compost brut

Charges spécifiques imputables de compactage, conditionnement et manutention : 190 000 €.
Perte de poids au compactage : 5 %.

Traitement des graisses

Premier affinage (il n'y a pas de perte de matière pendant cette phase) : il est prévu l'obtention de 2 000 fûts. Coûts complémentaire de premier affinage : 0,70 € par litre de graisse brute. Coût du conditionnement éventuel : 6 € par fût.
Second affinage éventuel : en tenant compte des pertes de substances inévitables à ce stade, il serait possible d'obtenir 9 000 bidons.
Coût complémentaire d'affinage et de conditionnement : 8,80 € par bidon.

Traitement de la «base»

Coût de l'ensachage (qui n'entraîne aucune perte de poids) : 14 € par sac.
Le traitement complémentaire éventuel entraînerait une perte de poids de 10 %, et un coût complémentaire de fabrication (13 € par tonne obtenue) et de conditionnement (2,4 €par tonne obtenue).

QUESTIONS

1. **Calculer les divers résultats analytiques en supposant que tout le compost est vendu en galettes, que toutes les graisses sont vendues en bidons et que toute la «base» est vendue en paquets (il est précisé que les coûts indivis sont répartis au prorata des chiffres d'affaires). Commenter le choix de cette clé de répartition.**
2. **L'atelier a la possibilité, indépendamment pour chacun des produits obtenus à la fin de la première phase (compost, graisses, «base)»), de se lancer dans des opérations de traitement complémentaire, ou, au contraire, de les vendre en l'état le moins élaboré. Déterminer le programme d'action qui optimiserait le résultat de l'atelier. Calculer le résultat optimal résultant de ce choix.**

(d'après DECF)

③ *Société industrielle de confection*

Dans le cadre d'une politique de diversification concentrique de ses produits et de ses marchés, la Société industrielle de confection envisage de lancer un nouveau produit qui utiliserait les technologies traditionnelles de l'entreprise.

I. Le compte de résultat prévisionnel relatif à ce nouveau produit est établi sur la base des informations suivantes :

Production et vente de 10 000 unités à........ 600 €
Charges fixes spécifiques............................ 880 000 €
Charges fixes non spécifiques...................... néant

Charges variables :
– d'achat et de production : .... 400 € l'unité
– de distribution : ....12 % du chiffre d'affaires

QUESTIONS

1. **Calculer le «résultat courant avant impôt» prévisionnel.**
2. **Quel est le levier opérationnel ou «coefficient de volatilité» au niveau prévu ? Que représente-t-il en termes d'élasticité ? Que signifie-t-il ?**

II. Une politique rationnelle de prix pourrait permettre de maximiser le profit de cette activité additionnelle ; il ressort d'une étude de marché que l'élasticité de la demande à l'entreprise est de – 20, au niveau considéré, pour une fourchette de variation du prix de vente unitaire compris entre + 4 % et – 12 %.

QUESTION

3. **Déterminer le montant optimal des ventes, en quantité et en valeur, qui permet de maximiser le bénéfice (arrondir le pourcentage de variation de prix à l'entier le plus proche).**

III. En fait, si l'entreprise veut produire plus de 15 000 produits, elle doit modifier sa structure, ce qui entraîne :

- une augmentation des charges fixes spécifiques de 300 000 € par tranche de 5 000 unités supplémentaires ;
- une augmentation des charges fixes non spécifiques de 100 000 € par tranche de 15 000 unités supplémentaires ;
- une réduction des coûts d'approvisionnement et de production de 10 % de leur montant prévu sur toute la production.

D'autre part, toute fraction de production supérieure à 10 000 unités ne peut être écoulée que sur un marché discriminant par le canal d'une grande surface qui propose d'acheter 20 000 unités mais au prix unitaire de 400 € ; pour ces 20 000 unités ainsi vendues, les frais variables de distribution seraient nuls.

QUESTION

(Pour cette question, retenir un prix de vente unitaire de 600 € pour les 10 000 premières unités.)

4. **En supposant le changement de structure réalisé de façon instantanée au début de l'exercice, calculer le résultat courant avant impôt pour une production finale de 30 000 unités.**

(d'après DECF)

(4) Société Abysse

Depuis plus d'une dizaine d'années, la société Abysse exerce une activité non loin de Carcassonne. Spécialisée dans l'éclairage subaquatique, cette entreprise s'est créée une excellente réputation dans le milieu des plongeurs grâce à ses «torches sous-marines» d'une très haute qualité : lumière halogène alimentée par accumulateurs rechargeables, étanchéité en eau profonde, montage électronique novateur. Le marché ciblé est celui de la plongée professionnelle, sportive ou de loisir. Son développement continuel dans la dernière période traduit le besoin de sport à risque et de sport nature du public.

Au cours des années, l'entreprise a cherché à étendre sa gamme de produits afin d'atténuer les effets des fluctuations saisonnières du marché. Elle propose ainsi en plus des torches :
- un modèle de «lampe de tête tous sports», puissant, rechargeable et étanche. Il répond aux besoins des professionnels de la protection civile et de la sécurité ainsi que des sportifs : VTT, planche à voile, spéléo ;
- et depuis quelques années, un «phare d'éclairage de surface» de grande qualité, utilisé sur les terrains sportifs et les chantiers.

Cette diversification n'a pas été sans conséquence sur l'organisation de l'entreprise. Sont ainsi distinguées deux activités au niveau des produits finals :
- l'**activité éclairage sous-marin**. Elle constitue le «noyau dur» de l'entreprise, son domaine de spécialité. Elle regroupe la fabrication et la vente des «torches sous-marines» et des «lampes de tête tous sports» ;
- l'**activité éclairage de surface** qui n'est composée que de la fabrication et de la vente d'un seul produit : les «phares de surface».

Cette distinction se retrouve au niveau géographique puisque ces deux activités sont réalisées sur le même site, mais dans des bâtiments différents : l'adjonction des «phares de surface» à la gamme des produits ne pouvait s'effectuer sans agrandir l'aire d'activité.

Chargé(e) des études auprès du dirigeant M. Vialet, celui-ci vous demande de constituer un dossier préparatoire à une réunion de direction qui aura pour objectifs :
- d'analyser la rentabilité présente ;
- de juger de la validité de certaines propositions concernant l'amélioration de cette rentabilité.

I. Étude de la rentabilité

QUESTIONS

1. **Calculer les résultats analytiques unitaires par produit et le résultat global généré par ces trois produits, au cours de l'exercice N.**
2. **Calculer la contribution de chaque produit à la couverture des charges fixes de la période (marge sur coûts variables) et le résultat global correspondant.**
3. **Apprécier la rentabilité de l'exploitation.**
4. **Identifier précisément l'origine de la différence entre les deux résultats globaux obtenus. Retrouver, par les calculs, cette différence.**
5. **Calculer les marges sur coûts spécifiques générées par chacune des deux activités et le résultat global attendu.**
6. **Définir la notion de coûts spécifiques et indiquer son intérêt pour la gestion.**

II. Proposition d'actions en vue d'améliorer la rentabilité

Remarques : Pour les questions suivantes, on supposera **négligeables les variations de stocks** ainsi que les variations du coût des facteurs.

A. Test du plan d'action n° 1 : Amélioration de la rentabilité de l'activité «Éclairage de surface»

QUESTIONS

1. **Calculer la marge sur coûts spécifiques obtenue après application de chaque décision. Quelle est la décision dont vous conseilleriez la mise en œuvre ?**
2. **Retrouver le montant des charges fixes communes à imputer à l'activité «éclairage de surface» dans une optique de coûts complets. Quel est alors le résultat analytique sur l'activité «Éclairage de surface» ? Que constatez-vous ? Expliquer ce paradoxe.**
3. **Apprécier, brièvement, le risque que cette opération ne soit pas rentable.**

B. Test du plan d'action n° 2 : Abandon de la fabrication des phares et développement de la production des éclairages sous-marins.

QUESTIONS

4. **Déterminer le résultat obtenu après application de ce plan.**
5. **Apprécier l'opportunité de cette décision.**

(d'après DECF 92)

ANNEXE 1 : Situation de l'exploitation

TABLEAU DES COÛTS UNITAIRES, EXERCICE N

	Éclairage sous-marin		Éclairage de surface
	Torches	Lampes de tête	Phares
Quantités produites	22 000	38 000	17 000
Quantités vendues	20 000	39 000	17 500
Prix de vente	480	378	524
Coût unitaire de fabrication	*444,2*	*349,2*	*508,2*
dont coût variable	296,2	230,8	389,8
Coût unitaire de distribution	*18*	*17*	*19,6*
dont coût variable	13	12	14,6

ÉTAT DES STOCKS AU 1ER JANVIER N

	Quantités	Montant global	Dont coût variable global
Torches	1 000	421 200	291 600
Lampes de tête	4 000	1 380 000	906 400
Phares	2 000	1 012 600	775 800

CONDITIONS TECHNIQUES ET COMMERCIALES DE L'EXPLOITATION

1. Conditions techniques

La fabrication des éclairages sous-marins ou de surface requiert l'intervention de soudeurs hautement qualifiés. Ce niveau de spécialité étant très difficile à trouver sur le marché local de l'emploi, le nombre d'heures disponibles constitue une entrave au développement de la production de l'entreprise.

En N, ces heures de fabrication se sont réparties de la façon suivante :

Torches	Lampes	Phares	Total
44 000 h	57 000 h	34 000 h	135 000 h

2. Conditions commerciales

Des études de marché ont permis de chiffrer la capacité maximale d'absorption de nos produits, à :

Torches	Lampes	Phares
20 000	35 000	50 000

3. Composition des charges fixes

a. Les charges fixes de fabrication : Une étude plus approfondie de ces charges permet de distinguer :

- des charges spécifiques : à l'activité «éclairage de surface» : 442 000 € et «éclairage sous-marin» : 1 703 000 €. Il s'agit de la location des bâtiments et des redevances de crédit-bail ;
- des charges communes aux deux activités. Il a été décidé de les répartir entre les trois produits au prorata des charges fixes spécifiques, lorsque c'est nécessaire.

b. Les charges fixes de distribution : Elles sont réparties au prorata des quantités vendues.

ANNEXE 2

PLANS D'AMÉLIORATION DE LA RENTABILITÉ ENVISAGÉS PAR M. VIALET

Plan d'action n° 1 – Amélioration de la rentabilité globale de l'activité «éclairage de surface»

M. Vialet estime nécessaire d'augmenter les quantités vendues et/ou de diminuer le coût unitaire variable de fabrication.

Trois décisions sont envisageables :

D1. Diminution du prix de vente de 2 %. L'élasticité des quantités par rapport aux prix est de – 5.

D2. Diminution du coût variable de fabrication réalisée grâce à un investissement de productivité financé par crédit-bail.
Dans ce cas : coût variable de fabrication .... 388,40 € l'unité
charges fixes supplémentaires .... 25 000 € par an

D3. Conjonction des deux décisions précédentes : D1 + D2.

Plan d'action n° 2 – Abandon de l'activité «éclairage de surface»

Les ressources en heures de soudage disponibles sont transférées à l'activité «éclairage sous-marin» qui pourra ainsi être développée. Le plan de production de cette activité serait alors de 50 000 lampes et 30 000 torches fabriquées et vendues par an. Il s'ensuivrait une augmentation de 500 000 € des charges fixes de l'activité.

(5) Les Éditions Paper

(À partir du sujet 2003, épreuve DECF 7.)

Les Éditions Paper, filiale d'un grand groupe d'édition, sont spécialisées dans l'édition scolaire. Chaque projet éditorial est mené sous la responsabilité d'un responsable éditorial. Celui-ci définit les caractéristiques de l'ouvrage en collaboration avec l'auteur (ou les auteurs), étudie la rentabilité du projet, puis assure le suivi de réalisation (conformité avec le cahier des charges, planning, etc.). Pour chaque ouvrage conçu, le responsable éditorial fait appel aux services d'un fabricant qui définit la maquette de l'ouvrage (mise en forme du texte, couleurs, symbolisme, etc.). Les opérations de saisie, de numérisation et d'impression sont traitées en externe.

Comme le coût de réalisation d'un ouvrage comporte une part importante de coûts fixes de fabrication : saisie des textes ou numérisation des schémas, élaboration des maquettes de couverture, etc., le taux de marge brute dégagé sur l'ouvrage s'accroît de manière notable avec l'augmentation des ventes annuelles en raison d'une meilleure absorption des coûts fixes.

Le responsable éditorial des ouvrages d'enseignement supérieur vous demande une étude prévisionnelle de coût et de rentabilité pour quatre projets d'ouvrages parascolaires du plan d'édition N (ouvrages disponibles à la rentrée de septembre N). Le parascolaire concerne tous les ouvrages de révision achetés par les élèves et étudiants ; ce marché est en fort développement.

Le mode de calcul des coûts des éditions Paper est donné en annexe 1. Ces projets sont décrits en annexe 2. Vous disposez, en annexe 3, d'une étude de coûts pour ce type d'ouvrage.

QUESTIONS

I. ÉTUDE DU PROJET 1 :

1. **En partant du prix public HT, retrouver le coût maximum de fabrication et d'impression ou coût cible qui permette un taux de marge brute de 35 %.**
2. **Calculer le coût estimé de fabrication et d'impression dans l'hypothèse de 6 000 exemplaires imprimés et vendus.**
3. **Calculer le volume de ventes, en nombre d'exemplaires imprimés et vendus, nécessaire pour atteindre le taux de marge brute de contribution souhaité (35 %).**
4. **Proposer des moyens qui pourraient permettre d'ajuster le coût estimé de cet ouvrage au coût maximum obtenu en 1.1.**

II. ÉTUDE DU PROJET 2 :

1. **Exprimer, en fonction du nombre d'exemplaires vendus (x), le résultat (après marge brute de contribution souhaitée) dégagé par cet ouvrage, si l'on procède à une seule édition de 10 000 exemplaires.**
2. **Exprimer, en fonction du nombre d'exemplaires vendus (x), le résultat dans le cas où l'on réalise deux éditions.**
3. **En déduire le volume de ventes au-delà duquel une seule édition de 10 000 exemplaires sera préférée à une première édition suivie d'une réédition ajustant le tirage à la demande.**

III. ÉTUDE DU PROJET 3 :

1. **Exprimer, en fonction du prix de vente public hors taxes (P), le résultat (après marge brute de contribution souhaitée) dégagé par cet ouvrage.**
2. **Calculer le prix de vente minimum assurant la rentabilité de l'ouvrage.**

IV. ÉTUDE DU PROJET 4 :

1. **Exprimer, en fonction du nombre d'exemplaires vendus (x), le résultat (après marge brute de contribution souhaitée) dégagé par cet ouvrage, si l'on opte pour 144 pages et en supposant que tous les exemplaires imprimés seront vendus.**
2. **En déduire les quantités minimales à vendre pour que l'ouvrage soit rentable.**

V. ÉVALUATION DU SYSTÈME DE CALCUL DES COÛTS :

1. **La prise en compte d'un objectif de marge brute de contribution, intégré dans les coûts pour le calcul du résultat prévisionnel de chaque projet vous paraît-elle pertinente ?**
2. **À quelles méthodes de coûts le système mis en place chez Paper emprunte-t-il ? Quelle appréciation portez-vous sur ce système ?**

ANNEXE 1

STRUCTURE DES COÛTS AUX ÉDITIONS PAPER

Les Éditions Paper réalisent toutes leurs ventes par l'intermédiaire des libraires, les commandes des établissements scolaires étant elles-mêmes adressées à un libraire.

Les relevés de vente indiquent, d'une part, le prix de vente public (prix pratiqué par le libraire) et d'autre part, le prix de cession qui est le prix de vente des Éditions Paper aux libraires, autrement dit le prix de cession est le prix public diminué de la remise au libraire.

Le prix de cession diminué des droits d'auteurs donne une première marge appelée « marge nette ». De cette marge nette, sont soustraits les coûts directs de fabrication et d'impression pour obtenir une marge qualifiée de « marge brute sur coûts directs ».

Le taux de marge brute est égal au rapport :

$$\frac{\text{Marge brute sur coûts directs}}{\text{Prix de cession HT}}$$

La somme des marges brutes effectivement dégagées permet la couverture des frais de structure comme la rémunération des personnels, le coût des locaux et des équipements, les frais de représentation commerciale, etc.

Dans des calculs de profitabilité prévisionnelle de manuels à éditer, la marge brute sur coûts directs est fixée au taux cible de 35 %. Elle est dite alors « de contribution » car il s'agit d'une participation obligatoire de l'ouvrage à la couverture des charges de structure (rémunération des personnels, coûts des locaux et des équipements, frais de représentation commerciale, etc.).

Autrement dit, elle est assimilable à une part de charges communes imputée à l'ouvrage.

ANNEXE 2

Description de quatre projets d'ouvrages parascolaires

Projet 1 : « Informatique »
Ouvrage de 128 pages. Le prix de vente public hors taxes est de 7 €.

Projet 2 : « Révision – BTS commerciaux »
Ouvrage de 128 pages vendu au prix public HT de 7 €. L'étude de marché laisse espérer des ventes de 7 000 à 10 000 exemplaires. Le responsable hésite entre une édition de 10 000 exemplaires et une première édition de 5 000 exemplaires suivie d'une réédition dont le volume sera ajusté sur la demande réelle de l'ouvrage.

Projet 3 : « Données économiques N »
La durée de vie de cet ouvrage de 128 pages est d'un an. Une seule édition est prévue pour un volume de 8 000 exemplaires. Par prudence, les calculs de prix tiendront compte d'un taux d'invendu de 10 %.

Projet 4 : « Fiscalité ».
Une seule édition est prévue car de nombreuses réformes sont attendues lors de la prochaine loi de finances. L'auteur plaide pour un ouvrage de 144 pages alors que les Éditions Paper souhaiteraient qu'on se limite à 128 pages. Dans les deux cas, le prix de vente public hors taxes retenu est de 7,50 €.

ANNEXE 3

Coûts de réalisation d'un ouvrage parascolaire

Nombre de pages : Les ouvrages contiennent tous un nombre de pages multiple de 16 (contrainte d'impression). Les ouvrages parascolaires ont généralement un volume de 128 ou 144 pages.
Volume d'édition : Pour un ouvrage, le volume minimum imprimé est de 5 000 ouvrages pour une édition. On peut procéder à des rééditions d'un volume minimum de 3 000 exemplaires.
Remise accordée aux libraires : 30 % du prix public hors taxes.
Droits d'auteur : 8 % du prix public hors taxes des exemplaires vendus.
Coûts estimés de fabrication et d'impression d'un ouvrage de 128 pages :

	Coûts fixes		Coûts variables par exemplaire
	1re édition	Réédition (1)	
Composition et numérisation Maquette et montage Correction des épreuves	5 800 € 3 700 € 500 €	500 € 300 €	
Impression	800 €	800 €	0,96 €

(1) Les auteurs profitent souvent d'une réédition pour corriger et apporter des modifications mineures à l'ouvrage.

Coûts estimés de fabrication et d'impression d'un ouvrage de 144 pages :
Coûts fixes : ils sont supérieurs de 5 % à ceux d'un ouvrage de 128 pages.
Coûts variables par exemplaire : ils sont proportionnels au nombre de pages de l'ouvrage.
Marge brute souhaitée
Tous les projets retenus doivent dégager un taux de marge brute au moins égal à 35 %.

8 Le coût marginal

L'utilisation du coût marginal permet d'étudier les variations des charges de toute nature en fonction des fluctuations d'activité afin d'en apprécier l'incidence sur le profit global.

Sans être une méthode à proprement parler, l'utilisation ponctuelle de cet outil permet des réponses à certains problèmes de gestion :
– à quel prix accepter une commande supplémentaire ?
– comment, dans ce cas, maximiser le résultat ?

La notion de coût marginal a été initialement définie dans le cadre de la théorie micro-économique classique. C'est plus tard que les gestionnaires se sont aperçus de l'intérêt d'un tel concept. Ils ont alors adapté les résultats mathématiques à la réalité de l'entreprise.

C'est pourquoi après avoir défini les caractéristiques du coût marginal, nous étudierons son aspect mathématique.

1. Les caractéristiques du coût marginal

1.1 Définitions

Selon le **Plan comptable**, le coût marginal est «la différence entre l'ensemble des charges d'exploitation nécessaires à une production donnée et l'ensemble de celles qui sont nécessaires à cette même production majorée ou minorée d'une unité».

Soit deux niveaux d'activités An et An+1 auxquels correspondent deux coûts Cn et Cn+1 ; on a :

Coût marginal (Cma) = Cn+1 – Cn

Exemple

Soit une entreprise fabriquant et commercialisant 10 lots de produits pour un coût de revient de 56 000 €. Une étude montre que la fabrication de 11 lots entraînerait des coûts totaux d'un montant de 61 000 €.
Le coût marginal du lot est égal à :
Cma = 61 000 € – 56 000 € = 5 000 €

De l'exemple précédent, découle une autre définition du coût marginal.

> Le coût marginal est égal au **coût de la dernière unité fabriquée** pour atteindre un niveau de production donnée.

Ces définitions soulèvent deux remarques :
- **l'unité** dans le monde de la production peut être un lot, une série ou un article ;
- la définition s'applique non seulement à une augmentation mais aussi à une diminution de la production.

Dans la pratique, la deuxième définition est plus utilisée dès lors que sont connues les charges composant le coût de la dernière unité produite.

1.2 Composantes du coût marginal

Le coût de la dernière unité produite se compose, comme tous les coûts, de charges de nature différente :
- les charges variables qu'entraîne sa réalisation ;
- les charges fixes éventuellement nécessaires à sa production si un changement de structure se révèle indispensable.

Il ressort que :

> Le coût marginal est **égal aux charges variables unitaires** sous deux conditions :
> - **structure inchangée** donc pas de modifications des coûts fixes,
> - charges **variables strictement proportionnelles** aux quantités.

Dans le cas où la fonction de coût total est représentée par le modèle de la courbe en S, le coût marginal est alors une courbe en U.

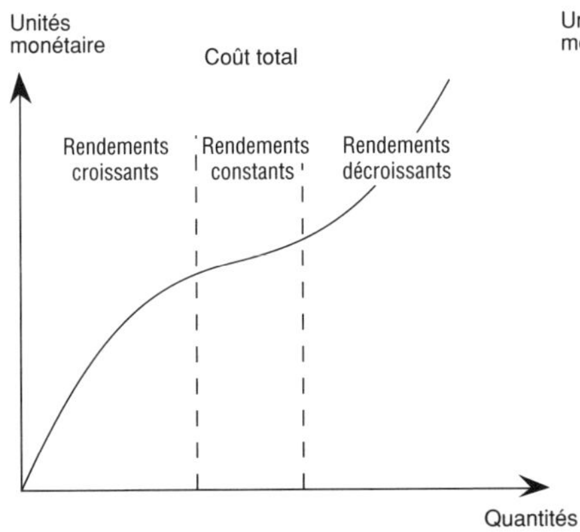

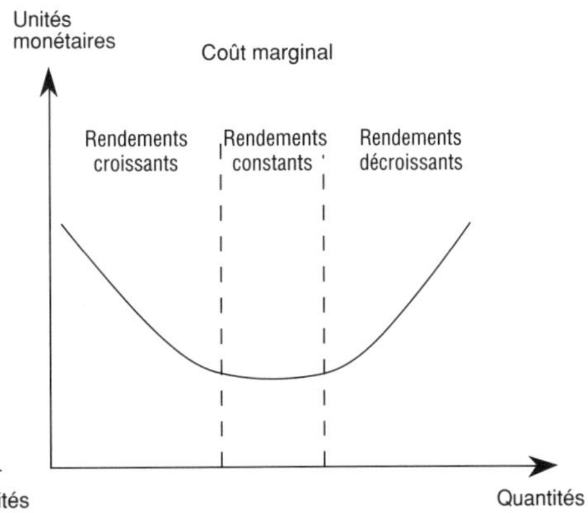

On constate que :

- dans la **zone des rendements croissants**, il faut moins de facteurs de production pour produire un produit, le **coût marginal est décroissant** ;
- dans la **zone de rendements constants**, le coût marginal est constant puisque chaque unité produite consomme la même quantité de facteurs ;
- dans la **zone des rendements décroissants**, il faut plus de facteurs de production pour un produit, le **coût marginal est croissant**.

Les composantes du coût marginal recensées, il est utile d'étudier les aspects mathématiques de cet outil.

2. Les aspects mathématiques du coût marginal

Il nous faut envisager les relations du coût marginal avec le coût total, le coût moyen et le profit.

2.1 Coût marginal et coût total

Quelle que soit la relation mathématique qui lie le coût total aux quantités, le coût total (Cto) est fonction des quantités et on peut écrire :

$$\text{Cto} = f(Q) \quad \text{avec} \quad Q \text{ exprimant les quantités}$$

Compte tenu de la définition du coût marginal (Cma), on obtient :

$$\text{Cma} = \frac{f(Q + \Delta Q) - f(Q)}{\Delta Q}$$

Si ΔQ est infiniment petit et que f(Q) est dérivable, la valeur de Cma quand $\Delta Q \rightarrow 0$ est égal à la dérivée du coût total :

$$\text{Cma} = \text{Cto}' = f'(Q)$$

et donc : Coût marginal = Dérivée du coût total

2.2 Coût marginal et coût moyen

Pour une structure donnée, il est important de connaître la quantité de produits pour laquelle le coût moyen est minimum, puisque cette quantité permet une production au moindre coût.

Le coût moyen (Cmo) est égal au coût total divisé par les quantités :

$$\text{Cmo} = \text{Cto} / Q \quad \text{ou encore} \quad \text{Cmo} = f(Q) / Q$$

Une fonction est minimum lorsque sa dérivée première est nulle et que sa dérivée seconde est positive. En admettant les conditions de second ordre, la dérivée du coût moyen s'écrit :

$$Cmo' = \frac{f'(Q) \times Q - f(Q)}{Q^2} = 0$$

Il vient que : $f'(Q) = f(Q) / Q$

Cma = Cmo
Le **coût marginal est égal au minimum du coût moyen**.

Ce point caractéristique s'appelle l'**optimum technique**. Il représente la quantité de produit pour laquelle la combinaison productive est la plus économique.

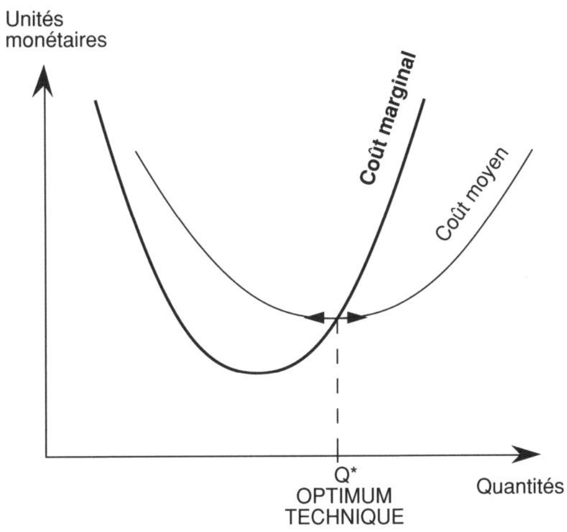

2.3 Coût marginal et profit

Selon un raisonnement similaire, la recette totale (Rto), la recette marginale (Rma) et la recette moyenne (Rmo) peuvent être définies. Comme la recette totale est fonction des quantités, on peut écrire :

$$Rto = g(Q)$$
$$Rma = Rto' = g'(Q)$$
$$Rmo = Rto / Q = g(Q) / Q$$

Le profit se définit comme la différence entre la recette totale et le coût total. Il est maximum quand sa dérivée première est nulle et sa dérivée seconde négative.

En admettant les conditions de second ordre respectées sur les dérivées, on peut écrire que le profit total (Pto) est égal à :

$$Pto = Rto - Cto \text{ et donc } Pto' = Rto' - Cto' = 0$$

⇒ Profit est maximum quand Rma = Cma

Le profit est maximum quand la recette marginale est égale au coût marginal.

Ce point s'appelle l'**optimum économique**. Il représente la quantité pour laquelle l'efficience économique est optimale.

Dans le cas fréquent où le prix de vente décroît en fonction des quantités vendues, l'optimum économique est déterminé par le graphique suivant :

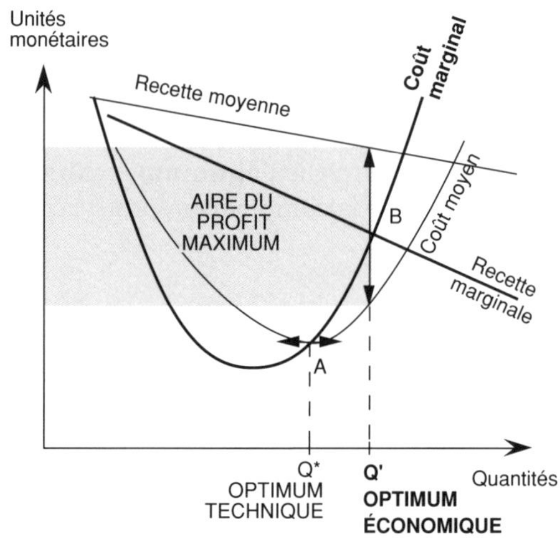

L'étude précédente cherchait à déterminer le prix optimum pour l'entreprise dans l'hypothèse où toute la production est écoulée au prix défini.

Mais la notion de coût marginal peut être également utilisée pour juger de l'opportunité d'accepter des commandes supplémentaires.

2.4 Politique de prix différentiels

L'application du coût marginal à la gestion est assez fréquente en cas de commande ou d'investissement supplémentaire.

Toute commande supplémentaire sera acceptée tant que le coût marginal est inférieur à la recette marginale attendue de cette commande.

Exemple

Une entreprise travaille à 80 % de sa capacité. La structure des coûts est la suivante pour la production de 8 000 produits :

- coûts variables unitaires : 100 €,
- coûts de structure : 80 000 €.

Un nouveau client se présente pour une commande de 1000 produits réalisés dans des conditions normales. Il accepte de payer chaque produit au tarif de 125 €.

Un tel prix est-il acceptable ?

Première commande

Les 1000 produits supplémentaires ne saturent pas la capacité de production de 10 000. Le coût marginal est, dans ce cas, égal aux charges variables unitaires.

Cma = 100 €, Rma = 125 € ⇒ le profit par unité est de 25 € et le résultat de l'entreprise augmentera donc de 25 000 €.

L'entreprise accepte cette première commande.

Un nouveau marché apparaît d'une capacité de 5 000 produits. Pour répondre à cette demande, il faudrait faire subir à chacun des produits un traitement spécifique qui ferait croître les coûts variables unitaires de 10 %. Par ailleurs, la direction chiffre à 12 000 € les charges fixes supplémentaires.
À quel prix doit-elle écouler ce produit ?

Nouveau marché

La capacité de 10 000 est insuffisante pour faire face à la demande :
8 000 + 1 000 + 5 000 = 14 000.

Il faut changer de structure, soit un coût marginal composé de charges variables unitaires et de charges fixes supplémentaires.

- Charges variables unitaires : 100 + (100 × 10 %) = 110 €
- Charges fixes supplémentaires : 12 000 € soit un coût marginal pour les 5 000 unités de (110 × 5 000) + 12 000 = 562 000 €
  et pour un produit : 562 000 / 5 000 = 112,4 €

Tout prix de vente supérieur au coût marginal de 112,4 € est acceptable.

RÉFLEXIONS SUR LE THÈME

1. L'indivisibilité des facteurs de production empêche les entreprises de pratiquer un coût marginal pur

Le coût marginal est peu utilisé de façon systématique par les entreprises sauf par EDF et la SNCF qui utilise le concept pour établir certains tarifs, en particulier pour les gros consommateurs.

Pour autant, elles ne peuvent utiliser le coût marginal pur mais doivent tenir compte de l'indivisibilité des charges. Worms l'illustre ainsi dans son ouvrage *Méthodes modernes de l'économie appliquée* :

> «… Un voyageur se présentant à la gare du Nord à l'heure de départ du train pour Calais peut, s'il est fortement imprégné de raisonnement marginaliste, demander à ne payer que quelques centimes pour être autorisé à monter dans le train : il expliquera en effet que la seule dépense supplémentaire susceptible de lui être imputée correspond à l'usure de la moleskine sur laquelle il va s'asseoir, toutes les autres charges de la SNCF restant inchangées qu'il monte ou non dans le train… En réalité, la SNCF ajoute un wagon pour 100 voyageurs supplémentaires, un train pour 3 000 par exemple, une voie ferrée pour un million : elle peut donc légitimement imputer au «voyageur de Calais» le centième du prix d'un wagon, le trois millième du prix d'un train, le millionième du prix d'une voie ferrée. Ce faisant, elle choisira simplement comme prix du billet, le coût marginal moyen de développement, ce qui, sur une ligne en expansion, est parfaitement justifié.»

En théorie, c'est le premier voyageur qui, par sa présence justifiant le wagon supplémentaire, devrait supporter en totalité le coût d'immobilisation de ce dernier ; le second ne payerait alors que le prix de l'usure de la moleskine…

2. Le *yield management* ou la gestion des revenus

La notion de recette marginale et la volonté d'optimiser les recettes globales ont conduit les entreprises de services de capacité (hôtellerie, transports aériens…) à développer une « gestion des revenus » appelée «*yield management*».

Il s'agit tout à la fois d'assurer un taux de remplissage élevé et de maximiser la recette moyenne compte tenu des capacités proposées. La clientèle est segmentée en fonction de sa sensibilité au prix, au moment de son achat et aux services attachés aux produits (annulation possible, contrainte de réservation, etc.). Grâce à des systèmes d'information performants, une connaissance des attentes de la clientèle et des prévisions fines de la demande, un personnel spécialisé (des *pricers*) gère en temps réel l'offre de produit et son prix, de sorte d'affecter les places disponibles aux bons clients et aux meilleurs tarifs pour l'entreprise. Pour assurer un remplissage optimal des capacités, la pratique de la surlocation est courante et assimilée à un levier d'action : il s'agit de dédommager le client en surnombre de sorte que cette pratique se révèle moins coûteuse que la recette obtenue en classe «affaires» par le dernier client accepté.

Cette pratique, répandue dans les milieux aériens, a permis d'augmenter les recettes globales de plus de 5 %.

D'après *L'Expansion*, novembre 2003.

Applications

① *Entreprise Marin*

Dans l'entreprise Marin, la structure des coûts est la suivante, pour une production réelle de 5 000 articles :
- coûts proportionnels aux quantités : 500 000 €
- coûts fixes : 250 000 €

Cette production correspond, en fait, à un emploi de 75 % de la capacité totale de production.

I. Un client supplémentaire se présente pour une commande de 500 articles réalisée dans des conditions normales. Le client propose un prix de vente de 90 ou 120 ou 150 € par article.

QUESTION

1. Quel prix est acceptable ? Justifier impérativement la réponse.

Finalement le prix retenu est de 120 €.

QUESTION

2. Indiquer l'incidence de cette opération sur le résultat de l'entreprise ?

II. Après avoir accepté ce nouveau client, une entreprise leader sur le marché propose à la direction de l'entreprise Marin un contrat de sous-traitance portant sur 3 000 articles supplémentaires.
Après étude, le projet est chiffré par la direction. Il en ressort :
- une augmentation des frais fixes globaux de 93 873 € ;
- les charges variables unitaires sur ce produit augmenteront de 10 % du fait d'une amélioration de la qualité demandée par le donneur d'ordre.

QUESTION

3. À quel prix de vente minimum la direction doit-elle accepter cette proposition ?

En fait, elle choisit de dégager sur ce contrat, un résultat égal à 10 % du prix du contrat.

QUESTION

4. À quel prix ce contrat sera-t-il conclu ?

② *Entreprise Duflan*

La fonction de coût total de l'entreprise Duflan est la suivante (Q = quantités) :

$$C_{T0} = 20\,000 + 60\,Q + 15\,Q^2$$

L'entreprise étant sur un marché à forte concurrence, le prix de vente varie en fonction des quantités offertes d'après la relation suivante : prix de vente unitaire (P) = 1 500 – 3 Q

QUESTIONS

1. **Déterminer la quantité à vendre pour optimiser le profit.**
2. **Sur un graphique, déterminer l'aire représentant le profit maximum en fonction des quantités. Donner clairement l'équation de chacune des droites figurant sur votre graphique.**
3. **Déterminer graphiquement la quantité maximale pouvant être vendue sans entraîner de perte pour l'entreprise.**

③ *Société Microvol*

Vous êtes comptable à la société Microvol, spécialisée dans les moteurs d'avion pour modèles réduits. On vous fournit le tableau suivant indiquant le coût de revient global de chaque type de moteur :

Types de moteurs	4,5 cm^3	6 cm^3
Éléments de coût :		
Matières premières	5 190	3 460
Matières consommables	180	55
Pièces détachées	2 925	2 145
MOD	18 000	12 000
Frais de production	4 800	3 200
Frais de distribution	1 200	785
	32 295	21 645
Quantités produites mensuelles	150	80
Prix de vente unitaire	210	260

I. Nous admettons :

a) que les frais de production peuvent être considérés comme variables à 60 % et ceux de distribution à 80 % ;

b) que le total des charges fixes spécifiques peut être évalué à 1 200 € pour les moteurs de 4,5 cm^3 et à 1 000 € pour ceux de 6 cm^3.

QUESTION

En considérant le résultat spécifique sur chaque type, calculer le nombre minimum de moteurs de chaque type à vendre mensuellement.

II. Une entreprise spécialisée dans la fabrication et la commercialisation de modèles réduits souhaite vendre des voitures équipées de moteurs 4,5 cm^3. Elle propose à la société Microvol de lui en confier la fabrication.

La production actuelle, 200 moteurs par mois, s'écoule facilement. Les charges fixes mensuelles peuvent être évaluées à 1 600 € et les charges variables unitaires à 192 €. Au-delà de cette production de 200 moteurs, les charges fixes devraient doubler en raison des nouveaux investissements.

QUESTIONS

Sachant que les séries de fabrication sont de 40 moteurs :

1. **Présenter dans un tableau pour des fabrications de 200, 240, 280 et 320 moteurs de 4,5 cm^3 :**
   - **le coût global de production,**
   - **le coût moyen,**
   - **le coût marginal de série,**
   - **le coût marginal par moteur.**
2. **Préciser en fournissant toutes justifications utiles si la société Microvol aurait intérêt à accepter la proposition qui lui est faite selon que le marché porterait sur la livraison de 40, 80 ou 120 moteurs par mois, vendus au prix de 210 €.**

(d'après DECF)

(4) *Monsieur Honoré*

Monsieur Honoré a créé une petite menuiserie industrielle, et, après contacts avec les coopératives de ventes et divers groupements d'achats, il a centré sa production haut de gamme sur deux meubles de belle qualité, fabriqués en bois massif selon les techniques traditionnelles :
- une bibliothèque de style Louis XIII à 8 portes,
- un buffet d'enfilade de style Louis XIV à 4 portes et 2 tiroirs.

Bien que ces deux produits disposent d'un marché assuré, la situation financière de l'entreprise pose quelques problèmes car les prix de vente, faute de bases comptables sérieuses, ont été fixés à un niveau sans doute trop faible.

L'expérience des mois passés a montré que la production mensuelle pouvait être :
- soit de 12 bibliothèques et 0 buffet,
- soit de 36 buffets et 0 bibliothèque.

Ces deux produits utilisent les mêmes matières et sont fabriqués selon les mêmes techniques, mais les bibliothèques sont beaucoup plus importantes que les buffets bas.
Les 10 salariés de l'entreprise travaillent 35 heures par semaine et sont mensualisés.
La production est réalisée sur 11 mois. Il n'y a actuellement pas d'heures supplémentaires.
Le taux des charges sociales pour l'entreprise est de 46 %.

Une étude récente des coûts complets des deux produits a donné les résultats suivants :

	Bibliothèque	Buffet
Matières	3 272,56	1 057,56
Main-d'œuvre directe	6 052,98	2 017,66
Frais généraux	1 570,72	523,57
Charges supplétives	1 681,82	560,61
Total	12 578,08	4 159,40
arrondi à	12 600,00	4 200,00

Par ailleurs, on vous fournit les informations suivantes.

FRAIS GÉNÉRAUX : RELEVÉ ANNUEL DES DIFFÉRENTS POSTES

Charges		Montants
Achats non stockés :	électricité	41 127
	carburant	10 810
	petit outillage	16 273
	fournitures administratives	5 600
Autres charges externes :	loyer	18 000
	entretien	8 000
	assurances	12 000
	honoraires	14 000
	déplacements	3 000
	frais postaux	6 715
Impôts, taxes et versements assimilés		11 810
Charges de personnel :	charges sociales de l'exploitant (1)	6 000
Charges financières		30 000
Dotation aux amortissements		24 000
	Total	207 335

(1) Admises en charges dans les entreprises individuelles à l'inverse de la rémunération de l'exploitant.

Il faut en outre comprendre, en éléments supplétifs, pour le calcul des coûts, une rémunération fictive de l'exploitant de 12 000 € par mois et de son épouse de 6 500 € par mois, pendant 12 mois.
Dans les frais généraux, les seuls frais variables sont : l'électricité pour 50 % de son montant, le carburant pour 30 % et le petit outillage pour 80 %.
La main-d'œuvre directe ne comporte que des charges variables.

Les prix de vente ont été fixés à 12 000 € HT pour une bibliothèque et 4 600 € HT pour un buffet.

Il n'y a pas de frais de distribution, les acquéreurs venant prendre livraison des meubles à l'atelier.

QUESTIONS

1. **Calculer le coût variable de production d'une bibliothèque et d'un buffet (résultats arrondis à la centaine d'euros le plus proche).**
2. **Après avoir calculé le montant des charges fixes (arrondi aux cent euros les plus proches), déterminer le nombre minimum de meubles à produire et à vendre pour atteindre le seuil de rentabilité :**
   a) dans l'hypothèse où toute la production porterait sur des bibliothèques ;
   b) dans l'hypothèse où elle ne concernerait que des buffets ;
   c) commenter ces résultats.
3. **À quel montant minimum (chiffre arrondi à la centaine d'euros la plus proche) faudrait-il fixer le prix de vente des bibliothèques pour réaliser un résultat forcément positif, dans l'hypothèse où on ne fabrique que des bibliothèques ?**

Pour l'exercice à venir, les commandes portent sur 324 buffets et 15 bibliothèques aux prix précédents majorés de 10 %. On prévoit par précaution une hausse des coûts (fixes et variables) équivalente.

Un exportateur contacte alors Monsieur Honoré et lui propose l'achat de 20 bibliothèques à 12 800 € HT pièce. L'acceptation de cette commande impliquerait qu'un certain nombre de ces bibliothèques soient faites en heures supplémentaires par le personnel. Pour celles-là seulement les charges de main-d'œuvre directe seraient supérieures de 25 % aux charges normales.

QUESTIONS

4. **Pensez-vous que Monsieur Honoré doive accepter cette offre ? Justifier votre réponse par un raisonnement et des calculs appropriés (sans traiter le 5.).**
5. **Pour convaincre Monsieur Honoré, vous déterminerez ensuite le résultat dans les deux hypothèses (acceptation ou refus de la proposition).**

(d'après examen)

(5) *Entreprise Y*

L'entreprise Y occupe une position dominante sur son marché régional. Elle est en pleine expansion. À la fin de l'année N, elle ne fabriquait et ne vendait qu'un seul produit. La production de cette année a été telle que le coût moyen des séries fabriquées et livrées à la clientèle était minimum. Le prix de vente de la série était égal à ce coût moyen minimum majoré de 14 300 €.
À cette date, le seul concurrent de l'entreprise Y étant en difficultés sérieuses, et la capacité de production (15 séries) n'étant pas utilisée au mieux, il a été décidé de fabriquer et de vendre dorénavant le nombre de séries maximisant le bénéfice. En outre, en vue d'éliminer le concurrent, les dirigeants de l'entreprise Y ont décidé de procéder à la vente de trois séries réclames, puis de reprendre ensuite les livraisons dans les conditions normales.
Vers la fin de l'année N + 1, il s'avère – les ventes réclames ayant été un gros succès – que le concurrent est définitivement éliminé. La décision de réinvestir est alors prise, de façon à occuper la place laissée vacante par le concurrent malheureux et aussi pour fabriquer et vendre un deuxième produit dont les études de marché ont indiqué une forte demande.

Le coût marginal des 13 premières séries était prévu comme suit pour les années N et N + 1.

Séries	Coût marginal
0	40 000 €
1re	32 600 €
2e	26 400 €
3e	21 400 €
4e	17 600 €
5e	15 000 €
6e	13 600 €
7e	13 400 €
8e	14 400 €
9e	16 600 €
10e	20 000 €
11e	24 600 €
12e	30 400 €
13e	37 400 €

QUESTIONS

1. Déterminer le nombre de séries fabriquées et vendues au cours de l'année N. Calculer le prix de vente normal de la série. En déduire le bénéfice réalisé au cours de cet exercice A (l'exercice coïncide avec l'année civile ; l'entreprise écoule toute sa production).

2. Sachant que le coût marginal se calcule à partir d'un trinôme du second degré, la variable étant évidemment le numéro de la série, déterminer la valeur du coût marginal de la 14e et de la 15e série.

3. Le nombre des séries fabriquées et vendues durant l'année N + 1 par l'entreprise Y a donc été tel que le bénéfice eût été maximum sans la baisse des prix résultant des ventes réclames. Les séries ont été livrées sur le marché de la manière suivante : d'abord le nombre de séries nécessaires à la réalisation d'un bénéfice de l'ordre de 80 000 €, puis les trois séries réclames à un prix de vente moyen de 24 000 €, enfin les autres séries vendues au prix normal.

a) Déterminer le nombre de séries fabriquées et vendues pendant l'année N + 1 et le bénéfice normal correspondant.

b) Quels sont les numéros de séries écoulées lors des ventes-réclame ? À quel prix aurait-on pu les vendre s'il avait été jugé utile de ne réaliser aucun bénéfice sur ces séries (on pourra fournir plusieurs réponses en matière de prix) ?

c) Quel bénéfice l'entreprise Y a-t-elle finalement réalisé au cours de l'exercice N + 1 ?

4. Une étude des coûts marginaux de séries supplémentaires du produit traditionnel destinées à occuper la place laissée vacante par le concurrent a fourni les résultats suivants : 1re série supplémentaire, 30 000 € ; les 5 séries suivantes, 18 000 € la série. Le prix de vente normal ayant été abaissé à 34 000 € la série pour l'année N + 2, le bénéfice sur ces séries supplémentaires est-il satisfaisant ?

(d'après examen.)

9 L'imputation rationnelle des charges fixes

Dans un horizon à court terme (de un à trois ans), les produits existent, les moyens en capacité résultent de choix d'investissements antérieurs, les seuls coûts sur lesquels le gestionnaire peut agir sont des coûts dits variables. Il peut être intéressant de vouloir mettre en évidence dans la constitution du résultat de la période ce qui revient à une mauvaise anticipation des capacités nécessaires à l'activité actuelle. En effet, à court terme, les coûts dus à une capacité de production excédentaire apparaissent comme fatals et doivent être couverts systématiquement grâce aux ventes de la période.

La distinction dans le résultat de la période entre ce qui relève de la confrontation avec le marché (les ventes) et de ce qui relève d'excès de capacité (coût des capacités inemployées) est un moyen de réintroduire un lien de causalité dans la formation du résultat.

L'étude du comportement des charges nous a appris que les charges fixes unitaires sont **décroissantes** en fonction de l'activité.

Les coûts de revient, bien qu'ils intègrent les charges en privilégiant l'aspect direct/indirect, n'échappent pas aux conséquences du comportement des charges fixes.

C'est ainsi, qu'en fonction de l'activité, les coûts de revient calculés mensuellement par la comptabilité analytique vont être différents sans qu'il soit possible de nommer la cause des variations : s'agit-il d'une simple conséquence mathématique du comportement des charges fixes, ou y a-t-il d'autres causes qui doivent attirer l'attention des gestionnaires et qui nécessitent peut-être des actes de gestion ?

C'est pourquoi il a été élaboré une **technique qui permet d'éliminer l'influence de l'absorption des charges fixes sur les coûts de revient** : c'est la MÉTHODE DE L'IMPUTATION RATIONNELLE.

Après avoir étudié les fondements de l'imputation rationnelle, nous envisagerons la mise en œuvre d'un calcul de coût rationnel et enfin le champ d'application de la méthode.

1. Les fondements de la méthode

À l'aide d'un exemple simplifié, nous mettons en perspective l'intérêt de la méthode.

1.1 Évolution des coûts de revient et variation d'activité

Exemple

Soit un atelier dont on a relevé le niveau des charges en fonction de l'activité exprimée en heures machine.

Activité (en heures machine)	800	920	720
Charges variables	16 000	18 400	14 400
Charges fixes	16 000	16 000	16 000
Coût de l'unité d'œuvre	40	37,39	42,22
dont :			
• coût variable	20	20	20
• coût fixe	20	17,39	22,22

Nous constatons que les coûts de revient unitaires décroissent avec l'activité alors même que nous nous situons sur un même palier de frais fixes, donc dans une structure donnée.

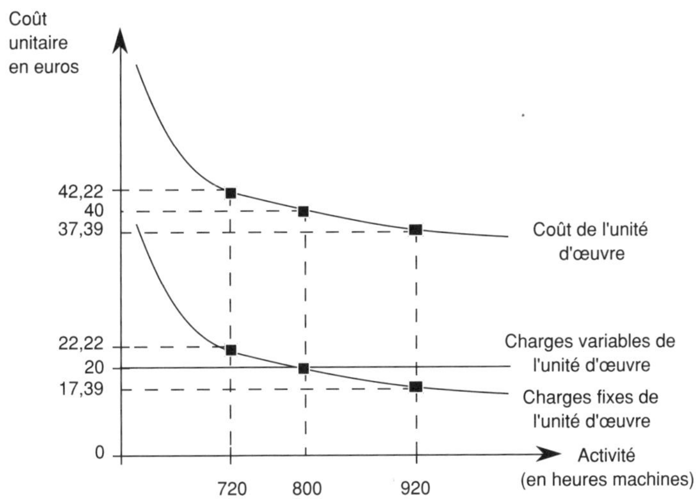

Volontairement, dans notre exemple, les conditions de productivité restent identiques (charges variables unitaires constantes) ; donc les variations constatées proviennent **essentiellement** d'une répartition des charges fixes sur des quantités plus élevées.

La technique de l'imputation rationnelle va éliminer l'influence de la répartition des charges fixes sur les quantités.

1.2 Élimination de l'influence de l'activité sur les coûts

Deux notions sont à définir.

• **L'activité dite normale** : pour chaque centre d'analyse et dans le cadre d'une structure donnée, les gestionnaires définissent un niveau d'activité considéré comme représentant les conditions les plus fréquentes d'activité. Ce niveau est appelé **activité normale** et sert ensuite de référence.

Cette notion d'activité normale est la clé de voûte de toute la méthode.

• Le **coefficient d'imputation rationnelle** (C_{IR}) est égal au rapport entre l' activité réelle et l'activité normale précédemment définie.

$$C_{IR} = \frac{\text{Activité réelle}}{\text{Activité normale}} = \frac{A_r}{A_n}$$

Les charges fixes seront imputées dans les coûts en fonction du coefficient d'imputation rationnelle.

> Cette pratique revient à **assimiler le comportement des charges fixes à celui des charges variables.**

Exemple

En pratiquant l'imputation rationnelle, le calcul des coûts d'unité d'œuvre devient pour une activité normale de 800 heures :

Activité réelle	800		920		720	
C_{IR} : Ar/An	1		1,15		0,90	
Charges variables	16 000		18 400		14 400	
Charges fixes réelles ①		16 000		16 000		16 000
C_{IR} ②		× 1		× 1,15		× 0,90
Charges fixes imputées ① × ②	+ 16 000	– 16 000	+ 18 400	– 18 400	+ 14 400	– 14 400
Différence imputation rationnelle		0		– 2 400		1 600
Charges totales imputées	32 000		36 800		28 800	
Coût de l'UO	40		40		40	

La pratique de l'imputation rationnelle a permis d'éliminer de façon satisfaisante les variations constatées dans le montant des coûts de revient. L'influence du niveau d'activité a bien été neutralisée.

Cependant des différences d'imputation rationnelle ont été calculées. Elles représentent la part des charges fixes sous ou surimputées dans les coûts par rapport au montant réel de ces dernières.

Il est, en effet, important de bien comprendre que cette pratique **ne modifie pas le montant réel des charges fixes mais uniquement le montant imputé dans les coûts**. Ces différences expriment :

– un COÛT DE CHÔMAGE dans les cas où l'activité réelle est inférieure à l'activité normale ;

– un boni de suractivité dans le cas contraire.

Ces éléments sont facilement illustrables par un graphique.

Soit : **Ar** l'activité réelle, **v** les charges variables unitaires,
CF les charges fixes, **f** les charges fixes unitaires pour l'activité normale.

Nous savons que le coût de revient global s'exprime par l'équation :

$$y = v \times Ar + CF$$

alors que l'équation du coût rationnel s'écrit :

$$y = (v + f) \times Ar\,,$$

puisque nous venons de dire que pratiquer l'imputation rationnelle revient à assimiler les charges fixes à des charges variables.

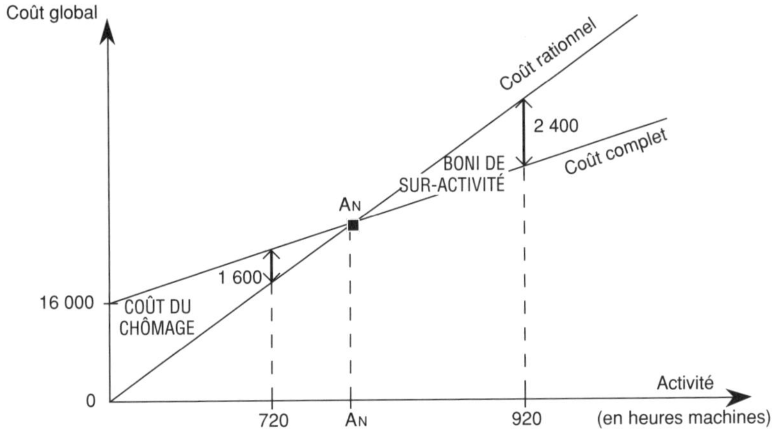

Il est aisé de voir que la mise en œuvre de l'imputation rationnelle permet de retenir l'attention des décideurs sur des modifications de la structure des coûts.

1.3 Intérêt de l'imputation rationnelle

Reprenons notre exemple :

Exemple

Sur deux périodes, on a relevé les informations suivantes :

Activité réelle (en heures)	780	840
Charges variables Charges fixes	15 600 16 000	17 730 16 000
Coût total	31 600	33 730

Le calcul du coût d'unité d'œuvre donne respectivement les valeurs de 40,51 et 40,15.

Ces variations paraissant faibles, il est tentant de les négliger. L'utilisation de la méthode de l'imputation rationnelle fait apparaître le contraire.

Activité réelle (en heures)	780		840	
Charges variables	15 600		17 730	
Charges fixes		16 000		16 000
Coefficient d'imputation rationnelle		× 0,975		× 1,05
Charges fixes imputées	+ 15 600	– 15 600	16 800	– 16 800
Différence d'imputation rationnelle		400		– 800
Charges totales	31 200		34 530	
Coût unitaire de l'unité d'œuvre	40		41,10	

Si, malgré l'utilisation de l'imputation rationnelle des charges fixes, les coûts unitaires varient, il faut en rechercher les causes dans une modification des conditions d'exploitation (charges variables unitaires) et donc dans un dérapage des consommations.

2. Le calcul de coûts rationnels

La mise en œuvre d'une démarche de coûts rationnels s'appuie sur l'organisation des coûts élaborée par la comptabilité analytique.

Elle ne demande que quelques travaux supplémentaires :
- repérer l'activité normale de chaque centre principal ;
- en déduire les coefficients d'imputation rationnelle de ces centres ;
- calculer les coefficients d'imputation rationnelle des centres auxiliaires dont on ne peut mesurer l'activité ;
- présenter le tableau de répartition des charges indirectes en distinguant pour chaque centre les charges variables des charges fixes.

Thème d'application : Société des produits P1 et P2

Une société fabrique et vend des articles P1 et P2 sur commande.

Pour un mois donné, la comptabilité générale vous fournit les renseignements suivants :

Stocks au début de mois :
- matières premières : 5000 kg à 15 €
- matières consommables : 3000 kg à 10 €

Achats :
- matières premières : 15 000 kg à 16 €
- matières consommables : 4 800 kg à 10 €

Consommations :
- matières premières : 10 000 kg pour P1 et 5 000 kg pour P2
- matières consommables : 2 000 kg pour P1 et 3000 kg pour P2

Production :
- 41 750 P1 et 10 000 P2

Charges directes :

Elles sont essentiellement variables et se répartissent en 236 000 € pour P1 et en 54 000 € pour P2.

Charges indirectes :

Elles s'élèvent à un montant global de 442 000 € et se répartissent de la façon suivante :

Centres auxiliaires	Variables	Fixes	Nombre UO
– Assistance – Entretien	5 000 15 000	25 000 30 000	– 525 H
Centres principaux – Approvisionnement – Production – Distribution – Administration	 58 200 83 500 32 500	 24 600 67 800 25 400 75 000	 19 800 kg 51 750 pds 33 600 pds –
		194 200	247 800

Activité normale des centres :
- entretien : 500 h
- approvisionnement : 18 000 kg
- production : 45 000 produits fabriqués
- distribution : 42 000 produits vendus

Les centres Assistance et Administration n'ont pas de mesure propre de leur activité. Après analyse, on a retenu les principes suivants :
- *centre Assistance* : son activité dépend des centres récepteurs de ses services et c'est donc l'activité de ces centres qui déterminera son coefficient d'imputation rationnelle ;
- *centre Administration* : son activité est totalement indépendante des autres centres. On lui assigne toujours un coefficient d'imputation rationnelle égal à 1. Les charges de ce centre sont réparties proportionnellement au coût de production des produits vendus.

Sous-répartition des centres auxiliaires :

	Assistance	Entretien	Approvisionnement	Production	Distribution	Administration
Assistance		20 %	10 %	40 %	20 %	10 %
Entretien	20 %		20 %	20 %	20 %	20 %

Ventes :

28 600 P1 à 24 euros l'un et 5 000 P2 à 35 euros l'unité.

1) Calcul des coefficients d'imputation rationnelle

- **Coefficient d'imputation rationnelle des centres dont on peut mesurer l'activité**

Centres	Activité normale	Activité réelle	Coefficient IR
Entretien	500	525	1,05
Approvisionnement	18 000	19 800	1,10
Production	45 000	51 750	1,15
Distribution	42 000	33 600	0,80

- **Coefficient d'imputation rationnelle des centres auxiliaires sans mesure d'activité propre**

Il s'agit du centre Assistance. Son coefficient sera calculé en fonction des centres qui utilisent ses services.

Centres utilisateurs	Clé de répartition secondaire ①	Coefficient IR ②	① x ②
Entretien	20 %	1,05	0,210
Approvisionnement	10 %	1,10	0,110
Production	40 %	1,15	0,460
Distribution	20 %	0,80	0,160
Administration	10 %	1	0,100
Coefficient d'imputation rationnelle du centre Assistance			1,040

Le coefficient d'imputation rationnelle de ce type de centre est égal à la moyenne des coefficients d'imputation rationnelle des centres récepteurs, pondérée par la part des charges qu'ils reçoivent du centre émetteur.

2) *Tableau de répartition des charges indirectes*

	Centres auxiliaires				Centres principaux								Différence imputation rationnelle
	Assistance		Entretien		Approvisionnement		Production		Distribution		Administration		
	Charges variables	Charges fixes	Charges variables	Charges fixes	Charges variables	Charges fixes	Charges variables	Charges fixes	Charges variables	Charges fixes	Charges variables	Charges fixes	
Total répartition primaire	5 000	25 000	15 000	30 000	58 200	24 600	83 500	67 800	32 500	25 400	–	75 000	
Coefficient IR		**1,04**		**1,05**		**1,10**		**1,15**		**0,80**		**1**	
Charges fixes imputées	26 000	(26 000)	31 500	(31 500)	27 060	(27 060)	77 970	(77 970)	20 320	(20 320)	75 000	(75 000)	
Différence IR		**– 1 000**		**– 1 500**		**– 2 460**		**– 10 170**		**5 080**		**0**	**– 10 050**
Total répartition	31 000		46 500		85 260		161 470		52 820		75 000		
Assistance	– 41 980		8 396		4 198		16 792		8 396		4 198		
Entretien	10 980	–	– 54 900		10 980		10 980		10 980		10 980		
Total répartition secondaire	0		0		100 438		189 242		72 196		90 178		
Nature UO					kgs		pds		pds				
Nombre UO					19 800		51 750		33 600				
Coût UO					5,07		3,66		2,15				

Soit A, le total du centre Assistance et E, le total du centre Entretien

$$\begin{cases} A = 31\,000 + 0{,}20\,E \\ E = 46\,500 + 0{,}20\,A \end{cases} \quad \text{On obtient} \quad \begin{cases} E \approx 54\,900 \\ A \approx 41\,980 \end{cases}$$

• Chaque colonne représentative d'un centre d'analyse est dédoublée pour permettre une distinction des charges variables et des charges fixes.

• Dans la mesure où les coefficients d'imputation rationnelle ne sont pas les mêmes pour tous les centres, l'ordre dans lequel se font la répartition secondaire et l'imputation rationnelle des charges fixes a une influence sur le calcul des coûts. On démontre facilement que, pour une réelle prise en charge des frais fixes proportionnellement à l'activité, l'ordre suivant doit être respecté :

1. **imputation rationnelle** des frais fixes,
2. **répartition secondaire** des charges indirectes imputées.

• L'ensemble des différences d'imputation rationnelle est regroupé dans une colonne spécifique pour un montant égal à la somme algébrique de ces dernières. Ce montant représente la partie des frais fixes réels sous- ou sur-imputée dans le calcul des coûts.

3) Calcul des coûts rationnels

- **Coût d'achat des matières**

	Matières premières (MP)			Matières consommables (MC)		
	Quantité	Coût unitaire	Montant total	Quantité	Coût unitaire	Montant total
Achats	15 000	16	240 000	4 800	10	48 000
Approvision-nement	15 000	5,07	76 050	4 800	5,07	24 336
Coût d'achat	15 000		316 050	4 800		72 336

CUMP des matières consommées :

$$\text{MP}: \frac{(5\,000 \times 15) + 316\,050}{20\,000} = 19{,}55$$

$$\text{MC}: \frac{(3\,000 \times 10) + 72\,336}{7\,800} = 13{,}12$$

- **Coût de production des produits P1 et P2**

	P1			P2		
	Quantité	Coût unitaire	Montant total	Quantité	Coût unitaire	Montant total
Matières premières	10 000	19,55	195 500	5 000	19,55	97 750
Matières consommables	2 000	13,12	26 240	3 000	13,12	39 360
MOD			236 000			54 000
Centre «production»	41 750	3,66	152 805	10 000	3,66	36 600
	41 750	14,624	610 545	10 000	22,771	227 710

- **Coût de revient des produits P1 et P2**

	P1			P2		
	Quantité	Coût unitaire	Montant total	Quantité	Coût unitaire	Montant total
Coût de production des produits	28 600	14,624	418 246	5 000	22,771	113 855
Distribution	28 600	2,15	61 490	5 000	2,15	10 750
Administration			71 078			19 100
Coût de revient rationnel	28 600	19,26	550 814	5 000	28,74	143 705

- **Résultat analytique des produits P1 et P2**

	P1			P2			Total
	Quantité	Coût unitaire	Montant total	Quantité	Coût unitaire	Montant total	
Chiffres d'affaires	28 600	24	686 400	5 000	35	175 000	
Coût de revient	28 600	19,26	550 814	5 000	28,74	143 705	
Résultat rationnel			135 586			31 295	166 881
Différence d'imputation rationnelle							+ 10 050
Résultat							176 931

Ces tableaux n'appellent pas de commentaires particuliers.

3. Le champ d'application de la méthode

Peu d'entreprises pratiquent l'imputation rationnelle de façon systématique. Pourtant cette technique peut éviter les variations des coûts de revient particulièrement sensibles dans les entreprises soumises à des activités saisonnières.

Elle permet, en outre, d'appréhender la notion de vente plancher et même de valoriser les stocks. Enfin, les différences d'imputation rationnelle que la méthode dégage peuvent être des indicateurs d'efficacité de la gestion de certains centres de responsabilité.

3.1 Imputation rationnelle et entreprises à activité saisonnière

Cette méthode semble particulièrement adaptée à des entreprises dont l'activité subit des fluctuations saisonnières.

Elle permet en effet d'éviter les variations importantes des coûts de période en période dues à la plus ou moins bonne absorption des charges fixes.

Les coûts d'imputation rationnelle permettent alors de mesurer de façon efficace les conséquences :
- des variations des prix des facteurs,
- des variations de consommation de ces facteurs,
- de l'efficacité de l'organisation.

Pour les entreprises saisonnières, l'activité normale peut se définir comme l'activité mensuelle médiane qui permet en fin d'exercice des compensations équilibrées entre boni de suractivité et coût de chômage, de telle sorte que l'ensemble des charges fixes réelles de la période ait été pris en compte dans les coûts.

Il est, en effet, impossible que sur le long terme tous les coûts ne soient pas couverts par des recettes appropriées.

3.2 Imputation rationnelle et fixation des prix de vente

L'imputation rationnelle, en éliminant les incidences des variations d'activité sur les coûts, peut sembler une méthode plus pertinente que celle des coûts complets. En effet, elle peut déterminer des coûts de référence pour fixer un prix de vente sans les aléas des variations d'activité qui biaisent les coûts complets.

De même, la valorisation de devis à l'aide de coûts rationnels, particulièrement en période de suractivité, peut éviter des sous-évaluations préjudiciables à l'entreprise ce que la méthode des coûts complets ne pourrait empêcher.

C'est d'ailleurs, pour des raisons similaires, que le PC recommande l'utilisation des coûts rationnels dans l'évaluation des stocks de produits.

3.3 Imputation rationnelle et évaluation des stocks

Les stocks de produits de fin d'exercice doivent être évalués à leur coût de production.

En période de sous-activité, une valorisation sur la base des coûts complets implique qu'une partie du coût de chômage soit prise en compte dans la valeur des produits stockés. Le PC s'oppose à cette conception et préconise la valorisation des produits stockés sur la base d'un coût rationnel estimant que le coût de chômage doit être absorbé par les recettes de la période.

En revanche, en période de suractivité, l'utilisation d'un coût rationnel contreviendrait au principe de prudence puisqu'il aurait pour conséquence de valoriser les stocks à un coût supérieur au coût réel.

Reconnue pour valoriser les stocks, cette méthode peut également permettre un jugement sur l'efficacité de la gestion des centres de responsabilité.

3.4 Imputation rationnelle et centre de responsabilité

Cette technique oblige, pour chaque centre d'analyse érigé en centre de frais, à décomposer les éléments du budget en charges opérationnelles et charges fixes. Cependant, l'analyse des différences d'imputation rationnelle est délicate et ne peut se faire sans référence au mode d'élaboration du niveau de l'activité normale.

Souvent, pour une structure donnée, les coûts de capacité ou coûts fixes s'imposent au gestionnaire et sont le résultat d'anticipation sur des niveaux d'activités prévus par des choix stratégiques antérieurs ; le niveau de l'activité normale est alors être fixé par la direction de l'entreprise. Calculer des coûts rationnels permet d'évaluer la réelle efficacité de la gestion de ces centres de frais. Les différences d'imputation rationnelle expriment, dans ce cas, des écarts dus aux erreurs d'anticipation dont la responsabilité n'incombe pas au gestionnaire du centre de frais. La comparaison des coûts rationnels aux coûts budgétés permet un suivi de l'efficience du centre.

Dans d'autres contextes, il se peut que le niveau de l'activité normale soit défini par le responsable du centre de coût. Les différences d'imputation rationnelle expriment alors la capacité du responsable à gérer son centre de responsabilité en autonomie et à neutraliser à court terme les coûts de chômage et ceux de sous-activité.

RÉFLEXIONS SUR LE THÈME

1. Comment définir l'activité normale ?

Toute la méthode repose sur la notion d'activité normale mais comment la définir ?

A partir de la capacité potentielle de l'entreprise, il est possible de déterminer le potentiel spécifique pour chaque atelier ou service, ce qui conduit obligatoirement à mettre en évidence des goulots d'étranglement. De ces capacités maximales, il faut déduire une marge de manœuvre pour les aléas (pannes, réparations, grèves, défaut d'approvisionnement, etc.). Pour autant, l'activité trouvée n'est pas encore celle qualifiée de normale.

L'activité normale est définie comme une activité fréquemment observée lorsque les conditions d'exploitation sont habituelles. Cela signifie que l'activité réelle peut de façon inhabituelle être supérieure ou inférieure à la normale : il faut donc en définissant l'activité normale laisser des capacités inemployées pour permettre la suractivité. Mais combien ?

Par ailleurs, en période de sous-activité structurelle où se situe l'activité normale ?

Donc définir l'activité normale de l'entreprise n'est pas chose facile et les promoteurs de la méthode se sont bien gardés de la définir de façon objective.

2. Fiabilité des coûts rationnels

Les coûts d'imputation rationnelle n'échappent pas aux critiques adressées aux coûts complets. En effet, le problème de l'imputation aux coûts, forcément contestable, des charges fixes indirectes n'est pas réglé. La méthode garde donc la dimension arbitraire reprochée à la méthode des coûts de revient.

Cette fiabilité peut être également altérée par la difficulté réelle de définir l'activité normale.

3. Pourquoi s'arrêter là ?

L'imputation rationnelle des charges fixes est difficile et lourde à mettre en œuvre. La définition de l'activité normale soulève de nombreux problèmes. C'est pourquoi peu d'entreprises l'utilisent dans la pratique.

Celles qui acceptent d'investir dans la détermination du niveau d'activité normale s'aperçoivent vite qu'elles ont en fait résolu les difficultés principales d'une gestion prévisionnelle et préfèrent, alors, mettre en place un pilotage par les budgets aussi complexe mais plus complet.

Applications

① *Société Lusin*

La société Lusin est une PME située dans le Poitou. Elle est spécialisée dans le montage de compresseurs. Un compresseur est un appareil qui fournit de l'air comprimé utilisé comme force motrice par des outils. Ces outils commercialisés sont les pistolets à peinture, perceuses, ponceuses.
Un compresseur se compose de trois pièces principales : une cuve, un moteur et une pompe. Les pièces, importées pour la plupart, sont assemblées par l'entreprise.
Le marché français des compresseurs était un marché protégé par une barrière à l'entrée obtenue par une homologation des cuves (norme plus sévère que dans les pays voisins). Cette barrière a été supprimée en 1993 avec l'ouverture du marché européen. L'homologation européenne est devenue suffisante pour permettre l'entrée en France.
L'analyse des charges de juin N relatives au compresseur 125 fait apparaître :
- les charges de production : variables unitaires : 144 € ; fixes mensuelles : 1 200 € ;
- les autres charges (hors production) du mois : 1 800 € dont 600 € de charges fixes.

L'activité normale et programmée correspond à une fabrication et à une vente de 60 compresseurs 125 par mois. En juin, la production a été de 40 compresseurs ; 35 d'entre eux ont été vendus au prix unitaire (HT) de 240 € et le stock au 30 juin est de 5 compresseurs.

QUESTIONS

1. **Calculer le coût de production d'un compresseur référence 125 fabriqué en juin N :**
   - **sans imputation rationnelle ;**
   - **avec imputation rationnelle.**
2. **Présenter, pour juin N, les deux comptes de résultat de comptabilité générale, réduits aux compresseurs 125, correspondant à ces deux valorisations possibles de la production (sans et avec imputation rationnelle).**
3. **En vous limitant aux seules charges de production (et au compresseur 125), calculer le coût de sous-activité du mois et le répartir entre la production vendue et la production stockée.**
4. **De manière générale, laquelle des deux présentations du compte de résultat proposées en 2 devrait être adoptée en comptabilité générale et pourquoi ?**
5. **Calculer, relativement aux compresseurs 125, le coût global de sous-activité du mois de juin en considérant que les «autres charges» sont essentiellement des charges de distribution.**

② *Société Métallurgique de T.*

La SMT (Société Métallurgique de T.) est une société anonyme implantée dans l'Est de la France. Son originalité réside dans le fait que les deux actionnaires détenant plus de 90 % du capital sont ses deux principaux fournisseurs et ses deux seuls clients.
Elle emploie 592 personnes dont 495 dans deux ateliers :
- l'atelier de calibrage qui effectue des opérations de calibrage de barres et de couronnes d'acier brut ;
- l'atelier de barres de torsion où sont réalisés des produits finis pour l'automobile **à partir des barres précédemment calibrées**.

La SMT n'achète pas ses matières premières, elle n'a pas de service commercial et facture seulement la valeur qu'elle a ajoutée à la matière première fournie par ses deux actionnaires.

Jusqu'en N, cette société utilisait pour sa comptabilité analytique, la méthode des coûts réels. Pour l'année N, il a été décidé de pratiquer la méthode d'imputation rationnelle qui, compte tenu de l'importance des charges fixes dans l'entreprise, devait permettre une meilleure approche des coûts. Il ne s'agissait, en fait, que d'une transition avant la mise en place d'une gestion budgétaire dont étaient déjà dotées les deux sociétés actionnaires.

Pour la répartition de ses charges indirectes, la société a créé, depuis plusieurs années, cinq centres d'analyse (CA) correspondant à un regroupement de ses services :
- le CA administration qui comprend les services : direction, personnel, comptabilité, informatique et travaux neufs ;
- le CA entretien ;
- le CA méthodes et approvisionnements qui comporte les bureaux : méthodes, fabrication et contrôle auxquels a été joint le service d'approvisionnement dont la faible activité ne justifiait pas la création d'un centre autonome ;
- les CA « atelier de calibrage » et « atelier de barres de torsion » ; les deux ateliers correspondent chacun à une entité dans l'entreprise.

Pour le mois de janvier N, il a été décidé d'utiliser la méthode d'imputation rationnelle des charges fixes.

Il a été relevé au cours du mois de janvier N, les informations suivantes :
charges directes (il s'agit de la main d'œuvre rémunérée) :
- atelier de calibrage : 55 100 heures pour 1 150 661 € ;
- atelier des barres de torsion : 23 200 heures pour 470 496 €.

NB : Compte tenu des temps d'entretien, de mise en route et de réglage, on considère que le temps de marche représente :
- 0,7 du temps de main d'œuvre directe rémunérée dans l'atelier de calibrage ;
- 0,65 du temps de main d'œuvre directe rémunérée dans l'atelier de barres de torsion.

L'unité d'œuvre utilisée pour chaque atelier est l'heure de marche.

RÉPARTITION PRIMAIRE DES CHARGES INDIRECTES

	CENTRE DE STRUCTURE		CENTRES AUXILIAIRES				CENTRES PRINCIPAUX				TOTAL
	Administration		Méthodes		Entretien		Calibrage		Barres de torsion		
	Fixes	Variables	Fixes	Variables	Fixes	Variables	Fixes	Variables	Fixes	Variables	
Répartition primaire	532 430	86 050	484 700	165 900	243 200	397 050	932 560	72 100	329 900	44 350	3 288 240

RÉPARTITION SECONDAIRE DES CENTRES AUXILIAIRES

	Centres auxiliaires		Centres principaux	
	Méthodes	Entretien	Calibrage	Barres de torsion
Méthodes	– 100 %	10 %	75 %	15 %
Entretien		– 100 %	65 %	35 %

L'atelier de calibrage a produit, au cours de ce mois de janvier N, 306 254 barres et 246 564 couronnes. L'évaluation des coûts des barres et des couronnes s'appuie sur la notion de produits équivalents : il est admis que le calibrage d'une couronne est égal à une fois et demie le calibrage d'une barre.

Enfin, l'atelier de barres de torsion a consommé 175 624 barres dont 1 366 ont été mises au rebut ; elles seront reprises par les deux fournisseurs sans contrepartie.

L'analyse de l'activité de la société a permis de déterminer les coefficients d'imputation rationnelle pour le mois de janvier N suivants :
- centre administration : 1
- centre entretien : 1
- centre méthodes et approvisionnement : 0,9

En ce qui concerne les centres d'analyse principaux, l'activité considérée comme normale est de :
– atelier de calibrage : 36 400 heures de marche
– atelier des barres de torsion : 16 250 heures de marche

QUESTIONS

1. Calculer les coefficients d'imputation rationnelle des centres principaux pour le mois de janvier N.
2. Calculer par la méthode d'imputation rationnelle le coût de l'unité d'œuvre des centres d'analyse de calibrage et de barres de torsion, ainsi que l'écart global d'imputation rationnelle.
3. Calculer le coût du calibrage d'une barre et d'une couronne, ainsi que le coût de la fabrication d'une barre de torsion utile.

***NB** :*
– **les sommes imputées dans les centres d'analyse des divers tableaux de répartition seront arrondies à l'euro le plus proche ;**
– **les coefficients d'imputation rationnelle et les coûts d'unité d'œuvre seront arrondis au centime le plus proche.**

(d'après DECF)

③ *Fuchs SA*

L'entreprise industrielle Fuchs SA, créée le 1er janvier sans stocks initiaux, travaille sur commandes, en transformant une matière première unique : 100 tonnes de matière première ont été achetées au prix d'achat unitaire de 2 000 €.

Les seuls frais directs du mois de janvier sont constitués par :
– la force motrice des ateliers, soit 20 000 € ;
– la main-d'œuvre directe de production soit 40 000 € pour 2 000 heures.

La répartition primaire des charges indirectes est donnée dans le tableau suivant :

	Centre Entretien	Centre Approvisionnement	Centre Ateliers	Centre Distribution
Totaux	40 000	20 000	200 000	80 000
Charges fixes	40 000	8 000	160 000	40 000
Charges variables	0	12 000	40 000	40 000
Unités d'œuvre	Néant	1 tonne achetée	1 heure MOD	100 € de vente HT
Coefficients d'activité	1	1	0,9	1,2
Clés de sous-répartition	– 100 %	10 %	60 %	30 %
Légende : MOD = main d'œuvre directe, HT = hors TVA.				

Les charges indirectes ne comprennent que des frais et dotations, à l'exclusion de tout élément supplétif.
En janvier, les ateliers ont travaillé sur les commandes suivantes :

	Commande n° 1	Commande n° 2
Matières premières utilisées	70 tonnes	20 tonnes
Main-d'œuvre directe	1 500 heures	500 heures
Force motrice utilisée	12 000 €	8 000 €
Avancement des commandes	Terminée et livrée	En cours
Facturation (prix de vente hors taxe)	600 000 €	Non facturée

QUESTIONS

1. **Déterminer les coûts des commandes 1 et 2 et le résultat sur commande n° 1 par la méthode des coûts réels et par celle de l'imputation rationnelle des charges fixes.**
2. **En tenant compte des évaluations faites par la méthode des coûts réels, établir le compte de résultat de la période, sachant qu'il n'y a pas de différences de traitement comptable en dehors de celles qui pourraient éventuellement résulter de l'arrondissement des calculs.**
3. **Rapprocher et commenter brièvement les résultats obtenus en 1. et 2. suivant les méthodes utilisées.**
4. **Le coefficient d'imputation rationnelle du centre «Entretien» a été obtenu en fonction de ceux des centres principaux et des clés de sous-répartition. Le vérifier.**

(d'après DECF)

④ *Société Embal*

(À partir du sujet 2003, épreuve DESCF 2.)

La société Embal produit des machines d'impression et de façonnage en ligne :

- principalement d'emballages et étiquettes : de bouteilles, de produits alimentaires, de paquets de cigarettes, de produits liquides et surgelés ;
- accessoirement de timbres poste, de tickets de jeu, de tickets à piste magnétique.

L'impression et le façonnage en ligne signifient que les machines fonctionnent en continu avec une alimentation de papier ou de carton en rouleaux. Ce système est destiné à une production de masse : il implique nécessairement pour Embal d'avoir à traiter avec des clients de taille importante, qui mettent en œuvre des productions de masse (grandes entreprises de l'agroalimentaire, de l'industrie du tabac...).

Embal réalise trois sortes d'activités :

- la fabrication de machines sur commande (Machines) : l'ensemble des opérations liées à chaque contrat (conception, fabrication, installation) dure plus d'un an voire plusieurs années ; la facturation se fait à l'achèvement, ce qui explique l'existence de machines en cours de production à l'arrêté des comptes ; cette activité représente la majeure partie du chiffre d'affaires (à peu près 70 %) ;
- les modifications de machines déjà installées (Modif.), qui représentent environ 20 % du chiffre d'affaires ;
- le service après-vente (SAV), environ 10 % du chiffre d'affaires : il s'agit essentiellement de remplacer les pièces de machines installées, par exemple les cylindres d'impression usés.

L'activité d'Emabal portant sur des biens d'équipement, présente un caractère cyclique marqué, puisqu'elle suit les phases de croissance ou de réduction des investissements des grandes firmes industrielles.

Au début de l'année N, la direction d'Embal se pose des questions concernant l'évolution du système de calcul des marges et de suivi des coûts ;

Dans le système actuel, il est élaboré un coût de revient presque complet (coût des machines, des modifications de machines et du service après-vente). Ce coût de revient inclut les charges suivantes :

- la totalité des charges directes (équipements, fournitures, main d'œuvre directe) ;
- la majeure partie des charges indirectes sauf les charges indirectes non-imputables :
  - les charges d'administration générale ;
  - les charges des services fonctionnels (Personnel et Comptabilité-Finance) ;
  - les charges d'études et développement non imputables à un contrat.

Par simplification, les charges indirectes non imputables au coût de revient des produits seront désignées comme les **charges de structure**. Les coûts de revient ainsi calculés servent :

- d'une part, à valoriser les en-cours en fin d'exercice (par exemple machines en cours de fabrication) ;
- d'autre part, après achèvement, à calculer une **marge sur coût de revient** (chiffre d'affaires net de commission – coût de revient).

Il est à noter que le suivi des marges et des coûts de revient se limite au niveau **des charges et des produits d'exploitation de la comptabilité générale**. Le résultat financier et le résultat exceptionnel font l'objet d'un suivi à part. L'optique retenue est en effet d'évaluer au travers des marges uniquement l'efficacité des opérationnels. Les marges dégagées et les charges de structure permettent de retrouver le résultat d'exploitation (il n'y a pas de différence de traitement comptable dans le calcul des coûts).

Première partie : Système de calcul des coûts et de suivi des résultats en coûts complets

À partir des réalisations de N (*annexe 2*) :

1. **En distinguant charges directes et charges indirectes imputées aux activités, calculer la marge sur coût de revient des trois activités. Retrouver le résultat d'exploitation.**
2. **Justifiez le raisonnement sous-jacent à ce type de calcul.**
3. **En supposant que les marges sur coût de revient dégagées par les modifications de machines et le service après-vente soient stables, quelle est la baisse de prix maximale des machines fabriquées que pourrait supporter la société sans subir de perte d'exploitation ? Vous raisonnerez sur le volume actuel de fabrication de machines, en conservant le même coût de revient.**
   Concluez sur la marge de sécurité de l'exploitation actuelle en matière de prix.
4. **En dehors de l'évolution des prix de vente, quels autres facteurs peuvent expliquer la variation dans le temps du taux de marge moyen des fabrications de machines ?**

Deuxième partie : Système de calcul des coûts et de suivi des résultats en coûts variables.

La direction souhaiterait tester une autre analyse du résultat d'exploitation : marge sur coût variable de revient – charges fixes de la période.

QUESTIONS

À partir des réalisations de N (annexe 2) :

1. **Quel est le bien fondé de cet autre système ? Précisez-en la logique.**
2. **Calculer les marges sur coût variable dégagées par les trois activités. En déduire un résultat de contribution. Retrouvez le résultat d'exploitation.**
3. **Calculez le seuil de rentabilité d'exploitation de l'entreprise en supposant que les marges sur coût variable des activités modifications de machines et service après-vente sont stables ainsi que le taux de marge moyen sur coût variable des fabrications de machines. Concluez sur la marge de sécurité de l'exploitation actuelle.**
4. **Compléter le travail précédent en calculant les marges sur coûts spécifiques dégagées par les trois activités. Retrouver le résultat d'exploitation.**
5. **Concluez sur les résultats obtenus et les méthodes utilisées.**

Troisième partie : Système de calcul des coûts et de suivi des résultats en imputation rationnelle

Finalement, la direction souhaite conserver le système en place de calcul des coûts et des marges, en le complétant par un système d'imputation rationnelle des charges fixes (IRCF) (*annexe 3*). Ce système d'Imputation rationnelle ne concernerait donc pas les charges générales dites de structure.

QUESTIONS

1. **Vous justifierez l'intérêt que peut présenter ce système d'IR pour la société Embal en envisageant différents horizons temporels.**
2. **Calculer le coût rationnel de chacune des trois activités.**
3. **En déduire les marges sur coûts de revient rationnels. Retrouvez le résultat d'exploitation de la comptabilité générale à partir de ces marges.**
4. **Commentez les résultats de ce nouveau type de calcul pour l'année écoulée.**
5. **À quoi pourrait servir le suivi pluriannuel des différences d'imputation rationnelle ?**

ANNEXE 1

A) Réalisation d'un contrat portant sur une machine : elle s'étale sur une durée plus ou moins longue suivant l'importance du contrat (dimension et complexité de la machine), généralement sur au moins deux exercices.

1. La négociation commerciale (**Vente et Marketing**) passe par des agents commerciaux indépendants, chaque agent couvrant une région géographique (Europe, Amérique du Nord...) : le chiffre d'affaires ensuite retenu s'entend net de commission (la rémunération des agents se fait sous forme d'une commission proportionnelle au chiffre d'affaires). La signature du contrat entraîne la fixation définitive du prix de vente ; si celui-ci est libellé en devises, le prix en devises est converti en euros au cours historique (du jour de la signature) et la question de la couverture contre le risque de change fait l'objet d'un traitement à part. La facturation n'intervient qu'à l'achèvement de la machine, même si un acompte est versé à la signature.

La fixation du prix de vente s'appuie d'une part sur une première prévision du coût du contrat, en se fondant sur des machines déjà réalisées et aux caractéristiques proches, et d'autre part sur un objectif de marge sur coût de revient sur des machines utilisant des procédés déjà maîtrisés par l'entreprise, le taux de marge visé (en % du chiffre d'affaires net de commission) s'établit de 15 à 35 % suivant les circonstances.

2. À partir de la signature, le service **Études et Développement** précise le plan de la machine et les étapes de la fabrication et du montage ; parfois, un prototypage est nécessaire pour les procédés ou machines d'un nouveau type.

3. Le service **Achats et Planification** établit alors un calendrier prévisionnel des achats d'équipements et fournitures ainsi que des étapes de fabrication, en concertation avec les services de production et suivant leur plan de charge. C'est ce service qui assurera les commandes et leur réception pendant la phase de production.

4. La **Fabrication** proprement dite des machines se déroule sur deux sites :

- le site de **Tournon** assure l'usinage des cylindres d'impression ;
- le site de **Limoges** assure la fabrication de la partie de la machine assurant la découpe des emballages fabriqués, le découpage rotatif, ainsi nommé car les emballages sont fabriqués en continu. À partir de bobines de papier ou carton ; le site de Limoges assure également la fabrication du système de commande de la machine (pupitres, câblage, capteurs, cartes électroniques ; les cartes électroniques sont achetées à une filiale d'un groupe Japonais).

5. Le service **Groupage-Mise en Route** assure l'assemblage final de tous les sous-ensembles fabriqués (cylindres d'impression, découpage rotatif et système de commande) ; commence alors, à Limoges, la phase de mise en route et d'essai des machines, afin de tester leur bon fonctionnement dans les futures conditions d'utilisation et de procéder aux dernières mises au point nécessaires.

Avant le montage et le démarrage chez le client, les salariés du client concernés suivent une **formation** à Limoges :

- à l'utilisation et au réglage de la machine ;
- à l'entretien et à la maintenance courant de la machine.

Cette formation est assurée par le service **Groupage-Mise en Route**.

La machine est alors démontée et emballée afin d'être expédiée chez le client.

B) Les modifications de machines suivent à peu près les mêmes étapes que les fabrications de machines, mais de manière allégée.

C) Quant au **service après-vente**, il s'agit principalement de fournir des cylindres d'impression remplaçant les cylindres usés, ce qui bien sûr ne requiert pas d'études/développement, de groupage ni de formation. Le chiffre d'affaires «modifications de machines» et «service après-vente» voit sa part dans le chiffre d'affaires progresser très lentement, ce qui est normal car le parc installé de machines de l'entreprise croît régulièrement d'année en année. Le taux de marge sur coût de revient des modifications de machines et du service après-vente est stabilisé à 25 % environ du chiffre d'affaires net.

ANNEXE 2

Informations relatives aux coûts

1. Compte de résultat en liste

Chiffres d'affaires		40 000
Machines	28 500	
Modification	7 500	
SAV	4 000	
Production stockée		1 500
(Encours de machines)	1 500	
	Total produits	41 500
Achats		17 500
Machines	13 580	
Modification	2 970	
SAV	950	
Salaires et charges sociales		11 200
de production directes	5 300	
de production indirectes	3 100	
de structure	2 800	
Autres charges directes		5 800
Autres charges indirectes		3 700
de production	2 800	
de structure	900	
	Total charges	38 200
Résultat de l'exercice		3 300

2. État des encours de fabrication de machines

	Encours initial	Encours final
Valorisation en coûts complets	2 200	3 700
Valorisation en coûts variables	1 450	2 035
Valorisation en coûts rationnels	2 250	3 640

3. Analyse des charges imputables aux activités

	Charges directes		Charges indirectes de production		Total
	Variable	Fixes	Variable	Fixes	
Machines	14 781	6 427	1 519	2 973	25 700
Modification	2 707	1 700	343	636	5 386
SAV	1 612	1 373	138	291	3 414
Total	19 100	9 500	2 000	3 900	34 500

ANNEXE 3

Analyse des charges

1. *Détail des charges indirectes imputables par centre d'analyse*

Centres d'analyse	Charges fixes	Charges variables	Total	Nature UO	Activité réelle	Activité normale
Études et développement	1 025	855	1 880	HMOD	41 000	45 000
Achats et planification	365	105	470	HMOD	24 600	25 000
Fabrication Limoges	535	325	860	HMOD	39 500	40 000
Fabrication Tournon	1 400	400	1 800	HMOD	82 000	87 000
Groupage/mise en route	305	135	440	HMOD	39 200	42 000
Ventes et marketing	270	180	450	€ de CA	40 000	non significatif
Total	3 900	2 000	5 900			

2. *Consommations réelles des unités d'œuvre des différentes activités*

Centres d'analyse	Machines	Modifications	SAV	Total
Études et développement	32 000	7 000	2 000	41 000
Achats et planification	18 000	4 900	1 700	24 600
Fabrication Limoges	28 000	8 300	3 200	39 500
Fabrication Tournon	65 000	9 700	7 300	82 000
Groupage/mise en route	28 900	7 700	2 600	39 200
Ventes et marketing	28 500	7 500	4 000	40 000

3. *Charges fixes directes*

Un coefficient d'imputation rationnelle de 95 % a été retenu.

10 Le calcul des coûts par la comptabilité par activités (ABC)

1. *Les insuffisances de la comptabilité analytique*
2. *Les subventionnements dans le système classique de calcul des coûts*
3. *La méthode des coûts par activités*

Nous avons vu au chapitre 5 que la comptabilité analytique et le contrôle de gestion ont des critères d'évaluation et des objectifs pertinents et cohérents avec la logique d'organisation taylorienne de la production.

Les mutations qui touchent les techniques et l'organisation de la production bouleversent le système d'information sur lequel s'appuie les outils classiques de gestion qui deviennent mal adaptés. Il faut donc réfléchir aux évolutions nécessaires pour rendre au système d'information sa pertinence par rapport aux besoins de l'entreprise.

En effet, si la logique de production évolue, les critères de gestion pour la contrôler doivent eux aussi évoluer : la stabilité des fabrications dans le temps et dans l'espace, la diversification, l'adaptabilité des produits, la dimension qualitative rendent plus complexes les processus à gérer.

De ce fait :
- le modèle comptable fondé sur la logique flux-stock ne représente plus la réalité du stock zéro ;
- le modèle comptable des coûts de production n'est plus cohérent avec la diversité des modalités de fabrication et de distribution des produits actuels ;
- les notions de «centre d'analyse» et «d'unité d'œuvre» compatibles avec des ateliers regroupés sur des activités homogènes ne s'appliquent plus au regroupement modulaire par produit et à la polyvalence des opérateurs ;
- le modèle hiérarchique de classement des fonctions et leur imputation globale aux coûts des produits ne correspondent plus à la vision transversale de création de valeur et d'intégration de toutes les activités à la performance finale du produit.

Par ailleurs, dans le modèle classique des calculs des coûts, les praticiens prennent conscience que l'affectation des charges indirectes est non satisfaisante devant la variété des gammes, des modalités de fabrication et l'introduction généralisée de la sous-traitance. Le modèle classique dont la variable essentielle semble être le volume, conduit à des subventions croisées entre les coûts des produits.

La volonté de retrouver une traçabilité satisfaisante des flux internes ainsi que le désir de réintroduire des liens de causalité dans le calcul du coût des produits ont conduit les praticiens vers une nouvelle méthode de calcul : la comptabilité par activités.

1. Les insuffisances de la comptabilité analytique

1.1 Les coûts de la comptabilité analytique

P. Lorino[1] analyse trois évolutions qui rendent la comptabilité analytique inadaptée.

a) Le renversement de la pyramide des coûts

Les coûts directs représentaient il y a vingt ans 90 % des coûts totaux. Il était donc envisageable d'asseoir l'analyse de l'activité sur cette base et de répartir arbitrairement et peu précisément les 10 % des coûts indirects restants.

À l'heure actuelle, les coûts indirects représentent 70 % des coûts totaux, la pyramide repose donc sur son sommet.

Il est difficile alors d'avoir une image correcte des coûts réels de l'entreprise et donc risqué de prendre des décisions sur ce système d'information biaisé.

b) Les coûts de main-d'œuvre

La comptabilité analytique porte son attention à 75 % sur la main-d'œuvre directe, **qui ne représente en fait que 10 % des coûts totaux**, alors que la matière en constitue 55 % et la structure 35 %.

c) Les coûts de production

La comptabilité analytique ne s'intéresse qu'à la phase de production. Or à l'heure actuelle 70 à 90 % des coûts sont des coûts de conception (en amont de la production) et des coûts de maintenance et de services liés au produit (en aval de la production).

Il est possible de représenter le champ d'analyse de la comptabilité analytique dans le contexte actuel des coûts : la comptabilité analytique analyse surtout la main-d'œuvre directe.

1. Lorino P., *L'économiste et le manageur : élément de micro-économie pour une nouvelle gestion*, La Découverte, 1989.

**LA RÉPARTITION DES COÛTS (EN %)
ET LA PLACE DE LA COMPTABILITÉ ANALYTIQUE**

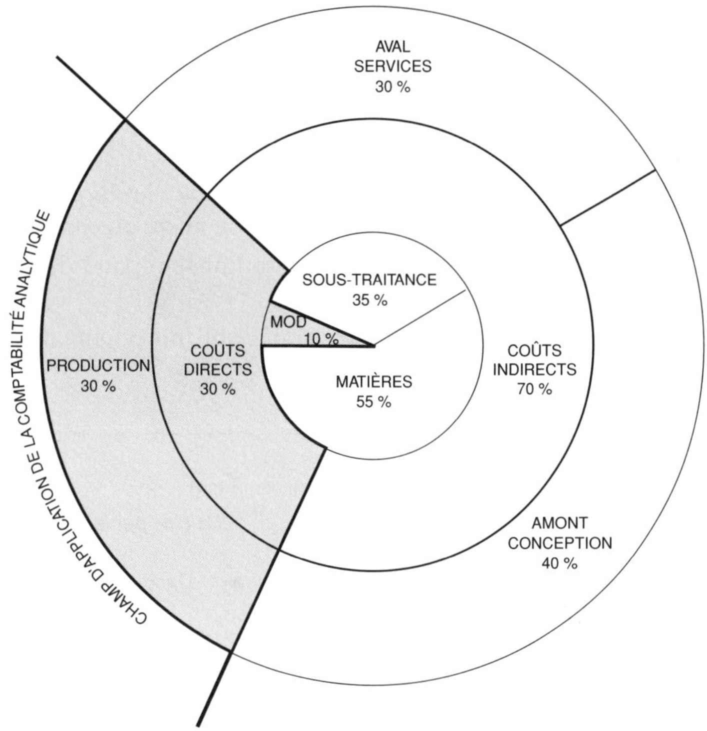

La pertinence actuelle de la comptabilité analytique est représentée en tramé.

De plus d'autres insuffisances apparaissent.

1.2 Les coûts en dehors du champ de la comptabilité

L'analyse de l'activité d'une entreprise fait apparaître l'existence de coûts non ou partiellement intégrés dans la comptabilité analytique.

a) Le coût d'opportunité

Ces coûts sont pris en compte dans la gestion classique des approvisionnements mais leur utilisation reste trop parcellaire.

b) Les coûts externes

Si la stratégie dominante des années 60-70 était l'intégration verticale pour mieux maîtriser les coûts, celle des années 1990/2000 serait davantage l'impartition, c'est-à-dire «faire faire» par d'autres entreprises avec un coût moindre. Cette stratégie d'externalisation des coûts doit cependant être réintroduite dans le calcul du coût de revient total.

Il existe également des coûts qui sont supportés en totalité ou en partie par la collectivité, par d'autres agents que l'entreprise et qui pourtant sont induits par elle (par exemple, des nuisances, les pollutions issues de la production d'une entreprise et qui nécessitent des aménagements pris en charge par une commune).

c) Le concept de coût global ou *life cycle cost*

Le coût global consiste à analyser sur le cycle de vie du produit tous les coûts qui interviennent depuis le coût de conception jusqu'au coût de destruction.

Cette vision plus réaliste du coût d'un produit se répand de plus en plus dans les entreprises.

Le schéma suivant montre tous les coûts qui interviennent tout au long du cycle de vie du produit :

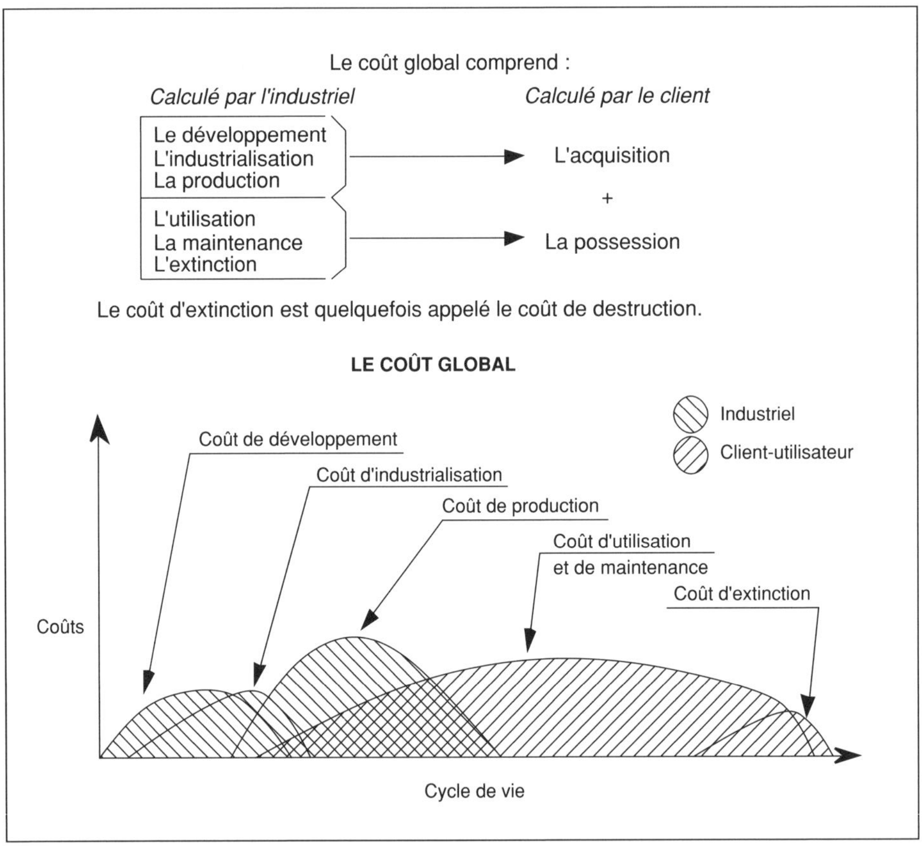

Source : Tassinari, *La maîtrise des coûts*, Éditions d'Organisation, 1987.

d) Les coûts cachés

Au sein d'une entreprise, les dysfonctionnements organisationnels nécessitent des actions correctrices ou des régulations qui engendrent des surcoûts ou de nouveaux coûts intégrés dans les coûts traditionnels. Ces surcoûts sont appelés des coûts cachés puisqu'ils ne sont pas isolés en tant que tels.

Savall[1] donne des exemples de dysfonctionnements et de coûts cachés apparaissant avec la régulation.

Dysfonctionnement	Régulations possibles ⇒ Coûts cachés
Absentéisme	• Arrêt de la machine • Recherche d'un remplaçant • Déplacement d'un ouvrier sur le poste de l'absent • Sous-productivité du remplaçant
Rotation du personnel	• Recrutement d'un remplaçant • Formation du nouveau recruté • Sous-apprentissage du nouveau recruté
Défauts de qualité	• Temps de retouche • Mise en rebut d'articles • Annulation de la commande par le client • Traitement des retours d'articles par le service après-vente...

1.3 Le paradoxe de la productivité

Skinner montre qu'il ne faut pas focaliser toute son attention sur les investissements en équipement liés aux nouvelles technologies. **Il ne suffit pas de réduire la main-d'œuvre directe pour améliorer la productivité**. Il faut aussi améliorer la qualité, la gestion des stocks. La recherche de la productivité suppose l'augmentation du rendement de toutes les ressources techniques, humaines et organisationnelles, ce que le contrôle de gestion n'appréhende pas directement.

1.4 La comptabilité analytique et l'entreprise sans frontière

Comme il a été souligné plus haut, les mutations technologiques et économiques de l'environnement ont conduit les entreprises à mettre en place des **stratégies d'impartition (faire-faire)** qui éclatent les unités de production au-delà de l'organisation et multiplient les relations de partenariat.

Cette tendance forte des décennies 1990-2000 constitue une innovation majeure pour le contrôle de gestion des prochaines années.

---

1. Savall M., Zardet V., *Maîtriser les coûts et les performances cachés : le contrat d'activité périodiquement négociable*, Économica, 1989.

Le système d'information «contrôle de gestion» devra élaborer des indicateurs pour mesurer l'efficacité et l'efficience des alliances et des coopérations, tant avec des sous-traitants, des fournisseurs, des concurrents nationaux ou internationaux.

Dans cette démarche stratégique, trois besoins apparaissent qui ne sont pas satisfaits par le contrôle de gestion.

• Alors même que **le contrôle de gestion élabore des cloisonnements** pour mesurer l'activité des centres de responsabilité et assure une coordination interne, **il faudrait à l'inverse décloisonner l'entreprise** pour intégrer ses partenaires extérieurs dans une gestion transversale et contrôler les interfaces entre les différentes structures.

• Dans le contexte actuel, **le contrôle de gestion renseigne mal sur l'opportunité de préférer une intégration des activités ou une externalisation**, alors que l'analyse des coûts n'est plus reconnue comme la seule préoccupation stratégique.

• L**e contrôle de gestion intègre mal les dimensions et les critères des qualiticiens, des logisticiens.** Or la qualité et la logistique sont devenues des variables essentielles pour se différencier de la concurrence et donc déterminer le prix de vente possible.

1.5 Comparaison des informations comptables nécessaires

Il est possible de résumer brièvement le cadre comptable qui a été élaboré pour répondre aux besoins d'information de la logique traditionnelle ou organisation taylorienne de la production. Puis faire de même avec la nouvelle logique de la production pour mettre en évidence les nouveaux besoins d'information qui apparaissent et donc les évolutions nécessaires du contrôle de gestion.

Le schéma suivant reprend et complète un graphique présenté au chapitre 3.

PROBLÉMATIQUE TRADITIONNELLE DE LA PRODUCTION

Environnement ⇒	Objectif ⇒	Choix stratégiques ⇒	Choix de gestion	⇒ Comptabilité
• Offre peu nombreuse peu concurrentielle inférieure à la demande		• Produits standard peu diversifiés	• Pilotage par l'amont	→ Comparaison coût de production réel/standard
• Demande homogène, stable, quantitative	PRODUCTIVITÉ QUANTITÉ	• Production de masse, de grande série →	• Régulation par les stocks	→ Modèles de gestion des stocks
• Technologies rigides		• Division du travail, spécialisation, centralisation	• Opérateur exécutant contrôle a posteriori	→ Primauté à la main-d'œuvre directe → Contrôle quantitatif, écart → Vérification sanction

PROBLÉMATIQUE ACTUELLE DE LA PRODUCTION

Environnement ⇒	Objectif ⇒	Choix stratégiques ⇒	Choix de gestion	⇒ Comptabilité
• Offre diversifiée concurrentielle, supérieure à la demande • Demande hétérogène, instable, quantitative et qualitative • Technologies flexibles	PRODUCTIVITÉ FLEXIBILITÉ QUALITÉ DÉLAI	• Produits flexibles, diversifiés, durée de vie courte • Production de petites séries • Polyvalence, décentralisation, externalisation	• Pilotage par l'aval • Peu de stocks • Opérateur responsable, contrôle sur toute la ligne	→ Coût par activité → Coût de conception → Coût de la qualité → Coût de la logistique → Coût de sous-traitance → Coût de capacité

Organisation JAT ⇒ flux tendus tirés ⇒ besoins du contrôle de gestion

⇓

- coût global sur le cycle de vie
- coût réel
- coût indirect important
- coût fixe majoritaire
- suivi permanent requis
- coût de la qualité
- coût externalisé
- activité et fonction plus importants que produit.
- coût logistique important

Dans ce nouveau contexte, les règles et la structure du contrôle de gestion paraissent en décalage et incapables de prendre en compte la diversité des processus de fabrication.

Or le contexte économique actuel multiplie les occasions de distorsion entre la représentation du calcul des coûts et la réalité. Ainsi, par exemple, ce phénomène peut apparaître dans le cas :
- du lancement d'une série courte pour répondre à une demande marketing sans tenir compte de coûts générés par les petites séries ;
- de la décision de sous-traitance en négligeant les coûts occasionnés par les contrôles induits nécessaires ;
- d'automatisation d'un processus sans mise à plat de l'ancienne unité d'œuvre.

2. Les subventionnements dans le système classique de calcul des coûts

Ces subventionnements entre les coûts de différents produits proviennent essentiellement de la diversité des conditions de fabrication. Il s'agit principalement de l'hétérogénéité :

– des activités dans un centre d'analyse,
– des coûts de ces activités,
– des effets de taille des séries.

L'exemple suivant cherche à illustrer l'effet sur les coûts (des produits) de cette perte d'homogénéité dans le regroupement des charges.

Exemple

Soit un centre d'analyse de fabrication qui usine trois produits pour un coût total de 72 000 € et dont l'unité d'œuvre est l'heure de main-d'œuvre directe (HMOD). L'activité prévue est de 1 800 h et le coût d'unité d'œuvre s'élève en conséquence à 40 €. Si l'on considère les conditions suivantes d'exploitation, le coût de fabrication de chacun des produits apparaît dans le tableau suivant :

	A	B	C
Volume de produit	1 200	1 200	1 200
Temps unitaire (HMOD)	0,20 h	0,80 h	0,50 h
Coût unitaire	**8 €** (= 40 € × 0,20 h)	**32 €** (= 40 € × 0,80 h)	**20 €** (= 40 € × 0,50 h)

2.1 Hétérogénéité des activités dans un centre d'analyse

Une étude plus précise des tâches de ce centre conduit à mettre en évidence deux activités distinctes : une activité d'usinage à proprement parler, et une activité de mesure préalable à la précédente. Dans le développement de notre exemple, nous choisissons volontairement d'obtenir des coûts unitaires identiques pour les deux activités afin de mettre en évidence l'influence unique des conditions différentes d'usinage et de mesure.

Exemple

Retenons les temps suivants pour l'activité «mesure» des trois produits :

	A	B	C
Temps unitaire	0,25 h	0,15 h	0,10 h
Temps total (HMOD)	300 h	180 h	120 h

Le tableau de répartition des charges se présente comme suit (le partage des 72 000 € initiaux de charges entre les activités est ici arbitraire) :

	Mesure	Usinage
Montant total	18 000	54 000
Nature de l'unité d'œuvre	HMOD	HMOD
Nombre d'unités d'œuvre	600	1 800
Coût de l'unité d'œuvre	30 €	30 €

Les nouvelles imputations des charges sur les coûts des produits deviennent :

	A	B	C
Activité «mesure»	7,5 € (= 30 € × 0,25 h)	4,5 €	3,0 €
Activité «usinage»	6,0 € (= 30 € × 0,20 h)	24,0 €	15,0 €
Coût unitaire	**13,5 €**	**28,5 €**	**18,0 €**

Il apparaît que le coût du produit A augmente fortement : la mise en évidence de l'activité de mesure dont il est le plus consommateur explique cette différence de coût. Dans l'analyse initiale, les produits B et C subventionnaient le coût du produit A dans la mesure où le coût de l'activité mesure était imputé proportionnellement au temps d'usinage.

Cet effet est amplifié si le coût de l'unité d'œuvre des activités répertoriées est différent.

2.2 Hétérogénéité des coûts des activités

Exemple

Reprenons les conditions de production précédentes mais considérons un autre partage du coût des deux activités. Le tableau de répartition devient :

	Mesure	Usinage
Montant total	25 200	46 800
Nature de l'unité d'œuvre	HMOD	HMOD
Nombre d'unités d'œuvre	600	1 800
Coût de l'unité d'œuvre	42 €	26 €

Les nouvelles imputations des charges sur les coûts des produits deviennent les suivantes :

	A	B	C
Activité «mesure»	10,5 € (= 42 € × 0,25 h)	6,3 €	4,2 €
Activité «usinage»	5,2 € (= 26 € × 0,20 h)	20,8 €	13,0 €
Coût unitaire	**15,7 €**	**27,1 €**	**17,2 €**

L'hétérogénéité des coûts accentue ici le subventionnement précédent uniquement parce que dans l'exemple l'activité de mesure est plus coûteuse que l'activité traditionnelle d'usinage. Si la relation de coût avait été inverse, l'effet de subventionnement aurait été atténué.

2.3 Hétérogénéité de tailles des lots de fabrication

Imaginons que l'activité usinage dépend essentiellement du nombre de lot lancé compte tenu d'un processus automatisé de fabrication.

Exemple

	A	B	C
Volume de produit Taille des lots Nombre de lots	1 200 200 6	1 200 300 4	1 200 60 20

soit un total de 30 lots qui engendre unitairement un coût fixe de :
46 800 / 30 = 1 560 €
qu'il faut ventiler sur chaque produit en fonction de la taille du lot, soit :

Coût ventilé par produit	7,8 (= 1 560 €/200)	5,2	26

Les imputations des charges sur les coûts des produits sont :

	A	B	C
Activité «mesure» Activité «usinage»	10,5 € 7,8 €	6,3 € 5,2 €	4,2 € 26,0 €
Coût unitaire	18,3 €	11,5 €	30,2 €

Le coût du produit C est fortement majoré par rapport à son coût initial par la prise en compte du facteur «taille du lot» comme facteur explicatif de la consommation de ressources. Les grandes séries A et B subventionnaient la petite série C.

Cet exemple (volontairement simplifié) tente d'illustrer les effets de subventionnement lorsque l'analyse des charges ne suit pas la diversité des conditions d'exploitation réelles.

La comptabilité par activités cherche à proposer une réponse plus adéquate à ces problèmes.

3. La méthode des coûts par activités

C'est sur la notion de **valeur** que se fonde cette nouvelle approche de la comptabilité par activités en partant de l'**articulation activités-produits** : quelles activités sont nécessaires pour donner la valeur aux produits et que coûte chaque activité ?

Il semble intéressant et nécessaire de réfléchir sur ces améliorations encore exploratoires et partielles.

3.1 Le cadre d'élaboration de la « comptabilité par activités » : le programme du CAM-I

Un groupement international d'entreprises et de consultants fait des recherches en coopération sur la productique et ses conséquences depuis 1986 : **Consortium Advanced Management International = CAM-I** (Arlington, Texas).

Le programme de recherche s'appelle **CMS : Cost Management System**. Les premiers chercheurs américains à y participer sont Kaplan, Cooper, Porter, Miller, mais d'excellents français travaillent efficacement sur le sujet, Mevellec, Midler, Lorino, Lebas.

La recherche part de la constatation que ce ne sont pas les produits qui consomment les ressources de l'entreprise mais plutôt les activités. Et les diverses activités de l'entreprise sont utilisées par les produits.

Il semble alors préférable de **découper l'entreprise par activité et non par fonction et par produit.**

Les unités d'œuvre sont remplacées par des **inducteurs d'activités** qui ne sont pas seulement des critères quantitatifs : ce sont les éléments qui mesurent le volume de l'activité et donc sont explicatifs des coûts.

Cette démarche répond au besoin d'une vision systémique de l'entreprise et d'une approche globale de la productivité, plus proche de la réalité. Elle prend appui sur le concept de **chaîne de valeur** mis en évidence par Porter :

L'entreprise cherche à augmenter la **valeur** de son produit. Pour ce faire, chacune de ses fonctions doit améliorer la valeur apportée par son activité de transformation.

> Chaque activité chaînée avec les autres contribue à la création de la valeur générée par l'entreprise.

La comptabilité ignore les activités dites de soutien, essentielles pour l'efficacité des activités principales et pourtant créatrices de valeur donc vecteurs de la performance de l'entreprise.

Les calculs traditionnels de coûts regroupent sous la rubrique «frais généraux» ces activités indirectes.

> Concrètement, il faut donc **découper l'activité générale** autrement qu'en centres de responsabilité. La ventilation se fait en **activités élémentaires** et pour chacune est déterminée une **unité de consommation de ressources.**

Cette unité ou **inducteur d'activité** mesure les prestations fournies par cette activité aux produits.

La notion d'activité est le cœur du nouveau modèle. Elle est ainsi un refus de l'état actuel des systèmes classiques de calcul de coûts où la prédominance des centres de responsabilités sur la notion de centres d'analyse comme concept de regroupement des charges a ôté toute homogénéité de comportement à ces dernières.

La comptabilité par activités cherche à proposer une réponse plus adéquate à ces problèmes.

3.2 Le développement de la comptabilité par activités (méthode ABC)

La construction du nouveau système de mesure ou méthode des coûts par activité (ABC) s'appuie généralement sur les étapes suivantes :
– identification des activités ;
– évaluation des ressources consommées par chacune d'elles ;
– définition des inducteurs d'activités ;
– affectation du coût des activités aux objets de coûts.

a) Identifier les activités

> «Une activité est définie comme un ensemble de tâches homogènes caractéristiques d'un processus de réalisation de la chaîne de valeur et consommateur de ressources [1]. »

L'activité décrit ce que les différents services font ; l'entreprise apparaît alors comme un ensemble d'activités ayant des liens entre elles au sein de processus identifiés.

Exemple

- Produire des procédures et des systèmes de contrôle qualité.
- Adresser des factures aux clients.
- Planifier le travail d'un atelier.
- Entretenir le matériel existant.

1. Bescos et Mendosa, *Le management de la performance*, Éditions comptables Malesherbes, 1994.

L'activité traduisant un processus dépasse le cadre strict des découpages fonctionnels et hiérarchiques : c'est en cela qu'elle exprime une vision transversale de l'entreprise. Seule cette perspective permet d'appréhender la création de valeur surtout pour les activités de soutien et d'introduire des processus permanents d'amélioration compatibles avec une démarche de qualité totale.

Nous allons tenter d'illustrer, à l'aide d'un exemple volontairement simplifié, ce que peut être une démarche de coûts par activité.

Exemple

Soit une unité de fabrication, où les activités suivantes ont pu être répertoriées :

Centres	Approvisionnement	Méthodes	Entretien	Usinage	Expédition
Activités	• Gestion des fournisseurs • Contrôle des approvisionnements • Magasinage	• Gestion de la nomenclature • Ordonnancement • Gestion des modifications techniques	• Entretien matériel existant • Implantation nouveaux moyens	• Usinage	• Contrôle des expéditions • Envoi des produits finis

b) Évaluer les ressources consommées par les activités

Il s'agit de faire disparaître l'arbitraire existant dans l'imputation des ressources mise en place dans la méthode des coûts complets.

En effet, si de nombreuses consommations sont indirectes par rapport aux produits, elles sont directes par rapport aux activités ; ainsi les ressources mobilisées pour les activités de support ne sont plus allouées aux coûts des produits par des clés de répartition arbitraires.

Le postulat de la méthode ABC s'écrit :

> Les produits consomment les activités et les activités consomment les ressources.

Ce postulat oblige à ventiler différemment les charges indirectes.

Exemple

L'évaluation (en euros) des ressources consommées par chaque activité est présentée ci-après:

Centres d'analyse / Activités	Approvisionnement	Méthodes	Entretien	Usinage	Expédition
A1 Usinage				1 240 100	
A2 Contrôle des expéditions					97 900
A3 Contrôle des approvisionnements	115 000				
A4 Envoi des produits finis					230 100
A5 Entretien matériel existant			75 600		
A6 Gestion des modifications techniques		237 500			
A7 Gestion des fournisseurs	132 500				
A8 Gestion de la nomenclature		208 000			
A9 Implantation nouveaux moyens			43 500		
A10 Magasinage	156 800				
A11 Ordonnancement		179 000			
Total centres d'analyse	404 300	624 500	119 100	1 240 100	328 000

Ce travail de ventilation doit être le fruit d'un dialogue entre les opérationnels et les contrôleurs de gestion chargés de la mise en œuvre de la nouvelle analyse. Il s'appuie sur les données de la comptabilité analytique ou celles des budgets.

Ce recensement effectué, il s'agit de rechercher les facteurs expliquant le mieux possible les consommations de ressources afin de mettre en évidence les «inducteurs d'activités».

c) Définir les inducteurs d'activités

Pour une activité regroupant des coûts homogènes, il est nécessaire de définir une mesure unique d'activité : c'est **l'inducteur d'activité** (similaire à l'unité d'œuvre). Le choix de la nature de l'inducteur est primordial : il doit mettre en évidence un comportement de coût cohérent qui évolue proportionnellement au volume de l'inducteur.

L'expérience montre qu'il est possible de regrouper les activités en quatre grands types possibles :

- les activités liées aux volumes fabriqués : les inducteurs privilégiés sont l'heure de main-d'œuvre ou l'heure machine... ;
- les activités liées aux changements de lots ou de séries : seront retenus comme inducteurs le nombre d'ordre de fabrication ou nombre de séries fabriquées... ;
- les activités de soutien concernant un objet de coût : les inducteurs principaux sont le nombre de composants, le nombre de modifications techniques... ;
- les activités de soutien général dont les charges sont indépendantes du volume et de la gamme de produit : ici l'inducteur s'apparente à une assiette de répartition comme la valeur ajoutée mais on peut préférer ne pas chercher à attribuer le coût de ces activités aux produits.

Ce travail de définition permet souvent un **regroupement d'activités** quand les inducteurs sont identiques afin de ne pas démultiplier le nombre d'activités.

Reprenons notre exemple.

Exemple

Une première analyse a listé tous les inducteurs acceptables par activité.

Activités	Inducteurs possibles
A1 Usinage	Temps d'usinage Nombre de lignes de production
A2 Contrôle des expéditions	Nombre de lots expédiés
A3 Contrôle des approvisionnements	Nombre de réceptions Nombre de références
A4 Envoi des produits finis	Nombre de lots expédiés Nombre de clients desservis
A5 Entretien matériel existant	Nombre de lignes de production

☞

☞

A6 Gestion des modifications techniques	Nombre de produits Nombre de références
A7 Gestion des fournisseurs	Nombre de fournisseurs Nombre de références
A8 Gestion de la nomenclature	Nombre de produits Nombre de références
A9 Implantation nouveaux moyens	Nombre de lignes de production
A10 Magasinage	Nombre de réceptions Nombre de lots d'usinage
A11 Ordonnancement	Nombre de lots d'usinage Nombre de références

Une fois ce travail de recensement effectué, il s'agit de déterminer les inducteurs à retenir. Cette analyse se présente sous forme de matrice et permet d'obtenir des centres de regroupement pour lesquels l'inducteur est le même.

	A1	A2	A3	A4	A5	A6	A7	A8	A9	A10	A11
Temps d'usinage	x										
Nombre de lignes de production	x				x				x		
Nombre de lots expédiés		x		x							
Nombre de réceptions			x							x	
Nombre de clients désservis				x							
Nombre de produits						x		x			
Nombre de références			x			x	x	x			x
Nombre de fournisseurs							x				
Nombre de lots d'usinage										x	x

Ici, les inducteurs les plus fréquents sont :

Nombre de références (5 fois) → Centre de regroupement 1 comprenant les activités A3, A6, A7, A8 et A11.

Nombre de lignes de production (3 fois) → Centre de regroupement 2 avec les activités A1, A5 et A9.

Nombre de lots expédiés (2 fois) → Centre de regroupement 3 avec les activités A2 et A4.

L'activité A10 (Magasinage) n'appartient à aucun centre de regroupement et ce tableau ne nous permet pas de trancher sur la nature de l'inducteur à retenir. Nous admettrons ici qu'une étude complémentaire permet de retenir comme inducteur pertinent le nombre de lots d'usinage.

Ce travail de définition effectué, il est calculé un coût unitaire d'inducteur selon la formule suivante :

$$\text{Coût unitaire d'un inducteur} = \frac{\text{Coût des ressources attribuées à l'activité}}{\text{Volume de l'inducteur}}$$

Exemple

Pour calculer le coût unitaire de chaque inducteur, nous avons besoin d'informations techniques sur les conditions de fabrication qui nous permettront de déterminer le volume des inducteurs. Ces données sont réunies dans le tableau suivant :

Produits	P1	P2	P3
Quantités produites	1 000	2 000	5 000
Composant 1 (120 € pièce)	1	1	1
Composant 2 (180 € pièce)		1	1
Composant 3 (260 € pièce)	1	1	
Composant 4 (270 € pièce)			1
Main-d'œuvre directe (360 €/H)	0,20 h	0,80 h	0,50 h
Lignes de production	L1	L2	L1
Nombre de lots expédiés	10	5	25
Nombre de lots d'usinage	2	4	50

Le calcul du coût unitaire des inducteurs est présenté dans le tableau suivant (en euros) :

Centre de regroupement	Centre 1 (1)	Centre 2 (2)	Centre 3 (3)	A10 (4)
Total des ressources	872 000	1 359 200	328 000	156 800
Nature de l'inducteur	Référence	Lignes de production	Lots expédiés	Lots usinés
Volume de l'inducteur	4	2	40	56
Coût unitaire de l'inducteur	218 000	679 600	8 200	2 800

(1) Ce montant représente la somme des ressources des activités du centre de regroupement Centre 1 = 115 000 (A3) + 237 500 (A6) + 132 500 (A7) + 208 000 (A8) + 179 000 (A11).
(2) Centre 2 = 1 240 100 (A1) + 75 600 (A5) + 43 500 (A9).
(3) Centre 3 = 97 900 (A2) + 230 100 (A4).
(4) Centre 4 = 156 800 (A10).

Cette étape terminée, il est alors possible de calculer le coût des produits ou tout autre objet de coût.

d) Affecter le coût des activités aux «objets de coûts»

Il s'agit très souvent d'obtenir un coût de revient des produits mais la richesse de la méthode permet de calculer les coûts de production d'autres éléments, par exemple :
– les lignes de produits,
– les processus,
– les clientèles,
– les projets et les unités organisationnelles.

Il s'agit de déterminer, pour chaque objet de coût, les activités auxquelles il a recours et la quantité d'inducteurs consommée par ces activités. Le coût obtenu est composé de consommation de charges directes en fonction d'indications extraites de la nomenclature et la gamme opératoire et du coût des activités consommées : il s'agit d'un coût qui peut être qualifié de «**coût attribuable**» au produit car à tout moment le principe de causalité de consommation de ressources est respecté.

Pour obtenir le coût unitaire de production des produits, il faut au préalable dans un tableau spécifique calculer le coût global des activités consommées par chaque produit. Cette étape nécessite d'intégrer la notion de volume de production.

La logique de ces calculs consiste à répartir le coût unitaire de l'inducteur (coût fixe le plus souvent) dans le coût unitaire du produit en tenant compte du nombre de produits fabriqués.

Exemple

Soit un coût unitaire d'inducteur de 20 000 € pour une activité consommée par deux produits A et B dont le volume de production est respectivement 2 000 et 3 000 unités.

Coût attribuable à une unité de produit A ou B = 20 000/5 000 = 4 €.

Cette démarche va être appliquée à l'exemple développé dans ce chapitre.

Exemple

Ce travail peut être présenté dans un tableau récapitulatif et exprimant par produits le total des coûts attribuables compte tenu des consommations d'activités de chaque production.

Inducteur	Coût fixe de l'inducteur (€) (1)	Volume global (2) = (3) + (5) + (7)	Produit 1		Produit 2		Produit 3	
			Volume (3)	Coût unitaire (4) = (1) / (2)	Volume (5)	Coût unitaire (6) = (1) / (2)	Volume (7)	Coût unitaire (8) = (1) / (2)
Références								
Composant 1	218 000	8 000	1 000	27,25	2 000	27,25	5 000	27,25
Composant 2	218 000	7 000	–	–	2 000	31,14	5 000	31,14
Composant 3	218 000	3 000	1 000	72,67	2 000	72,67	–	–
Composant 4	218 000	5 000	–	–	–	–	5 000	43,60
Lignes								
Ligne 1	679 600	6 000	1 000	113,27	–	–	5 000	113,27
Ligne 2	679 600	2 000	–		2 000	339,80	–	–
Lots (9)								
Lots expédiés	8 200	dépend de la taille du lot	100	(9) 82,00	400	(9) 20,50	200	(9) 41,00
Lots fabriqués	2 800		500	5,60	500	5,60	100	28,00
Coût des activités par produit				300,79		496,96		284,26

(9) **Explications relatives au calcul des coûts unitaires quand l'inducteur est un lot**. Par rapport aux lots, la notion de volume n'est pas à retenir. Chaque lot de production consomme le coût de l'inducteur concerné mais la part attribuable au coût unitaire du produit dépend du nombre de produits par lots. Ainsi toutes les productions consomment le coût de l'inducteur «lots expédiés» soit 8 200 € mais ce coût concerne 100 produits P1 c'est-à-dire 8 200/100 = 82 € par P1, alors qu'il concerne 400 produits P2 c'est-à-dire 8 200/400 = 20,50 € par unité de P2 : la prise en compte au niveau du coût de production unitaire des produits est quatre fois plus faible pour P2 que pour P1.

Suite à ce tableau, il apparaît que, entre autres choses :

- la gestion des composants n'a pas la même incidence sur les coûts unitaires des produits : celle du composant 3 est plus onéreuse car s'imputant sur de faibles quantités ;
- la fabrication du produit P2 sur une ligne spécifique conduit à fortement majorer ses coûts par rapport aux autres produits ;
- les lots de petites tailles induisent une majoration des coûts unitaires des produits : voir P1 pour les lots expédiés, P3 pour les lots fabriqués.

Il est possible alors de finaliser les calculs :

	Produit 1	Produit 2	Produit 3
Matières premières			
Composant 1	120	120	120
Composant 2		180	180
Composant 3	260	260	
Composant 4			270
Main-d'œuvre	72	288	180
Sous-total : coût direct	452	848	750
Coût des activités	300,79	496,96	284,26
Coût de production unitaire	**752,79**	**1 344,96**	**1 034,26**

Les coûts obtenus traduisent la réalité des consommations engendrées par l'existence du produit mais aussi par sa complexité et ses modalités de fabrication. Cette méthode ne se contente pas de permettre seulement le calcul de coûts de revient, elle peut être envisagée comme un moyen de gérer la performance de l'entreprise.

3.3 Les apports de la méthode

Cette méthode, dont la démarche reste sujette à de nombreuses interrogations et discussions, semble apporter des réponses à un certain nombre de préoccupations actuelles du contrôle de gestion tant dans le management des coûts que dans celui de la performance.

La meilleure pertinence du coût de revient obtenu par un respect des liens de causalité entre produits et consommation de ressources représente déjà une avancée importante en termes d'aide à la décision stratégique pour la gestion des portefeuilles de produits.

Ce travail peut se faire sur une multiplicité d'«objets de coût» comme les types de clientèles, les commandes mais aussi dépasser largement le cadre annuel des budgets pour permettre un calcul sur la durée du cycle de vie des produits, ou encore sur des projets spécifiques qui s'étalent sur plusieurs années.

Intégrée à d'autres méthodes comme celle du coût-cible ou du management par projets (voir plus loin), la méthode ABC semble fournir une base fiable pour orienter les politiques de fixation des prix de vente et d'amélioration continue des processus.

RÉFLEXIONS SUR LE THÈME

1. Évolution impérative et contraignante pour les entreprises

Ces nouvelles caractéristiques de l'environnement s'imposent aux entreprises. Ces mutations technologiques et économiques qui modifient les règles de la concurrence ne sont pas toujours des opportunités faciles et intéressantes à capter par les entreprises. Ce sont plus souvent des contraintes obligées auxquelles les entreprises doivent s'adapter.

Ce nouveau contexte de la production et la nouvelle organisation qui en découle posent donc des problèmes financiers, organisationnels et humains difficiles à résoudre et que le contrôle de gestion doit accompagner.

2. Les pratiques constatées de l'ABC

L'observation de l'utilisation de la méthode ABC dans des grandes et moyennes entreprises montre que la philosophie première de l'ABC – organisation analysée en activités pour mieux piloter les processus et dégager de la valeur – est souvent réduite à l'application d'une autre méthode pour calculer des coûts indirects.

Cette vision restrictive ne permet pas un suivi et un contrôle plus large des activités pour en tirer des décisions de positionnement ou de réorientation.

Il semble de plus que la mise en place de logiciels intégrés (ERP type SAP) renforce cette tendance en n'introduisant que des activités et des inducteurs d'activités, sans dégager des variables pour piloter une amélioration continue des processus.

3. ABC et activités de soutien

Pour passer de l'optique comptable du contrôle de gestion à l'optique gestion, contrôle de la gestion, il faut intégrer toutes les activités de l'entreprise qui sous-tendent la production (activités de soutien au sens de Porter).

La logistique interne et externe est une des plus importantes. Ce sont de plus en plus ces activités qui différencient les entreprises, tant auprès des clients qu'au travers de leur coût.

La logistique voit son importance s'accroître dans cette nouvelle problématique de la production. Ce service considéré comme mineur devient essentiel dans la recherche d'une meilleure qualité par une réduction des délais et d'une diminution des coûts.

Le contrôle de gestion doit donc s'adapter pour mesurer les performances de cette activité de soutien, essentielle aux activités principales et intégrer les coûts de la logistique au coût du produit. Par exemple, pour analyser la justesse d'un projet d'investissement d'automatisation, il ne suffit pas de tenir compte de l'économie de main-d'œuvre directe occasionnée par la machine. Il faut aussi intégrer les coûts indirects induits par la machine : logiciels, mise en place, formation des utilisateurs, maintenance, modifications des procédures de travail des autres postes...

Des cabinets de consultants parlent de contrôle de gestion logistique (ou contrôle de gestion industrielle).

Applications

① *Société Parabol*

Première partie

La société Parabol appartient à un groupe dont l'activité principale est la production et la vente de produits en plastique. La société Parabol est spécialisée dans le moulage et vernissage plastique et écoule la majeure partie de sa production auprès d'autres sociétés du groupe dont elle reçoit les produits à œuvrer. Elle dispose d'une certaine autonomie de gestion bien que le contrôle de gestion soit centralisé au siège du groupe.
Son unique site de production fabrique dans un seul atelier les produits A, B, C. La production des produits A, B, C est respectivement de 50 000, 10 000 et 32 000 unités.
Le budget de cette unité est établi pour une activité normale de 3 000 HMOD à 648 000 € dont 453 600 de charges fixes.
Les temps de passage standard sont de : 1,2 minute pour A ; 1,2 minute pour B ; 3 minutes pour C.
Les frais réels de la période s'élèvent à 635 040 €. Les rendements standard ont été respectés.
Le responsable de l'atelier est contacté par un client extérieur au groupe pour une commande additionnelle de 5 000 produits D qui nécessite un temps de travail de 2 minutes par unité. Le client ne demande qu'une opération de moulage-vernissage à façon sur des produits qu'il fournirait. Dans cette optique, la société Parabol facturerait uniquement son temps atelier. Le responsable de l'atelier veut que le prix facturé pour ce travail permette, au moins, de couvrir la sous-activité du centre.

QUESTIONS

1. **Calculer les coûts réels unitaires de fabrication des produits A, B et C.**
2. **Calculer le coût de sous-activité de l'atelier. En déduire les coûts rationnels unitaires de fabrication des produits A, B et C.**
3. **Compte tenu des informations fournies et sur la base des données budgétaires, quel est le prix de vente minimum qui doit être demandé pour le travail à façon exécuté sur le produit D ?**
4. **Chiffrer le résultat net attendu pour la société si on retient un prix de vente unitaire de 8,5 € pour le produit D.**

Deuxième partie

Dans le même temps, le contrôle de gestion du siège soucieux d'améliorer la pertinence du calcul des coûts des produits publie une étude sur l'atelier de l'entreprise Parabol : compte tenu du process de production actuel, l'atelier a deux activités bien séparées :
– le moulage où le facteur humain reste prépondérant ;
– le vernissage où le processus est très automatisé.
Par ailleurs, l'utilisation des «cabines de vernissage» dépend fortement des tailles des lots de fabrication des différents produits.
Dans cette optique, une analyse plus fine des charges de l'atelier a été faite :

	Activité moulage	Activité vernissage
Activité normale	180 000 minutes	90 000 minutes
Charges totales	360 000 €	261 000 €
dont charges fixes	*165 600 €*	*261 000 €*

Par ailleurs, le lancement d'un lot de fabrication génère 1 800 € de charges directes. Les conditions de fabrications des produits A, B, C et D sont regroupées dans le tableau suivant :

Produits	Taille des lots	Temps de moulage (en minutes de MOD)	Temps de vernissage (en minutes de temps machines)
A	5 000	1,2 minute	0,15 minute
B	10 000	1,2 minute	0,15 minute
C	8 000	3,0 minutes	2,00 minutes
D	500	2,0 minutes	2,80 minutes

QUESTIONS

1. **Calculer les coûts prévisionnels unitaires des produits A, B, C et D compte tenu des nouvelles données. Comparer les résultats avec ceux obtenus avec l'ancienne analyse. Commenter les résultats.**
2. **Chiffrer le coût de sous-activité (les volumes de production sont inchangés) dans l'hypothèse où Parabol ne produit que A, B et C et celle où elle fabrique les quatre produits. Qu'en pensez-vous ?**
3. **Si les conditions de fabrication prévues sont respectées, chiffrer le montant des frais réels attendus dans les deux hypothèses précédentes. Qu'en pensez-vous ? Expliquer la différence obtenue.**
4. **Dans le cadre de cette nouvelle analyse, faut-il revoir la décision de fabriquer le produit D ? Justifier la réponse par des éléments chiffrés.**

(2) *Société Ricard*

La société Ricard est une entreprise industrielle qui a récemment fortement réorganisé son processus de production. Le contrôle de gestion s'attache à suivre les programmes de fabrications en termes de délais, quantités et qualité des produits.

• La comptabilité analytique date de la création de l'entreprise : les engagements financiers sont suivis par l'intermédiaire de budgets. La structure des centres de responsabilité s'appuie sur le découpage comptable de centres d'analyse mis en place au lancement de l'activité. L'unité d'œuvre retenue est la main-d'œuvre directe qui correspondait au facteur dominant dans l'ancien processus de fabrication.

Les gammes opératoires du centre de conditionnement mises à jour fournissent les renseignements suivants :

Produits	Taille de série	Nombres d'heures machines	Nombres d'heures de main-d'œuvre	Volume de production
A	10 000	0,008	0,05	300 000
B	2 500	0,03	0,025	200 000
C	3 750	0,05	0,01	75 000
D	1 000	0,04	0,03	100 000
E	500	0,01	0,02	25 000

La nouvelle organisation a conduit à automatiser certaines tâches de montage. Chaque type de produit passe donc dans une machine à conditionnement automatique avant d'être pris en charge par des opérateurs pour les dernières opérations de contrôle et d'étiquetage.

Les charges indirectes du centre s'élèvent à 2 910 000 €.

• Le directeur est conscient que la nouvelle organisation productive retentit sur le calcul des coûts des produits mais il perçoit mal comment la prendre en compte. Il a demandé au responsable de l'atelier d'essayer d'exprimer son budget par rapport au coût de chaque traitement. Dans une première analyse, le budget a pu être réparti de la façon suivante :

– 1 091 250 € pour les contrôles manuels,
– 1 818 750 € pour le conditionnement automatisé.

• Cependant, le responsable logistique a fait remarquer que les productions demandaient des manipulations identiques quelle que soit la taille des séries. Une deuxième étude a permis de scinder les charges du centre de conditionnement en trois catégories :
– 1 030 625 € pour l'activité manuelle,
– 1 871 227 € pour l'activité automatisée,
– 8 148 € pour le lancement des séries de fabrication.

QUESTIONS

1. **Quel est le coût du conditionnement de chaque produit dans le système de la comptabilité analytique de l'entreprise Ricard ?**
2. **En tenant compte des informations fournies par le responsable de l'atelier, calculer le nouveau coût du conditionnement. Analyser les écarts obtenus avec la méthode traditionnelle. De quel type de subventionnement s'agit-il ? Justifier et retrouver les écarts.**
3. **Calculer le montant des frais de conditionnement à imputer aux produits en prenant pour base les données de l'étude du responsable logistique. Qu'en pensez-vous ?**
4. **En quoi les chiffres obtenus à la question 3. sont-ils plus pertinents que les précédents ? Proposer des moyens d'obtenir une réduction des coûts.**

③ *Entreprise Tronic*

La société Tronic, créée en 1974, commercialise des applications électroniques. Sa production est organisée en juste-à-temps.
Les dirigeants de la société doutent de la pertinence du système de calcul des coûts actuellement en vigueur : certaines décisions fondées sur les états fournis par la comptabilité ont eu des conséquences pratiques incohérentes.

1. Organisation du processus productif

• Réalisation dans un centre usinage, totalement informatisé, de deux corps de produits intermédiaires PIA et PIB consommant unitairement :

Éléments	Produit intermédiaire PIA		Produit intermédiaire PIB	
	Quantités	Prix	Quantités	Prix
Matière première X	0,25 kg	60 € le kg	0,40 kg	60 € le kg
Matière première Y	1 kg	88 € le kg	0,50 kg	88 € le kg
Composants PO	1 unité	25 €	–	–
Composants PL	–	–	1 unité	65 €
Main-d'œuvre directe	0,01 h	75 €	0,005 h	75 €
Autres charges directes		15 €/PIA		20 €/PIB
Centre usinage	0,15 UO		0,20 UO	

• Les produits intermédiaires ainsi obtenus transitent ensuite par le centre montage, partiellement automatisé, où il leur est adjoint une pièce spécifique en des proportions différentes pour les transformer en produits finis. Les consommations de ressources pour chacun d'eux sont les suivantes :

Éléments	Produits A		Produits B	
	Quantités	Prix	Quantités	Prix
Produit intermédiaire PIA	1 unité	à déterminer	–	–
Produit intermédiaire PIB	–	–	1 unité	à déterminer
Pièces PT	1	125 €	2	125 €
Main-d'œuvre directe	0,25 h	80 €	0,30 h	80 €
Autres charges directes		50 €		60 €
Centre montage	0,25 UO	à déterminer	0,30 UO	à déterminer

• La phase de production terminée, les produits finis transitent dans le centre distribution où ils subissent un contrôle qualité avant leur expédition auprès de la clientèle.
Le prix de vente du produit A est de 490 € et celui du produit B est de 815 €.

2. *Organisation du processus comptable*

Sur la base d'une production théorique de 20 000 unités de A et 15 000 unités de B, les services comptables vous fournissent le système de calcul des coûts en vigueur actuellement. Les coûts unitaires sont calculés avec 5 chiffres après la virgule.

TABLEAU DE RÉPARTITION DES CHARGES INDIRECTES

Éléments	Total	Approvisionnement	Usinage	Montage	Distribution	Administration
Totaux de la répartition secondaire	5 750 000	900 000	1 200 000	2 500 000	350 000	800 000
Unité d'œuvre (UO)		Valeur des approvisionnements	Heures machine	Heures de main-d'œuvre directe	Coûts de production (produits finis)	Coûts de production (produits finis)
Nombre d'UO		10 805 000 (cf. tableau 2)	6 000	9 500	18 685 574 (cf. tableau 4)	18 685 574 (cf. tableau 4)
Coût unitaire d'UO		0,083294771 arrondi à 0,083 29	200	263,1578947 arrondi à 263,157 89	0,018730976 arrondi à 0,018 73	0,04281366 arrondi à 0,042 81

TABLEAU 1. DÉTERMINATION DES QUANTITÉS APPROVISIONNÉES POUR FABRIQUER LES PRODUITS INTERMÉDIAIRES ET FINIS

Éléments	Produit intermédiaire PIA			Produit intermédiaire PIB			Quantité totale globale (a) + (b)
	Quantité unitaire nécessaire	Nombre de produits fabriqués	Quantité totale utilisée (a)	Quantité unitaire nécessaire	Nombre de produits fabriqués	Quantité totale utilisée (b)	
Matière première X	0,25	20 000	5 000	0,4	15 000	6 000	11 000
Matière première Y	1	20 000	20 000	0,5	15 000	7 500	27 500
Composants PO	1	20 000	20 000				20 000
Composants PL				1	15 000	15 000	15 000
Pièces PT	1	20 000	20 000	2	15 000	30 000	50 000

TABLEAU 2. VALEUR DES APPROVISIONNEMENTS (MATIÈRES PREMIÈRES, COMPOSANTS, PIÈCES)

Éléments	Quantités	Prix unitaires	Montant
Matière première X	11 000	60	660 000
Matière première Y	27 500	88	2 420 000
Composants PO	20 000	25	500 000
Composants PL	15 000	65	975 000
Pièces PT	50 000	125	6 250 000
Total			**10 805 000**

TABLEAU 3. DÉTERMINATION DU COÛT DES PRODUITS INTERMÉDIAIRES PIA ET PIB

Éléments	Produits intermédiaires PIA			Produit intermédiaire PIB		
	Quantités	Prix unitaire	Montant	Quantités	Prix unitaire	Montant
Matière première X	5 000	60	300 000	6 000	60	360 000
Matière première Y	20 000	88	1 760 000	7 500	88	660 000
Composants PO	20 000	25	500 000	0	0	0
Composants PL	0	0	0	15 000	65	975 000
MOD usinage (c)	200	75	15 000	75	75	5 625
Autres charges directes	20 000	15	300 000	15 000	20	300 000
Centre approvisionnement (d)	2 560 000	0,08329	213 222	1 995 000	0,08329	166 164
Centre usinage (e)	3 000	200	600 000	3 000	200	600 000
Coût de production des produits intermédiaires	20 000	184,411 12	3 688 222	15 000	204,452 57	3 066 789

(c) Pour PIA : 20 000 × 0,01 h = 200 h
Pour PIB : 15 000 × 0,005 h = 75 h

(d) Nombre d'UO du centre approvisionnement pour PIA et PIB.

(e) Pour PIA : 20 000 × 0,15 heure machine = 3 000 heures machine
Pour PIB : 15 000 × 0,20 heure machine = 3 000 heures machine
Total = 6 000 heures machine

Nature approvisionnements	Valeur des approvisionnements	
	PIA	PIB
Matière première X	300 000	360 000
Matière première Y	1 760 000	660 000
Composants PO	500 000	0
Composants PL	0	975 000
Totaux	**2 560 000**	**1 995 000**

TABLEAU 4. DÉTERMINATION DU COÛT DE PRODUCTION DES PRODUITS FINIS

Éléments	Produit fini A			Produit fini B		
	Quantités	Prix unitaire	Montant	Quantités	Prix unitaire	Montant
Produit intermédiaire PIA	20 000		3 688 222			
Produit intermédiaire PIB				15 000		3 066 789
Pièces PT (f)	20 000	125	2 500 000	30 000	125	3 750 000
MOD (g)	5 000	80	400 000	4 500	80	360 000
Autres charges directes	20 000	50	1 000 000	15 000	60	900 000
Centre approvisionnement	2 500 000	0,08329	208 225	3 750 000	0,08329	312 338
Centre montage (g)	5 000	263,15789	1 315 789	4 500	263,15789	1 184 211
Coût de production des produits finis	20 000	455,6118	9 112 236	15 000	638,2225	9 573 338

Coût total de production des produits finis = 9 112 236 + 9 573 338 = 18 685 574
(f) *cf.* tableau 1.
(g) Heures de MOD nécessaires :
– pour A : 0,25 h × 20 000 unités = 5 000 heures
– pour B : 0,30 h × 15 000 unités = 4 500 heures
Total = 9 500 heures

TABLEAU 5. DÉTERMINATION DU COÛT DE REVIENT DES PRODUITS FINIS

Éléments	Produit fini A			Produit fini B		
	Quantités	Prix unitaire	Montant	Quantité	Prix unitaire	Montant
Coût de production	20 007		9 112 237	15 000		9 573 337
Centre administration	9 112 237	0,04281	390 095	9 573 337	0,04281	409 835
Centre distribution	9 112 237	0,01873	170 672	9 573 337	0,01873	179 309
Coût de revient	20 000	483,650 20	9 673 004	15 000	677,498 65	10 162 481

TABLEAU 6. DÉTERMINATION DU RÉSULTAT ANALYTIQUE

Éléments	Produit fini A			Produit fini B		
	Quantités	Prix unitaire	Montant	Quantité	Prix unitaire	Montant
Chiffre d'affaires	20 000	490,000 00	9 800 000	15 000	815,000 00	12 225 000
Coût de revient	20 000	483,650 20	9 673 004	15 000	677,498 65	10 162 481
Résultats analytiques	20 000	6,349 80	126 996	15 000	137,501 35	2 062 519

3. Informations complémentaires

ACHATS DE LA PÉRIODE ÉTUDIÉE ET NOMBRE DE COMMANDES

	Quantités achetées	Nombre de commandes	Prix d'achat unitaires
Matières premières X	11 000 kg	8	60 € le kg
Matières premières Y	27 500 kg	12	88 € le kg
Composants PO	20 000 unités	10	25 € l'unité
Composants PL	15 000 unités	5	65 € l'unité
Pièces PT	50 000 unités	20	125 € l'unité

PRODUCTION DE LA PÉRIODE ÉTUDIÉE

	Quantités produites	Nombre de lots (a)	Taille des lots
Produits finis A	20 000	200	100
Produits finis B	15 000	75	200
(a) Les lots sont constitués dès la phase d'usinage et ne sont plus modifiés pendant le processus de production.			

• Service maintenance (interventions sur la période étudiée)

Compte tenu des matériels, la nature des interventions n'est pas la même dans les deux ateliers :
- centre usinage : 25 interventions dont 10 pour PIA ;
- centre montage : 25 interventions dont 15 pour les produits A.

• Activités réalisées dans les différents centres assorties de leurs coûts respectifs

Pour chaque centre ont été recensées les activités les plus pertinentes et représentatives en termes d'évolution de coûts indirects. Puis les coûts de chaque centre ont été ventilés entre les activités s'y rapportant.

Centres	Coûts totaux (€)	Activités	Coûts des activités (€)
Approvisionnement	900 000	Gestion des matières Gestion des composants Gestion des pièces	280 000 255 000 365 000
Usinage	1 200 000	Réglage des machines Planification des ordres Lancement des fabrications Maintenance	110 000 264 000 625 000 201 000
Montage	2 500 000	Montage manuel Montage automatisé(1) Gestion des lots Maintenance	1 237 500 775 000 412 500 75 000
Distribution	350 000	Contrôle qualité(2) Expédition	210 000 140 000
Administration	800 000	Organisation générale	800 000
(1) 1 250 HM dont 500 pour les produits A.		(2) 312,5 h dont 1 h/lot pour A.	

DÉTERMINATION DES INDUCTEURS DE COÛTS ET VOLUME DE CHACUN D'EUX POUR LA PÉRIODE ÉTUDIÉE

Activités	Inducteurs de coûts	Volume des inducteurs
Approvisionnement Gestion des matières Gestion des composants Gestion des pièces	 Quantités achetées Nombre de commandes Quantités achetées	
Usinage Réglage des machines Planification des ordres Lancement des fabrications Maintenance	 Nombre de lots Nombre de lots Heures machines Nombre d'interventions	
Montage Montage manuel Montage automatisé Gestion des lots Maintenance	 Heures de MOD Heures machines Nombre de lots Nombre d'interventions	
Distribution Contrôle qualité Expédition	 Temps de contrôle Nombre de lots	
Administration Organisation générale	 Chiffre d'affaires	

QUESTIONS

1. **Calculer les volumes de chaque inducteur de coûts (tableau ci-dessus). (Le coût unitaire des inducteurs sera calculé avec 4 chiffres après la virgule.)**
2. **Mettre en évidence la structure du coût unitaire des produits selon la méthode des coûts par activité (garder 4 chiffres après la virgule).**
3. **Que constatez-vous en termes de rentabilité ?**
4. **Dans une note, il est demandé :**
   - **d'expliquer l'origine de tels écarts ;**
   - **de préciser l'intérêt de la méthode des coûts par activité ;**
   - **d'indiquer si la méthode des coûts par activité vous semble conceptuellement différente des méthodes classiques.**

(4) Entreprise Julien

La société Julien est une entreprise spécialisée dans la fabrication de flacons de parfum. Ce «flaconnier» français de grand renom travaille pour toute la parfumerie. Ainsi, parmi ses clients, figurent les noms des grands couturiers, des groupes de cosmétique, des groupes pharmaceutiques... intervenant dans le domaine de la parfumerie de luxe. Mais, cette société propose également ses flacons à des parfumeurs peu connus.

1. Analyse du processus de fabrication des flacons

a) Les flacons industriels

De manière générale, le verre est obtenu à partir des substances de base suivantes : silice, chaux, potasse, soude. Il est possible d'ajouter, à ces substances de base, différents composants spéciaux, selon un dosage savamment calculé, pour personnaliser le verre (coloration, luminosité, indice de réfraction...). Cette composition (substances de base + composants spéciaux), appelée «pâte de verre», est déposée dans un immense four où la température est portée à plus de 1 000°C. La pâte de verre en fusion est ensuite déversée vers les lignes de moulage des flacons. À l'issue du moulage, les flacons sont alignés automatiquement sur un tapis roulant, progressivement refroidis, et polis avant d'être expédiés.

b) Les flacons de luxe

Les flacons de luxe, quant à eux, sont fabriqués de manière plus artisanale. La composition de la «pâte de verre» nécessite les mêmes composants. Néanmoins, ce mélange est préparé, de manière plus rigoureuse, en très petits volumes et il fait l'objet de nombreux tests. Cette composition est alors déposée dans des petits fours en terre. Un artisan verrier prélève une partie de ce mélange en fusion pour le déposer dans un moule. Le moule est nettoyé après chaque flacon. Les flacons sont refroidis pendant trois heures. Un contrôle manuel, visant à repérer la moindre aspérité et la résistance du verre, est effectué sur chaque flacon. Puis, intervient un polissage. La dernière étape, spécifique à certains flacons de luxe, est l'impression d'un «chromo» (gravure) sur le verre.

2. Analyse de la production de la période

a) Volume de production

La société Julien propose, sur la période étudiée, 4 modèles de flacon : Lavande, Myosotis, Jasmin, Œillet.
Les modèles Lavande et Myosotis sont totalement conçus, fabriqués et distribués par la société Julien. Ils sont proposés à tous les parfumeurs. Compte tenu du nombre de concurrents, la société aligne ses prix sur ceux du marché.
Les modèles Jasmin et Œillet, quant à eux, appartiennent à la catégorie «flacons de luxe». À ce titre, ils sont conçus en étroite collaboration avec les *designers* des parfumeurs. Ils sont fabriqués sur commande. La société fixe son prix de vente de manière unilatérale en fonction du coût de revient.

• Modèle Lavande :	4 lots de	25 000	flacons ;
	3 lots de	100 000	flacons ;
	4 lots de	50 000	flacons.
• Modèle Myosotis :	10 lots de	5 000	flacons ;
	15 lots de	8 000	flacons ;
	10 lots de	13 000	flacons.
• Modèle Jasmin :	10 lots de	500	flacons ;
	10 lots de	1 000	flacons ;
	50 lots de	1 500	flacons ;
	5 lots de	2 000	flacons.
• Modèle Œillet :	100 lots de	100	flacons ;
	50 lots de	200	flacons ;
	25 lots de	400	flacons ;
	2 lots de	500	flacons ;
	180 lots de	50	flacons.

Pour simplifier, nous considérerons que tous les flacons produits présentent les mêmes dimensions.

b) Analyse d'un flacon

	Lavande	Myosotis	Jasmin	Œillet
Composants de base :				
Silice	1 unité	1 unité	1 unité	1 unité
Chaux	1 unité	1 unité	1 unité	1 unité
Soude	1 unité	1 unité	1 unité	1 unité
Composants spéciaux :				
Sélénium	0 unité	0 unité	0 unité	1 unité
Silicate de plomb	0 unité	0 unité	0 unité	1 unité
Oxyde de fer	0 unité	0 unité	1 unité	0 unité
Oxyde de cuivre	0 unité	1 unité	0 unité	0 unité
Oxyde de cobalt	0 unité	0 unité	1 unité	0 unité
Potasse	0 unité	0 unité	1 unité	1 unité
Produits sous-traités :				
Bouchon lavande	1	0	0	0
Bouchon myosotis	0	1	0	0
Chromo	0	0	0	1
Temps de moulage en minutes	4 min	5 min	8 min	18 min

c) Coût direct d'un flacon

	Lavande	Myosotis	Jasmin	Œillet
Composants de base :				
Silice, soude et chaux	1,50	1,50	1,50	1,50
Composants spéciaux :				
Sélénium	–	–	–	1,00
Silicate de plomb	–	–	–	2,50
Oxyde de fer	–	–	0,25	–
Oxyde de cuivre	–	0,50	–	–
Oxyde de cobalt	–	–	0,50	–
Potasse	–	–	0,50	0,50
Produits sous-traités :				
Bouchon	0,25	0,30	–	–
Chromo	–	–	–	2,50
	1,75	2,30	2,75	8,00

d) Prix de vente du flacon observé sur la période

	Lavande	Myosotis	Jasmin	Œillet
Prix de vente	4,00	7,50	23,00	75,00

3. Analyse des charges indirectes fixes de la société

Approvisionnement	936 000 €
Études	2 106 000 €
Fusion, moulage	1 667 600 €
Polissage, finition	906 000 €
Expédition, administration	624 400 €
	6 240 000 €

I. Diagnostic de la comptabilité de la société Julien

La société Julien doute de plus en plus de la pertinence de ses coûts de revient : actuellement, elle calcule un coût complet par modèle de flacon. Le montant des charges indirectes fixes de toute la société est réparti en fonction du temps de moulage d'un flacon.

QUESTIONS

1. Calculer le coût complet unitaire et le résultat unitaire de chacun des quatre modèles proposés. Commenter brièvement.
2. La société Julien doit-elle abandonner un modèle ? (Justifier votre réponse.)
NB **: Faire le travail en coût unitaire en mettant en évidence le coût indirect d'une minute de moulage. (Prendre 3 chiffres après la virgule.)**

II. Élaboration d'une nouvelle comptabilité analytique

En tant que contrôleur de gestion, vous considérez que la comptabilité analytique de cette société est beaucoup trop sommaire. Vous tentez donc de répartir les charges fixes indirectes différemment. Ce faisant, vous vous inspirez des réflexions de Porter relatives à la notion de «chaîne de valeur» : selon ce raisonnement, l'entreprise apparaît comme un «enchaînement d'activités aboutissant à un produit valorisable sur le marché».

4. Analyse des activités et inducteurs de coûts sélectionnés

	Activités	Coûts en euros	Facteurs explicatifs retenus
Approvisionnement	Étude des marchés (a) Gestion des sous-traitants Réception	374 400 280 800 280 800	Nombre de références Nombre de références Nombre de références
Études	Conception, étude Ordonnancement	1 160 000 946 000	Nombre de modèles Nombre de lots
Fusion, moulage	Fusion industrielle Moulage industriel Maintenance industrielle Fusion artisanale Moulage artisanal Maintenance artisanale	221 000 250 000 75 000 330 000 450 000 341 600	Nombre de lots industriels Nombre de lots industriels Nombre de lots industriels Nombre de flacons de luxe Nombre de flacons de luxe Nombre de flacons de luxe
Polissage, finition	Polissage industriel Polissage manuel Contrôle manuel Impression du chromo	270 000 212 000 212 000 212 000	Nombre de flacons industriels Nombre de flacons de luxe Nombre de flacons de luxe Nombre de flacons de luxe
Expédition, administration	Expédition (b) Administration (b)	312 400 312 000	«Coût ajouté» aux flacons «Coût ajouté» aux flacons

(a) : fournisseurs de composants et sous-traitants.
(b) : les charges d'expédition et d'administration seront réparties de manières plus conventionnelle, en fonction des coûts ajoutés aux flacons par la société Julien (hors coûts directs et hors frais d'expédition-administration) exprimé en %.

QUESTIONS

1. Calculer le coût des inducteurs sélectionnés. (Prendre 3 chiffres après la virgule.)
2. Calculer le *coût unitaire* des quatre modèles de flacon selon cette comptabilité à base d'activités. Commenter brièvement les résultats obtenus et l'intérêt de la méthode ABC. (Même règle d'arrondi.)

Sous-partie 2

Les outils de la gestion budgétaire

Les outils de la gestion budgétaire : mise sous tension du système «entreprise» par les budgets

Le contrôle de gestion, outre le calcul des coûts dans une perspective à long ou court terme, a pour rôle de décliner les choix stratégiques définis en amont sous forme de plans à court terme.

La gestion budgétaire conduit à la mise en place d'un réseau de budgets couvrant toutes les activités de l'entreprise. Ces programmes d'actions chiffrées sont appelés à servir d'outils de pilotage s'il leur est adjoint un système de contrôle budgétaire cohérent et régulier dont le cœur est constitué par la mise en évidence d'écarts qui doivent permettre la réflexion sur les causes de ces divergences et initier des actions correctrices (chapitre 11).

Cette architecture de suivi des dépenses des différentes entités constitutives de l'entreprise est également un cadre possible pour dynamiser l'ensemble de la structure par la définition de centres de responsabilité. Compte tenu de ressources allouées, les responsables de ces centres sont libres du choix des moyens à mettre en œuvre pour atteindre les objectifs qui leur ont été assignés. Cette volonté de responsabiliser les acteurs opérationnels oblige le contrôle de gestion à définir des unités de responsabilités et les liens de cessions internes qui les relient (chapitre 12).

Le cadre budgétaire sert souvent de référence pour la partie de ces objectifs qui doivent se traduire en termes monétaires. Confronter régulièrement les réalisations des centres de responsabilité aux budgets de ces mêmes entités donne à celles-ci un outil de pilotage dont les écarts calculés sont les indicateurs.

Nous chercherons à montrer comment, par la mise en évidence d'écarts et de sous-écarts entre un résultat réel et un résultat budgété, nous pouvons aider au pilotage d'une entité donnée. L'analyse sera présentée pour un centre de profit mais elle peut se généraliser à toute l'entreprise (chapitres 13 et 14).

Dans le cadre de la mise en place des budgets, le contrôle de gestion doit être une aide à la décision dans chaque domaine de la gestion en proposant des outils adaptés aux préoccupations de chacune des fonctions : nous envisagerons les domaines suivants : la gestion commerciale (chapitre 15), la gestion de la production (chapitre 16), la gestion des approvisionnements (chapitre 17) et celle des investissements (chapitre 18).

La mise sous tension de l'ensemble des activités de l'entreprise pourra alors être traduite en termes financiers afin de s'assurer que les décisions de gestion conduisent à des résultats satisfaisants en termes de rentabilité et de structure financière (chapitre 19).

Comme la prévision du fonctionnement de l'entreprise nous aura permis dans chaque domaine des anticipations en termes de coût du travail, et que l'étude de ce poste de charges dépasse largement le cadre d'une gestion fonctionnelle, nous analyserons dans un chapitre particulier les problèmes de prévision et d'analyse de la masse salariale (chapitre 20).

Face à certaines limites, des tentavives globales ou ponctuelles d'amélioration de l'outil budgétaire ont été proposées. Certains de ces essais seront présentés.

11 Planification et gestion budgétaire

L'environnement économique a obligé les entreprises à passer d'une démarche productive à une démarche marketing qui privilégie les besoins du marché.

Dans le même temps, leur taille a augmenté rendant obligatoire une décentralisation de l'autorité et des responsabilités. Ce nouveau mode d'organisation a exigé un contrôle plus complet qu'auparavant. C'est pourquoi la procédure des budgets a été étendue à l'ensemble de l'entreprise, ce qui a donné un cadre financier aux délégations mises en œuvre.

De plus les entreprises ont cherché à impliquer et à responsabiliser les décideurs de tous les niveaux de la hiérarchie. Une nouvelle dimension de suivi des décisions et des actions des gestionnaires est alors introduite.

La notion de budget ou plan d'action prévisionnel était déjà connue, mais uniquement de façon ponctuelle :
- lors de l'évaluation des investissements,
- lors d'une demande de crédit auprès des banques.

Ainsi la gestion budgétaire est un mode de gestion à court terme qui englobe tous les aspects de l'activité de l'entreprise dans un ensemble cohérent de prévisions chiffrées : les budgets. Périodiquement, les réalisations sont confrontées aux prévisions et permettent la mise en évidence d'écarts qui doivent entraîner des actions correctives.

Ce mode de pilotage à court terme (l'exercice), s'il a montré son efficacité, s'est avéré incapable d'anticiper les modifications de l'environnement de l'entreprise : il manquait à ces prévisions un cadre plus global qui indiquerait la direction à suivre et les moyens d'y parvenir. C'est l'objet des plans stratégique et opérationnel.

Les outils du contrôle de gestion se sont donc diversifiés et couvrent tout à la fois la prévision du futur et l'analyse du passé. Nous emprunterons à Ardoin [1] une présentation de ces outils suivant leur horizon.

1. Ardoin J.-L., Michel D., Schmidt J., *Le contrôle de gestion*, Publi-Union, 1986.

LES OUTILS DE PILOTAGE

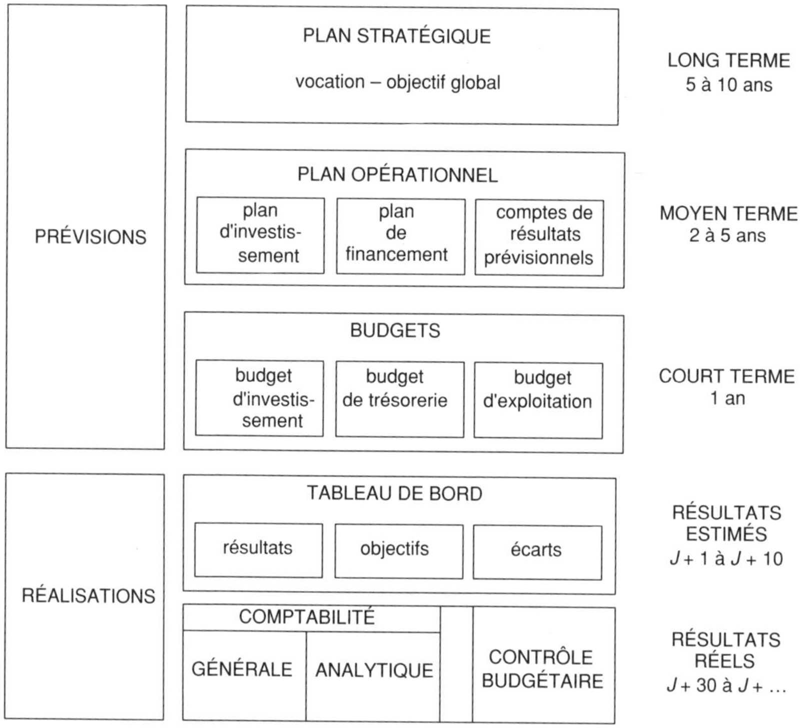

Dans ce chapitre introductif, nous situerons la gestion budgétaire dans la démarche globale de planification de l'entreprise, ce qui nous permettra d'envisager les aspects spécifiques de ce type de gestion et l'enrichissement apporté à la procédure budgétaire par la prise en compte de la dimension humaine.

1. Le cadre global de la planification d'entreprise

1.1 Stratégie et planification d'entreprise

La stratégie d'une entreprise peut se définir comme **un ensemble d'actions organisées en vue d'atteindre des objectifs par rapport à l'environnement.** Elle se doit d'assurer la pérennité de l'organisation tout en respectant un niveau de performance satisfaisant pour ses différents partenaires (dirigeants, actionnaires, personnel...).

Sa définition s'appuie sur une étude des forces et des faiblesses de l'entreprise qui doit déboucher sur un diagnostic tant externe qu'interne :

- **diagnostic externe** : il évalue **les opportunités et les menaces que représente l'environnement** pour l'avenir de l'entreprise ;
- **diagnostic interne** : il répertorie les **atouts et les points faibles de l'organisation**.

Ces évaluations ont pour objet la sélection des facteurs clés de succès comme :
- le positionnement en termes de prix,
- le savoir-faire technologique,
- la qualité des produits,
- le respect des délais...

qui dépendent, à la fois de l'entreprise, mais aussi de son secteur d'activité, ou encore, des lieux géographiques où elle exerce.

Les facteurs ainsi retenus vont permettre d'asseoir la stratégie de l'entreprise en définissant les ensembles marchés/produits/technologies sur lesquels elle entend assurer son développement futur.

En fonction des objectifs fixés, de l'analyse des forces et des faiblesses, la direction doit prévoir et organiser les actions et les ressources allouées pour diriger les activités : c'est la planification d'entreprise qui peut porter sur une période plus ou moins longue (trois à cinq ans).

Bien sûr les orientations prises à un moment peuvent être modifiées au fur et à mesure du déroulement de l'activité sur la période et des évolutions non prévues : c'est tout le rôle de la gestion qui est de **prévoir** (planification à moyen et long terme) mais aussi de **s'adapter** (aux changements à court terme).

Dans une entreprise, la planification peut être considérée comme **un système de données sur son futur**, tel qu'il est «désiré» par les responsables de la direction générale. Elle s'organise comme un ensemble d'informations prévisionnelles regroupées dans des plans à horizon de plus en plus restreint. Dans un processus de planification complet, on dénombre trois niveaux :
- un plan stratégique,
- un plan opérationnel,
- un ensemble de budgets qui constitue le cœur de la gestion budgétaire et à ce titre fera l'objet d'une partie spécifique.

1.2 Les outils de la planification

a) Le plan stratégique

Le plan stratégique reprend les **points clés de la stratégie**, à savoir :
- les **marchés/produits/technologies** de l'entreprise ;
- les **objectifs** de cette dernière : buts quantifiés, par exemple un pourcentage de part de marché... ;
- les **moyens pour les atteindre** : croissance interne, externe, zones géographiques à privilégier...

Il retrace les différentes étapes souhaitées du devenir de l'entreprise pour les cinq-sept ans à venir.

Ayant été élaboré à la suite d'une étude précise des forces et des faiblesses actuelles de l'entreprise et de son environnement, le **plan stratégique intègre les notions de «souhaitable» et de «possible» dans un ensemble cohérent et réaliste**. Sous cet aspect, il se **différencie complètement de la prospective**, qui imagine le futur, et dont l'horizon est beaucoup plus lointain.

Exprimant les grandes lignes d'un plan d'actions qui s'étend sur plusieurs années, sa forme est variée et les objectifs peu détaillés.

Ce plan est élaboré par la direction générale avec confrontation des responsables de chaque grande fonction de l'entreprise. Comme tout programme d'action, il doit être porté à la connaissance des responsables des unités décentralisées puisqu'il doit servir de cadre à leur action et leur permettre des propositions de mise en œuvre qui seront intégrées dans le plan opérationnel.

b) Le plan opérationnel

Le plan opérationnel est élaboré en accord ou sur proposition des centres de responsabilités. Il représente sur un horizon de deux à trois ans les **modalités pratiques de mise en œuvre de la stratégie**.

Cette programmation s'articule, pour chaque fonction, en :
- une planification des actions,
- une définition des responsabilités,
- une allocation de moyens financiers, humains et/ou techniques.

Il conduit à envisager le **futur proche de l'entreprise sous les aspects conjugués de sa viabilité, de sa rentabilité et de son financement**. C'est pourquoi il se subdivise, parfois, en plusieurs plans partiels :
- plan d'investissement,
- plan de financement,
- «documents de synthèse» prévisionnels,
- plan de ressources humaines.

Il constitue un passage obligé entre le plan stratégique et les budgets qui organisent l'activité au présent. Les liens entre ces différents documents sont variables selon la nature de la planification de l'entreprise ; celle-ci peut être :
- **intégrée**, et dans ce cas l'élaboration des plans est conjointe ainsi que leur mise à jour,
- **non liée**, et ce peut être le cas de PME qui déterminent certains axes de stratégie et utilisent les budgets comme seul élément de programmation de l'avenir.

Le plan opérationnel, quand il existe, demande de fréquents réajustements par rapport aux prévisions budgétaires et aux réalisations des exercices. C'est pourquoi certaines entreprises intègrent les budgets et le plan opérationnel dans un plan «glissant» où les données prévisionnelles sont de plus en plus précises et détaillées au fur et à mesure que l'on se rapproche de l'exercice en cours.

c) Un système de planification (tendances 1980-2000)

La généralisation des procédures de planification s'est effectuée dans un environnement stable, en croissance régulière où anticiper pouvait être assimilé à prendre le passé et lui affecter un coefficient de croissance. Dans ce contexte, il n'était pas rare de voir des systèmes d'anticipation d'entreprise établis sur dix ans.

La transformation de l'environnement devenu incertain et turbulent, l'accentuation de la concurrence qui ne s'analyse plus localement mais à une échelle mondiale, la nécessaire réintroduction de la dimension humaine dans la gestion pour créer la « valeur » ont, à la fois :

– renforcé la nécessité pour les entreprises d'avoir un système d'anticipation ;
– obligé à profondément modifier la nature et les procédures d'élaboration de cette planification.

Axes de l'évolution	Tendances des années 70-80	Tendances des années 80-90
Finalité	• Outil de prévision ; objectifs mal ou non définis et non hiérarchisés	• Outil stratégique ; objectifs clairs et hiérarchisés
Procédure	• Peu participative et très centralisée	• Plus décentralisée et davantage participative et interactive
Mécanisme	• Extrapolation du passé ; analyse de séries chronologiques ; recentrage sur les performances passées et présentes de l'entreprise	• Ouvert sur l'économie et les marchés • Orienté vers le futur
Processus réel	• Travail lourd et complexe pour un scénario unique, élaboré par le département planning	• Travail décentralisé et plus simple pour aboutir à plusieurs scénarios élaborés par les responsables de chaque composante du plan
	• Exercice crispant, vite oublié et assez mal vu	• Exercice interactif donnant l'information en retour aux fournisseurs d'informations primaires (*feed back*)
	• Négligence des éléments qualitatifs	• Importance de la dimension qualitative

2. La gestion budgétaire

La dernière étape de planification est celle des prévisions à moins d'un an formalisées dans les budgets. Historiquement, c'est celle qui est apparue la première : après le contrôle du sous-système «Production» par la gestion en coûts préétablis, et compte tenu de l'importance prise par les activités tertiaires dans les entreprises, les directions générales ont éprouvé le besoin d'élargir le contrôle à tout le système «Entreprise».

> Le plan comptable en parle comme d'«un **mode de gestion consistant à traduire en programmes d'action chiffrés appelés « budgets » les décisions prises par la direction avec la participation des responsables**».

Il nous semble nécessaire d'y ajouter un aspect supplémentaire : celui du **contrôle *a posteriori* des réalisations** avec ces mêmes prévisions, par la mise en évidence d'écarts significatifs qui doivent **entraîner des actions correctives**.

En effet, cette gestion s'appuie sur un mode de pilotage de type boucle fermée avec rétroaction, à savoir :

GESTION BUDGÉTAIRE

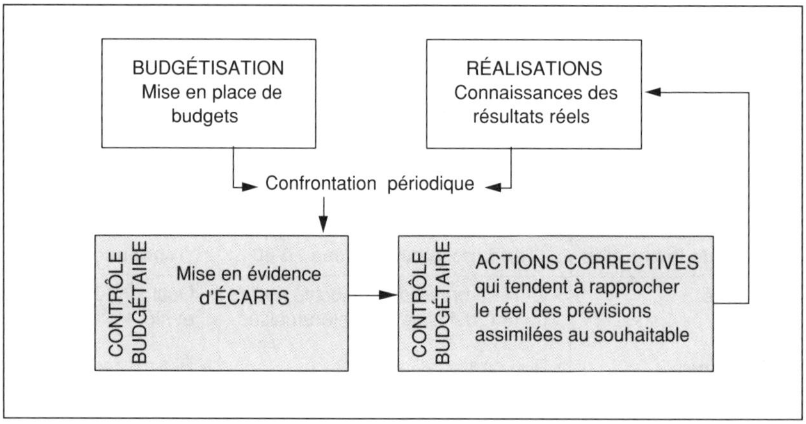

Sous cette forme, la gestion budgétaire doit être envisagée comme un système d'aide à la décision et au contrôle de la gestion composé de deux phases distinctes :

- la **budgétisation** c'est-à-dire l'élaboration des budgets (documents),
- le **contrôle budgétaire** constitué par le calcul des écarts et les actions correctives qu'il initie.

2.1 L'élaboration des budgets

a) La procédure de mise en œuvre

La phase de budgétisation est plus ou moins longue selon la nature de la procédure budgétaire. Les pratiques de constitution des budgets diffèrent, en effet, selon les modes de gestion des entreprises. Sont distingués :

- les **budgets imposés** : la hiérarchie assigne à chaque responsable ses objectifs et lui affecte des moyens ;
- les **budgets négociés** : une procédure de navette est instituée entre les responsables opérationnels et leur hiérarchie sur des propositions d'objectifs. Les décisions sont prises sur des bases de consensus, la hiérarchie s'assurant seulement de leur cohérence avec la politique générale de l'entreprise.

Cette typologie ne présente que les cas extrêmes : tous les **types intermédiaires peuvent exister**, par exemple une situation où la négociation ne porte que sur les moyens, les objectifs étant imposés.

La procédure budgétaire est longue, principalement dans le cas de budgets négociés.

L'ARTICULATION DES DIFFÉRENTS BUDGETS

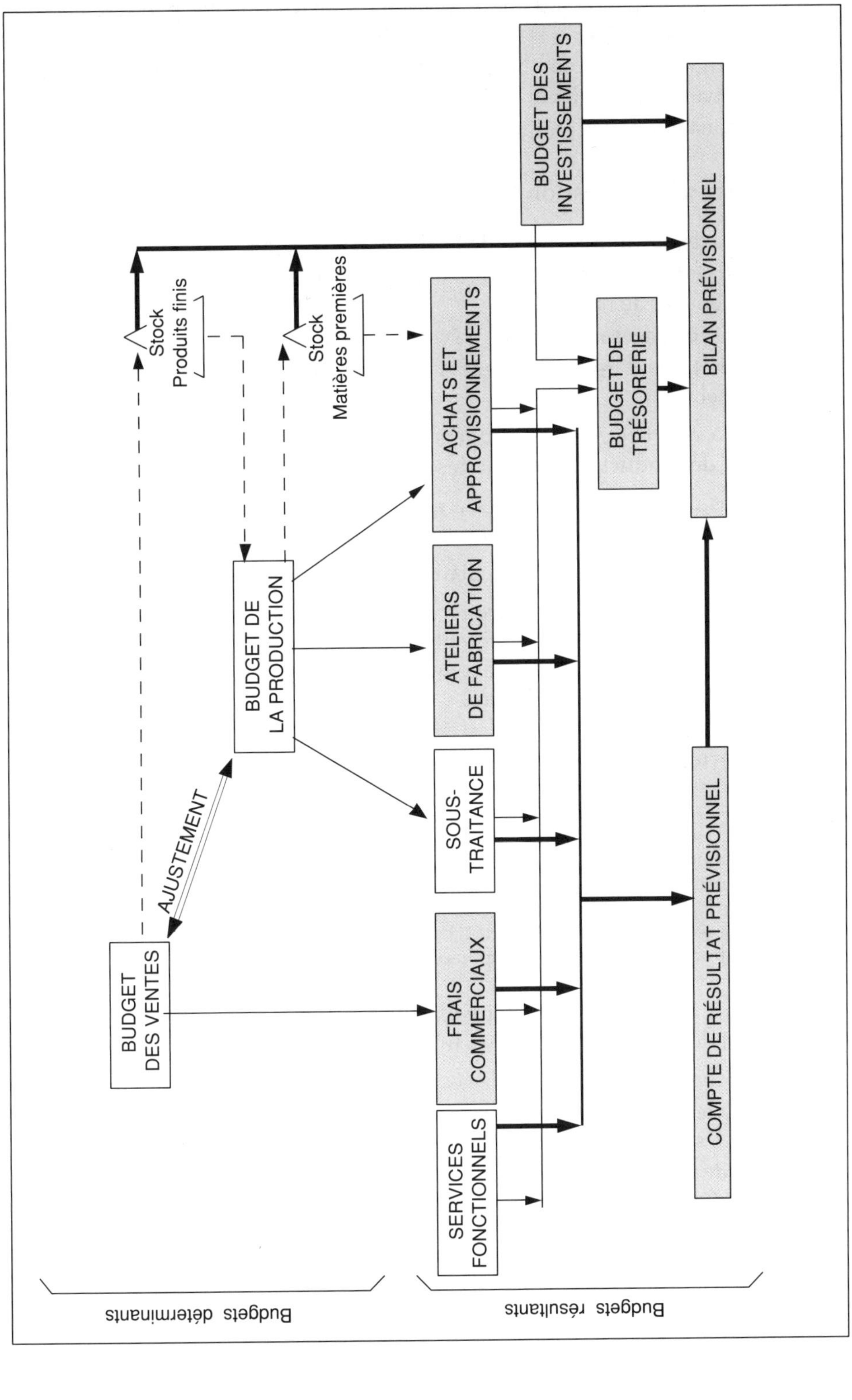

NB : Les zones grisées représentent des budgets qui feront l'objet d'une étude spécifique dans la suite de cet ouvrage.

Il est possible cependant d'énoncer certaines règles valables pour tous les types de gestion budgétaire :
- les budgets de l'année N doivent être établis en N-1 et impérativement approuvés avant le début de l'année N ;
- un réajustement des budgets est souhaitable dès février de l'année N.

b) Le contenu de la gestion budgétaire

Pour un exercice donné, les budgets doivent envisager :
- les **activités d'exploitation** de l'entreprise et leurs incidences en termes de patrimoine et de rentabilité ;
- les **conséquences monétaires** de ces plans d'actions ;
- les opérations **d'investissement** et de **financement** décidées dans le plan opérationnel.

Gestion à court terme, les budgets privilégient les programmes d'action de ventes et de production : ce sont des **budgets déterminants**.

Ces plans d'action acceptés, il est alors possible d'en déduire les budgets de fonctionnement des différents services : ce sont les **budgets résultants**.

La figure suivante illustre l'articulation des différents budgets.

La notion de gestion budgétaire recouvre plusieurs aspects : c'est un mode de gestion de l'entreprise par la décentralisation qu'elle suppose, mais c'est aussi et surtout un système de pilotage où les budgets sont élaborés dans le but de permettre un contrôle budgétaire.

2.2 Le contrôle budgétaire

M. Gervais[1] définit le contrôle budgétaire comme «la **comparaison permanente des résultats réels et des prévisions** chiffrées figurant aux budgets afin :
- **de rechercher** la (ou les) cause(s) d'écarts,
- **d'informer** les différents niveaux hiérarchiques,
- **de prendre les mesures correctives** éventuellement nécessaires,
- **d'apprécier** l'activité des responsables budgétaires.»

En ce sens, le contrôle budgétaire est une fonction partielle du contrôle de gestion dont dépend la qualité de ses interventions.

Pour un contrôle budgétaire efficace, le contrôle de gestion se doit de :
- **définir les centres de responsabilités** en évitant les chevauchements d'autorité ou les incohérences de rattachement hiérarchique ;
- **servir de liaison et d'arbitrage** entre les centres de responsabilité, en particulier en définissant clairement les modalités de cessions entres les centres ;

1. Gervais M., *Contrôle de gestion et planification de l'entreprise*, Économica, 1990.

– **décider du degré d'autonomie délégué** aux centres et de faire respecter les orientations de politique générale de la firme ;
– **mettre en place des unités de mesure** des performances connues et acceptées par les responsables.

Sous ces conditions, le contrôle budgétaire pourra pleinement être perçu par les responsables opérationnels comme un service **qui les aide à maîtriser et à améliorer leur gestion.** Il incitera au dialogue et à la communication.

Système de pilotage à court terme, la gestion budgétaire joue :

– **un rôle de coordination des différents sous-systèmes** puisque le réseau des budgets s'étend à tous les aspects de l'entreprise, tant commercial, productif, que financier. Il permet une consolidation des actions chiffrées dans le budget général et la présentation de documents de synthèse prévisionnels cohérents avec le plan opérationnel défini plus haut ;
– **un rôle de simulation** rendu possible par l'informatisation des procédures d'élaboration des budgets, qui permet de tester plusieurs hypothèses de budgétisation. Cet aspect revêt de plus en plus d'importance face à l'incertitude et à la complexité des marchés actuels. L'informatique permet une gestion prévisionnelle en temps réel et un réajustement possible des budgets en cas de besoin.

La gestion budgétaire ne remplira ces rôles que dans la mesure où le réseau des budgets couvre toute l'activité de l'entreprise et respecte l'interaction existante entre les sous-ensembles qui la constituent.

Toutefois la gestion budgétaire dépasse largement le cadre des budgets et constitue en soi un mode de gestion qui autorise une implication des responsables, et une prise en compte dynamique de la dimension humaine qu'implique tout mode de pilotage.

2.3 Articulation budgétaire et analyse des écarts

Il faut bien comprendre les deux logiques qui cohabitent en gestion budgétaire.

La première étape de la gestion budgétaire, la budgétisation, consiste à élaborer tous les budgets, en partant des deux budgets déterminants, ventes et production, pour aboutir à l'articulation complète dans le budget général.

La seconde étape, le contrôle budgétaire, calcule les écarts entre prévisions et réalisation en partant du budget général pour remonter aux différentes composantes.

Ceci peut être visualisé par le schéma page suivante :

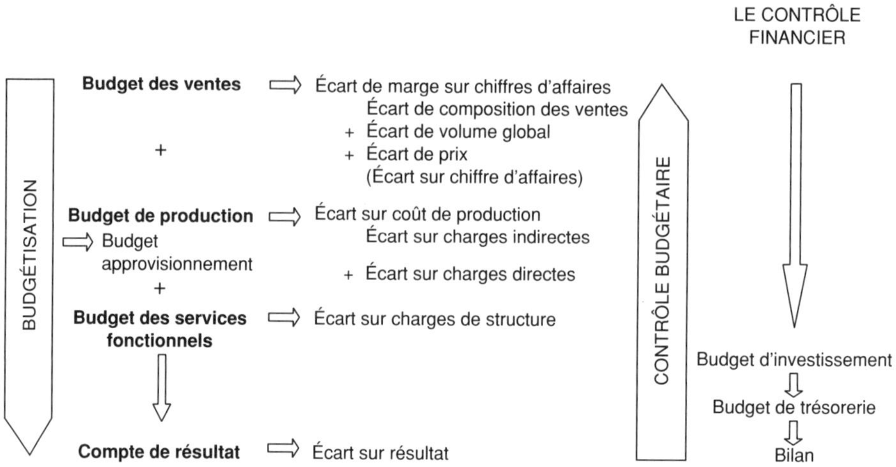

Il faut donc bien comprendre que l'analyse part d'un écart global sur résultat avant d'être décomposée selon les différents domaines, production, commercial et de services fonctionnels. C'est pourquoi les chapitres 13 et 14 doivent être appréhendés comme un tout, en commençant par le contrôle budgétaire du résultat, puis de l'activité commerciale, puis de l'activité productive.

Les chapitres 15 à 20 présentent la mise en place des budgets avec toutes les analyses préalables par fonction et domaine.

Nous avons choisi de présenter le contrôle budgétaire avant la budgétisation car celui-ci constitue la partie la plus analytique et la plus importante de la gestion budgétaire, mais la lecture peut se faire dans l'autre sens.

3. La gestion budgétaire et l'implication des acteurs

Du fait de son articulation, phase de prévisions suivie d'une phase de contrôle, la gestion budgétaire joue **un rôle de motivation des individus** puisque ce type de gestion s'appuie sur une décentralisation du pouvoir et sur la confiance accordée aux dirigeants des centres de responsabilité. Ce rôle dépend de la nature de la participation des responsables à l'élaboration des budgets : elle est forte dans les budgets négociés, plus faible voire nulle dans les budgets imposés, mais de toute façon prépondérante dans la phase de contrôle budgétaire.

a) Influence de la structure

Le type de contrôle mis en place dans une organisation est fonction des responsabilités et du degré de délégation accordés à chaque niveau de l'entreprise.

Dans une organisation taylorienne avec des décisions programmées et des acteurs – simples exécutants –, les pratiques de surveillance et le respect strict de règles avec des systèmes de sanction-récompense seront très présentes. En revanche, dans une organisation où le degré de délégation et d'autonomie est plus grand, les processus de contrôle sont intégrés à la réalisation des activités et prend la forme d'un autocontrôle.

La planification stratégique cherche à prévoir et à maîtriser toutes les variables et à figer l'action.

La planification découle d'une conception et d'une rationalité technico-économique, avec peu d'égard aux aspects humains et sociaux.

Elle peut augmenter la centralisation et gêner la souplesse et l'adaptation.

Le contrôle issu de la planification stratégique et opérationnelle correspond à une division taylorienne, technique et quantitative du travail.

Chaque département peut gérer au mieux ses ressources en fonction des contraintes et des objectifs assignés. L'expression, l'autonomie, les innovations doivent permettre de trouver les réponses les plus appropriées au problème. Ceci modifie alors les procédures de travail et les outils de mesure prônés par le contrôle de gestion traditionnel.

b) Influence de la dimension humaine sur le contrôle de gestion

L'organisation doit simultanément être analysée à l'heure actuelle sous ses deux dimensions : technico-économique et socio-politique (technique et humaine).

Cette problématique transparaît dans le contrôle de gestion tant sur ses objectifs que sur ses moyens.

1) Sur les objectifs du contrôle de gestion

Motivation et participation des hommes

Le système de contrôle est un des éléments fondamentaux qui conditionne le comportement des individus au sein d'une organisation.

Pour que le contrôle de gestion soit donc un instrument d'amélioration des performances, il est nécessaire que les utilisateurs participent à son élaboration dès le début du processus, qu'ils se sentent impliqués et utiles pour sa mise en place et son fonctionnement.

Formulation précise et qualitative des objectifs et des stratégies du contrôle de gestion

Il est nécessaire que les objectifs et les moyens assignés au contrôle de gestion soient bien délimités et précisés.

De plus les valeurs à mesurer et à apprécier ne sont plus seulement quantitatives ; il faut donc mettre en place des indicateurs qualitatifs parfois difficiles à élaborer.

2) Sur les procédures de contrôle

Clarté et acceptation des règles du contrôle

Les mécanismes du système de contrôle mis en place doivent être compris de tous, jugés adaptés aux objectifs et aux besoins.

Ce n'est qu'à ces conditions que les participants accepteront le système de contrôle comme outil d'aide à la gestion.

Autocontrôle

Des procédures manuelles, des feuilles d'auto-observation sont instaurées pour que l'opérateur vérifie lui-même ses actions juste après leur exécution. L'informatique apporte de nombreuses possibilités au contrôle de gestion.

3) Autocorrection

Une plus grande responsabilisation des hommes leur permet de mesurer les résultats et de mettre en place des actions pour assurer les rétroactions nécessaires.

> Apparaît ainsi un contrôle considéré comme un outil de gestion, de conseil, d'apprentissage pour améliorer la performance de chacun au sein d'un groupe aux multiples objectifs et contraintes et non plus seulement comme un moyen pour sanctionner une faute commise.

c) La participation des acteurs à la gestion budgétaire : direction par objectifs (DPO) et direction participative aux objectifs (DPPO)

1) La direction par objectifs

La direction par objectifs (DPO) cherche à gérer l'organisation avec ses objectifs tout en permettant la réalisation des besoins d'estime et d'épanouissement des individus et à contrôler l'activité **avec** les hommes, non contre eux.

> P. Bouloc en donne la définition suivante : « La DPO est une technique de direction de l'entreprise qui vise à atteindre une plus grande efficacité par une meilleure utilisation des ressources humaines et matérielles.»

Mise en place aux États-Unis dans les années 70-80, la DPO se fonde sur deux idées-force et nécessite des conditions préalables pour que sa mise en place réussisse.

• L'organisation doit tenir compte de ses spécificités et ses contingences.

• La satisfaction et l'accomplissement des motivations des participants permettent d'améliorer les résultats de l'organisation. (C'est la théorie Y de McGregor.)

Ces deux idées-force conditionnent un mode de gestion qui doit permettre à l'organisation de mieux atteindre ses objectifs et à l'individu de se sentir plus libre et plus responsable donc plus performant.

Il est possible de recenser les avantages attendus de la participation aux décisions et de la délégation des responsabilités : tableau extrait de P. Bouloc, stratégies pour réussir la DPO.

AVANTAGES DE LA PARTICIPATION AUX DÉCISIONS ET DE LA DÉLÉGATION DES RESPONSABILITÉS

Avantages de la participation aux décisions

- Décisions mieux adaptées.
- Meilleure motivation pour l'exécution.
- Information plus complète de chacun.
- Plus grande flexibilité dans l'adaptation des solutions.
- Conduite plus responsable, donc plus efficace.
- Amélioration du travail en groupe.
- Accroissement de l'esprit d'équipe.
- Développement du sentiment de solidarité.
- Appel à l'imagination de chacun.

Avantages de la délégation des responsabilités

- Développement de l'esprit d'initiative.
- Augmentation de l'autonomie et de l'indépendance.
- Possibilité d'autodiscipline.
- Développement (et exigence) d'une plus grande maturité.
- Accentuation de la compétition entre groupes, et atténuation de celle entre individus.
- Raccourcissement et simplification des communications.
- Facilité des contacts humains.
- Jugement des hommes, plus d'après les résultats que d'après leurs méthodes de travail (facilite le contrôle).
- Clarification de la dépendance du subordonné par rapport au supérieur.

À partir du système d'objectifs définis par la direction générale, les responsables par fonction ou par produit déterminent librement les moyens financiers, humains, techniques, les délais, les critères de mesure pour les atteindre, sous une contrainte budgétaire.

Le fonctionnement d'un système de DPO comporte six phases :
- la fixation des objectifs généraux,
- la fixation des objectifs individuels,
- l'action individuelle en vue d'atteindre les objectifs,
- le contrôle des résultats,
- le lancement des actions correctives,
- l'appréciation des hommes.

L'ensemble du processus peut être représenté par le schéma page ci-contre.

2) La direction participative par objectifs

La direction participative par objectifs (DPPO) procède du même esprit que la DPO mais y est ajoutée une participation des responsables à la détermination des objectifs. La direction devient donc plus collégiale dès le début du processus.

3) Le système de sanctions-récompenses

Le contrôle de gestion, en tant que mesure des résultats, entraîne des actions bénéfiques ou correctives selon les cas.

- **Les sanctions**

Même avec l'évolution de la conception du contrôle, une connotation péjorative reste attachée à la notion de sanction. Deux types de sanction coexistent :
- la sanction la plus «classique» vient du supérieur hiérarchique qui demande des explications et des justifications sur les mauvais résultats obtenus. Le responsable ressent l'évaluation autant pour lui-même que pour les actions menées ;
- la sanction plus «récente» consiste en une auto-critique du responsable. Il mesure l'écart entre les prévisions et les réalisations et met en place les procédures correctives pour améliorer la gestion future. La marge de manœuvre laissée au responsable varie selon les entreprises et les processus d'auto-contrôle peuvent être supervisés par la hiérarchie pour ne pas trop laisser dériver le système.

- **Les récompenses**

Elles peuvent prendre de nombreuses formes. Les premières sont souvent d'ordre pécuniaire mais, si l'on tient compte des analyses d'Herzberg, il faut aussi mettre en place des systèmes de récompense fondés sur d'autres motivations :
- une responsabilité plus large,
- une possibilité de promotion,
- des moyens de travail plus importants,
- une considération et une participation plus grandes, etc.

- **Le contrôle de gestion et les systèmes de sanction et de récompense**

Au-delà de sa dimension technique et comptable pour gérer l'activité, le contrôle de gestion est aussi un système d'animation qui influence le comportement, la motivation et la participation des individus. La direction et le contrôleur de gestion doivent donc être vigilants lors de la mise en place des objectifs, des procédures et des critères pour que les individus participent le plus efficacement possible à l'organisation.

Ensuite pour mieux évaluer les performances du gestionnaire responsable, un nouveau découpage de l'entreprise a été élaboré : c'est l'apparition des centres de responsabilité (étudiés dans le chapitre 12).

4. Les évolutions de la gestion budgétaire

Certains dysfonctionnements constatés dans la pratique des budgets ont conduit à proposer une technique pour la budgétisation des frais généraux, le budget à base zéro (BBZ).

D'autres limites sur l'imprécision des calculs de coûts et sur la seule vision verticale de l'organisation ont incité à construire des budgets à partir de la méthode des coûts ABC et de la décomposition de l'organisation en activités et processus.

4.1 Le budget base zéro

Face aux dysfonctionnements constatés dans la pratique des budgets, des études ont été menées pour essayer de pallier ces dérives.

Remettant en cause la procédure budgétaire, la technique des budgets à base zéro (BBZ) s'intéresse à la budgétisation des frais généraux.

a) Pourquoi le BBZ ?

Les charges et les budgets des services fonctionnels sont difficiles à mesurer et à contrôler : en effet le service opérationnel «client» ignore le coût des prestations qu'il demande et le service fonctionnel «fournisseur» ignore la valeur des prestations qu'il fournit.

Les charges des services fonctionnels des entreprises et les administrations ont tendance à «gonfler» rapidement.

La budgétisation des frais généraux telle qu'elle est présentée par le contrôle budgétaire ne permet pas une maîtrise complète de ces charges.

Les dérives constatées dans la gestion et le contrôle de gestion des services administratifs ont conduit à rechercher une méthode plus adaptée.

L'objectif est de mettre en évidence les corrélations entre les budgets alloués et les performances réalisées en utilisant les mêmes indicateurs de mesure.

La démarche conduit indirectement à analyser l'opportunité des missions envisagées, ce qui revient à définir les priorités.

b) Définition

Au début des années 70 aux États-Unis, P. Pyhrr élabore un modèle connu sous le nom de budget base zéro (BBZ).

> Le BBZ est une **procédure budgétaire** qui restructure l'entreprise **sans tenir compte du passé**, en ne retenant que les modules vraiment utiles.

La construction des budgets se fait à partir de zéro, c'est-à-dire sans référence au montant réellement dépensé à la période précédente mais en fonction du besoin présent.

Ce modèle doit permettre une planification plus simple des budgets, donc une meilleure prise de décision et une réduction des coûts par une répartition des ressources plus adéquate.

Pyhrr définit ainsi sa procédure :

«Plutôt que de procéder à des replâtrages incessants du budget existant, il s'agit de reconsidérer totalement les activités et les priorités, et de reconstruire un ensemble d'allocations de ressources neuf et meilleur pour l'année budgétaire qui commence.»

Il la définit comme :

«Un procédé de planification et de budgétisation qui exige de la part de chaque dirigeant d'un centre de décision qu'il justifie dans le détail et dès son origine (d'où l'intitulé de base zéro) tous les postes du budget dont il a la responsabilité et qu'il donne la preuve de la nécessité d'effectuer cette dépense.[1]»

Expérimenté en premier lieu dans une entreprise très consommatrice en charges indirectes (Texas Instruments), le modèle a structuré le budget des services fonctionnels selon des modules de décision, donc plus en relation avec les missions de l'activité que ne le faisait le découpage classique.

La méthode fut appliquée dès les années 70 par les administrations américaines puis françaises pour essayer de réduire les frais généraux.

c) Les étapes de la procédure

Le principe du BBZ repose sur trois étapes.

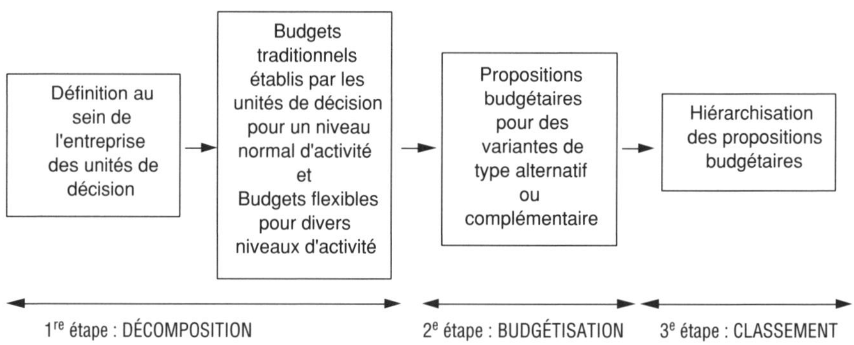

1) La décomposition

L'entreprise est découpée en **activités** et pour chacune d'entre elles sont déterminées les missions principales et les missions secondaires.

2) La budgétisation

Chaque responsable d'activité budgète les moyens nécessaires pour ses missions. Un ensemble budgétaire est constitué pour chaque activité comprenant :

- des budgets mutuellement exclusifs correspondant à plusieurs options et dont la plus adéquate est ensuite retenue ;
- des budgets complémentaires à l'intérieur de chaque option pour développer des différentes hypothèses d'activité.

1. P. Pyhrr, *International Conference of the Planning Executive Institute*, New York, 15 mai 1972.

3) Le classement

Chaque responsable doit justifier ses missions par leur hiérarchisation et leur évaluation en termes de coûts/avantages, pour que les ressources financières et humaines nécessaires lui soient allouées.

Dans ce contexte, le budget d'un niveau d'activité ou d'une unité serait présenté sous la forme suivante :

STRUCTURE DE BASE D'UN DEVIS DÉCISIONNEL (1)				
TITRE DU DEVIS (niveau du devis _____ de _____) Date DÉPARTEMENT SECTION				
I RAISON D'ÊTRE DE L'ACTIVITÉ				
II BÉNÉFICES OU AVANTAGES				
III RÉSULTATS DE LA NON-APPROBATION DU DEVIS				
IV RESSOURCES REQUISES				
	Année fiscale en cours	Budget		% de l'an en cours
		Niveau du devis	Niveau cumulatif	
1. **Ressources humaines (nombre)**				
2. **Ressources financières :** a) Dépenses annuelles d'opération Salaires Autres Total				
b) Dépenses d'investissement				
Total (a + b)				
V AUTRES POSSIBILITÉS (au niveau de service existant) ET COÛTS :				
VI AUTRES POSSIBLITÉS (façons différentes de mener l'activité) ET COÛTS				

(1) *Source* : *Dossier ZBB,* Éditions ISI Les Presses de l'Université Laval.

Ce budget sera ensuite intégré dans un ensemble budgétaire.

d) Les avantages et inconvénients de la méthode

Les expériences de BBZ dans les entreprises ont montré clairement les avantages et les limites de la méthode.

1) Les avantages de la méthode

• Le BBZ a été un premier essai pour établir une relation entre les moyens alloués et les prestations proposées, afin de mieux apprécier les résultats obtenus.

• Le BBZ permet de bien délimiter les missions des fonctions et des services concernés.

• Le BBZ peut mettre en évidence la nécessité de nouvelles activités.

2) Les inconvénients de la méthode

Quatre limites principales apparaissent.

• Le BBZ est un plan opérationnel sur deux ou trois ans, donc assez lourd à gérer.

• Le modèle n'empêche pas la création d'activités artificielles ou arbitraires pour biaiser son fonctionnement.

• Les activités inefficaces de N – 1 doivent pouvoir être supprimées en N sans que leurs coûts soient reportés sur d'autres activités.

• La méthode doit être instaurée progressivement car elle bouleverse les habitudes de travail.

Ce modèle est tombé en désuétude dans les années 80.

4.2 Les budgets fondés sur les activités et les processus

• Le **budget fondé sur l'activité** ou **ABB** (*Activity Based Budgeting*) s'appuie sur la démarche de l'ABC.

Le principe consiste à calculer les coûts prévisionnels d'une activité **à partir des consommations prévues de cette activité**.

La réalisation des budgets est effectuée à partir des ressources mises à disposition et des ressources réellement consommées par les activités.

> Le budget traditionnel, fondé sur des centres de coûts, traduit les ressources mises à disposition de l'entreprise : c'est **l'approche «disponible».**
>
> Le budget fondé sur l'activité traduit la consommation des activités : c'est **l'approche «consommation».**

Ainsi, il est possible de positionner l'ABB par rapport au budget traditionnel en montrant leur complémentarité plutôt que leur opposition.

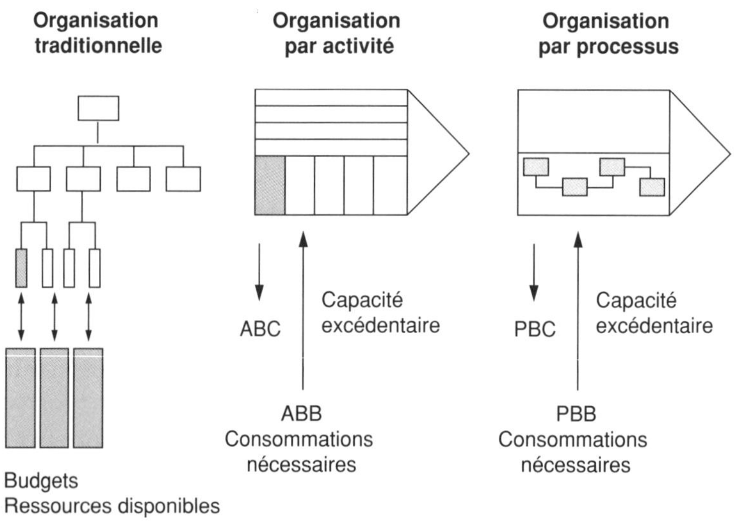

Simultanément à l'exercice budgétaire axé sur les coûts, le gestionnaire peut mener un exercice budgétaire pour définir des objectifs non financiers permettant de piloter la performance d'activités en termes de qualité, délai, service.

L'ABB nécessite l'utilisation de générateurs d'activité, donc les coûts des activités sont intégrés selon la méthode ABC alors que les coûts répartis directement sur les produits sont traités de manière traditionnelle.

L'ABB consiste à inverser l'approche ABC en partant de la consommation des produits pour mettre en évidence la capacité excédentaire.

• Le **budget fondé sur le processus ou PBB** (*Process Based Budgeting*) s'appuie sur les mêmes principes de consommation de processus au lieu d'activité.

Ces approches correspondent mieux à la réalité économique car elles permettent d'intégrer des consommations autres que strictement financières.

RÉFLEXIONS SUR LE THÈME

1. Les déviations de la pratique budgétaire

La gestion budgétaire est apparue dans les entreprises françaises dans la décennie 30 et s'est plus largement diffusée dans les années 60. Chaque organisation a donc pu développer une pratique budgétaire personnalisée. Dans certains cas des dérives sont apparues : elles sont plus ou moins marquées mais elles représentent un dysfonctionnement du système budgétaire, tant au niveau de la budgétisation qu'à celui du contrôle budgétaire.

Ainsi, dans une dérive de type bureaucratique, la fonction administrative prend le pas sur les autres sous-systèmes. La budgétisation est constituée d'un ensemble de règles écrites contraignantes, les budgets sont imposés et s'apparentent à des autorisations de dépenses avec interdiction de transfert de dépenses d'une ligne budgétaire à une autre.

Dans cette conception, les budgets deviennent un instrument de rigidité, voire un frein au changement : les centres n'envisagent leur fonctionnement que retranché dans une «chasse gardée» où le bon gestionnaire est celui qui n'a pas d'écarts.

Les dépenses sont ajustées soit par des phénomènes de report sur un autre exercice budgétaire en cas de suractivité, soit par des achats anticipés pour maintenir le montant futur de cette ligne budgétaire.

À l'opposé, la tendance «séparatiste» joue sur la liberté de gestion accordée aux centres de responsabilité. Dans ce cas, les responsables opérationnels peuvent privilégier des actions qui pérennisent l'autonomie de leur division au détriment de la stratégie de l'entreprise. Cet état de fait provient de l'incapacité de la direction générale à édicter un «code de bonne conduite» et à le faire respecter.

Les budgets sont alors des arrangements entre personnes du «même monde» qui délimitent des territoires et où il est mal venu de remettre en cause les avantages acquis. Ce type de budgétisation est rarement optimisé et souvent très coûteux en consommations intermédiaires.

Dans tous les cas, la responsabilité de la direction générale est mise en cause soit qu'elle ait refusé une réelle autonomie aux unités décentralisées, soit qu'elle n'ait pas voulu assurer son rôle de coordination de l'ensemble des sous-systèmes.

2. Les procédures budgétaires sont inadaptées

Sondage KPMG en 2000 sur 600 réponses d'entreprises européennes dont 75 % appartiennent à des groupes : 60 % avec CA > 100 millions d'euros et 30 % avec un CA > 300 millions d'euros

99 % des entreprises interrogées déclarent faire un budget,
83 % tiennent compte des prévisions économiques,
60 % l'inscrivent dans un plan à moyen terme, mais
29 % seulement se positionnent par rapport à la concurrence.

45 % des entreprises dépassent trois mois pour boucler leur budget.
Trop long, le budget est aussi trop détaillé et trop complexe. Ainsi, 70 % des sociétés de moins de 3 000 salariés pratiquent la facturation interne.

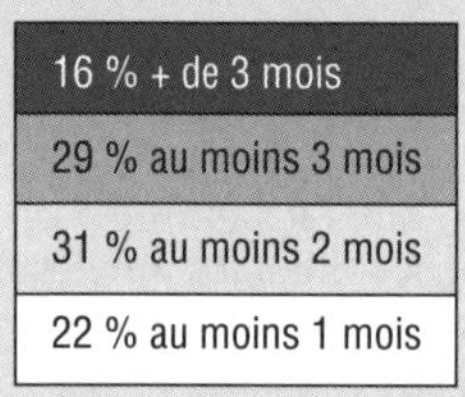

Dans 70 % des entreprises, le budget tue l'initiative.
Seulement trois entreprises sur dix prévoient un bonus pour leurs cadres à partir des réestimations en cours d'année.

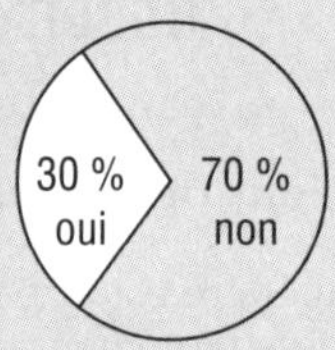

90 % des entreprises tiennent à leur budget.

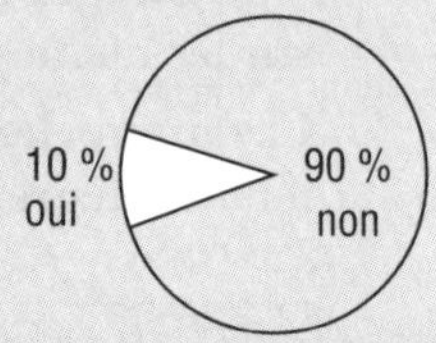

Une entreprise sur deux seulement le juge trop lourd. Un tiers le trouve trop financier et trop long à boucler. Mais 67 % des grandes entreprises se déclarent prêtes à en simplifier les procédures.

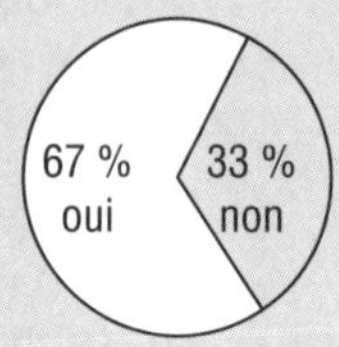

3. Le faible développement de la DPO dans les entreprises

La DPO n'a pas connu le développement escompté et des dysfonctionnements sont même apparus. M. Gervais met en évidence trois raisons pour expliquer cet échec :
- tous les acteurs de l'entreprise ne souhaitent pas forcément participer ;
- l'intériorisation des finalités de l'entreprise est difficile à obtenir, même avec une formation des participants ;
- la DPO a souvent été perçue comme un système de sanction/récompense à caractère financier.

Application

De l'utilité du budget

QUESTION

Quelle analyse se dégage des idées développées dans les deux extraits d'articles suivants :

1) LES ENTREPRISES TESTENT LA GESTION SANS BUDGET

(Revue *Option finance*, n° 650, juillet 2001.)

Clarifier la statégie. Or le budget, par son processus même d'élaboration, ne contribue pas à la clarification de la stratégie. Notamment parce que le personnel n'est pas associé à sa définition, ce qui pour Rhodia créait un vrai problème de management. « Le budget était une mécanique de validations successives par les échelons hiérarchiques, avec en bout de course des arbitrages finaux qui ne redescendaient pas vers les opérationnels » déplore Jean-Pierre Tirouflet. Une enquête conduite parmi les commerciaux de Rhodia a ainsi révélé que 81 % d'entre eux fixaient eux-mêmes leurs objectifs ! Il devenait donc nécessaire de fonctionner différemment, pour associer l'ensemble du groupe à la définition et à l'application de la stratégie. Ce nouveau processus s'est axé autour d'un plan stratégique à 5 ans. « Notre fonctionnement se caractérise maintenant par un double mouvement : du siège vers l'ensemble du groupe, pour donner les grands objectifs stratégiques à 5 ans, puis de la base vers le siège, pour proposer en retour toutes les actions stratégiques propres à les atteindre », explique Jean-Pierre Tirouflet. La quarantaine d'entités (fonctionnelles et opérationnelles) chefs de file reçoit en début d'année une lettre d'orientation donnant pour les cinq ans à venir les impératifs stratégiques à intégrer en priorité dans leur réflexion (objectifs de rentabilité, enveloppes globales de trésorerie, zones géographiques cibles...). En réponse, « chaque entité bâtit son propre plan stratégique à 5 ans en proposant quatre ou cinq axes de progrès (croissance interne ou externe, innovation...). Pour chaque axe, elle identifie des actions stratégiques concrètes à 5 ans ("développer le produit Y au Benelux"...) explique le chef de projet du nouveau système, Jacky Pinçon. Le siège valide et consolide les plans proposés, ce qui permet la formulation de la stratégie du groupe à 5 ans ». La stratégie à moyen terme est claire, chacun dans son domaine a contribué à la définir et tous l'appliquent sur le court terme : pour chaque action stratégique, les entités définissent des plans d'action pour la première année. Le contrôleur de gestion en valorise l'impact par 4 indicateurs (chiffre d'affaires, résultat opérationnel, trésorerie disponible et capitaux engagés). « Chacun est acteur : le responsable d'un atelier d'usine peut définir et prendre la responsabilité d'un plan d'action, explique Jean-Pierre Tirouflet. Les opérationnels sont autonomes, leurs plans d'action ne sont validés que par l'échelon N+1, et un seul responsable est désigné par plan d'action ou action stratégique ». D'autre part, le système associe bien l'ensemble du personnel, le tableau de bord gigogne (axe de progrès-action stratégique-plan d'action) se démultipliant à tous les échelons du groupe. Outil fréquent dans la gestion sans budget, particulièrement sous la forme d'un tableau de bord équilibré (« balanced score card »), il « permet de prendre en compte des indicateurs non financiers (taux de fidélisation, qualité...) stratégiquement importants et d'assigner des priorités claires ». commente Marcel Lemahieu, responsable marketing chez l'éditeur de logiciel SAS. Ce système a eu ses précurseurs : en France, Jean-Marie Descarpentries, considéré par CAM-I comme un des pionniers de la gestion sans budget, a piloté Carnaud dès 1982, puis Bull, par un tableau de bord limité à 6 indicateurs clés, mais démultiplié à tous les niveaux du groupe. Toutefois, le tableau de bord ne suffit pas à mobiliser le personnel autour de la stratégie du groupe : il faut aussi une responsabilisation de chacun, qui passe par la confiance *a priori* et la décentralisation. « Elle instaure une logique entrepreneuriale créatrice de valeur, commente Jean-Marie Descarpentries. Le groupe devient une fédération de PME réactives, car autonomes et solidaires. » Même bilan chez Rhodia ; « Ce fonctionnement a changé les comportements, qui sont beaucoup plus réactifs remarque Christophe Clemente, contrôleur d'une entité opérationnelle. Face à un problème sur un plan d'action, le responsable a immédiatement le réflexe de déclencher un plan d'action correctif. »

Séparer prévisions et bonus. Cette réactivité est beaucoup plus difficile à obtenir avec un budget, le manque de fréquence des prévisions n'assurant pas toujours la visibilité voulue. «Le rythme du budget et de ses deux révisions en juin et en octobre n'était pas adapté, commente Jean-Pierre Tirouflet. Nous sommes en effet sur des métiers de faible visibilité, où le carnet des commandes n'a qu'un horizon de 2 à 3 mois.» En outre, dans de nombreux groupes, « l'élaboration et l'approbation du budget étant très longue, les filiales sont obligées de le commencer trop tôt, en août, ce qui pose un vrai problème d'anticipation de la demande des clients, regrette Maurice Pedreno, chez Schneider Electric. En 1999, nous n'avions pas suffisamment anticipé la vigueur de la croissance économique aux États-Unis en 2000, ni l'explosion de la demande pour les intranet data centers », avec, à la clé, un problème de mécontentement des clients, dont la demande a été sous-estimée. Rhodia, pour sa part, fonctionne désormais par prévisions trimestrielles glissantes, une fréquence qui assure une visibilité plus conforme à son activité. Tout plan d'action du groupe étant valorisé par un contrôleur des gestion de même que sa modification, son impact financier est connu, d'autant que les plans d'action doivent couvrir environ 80 % du compte de résultat. La partie du compte de résultat non couverte par des plans d'action est, quant à elle, valorisée à partir du réalisé et des évolutions attendues de l'environnement (inflation...). Le contrôleur de gestion peut donc remonter au siège des prévisions glissantes sur les cinq trimestres à venir (sous la forme d'indicateurs de compte de résultat jusqu'à l'Ebitda, plus les capitaux engagés et la trésorerie disponible), ainsi qu'un commentaire sur les risques liés à ses prévisions et les opportunités non prises en compte. « Il s'agit d'un exercice qui reste limité aux 20 entreprises chefs de file des métiers du groupe », insiste Jean-Pierre Tirouflet. Le siège consolide ces remontées et y rajoute les éléments groupe (frais financiers...) pour parvenir à un compte de résultat et à une analyse du cash prévisionnels. Ces prévisions restent aujourd'hui à améliorer en adaptant la procédure des investissements, qui est encore annuelle.

Boréalis, un modèle scandinave

Le groupe pétrochimique danois Boréalis représente un modèle scandinave abouti de la gestion sans budget, tel que lancé en 1982 par la Svenska Handelsbanken. « Le budget remplissait trois fonctions », explique Thomas Boesen, contrôleur financier.

1. **Effectuer des prévisions financières :**
   - dorénavant, des prévisions glissantes trimestrielles sur 5 trimestres sont effectuées.
2. **Contrôler les coûts fixes et les investissements :**
   - les coûts fixes sont à présent jugés par benchmarking. Des études de benchmarking achetées à un institut spécialisé fournissent les coûts fixes de la concurrence, qui est classée en 4 familles d'entreprises, selon le degré de performance. Les usines se comparent avec leur famille et expliquent les écarts ;
   - les investissements sont suivis et autorisés par des projections trimestrielles glissantes comprenant à la fois les investissements en cours et les investissements futurs, accompagnés de leur analyse des cash-flows.
3. **Fixer des objectifs et évaluer la performance du management pour les bonus :**
   - un tableau de bord équilibré rassemble des objectifs accompagnés de 8 à 12 indicateurs de mesure (relatifs à la concurrence) ; il se démultiplie à tous les échelons du groupe et donne lieu à des plans d'action ;
   - les bonus : la moitié des objectifs sont en montants absolus, et la moitié sont des objectifs relatifs issus du tableau de bord. Le bonus est perçu selon le nombre d'objectifs atteints.

Les points fondamentaux d'une gestion sans budget

« La gestion sans budget ne signifie pas se priver de gestion prévisionnelle », souligne Michel Lebas, professeur à HEC et à l'université de Washington, consultant-chercheur en gestion sans budget.
Cela constiste à supprimer :

1. *le lien entre les prévisions et les objectifs servant à fixer les bonus ;*
2. *les objectifs que le budget exige d'atteindre, quelle que soit l'évolution du marché.* Le marché pouvant être différent des prévisions d'origine, les objectifs seront relatifs et généralement liés à la concurrence ou à l'année précédente ;
3. *le cloisonnement des fonctions* dans le cadre de certains suivis transversaux (satisfaction client, benchmarking) ;
4. *les contrôles ou autorisations a priori*, qui diminuent la réactivité et freinent l'adaptation à des retournements comme la crise asiatique ;
5. *la centralisation.* L'autonomie des unités opérationnelles signifie que les prévisions ne sont pas détaillées, mais constituées d'indicateurs clés, et le travail d'explication ne se fait qu'avec le niveau N+1. Le siège s'oblige à une politique de non-intervention, difficile à tenir lorsqu'on reçoit des reportings détaillés... ce qui explique que leur suppression soit préconisée ;
6. *l'opacité.* Les indicateurs clés d'objectifs et de performance de toutes les entités doivent être connus de tous.

2) ORGANISATION MATRICIELLE ET COORDINATION TRANSVERSALE, LE BUDGET DEMEURE L'OUTIL PRIVILÉGIÉ

(C. Thomas, Revue *Comptabilité, Contrôle, Audit*, numéro spécial, mai 2003.)

L'étude de cas a été réalisée dans une des filiales de production d'un groupe industriel européen, appelé ici Oméga. ce groupe nous paraît tout à fait intéressant pour étudier la mise en œuvre d'un processus budgétaire rénové, parce qu'il a mis en œuvre une coordination dynamique, horizontale et décentralisée dans le cadre d'une structure matricielle. En effet, du fait de sa constitution (croissance externe), il présente une structure fortement décentralisée et tente d'opérer depuis 1990, date de son arrivée sur le secteur des cosmétiques, une rationalisation de ses activités par un jeu subtil de centralisation/décentralisation, qui constitue en d'autres termes un maillage. Ce maillage a des implications fortes sur la structure des différentes filiales. Un raccourcissement des niveaux hiérarchiques entre les filiales et le groupe s'est opéré ; ce qui a pour effet d'impliquer les managers intermédiaires avec le top management tout en renforçant l'autonomie à chaque niveau hiérarchique.

Le processus décisionnel de la holding cosmétique

La maillage transversal concerne, pour le moment, quatre fonctions clés : la finance, les ressources humaines, les opérations et le marketing. Une coordination transversale de recherche est envisagée dans l'avenir. La structure décisionnelle de la division cosmétique peut être schématisé de la façon suivante :
Voir organigramme page suivante.

Les fonctions Ressources humaines et Opération sont prioritairement gérées de façon transversale. Les fonctions Finances et Marketing sont coordonnées transversalement mais restent pilotées par la ligne hiérarchique (le responsable de la division). La fonction commerciale dépend uniquement de la ligne hiérarchique.

L'étude a été réalisée au niveau Opération de la division « sélectif », c'est-à-dire dans une unité où le maillage transversal est prépondérant. Ce maillage transversal est d'abord réalisé par l'approche matricielle du processus décisionnel : implication très forte du « Chairman Officer Opération » et de son équipe, composée de quatre « vice-présidents senior » (VPS), relayés au sein de la division « sélectif » par des « vice-présidents »

(VP). Cette structure exprime clairement le choix de favoriser les synergies, d'une part entre le niveau global et les niveaux locaux (les usines) et d'autre part entre les différentes fonctions clés des « Opérations » ; le développement, les achats, le planning et la qualité. Ce processus transversal est ensuite piloté par la mise en place de réunions régulières qui croisent les niveaux et les métiers : deux réunions déclinées au niveau local (les usines) et global (la division) sont organisées tous les mois. La première concerne le suivi des résultats et la seconde la coordination entre le marketing et les opérations. Cette dernière a essentiellement pour objet le suivi du lancement des nouveaux produits, très nombreux nous l'avons vu, dans la division « sélectif ». Certaines personnes sont présentes aux réunions des deux niveaux, assurant ainsi une cohérence inter-niveaux ; c'est notamment le cas du Responsable Opération et des VP développement, achat et planning. Ce pilotage transversal est enfin soutenu par le processus budgétaire, socle de la construction d'une double régulation conjointe inter-niveaux et inter-métiers. En effet, un usage modifié du processus budgétaire favorise l'élaboration d'un compromis efficace entre les différentes régulations en distribuant autrement les initiatives et les sanctions.

ORGANIGRAMME DE LA HOLDING COSMÉTIQUE

« Executive officer board » – Chairman officer executive – Président			
Chairman officer (CO par fonction)	Chairman officers (CO par division)		
	Division « Sélectif »	Division « Mass-Market Europe »	Division « Mass-Market reste du monde »
CO Finance	Responsable financier	Responsable financier	Responsable financier
CO Ressources humaines	Responsable Ressources humaines	Responsable Ressources humaines	Responsable Ressources humaines
CO Opérations • VPS (vice-président senior) Développement • VPS Achat • VPS Planning • VPS	Responsable Opération • Directeur d'usine (2) • Reponsable du centre de distribution • VP (vice-président) Développement • VP Achat • VP Planning	Responsable Opération Responsable Recherche	Responsable Opération Responsable Recherche
	Responsable commercial	Responsable commercial	Responsable commercial
CO marketing	Responsable marketing	Responsable marketing	Responsable marketing
	Responsable recherche		

Redistribuer les initiatives

Coordination des activités versus coordination des savoirs

Le potentiel clarificateur et unificateur des langages véhiculés par les outils de gestion est largement reconnu. Toutefois, dans le modèle classique, c'est le sommet de la pyramide qui est en charge de centraliser les expériences et les savoirs et de les diffuser au reste de l'organisation. Dans ce cas, il suffit de coordonner des activités à partir d'un savoir centralisé. Cette approche est peu adaptée à un environnement complexe. En effet, la centralisation des savoirs entraîne une réduction de la complexité, génère des modèles faussement simplificateurs et conduit inéluctablement à des comportements inadéquats. Elle est tout aussi inadaptée à un environnement instable : en favorisant des comportements de conformité, les dispositifs de contrôle traditionnels inhibent les conduites d'expérimentation.

L'élaboration des budgets ne constitue plus alors une déclinaison verticale d'une connaissance centralisée et non partagée. Il est à souligner que dans l'approche traditionnelle, le processus budgétaire n'est pas seulement un levier de diffusion des connaissances mais également une source d'apprentissage et de maintenance des compétences de la direction. Dans l'exemple étudié, l'élaboration des budgets constitue plutôt une articulation des différents savoirs dispersés dans l'organisation, à partir desquels sont coordonnées, dans l'action, les activités.

Sur la base d'une hypothèse de croissance en volume négociée (4 % pour le budget 2001) entre les responsables de la division «sélectif» et les membres de l'«Executive Officer Board», les budgets ont été construits principalement par trois acteurs clés, qui ont travaillé de concert. Le responsable marketing utilise sa connaissance des marchés pour élaborer un plan stratégique des nouveautés. Le VP Planning mobilise son savoir-faire sur l'ensemble des flux physiques et informationnels pour concrétiser ce plan en unités et volumes de production (volume d'unités par ligne de produits, déclinaison des gammes, mix vente/échantillons...). Enfin, le contrôleur de gestion de la division valorise les différents budgets établis en volume et coordonne l'ensemble du processus. Bien entendu, chaque responsable (production, achat...) intervient ponctuellement lors de la réalisation de son budget. Mais la cohérence de l'ensemble est garantie par la coopération des trois acteurs clés, représentant les principaux métiers de la division : marketing, opération et finance. Un certain nombre d'allers-retours entre ces acteurs d'une part, ces acteurs et les niveaux supérieurs (hiérarchiques et matriciels) d'autre part, sont nécessaires pour qu'un compromis inter-métiers et inter-niveaux se dessine. Ce compromis, une fois réalisé, ne devient pas une norme à respecter à tout prix, mais un guide pour l'action parce qu'il a permis, lors de son élaboration, l'émergence d'une représentation commune sur l'enchaînement des activités et leurs interdépendances, ainsi que sur les contraintes de chaque métier.

Le seul élément du compromis qui devient une contrainte est le résultat comptable pour le département opération (Country Operational Profit, COP), qui est le résultat agrégé des usines et du centre de distribution et pour la division (Division Operational Profit, DOP). Le résultat prévisionnel est le minimum à atteindre pour assurer une rémunération correcte des apporteurs de capitaux. Il est piloté de façon interactive entre le niveau opérationnel, «producteur du résultat», et le niveau supérieur, lors des réunions mensuelles du suivi du résultat (Contrôle interactif vertical). Les débats qui s'engagent autour des résultats doivent permettre d'apprécier très rapidement les décisions stratégiques (timing et succès des nouveaux produits, actions des concurrents, évolution des besoins consommateurs) et de construire ensemble les actions correctives. Cet indicateur est simple, concret, pertinent au niveau d'une entité et facilement interprétable par des managers non spécialistes en comptabilité. Ces caractéristiques sont essentielles dans le cadre d'un pilotage interactif [...]. Outre sa simplicité, le choix du résultat comme variable de pilotage interactif semble parfaitement adapté à la situation de l'entreprise. [...] Enfin, il convient de souligner que ce résultat se construit également dans l'interaction au niveau opérationnel (contrôle interactif horizontal). En effet, c'est un objectif commun, dans la mesure où il engage chaque responsable ; l'évaluation de la performance étant collective.

En tant que compromis construit dans l'interaction, l'élaboration des budgets facilite la mise en œuvre d'une régulation conjointe effective inter-métiers et inter-niveaux. Dans cette perspective, ce compromis n'est pas l'expression d'une lutte de pouvoirs entre régulations mais plutôt la construction d'une logique commune. Lors de sa mise en œuvre, cette logique pourra être enrichie et modifiée par toute personne selon sa compétence, inscrivant ainsi le processus budgétaire dans une perspective d'apprentissage et dotant l'organisation d'une réelle flexibilité cognitive. Pour ce faire, il apparaît nécessaire de définir les domaines de compétence décisionnelle.

Définir des espaces de compétence décisionnelle et leurs modes d'interactions

Les budgets constituent ici un réseau de décisions et produisent un certain nombre de règles, définies en compréhension, sur les interactions entre les différentes décisions qui appartiennent à des métiers différents ou à des niveaux différents. Ils permettent donc de définir des espaces de compétence décisionnelle dans des organisations complexes où la forme matricielle place les individus dans un référentiel à plusieurs dimensions qui brouillent les frontières de rationalité. Les champs d'action des managers [...] deviennent flous et mouvants.

Dans l'exemple étudié, le processus budgétaire participe à la construction des espaces décisionnels qui délimitent le territoire des solutions admissibles à chaque niveau. [...] Toutefois, il convient de souligner que, dans le cas cité, cette construction n'est pas donnée a priori, elle se reconstruit en permanence dans l'action. L'analyse des résultats, lors des deux réunions mensuelles (niveau division et niveau opération), permet l'élaboration progressive des conventions qui déterminent le niveau où doit se prendre la décision et quels sont les différents services concernés... Le fait que plusieurs personnes (le Reponsable Opération et les VP) participent régulièrement aux deux réunions facilite la mise en place de conventions inter-niveaux.

À ce stade de l'analyse, une question se pose : qu'est-ce qui incite les acteurs à jouer le jeu ? On ne peut plus user ici des modèles d'incitation à des comportements d'exécution. En effet, les budgets sont purement indicatifs ; leur importance réside dans les règles d'interactions qu'ils fournissent. Il s'agit donc ici d'inciter les acteurs à adhérer à ces règles, à les enrichir, à les contextualiser afin de coopérer dans l'acte productif.

Redéfinir les sanctions et les contrôles

Il s'agit donc de gérer autrement un certain nombre de couples paradoxaux comme : individuel/collectif, court terme/long terme, valeur pour l'actionnaire/valeur pour le client...

L'évaluation de la performance collective comme support de la coopération

La performance est globale, elle se construit sur la base d'arbitrages locaux entre des contraintes contradictoires, qui reposent sur la coopération des acteurs. Pour favoriser cette coopération l'entreprise étudiée a choisi d'évaluer prioritairement une performance collective.

L'évaluation des managers est décomposée de la façon suivante :

- 70 % de l'évaluation portent sur des indicateurs quantitatifs qui traduisent une préoccupation à court terme, orientée vers l'actionnaire. Le principal indicateur (60 %) est le résultat réalisé par l'unité du niveau supérieur (n+1). Les autres indicateurs (10 %) traduisent l'activité de la personne concernée (ex. : les coûts de revient, la main d'œuvre directe pour le responsable production) ;
- 30 % de l'évaluation, plus qualitative, portent sur des projets qui s'inscrivent dans le temps. Il s'agit principalement d'objectifs personnels sur projets spécifiques (25 %). Les 5 % restants représentent le résultat réalisé par l'unité de niveau (n+2).

La caractéristique première de ce mode d'évaluation est d'opérer une réelle distinction entre le champ de responsabilité (niveau n) et l'évaluation, réalisée sur la performance du niveau n+1. Par exemple, le directeur de production d'une usine a comme champ de responsabilité direct le budget de production mais il est évalué principalement sur le résultat de l'usine COP. Le respect du budget de production n'a en soi qu'une importance très faible, ce qui compte c'est le résultat de l'usine. Ce principe se reproduit quel que soit le niveau concerné. Le Responsable Opération, les directeurs d'usine, le directeur du centre de distribution et les trois VP sont évalués sur le résultat de la division (DOP). L'évaluation de la performance est donc prioritairement collective : 60 % au niveau n+1 qui représentent le sous-système pertinent, celui où les actions de la personne vont contribuer à créer de la valeur et 5 % au niveau n+2, qui constitue le niveau englobant.

La seconde caractéristique est, nous l'avons vu, de privilégier le résultat. Ce dernier représente plus de 60 % de l'évaluation et est le seul élément qui possède la faculté d'annuler toute l'évaluation. «*C'est un indice tueur*» (contrôleur de gestion de l'usine). Dans la mesure où le résultat prévisionnel est considéré comme étant le résultat minimum à atteindre, le bonus associé à l'évaluation est affecté d'un coefficient multiplicateur qui augmente (1 – 1,5 – 3) lorsque les performances obtenues sont supérieures à celles prévues. Ce coefficient est égal à 1 si les résultats obtenus sont ceux prévus, c'est-à-dire ceux sur lesquels la direction s'est engagée vis-à-vis des apporteurs de capitaux. Il s'élève à 1,5 si les résultats obtenus sont supérieurs à ceux prévus dans une limite qualifiée «d'attendue» (5 à 10 %, selon les résultats). Il peut atteindre 3 lorsque les résultats obtenus sont exceptionnels.

En évaluant toutes les personnes qui sont directement en interaction (sous-système pertinent), sur un même objectif, on favorise la coopération. L'existence d'un objectif commun autorise la mise en place de règles du jeu suffisamment claires pour que s'instaure un dialogue constructif et non polémique. Récemment, suite à une tension des prix sur le marché des composants, les écarts sur achats d'une des usines se sont rapidement dégradés. Le VP Achats, qui vient d'arriver dans la société, a dans un premier temps eu une réaction classique : il est face à un problème dont il est responsable et qu'il doit résoudre ; pour ce faire, il augmente les quantités afin d'obtenir une diminution des prix. Cette attitude a très vite été stoppée lors de la réunion mensuelle puisqu'elle risquait très fortement d'avoir un impact négatif sur les futurs résultats de l'usine (gonflement des stocks et des obsolètes). La démarche adoptée a été double : d'une part, reporter une partie du problème au niveau supérieur en faisant intervenir le VPS Achat afin qu'il négocie (effet de groupe) avec les fournisseurs (contrôle interactif vertical) ; d'autre part, trouver des solutions au niveau local pour compenser cette perte et maintenir le résultat (contrôle interactif horizontal). Une analyse de la valeur a été menée conjointement entre les achats et le développement afin de simplifier certains conditionnements, d'en standardiser d'autres. Les solutions trouvées sont proposées au marketing (intervention d'un autre service) qui les valide ou les rejette. Par exemple, une standardisation des notices a été retenue, ce qui a permis de renégocier les prix avec le fournisseur.

Réintroduire la responsabilité individuelle, support de l'implication sur le long terme

Une partie de l'évaluation (25 %) porte sur des actions individuelles non mesurables par des indicateurs quantitatifs. Il s'agit d'inciter les managers à s'engager sur des projets de long terme qui sont susceptibles d'améliorer à l'avenir la création de valeur. Ces projets sont proposés par les managers et négociés avec leur supérieur hiérarchique direct et leur supérieur fonctionnel s'il existe. Dans tous les cas, une attention toute particulière est portée aux capacités relationnelles développées par le manager lors de la mise en œuvre de ses projets et à son plan de communication.

Le VP Planning par exemple s'est engagé sur deux projets qu'il a négociés avec le Responsable Opération et le VPS Planning. Le premier, à horizon de 18 mois, vise à réorganiser le service logistique des deux usines. Le deuxième, à un horizon plus lointain, a pour ambition d'imprimer une culture « *Critical Path Scheduling* » (timing de lancement des nouveaux projets). Il s'agit de sensibiliser tous les acteurs du processus, depuis les équipes de la Recherche/Développement jusqu'aux commerciaux, à identifier les étapes du processus, percevoir rapidement les déviations, élaborer les corrections en tenant compte des interactions entre les étapes, et enfin à rechercher si nécessaire de nouveaux arrangements. Dans les deux cas, il s'agit bien d'améliorer le rôle du service logistique afin qu'il devienne une réelle structure d'interface tant au niveau de l'usine que de la division. L'enjeu est une meilleure maîtrise des flux susceptible d'accroître la création de valeur.

12 Centres de responsabilité et cessions internes

1. *Les centres de responsabilité*
2. *La détermination des prix de cessions internes*

Le contrôle de gestion se doit de planifier, suivre, motiver et mesurer les performances de l'entreprise.

La nécessité de planifier l'activité d'entreprises de taille de plus en plus importante sur des marchés complexes, les possibilités ouvertes par la budgétisation pour suivre et mesurer les résultats associées à la prise en compte de la dimension humaine pour motiver ont conduit les directions générales à mettre en place des structures plus décentralisées en instaurant un découpage en unités plus petites appelées «centres de responsabilité».

L'entreprise est alors scindée en sous-ensembles qui reçoivent une autorité déléguée pour engager des moyens humains, matériels et financiers dans la limite d'objectifs négociés avec la hiérarchie.

L'organisation en centres de responsabilité tente de généraliser, à l'intérieur de l'entreprise, des relations clients/fournisseurs, de manière à retrouver les avantages de souplesse et rapidité de réaction de la petite unité, tout en préservant les économies d'échelle liées à la taille.

Dans ce type de structure, les responsables opérationnels sont évalués sur leur capacité à respecter les objectifs fixés et sont autonomes pour juger des moyens à mettre en œuvre pour les atteindre dans le cadre du budget préalablement défini.

Cependant, cette autonomie de gestion doit être organisée de telle sorte que les unités décentralisées :
– ne cherchent pas à privilégier leur intérêt au détriment de celui de l'entreprise,
– connaissent les modalités d'arbitrage en cas de conflit inter-centres…

La réponse du contrôle de gestion à cet ensemble de contraintes a été d'organiser les échanges internes entre centres en définissant des **prix de cessions** qui doivent permettre :
– le respect de l'efficacité de l'entreprise,
– la maîtrise et l'évaluation de l'efficience de chaque centre,
en garantissant le respect de l'autonomie déléguée au responsable.

Pour appréhender cette organisation, il nous faut donc envisager les types de centres de responsabilité ainsi que les méthodes de fixation des cessions internes.

1. Les centres de responsabilité

Le découpage de l'entreprise en centres de responsabilité, qui doit nécessairement correspondre à l'organigramme de structure, est un élément du contrôle de gestion pour suivre l'activité d'un responsable.

1.1 Définition

> Un CENTRE DE RESPONSABILITÉ est un groupe d'acteurs de l'organisation regroupés autour d'un responsable, auquel des moyens sont octroyés pour réaliser l'objectif qui lui a été assigné.

Un centre de responsabilité est donc une partie de l'entreprise, base de calcul pour les performances du gestionnaire responsable.

Exemple

- Les différents rayons au sein d'une grande surface de distribution peuvent être organisés en centres de responsabilité.
- Les centres de production d'une entreprise peuvent aussi constituer des centres de responsabilité.

1.2 Les différents centres de responsabilité

Il est habituel de distinguer cinq types de centres de responsabilité, en fonction des missions qui sont assignées.

a) Centre de coûts

> L'unité concernée doit réaliser le produit qu'elle fabrique au moindre coût, avec la meilleure qualité possible.

Plusieurs indicateurs peuvent être élaborés par le contrôle de gestion pour mesurer les performances de ces centres :

- **coût** : coût de production, taille du lot économique, niveau des stocks ;
- **qualité** : taux de rebut, taux de panne, critère de qualité ;
- **délai** : délai de réponse à la demande.

b) Centre de dépenses discrétionnaires

> Pour les services fonctionnels dont la mission est d'aider une activité opérationnelle, un centre de coûts discrétionnaire est créé avec un budget fixé pour gérer au mieux l'opération.

À la différence des centres de coûts, cette solution est utilisée quand il n'est pas possible de rattacher le service directement à un produit.

Le contrôle du centre se fait alors sur la capacité à respecter une dotation budgétaire.

c) Centre de recettes

> L'unité doit maximiser le chiffre d'affaires du produit ou de l'activisé visée.

Les performances des responsables peuvent être évaluées avec deux optiques différentes :

- dans une vision de contrôle-sanction : l'indicateur de gestion sera le volume de ventes réalisées ;
- avec une dimension supplémentaire de conseil et d'expérience : des indicateurs sur les variables influençant les ventes sont possibles tels que le taux de remise consenti au client, le délai de paiement accordé, le nombre de visites effectuées aux clients, etc.

Il est préférable de mettre en place des critères de gestion par rapport aux moyens mis en place plutôt que par rapport aux résultats pour apprécier la performance des responsables.

d) Centre de profit

> Le service doit dégager la marge maximale en améliorant les recettes des produits vendus et en minimisant les coûts de ces produits.

Les centres de profit d'une entreprise devraient correspondre aux segments stratégiques définis par l'analyse stratégique, produit-marché, métier, niches, etc.

Les vrais centres de profit sont peu nombreux car la marge d'autonomie des responsables couvre rarement la gestion des ressources (coûts, investissements) et la gestion des recettes (ventes, prix, gammes...).

Les critères de performance et de gestion sont nombreux puisque tous les domaines influencent plus ou moins directement le profit :
- résultat net, soldes intermédiaires,
- taux de marge, profit/chiffre d'affaires,
- ratio de rentabilité du capital investi, au sens d'actifs confiés à l'entité mais pas en termes de capitaux propres dont le montant échappe aux unités opérationnelles.

e) Centre d'investissement

> Le service concerné doit dégager la meilleure rentabilité possible des capitaux investis tout en réalisant un profit.

Les moyens d'action portent sur le capital et les investissements choisis mais aussi sur tous les coûts contribuant à obérer le cash flow. Correspondant à des décisions stratégiques, les centres d'investissement se situent généralement au plus haut niveau hiérarchique.

Les indicateurs de gestion sont les critères de rentabilité classiques des capitaux investis : ratio de rendement des actifs : bénéfice/actif ; taux interne de rentabilité ; valeur actuelle nette ; niveau de cash flow ; ratio d'endettement ; etc.

Les centres d'investissement, à l'inverse des centres de profit qui ne recherchent trop souvent que des bénéfices à court terme, ont une vision à long terme.

L'ensemble de ces définitions est repris dans le tableau synthétique suivant. Il est à noter que les indicateurs de performances synthétique sont abandonnés au profit d'indicateurs plus spécifiques tendant à distinguer :
– les résultats de la gestion courante et celles des investissements,
– les critères de gestion et ceux de performance.

Nature du centre de responsabilité	Caractéristiques et éléments de responsabilité	Critères et indicateurs utilisés
Centre de coûts	• Objectifs d'activité prévisionnelle (outputs) au moindre coût tout en respectant des objectifs de qualité et de délais • Le centre n'est pas responsable de son niveau d'activité	• Quantité produite • Coût unitaire de l'UO • Coût unitaire des produits (coût rationnel) • Qualité • Délais
Centre de dépenses discrétionnaires	• Pas de définition d'outputs mesurables • Objectif de respect de l'enveloppe budgétaire prévu • Qualité du service rendu	• Coût total du centre • Qualité du service en termes de taux de réclamations, temps moyen de traitement d'un dossier, etc.
Centre de recettes	• Maximiser un chiffre d'affaires en termes de niveau et de composition des ventes • Quelquefois, minimiser des frais de commercialisation	• Montant de chiffre d'affaires • Structure de ce chiffre (s'apparente à la notion de qualité du chiffre d'affaires) • Coûts propres au centre
Centre de profit	• Responsabilité globale en termes de chiffre d'affaires et de consommations compte tenu de moyens (humains et capitaux) alloués et de spécificités concernant les outputs • Peu ou pas de responsabilité sur l'adéquation capacité utilisée/capacité disponible	• Marge générée avant financement des moyens alloués : EBE • Efficience du centre : Production/Moyens utilisés • Rendement des moyens alloués = Marge/Capitaux • Qualité des produits • Respect des délais
Centre d'investissement ou de rentabilité	• Responsabilité globale en termes de chiffre d'affaires, de consommations et d'un certain niveau de rentabilité des actifs • Responsabilité des coûts de capacité	• Vision globale de l'efficience • Coût du gaspillage = Production/Moyens utilisés • Coût de l'oisiveté = Moyens utilisés/moyens disponibles

Le découpage en centres de responsabilité relève du contrôle de gestion. Il dépend évidemment de l'objet de l'entreprise, de sa structure et de son niveau d'intégration.

1.3 Les centres de responsabilité et le contrôle de gestion

a) Le choix des centres

Il faut d'abord remarquer que les choix du type de centres et des critères de gestion sont délicats et subjectifs.

Le choix dépend de plusieurs facteurs de contingence, en particulier :
- la nature de l'activité, le type de produit,
- la stratégie de l'entreprise,
- le type de pouvoir et le degré de délégation d'autorité et de responsabilité accordé : plus le pouvoir sera décentralisé et délégué, plus le nombre de centres sera important.

Il est cependant possible de respecter certains principes en termes définis de la façon suivante.

1) Nature de la mission du centre

Nature de la mission	Type de centre	Niveau de la structure
Production	Centre de coûts	Usines, ateliers ou magasin de stockage
Service rendu	Centre de dépenses discrétionnaires	Services administratifs
Vente	Centre de recettes	Services commerciaux, billetteries
Résultat	Centre de profit	Usines, établissements
Rentabilité des capitaux investis	Centre d'investissement	Filiales

2) Hiérarchie entre les centres

Il semble logique de considérer que la définition des centres crée entre eux des rapports de pouvoir : il serait étonnant qu'un centre de rentabilité soit hiérarchiquement dépendant d'un centre de coûts…

Ces liens peuvent être représentés par le graphe suivant :

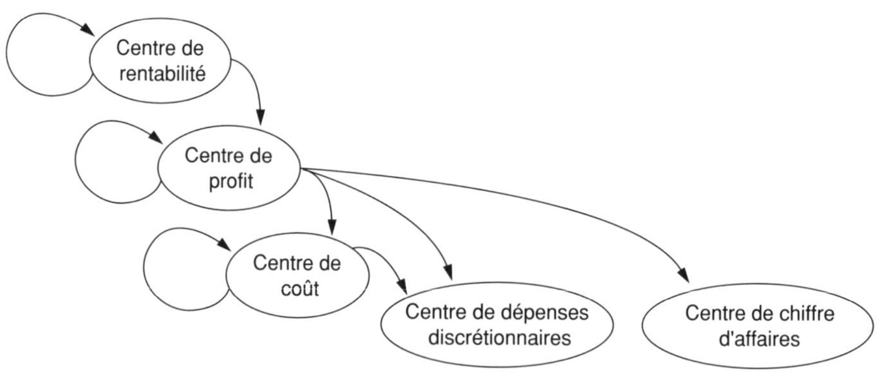

Il faut garder à l'esprit que la définition d'un centre de responsabilité ne renvoie qu'à sa mission principale ou dominante, et que selon l'horizon temporel, cette vision peut évoluer.

Exemple

Un centre de recettes peut être aussi centre de coût s'il est responsable d'un budget regroupant ses propres moyens.

De même, un centre d'entretien de locaux est à court terme un centre de coût mais dans un horizon plus lointain, il peut être considéré comme un centre de profit s'il doit obtenir le renouvellement de contrats qui lui assure son chiffre d'affaires.

Une fois le choix fait, le découpage de l'entreprise en centres de responsabilité doit couvrir l'ensemble de l'activité en leur affectant tous les éléments de coûts et de recette sans en oublier aucun.

b) Ce que doit permettre le contrôle de gestion

Cette autonomie de gestion doit être organisée de telle sorte que les unités décentralisées :
- ne cherchent pas à privilégier leur intérêt au détriment de celui de l'entreprise ;
- connaissent les modalités d'arbitrage en cas de conflit inter-centres.

Cependant, il est important que le contrôle de gestion soit conscient que la prise en compte de critères simplistes pour l'évaluation de la performance peut entraîner des effets pervers :
- le fonctionnement du centre est alors focalisé sur l'indicateur et pousse à mettre en œuvre les moyens nécessaires à l'obtention d'un «bon indicateur» au détriment de la maîtrise de l'ensemble des facteurs jouant sur la performance ;
- il est également important de comprendre la différence entre indicateurs de résultats (qui constatent *a posteriori* et peut-être pas dans le centre des dérives par rapport aux objectifs) et indicateurs de performance (qui doivent permettre de traiter ces dérives lorsqu'elles apparaissent).

Enfin, il faut être conscient que la mesure de la performance peut se révéler difficile et qu'un optimum local peut différer d'un optimum global.

Exemple

L'acceptation par un centre de profit d'une commande additionnelle peut faire apparaître une amélioration de sa marge alors même que cette décision alourdit des coûts d'ordonnancement et/ou de réception qui vont détériorer les résultats des centres de coûts concernés.

Dans ce cas, seule une analyse des processus et de la chaîne de valeur et des interactions qui existent peut évaluer le choix dans la globalité des coûts qu'il induit.

Les échanges internes entre centres posent **le problème de l'évaluation du prix de cession entre la division acheteuse et la division vendeuse.**

Ces prix de cession internes sont appelés à jouer plusieurs rôles qui peuvent se révéler contradictoires ; en effet, ils sont à la fois considérés comme :
– un moyen pour le responsable du centre d'orienter sa gestion,
– un outil de mesure de la performance économique des centres.

2. La détermination des prix de cession internes

Les échanges entre centres de profit ou d'investissement d'une même entité doivent, dans la logique de cette organisation, être réglés par l'intermédiaire d'un prix. Plusieurs méthodes existent pour fixer ces prix dits prix de cession internes.

2.1 Notion de prix de cession interne

a) Définition

Le prix de cession interne permet la valorisation des transferts entre centres de profit. Il est alors possible d'établir un compte de résultat où les produits sont constitués par le chiffre d'affaires extérieur (avec les clients finals) et le chiffre d'affaires interne (avec les centres acheteurs de l'entreprise).

Ce compte de résultat peut être établi dans le cas où le centre «vendeur» n'a pas accès au marché final : la définition du prix reconstruit à l'intérieur de l'entreprise des «micro-entités» dont la direction souhaite qu'elles soient gérées comme des entités autonomes.

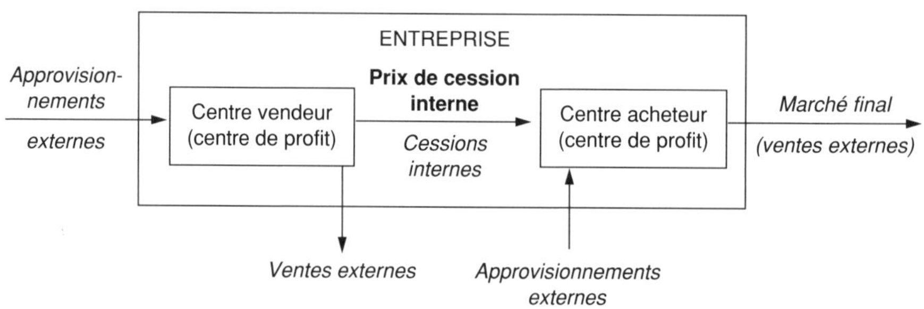

Or, la performance d'un centre est influencée par l'existence des cessions internes puisque ce qui est un coût pour le centre acheteur est une recette pour le centre vendeur.

La fixation des prix de cession interne doit donc permettre :
- une **juste mesure des performances** des centres concernés,
- une **convergence des intérêts** entre la division et l'entreprise,
- un **respect de l'autonomie déléguée** aux centres de responsabilité.

b) Prix de cession interne et résultat global

Un prix de cession interne est défini soit par rapport au coût, soit par rapport au marché mais, quel que soit son niveau, il est **neutre sur le résultat global** de l'entreprise. Sa définition n'influence que le niveau des résultats partiels de chaque centre.

Exemple

Soient les liens suivants entre centres de responsabilité (par simplification, le centre acheteur n'a pas d'accès possible à un marché final) : cession de la totalité de la production du centre A et B, soit 1 000 unités.

Premier cas : Prix de cession égal à 40 €

ENTREPRISE			
Centre A (vendeur)		*Centre B (acheteur)*	
Cessions internes : 40 × 1 000 =	40 000	Chiffre d'affaires : 70 × 1 000 =	70 000
Achats externes :	20 000	Achats internes :	40 000
Autres charges :	15 000	Autres charges	12 000
Résultat :	**5 000**	Résultat :	**18 000**
Résultat global de l'entreprise : 23 000			

Deuxième cas : Prix de cession égal à 50 €

ENTREPRISE			
Centre A (vendeur)		*Centre B (acheteur)*	
Cessions internes : 50 × 1 000 =	50 000	Chiffre d'affaires : 70 × 1 000 =	70 000
Achats externes :	20 000	Achats internes :	50 000
Autres charges :	15 000	Autres charges	12 000
Résultat :	**15 000**	Résultat :	**8 000**
Résultat global de l'entreprise : 23 000			

Il est possible de constater que, dans les deux cas, le résultat de l'entreprise est identique, seule la localisation partielle des performances des centres est déplacée.

c) Prix de cession et valorisation des stocks

Dans le cas de cessions internes valorisées à un coût conventionnel, une distorsion est introduite dans la valeur des stocks de fin de période.

Très souvent, le coût conventionnel est constitué par le coût de revient du produit auquel est ajoutée une marge qui doit permettre de rémunérer le service offert par le centre vendeur.

Son utilisation introduit, dans le coût des produits cédés, une part de résultat. **Ce résultat est fictif puisqu'il ne peut y avoir de résultats réels au sein d'une entreprise que lorsque la vente se dénoue par une confrontation avec le marché.**

Lorsque les biens cédés sont intégrés en totalité dans les fabrications de la division acheteuse et vendus, l'apparition de bénéfices fictifs n'entraîne pas de conséquence sur le résultat de l'entreprise.

Exemple

L'établissement A cède 1 000 produits au prix conventionnel de 120 € l'un à l'établissement B. Le coût de revient d'un produit est de 110 €. Ces produits ont été inclus dans les fabrications de la division B.

Hypothèse 1 : Toutes les fabrications de B ont été vendues.

Division A : elle dégage un bénéfice fictif sur la cession qui s'élève à :
1000 produits (120 € – 110 €) = 10 000 €

Division B : le coût de revient des produits finis de B est majoré de 10 000 €, et pour un prix de vente inchangé, le bénéfice de la division B est diminué de la même somme.

Pour l'entreprise : l'opération est neutre, ce qui est gagné par un établissement est perdu par l'autre.

La difficulté survient lorsque toutes les fabrications de la division acheteuse et incluant des cessions internes ne sont pas vendues. Il subsiste dans les stocks de fin de période une partie du bénéfice fictif qu'il faut régulariser en fin d'exercice, de telle sorte que les stocks présentent une évaluation en coûts réels.

Suite de l'exemple

Hypothèse 2 : les 1 000 produits reçus de la division A ont été partagés en deux lots :

– 200 sont encore en stock de matières premières, 800 ont été intégrés aux fabrications de la division B ;
– parmi les 800 produits finis, 700 ont été vendus en dégageant un bénéfice de 20 € par produit.

Le bénéfice fictif de 10 000 € dégagé par la division A se retrouve au sein de la division B par :

– une minoration du résultat sur les 700 produits vendus égale à : 10 € × 700, soit 7 000 € ;
– une surévaluation des stocks :
  • de produits finis : 100 produits × 10 € = 1 000 €
  • de matières premières : 200 produits × 10 € = 2 000 €

Il faut donc dans le cas de cessions internes valorisées à un coût conventionnel retraiter les stocks lors de la consolidation des résultats.

Il existe deux grandes familles de méthodes de fixation des prix : une fondée sur les coûts, l'autre sur les prix. Après leur étude, nous envisagerons les conditions théoriques de leur utilisation.

2.2 Les méthodes fondées sur les coûts

Nous examinerons successivement :
- le coût réel,
- le coût standard complet,
- le coût variable standard ou le coût marginal,
- le coût d'opportunité.

a) Le coût réel

L'utilisation de coûts réels pour valoriser les prestations entre centres ne permettait pas la localisation des responsabilités.

En effet, **le coût réel transfère l'efficience ou l'inefficience du centre vendeur vers celui qui reçoit la prestation.**

Exemple

Soit un centre A qui produit un composant dont le coût standard est le suivant : 30 € de charges variables unitaires et 20 € de charges fixes pour une production prévue de 1 000 unités. Toute sa production est cédée au centre B au coût réel majoré d'une marge de 5 %. Le centre acheteur B adjoint à ce produit un autre composant acheté à l'extérieur dont le coût d'achat unitaire est de 10 €. Le montage du produit final coûte 2 € par unité montée. Le produit est vendu sur un marché final au prix de 80 €.

Compte tenu des données fournies, le contrôle de gestion s'attend :

- *pour le centre vendeur A* :
  - à une production à un coût réel égal au coût standard, soit 50 € ;
  - à un prix de cession qui est égal à 50 € × 1,05 = 52,50 € ;
  - à un résultat du centre égal à : 50 € × 5 % × 1 000 unités = 2 500 € ;
- *pour le centre acheteur B* :
  - à un coût de revient réel du produit monté égal à : 52,50 € + 10 + 2 = 64,50 € ;
  - à un résultat du centre égal à : (80 – 64,5) × 1 000 unités = 15 500 € ;

le résultat de l'entreprise devant être égal à : 2 500 + 15 500 = 18 000 €, soit : (80 – (50 + 10 + 2)) × 1 000 unités.

Supposons que dans la réalité le centre A n'ait pu respecter ses contraintes de production : son coût de revient unitaire s'élève à 56 €. Par contre, le centre B a pleinement satisfait à ses engagements.

Il apparaît que :

- le résultat du centre A est de 56 × 5 % × 1 000 unités = 2,8 € × 1 000 = 2 800 € ;
- le prix de cession devient : 56 × 1,05 = 58,8 € ;
- le coût de revient du centre B est égal à : 58,80 + 10 + 2 = 70,80 € ;
- et son résultat est de : (80 – 70,80) × 1 000 unités = 9 200 €.

En conséquence : le résultat global réel est de : (80 – (56 + 10 + 2)) × 1 000 = 12 000, qui se répartissent en : 2 800 + 9 200, soit une diminution de 6 000 € par rapport au résultat attendu.

Le centre A est inefficient de 6 € par produit, ce qui implique une perte de 6 000 €, soit la perte du résultat réel. Pourtant le résultat du centre est supérieur au résultat attendu de 300 € (2 800 € au lieu de 2 500 €). Ce phénomène s'explique par la définition du prix de cession et plus particulièrement du mode de fixation de la marge : comme la marge s'exprime en pourcentage du coût réel, plus ce dernier est élevé, plus la marge est importante (6 € × 5 % × 1 000 unités = 300 €).

Ici la définition de l'indicateur conduit à des comportements contradictoires avec l'objectif fixé à l'organisation en centres de responsabilité : normalement plus le centre est efficient, plus son résultat doit s'accroître et le jugement porté sur sa performance être favorable ; compte tenu du mode de fixation du prix de cession, c'est l'inverse qui se passe.

Le centre B qui a pleinement satisfait à ses obligations voit son résultat se détériorer de 6 300 € (9 200 € au lieu de 15 500 € attendus), ce qui correspond au transfert :

– de l'inefficience du centre A pour 6 000 €,

– de l'accroissement de marge du centre A répercutée dans le coût d'achat pour 300 €.

Le choix d'un prix de cession égal à un coût réel ne conduit pas les centres amont à l'efficience puisqu'ils peuvent ainsi répercuter leur non-productivité vers les centres aval : il n'y a pas de localisation des performances.

C'est pourquoi le coût réel est rarement retenu comme prix de cession interne pour juger de la performance des centres de responsabilité et bien qu'il paraisse «évident» dans les transferts entre centres productifs, compte tenu de ses liens avec la comptabilité analytique.

b) Le coût standard complet

Il permet **une localisation des performances** ; en effet :
– la division vendeuse sera contrôlée par la mise en évidence d'écarts entre des données réelles et des données standard en quantité et valeur ;
– la division acheteuse ne sera responsable que de la consommation (quantités) des sous-ensembles achetés.

Cette méthode présente des inconvénients dès lors que la division acheteuse a la possibilité (et la liberté) de s'approvisionner ailleurs.

1) Pour le centre «fournisseur»

La performance de ce dernier dépend des quantités achetées par le centre «client» : une sous-consommation par rapport au budget ne permet pas l'absorption complète des charges fixes, alors qu'une sur-consommation présente l'effet inverse. Dans les deux cas, **il y une influence sur le résultat du centre «fournisseur» sans que celui-ci n'en soit responsable.**

Exemple

Soit le centre A dont les charges prévues sont de :
- 30 € de charges variables unitaires et
- 20 000 € de charges fixes pour une production normale de 1 000 unités.

Le prix de cession est fixé au coût standard unitaire plus 3 € de marge soit 53 €.

Le résultat budgété du centre est de 3 000 €.

La capacité maximale du centre est de 1 100 unités. Compte tenu de la nature de la production du centre A, celle-ci ne peut être écoulée qu'auprès du centre B.

Premier cas : Le centre B limite ses achats à 800 produits

ENTREPRISE			
Centre A (vendeur)		*Centre B (acheteur)*	
Cessions internes : 53 × 800 =	42 400	Chiffre d'affaires : 75 × 800 =	60 000
Charges variables :	24 000	Achats internes :	42 400
Charges fixes :	20 000	Autres charges	12 000
Résultat :	**– 1 600**	Résultat :	**5 600**
Coût de revient réel : 55 €			
Résultat global de l'entreprise : 4 000			

Deuxième cas : Le centre B porte ses achats à 1 100 produits

ENTREPRISE			
Centre A (vendeur)		*Centre B (acheteur)*	
Cessions internes : 53 × 1 100 =	58 300	Chiffre d'affaires : 75 × 1 100 =	82 500
Charges variables :	33 000	Achats internes :	58 300
Autres charges :	20 000	Autres charges	12 000
Résultat :	**5 300**	Résultat :	**12 200**
Coût de revient réel : **48,18 €**			
Résultat global de l'entreprise : 17 500			

En global, le résultat de l'entreprise change, ce qui est normal puisque la configuration avec le marché ne porte pas sur les mêmes quantités : l'écart de résultat peut s'analyser comme la marge générée par la différence des quantités vendues :
(75 – 30) × 300 produits = 13 500.

Mais, dans le même temps, le centre A, qui a rempli ses obligations en terme de maîtrise de coûts, voit son résultat et donc sa performance apparente se dégrader ou s'améliorer sans pouvoir y faire quelque chose puisque ce sont les achats du centre B qui entraînent une plus ou moins bonne absorption des charges fixes.

2) Pour le centre «client»

Ce centre considère ce prix de cession comme un coût variable alors qu'il comprend des charges fixes. **La recherche de l'optimisation** du résultat de l'entreprise risque alors de **porter sur des choix économiques mal fondés**.

Exemple

Retrouvons le centre A.

Compte tenu d'une forte concurrence sur le marché final de B, celui-ci fixe ses achats à 800 unités.

Le centre A propose alors à un centre C appartenant à la même entreprise ses 200 composants au coût standard de 50 €. Ce dernier peut les intégrer dans un produit vendu 80 € mais qui demande 15 € de charges variables unitaires et 5 000 € de charges fixes.

ENTREPRISE					
Centre A (vendeur)		*Centre B (acheteur)*		*Centre C (acheteur)*	
Cessions internes vers B :	42 400	Chiffre d'affaires : 75 × 800 =	60 000	Chiffre d'affaires : 80 × 200 =	16 000
Cessions internes vers C :	10 000				
Charges variables :	30 000	Achats internes :	42 400	Achats internes :	10 000
Charges fixes :	20 000	Autres charges :	12 000	Autres charges	8 000
Résultat :	**+ 2 400**	Résultat :	**5 600**	Résultat :	**– 2 000**
Coût de revient réel : 50 €					
Résultat global de l'entreprise : 6 000					

Le centre C perçoit le prix d'achat du composant comme un coût variable alors qu'il est constitué d'une partie de charges fixes. Cette illusion conduit le centre C à refuser cette proposition puisqu'elle génère, dans la vision de C, un résultat déficitaire. Pourtant au niveau global, l'entreprise a intérêt à ce que cette solution soit retenue : nous sommes en présence de l'application du principe voulant que les optimums locaux ne soient pas synonymes d'optimum global.

Résultat de l'entreprise si les cessions à C ne se font pas :

Chiffre d'affaires B :	60 000
Charges variables A :	24 000 (800 × 30 €)
Charges fixes A :	20 000
Autres charges B :	12 000
Résultat :	+ 4 000

C'est pourquoi, cette technique de coût standard complet n'est retenue que sous certaines conditions :

– la cession interne a lieu entre deux centres de coûts ;
– les centres sont obligés de travailler ensemble parce que le centre «client» n'a pas de liberté en matière d'approvisionnement (pas de partenaires de rechange possibles tant à l'intérieur qu'à l'extérieur de l'entreprise).

Pour éviter les inconvénients évoqués, il est possible de mettre en œuvre une solution peu pratique mais plus juste : le prix de cession est égal au **coût variable standard plus un forfait.**

Le plus souvent, ce **forfait représente un abonnement à la couverture des charges fixes budgétées**. Les cessions (en quantité) supérieures à celles budgétées sont alors valorisées uniquement au coût variable.

Cette pratique conduit le centre «acheteur» à acquérir au moins les quantités budgétées, tout en maintenant la justesse de la classification des charges au sein de l'entreprise.

Quelquefois, ce forfait peut, outre l'abonnement des charges de structure, comprendre une marge quand le centre acheteur est un centre de profit et qu'il ne possède pas d'autres sources d'approvisionnement.

Dans ce cas, les services centraux définissent les modalités de fonctionnement des transferts entre les centres ; mais alors le respect de l'autonomie de gestion des centres concernés n'est plus respecté.

c) Le coût marginal

La théorie micro-économique démontre que la **maximisation conjointe** des résultats pour le centre vendeur et pour le centre acheteur est obtenue lorsque la vente a lieu au **coût marginal**, c'est-à-dire au coût supplémentaire que le vendeur supporte pour livrer la dernière unité.

Dans le même temps, elle montre que **ce prix optimum est différent du prix qui assure au vendeur un profit maximum.**

Cette contradiction crée une difficulté de mise en œuvre : si les centres sont des centres de profit, ils recherchent la maximisation de leurs résultats et ils ne retiendront pas naturellement le prix optimum.

Indépendamment du problème théorique reste en suspens la définition du coût marginal.

À court terme, si les capacités existent, le coût marginal est assimilable à un coût variable. En revanche, dans une perspective à long terme, il intègre une part des charges de structure. En toute logique, le coût marginal pertinent est celui qui prend en compte les ressources consommées pour assurer la prestation : ne tenir compte comme prix de cession que du coût variable additionnel revient à considérer que seules les prestations externes couvrent les charges fixes et à ne pas remettre en cause la réalité de la structure.

Le coût pertinent dépend donc de la situation contingente de chaque entité. H. Bouquin[1] propose une classification des besoins répérés de l'entreprise qui doivent être clarifiés par la direction générale :

Amener A (l'acheteur) à utiliser les services de B (le vendeur), le désinvestissement n'étant pas envisagé.	Coût marginal de court terme
Évaluer l'avantage qu'il y a à «faire soi-même» plutôt qu'à sous-traiter.	Coût marginal à long terme, type imputation rationnelle.
Continuer à «faire soi-même» si l'économie réalisée rentabilise l'investissement nécessaire.	Coût variable + allocation de coûts fixes + marge en % des capitaux investis.
Inciter à aligner les coûts sur les meilleurs.	Coût mondial le plus bas (voir étude de Lebas dans «Réflexions sur le thème»).

Considérer que le coût pertinent est celui qui prend en compte les ressources consommées est une vision essentiellement comptable mais, pour réaliser la prestation, il faut sans doute aussi renoncer à d'autres possibilités : dans ce contexte seule la notion de coût d'opportunité est à prendre en compte.

1. H. Bouquin, *Le contrôle de gestion*, PUF, coll. Gestion, 1997.

d) Le coût d'opportunité

Ne prendre en compte que les coûts «positifs» revient à considérer que l'entité dispose de capacités non utilisées, qu'elles ne pouvaient être affectées à aucune autre activité, et qu'il serait possible de s'en séparer si la prestation interne n'a pas lieu et qu'aucun autre client profitable n'est envisageable.

Dans les faits, très souvent, la prestation interne oblige à renoncer à une recette : dans cette perspective, le vrai coût marginal est la perte de recette, c'est-à-dire le manque à gagner, donc le coût d'opportunité.

Exemple

Soit une relation entre deux entités appartenant à la même entreprise. Leurs relations sont synthétisées dans la figure suivante :

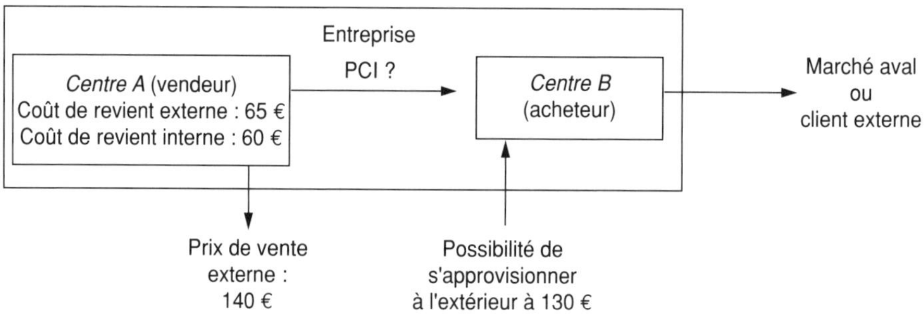

La livraison en interne fait économiser au centre A des frais de commercialisation, ce qui explique la différence de coût de revient.

Quel doit être le prix de cession interne ?

Dans ce contexte, la pièce est produite et peut manifestement être écoulée sur le marché extérieur, à 140 €. La livrer en interne conduit à renoncer à cette recette supplémentaire. Dans le même temps, elle permet une économie de 5 € sur les coûts de commercialisation. Le prix de cession doit alors être fixé à 140 – 5 = 135 €.

À ce prix, le centre acheteur pourra préférer s'approvisionner en externe à 130 €.

En règle générale, les méthodes fondées sur les coûts sont préconisées pour **les transferts entre centres productifs principalement quand il n'existe pas d'autres sources possibles d'approvisionnement** ou quand la direction générale décide, pour des raisons stratégiques, de privilégier un approvisionnement interne.

2.3 Les méthodes fondées sur le prix du marché

La référence au marché semble «logique» dans le cas de transferts entre divisions, érigées en centres de profit ou de rentabilité.

Nous envisagerons les pratiques suivantes :
- le prix du marché,
- le prix du marché à moyen terme,
- le prix du marché moins une commission.

a) Le prix du marché

Cette pratique permet d'**inciter les centres de profit concernés à une attitude d'entrepreneur** en permettant des choix économiques réalistes.

Cela suppose **des produits banalisés dont les approvisionnements sont aisés et le prix de référence connu**. Dans ce cas, l'utilisation du prix du marché comme prix de transfert pousse le centre «vendeur» à une efficience identique à celle du marché puisque le centre «client» peut s'approvisionner librement et à un coût connu à l'extérieur.

b) Le prix du marché à moyen terme

Le prix du marché peut être considéré comme une référence en cas de fonctionnement normal du marché, mais il peut arriver que le marché soit en période de surcapacité. Dans ce contexte, les entreprises extérieures, dans un souci de rentabilisation de leurs propres installations, proposent leurs produits à un prix proche de leur coût marginal.

Le moyen d'assurer à la division vendeuse une certaine pérennité est **de lier les deux divisions**, l'acheteuse et la vendeuse, **par des engagements pluriannuels de livraisons/achats sur la base d'un prix du marché à moyen terme**, contrats qui doivent prévoir les modalités d'indexation de ce prix.

Cette solution semble également nécessaire quand le centre vendeur doit investir pour satisfaire les besoins du centre acheteur.

Dans ce cas, c'est à la direction générale de définir les modalités de cession (prix et conditions de révision de ce dernier) et d'arbitrer des conflits éventuels.

c) Le prix du marché moins une commission

Cette technique est préconisée lorsque les transferts ont lieu entre une division de fabrication et une division commerciale.

La cession est alors **valorisée au prix du marché final (celui des consommateurs) moins une commission qui doit servir à couvrir les coûts de distribution des produits concernés engagés par la division commerciale**.

> Les méthodes fondées sur le prix du marché sont plutôt utilisées dans des entreprises où les entités responsables ont peu de complémentarité et où les directions générales laissent aux unités décentralisées une large autonomie de gestion.

Ainsi, le choix d'un prix de cession est dépendant du type de produit, des possibilités d'approvisionnement et du mode de gestion des entreprises.

2.4 Critères de choix pour fixer un prix de cession

La fixation des prix de cession soulève donc un certain nombre d'interrogations sur le rôle assigné à ces prix de transfert par la direction générale. S'agit-il :
- d'évaluer la contribution de chaque centre à la chaîne de valeur, pour choisir entre «faire» ou «faire faire» ?
- de réguler le pilotage de l'entreprise mise sous contrainte, une fois les choix stratégiques d'externalisation décidés ?

Il semble que les choix soient contingents mais que deux critères puissent être mis en avant : la nature des sources d'approvisionnement et la nature de la stratégie.

a) La nature des sources d'approvisionnement

J. Dearden[1] distingue quatre cas.

• Des produits pour lesquels il n'existe pas de marché intermédiaire ou que l'entreprise ne veut pas externaliser pour des raisons de confidentialité technique : pour ces produits, il propose un prix de cession égal à un coût plus une marge.

• Des produits qui peuvent à terme être sous-traités : il faut auparavant rentabiliser les investissements effectués ; dans ce cas, le prix du marché à long terme doit être retenu car il incite le centre de profit à se mesurer à l'extérieur.

• Des produits qui peuvent être immédiatement sous traités sans mise au rebut des installations car elles sont peu spécialisées. Le prix de cession doit être le fruit d'une négociation entre les centres autour d'un prix égal soit à :
- un coût majoré d'une marge,
- un prix de marché moins une décote.

• Des produits interchangeables dont la source d'approvisionnement peut être facilement modifiée : le prix du marché s'impose, il est logique car il recrée en interne les conditions du marché.

b) La nature de la stratégie

Sur la base d'une étude empirique, R. Eccles[2] définit un lien entre types de stratégies et politique de prix de cession internes :

1. J. Dearden, *Cours de contrôle de gestion*, Harvard Business School.
2. R. Eccles, «Prix de cession interne», *Harvard L'Expansion*, hiver 1984-1985.

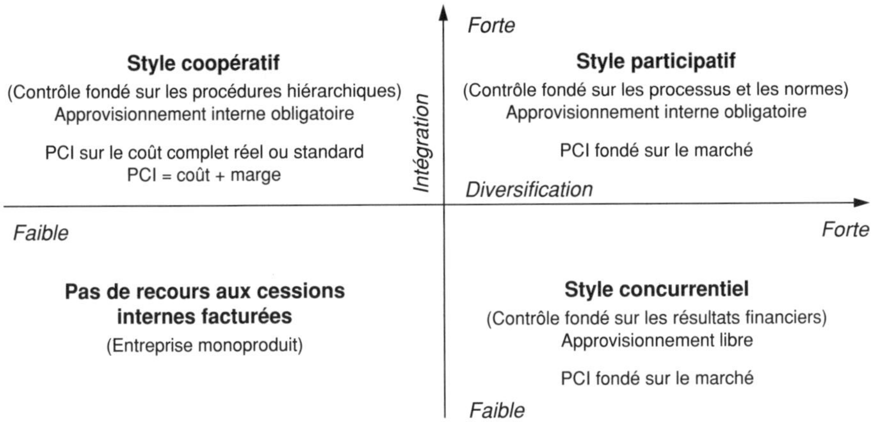

• **Le type concurrentiel** correspond à des organisations très diversifiées et peu intégrées, comme des conglomérats, et fait reposer le contrôle sur la rentabilité de chaque centre. Le marché est souverain et les prix du marché restent la référence en matière de prix de cession.

• **Le type coopératif** correspond à des entreprises fortement intégrées et peu diversifiées comme la sidérurgie, l'automobile ou l'agro-alimentaire : il s'agit de rentabiliser des investissements lourds ; aussi la stratégie de l'entreprise est définie pour tout le groupe, elle privilégie l'approvisionnement interne et la coopération entre les différentes unités : le prix de cession doit permettre d'optimiser les ressources. Les choix stratégiques sont effectués, il s'agit pour les entités de les appliquer. La mesure de la performance est établie par comparaison des résultats aux budgets. Le mode de fixation des prix de cession interne est fondé sur les coûts plus une marge avec une préférence pour le coût complet standard.

• **Le type participatif** correspond à des organisations fortement intégrées et diversifiées. L'approvisionnement interne reste privilégié mais la diversification pousse au choix de prix de cession fondés sur le marché.

Conclusion

La définition des centres de responsabilité se situe au carrefour de plusieurs préoccupations :
- **définir un jugement sur l'efficacité de l'entreprise** et de sa mise en œuvre de stratégie ;
- **mesurer l'efficience des centres** et leur participation à la chaîne de valeur ;
- **dynamiser la structure** en déléguant un certain nombre de responsabilités.

La définition du prix de cession interne est le moyen de mettre en œuvre les préoccupations précédentes : les choix retenus sont forcément contingents puisque les finalités des directions générales sont différentes.

Mais, quel que soit le mode de fixation des prix de cession retenu, certaines questions doivent être clarifiées :

– par rapport aux prix :
  - qui les fixe ?
  - selon quelles modalités ?
  - en montant absolu ou par rapport à une formule ?

– par rapport aux approvisionnements :
  - quelle liberté subsiste en matière d'approvisionnement ?
  - qui choisit : le fournisseur ou le client ?

– par rapport aux conflits :
  - qui arbitre les conflits ?
  - quand le système est-il remis à plat ?

RÉFLEXIONS SUR LE THÈME

1. Les cessions internes au sein d'un groupe
(entreprise composée de plusieurs sociétés juridiquement indépendantes)

La détermination du prix de transfert des échanges entre sociétés filiales de nationalités différentes doit tenir compte d'éléments complémentaires.

En effet, les prix de cession peuvent avoir une incidence sur :
- le résultat fiscal de chaque société et donc du montant de son imposition,
- l'assiette de la TVA,
- l'assiette des droits de douane.

Il peut être tentant de fixer les prix de cession pour obtenir une imposition globale minimale en jouant sur les disparités entre les fiscalités locales.

Par ailleurs, et commercialement, la manipulation des prix de cession peut être utilisée pour éliminer la concurrence.

Dans ces conditions, la définition des prix de cession ne se limite pas à un problème de contrôle de gestion. C'est pourquoi les administrations fiscales restent très attentives à de telles pratiques.

2. Étude sur les pratiques de neuf groupes européens
(article de M. Lebas, *Revue française de comptabilité*)

Il s'agit d'une enquête auprès de neuf groupes européens de taille importante dans le domaine de l'informatique et des composants électroniques, de l'agro-alimentaire, de la chimie-pharmacie, des industries mécaniques et métallurgiques.

L'enquête portait sur les systèmes de gestion des coûts et sur la valorisation des cessions internes. Sur le deuxième point, il apparaît que :
- les réorganisations des entreprises ont été effectuées sur la base d'un couple produit-marché pour **éviter** les cessions internes ;
- le prix de cession conduit à une pression sur les industriels **par un recours systématique au prix du marché ou à un coût santard du «plus bas atteignable» ;**
- la définition des prix de cession entre unités juridiquement différentes est établie sur des bases qui satisfont l'administration fiscale et les partenaires sociaux ;
- les cessions internes sont **systématiquement éliminées** dans des analyses de gestion consolidées pour connaître la rentabilité de la chaîne de valeur complète ;
- les entreprises sont très favorables à la **méthode de cession des coûts à deux niveaux** dans laquelle la capacité est cédée pour un montant forfaitaire et les cessions effectuées sont valorisées au coût variable d'utilisation des capacités.

Par ailleurs, l'enquête démontre que la mesure de la performance des centres de responsabilité est caractérisée par :
- un relatif abandon des centres de profits jugés sur des résultats financiers au profit de paramètres physiques d'efficience des processus indépendants du niveau d'utilisation de la capacité ;
- une mesure de la performance par un calcul de profit réservée à des entités de grande taille correspondant à un couple produit-marché plus qu'à une entité juridique ;
- un abandon de la vision «fédération de micro-entreprise» au profit d'une vision plus intégrée où chaque centre prend une part dans la création de la «valeur» globale.

Applications

① *Sociétés Plastym et Agro*

La société Plastym et la société Agro sont des filiales d'une même *société mère*.
Dans le cadre de la politique du groupe, la société Plastym doit, en particulier, réserver annuellement 300 tonnes de sa production de films plastiques de type Q pour la société Agro. Le prix de transfert est défini comme étant le *coût de revient complet standard* supporté par la société Plastym.
La société Agro, à partir des films plastiques Q qui lui sont livrés en rouleaux, obtient des liasses de sacs de congélation. Avec 300 tonnes de films Q, elle obtient 300 tonnes de liasses. La société Agro ne vend des liasses qu'à l'extérieur du groupe.
Pour l'année à venir, les informations prévisionnelles suivantes ont été collectées :

• ***Chez la société Plastym*** :

Prix de vente du film Q sur le marché externe au groupe	4 780 € la tonne
Coût standard de production	
(*sur la base d'une production normale de 2 300 tonnes de films Q*) :	
– variable	1 000 € par tonne
– fixe	3 000 € par tonne
Volume prévu des ventes de films Q (y compris partie réservée)	2 300 tonnes
Capacité de production encore disponible de films Q	3 tonnes

• ***Chez la société Agro*** :

Prix de vente des liasses sur le marché européen	5 100 € la tonne
Frais de transformation des films en liasses :	
– variable	100 € par tonne
– fixe pour une production de 300 t	300 € par tonne
Capacité de production totale de liasses	350 tonnes

QUESTIONS

1. Calculer le résultat dégagé par la société Plastym sur les ventes de films Q et le résultat dégagé par la société Agro sur les ventes de liasses.
2. L'addition de ces deux résultats (prévisionnels ou historiques) donne le résultat «apparent» du groupe pour ces deux entités. Ce résultat «apparent» reflète-t-il toujours la performance réelle d'Agro et de Plastym ? Illustrer vos propos en envisageant successivement :
– cas 1 : une activité de Plastym réduite à 2000 t suite à des difficultés techniques sur ses installations ;
– cas 2 : une réduction des achats d'Agro à 200 t, sans que Plastym ne puisse compenser ses ventes en externe.

Une opportunité commerciale, non prévue lors des programmes prévisionnels, s'offre aux responsables de la société Agro, sous la forme d'une vente globale possible (vers un pays d'Asie du Sud-Est) de 40 tonnes de liasses de sacs de congélation, au prix de 4 500 € la tonne.
Le lancement éventuel de cette commande ne nécessiterait pas un accroissement des charges de structure, et n'entraînerait pas de phénomène d'économie (ou de déséconomie) d'échelle.

QUESTIONS

3. Les responsables de la société Agro accepteront-ils cette commande marginale (justifier la réponse) ?
4. Les responsables de la société mère ont été informés de cette opportunité. Appuieront-ils la décision des responsables de la société Agro (justifier la réponse) ?

(d'après DECF)

② *Usines de Blaye et de Fougères*

L'usine de Blaye cède des produits finis à l'usine de Fougères de la même société.
L'unité de Fougères utilise les produits ainsi reçus en sous-produits dans sa production.
L'organisation comptable de l'entreprise est la suivante :
- la comptabilité générale est tenue de manière centralisée au siège situé à Nantes ;
- chaque usine possède une comptabilité analytique autonome.

QUESTIONS

1. Calculer le résultat analytique de chaque usine selon que :
– les produits sont cédés à leur coût de revient ;
– les produits sont cédés au coût conventionnel de 520 €.
2. Proposer les réajustements à faire sur la valeur des stocks de l'usine de Fougères dans le cas de la cession des produits au prix de 520 € l'unité.

INFORMATIONS COMPTABLES

	Usine de Blaye	Usine de Fougères
État des stocks initiaux		
• Matières premières	520 tonnes à 200 € l'unité	240 tonnes à 100 € l'unité
• Sous-produits (en provenance de Blaye)	–	100 tonnes pour 49 000 €
• Encours de produits finis	24 000 €	–
• Produits finis	315 tonnes pour 143 680 €	50 tonnes à 300,8 € la tonne
Charges de l'exercice		
• Achats de matières premières	1 800 tonnes pour un montant de 383 200 €	920 tonnes à 100 € l'unité
• Achats de sous-produit (en provenance de Blaye)	–	770 tonnes à p euros
• Charges de personnel	104 000 €	120 000 €
• Charges indirectes		
Atelier 1	170 000 €	55 000 €
Atelier 2	230 000 €	41 000 €
• Charges de distribution	70 700 € (dont 7 700 € sur les cessions de Blaye à Fougères dont 1/2 à charge de Fougères)	104 000 €
Ventes de l'exercice		
• Clients ordinaires	1 050 tonnes à 633,6 € la tonne	1 550 tonnes à 570 € la tonne
• Cessions à Fougères	770 tonnes à p euros	
État des stocks de fin de période		
• Matières premières	450 tonnes	200 tonnes
• Sous-produits en provenance de Blaye	–	130 tonnes
• Encours de produits finis	41 800 €	–
• Produits finis	365 tonnes	200 tonnes

③ *Société Mashmalo*

La société Mashmalo est spécialisée dans la fabrication et la commercialisation de deux barres chocolatées : l'Alabar et le Béchli.
Les deux produits sont obtenus à partir de sucre, de chocolat et de différents composants (colorants, conservateurs, etc.) dans une unité de production dont le responsable est M. Casse. Les deux produits sont alors stockés en vrac avant d'être conditionnés et distribués par une unité de commercialisation dont le responsable est M. Vifi.
Les données de fabrication standard pour les deux produits sont les suivantes :

	Alabar	Béchli
Sucre	40 g	70 g
Chocolat	0,08 €	0,14 €
Nombre d'UO	0,06	0,09

Le sucre est acheté en grande quantité et dans le cadre de contrat à long terme : pour la période, l'entreprise peut s'approvisionner à 4 600 euros la tonne indépendamment des quantités achetées.
Le budget de l'année N a prévu pour un mois d'activité normale des quantités produites et vendues de 45 000 unités pour chaque type de produit.
Les charges indirectes de production sont estimées à :
– 20 250 euros de charges variables ;
– 31 050 euros de charges fixes.
Le conditionnement entraîne des charges variables unitaires de 0,30 euro par unité de produit. Les prix de vente public prévus sont respectivement de 1,20 euro et 1,60 euro pour l'Alabar et le Béchli.

Le 10 avril, lors de la réunion mensuelle d'analyse des résultats du mois de mars, une violente altercation oppose M. Vifi à M. Casse à propos du niveau excessif des stocks (15 000 unités pour Alabar et 30 000 unités pour Béchli). Ce dernier accuse M. Vifi d'avoir laissé monter les stocks du fait de la mauvaise performance de ses vendeurs et le rend responsable des mauvais résultats du mois alors même que les conditions de fabrication respectaient celles prévues au budget. M. Vifi refuse cette analyse et annonce des ventes prévisionnelles pour avril de 50 000 Alabar et 60 000 Béchli au prix prévu au budget.
Le directeur général, excédé par ces conflits récurrents, mécontent du niveau important des stocks qui induit des coûts financiers élevés, décide d'organiser son entreprise en deux centres de profit : un centre de profit « Production » et un centre de profit « Distribution ».
Pour mieux suivre les performances de chaque centre, le centre de profit « Production » céderait les produits vendus au centre de profit « Distribution » à un prix correspondant au coût de production standard prévisionnel plus une marge forfaitaire fixée à 8 centimes pour l'alabar et à 12,4 centimes pour le Béchli.
Les résultats du centre de profit « Production » seraient calculés à partir d'un coût de production réel avec imputation rationnelle des frais fixes. L'écart de sur-activité ou de sous-activité serait imputé au centre de profit responsable de la sur ou de la sous-activité. Le centre «Production» resterait cependant responsable des stocks.

Le 10 mai, le directeur général communique aux deux responsables opérationnels les données réellement constatées au mois d'avril par la comptabilité analytique. Le centre de « production » a respecté les rendements standard sur les deux produits.

RÉALISATIONS DU MOIS D'AVRIL

	Alabar	Béchli
Consommation de sucre (en kilo)	1 740	1 945
Consommation de chocolat	3 400 €	4 000 €
Production (unités)	43 000	28 000
Ventes (unités)	51 000	55 000
Prix de vente unitaire	0,95 €	1,42 €
Charges de production indirectes	45 000 euros dont 30 200 euros de charges fixes	
Charges variables de distribution	32 685 euros	

QUESTIONS

1. **Calculer le résultat analytique du mois de mars. En déduire les prix de cession interne.**
2. **Compte tenu de la nouvelle organisation, déterminer le résultat prévisionnel attendu pour chaque centre de profit pour un mois d'activité normale.**
3. **Calculer le résultat réel de chaque centre de profit pour le mois de mars. Que pensez-vous de la nouvelle organisation ?**
4. **Mettre en évidence les résultats de chaque centre de profit pour le mois d'avril. Analyser les résultats obtenus.**
5. **L'organisation en centres de profit permet-elle la résolution des conflits dans l'entreprise ?**

④ *Société Abis*

La société Abis est spécialisée dans l'éclairage sub-aquatique. Elle s'est créée une excellente réputation dans le milieu des plongueurs grâce à ses «torches sous-marines» d'une très haute qualité et d'une grande fiabilité : lumière halogène alimentée par accumulateurs rechargeables, étanchéité en eau profonde, montage électronique novateur.
Au cours des années, l'entreprise a cherché à étendre sa gamme de produits. Elle propose ainsi, en plus des torches, un modèle «lampe de tête tous sports», puissant, rechargeable et étanche, très apprécié par les spéléologues et les spécialistes de la protection civile.

M. Vialet, fondateur et président de cette société, a pris un soin tout particulier à la conception de la structure des responsabilités. Soucieux de préserver la qualité des produits à l'origine de la renommée de la société, il a constamment veillé à assurer la dynamisation de l'organisation et des individus qui la font vivre. Forte délégation de pouvoirs et des responsabilités, esprit d'initiative et d'équipe sont les caractères majeurs de cette société sur le plan organisationnel.

Tout récemment, ont été créées des «divisions autonomes», chacune constituant un centre de profit :
- la division «Éclairage sous-marin», directeur M. Babe : elle regroupe la fabrication et la vente de torches sous-marines» et des «lampes de tête tous sports» et constitue le noyau dur de l'entreprise son domaine de spécialité ;
- la division «Chargeurs», directeur M. Tomasi : elle produit les chargeurs destinés aux accumulateurs des éclairages rechargeables ; ces chargeurs, parfaitement adaptés aux éclairages sous-marins, sont un élément fondamental de la parfaite qualité des produits vendus par la société.

La division «chargeurs» livre la plus grande part de sa fabrication à la division «Éclairage sous-marin». Il a été défini un prix de transfert de 36 € l'unité (120 % du coût standard de fabrication). Par ailleurs, cette division «Chargeurs» est autorisée à vendre directement sur le marché ; elle trouve ainsi des débouchés pour sa production excédentaire.

Actuellement, la division «Chargeurs» écoule principalement sa production auprès de la division «Éclairage sous-marin» pour 60 000 unités et auprès d'une entreprise locale qui assure un débouché annuel de 20 000 produits pour un prix de 42 € pièce. Disposant d'une capacité de 100 000 produits, la division «Chargeurs» a cherché de nouveaux clients. Une offre d'achat *non fractionnable* de 25 000 unités par an lui est parvenue au prix de 38 € l'unité. Dans le même temps, la division «Éclairage sous-marin» a fait savoir qu'elle portait sa demande à 80 000 unités.

QUESTIONS

1. **Sachant qu'il ne peut augmenter sa capacité de production, et soucieux d'améliorer la performance de sa division, quelle sera la décision de M. Tomasi ? Justifiez votre réponse par des éléments chiffrés.**
2. **Quelle serait, par rapport à la situation actuelle, les conséquences sur les résultats de l'entreprise de l'acceptation de l'offre de 25 000 chargeurs par M. Tomasi ?**

L'acceptation de l'offre de 25 000 produits par M. Tomasi mécontente fortement M. Babe qui voit ainsi sa capacité à fournir des produits de qualité fortement compromise puisque son approvisionnement de chargeurs n'est plus complètement assuré. Il s'adresse à M. Vialet pour l'informer de la gravité de la situation.

3. **Le président de la société, M. Vialet doit-il intervenir dans le conflit ? Argumentez.**
4. **Proposez de nouvelles modalités de mise en œuvre du prix de cessions internes qui autoriseraient l'autonomie de gestion de chaque division sans nuire aux intérêts de l'entreprise.**

(DECF 1992 adapté)

ANNEXE 1

DONNÉES RELATIVES À L'EXPLOITATION DE LA DIVISON «CHARGEURS»

Capacité maximale de production (activité normale)	100 000 unités
Coût variable unitaire	13 €
Charges fixes globales	1 720 000 €

ANNEXE 2

DONNÉES RELATIVES À L'EXPLOITATION DE LA DIVISION «ÉCLAIRAGE SOUS-MARIN»

	Torches	Lampes de tête	
Prix de vente	480	376	
Coût variable de fabrication	296	230	
Coût variable de distribution	14	12	
Charges fixes globales de la division			7 755 200 €

⑤ *Société IICI*

IICI est un important importateur de composants informatiques. Cette société s'est spécialisée dans le montage et la vente de micro-ordinateurs via deux établissements :

– un, à vocation industrielle, situé dans la région parisienne, à Bécon-les-Bruyères et dirigé par M. Julliard ;
– un autre, à vocation commerciale, sis à Lyon et dirigé par M. Moreau.

L'établissement parisien réceptionne absolument tous les composants. Il procède aussi au montage de quatre configurations standard : 586 SX.25, 586 DX.33, 586 DX2.50, 586 DX2.66. Toute cette production est ensuite acheminée vers l'établissement lyonnais.
Par ailleurs, l'établissement peut prélever sur cette production certaines configurations standards pour les configurer (Dos et Windows) sur commandes et les vendre à des clients externes.

L'établissement lyonnais, quant à lui, a une activité essentiellement commerciale. D'une part il vend des ordinateurs sur commande après les avoir testés et configurés (chargement de Dos et de Windows). D'autre part, il dispose d'un service après-vente qui doit :

– assurer la garantie d'un an (pièces et main-d'œuvre) de tous les micro-ordinateurs vendus par la société (Bécon et Lyon) ;
– assurer des prestations d'entretien et de maintenance hors garantie ;
– offrir des prestations diverses (conception et ventes de configurations spécifiques, aide à l'utilisation, etc.).

L'organisation comptable d'IICI est la suivante : la comptabilité générale est centralisée au siège mais chaque établissement dispose d'une comptabilité analytique autonome, les produits cédés à Lyon sont valorisés au coût de revient complet réel majoré d'une marge de 3 ou 5 % selon les configurations.
Pressentant une forte dégradation des résultats du groupe et conscient de conflits d'intérêt entre les établissements, le directeur général souhaite obtenir un certain nombre d'informations complémentaires élaborées par vos soins.

I. Diagnostic de la gestion de Bécon-les-Bruyères

La source principale de conflit apparaît être le mode de fixation du prix de cession interne entre les deux établissements. La comptabilité analytique fournit plutôt des informations globales sur les coûts complets de fin de période. Considérant que le mois de décembre est significatif quant à la structure des coûts des produits, le directeur souhaiterait connaître pour chaque configuration et quelle que soit sa destination (cession à Lyon ou ventes externes) les éléments de coût unitaires constitutifs du coût de revient des produits. Les informations relatives à la gestion de Bécon-les-Bruyères sont fournies en annexe 1.

QUESTIONS

1. **Pour les seules configurations SX.25 et DX2.50, reconstituer le coût de revient d'une unité selon sa destination (arrondir à l'euro le plus proche). En déduire les prix de cessions internes (même règle d'arrondi).**
2. **Calculer le résultat global de l'établissement en s'appuyant sur les informations du tableau D de l'annexe 1.**
3. **Commenter ce résultat. Traduit-il la performance économique de l'établissement ? Quel est son poids dans le résultat de l'entreprise ?**

II. Diagnostic de l'établissement de Lyon

Les éléments budgétaires de l'établissement de Lyon sont fournis en annexe 2. Les prix de transfert en décembre sont les mêmes que ceux de novembre. M. Moreau calcule un coût de revient par micro-ordinateurs de la manière suivantes :
- coût de transfert d'un ordinateur non configuré ;
- coût des logiciels (DOS et Windows) ;
- main-d'œuvre directe nécessaire à la configuration et au contrôle.

L'activité et les charges réelles du mois de décembre relatives à l'établissement de Lyon sont données en annexe 3.

QUESTIONS

1. **Calculer le résultat réel de l'établissement de Lyon en distinguant clairement les quatre rubriques telles qu'elles existent dans les comptes prévisionnels.**
2. **Une configuration SX.25 vendue directement par l'usine de Bécon-les-Bruyères a un coût de revient de 1 015,90 €. Le même produit vendu par le centre de Lyon a un coût de revient de 1 052,25 €. Retrouver les causes de l'écart. Chiffrer leurs influences.**
3. **Mettre en évidence les écarts entre le résultat réel et le résultat prévisionnel du mois de décembre en respectant la décomposition des rubriques fournies dans les éléments budgétés (quatre sous-écarts). Quels commentaires vous inspirent les montants obtenus ?**

III. Gestion des conflits entre les établissements

Les prix de transfert sont responsables des tensions entre les établissements d'IICI. Actuellement le prix de transfert est égal au coût de revient complet réel des micro-ordinateurs non configurés tel qu'il ressort des comptes de la comptabilité analytique de Bécon auquel on applique un taux de marge de 3 ou 5 % selon les configurations. Ce taux est révisé annuellement.

M. Moreau, responsable de Lyon, considère le prix de transfert comme **trop élevé, non pertinent et instable**. Selon lui, l'usine de Bécon-les-Bruyères devrait être uniquement un centre de coût et dans ce contexte, il serait plus judicieux d'utiliser un prix de transfert égal au coût complet standard. Par ailleurs, il considère que les coûts imposés par Bécon agissent défavorablement sur la rentabilité de son établissement alors même que la vente de micro-ordinateurs représentante une part prépondérante dans le chiffre d'affaires d'IICI.

M. Julliard répond que le mode de fixation du prix de transfert lui permet de réaliser une marge spécifique à l'usine de Bécon ce qui motive le personnel et l'incite à maîtriser au mieux les coûts. De plus, ce responsable estime qu'une grande partie de la richesse créée par l'entreprise provient de son établissement et donc qu'il n'est pas illogique qu'une partie du résultat lui soit affectée.

QUESTIONS

1. **Reprendre toutes les critiques formulées par M. Moreau à l'encontre du mode de fixation du prix de transfert et les expliciter.**
2. **Ce dernier évoque la possibilité de constituer l'établissement de Bécon en centre de coût. En quoi cette disposition si elle est acceptée serait-elle différente du découpage en place actuellement ?**

3. Dans l'hypothèse où Bécon devient centre de coût, que pensez-vous d'un prix de transfert égal au coût de revient complet standard. Quelles sont les conditions d'une mise en œuvre harmonieuse d'un tel mode de fixation des prix de transfert ?

4. Tout en acceptant les critiques émises par M. Moreau, le directeur général est sensible aux arguments de M. Julliard et souhaiterait trouver moyen d'en tenir compte. Que proposez-vous ?

(DECF 1993 adapté)

ANNEXE 1

Activité et charges de l'établissement de Bécon-les-Bruyères (décembre N)

a) Production et vente de la période (configurations standard)

	SX25	DX33	DX2.50	DX2.66
Production	26 400	28 500	7 700	3 500
Cessions à Lyon	15 470	21 250	4 845	2 550
Ventes externes	8 200	3 500	2 000	500
Prix de vente	1 026 €	1 304 €	2 009 €	2 500 €

Compte tenu d'une sérieuse baisse des ventes dès le début de décembre, l'usine de Lyon a refusé 15 % de la production qui lui était destinée. Par conséquent, Bécon stocke exceptionnellement des micro-ordinateurs en décembre.

b) Fabrication des micro-ordinateurs

La fabrication d'un micro-ordinateur nécessite une carte mère, un disque dur, un lecteur 3 1/2, un écran, un clavier, une souris et des composants divers. La commercialisation implique le chargement des logiciels (DOS et Windows pour un coût global de 140 €). L'étude de la nomenclature des produits permet de chiffrer le coût global des composants importés par type de micro-ordinateurs :

	SX25	DX33	DX2.50	DX2.66
Coût global des composants par unité	718	917	1 286	1 857

c) Élaboration du coût complet

• Les frais de main-d'œuvre directe (MOD) c'est-à-dire les charges de personnel des techniciens et des cadres, charges sociales incluses sont répartis au prorata du temps de montage et de configuration.

	SX25	DX33	DX2.50	DX2.66
Temps nécessaire au montage d'un micro (en minutes)	50	50	70	70

Pour le montage et la configuration des micros destinés aux ventes externes, les temps sont respectivement majorés de 5 minutes.

• Toutes les autres charges (y compris les autres charges de personnel) sont réparties au prorata du nombre de micro-ordinateurs fabriqués, en appliquant des coefficients d'équivalence suivants :

	SX25	DX33	DX2.50	DX2.66
Coefficient d'équivalence	1,8	2,4	3,9	5

- Le responsable de Bécon impose un taux de marge égal à 3 % du coût de revient pour les SX.25, et 5 % pour les autres. Le prix de transfert est arrondi à l'euro le plus proche.

- Extrait des charges de la période

	Quantité	Coût unitaire	Montant		Montant
Charges de personnel				**Autres charges**	
– Techniciens	1 850	1 250	2 312 500	– Amortissement	250 000
– Cadres	25	1 550	38 750	– Chauffage	5 800
– Secrétaires	2	800	1 600	– Assurance	30 000
– Magasiniers	2	750	1 500	– Taxe professionnelle	7 000
– Ingénieurs	20	2 000	40 000	– Formation personnel	331 250
– Gestionnaires	15	1 500	22 500	– Études et recherche	8 556 570
– Charges sociales		0,55	1 329 267,5		
TOTAL			3 746 117,5	TOTAL	9 180 620

d) Extrait de la comptabilité analytique du mois de décembre

Des résultats obtenus, on vous fournit les résultats unitaires de chaque produit arrondis à l'euro le plus proche :

	SX25	DX33	DX2.50	DX2.66
Résultat unitaire				
– sur cessions à Lyon	26	55	79	110
– sur ventes externes	10	55	286	143

ANNEXE 2

Budget de l'établissement de Lyon

a) Activité : ventes d'ordinateurs

	SX25	DX33	DX2.50	DX2.60
Quantités à vendre	25 000	18 000	5 700	3 000
Prix de vente prévu	1 250	1 400	2 059	2 800
Prix de transfert prévu	897	1 159	1 657	2 322

Les charges de personnel prévisionnelles (645 187 €) sont réparties au prorata des heures nécessaires à la configuration et au contrôle des produits vendus. Chaque appareil nécessite quinze minutes de main-d'œuvre directe.
Le coût des logiciels Dos et Windows est estimé globalement à 140 €.

b) Coût prévisionnel du SAV pour assurer la garantie d'un an

Les charges prévues pour cette activité comprennent :
- des charges de personnel,
- le coût des pièces détachées défectueuses,
- le coût de transport des matériels.

Le montant global de ces charges a été estimé à 2 121 000 €.

c) Prestations facturées par le SAV

Le service après-vente vend des produits informatiques (imprimante, carte d'extension 4 Mo, overdrive, disque dur) avec ou sans prestation de service. Il réalise un taux de marge équivalent à 30 % du coût d'acquisition sur les ventes de produits informatiques.
La marge prévisionnelle de ce type de prestations est estimée à 2 517 200 €.

d) Frais généraux : 935 000 €

Le résultat prévisionnel, toutes activités confondues, pour décembre N est de 8 461 726 €.

ANNEXE 3

Activité et charges réelles de l'établissement de Lyon (décembre N)

a) Activité : ventes d'ordinateurs

	SX25	DX33	DX2.50	DX2.66
Quantités vendues	15 000	22 000	3 500	1 800
Prix de vente moyen	1 026	1 304	2 009	2 500

• Le prix de transfert, le coût des logiciels, le montant des charges de personnel, et le temps de configuration et de contrôle ont été, en décembre, conformes aux prévisions.

• Les prix de transfert de décembre et de novembre étant identiques, on négligera l'influence des produits en stock en début de période.

b) Coût du SAV pour assurer la garantie d'un an

Charges de personnel	319 680
Coût des pièces détachées	661 000
Frais de transport	1 200 000
Total	2 180 680

c) Prestations facturées par le SAV

Chiffres d'affaires des heures facturées	(1) 30 000
Chiffres d'affaires des produits informatiques	11 000 000

(1) Lyon a facturé 500 heures à 60 € de l'heure. Les charges de personnel, pour ces prestations, ont été de 25 190 €.

d) Frais généraux comptabilisés

Ils s'élèvent à .... 990 000 €.

13 Contrôle budgétaire du résultat et de l'activité commerciale

Le principe de fonctionnement du contrôle budgétaire est une confrontation périodique entre des données préétablies, ici les budgets et les réalisations, pour mettre en évidence des écarts qui doivent appeler des actions correctives.

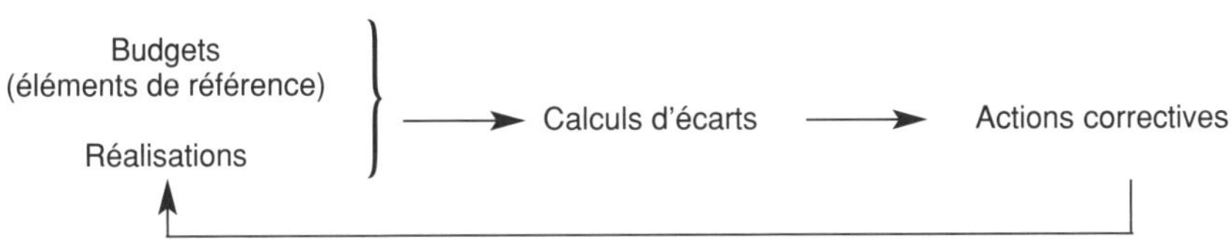

La pertinence de la méthode repose, de fait, sur la qualité des informations recensées dans les budgets et sur leur capacité à correctement anticiper le devenir de l'entreprise car, dans cette approche, ce sont les éléments du budget qui servent de référence aux ajustements du pilotage.

Il s'agit, après avoir rappelé les principes du contrôle budgétaire et le cadre général d'analyse du calcul des écarts, de proposer une décomposition de l'écart de résultat d'un centre de profit qui permette de localiser les performances de chaque activité de cette entité.

Puis, compte tenu de la nature des objectifs assignés aux commerciaux, nous étudierons le suivi et les contrôles budgétaires possibles de l'activité commerciale.

1. Cadre général d'analyse

1.1 Principes du contrôle budgétaire

a) Présentation générale

Un contrôle budgétaire pertinent s'appuie sur l'ensemble des budgets établis pour formaliser le fonctionnement à court terme de l'entité dont la gestion doit être mise sous tension. Les données nécessaires tant à l'établissement des budgets qu'au calcul des réalisations mettent en jeu tous les systèmes d'informations comptables de l'entreprise.

La pertinence des écarts dépend de leur définition, mais aussi de la qualité des éléments de référence c'est-à-dire des budgets. Dans un environnement instable et peu prévisible, cet aspect du problème ne peut être négligé, c'est pourquoi les actions correctives peuvent agir sur les éléments prévisionnels. Le schéma suivant résume le principe de fonctionnement de l'ensemble de la gestion par les budgets dans laquelle s'insère le contrôle budgétaire :

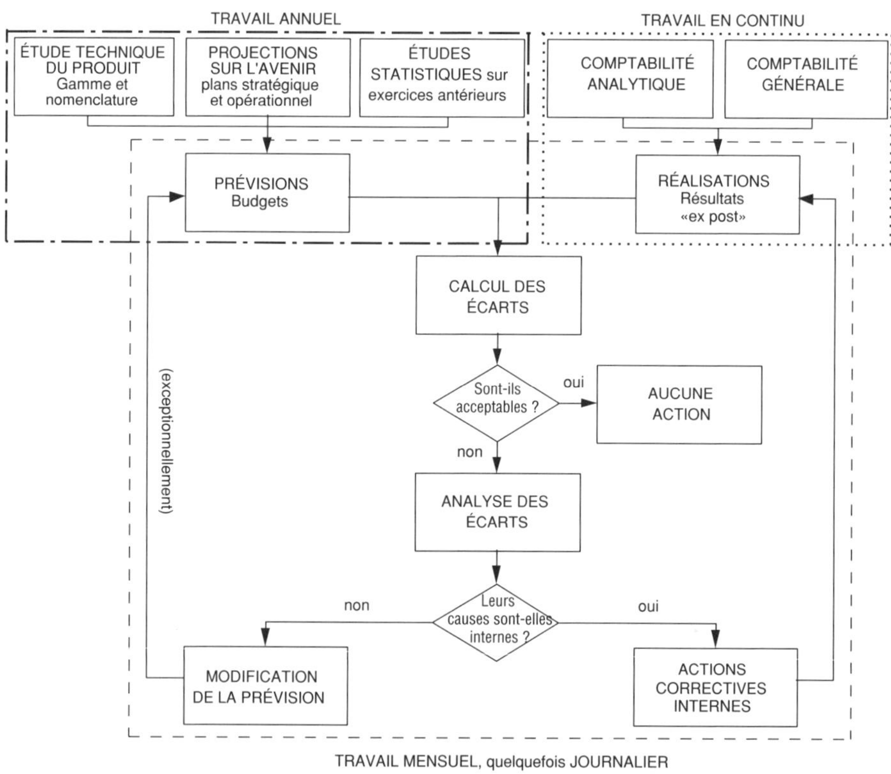

b) L'objectif de localisation des performances

La mise en place de budgets s'accompagne très souvent d'une décentralisation des responsabilités par la création de centres de responsabilités de nature différente.

Chaque responsable est alors jugé sur sa capacité à, par exemple :
- respecter des consommations de ressources pour les responsables de centres de coûts ;
- dégager des surplus financiers pour les responsables de centres de profit tout en respectant des objectifs de volume.

Cette organisation suppose que le responsable ait la maîtrise des éléments du budgets (charges et/ou produits) affectés à son centre.

Dans cette optique, il est primordial que le calcul et la mise en évidence d'écarts respectent de façon stricte la localisation des responsabilités pour éviter des conflits sur la réalité de la performance mesurée. Le mode de calcul utilisé doit donc éviter de transférer en cascade les dépassements de budgets d'un centre vers l'autre ou d'un pôle de responsabilité vers un autre ; c'est pourquoi les transferts de prestations d'un centre vers l'aval doivent être valorisés dans l'analyse du réel au coût budgété (voir section 3).

Ce strict respect de la localisation des performances permet également au contrôle budgétaire de remplir à plein son rôle de pilotage et, en autorisant une gestion par exception, de respecter l'autonomie déléguée aux responsables.

c) La gestion par exception

La gestion par exception ajoute au principe de pilotage, défini au-dessus, des seuils ou des valeurs d'écarts en deçà desquels aucune action n'est entreprise. Cette non-intervention peut s'entendre à deux niveaux :
- au sein du centre : dans ce cas, la valeur de l'écart étudié n'est pas jugée significative pour entreprendre une action corrective ;
- dans les rapports du centre avec le niveau hiérarchique supérieur : en deçà de limites fixées et acceptées, les actions d'amélioration à entreprendre sont de la responsabilité du responsable du centre, le niveau hiérarchique n'intervient plus que pour des écarts exceptionnels.

Ce mode de gestion peut être illustré par le schéma suivant :

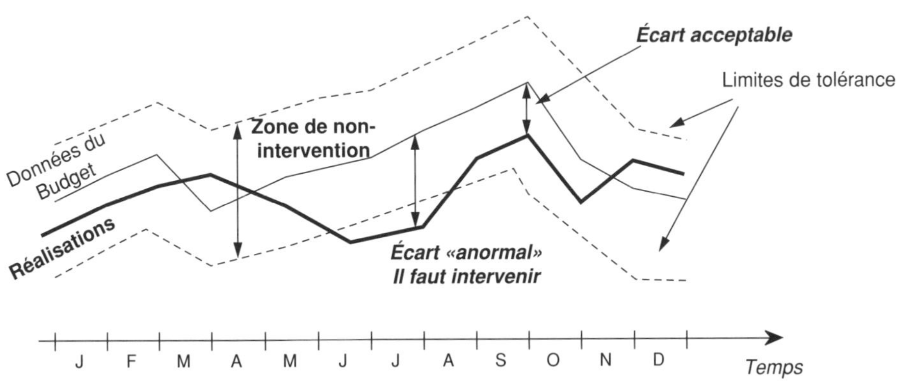

1.2 Principes d'élaboration des écarts

La mise en évidence d'écarts répond aux besoins de suivi des entités à piloter : elle est par nature contingente. Dans le cadre de cet ouvrage, il n'est pas envisageable de définir, de façon exhaustive, tous les écarts possibles. L'objet de ce paragraphe est de positionner quelques principes conventionnels de construction des écarts.

a) Principe 1

Un écart est la différence entre la valeur constatée de la donnée étudiée et la valeur de référence de cette même donnée.

La valeur constatée est en général la valeur réelle telle qu'elle apparaît dans la comptabilité analytique.

La valeur de référence peut être une valeur budgétée, standard ou prévisionnelle.

Dans le cas d'une comparaison de données entre deux exercices successifs, la valeur de référence est celle de l'exercice le plus précoce.

b) Principe 2

Un écart se définit par un signe (+ ou –), une valeur et un sens (favorable ou défavorable).

En effet, dans l'analyse des écarts, un écart de même valeur algébrique n'a pas le même sens selon qu'il s'agit d'une charge ou d'un produit.

Exemple

Un écart sur consommation matières égal à + 14 000 signifie que la consommation réelle a été supérieure à la consommation budgétée et donc que son influence sur le résultat est défavorable.

À l'inverse, un écart sur chiffre d'affaires de + 14 000 traduit un chiffre d'affaires réel supérieur au chiffre d'affaires prévu ; dans ce cas, son influence sur le résultat est donc favorable.

c) Principe 3

La décomposition d'un écart cherche toujours à isoler l'influence d'une et d'une seule composante par sous-écart calculé : une donnée constituée de n composantes oblige à la mise en évidence de n sous-écarts.

Soit une donnée x composée de quatre facteurs A, B, C, D, qu'il faut décomposer en sous-écarts (quatre), chacun mesurant l'influence d'un des facteurs avec :

$$\text{valeur réelle } x = A \times B \times C \times D,$$

et,

$$\text{valeur prévue } x' = A' \times B' \times C' \times D'$$

Valeur	Mode de calcul	Écart par différence	Écart par calcul direct
x réel	A × B × C × D	Écart sur A = x réel – Borne 1	Écart sur A = (A – A′) × B × C × D
Borne 1	A′ × B × C × D	Écart sur B = Borne 1 – Borne 2	Écart sur B = (B – B′) × A′ × C × D
Borne 2	A′ × B′ × C × D	Écart sur C = Borne 2 – Borne 3	Écart sur C = (C – C′) A′ × B′ × D
Borne 3	A′ × B′ × C′ × D	Écart sur D = Borne 3 – x prévu	Écart sur D = (D – D′) A′ × B′ × C′
x' prévu	A′ × B′ × C′ × D′	Écart total = x réel – x' prévu	Écart total = Somme des 4 écarts

Exemple

Le budget des charges indirectes d'un centre d'analyse est déterminé par trois éléments : le montant prévisionnel des charges, le rendement et le niveau d'activité prévus.

Le suivi de ce budget conduit au calcul de trois sous-écarts :

- un écart qui constate le respect du montant prévu des charges ;
- un écart qui calcule l'incidence des variations d'activité entre le réel et le budget ;
- un écart qui vérifie le respect du rendement prévu.

d) Principe 4

En harmonisation avec la position du plan comptable général dans la méthode des coûts préétablis, toute donnée constituée par le produit d'un élément monétaire par un élément qui exprime un volume doit se décomposer en deux écarts (application du principe 3) définis comme suit :

$$\text{Écart/Éléments monétaires} = \left(\text{Élément monétaire réel} - \text{Élément monétaire prévu}\right) \times \textbf{Donnée volumique réelle}$$

$$\text{Écart/Éléments volumiques} = \left(\text{Élément volumique réel} - \text{Élément volumique prévu}\right) \times \textbf{Élément monétaire prévu}$$

Exemple

Pour une production donnée, la charge budgétée est de 2 000 unités à 4 € l'unité. La charge réelle correspondante s'élève à 8 075 € pour 1 900 unités.

Écart/Charges = Charge réelle – Charge budgétée
= 8 075 – 8 000 = + 75 Défavorable

La décomposition donne :

Écart/Éléments monétaires = (Coût réel – Coût budgété) Quantité réelle
= (4,25 – 4) 1 900 = + 475 Défavorable

Écart/Éléments volumiques = (Quantité réelle – Quantité budgétée) Coût budgété
= (1900 – 2000) 4 = – 400 Favorable

Ces règles simples permettent ainsi le calcul et la décomposition de n'importe quelle présentation de budget. Elles seront suivies dans toutes les décompositions d'écarts proposés dans cet ouvrage.

1.3 Les données du contrôle budgétaire d'un centre de profit

Nous nous intéresserons successivement à la structure du budget puis à la nature des informations réelles nécessaires au contrôle budgétaire.

a) Structure du budget général d'un centre de profit

Un centre de profit est un centre de responsabilité dont la performance est mesurée par un résultat d'exploitation. Il s'agit très souvent d'établissements autonomes mais à qui il n'est pas imposé un objectif de rentabilité des capitaux investis. Pour respecter ses engagements, le centre de profit doit coordonner l'activité de trois pôles principaux, à savoir des services commerciaux érigés ou non en centres de recettes, des services productifs structurés en centres de coûts et des services fonctionnels perçus comme des centres de dépenses discrétionnaires.

La structure de son budget est donc celle d'un compte de résultat prévisionnel avec distinction fonctionnelle de la nature des charges.

Thème d'application

Soit un centre de profit dont les informations budgétées sont les suivantes :

Produit	Quantité vendues	Prix unitaire	Coût de production	Autres charges
A	1000	15	7	1
B	1400	20	12	2
C	1200	29	16	7

Le compte de résultat budgété s'établit ainsi :

	Produit A	Produit B	Produit C	Global
Chiffre d'affaires	15 000	28 000	34 800	77 800
Coût de production	7 000	16 800	19 200	43 000
Autres charges	1 000	2 800	8 400	12 200
Résultat budgété	7 000	8 400	7 200	22 600

Ces données sont élaborées à partir des différents budgets (voir schéma p. 287) à la suite de toute la phase prévisionnelle dont les grandes lignes sont discutées de mars à septembre environ et où les chiffrages définitifs sont établis dans le dernier trimestre N−1 pour un budget de l'année N.

b) Données réelles fournies par la comptabilité

Les écarts du contrôle budgétaire étant essentiellement monétaires, il faut que les comptabilités générale et analytique aient produit leurs données : en conséquence, le contrôle budgétaire d'un mois m ne peut être établi au plus tôt que dans le courant du mois m+1 et il dépend des délais de production des services comptables.

Or la capacité à réagir et à initier des actions correctives est fortement liée à la rapidité de la réaction. La pertinence des actions engagées est, ici, contrainte par le délai de production des informations comptables.

Pour pouvoir obtenir une confrontation facile des réalisations avec les prévisions, il est nécessaire que les informations réelles aient la même structure que celles du budget.

Thème d'application (suite)

La comptabilité analytique pour la même période fournit les informations suivantes :

Produit	Quantités vendues	Chiffres d'affaires	Coût de production	Autres charges
A	1200	16 800	8 730	1 070
B	1100	19 800	15 200	2 200
C	1300	41 600	19 700	7 900

Le compte de résultat analytique s'établit ainsi :

	Produit A	Produit B	Produit C	Global
Chiffre d'affaires	16 800	19 800	41 600	78 200
Coût de production	8 730	15 200	19 700	43 630
Autres charges	1 070	2 200	7 900	11 170
Résultat réel	7 000	2 400	14 000	23 400

2 Contrôle budgétaire du résultat : écart sur résultat

L'intérêt d'une telle analyse ne réside pas dans le calcul à proprement parler de l'écart sur résultat mais dans la décomposition qui peut en être faite et qui doit permettre de piloter et de maîtriser le fonctionnement des trois grands pôles opérationnels d'un centre de profit.

2.1 Analyse de l'écart de résultat

L'établissement du compte de résultat prévisionnel ou budgété a conduit à évaluer tous les postes de charges et de produits participant au «résultat budgété».

Le résultat s'analyse comme la différence entre un chiffre d'affaires et des coûts de revient. Ces derniers peuvent être considérés comme des coûts de production et une quote-part de frais dits «généraux» en provenance des services fonctionnels et administratifs.

Dans ce contexte, l'écart de résultat s'écrit :

E/R = Résultat réel – Résultat budgété

Thème d'application (suite)

	Produit A	Produit B	Produit C	Global
Résultat réel	7 000	2 400	14 000	23 400
Résultat budgété	7 000	8 400	7 200	22 600
Écart sur résultat	0	– 6 000 Défavorable	+ 6 800 Favorable	+ 800 Favorable

L'écart de résultat est constitué de trois composantes associées chacune à une entité responsable :
- le chiffre d'affaires dont la réalisation incombe aux commerciaux ;
- les coûts de production dont la maîtrise est prise en charge par les responsables des centres de coûts ;
- les frais généraux dont le suivi est de la responsabilité des services fonctionnels et administratifs (centres de dépenses discrétionnaires).

C'est pourquoi la décomposition de l'écart de résultat doit faire apparaître les responsabilités budgétaires de chaque entité.

2.2 Décomposition de l'écart de résultat en fonction des pôles opérationnels

Il s'agit d'arriver à contrôler par cette décomposition, les trois zones de responsabilité évoquées précédemment. Mais une difficulté existe quant à la mise en évidence de la nature de l'action des services commerciaux : une simple comparaison des chiffres d'affaires est insuffisante pour porter un jugement pertinent sur la qualité des réalisations budgétaires de ces services.

Dans le cadre du budget, les commerciaux s'engagent sur plusieurs **objectifs** : des **quantités à vendre** par produit, des **prix moyens** pour ces mêmes produits mais aussi sur une **proportion précise entre les ventes** de ces différents produits. En effet, réaliser un chiffre d'affaires prévu en privilégiant le développement des ventes d'un produit à faible marge unitaire, entraîne un impact négatif sur le résultat, et ce, sans préjuger de la qualité de la maîtrise des coûts de production.

Il faut donc que la décomposition de l'écart sur résultat mette en évidence les responsabilités de chaque entité et, plus spécifiquement, qu'elle permette, pour les commerciaux, de juger du respect des trois objectifs précédemment définis.

C'est pour respecter cette contrainte que les calculs suivants sont faits.

a) Principe de décomposition

Remarque méthodologique : Dans toute la suite des développements, le raisonnement s'appuie sur des éléments globaux (chiffre d'affaires total ou coût de production global) et non sur des informations spécifiques à chaque produit. En effet, l'étendue des gammes de produits est généralement trop importante pour permettre une décomposition par produit.

Soient les abréviations suivantes :

CA : chiffre d'affaires global,

CP : coût de production global,

AC : autres charges globales.

Les éléments réels sont indicés « **r** », les éléments budgétés sont indicés « **b** ».

> L'écart sur résultat peut s'écrire :
>
> $$E/R = \text{Résultat réel} - \text{Résultat budgété}$$
> $$= (CA_r - CP_r - AC_r) - (CA_b - CP_b - AC_b)$$

Soit $\mathbf{CP_p}$, le coût de production dit préétabli, c'est-à-dire le coût de production budgété adapté à la production réelle.

L'égalité précédente n'est pas remise en cause en ajoutant l'expression suivante de valeur nulle ($CP_p - CP_p$) mais qui permet une meilleure décomposition de l'écart sur résultat.

Il vient : $E/R = (CA_r - CP_r - AC_r) - (CA_b - CP_b - AC_b) + (CP_p - CP_p)$

et en regroupant les termes :

$$E/R = [(CA_r - CP_p) - (CA_b - CP_b)] - (CP_r - CP_p) - (AC_r - AC_b)$$

Marge dite « réelle » – Marge budgétée

E/R = Résultat = Écart de marge sur coûts préétablis (responsabilité des services commerciaux) – Écart sur coût de production (responsabilité des services de production) – Écart sur charges de structure (responsabilité des services fonctionnels et administratifs)

Thème d'application (suite)

Il s'agit avant de proposer une décomposition de l'écart de résultat de calculer une donnée supplémentaire : le coût de production préétabli selon le mode de calcul proposé plus haut :

	Quantité réelle	Coût unitaire de production budgété	Coût global préétabli
Produit A	1 200	7	8 400
Produit B	1 100	12	13 200
Produit C	1 300	16	20 800
Total			42 400

Ce résultat nous permet de faire la décomposition proposée.

- **Écart de marge sur coûts préétablis** = Marge réelle – Marge budgétée

soit :

Marge réelle $= CA_{\text{réel}} - CP_{\text{préétabli}} = 78\,200 - 42\,400 = 35\,800$

Marge budgétée $= CA_{\text{budgété}} - CP_{\text{budgété}} = 77\,800 - 43\,000 = 34\,800$

et donc l'écart de marge sur coûts préétablis est égal à :

$E/M_{CP} = 35\,800 - 34\,800 = +\,1\,000$ Favorable

- **Écart sur coût de production** = $CP_{réel} - CP_{préétabli}$

Ces données ont déjà été calculées.

$$E/CP = 43\,630 - 42\,400 = +\,1\,230 \text{ Défavorable}$$

- **Écart sur charges de structure** = $AC_{réelles} - AC_{budgétées}$

Il suffit de confronter les données déjà calculées.

$$E/AC = 11\,170 - 12\,200 = -\,1\,030 \text{ Favorable}$$

Il est nécessaire de vérifier notre décomposition :

E/R	=	E/M_{CP}	–	E/CP	–	E/AC
(+ 800 Fav)	=	(+ 1 000 Fav)	–	(+ 1 230 Déf)	–	(– 1 030 Fav)

Dans cet exemple simplifié, il est possible de dire que la hausse du résultat (+ 800 Favorable) par rapport au budget est imputable aux services commerciaux et aux services fonctionnels qui, tous les deux, font apparaître des écarts importants et favorables (+ 1 000 Favorable) et (– 1 030 Favorable) alors même que les services de fabrication n'ont pas su préserver une bonne productivité puisque l'on assiste à un dérapage des coûts réels par rapport à ceux du budget (+ 1 230 Défavorable).

L'introduction du coût de production préétabli dans ce type de décomposition permet le respect du principe de localisation des performances. Les produits sont transférés aux services commerciaux, valorisés au coût du budget ; la marge réelle est donc la différence entre les réalisations réelles de l'entité commerciale (prix, structure des ventes, quantités) et un coût prévu. Ce procédé évite de transférer aux services commerciaux l'efficience ou l'inefficience des services productifs, ce qui aurait été le cas si la marge réelle avait été calculée sur la base des coûts réels.

Ainsi, logiquement les services commerciaux seront jugés sur leurs prestations réelles par rapport à des objectifs de ventes, mais il n'est pas satisfaisant d'évaluer les réalisations des services productifs sur la base de ces mêmes quantités : les objectifs de production sont formulés par rapport à des quantités produites. Cet élément nous oblige à étudier l'influence de la variation des stocks sur l'analyse présentée.

b) Influence des variations de stocks dans la décomposition de l'écart de résultat

La décomposition de l'écart de résultat a été définie comme :

$$E/R = [(CA_R - CP_P) - (CA_b - CP_b)] - (CP_r - CP_p) - (AC_R - AC_P)$$

Or dans tous ces calculs, les quantités de référence sont des quantités vendues ; cela est logique :

- pour l'écart de marge sur coûts préétablis car les quantités vendues sont un objectif reconnu des commerciaux ;
- pour l'écart sur charges de structure car il analyse des coûts hors production.

Mais cela ne correspond pas à la nature des objectifs des services productifs qui sont énoncés par rapport à des quantités produites. Il faut donc «retravailler» l'écart sur coût de production.

Il est possible de dire que :

Quantités vendues = Quantités produites + Quantités stockées
QV QP QS

Deux cas peuvent se présenter :

- QV > QP ⇒ SI > SF
  et l'expression QS est positive et exprime une situation de déstockage ;
- QV < QP ⇒ SI < SF
  et l'expression QS est négative et exprime une situation de stockage.

L'écart sur coût de production peut alors s'écrire :

$$E/CP = CP_{R\,(QV)} - CP_{P\,(QV)}$$
$$= [CP_{R\,(QP)} + CP_{R\,(QS)}] - [CP_{P\,(QP)} + CP_{P\,(QS)}]$$

ce qui, en regroupant les expressions dont les quantités sont de même nature, donne :

$$E/CP = [CP_{R\,(QP)} - CP_{P\,(QP)}] + [CP_{R\,(QS)} - CP_{P\,(QS)}]$$

= E/CP relatif aux quantités produites + E/CP relatif aux quantités stockées

Cette nouvelle analyse permet alors d'étudier l'écart sur coût de production en fonction des quantités produites, ce qui était recherché mais crée un nouvel écart peu facile à analyser et que l'on aimerait éliminer car il exprime seulement une différence de valorisation sur des quantités stockées identiques :

$$E/CP_{(QS)} = (CP_{R\,(QS)}) - (CP_{P\,(QS)})$$

= (Coût de production unitaire réel × QS réelles) – (Coût de production unitaire budgété × QS réelles)

Pour pouvoir éliminer cet écart, il suffit que la valorisation des quantités en stock soit toujours faite, dans le calcul du résultat réel, par rapport non pas au coût de production unitaire réel mais au coût de production unitaire budgété.

Ce positionnement permet :

– de s'assurer que l'écart sur QS est toujours nul ;
– de calculer très rapidement l'écart sur résultat sans attendre une valorisation, complexe et longue à obtenir, des stocks en coûts réels.

Cette convention conduit à définir le résultat réel optique contrôle budgétaire de façon différente de celle effectuée jusqu'à présent.

Thème d'application (suite)

Reprenons, pour les compléter, les données réelles du thème d'application :

	Produit A	Produit B	Produit C
Stock initial	150	100	100
Quantités produites	1 150	1 070	1 400

Il est possible de déduire, compte tenu des ventes, le stock final et les quantités stockées :

Ventes (rappel)	1 200	1 100	1 300
Stock final	100	70	200
Quantités stockées (SI – SF)	– 50	– 30	+ 100
Coût budgété de production	7	12	16
Production stockée	– 350 €	– 360 €	+ 1600 €

soit un global de + 890 € qui traduit un situation globale de stockage.

Compte tenu de ces nouvelles données, le résultat réel optique contrôle budgétaire est modifié et est égal à :

Chiffre d'affaires	78 200
Production stockée	890
Total produits	**79 090**
Coût de production	43 630
Autres charges	11 170
Total charges	**54 800**
Résultat réel	**24 290**

L'écart sur résultat est alors égal à : Résultat réel – Résultat budgété
= 24 290 – 22 600 = + 1 690 Favorable.

Les écarts sur marge sur coûts préétablis et charges de structure sont identiques, seul l'écart sur coût de production est modifié ; il est égal à la différence entre le coût de production réel et le coût de production préétabli relativement aux quantités produites.

Le calcul du coût de production préétabli peut être obtenu de deux façons :

– en le reconstituant :

CP préétabli $_{(QP)}$ = (7 × 1150 A) + (12 × 1070 B) + (16 × 1400 C) = 43 290

– en le déduisant du coût de production préétabli relatif aux quantités vendues compte tenu des liens existant entre quantités produites et quantités vendues :

CP préétabli $_{(QP)}$ = CP préétabli $_{(QV)}$ + CP préétabli $_{(QS)}$ = 42 400 + 890 = 43 290

L'écart sur coût de production est alors égal à :

CP réel $_{(QP)}$ = CP préétabli $_{(QP)}$ = 43 630 – 43 290 = + 340 Défavorable

Il est aisé de vérifier la décomposition de l'écart sur résultat :

E/R = E/M_{CP} – E/CP – E/AC

(+ 1 690 Fav) = (+ 1 000 Fav) – (+ 340 Déf) – (– 1 030 Fav)

Cette distinction entre quantités vendues et quantités produites n'est pas toujours possible : certains exercices ne font pas de distinction entre les quantités vendues et les quantités produites.

Le principe de décomposition en sous-écarts doit maintenant se poursuivre à un niveau encore plus fin pour analyser l'influence du paramètre d'origine. Seule cette identification des causes d'écarts peut permettre une recherche d'actions correctives judicieuses et bien localisées.

Parmi les sous-écarts mis en évidence :

- **l'écart sur coût de production** s'intègre à la méthode des coûts préétablis et sera traité dans le chapitre 14 ; il permet le contrôle budgétaire des centres de coûts ;
- **l'écart sur charges de structure** est la différence entre le montant réel et budgété des «autres charges». Ces éléments représentent les frais de fonctionnement des services administratifs et fonctionnels, et sont globalement composés de frais fixes et discrétionnaires. Leur suivi budgétaire se contente de faire apparaître, par service, les dépassements de budgets ;
- **l'écart de marge sur coûts préétablis** apparaît comme une différence de marge, il tient compte dans sa version la plus élaborée des trois facteurs budgétaires précédemment énoncés.

Il s'agit maintenant d'analyser ce dernier écart.

3. Contrôle budgétaire de l'activité commerciale : écart sur marge sur coûts préétablis

Le contrôle budgétaire de l'activité commerciale doit faire apparaître le respect des objectifs assignés aux commerciaux à savoir :
– des objectifs de quantités,
– des objectifs de prix,
– et des objectifs de structure entre les différentes ventes.

Cependant, le nombre et la définition des écarts mis en évidence vont différer, le plus souvent, selon deux critères principaux :
– l'étendue de la gamme,
– le degré d'homogénéité des produits vendus.

L'écart de marge sur coûts préétablis a été calculé au paragraphe précédent. Il est égal à :

$$E/M_{CP} = \text{Marge réelle} - \text{Marge budgétée}$$
$$E/M_{CP} = (CA_r - CP_p) - (CA_b - CP_b)$$

Cet écart peut être exprimé en fonction de facteurs unitaires.

Soit les abréviations suivantes :

$\mathbf{p_r}$: prix de vente unitaire réel
$\mathbf{p_b}$: prix de vente unitaire budgété
$\mathbf{c_b}$: coût de production unitaire budgété
$\mathbf{Q_r}$ et $\mathbf{Q_b}$ les quantités de produits respectivement réelles et budgétées.

$$E/M_{CP} = [(p_r - c_b)Q_r] - [(p_b - c_b)Q_b]$$

Sous cette forme, il apparaît que l'écart de marge sur coûts préétablis est la **différence entre une marge dite «réelle» et une marge budgétée. Les coûts de production pris en référence dans les deux membres de la différence sont des coûts unitaires budgétés** (ou standard). En effet, la maîtrise des coûts de production n'est pas du ressort des services commerciaux, et, dans un souci de localisation des responsabilités, il est important que le **transfert des produits de la production aux services commerciaux s'effectue sur la base des coûts inscrits au budget**.

3.1 Suivi de l'activité commerciale pour une entité à gamme réduite (décomposition en deux sous-écarts)

L'entité dans ce cas peut suivre chaque produit ou famille de produits. Elle se contentera d'une décomposition en deux sous-écarts : l'un monétaire ou écart sur prix, l'autre de volume ou écart sur quantité.

La décomposition en sous-écarts nous conduit à «recalculer» **des données prévisionnelles adaptées aux quantités réelles**. Afin de clairement les distinguer des données réelles ou constatées *a posteriori* d'une part, et d'autre part des données budgétées calculées *a priori*, nous les nommerons éléments préétablis.

Conformément au principe énoncé par le plan comptable pour la décomposition d'une donnée composée d'un élément monétaire et d'un élément volumique, les écarts se définissent de la façon suivante :

- Écart sur prix = (Marge réelle unitaire – Marge budgétée unitaire) × Quantité réelle
  $= [(p_r - c_b)\, Q_r] - [(p_b - c_b)\, Q_r]$

En simplifiant on obtient une définition plus opératoire pour les calculs.

$$E/P = (p_r \times Q_r) - (p_b \times Q_r)$$
$$= (p_r - p_b)\, Q_r$$

ou encore :

E/P = CA réel – CA préétabli [1]

- Écart sur quantité = (Quantité réelle – Quantité budgétée) × marge budgétée

Thème d'application (suite)

Décomposons l'écart de marge sur coûts préétablis en deux sous-écarts .

Les calculs sont aisément présentables sous forme de tableau (voir page suivante).

De cette décomposition, il est possible de suivre les produits de manière individualisée :

- le produit A dégage un écart total positif mais des réalisations très contrastées : les prix n'ont pu être maintenus (écart défavorable de 1 200), ce qui a permis d'augmenter les quantités vendues (écart favorable de 1 600) ;
- pour le produit B, les services commerciaux n'ont pu réaliser les objectifs fixés (écart de marge défavorable de 4 600) et, bien que les prix aient été fortement plus faibles que ceux prévus (écart défavorable de 2 200), cela n'a nullement été compensé par un accroissement des quantités vendues (écart défavorable de 2 400) ;
- seules les prestations sur le produit C sont extrêmement satisfaisantes : malgré une hausse importante des prix (écart favorable de 3 900), les ventes ont progressé en volume (écart favorable de 1 300).

De façon générale, l'écart positif de marge de 1 000 est dû pour la plus grande partie par les réalisations obtenues sur le produit C.

Si chaque famille de produits est suivie par un chef de produit, il est facile de voir que la qualité du pilotage des différents responsables n'est pas identique.

Ce type de décomposition en deux sous-écarts, analysée produit par produit, n'est possible que si la gamme des produits suivis par le centre de profit est peu étendue. Dans le cas contraire, il est préférable de faire une décomposition différente.

1. Cette donnée est calculée au moment de la décomposition des écarts et elle exprime le chiffre d'affaires attendu pour les quantités réelles mais valorisé aux prix du budget.

	Éléments du budget					Éléments réels				Éléments préétablis			Écarts		
Produit	Quantités vendues [1]	Prix unitaire [2]	Coût de production unitaire [3]	Chiffre d'affaires budgété [4]	Marge budgétée [5]	Quantités vendues [6]	Chiffre d'affaires réel [7]	Prix de vente [8]	Marge dite «réelle» [9]	Coût de production global préétabli [10]	Chiffre d'affaires préétabli [11]	Marge préétablie [12]	de marge sur coûts préétablis [13]	sur prix [14]	sur quantité [15]
	Q_b	p_b	c_b	CA_b	M_b	Q_r	CA_r	p_r	M_r	CP_p	CA_p	M_p	E de M/CP	E/P	E/Q
				[1] × [2]	([2] – [3]) × [1]			[7]/[6]	[7] – [10]	[6] × [3]	[6] × [2]	[11] – [10]	[9] – [5]	[9] – [2]	[12] – [5]
A	1 000	15	7	15 000	8 000	1 200	16 800	14	8 400	8 400	18 000	9 600	400	– 1 200	1 600
B	1 400	20	12	28 000	11 200	1 100	19 800	18	6 600	13 200	22 000	8 800	– 4 600	– 2 200	– 2 400
C	1 200	29	16	34 800	15 600	1 300	41 600	32	20 800	20 800	37 700	16 900	5 200	3 900	1 300
	3 600			77 800	34 800	3 600	78 200		35 800	42 400	77 700	35 300	1 000	500	500
Taux de marge moyen				[5]/[4]	*0,4473*			[9]/[7]	*0,4578*		[12]/[11]	*0,45431*			
Marge unitaire moyenne				[5]/[1]	***9,6667***			[9]/[6]	***9,944***		[12]/[6]	***9,806***			
Prix de vente moyen				[4]/[1]	*21,6111*			[7]/[6]	*21,722*		[11]/[6]	*21,5833*			

3.2 Suivi de l'activité commerciale pour une entité à gamme étendue (décomposition en trois sous-écarts)

Dans ce type de décomposition, les produits ne sont plus suivis un par un mais l'analyse porte sur les montants totaux obtenus dans le tableau précédent. Il s'agit de subdiviser l'écart sur quantités en mettant en évidence deux paramètres :
- le respect de la composition des ventes prévues,
- l'accroissement du volume global des ventes.

Il est en effet important de suivre la qualité des ventes faites par les services concernés et de ne pas se contenter d'assimiler croissance en volume de chiffre d'affaires et influence favorable sur le résultat. Développer les ventes de produits générant de faibles marges au détriment de produits à marges élevées peut entraîner une croissance des ventes en volume mais une dégradation du résultat attendu, car la structure des ventes réelles sera beaucoup moins favorable que la structure prévue.

Mais un autre critère doit être pris en compte c'est le degré d'homogénéité des produits vendus :
- si les produits présentent un fort degré d'homogénéité, alors le volume peut être exprimé par des quantités physiques agrégées ;
- en revanche, lorsque l'hétérogénéité des produits est trop importante, additionner des quantités physiques n'est plus pertinent et le volume sera exprimé par le concept de chiffre d'affaires.

Dans les deux cas, les mêmes sous-écarts seront mis en évidence mais leurs modalités de calcul seront modifiées.

a) Décomposition pour gamme hétérogène

Le schéma récapitulatif page suivante résume la décomposition à effectuer.

Thème d'application

Il suffit en s'appuyant sur le tableau précédent de calculer deux données :
- le taux de marge budgétée = M_b/CA_b = 34 800/77 800 = 44,73 %
- le taux de marge préétablie = M_p/CA_p = 35 300/77 700 = 45,43 %

Deux méthodes sont possibles : calcul par borne intermédiaire ou calcul direct.

- **Calcul des écarts par borne intermédiaire**

La borne recherchée est définie par : Taux budgété × Chiffre d'affaires préétabli, soit 44,73 % × 77 700 = 34 755

La décomposition donne alors :

Écart sur prix = Marge dite «réelle» – Marge préétablie
= 35 800 – 35 300 = + 500 Favorable

Écart de composition des ventes = Marge préétablie – Borne intermédiaire
= 35 300 – 34 755 = + 545 Favorable

Écart de volume global = Borne intermédiaire – Marge budgétée
= 34 755 – 34 800 = – 45 Défavorable

DÉCOMPOSITION EN CAS DE GAMME HÉTÉROGÈNE
(volume = chiffre d'affaires)

Marge totale dite «réelle» $\Sigma\,(p_R - c_b)\,Q_R$

Marge totale préétablie $\Sigma\,(p_b - c_b)\,Q_R$

Marge totale budgétée $\Sigma\,(p_b - c_b)\,Q_b$

ÉCART SUR PRIX

$\Sigma\,(p_R - p_b)\,Q_R$

ou

$\Sigma\,CA_R - \Sigma\,CA_p$

Cet écart est identique à celui mis en évidence au paragraphe précédent.

ÉCART SUR QUANTITÉS

La marge préétablie et la marge budgétée peuvent s'exprimer toutes deux comme un taux de marge moyen appliqué à un chiffre d'affaires. Leur expression est alors égale à :

Marge totale préétablie $\bar{t}_p\,.\,\Sigma\,CA_p$

Borne intermédiaire $\bar{t}_b\,.\,\Sigma\,CA_p$

Marge totale budgétée $\bar{t}_b\,.\,\Sigma\,CA_b$

ÉCART DE COMPOSITION DES VENTES
$E/CV = (\bar{t}_p - \bar{t}_b)\,\Sigma\,CA_p$

ÉCART DE VOLUME GLOBAL
$E/VG = (\Sigma\,CA_p - \Sigma\,CA_b)\,.\,\bar{t}_b$

$\bar{t}$ = taux moyen

- **Calcul direct des écarts**

La décomposition s'effectue de la façon suivante :

Écart sur prix = (Prix réel moyen – Prix préétabli moyen) × QT réelles
= (21,722 – 21,583) 3600 = + 500,40 Favorable

Écart sur composition des ventes = (Taux préétabli – Taux budgété) CA_p
E/CV = (45,43 % – 44,73 %) 77 700 = + 543,90 Fav

Écart sur volume global = (CA préetabli – CA budgété) Taux de marge budgétée
= (77 700 – 77 800) 44,73 % = – 44,73 Défavorable

L'utilisation de taux de marge arrondi conduit à des résultats plus approximatifs que dans le cas de la décomposition par calcul de borne intermédiaire car il y a influence des arrondis dans les calculs.

Ici, il est possible de noter que les services commerciaux ont vendu des produits dont la marge était en moyenne plus élevée que celle prévue et que cette bonne prestation (+ 545) est obtenue alors même que le volume global des ventes est lègerement inférieur à celui prévu (– 45).

b) Décomposition pour gamme homogène

Dans ce contexte, le volume peut être exprimé par des quantités totales. La structure des marges globales calculées (budgétée, préétablie et réelle) est alors constituée de :

Marge unitaire moyenne × Quantités totales

Le schéma précédent devient celui présenté page ci-contre.

Les écarts se calculent selon les formules suivantes :

- **Écart sur prix** = idem calcul précédent
- **Écart sur composition des ventes** =
(Marge moyenne préétablie – Marge moyenne Budgétée) × Quantité totales réelles
- **Écart de volume global** =
(Quantités totales réelles – Quantités totales budgétée) × Marge moyenne budgétée

Thème d'application (suite)

Pour mémoire, regroupons les informations nécessaires aux calculs de décomposition des écarts :

	Marge globale	Quantités totales	Marge moyenne
Dite «réelle»	35 800	3 600	$\overline{m}_{réelle}$ = 35 800/3 600 = 9,9444
Préétablie	35 300	3 600	$\overline{m}_{préétablie}$ = 35 300/3600 = 9,805
Budgétée	34 800	3 600	$\overline{m}_{budgétée}$ = 34 800 /3 600 = 9,666

Les écarts peuvent alors être mis en évidence. Dès maintenant, il est possible de s'apercevoir que l'écart de volume global sera nul puisque les quantités budgétées et réelles sont identiques et égales à 3 600.

Écart sur prix = idem plus haut = + 500 Favorable

Écart de composition des ventes : = ($\overline{m}_{préétablie}$ – $\overline{m}_{budgétée}$) × Quantités totales réelles
= (9,805 – 9,666) 3 600 = + 500 Favorable

Écart de volume global : = (QT réelles – QT budgétée) $\overline{m}_{budgétée}$
= 0 (la différence de quantités est nulle).

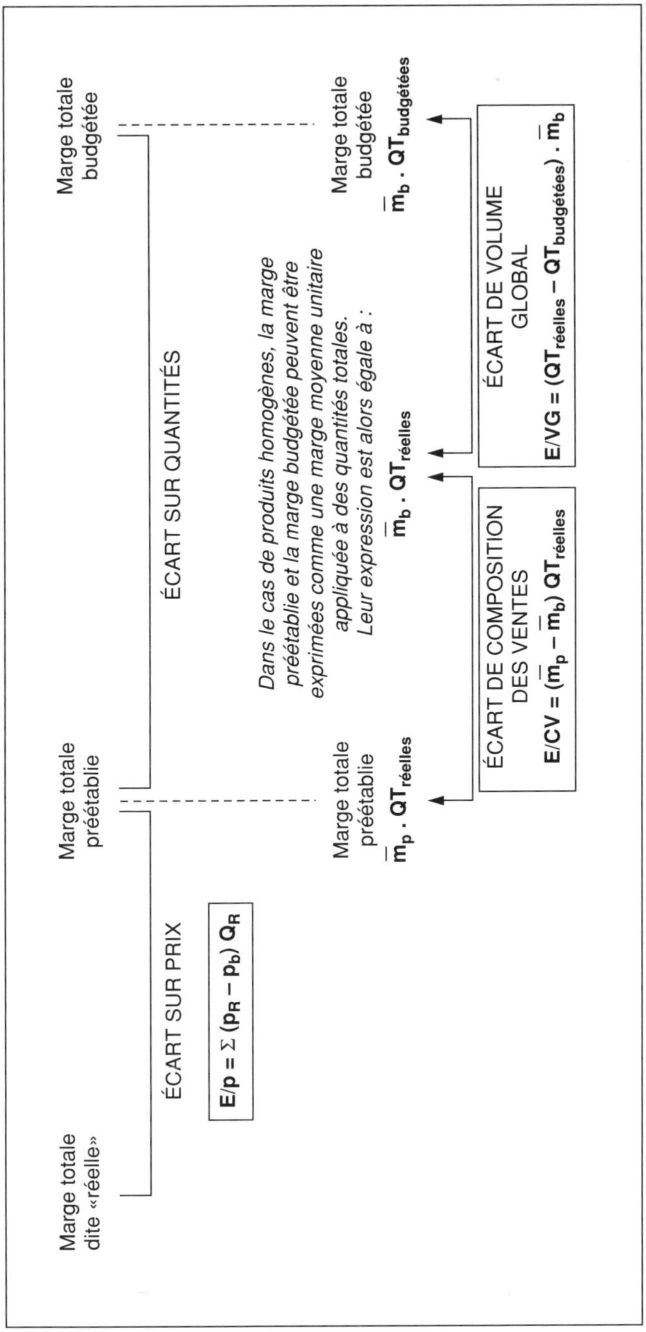

$\overline{m}$ = marge moyenne

Les calculs effectués ont tous eu pour cadre une entité commerciale dont la responsabilité était analysée en termes d'objectifs de marge. Il peut se faire que, dans le cadre d'une activité commerciale érigée en simple centre de recettes, **les objectifs soient exprimés uniquement en termes de chiffre d'affaires.**

4. Contrôle budgétaire d'un centre de recettes : écart sur chiffre d'affaires

Les écarts calculés sont obtenus selon le même principe que ceux mis en évidence pour la décomposition en trois sous-écarts de la marge sur chiffre d'affaires dans le cas où le volume est exprimé par des quantités.

4.1 Présentation générale

Voir schéma page suivante.

4.2 Analyse des écarts mis en évidence

L'écart total sur chiffre d'affaires se définit de la manière suivante :

E/CA = Chiffre d'affaires réel – Chiffre d'affaires budgété

Ce calcul n'est envisageable par produit que pour des entreprises dont les gammes de produits vendus sont très étroites ; le plus souvent ce calcul est fait pour l'ensemble des ventes comme dans l'exemple suivant :

Exemple

Soit le budget des ventes d'une entreprise qui commercialise quatre familles de produits.

Budget des ventes pour le mois M :

Famille	Quantité	Prix moyen	Chiffre d'affaires
A	2 000	150	300 000
B	4 200	100	420 000
C	700	250	175 000
D	500	400	200 000
Total	7 400		1 095 000

Les données réelles pour la même période sont les suivantes :

Famille	Quantité	Chiffre d'affaires	Prix moyen pratiqué (1)
A	2 500	350 000	140
B	5 000	500 000	100
C	800	216 000	270
D	200	60 000	300
Total	8 500	1 126 000	

(1) $\frac{\text{Chiffre d'affaires}}{\text{Quantité}}$

DÉCOMPOSITION DE L'ÉCART DE CHIFFRE D'AFFAIRES

Ciffre d'affaires réel global	Chiffre d'affaires préétabli global	Chiffre d'affaires budgété global
$\Sigma (p_R \times Q_R)$	$\Sigma (p_b \times Q_R)$	$\Sigma (p_b \times Q_b)$

En termes globaux, chaque chiffre d'affaires peut être analysé comme un prix moyen multiplié par des quantités totales. Chaque chiffre d'affaires s'exprime alors comme :

CA RÉEL $= \bar{p}_R \cdot QT_{réelles}$

CA PRÉÉTABLI $= \bar{p}_p \cdot QT_{réelles}$

$\bar{p}_b \cdot QT_{réelles}$

CA BUDGÉTÉ $= \bar{p}_b \cdot QT_{budgétées}$

ÉCART SUR PRIX $= (\bar{p}_R - \bar{p}_p)\, QT_{réelles}$ **ou** $CA_{réel} - CA_{préétabli}$

ÉCART DE COMPOSITION DES VENTES $(\bar{p}_p - \bar{p}_b) \cdot QT_{réelles}$

ÉCART DE VOLUME GLOBAL $(QT_{réelles} - QT_{budgétées})\, \bar{p}_b$

$\bar{p}$ = prix moyen

L'écart total sur chiffre d'affaires apparaît comme égal à :
CA réel – CA budgété = 1 126 000 – 1 095 000 = 31 000 Favorable.

Un chiffre d'affaires est constitué de deux composantes : prix et quantité dont les influences doivent être analysées : c'est l'objet de la décomposition de premier niveau.

a) Décomposition en deux sous-écarts

Par analogie avec les décompositions proposées par le plan comptable, il est facile de déduire les définitions des écarts sur prix (E/Prix) et des écarts de volume (E/Vol). Il vient :

E/Prix = (Prix réel – Prix budgété) Quantité réelle
E/Vol = (Quantité réelle – Quantité budgétée) Prix budgété

Appliqué à notre exemple, le calcul donne les résultats suivants :

Exemple

Tableau de calculs de l'écart sur prix :

Famille	Prix réel	Prix budgété	Quantité réelle	Écart/prix
A	140	150	2 500	– 25 000 Défavorable
B	100	100	5 000	–
C	270	250	800	+16 000 Favorable
D	300	400	200	– 20 000 Défavorable
Total				– 29 000 Défavorable

Remarque : Cet écart peut être calculé très rapidement, puisqu'il suffit de connaître le chiffre d'affaires réel et les quantités vendues. Ces informations sont disponibles bien avant que les systèmes comptables (comptabilité générale et comptabilité analytique) aient arrêté les comptes du mois concerné.

Exemple

Tableau de calculs de l'écart sur volume :

Famille	Quantité réelle	Quantité budgétée	Prix budgété	Écart/Volume
A	2 500	2 000	150	+ 75 000 Fav.
B	5 000	4 200	100	+ 80 000 Fav.
C	800	700	250	+ 25 000 Fav.
D	200	500	400	– 120 000 Déf.
Total				+ 60 000 Fav.

Il est aisé de vérifier que E/Prix + E/Vol = E/Chiffre d'affaires.

De fait, l'écart sur volume regroupe deux aspects dont l'évolution peut être antagoniste : l'augmentation des ventes peut provenir d'une meilleure implantation sur le marché mais celle-ci peut être réalisée sans respecter la composition des ventes prévues. C'est pourquoi l'écart sur volume peut être décomposé en deux sous-écarts.

b) Décomposition de l'écart sur volume

Il s'agit de juger du respect de la composition des ventes prévues par le calcul de l'écart sur composition des ventes et de mettre en évidence l'augmentation globale des quantités vendues par celui de l'écart de volume global. Ainsi les écarts se définissent de la façon suivante :

$$\text{E/Composition des ventes (ou écart de mix)} = \left(\text{Prix moyen préétabli}^{(1)} - \text{Prix moyen budgété}\right) \text{Quantité totale réelle}$$

Exemple

- Calcul du chiffre d'affaires préétabli :

(2 500 × 150) + (5 000 × 100) + (800 × 250) + (200 × 400) = 1 155 000 € pour 8 500 produits vendus

soit un prix moyen préétabli de 135,8823…

- Le prix moyen budgété dans notre cas est égal à :

Chiffre d'affaires budgété / Quantité totale budgétée, soit :

1 095 000 / 7 400 = 147,9729…

- L'écart de composition des ventes est égal à :

(135,88 – 147,97) 8 500 = – 102 765 Défavorable

$$\text{E/Volume global} = \left(\text{Quantité totale réelle} - \text{Quantité budgétée}\right) \text{Prix moyen budgété}$$

Exemple

L'écart de volume global s'inscrit à :

(8 500 – 7 400) 147,97 = 162 767 Favorable

Il vient, aux arrondis près :

E/Vol = E/Volume global + E/Composition des ventes

60 000 ≈ (+ 162 767) + (– 102 765)

(1) Le prix moyen préétabli est déduit du chiffre d'affaires préétabli qui s'obtient en multipliant par famille de produits les quantités réelles vendues par le prix de vente prévu dans le cadre du budget.

c) Intérêt de ces calculs

La possibilité d'un calcul précoce par rapport aux réalisations permet d'avoir une vision partielle de la qualité de gestion des services commerciaux et peut autoriser des actions correctives très rapides surtout en cas de dérapages sur les prix ou de non-respect des compositions des ventes prévues.

Toutefois, il faut se garder d'un optimisme facile dans le cas d'écarts favorables. En effet **accroître le chiffre d'affaires ne signifie nullement accroître le résultat** si parallèlement cette augmentation des ventes s'obtient en développant des produits à faible marge au détriment de produits plus rémunérateurs pour la firme. C'est pourquoi l'action des services commerciaux ne peut être jugée au vu du calcul de ces seuls écarts sur chiffre d'affaires mais doit intégrer des calculs d'écarts incorporant les notions de marges.

Dans le cadre d'un pilotage par les budgets, la décomposition par rapport aux marges nous semble plus pertinente pour évaluer valablement les prestations d'une entité à responsabilités de nature commerciale.

RÉFLEXIONS SUR LE THÈME

1. Le contrôle budgétaire ne se résume pas au calcul des écarts

Il serait erroné de réduire le contrôle budgétaire au calcul des écarts. Ce dernier englobe bien d'autres aspects qu'il faut avoir présent à l'esprit.

Certes, son rôle principal consiste à agir pour améliorer les performances de l'entreprise mais cette recherche de l'efficience peut revêtir plusieurs formes :

- optimiser des goulots d'étranglement ;
- réaliser des études ergonomiques afin d'aménager les temps de travail ;
- détecter les blocages psychologiques dans le but d'améliorer la communication ;
- proposer des modifications de procédures et éliminer les circuits caduques...

Mais le contrôle budgétaire impose à toute l'entreprise un «code de bonne conduite» :

- il oblige à respecter les contraintes et développe un mode de fonctionnement contractuel ;
- il responsabilise la hiérarchie à tous les niveaux par le jeu des délégations successives ;
- il oblige à une remise en cause régulière et à l'apprentissage de la négociation dans tous les types de communication (hiérarchique, mais aussi avec les collègues).

Ainsi les conséquences d'un contrôle budgétaire efficace sont nombreuses et positives pour autant que les exigences de communication indispensables à son fonctionnement ne servent pas à régler des comptes…

2. Une analyse essentiellement monétaire et hiérarchique

Le contrôle budgétaire définit des écarts essentiellement monétaires et à périodicité mensuelle puisque le contrôle s'appuie sur la comptabilité analytique qui travaille à ce rythme.

Ce mode de fonctionnement n'induit aucun partenariat entre les services puisque la décomposition tend à mettre en évidence les prestations de chaque département dans une vision fonctionnelle et hiérarchique. Par ailleurs, les écarts mis en œuvre ne doivent être considérés que comme des clignotants mais pas comme éléments explicatifs de la performance : une mévente peut s'expliquer par un défaut de qualité de la production du produit ; or l'écart défavorable apparaîtra chez les responsables commerciaux.

De plus en plus, les entreprises développent des batteries d'indicateurs qui cherchent à éviter les écueils évoqués et permettent :
- un jugement sur la qualité des services : taux de rebuts, taux de réclamations des clients,
- une évaluation sur collaboration entre les services : mise en évidence de relations clients-fournisseurs internes et élaboration commune de paramètres de satisfaction du service rendu.

Dans toutes ces démarches, il peut être calculé des écarts mais ils tendront à être physiques, qualitatifs et transversaux.

3. Le plus important, c'est la suite...

La réalité scolaire fait souvent croire aux étudiants que le calcul et l'analyse des écarts sont une fin en soi. Il n'en est rien, un simple tableur fait rapidement les mêmes calculs avec plus de rapidité et (peut-être) d'exactitude.

Le travail de contrôle commence au moment où le travail scolaire s'arrête. Il s'agit de retrouver les causes des écarts sur le terrain, d'envisager les actions correctives avec les responsables opérationnels et de les mettre en œuvre. C'est cette démarche qui permet à un contrôleur de gestion de dire à un de ses contrôleurs budgétaires : «Votre lieu de travail, ce n'est pas votre bureau mais les ateliers !»

Applications

① *Entreprise Pilot*

Dans l'entreprise Pilot, les principales informations du budget concernant les ventes de trois produits A, B, C sont regroupées ci-après :

	Prix de vente	Quantité	Coût de production	Autres charges
A	15	1 000	7	1
B	20	1 400	12	2
C	29	1 200	16	7

La comptabilité analytique pour la même période fournit les informations suivantes :

	Prix de vente	Quantité	Coût de production	Autres Charges
A	14	1 200	8 680	1 070
B	18	1 200	15 200	2 200
C	33	1 200	19 700	7 900

QUESTIONS

1. Présenter le budget de cette entité.

2. Sous une présentation similaire, mettre en évidence le résultat réel.

3. Calculer l'écart sur résultat et mettre en évidence les responsabilités de chaque pôle (services fonctionnels, commerciaux et productifs). Commenter.

4. Décomposer l'écart de marge sur coûts préétablis selon deux méthodes possibles.

5. Décomposer l'écart de chiffre d'affaires en trois sous-écarts.

② *Société Techno*

Dans la société Techno *dont les productions sont hétérogènes,* le plan industriel et commercial fournit les informations suivantes pour le trimestre à venir.

Produits	A	B	C	D
Prix prévu	110	130	80	100
Ventes prévues	2 300	1 700	1 400	5 600
Production budgétée	2 200	1 800	1 400	5 000
Coût standard	85	115	65	90
Stock initial	500	200	100	1 000

Par ailleurs, les données de la comptabilité analytique pour le même période sont les suivantes :

Produits	A	B	C	D
Chiffre d'affaires	264 000	210 000	148 750	540 000
Quantités vendues	2 400	1 500	750	6 000
Quantités produites	2 100	1 800	1 100	5 500

- Consommation de matières premières : 230 400
- Composants comsommés : 360 300
- Main d'œuvre directe : 212 250
- Charges indirectes
  - centre A : 197 100
  - centre B : 230 660

QUESTIONS

1. **Présenter le budget par produit et le résultat global budgété.**
2. **Présenter le compte de résultat réel établi dans le cadre du contrôle budgétaire.**
3. **Calculer et décomposer en fonction des responsabilités l'écart sur résultat pour le période de référence.**
4. **Présenter dans un tableau l'analyse de l'écart sur marge sur coûts préétablis en mettant en évidence deux sous-écarts. Ce travail doit être fait par produit et en global.**
5. **Analyser l'écart de marge sur coûts préétablis en trois sous-écarts. Présenter les calculs sous forme de tableaux.**
6. **Commenter les résultats obtenus.**

③ *Contrôle budgétaire d'un centre de profit*

Les données suivantes sont extraites du système d'information comptable d'un centre de profit pour une période donnée. Ce centre commercialise quatre produits et a commencé son exploitation le 1er janvier de la période considérée. Toutes les informations sont données en global.

Informations relatives aux quantités vendues		***Informations relatives aux quantités fabriquées***	
Q. vendues réelles :	8 525	Q.produites réelles :	8 930
Q. vendues budgetées :	8 750	Q. produites budgetées :	9 000
Chiffre d'affaires réel :	181 465	Coût de production réel :	152 460
Chiffre d'affaires budgété :	176 000	Coût de production budgété :	144 400
Chiffre d'affaires préétabli :	171 210	Coût de production préétabli :	143 530
Coût de production réel :	145 635	Autres charges réelles :	20 960
Coût de production budgété :	141 000	Autres charges budgétées :	17 000
Coût de production préétabli :	137 110	Autres charges préétablies :	16 880
Autres charges réelles :	20 125		
Autres charges budgétées :	16 650		
Autres charges préétablies :	16 405		

QUESTIONS

1. **Mettre en évidence l'écart sur résultat en retrouvant le résultat budgété et le résultat réel.**
2. **Analyser l'écart de résultat en fonction des pôles de responsabilité. Commenter les éléments obtenus.**
3. **Décomposer l'écart représentatif des services commerciaux en trois sous-écarts. Porter un jugement sur les résultats obtenus. (Considérer une gamme non homogène.)**
4. **Proposer une décomposition similaire à celle de la question 3. mais en exprimant le volume par des quantités totales. Vos résultats sont-ils modifiés ? En quoi ? Est-ce que cela remet en cause la pertinence de l'analyse ? Justifier votre réponse.**

④ *Société Leod*

La société Leod possède une force de vente importante et géographiquement éloignée. Tous les mois, elle reçoit de chaque représentant les résultats de son activité.

Ainsi Monsieur Raoul a réalisé au cours du mois un chiffre d'affaires de 20 416 € et effectué 153 visites débouchant sur 58 commandes. Il a dû arrêter de travailler 2 jours pour motifs personnels et a été immobilisé 3 jours de plus suite à une panne imprévue du camion de démonstration.

Dans les données budgétaires, il était prévu un chiffre d'affaires de 32 000 €, avec un montant moyen de 400 € par commande. Le taux de conclusion normal attendu des représentants est de 50 %. Un représentant doit effectuer en moyenne 8 visites par jour et il est admis un taux moyen d'absentéisme de 10 % du nombre de jours travaillés (le mois analysé comprend 22 jours ouvrables).

QUESTION

Proposer une décomposition de l'écart du chiffre d'affaires qui permette l'analyse des réalisations de M. Raoul en fonction des facteurs explicatifs de la structure du chiffre d'affaires.

⑤ *Éditeur*

(À partir du sujet 2003, épreuve DECF 7.)

Un éditeur analyse son chiffre d'affaires global (toutes catégories confondues) comme le produit de trois composantes : nombre de titres × nombre moyen d'exemplaires vendus × prix moyen de cession (arrondir le prix moyen à la troisième décimale).

Trois ans plus tard, vous êtes chargé d'évaluer la réussite de la ligne éditoriale mise en place. Les relevés de ventes des diverses catégories d'ouvrages en N–3 et N vous sont fournis ci-après.

Ventes exercice N–3

	Nombre de titres dans la catégorie (A)	Ventes moyennes par titre (B)	Prix public moyen HT (€)	Prix éditeur moyen HT (C)	Chiffre d'affaires par catégorie de titres en k€ = (A) × (B) × (C)	Taux de marge brute
Manuels scolaires	140	8 130	20,70	13,41	15 263	35 %
Manuels universitaires	85	5 740	27,08	17,60	8 587	35 %
Parascolaire	60	7 090	7,80	5,44	2 314	35 %
Annales	64	4 980	10,50	7,35	2 343	18 %
Total	349	6 791		À déterminer	28 507	

Ventes exercice N

	Nombre de titres dans la catégorie (A)	Ventes moyennes par titre (B)	Prix public moyen HT (€)	Prix éditeur moyen HT (C)	Chiffre d'affaires par catégorie de titres en k€ = (A) × (B) × (C)	Taux de marge brute
Manuels scolaires	142	10 120	21,35	13,87	19 932	41 %
Manuels universitaires	88	6 090	29,48	19,16	10 268	38 %
Parascolaire	82	8 310	7,00	4,90	3 339	34 %
Annales	32	7 530	11,75	8,22	1 981	34 %
Total	344	8 417		À déterminer	35 520	

QUESTIONS

1. Analyse de l'évolution du chiffre d'affaires total :

1.1 Décomposer l'écart sur chiffre d'affaires en un écart sur nombre de titres, un écart sur nombre moyen d'exemplaires par titre, un écart sur prix moyen de cession.

1.2 Faire un commentaire détaillé de l'ensemble des résultats précédents en vous référant, en particulier. aux choix stratégiques effectués.

2. Évolution du chiffre d'affaires et de la marge :

2.1 Calculer la variation de la marge brute totale entre N et N−3. En déduire le taux de marge brute moyen de chaque exercice.

2.2 Décomposer l'écart sur marge en un écart sur taux de marge moyen et un écart sur chiffre d'affaires.

ANNEXE

Stratégie commerciale

La stratégie éditoriale est définie par le directeur général qui affirme lors d'un entretien :

« Avant mon arrivée, la stratégie éditoriale cherchait à couvrir tous les créneaux du marché. Cette politique était conforme à la culture d'entreprise visant, au nom de la notoriété, une présence sur toutes les filières d'études tertiaires. Mais elle conduisait à maintenir des titres à faibles ventes annuelles.

Or, il faut savoir que le coût de réalisation d'un ouvrage comporte une part importante de coûts fixes de "fabrication". L'augmentation des ventes annuelles accroît de manière notable le taux de marge brute dégagé sur l'ouvrage en raison d'une meilleure absorption des coûts fixes. Le problème des méventes est particulièrement vrai au niveau des annales ; ces ouvrages sont mis à jour chaque année afin de toujours proposer la dernière annale ; les frais de composition d'un ouvrage d'annales doivent être totalement couverts par les ventes de l'année. Inversement, un manuel peut être vendu sur plusieurs années scolaires.

Nous classons nos ouvrages en quatre catégories :

- ouvrages scolaires : j'ai éliminé certains titres à faible tirage (une quinzaine) et demandé au responsable de lancer une nouvelle collection d'étude à partir de cas pratiques. Le succès de cette collection a permis une augmentation du tirage moyen ;
- ouvrages d'enseignement supérieur (BTS et DECF) : nous avons bien suivi la progression de ce marché ;
- parascolaire : par parascolaire, nous désignons tous les ouvrages de révision achetés par les élèves et étudiants ; ce marché a connu un fort développement ;
- annales : j'ai imposé la suppression de tous les titres à faible tirage afin d'augmenter le taux de marge brute. »

14 Contrôle budgétaire de l'activité productive (méthode des coûts préétablis)

> 1. *Les données prévisionnelles spécifiques à la production : notion de standards*
> 2. *L'analyse de l'écart sur coûts de production : méthode des coûts préétablis*

Le besoin de pilotage de la fonction production est apparu dès les années 20 car l'augmentation de la taille des unités de production a conduit à une délégation des responsabilités, à un développement de la hiérarchie et de la maîtrise qui a posé le problème du contrôle de la productivité de la main d'œuvre.

Dans le même temps, l'accentuation de la concurrence a contraint les entreprises à une maîtrise des coûts qui étaient encore essentiellement des coûts de fabrication.

Le développement des idées de Taylor sur l'organisation et la division du travail a été considéré comme une solution à ces problèmes économiques.

En effet, la décomposition des tâches productives permet un contrôle rigoureux des coûts et une amélioration des rendements.

Dans ce cadre d'analyse, un nouveau mode de gestion apparaît : le ***cost control.***

Le résultat de l'entreprise est analysé en termes d'écarts par rapport à des normes préétablies appelées aussi **standards** qui, par un mécanisme de rétroaction, doivent permettre un pilotage précis du système «production».

Le principe de fonctionnement du *cost control* est déjà une confrontation périodique entre les normes préétablies et les réalisations pour mettre en évidence des écarts qui doivent appeler des actions correctives.

Cette méthode des standards a été reconnue et officialisée par le plan comptable 1982 qui élargit l'analyse et lui donne le nom de **méthode des coûts préétablis** : à ce niveau, le suivi et la maîtrise de la fonction production restent le seul objectif des calculs proposés.

Dans le même temps, la mise en place de budgets est généralisée à toutes les fonctions de l'entreprise : le contrôle budgétaire cherche, en partant d'un écart de résultat, à décomposer celui-ci en sous-écarts significatifs ; dans cette perspective, la décomposition de l'écart sur coût de production doit s'insérer dans une démarche plus globale de suivi des performances de centres de coût.

Dans ce chapitre, après avoir rappelé les données prévisionnelles spécifiques à la production, nous étudierons l'analyse de l'écart sur coût de production dans le cadre d'un contrôle budgétaire global.

1. Les données prévisionnelles spécifiques à la production : notion de standards

Il s'agit de comprendre la nature des travaux prévisionnels élaborés pour prévoir la production et en contrôler la réalisation. Les objectifs de mise en place des standards explicités, nous étudierons la nature de ces normes et leurs procédures d'élaboration. Nous pourrons alors positionner différents aspects prévisionnels indispensables au suivi de la fonction production : l'étude des temps industriels, la notion de budget flexible et celle de fiche de coût standard.

1.1 Les objectifs initiaux

La mise en place de standards traduit une volonté de maîtrise de la productivité de la main-d'œuvre mais la richesse de la base de données ainsi constituée autorise d'autres utilisations.

a) Le contrôle de la productivité de la main-d'œuvre

Cette préoccupation est constante dans toutes les entreprises qu'il s'agisse d'une multinationale ou d'un artisan mais elle se résoud différemment suivant la taille de l'entreprise. Ce contrôle a donc évolué avec le temps.

Lorsque la production de bien simple était assurée par un seul ouvrier, le travail était rémunéré par un salaire à la pièce. Les charges de main-d'œuvre étaient essentiellement variables et ce mode de rétribution était suffisamment incitateur pour assurer le rendement de l'opérateur. Le problème du contrôle de la productivité de la main-d'œuvre ne se posait pas.

Mais la complexité croissante des biens industriels fabriqués demande la participation de plusieurs opérateurs, responsables chacun d'une phase du cycle de fabrication. La baisse de rendement de l'un retentit sur la productivité de l'ensemble.

Les modes de rémunération ont donc dû évoluer : le salaire à la pièce est remplacé par le salaire à prime. Il incite à l'amélioration de la cadence puisque le montant de la prime dépend de cette dernière.

C'était déjà une ébauche de rendements standard puisqu'il fallait définir un rendement théorique de la main-d'œuvre pour permettre le calcul de la prime.

Le taylorisme généralise le phénomène puisqu'il s'appuie sur les principes suivants :
– distinction entre tâches intellectuelles et d'exécution ;
– amélioration des rendements par la parcellisation des tâches ;
– préparation des tâches par chronométrage ;
– standardisation des procédés.

Cette organisation laisse peu de place à l'initiative de l'ouvrier et le contraint à respecter des rendements prédéterminés.

Dans cette première approche, la méthode des coûts standard est un moyen contraignant de productivité de la main-d'œuvre. Cet aspect tend à disparaître, aujourd'hui, au profit d'une conception plus globale de la productivité. La méthode devient plus un moyen de contrôle des consommations des ressources ou «inputs» du système de production en permettant un calcul d'écarts.

b) La prévision des coûts de projets spécifiques

Lors de la mise en place des coûts standard, une étude très poussée des données techniques de la production est nécessaire. Elle est réutilisée dans d'autres domaines.

Elle permet, entre autres :
– des études prévisionnelles avant le lancement d'un produit nouveau. La connaissance des différentes composantes de son coût de revient aidera à la détermination de son prix de vente ;
– des études prévisionnelles dans le cadre de la fabrication de produits ou travaux à la commande en facilitant le chiffrage de devis ou de cahier des charges.

c) La simplification du calcul des coûts

Cette simplification est due en partie à la rapidité d'exécution des calculs que permet l'utilisation des coûts préétablis. Nous en verrons deux exemples.

1) Répartition secondaire des charges indirectes

L'utilisation de coûts d'unités d'œuvre standard au moment de la répartition secondaire des charges indirectes, et particulièrement dans le cas de prestations réciproques des centres, évite les calculs de résolution de système d'équations.

Exemple

Soit le tableau de répartition suivant :

	Gestion du matériel	Prestations connexes	Autres centres
Total Répartition primaire	71 600	32 000 €	...
Nature de l'UO	h	kKW/h	...
Nombre UO	540	45 000	
Répartition secondaire Gestion du matériel Prestations connexes	 – 17 000 kW/h	 65 h –	 475 h 28 000 kW/h

Les données budgétaires retiennent un coût d'unité d'œuvre standard de 130 € pour la gestion du matériel et de 0,70 € pour les prestations connexes.

Les totaux de la répartition secondaire apparaissent immédiatement :

Gestion du matériel $= 71\ 600 + (17\ 000 \times 0{,}70) = 83\ 500$

Prestations connexes $= 32\ 000 + (65 \times 130) = 40\ 450$

Dans un tel cas, l'utilisation des coûts réels oblige à la résolution d'un système d'équations. Comme il est fréquent que, dans la pratique, les prestations réciproques concernent plus d'une dizaine de centres, de nombreuses entreprises préfèrent utiliser les taux standard lors de la répartition secondaire.

2) Établissement des états financiers intra-annuels

L'utilisation des coûts standard dans l'ensemble du réseau des coûts peut permettre des évaluations très rapides des stocks et des productions d'immobilisations. Ces possibilités expliquent que les grandes firmes anglo-américaines soient capables de fournir des états financiers très peu de temps après la date d'arrêté des comptes.

1.2 Notions de coûts standard

La base de tous les calculs de coûts prévisionnels en matière de production est l'établissement de standards. Il faut donc bien délimiter et assimiler cette notion pour comprendre la démarche d'élaboration des coûts préétablis.

a) Terminologie

La méthode des coûts standard est apparue aux États-Unis dans les années 20. Elle s'est rapidement étendue aux grandes entreprises américaines, puis après guerre, aux entreprises françaises.

Le Plan comptable a reconnu la méthode en lui préférant le terme de «méthode des coûts préétablis». Par ailleurs, il définit les coûts préétablis dans une acception plus large :

> **«C'est un coût évalué *a priori* soit pour faciliter certains traitements analytiques, soit pour permettre le contrôle de gestion par l'analyse des écarts.»**
> Par ailleurs, il précise :
> **«Un coût préétabli avec précision par une analyse à la fois technique et économique est dit standard ; il présente généralement le caractère de norme.»**

Cette définition recouvre plusieurs types de coûts :
- de **simples coûts prévisionnels** ;
- des **coûts prévisionnels établis dans le cadre des budgets** qui pourront servir de référence, appelés aussi coûts budgétés ;
- des **coûts standards** obtenus après une étude technique.

Dans le cadre de l'étude du contrôle budgétaire de la «production», nous utiliserons les acceptions suivantes :

> - Seront appelés **standards** tous les coûts prévisionnels obtenus suite à l'étude technique du produit et qui servent à l'élaboration des prévisions ou des budgets.
> - Seront appelés **préétablis** les coûts obtenus au moment du réajustement des prévisions sur la base de la **production réelle**.

b) Nature des standards

Deux conceptions s'opposent quant à la définition des normes que sont les standards :
- le standard parfait,
- le standard accessible.

1) Le standard parfait

Dans la vision du standard parfait, les normes sont définies comme des **rendements idéaux**. Toutes les pertes de rendement comme les rebuts, les temps de pause, les temps de panne sont négligées dans l'établissement du standard.

Le rendement se définit ici comme une quantité de facteurs de production pour une unité de produit.

Celui-ci est donc une référence jamais atteinte mais qui doit, dans cette conception, pousser les hommes à toujours mieux faire.

Cette approche s'est, en fait, révélée très démotivante lorsqu'elle a été mise en œuvre dans les entreprises. C'est pourquoi il lui a été préféré celle du standard accessible.

2) Le standard accessible

Le standard est conçu comme une **référence moyenne** incluant des temps normaux de pause ou de panne et tenant compte des possibilités réelles des opérateurs.

Dans ce cas, il joue pleinement son rôle de contrôle de consommation des inputs dans des conditions «normales» de fabrication.

L'expérience a montré que le standard est une norme sur laquelle la main-d'œuvre a tendance à ajuster son rendement. Il ne faut donc pas qu'il soit trop facilement accessible car il va alors à l'encontre de son objectif premier : inciter à la productivité.

Mais comment sont déterminés les standards ?

c) Détermination des standards

En comptabilité analytique classique, le coût d'un produit est constitué de trois éléments de base : des matières, de la main-d'œuvre directe et des frais indirects.

Pour déterminer les standards relatifs à la fabrication d'un produit, il faut pratiquer une analyse fine du produit afin de reconstituer des standards de charges directes et ceux de charges indirectes.

1) Une analyse du produit

Cette étude est plus le fait des services techniques de production que des services comptables.

Exemple

Envisageons le cas d'un produit connu de tous, une chemise, qui nécessite :

- du tissu,
- une bande de boutons-pression,
- trois opérations : coupe, montage et finition.

L'analyse définira pour chaque élément (matière ou opération) deux standards :

- un standard de quantité qui dépend de la taille du vêtement, du modèle envisagé ;
- un standard de coût qui varie avec la qualité du tissu, la qualification de la main-d'œuvre…

Sont définis ainsi pour un modèle donné de chemise dix standards de charges directes mais chacun d'entre eux se redécompose en une nomenclature plus précise tenant compte :

- de déchets de coupe, de loupés, de composition de taille pour les standards de quantités ;
- de taux horaire, de temps improductifs pour les standards de coût.

Cette étude analytique du produit est effectuée principalement par les services de production comme le montre le graphique page suivante.

Cette étude réalisée, les standards élémentaires sont agrégés afin de reconstituer les éléments du coût de production en distinguant charges directes et charges indirectes.

ÉLABORATION DES STANDARDS PAR LES SERVICES DE PRODUCTION

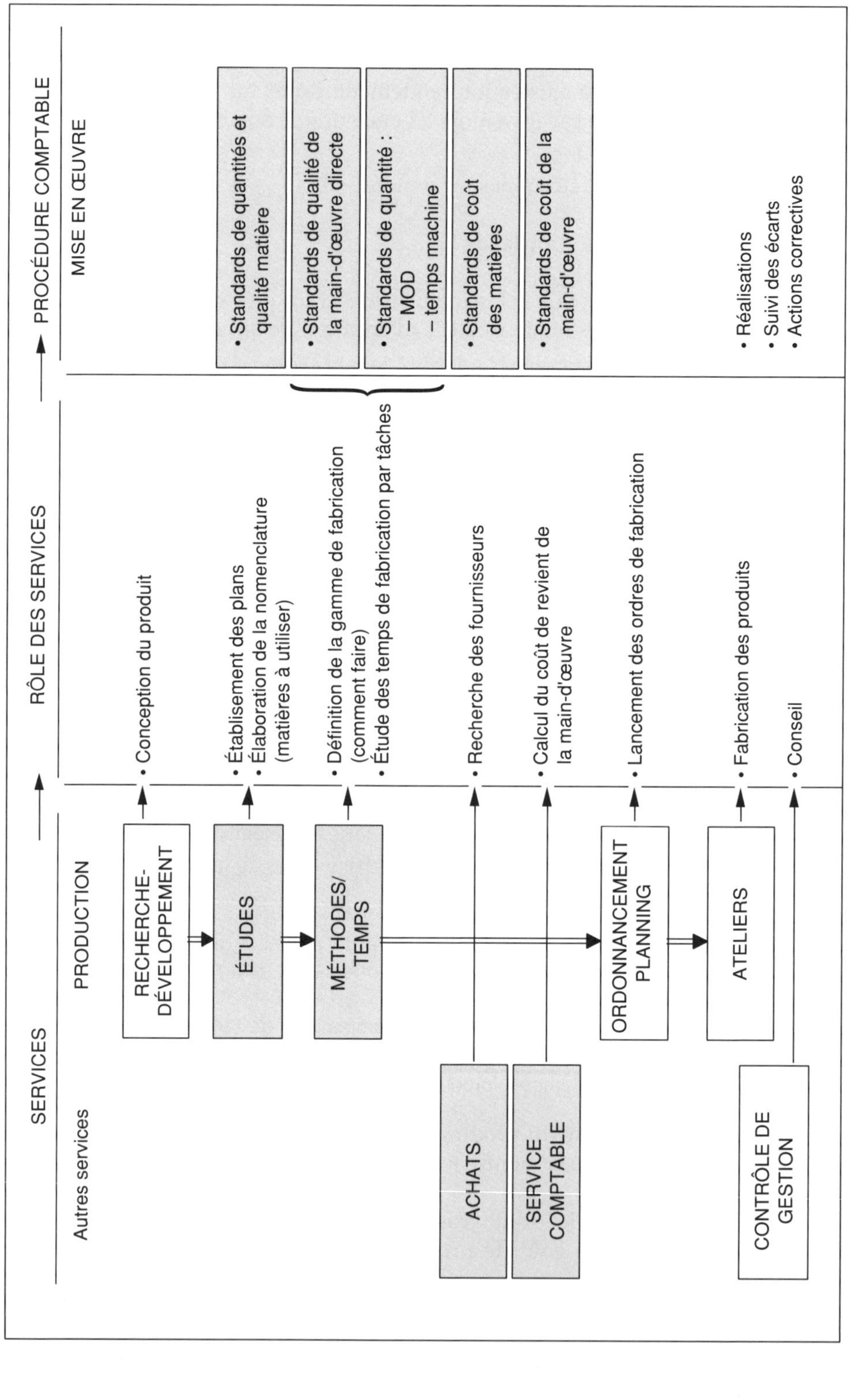

Les zones grisées mettent en évidence les types de standards et les services qui les élaborent.

2) Standards de charges directes

Qu'il s'agisse de la consommation matières ou de la main-d'œuvre directe, leurs structures sont identiques :

Quantité standard × Coût unitaire standard par produit

Ces informations seront regroupées au sein d'un document récapitulatif : la fiche de coût standard étudiée plus loin.

3) Standards de charges indirectes

> Il est défini un standard de charges indirectes pour chacun des centres d'analyse selon la structure suivante :
>
> **Activité standard × Coût d'UO standard**

Le calcul des éléments ci-dessus n'est pas immédiat.

• L'**activité standard d'un centre** est définie par l'ensemble des ordres de fabrication qu'il peut effectuer dans le cadre d'une démarche prévisionnelle.

• Le **coût d'UO standard** est obtenu par une budgétisation des dépenses du centre. Il faut alors pouvoir estimer :
- toutes les charges du centre ;
- son activité, mesurée par une unité d'œuvre ;
- un rendement standard, c'est-à-dire un rapport entre production et activité.

Ces trois données sont constitutives d'un budget. Elles sont élaborées principalement par les services comptables sur la base :
- de facteurs **objectifs** fournis par les **études techniques de la production** ;
- de **projections sur l'avenir** dont les directives sont données par la direction générale ;
- **d'études statistiques** sur les périodes antérieures.

1.3 La décomposition des temps industriels et le contrôle de productivité

Pour assurer le contrôle du rendement des hommes, il a fallu étudier les temps de marche des ateliers et définir des coefficients de productivité.

a) La décomposition des temps industriels

Si le temps de présence des effectifs est celui sur lequel s'appuie la rémunération de la main-d'œuvre, l'imputation du coût de la main-d'œuvre dans le coût des produits s'effectue sur la base du temps de marche.

L'industrie a, en effet, décomposé le temps de présence des effectifs en un certain nombre de «temps partiels».

• **Temps d'activité** : temps de présence au travail.

• **Temps de chargement** : temps d'activité moins les temps consacrés au nettoyage et à l'entretien des machines.

• **Temps de fonctionnement** : temps de chargement moins les temps consacrés au montage et au réglage des machines.

• **Temps de marche** : temps de fonctionnement moins les temps d'arrêt pour pause de la main-d'œuvre.

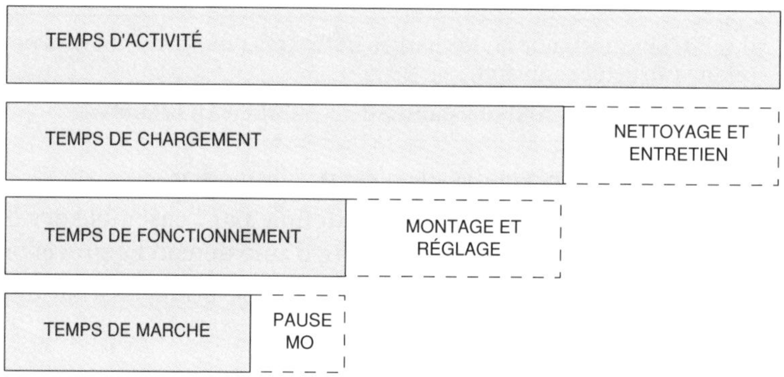

b) Les coefficients de productivité

Une fois définis les temps, il peut être possible de calculer des taux significatifs :

$$\textbf{Taux de chargement} = \frac{\text{Temps de chargement}}{\text{Temps d'activité}}$$

$$\textbf{Taux de fonctionnement} = \frac{\text{Temps de fonctionnement}}{\text{Temps de chargement}}$$

$$\textbf{Taux de marche} = \frac{\text{Temps de marche}}{\text{Temps de fonctionnement}}$$

Ces taux peuvent être calculés en «réels» ou en «standards». La comparaison des taux réels et préétablis pour une même période permet la mise en évidence de **coefficient de productivité**.

Coefficient de productivité de chargement :

$$\frac{\text{Taux réel de chargement}}{\text{Taux standard de chargement}}$$

Coefficient de productivité de fonctionnement :

$$\frac{\text{Taux réel de fonctionnement}}{\text{Taux standard de fonctionnement}}$$

Coefficient de productivité de marche :

$$\frac{\text{Taux réel de marche}}{\text{Taux standard de marche}}$$

Coefficient de productivité globale :

$$\frac{\text{Production réelle pendant le temps réel d'activité}}{\text{Production préétablie sur le temps réel d'activité}}$$

Exemple

Les informations suivantes sont extraites du budget d'un atelier érigé en centre d'analyse :

Nature de l'unité d'œuvre : heure de marche des machines

Temps industriels standards
- taux de chargement : 0,90
- taux de fonctionnement : 0,90
- taux de marche : 0,99

Activité normale budgétée : 3 117,6 heures de présence
Production normale de référence : 5 000 unités

Pour la même période, la comptabilité analytique fournit les données suivantes :

Temps effectif du centre étudié
- heures de présence : 3 447
- heures de nettoyage entretien : 399,5
- heures de montage réglage : 270
- heures de pause : 27,5

Production réelle : 5 200 unités

Le travail sur les taux industriels est introduit par référence au calcul de l'activité normale du centre.

Le texte indique un nombre d'heures de présence alors que la nature de l'unité d'œuvre de ce même centre est l'heure de marche. Il faut donc convertir ces informations en données homogènes à l'aide des taux industriels standards.

Le tableau suivant présente ce travail :

Temps d'activité	3 117,6 h	
→ taux de chargement = $\frac{\text{temps de chargement}}{\text{temps d'activité}} = 0{,}90$		Temps d'entretien et nettoyage 311,76 h
Temps de chargement	3 117,6 × 0,90 = 2 805,84	
→ taux de fonctionnement = $\frac{\text{temps de fonctionnement}}{\text{temps de chargement}} = 0{,}90$		Temps de réglage 280,59 h
Temps de fonctionnement	2 805,84 × 0,90 = 2 525,25	
→ taux de marche = $\frac{\text{temps de marche}}{\text{temps de fonctionnement}} = 0{,}99$		Temps de pause 25,25 h
Temps de marche	2 525,25 × 0,99 = 2 500	

La comparaison avec les éléments réels permet de juger de la productivité du centre :

ÉTUDE DE LA PRODUCTIVITÉ

	Temps intermédiaires réels	Temps principaux réels	Taux réel	Taux standard	Coefficient de productivité
Heures de présence		3 447			
– h nettoyage	399,5				
Temps chargement		3 047,50	$\frac{3\,047,50}{3\,447} = 0,884$	0,90	0,97
– h réglage	270				
Temps de fonction		2 777,50	$\frac{2\,777,50}{3\,047,50} = 0,911$	0,90	1,01
– h de pause	27,5				
Temps de marche		2 750	$\frac{2\,750}{2\,777,50} = 0,990$	0,99	1
			0,797	0,80	0,979

$$\text{Coefficient de productivité globale} = \frac{\text{Productivité réelle}}{\text{Activité réelle} \times \text{rendement standard}}$$

$$= \frac{5\,200}{2\,750 \times 2 \text{ produits/h}} = \frac{5\,200}{5\,500} = 0,945$$

NB **: la production préétablie (5 500 produits) représente la production théorique qui aurait dû être fabriquée pendant l'activité réelle si le rendement standard (2 produits à l'heure) avait été respecté.**

Dans notre exemple, les conditions réelles d'exploitation se sont légèrement dégradées.

Globalement le temps de marche réel représente 79,7 % du temps de présence alors qu'il aurait du s'établir à 80 %.

Cette détérioration n'est pas uniforme : alors qu'il y a eu dérapage des temps d'entretien et de nettoyage (coefficient de chargement < 1), l'atelier a fait une bonne performance sur le montage et le réglage des machines (coefficient de fonctionnement > 1).

Le coefficient de productivité globale s'établit à 0,945, ce qui montre que le rendement standard n'a pas été respecté et confirme la dégradation des conditions d'exploitation.

La mise en œuvre des coûts préétablis ou standards s'organise en plusieurs séquences dont le but est de mettre en place les éléments budgétaires du système production à savoir les budgets flexibles.

1.4 Notion de budget flexible

a) Définition

Dans le cadre de la prévision, il est défini une production dite «normale» ou standard qui, par application des rendements standards définis plus haut, permet de se fixer une activité standard.

Production normale ⇔ Rendement standard ⇔ Activité normale

Il est, ici, équivalent de parler d'activité normale ou d'activité standard.

Le budget flexible est une prévision du coût total d'un centre d'analyse qui distingue les charges prévisionnelles **selon leur comportement** à savoir :
- les **frais variables** proportionnels à l'activité du centre,
- les **frais fixes** dont le montant est indépendant de l'activité.

Cette prévision est établie pour différentes hypothèses d'activité. Les niveaux d'activité choisis restent dans le cadre d'une structure donnée puisque ce travail est effectué dans une optique à court terme.

Exemple

Soit deux centres C1 et C2 dont l'activité normale est ainsi prévue :

	Centre C1	C2
Nature d'unité d'œuvre	hM	hMOD
Nombre unités d'œuvre	2 500	1 250
Rendement standard	0,5 h/Produit	0,25 h/Produit

Le budget mensuel des frais de centre pour l'activité normale est :

	Total	Centre 1 (%)	Centre 2 (%)
Frais fixes :			
Appointements	40 000	50	50
Impôts et taxes	10 000	40	60
Loyer	15 000	60	40
Amortissements	5 000	70	30
Frais variables :			
Entretien	14 000	50	50
Énergie	10 000	80	20
Divers	16 000	70	30

Établir le budget standard, en déduire les budgets flexibles pour les activités réelles de 2 750 hM pour le centre C1 et 1 125 hMOD pour le centre C2.

Nous pouvons ainsi calculer la production normale ou standard :

	Centre C1	Centre C2
Activité normale ou standard	2 500 hM	1250 hMOD
Rendement standard	0,5 h/produit ou 2 produits/h	0,25 h/produit ou 4 produits/h
Production normale	5000 produits	5000 produits

puis les budgets des deux centres :

Établissement des budgets flexibles				
	Budget standard (de référence)		Budget flexible pour activité réelle	
Activité	Centre C1 2 500 hM	Centre C2 1 250 hMOD	Centre C1 2 750 hM	Centre C2 1 125 hMOD
Charges variables				
Entretien	7 000	7 000	7 700	6 300
Énergie	8 000	2 000	8 800	1 800
Divers	11 200	4 800	12 320	4 320
S/total	26 200	13 800	28 820	12 420
Charges fixes				
Appointements	20 000	20 000	20 000	20 000
Impôts & taxes	4 000	6 000	4 000	6 000
Loyer	9 000	6 000	9 000	6 000
Amortissements	3 500	1 500	3 500	1 500
S/total	36 500	33 500	36 500	33 500
Total général	62 700	47 300	65 320	45 920
Coût de l'unité d'œuvre	25,08	37,84	23,75	40,81
dont : Coût variable	10,48	11,04	10,48	11,04
Coût fixe	14,60	26,80	13,27	29,77

b) Généralisation

Soit :

A_n : l'activité normale ou standard ;

FF : les frais fixes globaux ;

v_s : les frais variables unitaires standard ;

f_s : les frais fixes unitaires standard définis comme FF_s/A_n.

Le **budget standard** pour l'activité A_n s'écrit :

$$BS(A_n) = (v_s + f_s)\, A_n$$

et pour une activité donnée A* :

$$BS(A^*) = (v_s + f_s)\, A^*$$

Le **budget flexible** pour une activité A_n s'écrit :

$$BF(A_n) = (v_s \times A_n) + FF_s$$

et pour une activité donnée A* :

$$BF(A^*) = (v_s \times A^*) + FF_s$$

Et comme $f_s = FF_s / A_n$, on peut écrire :

$$BS(A_n) = BF(A_n)$$

L'écart entre budget flexible et budget standard pour une activité quelconque exprime, en fait, un **écart d'imputation rationnelle** qui se retrouvera dans l'analyse des écarts.

Ce travail d'élaboration budgétaire permet de connaître le coût d'unité d'œuvre standard, dernier élément de valorisation de la fiche de coût standard.

1.5 La fiche de coût standard

C'est un **document récapitulatif du coût de production unitaire standard d'un produit donné.**

Il utilise pour valoriser les éléments de coûts, les standards de quantités et de prix définis dans l'étude technique et dans les budgets des centres.

Exemple

Fiche de coût standard pour un produit B.

FICHE DE COÛT STANDARD				Produit B
	Unité	Qté	CU	Montant
Produit semi-fini A				
– Matière première MP 1	kg	4	2	8,00
– MOD	h	0,75	5	3,75
– Centre C1	UO/HM	0,5	25,08	12,54
				24,29
Produit fini B				
– Matière Première MP 2	kg	1,5	3	4,50
– MOD	h	0,25	4	1,00
– Centre C2	hMOD	0,25	37,84	9,46
				14,96
Coût de production unitaire standard				39,25

POINT MÉTHODE

- Il est important de bien distinguer les notions de budget standard et de budget flexible. Ils sont à la base de la décomposition de l'écart sur charges indirectes étudiée dans la suite.
- Bien repérer les éléments constitutifs de la fiche de coût standard car ils sont fondamentaux pour calculer les coûts préétablis adaptés à la production réelle qui seront définis plus loin.

2. L'analyse de l'écart sur coûts de production : méthode des coûts préétablis

Dans le chapitre précédent nous avons défini l'écart sur coût de production comme la différence entre le coût de production réel de la période et un coût de production recalculé que nous avons nommé coût de production préétabli. Ce calcul a été fait **par rapport aux quantités produites** de la période.

À ce niveau d'analyse, nous nous sommes contentés de multiplier le coût de production unitaire (pour un produit) par des quantités de produit. Or, les contraintes des services productifs ne s'expriment pas de façon aussi globale : il leur est demandé de suivre les consommations des différents éléments de coûts et ils sont évalués sur leur capacité à respecter les rendements standards pour ces mêmes éléments de coûts.

C'est pourquoi nous étudierons d'abord la déclinaison de l'écart sur coût de production par éléments de coûts à savoir matières, main-d'œuvre et charges indirectes, puis, compte tenu de la structure différente des standards entre charges directes et indirectes, leur décomposition particulière.

2.1 Données préétablies et tableau comparatif

Le coût préétabli adapté à la production réelle calculé précédemment a été obtenu en faisant :

Coût de production unitaire budgété × Quantité de produits
(identique à la notion de coût standard)

Ramené à un élément de coût (matières, main-d'œuvre ou charges de centre), le coût unitaire standard est obtenu par :

Rendement standard × Coût standard du facteur

Cette démarche doit être mise en œuvre pour chaque élément de coût selon le principe suivant :

Quantité standard de facteurs par produit	×	Production réelle de la période	×	Coût unitaire standard du facteur

Coût préétabli adapté à la production réelle	=	Consommation préétablie du facteur	×	Valorisée au coût standard

Est définie ainsi, *a posteriori*, une «**dotation budgétaire correspondant à la production réelle et respectant les rendements standards de coût et de quantité de facteurs**».

L'ensemble de ces calculs sont généralement présentés dans un tableau reprenant tous les éléments de coûts de la fiche de coût standard.

Exemple

Soit la fiche de coût standard d'un produit A composé de deux composants B.

- Coût d'un composant B

Matières premières 1	4 kg à 2 €	= 8,00
Main-d'œuvre directe	0,75 h à 5 €	= 3,75
Centre atelier 1	0,5 UO à 25,08 €	= 12,54
Total		= 29,29

- Coût d'un produit A

Composant B	2 unités à 29,29	= 48,58
Matières premières 2	1,5 kg à 3 €	= 4,50
Main-d'œuvre directe	0,25 h à 40 €	= 10,00
Centre atelier 2	1,25 UO à 22 €	= 27,50
Total		= 90,58

Les charges budgétées du centre C1 s'élèvent à 62 700 € dont 36 500 € de charges fixes pour une activité normale de 2500 UO.

Celles du centre C2 sont égales à 68 750 € dont 31 250 € de charges fixes pour une activité normale de 3125 UO.

Pour la même période, la comptabilité analytique fournit les informations suivantes :

- Consommations matières
  - Matières premières 1 : 20 500 kg pour un montant total de 44 280 €
  - Matières premières 2 : 3 770 kg pour un montant total de 11 687 €

Le centre C2 a consommé 4 980 unités de composants B pour sa production de A.

- Main-d'œuvre directe
  - Composant B : 3 800 heures pour un total de 18 620 €
  - Produit A : 550 heures pour un total de 20 900 €
- Centre d'analyse
  - Centre C1 : 64 840 € pour 2 750 UO
  - Centre C2 : 72 044 € pour 3 100 UO
- Production du mois
  - Composants B : 5 100 unités
  - Produits A : 2 200 unités terminées et 250 encours de production dont le degré d'avancement est de 100 % pour les matières et les composants et de 60 % pour la main-d'œuvre et les charges indirectes.

- **Calcul de la production (en nombre de produits) de la période**

Composants B : 5 100

Produits A : Compte tenu des degrés d'avancement, il faut utiliser la notion d'équivalents terminés :

– matières et composants 2 200 unités + 250 encours à 100 %, soit 2 450

– MOD et centre C1 2 200 unités + 250 encours à 60 %, soit 2 350

Calcul du coût de production préétabli par élément de coûts

Éléments de coûts	Rendements standards [1]	Production de la période [2]	Consommation préétablie (en quantités) [1] × [2] = [3]	Coût standard unitaire du facteur [4]	Coût de production préétabli [3] × [4]
Composant B					
Matière MP1	4	5 200	20 800,00	2	41 600
MOD	0,75	5 200	3 900,00	5	19 500
Centre C1	0,5	5 200	2 600,00	25,08	65 208
Produit A					
Composant B	2	2 450	4 900,00	29,29	143 521
Matière MP2	1,5	2 450	3 675,00	3	11 025
MOD	0,25	2 350	587,50	40	23 500
Centre C2	1,25	2 350	2 937,50	22	64 625

Tableau comparatif de calcul de l'écart économique

	Données réelles			Coût de production préétabli			Écart économique
	Quantités réelles consommées	Coût unitaire	Montant total	Quantités préétablies	Coût unitaire standard	Montant total	
Composant B							
Matière MP1	20 500	2,16	44 280	20 800	2,00	41 600	2 680 D
MOD	3 800	4,90	18 620	3 900	5,00	19 500	– 880 F
Centre C1	2 750	23,57	64 840	2 600	25,08	65 208	– 368 F
Total			127 740			126 308	1 432 D
Produit A							
Composant B	4 980	*29,29*	*145 864,2*	4 900	29,2	143 521	2 343,20 D
Matière MP2	3 770	3,10	11 687	3 675	3,00	11 025	662 D
MOD	550	38	20 900	587,5	40,00	23 500	– 2 600 F
Centre C2	3 100	23,24	72 044	2 937,5	22,00	64 625	7 419 D
			250 495,20			242 671	7 824,20 D

Remarque : Dans les colonnes «Données réelles», il y a, dans le coût de production du PF, les informations relatives à la consommation de composant B valorisée au coût standard.

Il s'agit de respecter les principes de localisation des responsabilités. Le centre C2 est responsable des quantités réellement consommées du composant B mais pas de son coût de production.

2.2 L'analyse de l'écart économique sur charges directes

L'écart économique est la différence entre :
– le coût réel ou constaté ;
– le coût préétabli adapté à la production réelle.

Comme les deux bornes de l'écart sont évaluées en référence à la production réelle, seules des variations de coûts ou de quantités peuvent expliquer cet écart.

L'écart économique est analysé en deux sous-écarts :
- un écart sur coût (noté E/C),
- un écart sur quantité (noté E/Q).

Soient les notations suivantes :

Qr : quantité réelle consommée du facteur ;
Qp : quantité préétablie (consommation standard adaptée à la production réelle) ;
c_r : coût unitaire réel du facteur ;
c_s : coût unitaire standard du facteur appelé aussi budgeté.

a) Écart sur coût

L'écart sur coût se définit de la manière suivante :

$$E/C = (c_r - c_s)\ Qr$$

ou encore $$E/C = (\Delta c)\ Qr$$

Il mesure les conditions dans lesquelles l'entreprise a rétribué ses facteurs de production. Un coût réel supérieur au coût standard indique une détérioration des coûts de l'entreprise et donc un écart défavorable.

Les causes de cet écart doivent être recherchées dans les conditions d'approvisionnement des matières ou de rémunération des ouvriers.

b) Écart sur quantité

L'écart sur quantité se définit comme :

$$E/Q = (Qr - Qp)c_s$$

ou encore $$E/Q = (\Delta Q)c_s$$

Dans la mesure où les consommations comparées sont adaptées à la production réelle, l'écart sur quantité mesure la différence entre le rendement réel et le rendement standard.

Les causes principales d'apparition de cet écart sont d'ordre technique. À titre d'illustration en cas d'écart défavorable :
- pour les matières : qualité défectueuse, taux de rebuts excessifs suite à un réglage défectueux des machines... ;
- pour la main-d'œuvre : qualification insuffisante, mauvaise organisation de la production...

Remarque : La formulation mathématique de l'écart sur quantité et de l'écart sur coût conduit à calculer une valeur intermédiaire : la **consommation réelle valorisée au coût standard**. En effet :

$$E/C = (c_r - c_s)Qr = Qr\ c_r - Qr\ c_s$$
$$E/Q = (Qr - Qp)c_s = Qr\ c_s - Qp\ c_s$$

On a donc : **Qr c_r** : le coût réel ;
Qr c_s : la consommation réelle valorisée au coût standard ;
Qp c_s : la consommation préétablie valorisée au coût standard.

Suite de l'exemple

Nous trouvons les informations nécessaires à la décomposition des écarts sur charges directes dans le tableau récapitulatif.

Matière M1

On sait que : Qr = 20 500 $c_r = 2{,}16$
Qp = 20 800 $c_s = 2$

En appliquant les formules précédentes, on obtient :

Écart sur coût = (2,16 – 2) × 20 500 = 3 280 Défavorable.

Les conditions réelles d'obtention de la matière M1 sont plus défavorables que celles prévues.

Écart sur quantité = (20 500 – 20 800) × 2 = – 600 Favorable.

Pour une production de 5 200 B, le rendement standard autorisait une consommation de 20 800 kg. L'entreprise en consommant moins (20 500 kg) a permis une économie de coût jugée favorable.

Main-d'œuvre directe du centre C1

Qr = 3 800 $c_r = 4{,}90$
Qs = 3 900 $c_s = 5$

Écart sur coût = (4,90 – 5) × 3 800 = – 380 Favorable

Écart sur quantité = (3 800 – 3 900) × 5 = – 500 Favorable

Remarque : Dans le cas de la main-d'œuvre directe, on parle souvent d'**écart sur taux** pour désigner l'écart sur coût en référence au taux horaire de rémunération et d'**écart de rendement** pour évoquer l'écart de quantité.

c) Représentation graphique

À ce niveau de développement, nous ne présenterons que la représentation par les aires.

Exemple

Soit la décomposition précédente de l'écart sur matière MP1. La représentation graphique est la suivante :

Matières M1 : représentation par l'aire des rectangles

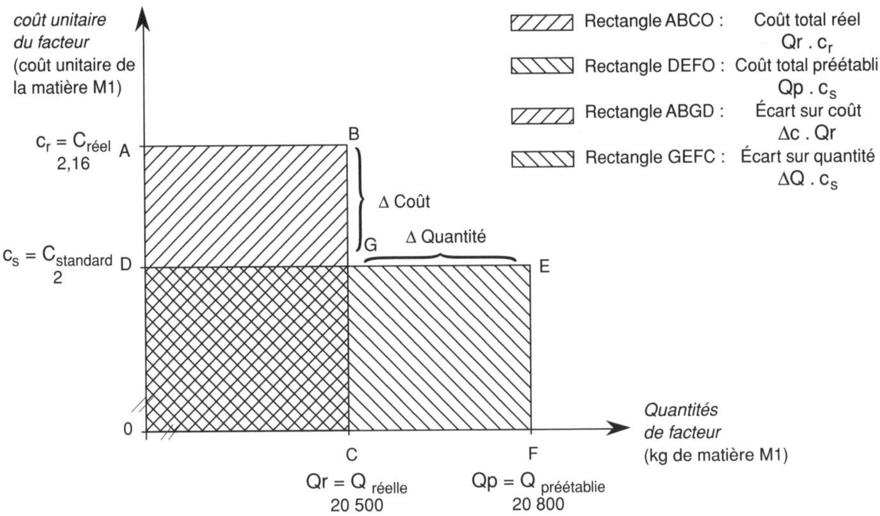

2.3 Analyse de l'écart économique sur charges indirectes

Nous avons vu que le budget d'un centre d'analyse est constitué :
- de **prévisions** de charges variables et de charges fixes ;
- d'une **activité** mesurée par des unités d'œuvre ;
- d'un **rendement** c'est-à-dire d'un rapport entre activité et production.

Chaque sous-écart doit donc mesurer l'influence de l'un de ces paramètres. C'est pourquoi une décomposition spécifique a été retenue pour l'écart économique sur charges indirectes.

a) Principes

Cette décomposition fait appel à deux notions définies au chapitre précédent :
- le budget flexible,
- le budget standard.

Soient : **FFs** : frais fixes pour l'activité normale (An) ;
v_s : coût variable unitaire standard ;
f_s : coût fixe unitaire standard défini par FFs/An.

Le **budget flexible** pour une activité donnée A* s'écrit :

$$BF(A^*) = v_s \cdot A^* + FFs$$

et le **budget standard** pour une activité donnée A* est égal à :

$$BS\ (A^*) = (v_s + f_s)\ A^*$$

ou encore

$$BS\ (A^*) = c_s \cdot A^*$$

Du fait même de leurs définitions, les deux budgets sont égaux pour une activité particulière : l'activité NORMALE.

Il est calculé trois sous-écarts. Ils peuvent être obtenus de la façon suivante :

Frais du centre réels ou constatés (Ar)		
	–	Écart sur budget ou sur coût variable
Budget **flexible** pour l'activité réelle (Ar)		
	–	Écart sur activité ou sur imputation du coût fixe
Budget **standard** pour l'activité réelle (Ar)		
	–	Écart sur rendement travail
Budget **standard** pour l'activité préétablie (Ap)		

Sous cette forme, la signification des écarts n'est pas évidente. Nous allons essayer de comprendre en quoi ils expriment l'influence du paramètre dont ils portent le nom.

b) Interprétation des écarts

1) Écart sur budget ou encore sur coût variable (E/CV)

Soit E/CV = Frais réels – Budget flexible (Ar)

$= [(v_r \times Ar) + FFr] - [(v_s \times Ar) + FFs]$

Si l'on admet l'hypothèse simplificatrice suivante : les frais fixes réels sont identiques aux frais fixes standards, il vient :

$$E/CV = (v_r - v_s)\ Ar$$

Sous cette forme, l'écart sur coûts variables exprime des différences entre les coûts variables unitaires d'unité d'œuvre pour une structure donnée, ce qui peut justifier l'hypothèse simplificatrice précédente.

2) Écart sur activité ou sur imputation du coût fixe (E/CF)

$$\begin{aligned} E/C &= \text{Budget flexible (Ar)} - \text{Budget standard (Ar)} \\ &= [(v_s \times Ar) + FFs] - [(v_s + f_s)\ Ar] \\ &= FFs - (f_s \times Ar) \end{aligned}$$

Comme les frais fixes standards FFs ont été déterminés pour une activité normale An, il vient :

$$E/CF = (An - Ar)\ f_s$$

Il s'agit donc de la valorisation de la différence d'imputation des coûts fixes provenant d'un écart entre activité normale et activité réelle. C'est la définition même d'un écart d'imputation rationnelle qui exprime :

– **un coût de chômage** quand Ar < An ;
– **un boni de suractivité** dans le cas où Ar > An.

3) Écart sur rendement travail (E/RT)

$$E/RT = \text{Budget standard (Ar)} - \text{Budget standard (Ap)}$$
$$= [(v_s + f_s)\ Ar] - [(v_s + f_s)\ Ap]$$
$$= (Ar - Ap)\ (v_s + f_s)$$

Il existe un lien mathématique entre activité et production : il s'agit du rendement.

L'activité réelle Ar est obtenue par :

$$Ar = \text{Production réelle} \times \text{Rendement réel}$$

L'activité préétablie a été obtenue plus haut par :

$$Ap = \text{Production réelle} \times \text{Rendement standard}$$

En utilisant ces relations, il apparaît que :

$$E/RT = (\text{Rendement réel} - \text{Rendement standard}) \times \text{Prod. réelle} \times (v_s + f_s)$$

Ainsi apparaît la justification du nom de l'écart. Il peut exprimer :
- une amélioration de la productivité quand :

$$\text{Rendement réel} > \text{Rendement standard}$$

- une détérioration de celle-ci dans le cas contraire.

Remarque : L'hypothèse simplificatrice de l'invariance des frais fixes (FF) entre les réalisations et les prévisions n'est pas retenue par tous. Il existe une décomposition des écarts sur charges indirectes qui éclate l'écart sur coût variable en deux sous-écarts. Cette méthode dite «des contrôleurs de gestion» ne sera pas traitée dans cet ouvrage.

Exemple

Reprenons les données du centre C1.
Pour rappel, on a : Ar = 2 750 h, Ap = 2 600 h, An = 2500 h et FF_s = 36 500

$$V_s = \frac{62\ 700 - 36\ 500}{2\ 500} = 10,48.$$

La décomposition de l'écart est la suivante :

• Frais réels		→	64 840		
			–	E/CV =	– 480 Favorable
• BF (Ar)	$= (v_s \times Ar) + FF_s$ = (10,48 × 2 750) + 36 500	→	65 320		
			–	E/CF =	– 3 650 Favorable
• BS (Ar)	$= (v_s + f_s)\ Ar$ = (25,08 × 2 750)	→	68 970		
			–	E/RT =	+ 3 762 Défavorable
• BS (Ap)	$= (v_s + f_s)\ Ap$ = (25,08 × 2 600)	→	65 208		

L'écart total est obtenu en faisant : Frais réels – BS (Ap), soit un écart de – 368 Favorable.

> **POINT MÉTHODE**
>
> • Pour calculer des écarts, il faut les informations suivantes :
> – la fiche de coût préétabli du produit,
> – la production normale et réelle,
> – l'activité normale et réelle des centres d'analyse.
>
> • En cas d'encours, il faut les évaluer à l'aide de la notion d'équivalents terminés. Cela peut donner une production réelle différente par éléments de coûts.
>
> • Ne pas confondre activité et production ; la production s'exprime en unités de produits, l'activité en nombres d'unités d'œuvre.
>
> C'est le rendement qui relie les deux notions. Attention à la façon dont est exprimé le rendement ! Il faut être capable de passer d'une expression par rapport au produit à une expression par rapport à l'activité. (Ainsi fabriquer 4 produits à l'heure est équivalent à mettre 1/4 d'heure par produit.)
>
> • Dans le cas où l'activité d'un centre est exprimée en nombre de produits, l'écart sur rendement travail est nul, car il manque la référence de rendement nécessaire à ce calcul.

2.4 Synthèse sur la décomposition des écarts d'un centre de coûts

a) Écarts sur charges directes

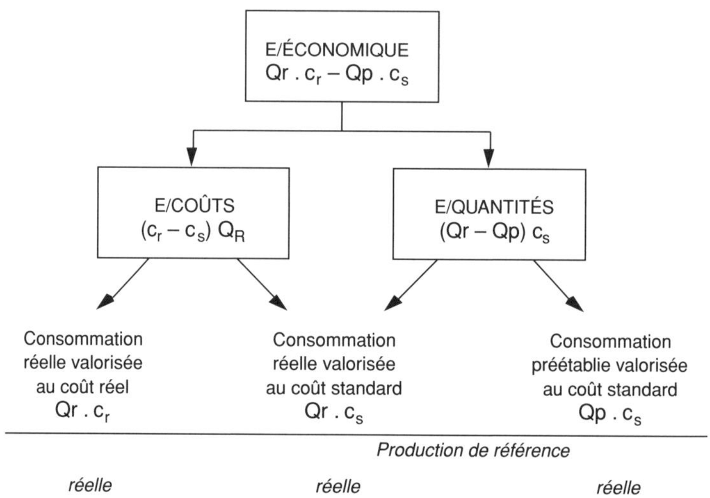

b) Écarts sur charges indirectes

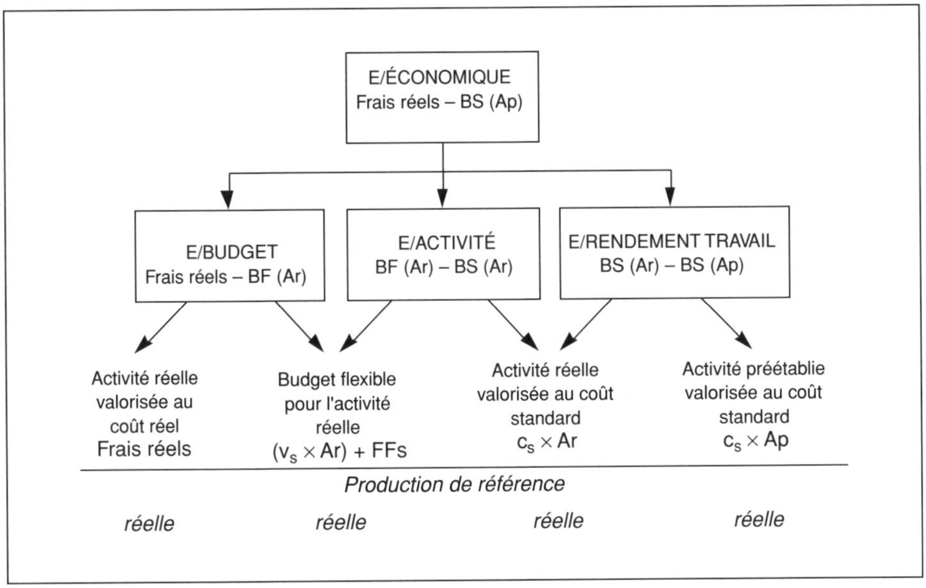

2.5 Vision synthétique du contrôle budgétaire d'un centre de profit

Nous venons de montrer dans le début de ce chapitre comment analyser et décomposer l'écart sur coût de production dans la vision globale d'analyse du résultat d'un centre de profit.

Dans le chapitre précédent, nous nous sommes intéressés à la décomposition de l'écart de marge sur coûts préétablis et de l'écart sur autres charges.

À ce niveau de l'exposé, il est important de mettre en évidence que nous avons, par l'ensemble des écarts, étudié la possibilité de contrôler le résultat du centre de profit en respectant les responsabilités de chacun des pôles participant à l'élaboration du résultat et d'analyser leurs fonctionnements par rapport aux objectifs spécifiques qui leur ont été assignés.

L'arborescence qui est proposé page suivante montre le maillage des écarts couvrant l'activité du centre.

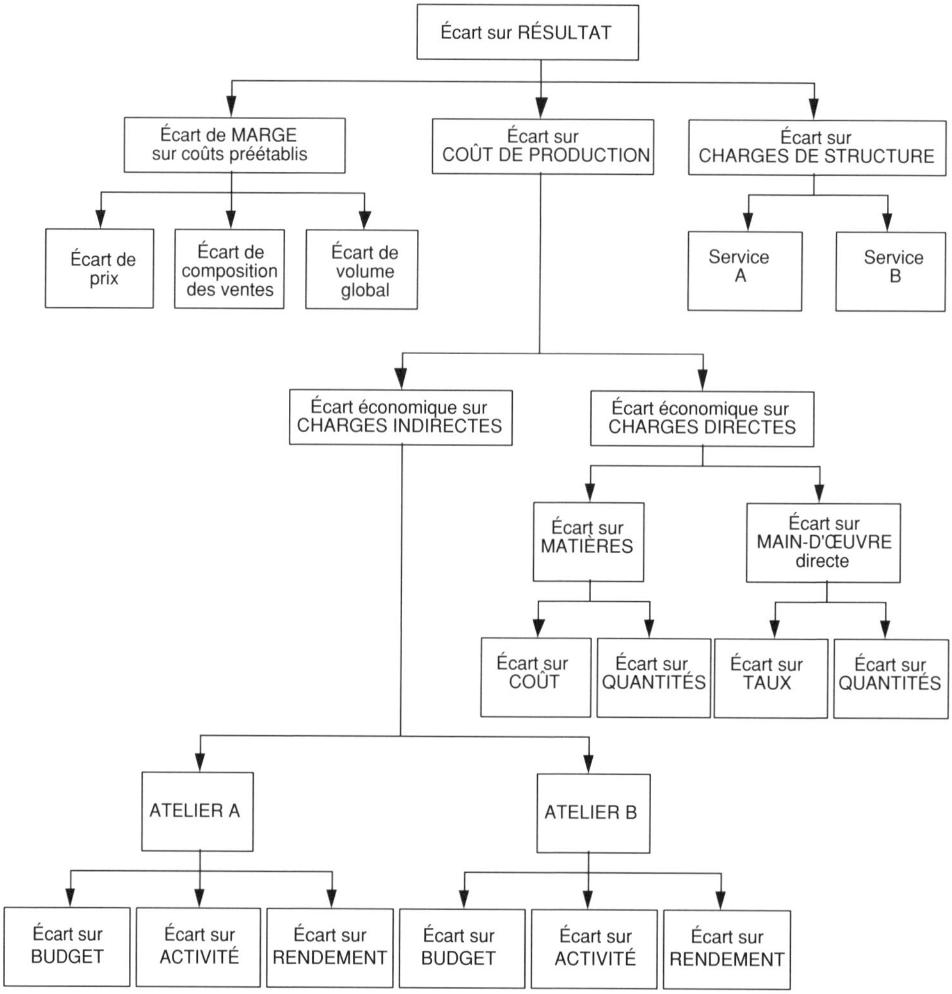

Cet «arbre d'écarts» exprime la logique de la décomposition du résultat par l'analyse des marges et des coûts.

RÉFLEXIONS SUR LE THÈME

1. L'objectivité des coûts préétablis

La méthode, fondée sur une étude technique du produit, repose sur des données qualifiées de «certaines». En effet, tant que le processus de production reste stable, le coût préétabli reste valable et ce, quel que soit le mode d'organisation de la production (taylorien ou juste-à-temps).

La méthode peut donc servir de base à de multiples projections.

C'est pourquoi cette méthode est très utilisée dans le chiffrage des projets ou de réalisations prévisionnelles.

2. L'utilisation de normes techniques est fréquente dans les entreprises

De nombreuses entreprises utilisent des références à des normes techniques de fabrication pour établir leur devis. Cette démarche existe alors même que l'entreprise n'a pas le désir de mettre en place une gestion par les coûts préétablis ou une surveillance du sous-système «Production».

L'utilisation de standards est obligatoire pour n'importe quel décideur (artisan ou chef de projet) dès qu'il s'agit d'envisager des travaux futurs et de répondre à des appels d'offres.

Pourtant, le coût de l'étude technique du produit nécessaire à l'établissement des standards pénalise les petites entreprises. C'est pourquoi certaines chambres syndicales proposent à leurs adhérents des études sur les rendements standards et les coûts prévisionnels utilisables dans leur profession.

3. Les standards ne sont que des normes quantitatives de production

Dans leur conception initiale, les standards n'envisagent que l'aspect «production» du produit et uniquement dans une vision quantitative. Ils sont apparus dans une économie industrielle naissante : on propose à des consommateurs peu exigeants des produits banalisés et fabriqués en grande série.

A l'heure actuelle, l'analyse du produit est plus globale : elle intègre les étapes de conception, de production et de service après-vente. Par ailleurs, les consommateurs ont, eux aussi, changé : ils demandent des produits spécifiques, de bonne qualité, présentant une grande adéquation entre fonctionnalité et prix. La définition des standards doit donc prendre en charge l'aspect qualité des produits et le niveau de satisfaction demandé par les consommateurs.

Applications

① *Contrôle de production du produit PF*

Voici les éléments constitutifs du coût préétabli concernant la fabrication de 4 000 kg de produits finis PF dans l'atelier 2 :

MP 2 (matière première)	3 200 kg à 52,00 €/kg
Main-d'œuvre directe	1 600 h à 56,00 €/h
Charges indirectes totales	25 000 € (dont 8 000 € de charges de structure)

En fait, les informations réelles, concernant la fabrication de 3 400 kg de produits finis PF dans l'atelier 2, sont les suivantes :

MP 2	3 000 kg à 53,00 €/kg
Main-d'œuvre directe	1 400 h à 57,00 €/h
Charges indirectes totales	22 500 €

L'unité d'œuvre de l'atelier 2 est l'heure de main-d'œuvre directe.

QUESTIONS

1. **Présenter la fiche du coût préétabli de la fabrication d'un kg de produit fini par l'atelier 2 (coût de la transformation de PI en 1 kg de PF).**
   Calculer, pour l'atelier 2, l'écart total sur les coûts de la période.
2. **Dresser un tableau permettant de dégager l'écart sur chaque élément de coût dans l'atelier 2 conformément au plan comptable.**
3. **Procéder à l'analyse de l'écart sur matière et de l'écart sur charges indirectes dans l'atelier 2, conformément aux propositions du plan comptable.**

(d'après examen)

② *Entreprise Samur*

L'entreprise Samur est spécialisée dans la fabrication de papiers. Elle commercialise, entre autres produits, du papier de reprographie appelé «repro» sous forme de rames de format 45 × 64 et de ramettes de format 21 × 29,7.

Pour le mois de janvier N, elle établit des prévisions pour les centres de production et plus particulièrement au niveau de la «Découpeuse». Elle tire ainsi une analyse très fine du «repro» par type de produit (rame ou ramette).

Vous devez plus particulièrement porter votre attention sur la *ramette au niveau de la découpeuse.*

QUESTIONS

1. **À partir de l'annexe 1, établir le budget flexible des frais de découpeuse pour le mois de janvier N concernant les ramettes pour l'activité préétablie ainsi que pour deux autres niveaux d'activité de coefficients respectifs 0,95 et 1,05.**
2. **À fin janvier, les éléments constatés sont connus (annexe 2). Analyser et décomposer l'écart sur le centre découpeuse.**
3. **Que penser de la dénomination du PCG 82 «écart sur coût variable» pour le premier sous-écart ?**
   Appliquer le raisonnement à l'exemple proposé.

ANNEXE 1

COÛT DE PRODUCTION UNITAIRE D'UNE RAMETTE BASÉ SUR UNE PRODUCTION MENSUELLE DE 500 000 RAMETTES

	Q	PU	M
Matières premières :			
Pâte à papier	3 kg	1	3
Adjuvant	0,1 kg	2	0,20
Main d'œuvre directe	5 minutes	60 €/l'heure	5
Centres de produit (1) :			
Machine à papier :			
– variable	0,5 u/o	1	0,50
– fixe			2
Découpeuse :			
– variable	1 u/o	2	2
– fixe			3
			15,70

(1) L'u/o correspond à une mesure horaire.

ANNEXE 2

MOIS DE JANVIER N

Éléments constatés concernant la production mensuelle de 525 000 ramettes

	Q	PU	M
Découpeuse :			
Variable	500 000 U/O	2	1 000 000
Fixe			1 698 500
			2 698 500
Coût d'une unité d'œuvre			5,397
Coût de production unitaire			5,14

(DECF extrait)

③ *Société Jardiplast*

La société Jardiplast est devenue l'une des importantes entreprises françaises dans le secteur du meuble de jardin.

Spécialisée dans les produits de bas de gamme, elle vend sa production par l'intermédiaire d'un réseau de détaillants que contactent ses propres représentants exclusifs.

Sa gamme est concentrée sur trois produits réalisés en plastique rigide :
- les bacs à fleurs ;
- les chaises d'extérieur ;
- les tables d'extérieur.

Les opérations de production se résument à deux étapes : le moulage du produit et le vernissage en cabine.

Il est possible de schématiser ainsi la succession des étapes de production qui entraînent des éléments de coûts constitutifs du coût standard des différents produits :

SCHÉMA DES ÉTAPES DE PRODUCTION

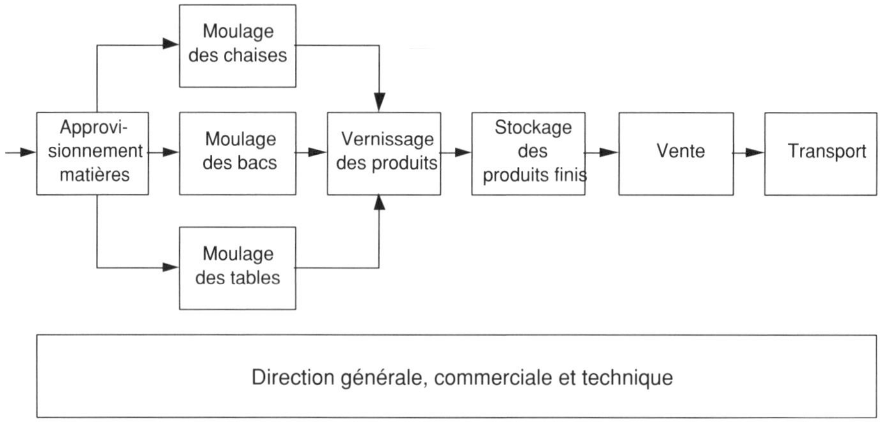

1. Approvisionnements matières

Ceux-ci sont effectués au fur et à mesure des besoins de la production, et il n'est donc pas constitué de stock de matières ; du moins est-il considéré comme négligeable.
Les besoins en matières sont respectivement de :
- 3 kg par unité de produit pour les bacs ;
- 5 kg par unité de produit pour les chaises ;
- 10 kg par unité de produit pour les tables.

Le volume de production – et de vente – prévu pour l'année suivante est de 300 000 bacs, 125 000 chaises et 25 000 tables.

Les coûts engendrés par le service Approvisionnement sont principalement, bien entendu, les achats de matières, sur la base d'un prix fournisseur prévu à 1,45 € par kg acheté.

Le fonctionnement du service Approvisionnement nécessite deux personnes rémunérées chacune 1 275 € par mois. Comme pour l'ensemble du personnel, ces salaires sont payés sur 13 mois et entraînent des charges sociales qui représentent 42,7 % du montant des salaires annoncé ci-dessus.

Le personnel du service Approvisionnement utilise deux chariots élévateurs (prix d'acquisition : 18 750 € chacun) et un tapis roulant (prix d'acquisition : 15 100 €). Comme pour l'ensemble des immobilisations de la société, ces matériels sont amortissables en linéaire sur 10 ans, et ont été acquis il y a environ 2 ans (calculés au début de la période considérée ici).

Les chariots élévateurs nécessitent des fournitures consommables dont le coût global pour les deux chariots peut être évalué à 650 € par mois d'utilisation. Ils fonctionnent 11 mois par an, l'ensemble des activités étant stoppé au mois d'août.

2. Moulage

Le moulage de chaque produit (bac ou chaise ou table) est effectué sur un parc-machines spécifique.
En revanche, le personnel du moulage est polyvalent, et constitué d'une équipe de 15 opérateurs pouvant travailler sur n'importe quelle machine de moulage. Chacun de ces opérateurs est rémunéré 1 288 € par mois pour un temps de travail de 35 heures par semaine, et dispose annuellement de 5 semaines de congés. Tout le temps des opérations n'est pas intégralement disponible pour la production-moulage proprement dite. On évalue en effet à 8 % le temps perdu en absentéisme ; le temps nécessaire au réglage et au nettoyage des machines représente 6 % du temps de travail effectif du personnel.

Moulage des bacs
Il y a 8 machines identiques permettant d'effectuer cette opération (prix d'acquisition de chaque machine 24 900 €).
On compte deux minutes pour le moulage d'un bac sur une machine donnée ; l'opération mobilise un opérateur sur la machine pendant ces deux minutes.
Le fonctionnement de chaque machine entraîne :
- un coût de 25,50 € d'énergie par heure de marche ;
- un coût de 0,90 € de matières consommables par heure de marche ;
- un coût d'entretien effectué par un prestataire de services extérieur ; le forfait mensuel est de 200 € par mois sur 11 mois (rien en août).

Moulage des chaises
Il y a 8 machines identiques permettant d'effectuer le moulage des chaises (prix d'acquisition de chaque machine : 42 400 €).
On compte quatre minutes pour le moulage d'une chaise sur une machine donnée ; l'opération mobilise un opérateur sur la machine pendant ces quatre minutes.
Le fonctionnement de chaque machine entraîne :
- un coût de 50,60 € d'énergie par heure de marche ;
- un coût de 1,90 € de matières consommables par heure de marche ;
- un coût d'entretien effectué par un prestataire de services extérieur le forfait mensuel est de 325 € par mois sur 11 mois (rien en août).

Moulage des tables
Il y a là 2 machines identiques pour le moulage des tables (prix d'acquisition de chaque machine : 65 800 €).
On compte six minutes pour le moulage d'une table sur une machine donnée ; l'opération mobilise deux opérateurs sur la machine pendant ces six minutes.
Le fonctionnement de chaque machine entraîne :
- un coût de 67,10 € d'énergie par heure de marche ;
- un coût de 1,90 € de matières consommables par heure de marche ;
- un coût d'entretien effectué par un prestataire de services extérieur ; le forfait mensuel est de 325 €.

Il n'y a aucun stock intermédiaire de produits entre le moulage et le vernissage.

3. Vernissage

Le vernissage s'effectue automatiquement dans des cabines où les produits sont introduits, et dont ils sont retirés, par deux opérateurs.
Il y a 5 cabines identiques, qui autorisent le vernissage des trois types de produits. Pour des raisons de commodité, les produits sont passés en cabine de vernissage par lots homogènes : chaque cabine peut traiter à la fois, soit 50 bacs, soit 20 chaises, soit 5 tables.
Dans tous les cas, la durée d'un cycle de vernissage est de 20 minutes.
Ces cabines ont été achetées au prix d'acquisition de 44 900 € chacune. Elles font l'objet d'un contrat d'entretien avec un prestataire extérieur pour un forfait mensuel de 276,80 € par mois et par cabine sur 11 mois (rien en août).
Le fonctionnement de chaque cabine entraîne en outre :
- un coût de 105 € d'énergie par heure de marche ;
- et un coût de 225 € de matières consommables par heure de marche.

Les deux opérateurs affectés au vernissage sont rémunérés chacun 1 275 € par mois. Ils suffisent amplement à assurer le chargement et le déchargement des 5 cabines, et consacrent le restant de leur temps à manipuler les stocks de produits finis, ce qui est logique puisque les produits sont effectivement finis après passage au vernissage.
Il faut considérer cependant que cette dernière occupation représente pour eux un temps pratiquement négligeable. On peut compter ici aussi 8 % de temps perdu en absentéisme et 6 % de temps nécessaire au nettoyage des cabines.

Remarque : En ce qui concerne les frais financiers, la direction générale souhaite qu'ils soient évalués sur la base d'un raisonnement économique et non à partir d'une analyse comptable des frais effectivement engendrés par les emprunts en cours ou par l'utilisation du découvert.
Ce raisonnement économique est le suivant : à chaque étape où sont mises en jeu des immobilisations (actifs à long terme), celles-ci seront supposées financées, à concurrence de leur *valeur nette comptable moyenne de l'année en cours* par des ressources à long terme au taux moyen de 11 % l'an.

QUESTION

Établir la fiche de coût standard des trois produits.
Il est rappelé que la fiche de coût standard s'appuie sur une distinction charges directes/charges indirectes et exprime les consommations standard pour une unité de produit.

(4) *Entreprise Mécanica*

Une unité de production de l'entreprise Mécanica fabrique deux produits A et B à partir de deux matières premières M et N. Le cycle de fabrication est le même pour la réalisation des deux types de produits :
- passage dans l'atelier I : Fusion-Usinage ;
- passage dans l'atelier II : Assemblage ;
- passage dans l'atelier III : Finition.

Les produits semi-ouvrés ne sont pas stockés, tout produit sortant des ateliers I et II entrant immédiatement dans le suivant.

Les coûts de production de A et B comprennent :
- les matières premières M et N consommées dans l'atelier I,
- les charges de main-d'œuvre directe de l'atelier II,
- les charges des centres d'analyse.

Les charges de main-d'œuvre font partie, pour l'essentiel, des charges indirectes. Seul l'atelier II comporte des charges de main-d'œuvre directe, avec qualification différente selon le produit assemblé.

On a établi, pour le premier semestre N, un budget mensuel des charges de production fourni en annexe 1. Les données réelles du mois de février N ont été regroupées en annexe 2.

QUESTIONS

1. **Établir la fiche du coût préétabli d'un produit A et d'un produit B.**
2. **Concevoir un tableau qui permettra de déterminer le nombre de produits A et B achevés dans chaque atelier.**
3. **Calculer l'équivalence de la production du mois, terminée et en-cours, dans les ateliers II et III : on convertira les nombres de produits en-cours en un nombre de produits achevés correspondant.**
4. **Terminer le tableau de répartition des charges indirectes du mois de février N (annexe 2).**
5. **Dresser un tableau comparatif pour la production de février N, produits A *puis* produits B mettant en évidence l'écart économique.**
6. **Analyser l'écart économique sur les charges indirectes de l'atelier I, puis celui sur les charges indirectes de l'atelier III : l'analyse sera faite globalement, pour l'ensemble des produits A et B traités dans chaque centre (3 sous-écarts). L'un des écarts obtenus est nul.**
   Ne pouvait-on prévoir cette réponse avant même de procéder à l'analyse ? Pourquoi ? Formuler une suggestion.

ANNEXE 1

Prévisions mensuelles pour le premier semestre N

A. Production mensuelle : 500 produits A et 900 produits B

	Standards unitaires		Budget mensuel (en €)	
	Produit A	**Produit B**	**Produit A**	**Produit B**
Matière M	4 kg	2 kg	90 000	81 000
Matière N	6 kg	4 kg	225 000	270 000
Main d'œuvre (atelier II)	15 min	10 min	6 500	8 700

B. Budget mensuel des charges indirectes (en euros)

	Atelier I	**Atelier II**	**Atelier III**
Total	31 200	9 075	7 000
(dont charges fixes)	12 480	2 200	2 380
Unité d'œuvre	kg matière	heure MOD	unité fictive

Chaque produit A ou B (terminé ou évalué par équivalence) vaut une unité fictive.

ANNEXE 2

Extraits des données réelles enregistrées en février N

1. Production du mois : 1 520 produits A à la sortie de l'atelier I et 1 050 produits B à la sortie de l'atelier III.

En-cours uniquement pour les produits A dans les ateliers II et III :

	Quantités		Degré d'achèvement	
	Atelier II	Atelier III	Atelier II	Atelier III
En-cours initial	80	60	50 %	40 %
En-cours final	170	30	60 %	30 %

2. Charges directes

	Produit A		Produit B	
	Coût unitaire	Quantité	Coût unitaire	Quantité
Matière M	47,50	2 200 kg	47,50	2 000 kg
Matière N	78	3 100 kg	78	4 050 kg
Main-d'œuvre (Atelier II)	55	135 h	60	180 h

3. Charges indirectes

	Atelier I	Atelier II	Atelier III
Total secondaire	36 887,50	10 048,50	7 176
Nature de l'unité d'œuvre	kg matière	heure MOD	unité fictive
Nombre d'unités d'œuvre	……	……	……
Coût de l'unité d'œuvre	……	……	……

(D'après examen)

(5) *Contrôle budgétaire du résultat*

Pour le mois de mars de l'année N, vous disposez des informations suivantes :

- ***Données extraites du budget***

Fiche de coût standard

	Produit A			Produit B			Produit C		
	Q	PU	Montant	Q	PU	Montant	Q	PU	Montant
Matière première M	2 kg	4 €	8	2,2	4 €	8,8	2,5	4 €	10
Main-d'œuvre directe	0,20 h	62 €	12,4	0,25 h	62 €	15,5	0,5	62 €	31
Centre C (1)	0,40 h	40 €	16	0,50 h	40 €	20	1	40 €	40
			36,4			44,3			81

(1) Dont 15 € de coût fixe unitaire.

Production normale	1 000	750	300
Stock initial de produits finis	100	50	20
Ventes budgétées (en quantités)	1 000	720	310
Prix unitaire budgété	50 €	70 €	100 €

- ***Compte de résultat réel***

Consommation de matières M : 4 500 kg à 4,20 €	18 900	• Chiffre d'affaires : Produit A : 900 × 50 € Produit B : 600 × 80 € Produit C : 400 × 120 €	141 000
Main d'œuvre directe : 600 h à 65 €/h	39 000	• Production stockée (valorisée au coût standard) : Produit A : (150 – 100) 36,4 Produit B : (220 – 50) 44,3 Produit C : (10 – 20) 81	+ 8 541
Charges indirectes Centre C (activité réelle : 1 200 h)	49 800		
Résultat avant charges commerciales	41 841		
Total général	149 541	Total général	149 541

QUESTIONS

1. Effectuer les calculs du contrôle budgétaire permettant d'analyser l'écart de résultat.

2. Mettre en évidence tous les écarts défavorables et proposer des actions correctives possibles.

3. Présenter sous forme d'arborescence la décomposition de l'écart de résultat.

(6) *Société Études et Conseil*

La société Études et Conseil est une entreprise d'ingénierie dans le secteur des travaux publics. Elle agit à la demande des directions départementales de l'équipement et en sous-traitance pour de grands groupes de travaux publics. Son activité se partage en trois pôles : des études préalables (Études), des opérations de conduite de travaux (Conduite) et des montages de dossiers financiers (Finance).

Le suivi des coûts est organisé sur la base de la marge dégagée par chaque type d'activité calculée de la façon suivante :

Chiffre d'affaires – Charges de personnel – Autres charges directes = Marge sur coût direct

Les charges indirectes sont ensuite imputées globalement sur la marge totale ainsi dégagée.

Pour l'année N, le budget prévoit :

	Études préalables	Conduite d'opérations	Dossiers financiers
Nombre de services vendus	80	300	160
Prix de vente moyen	7 250 €	14 400 €	13 700 €
Charges de personnel	340 200 €	1 220 200 €	974 160 €
Autres charges directes	26 750 €	361 280 €	35 570 €

Les charges indirectes prévues s'élèvent à 2 611 340 euros.

Pour la même période, les frais réels ont été de :

	Études préalables	Conduite d'opérations	Dossiers financiers
Nombre de services vendus	100	280	150
Chiffres d'affaires	716 510 €	4 055 140 €	2 069 500 €
Charges de personnel	384 160 €	1 152 510 €	938 320 €
Autres charges directes	30 490 €	258 070 €	40 290 €

Les charges indirectes réelles s'élèvent à 2 617 480 euros.

Une étude plus poussée des conditions d'exploitation fait apparaître, pour le centre « Conduite d'opérations », un nombre moyen de jours facturés par opération égal à 25 jours en réel contre 20 jours en prévisionnel.

QUESTIONS

1. **Présenter dans un tableau, le calcul de l'écart sur résultat de la société. Décomposer cet écart en écarts élémentaires. Commenter.**
2. **Analyser l'écart de chiffre d'affaires en écart de prix, de composition des ventes et de volume global.**
3. **Pourquoi, dans ce contexte, une analyse en marge sur coûts préétablis ne semble pas pertinente.**
4. **En considérant que l'activité est mesurée par le nombre total de jours facturés, la production par le nombre de service vendu, analyser l'écart sur coût direct (charges de personnel et autres charges directes) du pôle « Conduite d'opérations ».**

15 La gestion budgétaire des ventes

La gestion budgétaire des ventes est la première construction du réseau des budgets d'une entreprise. Elle est définie par De Guerny et Guiriec comme « **un chiffrage en volume** permettant de situer le niveau d'activité des services commerciaux... et **un chiffrage en valeur** des recettes permettant de déterminer les ressources de l'entreprise. »

La connaissance des quantités et des produits à vendre conditionne les budgets avals tels ceux de production et d'approvisionnement. La connaissance des prix pratiqués détermine les encaissements potentiels de l'entreprise et donc son équilibre financier.

Le champ d'investigation de la prévision des ventes est très étendu : il peut concerner des marchés virtuels à très long terme comme des produits à développer sur un moyen terme ou encore les produits actuels de l'entreprise sur un horizon court.

Ces prévisions budgétaires sont établies après une analyse des forces et des faiblesses de l'entreprise ainsi que des contraintes imposées par l'environnement et la conjoncture économique. Elles doivent s'inscrire dans les plans à moyen terme déjà définis et respecter leur cohérence.

Dans le présent chapitre, nous nous intéresserons à certaines techniques de prévision à court terme et aux budgets qui en découlent.

1. Rappel des techniques de prévision

De nombreuses techniques de prévision des ventes existent qui n'ont pas toutes les mêmes objectifs :

- les **études de marché**, les **abonnements à des panels**, les **marchés tests** sont des méthodes qui permettent de connaître au mieux la demande du produit et le marché potentiel de l'entreprise ;

– les **méthodes d'extrapolation**, des **coefficients saisonniers**, les **interrogations de la force de vente** de l'entreprise permettent, elles, de déterminer l'évolution des ventes du produit dans le futur.

Dans le cadre d'une procédure budgétaire instituée, et d'un produit en maturité, seule l'évolution des ventes dans le futur fera l'objet d'une étude. C'est pourquoi nous nous contenterons de présenter rapidement les différentes méthodes quantitatives de prévisions des ventes.

1.1 Les ajustements

Ces techniques s'appuient sur l'étude chiffrée des données caractérisant une variable économique (ici, les ventes passées du produit). La prévision sur l'état futur de la variable est obtenu par extrapolation des tendances passées mises en évidence et dont on suppose la régularité.

L'ajustement consiste à substituer aux valeurs observées de la variable (y_i) une valeur calculée (y_i') à l'aide de différents procédés qui font l'objet de ce paragraphe.

Ces procédés d'ajustement peuvent être graphiques, mécaniques ou analytiques. Seuls les deux derniers procédés sont présentés ici.

a) Ajustement mécanique : la méthode des moyennes mobiles

Il s'agit de représenter la série statistique en substituant à la valeur observée y_i, une valeur ajustée y_i' calculée de la manière suivante :

$$y'_i = \frac{a \cdot y_{i-1} + b \cdot y_i + c \cdot y_{i+1}}{a + b + c}$$

a, b et c représentent des coefficients de pondération dont la valeur est laissée aux choix des statisticiens.

Le nombre des observations (ici 3) nécessaires pour le calcul de la valeur ajustée y_i' dépend de la périodicité du phénomène étudié.

Dans le cas d'historiques de ventes, il est fréquent de trouver des périodicités annuelles (ventes saisonnières) et donc les moyennes mobiles se calculent comme suit :

– historique des ventes donné en trimestre (périodicité de 4)

$$y'_i = \frac{1}{4}\left[\left(\left(\frac{1}{2}\right) \cdot y_{i-2}\right) + y_{i-1} + y_i + y_{i+1} + \left(\left(\frac{1}{2}\right) \cdot y_{i+2}\right)\right]$$

– historique des ventes donné en mois (périodicité de 12)

$$y'_i = \frac{1}{12}\left[\left(\left(\frac{1}{2}\right) \cdot y_{i-6}\right) + y_{i-5} + \ldots + y_{i-1} + y_i + y_{i+1} + \ldots + y_{i+5} + \left(\left(\frac{1}{2}\right) \cdot y_{i+6}\right)\right]$$

Les coefficients ainsi déterminés permettent de respecter le principe suivant :

Somme des coefficients = Périodicité de la série statistique

Exemple

Soit le chiffre d'affaires d'une entreprise :

Années \ Trimestres	1	2	3	4
1	1 000	1 200	1 400	1 150
2	1 050	1 350	1 500	1 300
3	1 100	1 450	1 700	1 400
4	1 250	1 650	1 850	1 550

La périodicité est de 4, donc chaque valeur y_i est remplacée par sa valeur ajustée, ainsi :

$$y'_3 = \frac{1}{4}\left[\frac{1}{2}(1\,000) + 1\,200 + 1\,400 + 1\,150 + \frac{1}{2}(1\,050)\right] = 1\,194$$

$$y'_4 = \frac{1}{4}\left[\frac{1}{2}(1\,200) + 1\,400 + 1\,150 + 1\,050 + \frac{1}{2}(1\,350)\right] = 1\,219$$

et ainsi de suite… On obtient le tableau suivant des valeurs ajustées.

Années \ Trimestres	1	2	3	4
1	–	–	1 194	1 219
2	1 250	1 281,25	1 306,25	1 325
3	1 362,5	1 400	1 431,25	1 475
4	1 518,75	1 556,25	–	–

La représentation graphique illustre le mécanisme d'ajustement :

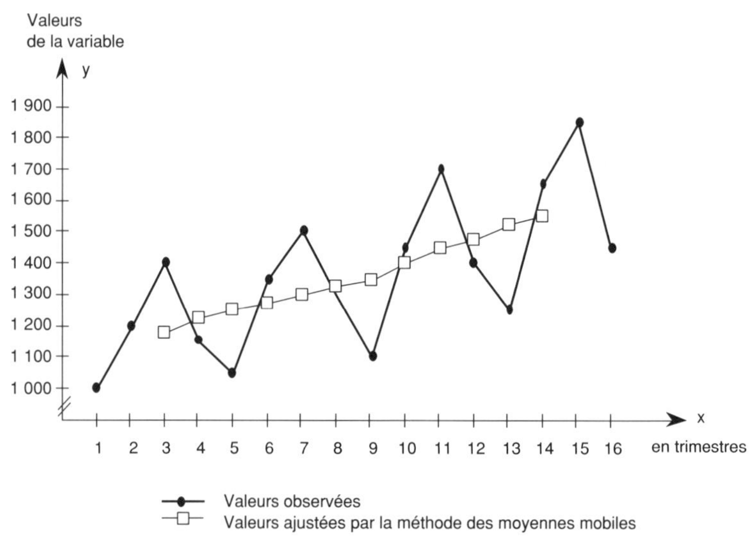

Cette méthode **écrête les phénomènes accidentels** en permettant un lissage des informations observées, mais elle **élimine des informations en début et fin de série**. Par ailleurs, elle ne donne pas une droite d'équation connue qui peut facilement se prêter à des prévisions. C'est pourquoi l'ajustement par la méthode des moindres carrés est préféré.

b) Ajustement analytique : la méthode des moindres carrés

Il s'agit de rechercher les paramètres de la fonction $y'_i = f(x)$ qui rendent **la plus faible possible la somme des carrés des distances entre la valeur observée y_i de la variable et sa valeur ajustée y'_i.**

Les fonctions d'ajustement peuvent être extrêmement variées. Dans notre cas, nous présenterons les fonctions les plus habituelles au cycle de vie d'un produit :

CYCLE DE VIE ET FONCTION D'AJUSTEMENT

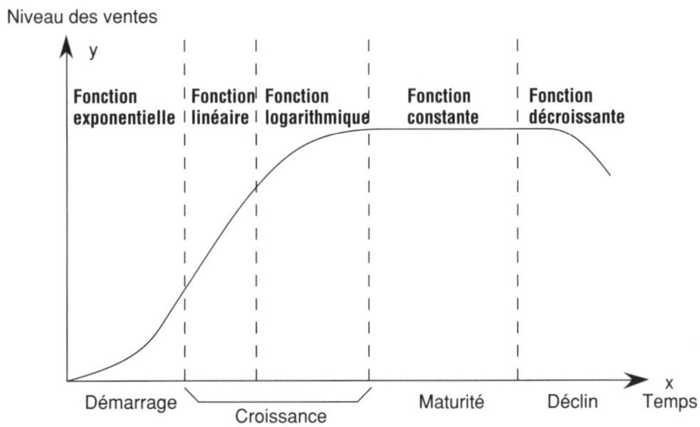

Nous nous contenterons de rappeler ici les principaux résultats :

1) Ajustement par une droite y = ax + b

Avec :

$$a = \frac{\sum_{i=1}^{n} (x_i - \bar{x})(y_i - \bar{y})}{\sum_{i=1}^{n} (x_i - \bar{x})^2} \quad \text{et} \quad b = \bar{y} - a\bar{x}$$

Lorsque les valeurs de $\bar{x}$ et $\bar{y}$ sont des nombres décimaux arrondis, il vaut mieux utiliser la formule suivante pour obtenir la valeur du coefficient a :

$$a = \frac{\text{Cov}(x, y)}{v(x)} \quad \text{avec} \quad \text{Cov}(x, y) = \sum_{i=1}^{n} x_i y_i - n\,\bar{x}\,\bar{y}$$

$$v(x) = \sum_{i=1}^{n} x_i^2 - n\,\bar{x}^2$$

Exemple

Soit les ventes d'une entreprise en fonction du temps :

Temps (x)	2	3	4	5	6
Ventes (y) (en milliers d'euros)	7	10	15	18	23

Les calculs sont regroupés dans le tableau suivant :

x_i	y_i	$x_i y_i$	x_i^2	$X_i = x_i - \bar{x}$	$Y_i = y_i - \bar{y}$	X_i^2	$X_i Y_i$
2	7	14	4	− 2	− 7	4	14
3	10	30	9	− 1	− 4	1	4
4	15	60	16	0	+ 1	0	0
5	18	90	25	+ 1	+ 4	1	4
6	20	120	36	+ 2	+ 6	4	12
20	70	314	90	0	0	10	34

$$\bar{x} = \frac{1}{n}\sum_{i=1}^{n} x_i = \frac{20}{5} = 4 \quad ; \quad \bar{y} = \frac{1}{n}\sum_{i=1}^{n} y_i = \frac{70}{5} = 14$$

$$a = \frac{\sum_{i=1}^{n}\left(x_i - \bar{x}\right)\left(y_i - \bar{y}\right)}{\sum_{i=1}^{n}\left(x_i - \bar{x}\right)^2} = \frac{34}{10} = 3{,}40$$

et donc : $b = \bar{y} - a\,\bar{x} = 14 - (3{,}4 . 4) = +\,0{,}4$

On aurait pu faire : $Cov\,(x, y) = 314 - (5.4 . 14) = 34$ et $v(x) = 90 - (5{,}4^2) = 10$

$$\text{donc : } \frac{Cov(x, y)}{v(x)} = \frac{34}{10} = 3{,}4$$

On retrouve bien $a = 3{,}4$.
La droite obtenue a pour équation $y' = 3{,}4\,x + 0{,}4$
Les prévisions de ventes se présentent comme suit :
$x = 7 \Rightarrow \quad y_7' = 3{,}4\ x\ 7 + 0{,}4 = 24{,}2$
$x = 8 \Rightarrow \quad y_8' = 3{,}4\ x\ 8 + 0{,}4 = 27{,}6$

2) Ajustement par une fonction exponentielle

La forme de la fonction est la suivante : $y' = B \times A^x$

On revient facilement au problème précédent. En effet, il est possible d'écrire :

$$\text{Log } y' = \text{Log } B + x.\text{Log } A$$

Posons : $Y' = \text{Log } y'$
$b = \text{Log } B$
$a = \text{Log } A$

Nous pouvons écrire : $Y' = ax + b$

Ainsi les abscisses x et les ordonnées Yi' = logarithme de y_i peuvent être ajustées par une droite de paramètres a et b. Nous sommes ramenés à un ajustement linéaire. Il s'agit de trouver a et b dont nous déduirons les valeurs A et B.

3) *Ajustement par une fonction puissance*

La fonction est de la forme $y' = B \cdot x^a$. Elle peut être transformée de la manière suivante :

$$\text{Log } y' = \text{Log } B + a \cdot \text{Log } x$$

$$Y = b + a \cdot X$$

On calcule a et b à l'aide des formules précédentes en travaillant sur les logarithmes de x_i et de y_i.

Ainsi, la méthode des moindres carrés pour une fonction déterminée assure **l'ajustement le meilleur**, dans le sens où elle minimise le carré des distances entre les valeurs observées et celles ajustées.

Mais, comment connaître la fonction qui assure le meilleur ajustement pour une série statistique ?

- la **forme du nuage de points doit guider le choix** d'une fonction définie ;
- si le doute persiste, il faut, pour chaque fonction d'ajustement retenue, **calculer le carré des résidus qui se définit comme** :

$$\sum_{i=1}^{n} (y_i - y_i')^2$$

et choisir la fonction pour laquelle cette expression est minimum.

1.2 Les séries chronologiques

> Une série chronologique est une série statistique représentant **l'évolution d'une variable économique en fonction du temps.**

Ce type de série est donc utilisé fréquemment dans les prévisions des ventes car ce sont des données statistiques faciles à obtenir.

a) Composantes d'une série chronologique

Elles sont au nombre de quatre.

• La **tendance à long terme** ou **trend** notée T ; il exprime la tendance du phénomène sur le long terme.

• Le **mouvement cyclique** noté C ; il exprime les fluctuations liées à la succession des phases des cycles économiques ou conjoncture. Il est fréquemment regroupé avec le trend dans un mouvement global qualifié d'**extra-saisonnier et noté C**.

• Les **variations saisonnières** notées **S**. Ce sont des fluctuations périodiques qui se superposent au mouvement cyclique et dont les causes sont multiples : congés annuels, phénomènes de mode de vie, facteurs climatiques, etc. Elles obligent au calcul de coefficients saisonniers.

• Les variations **résiduelles ou accidentelles** notées **E.** Ce sont des variations de faible amplitude imprévisibles telles que des grèves, des accidents...

Ces composantes peuvent être organisées selon deux modèles :

– un **modèle additif** $y_i = C_i + S_i + E_i$: cela suppose une indépendance des différentes composantes entre elles ;

– un **modèle multiplicatif** $y_i = C_i\,(1 + S_i)(1 + E_i)$: dans ce cas, le mouvement saisonnier est considéré comme proportionnel au mouvement extra-saisonnier, et les aléas proportionnels aux deux mouvements précédents.

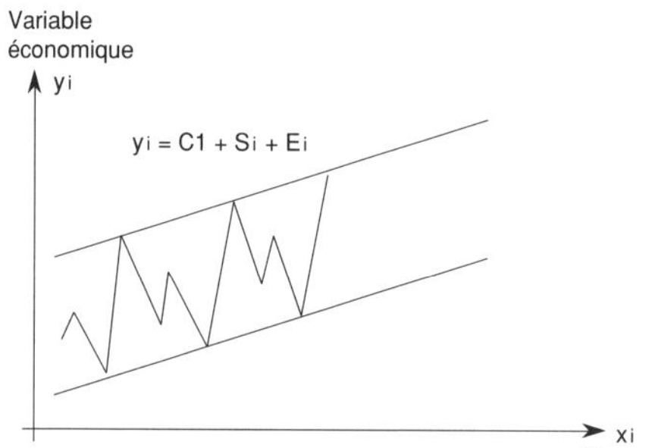

Modèle additif

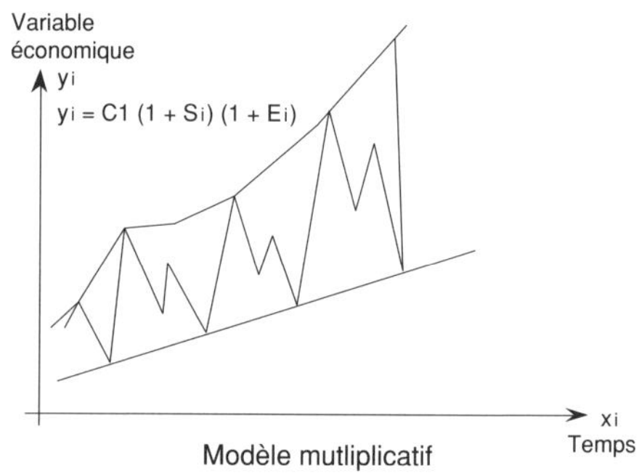

Modèle mutliplicatif

Ce modèle multiplicatif se ramène au cas précédent, par une transformation logarithmique.

b) Méthodes de calcul des coefficients saisonniers

Il existe deux méthodes de calcul des coefficients saisonniers, mais nous ne présenterons que celle qui est la plus utilisée : la méthode des rapports au trend.

Méthodologie

• Déterminer la droite des moindres carrés qui ajuste la série chronologique.

• Calculer les valeurs ajustées y_i' grâce à l'équation précédente.

• Faire le rapport entre la valeur y_i réellement observée et la valeur y_i' ajustée et ce, pour chaque observation.

• Prendre, pour chaque période (mois ou trimestre), le rapport moyen qui sera considéré comme le coefficient saisonnier de la période.

Exemple

Reprenons la série suivante :

Années \ Trimestres	1	2	3	4
1	1 000	1 200	1 400	1 150
2	1 050	1 350	1 500	1 300
3	1 100	1 450	1 700	1 400
4	1 250	1 650	1 850	1 550

Le calcul des paramètres de la droite donne :

a = 35,5882
b = 1 066,25

Les valeurs ajustées par cette équation sont données dans le tableau suivant (arrondies au centième le plus proche) :

Années \ Trimestres	1	2	3	4
1	1 101,84	1 173,43	1 173,01	1 208,60
2	1 244,19	1 279,78	1 315,37	1 350,96
3	1 386,54	1 422,13	1 457,72	1 493,31
4	1 528,90	1 564,49	1 600,07	1 635,66

Les rapports entre valeur réelle et valeur ajustée sont donnés dans le tableau suivant (arrondis à quatre chiffres) :

Années \ Trimestres	1	2	3	4
1	0,9076	1,0550	1,1935	0,9515
2	0,8439	1,0549	1,1404	0,9623
3	0,7933	1,0196	1,1662	0,9375
4	0,8176	1,0547	1,1562	0,9476
Coefficients saisonniers bruts	0,8406	1,0461	1,1641	0,9497
Coefficients saisonniers arrondis	0,84	1,05	1,16	0,95

c) Prévisions des ventes

La prévision qui peut être faite est fondée :

- d'une part sur l'hypothèse que les années à venir connaîtront la **même tendance générale** que les années passées ;
- d'autre part, sur un **calcul correct des coefficients** saisonniers mensuels.

Méthodologie

• L'équation générale du mouvement extra-saisonnier est utilisée pour prévoir la tendance à long terme des quatre prochains trimestres.

Pour rappel, l'équation est la suivante :

$$y' = 35{,}5882\ x + 1066{,}25$$

Dans notre exemple, les valeurs de y' seront calculées pour x égal à 17, 18, 19 et 20.

• Des coefficients saisonniers sont appliqués aux valeurs trouvées pour tenir compte des fluctuations saisonnières.

Exemple

Établissons les prévisions de ventes de l'année 5 :

Trimestres / Années	1	2	3	4
Prévisions du mouvement extra-saisonnier	1 671,25	1 706,84	1 742,43	1 778,01
Coefficients saisonniers	× 0,84	× 1,05	× 1,16	× 0,95
Prévisions de ventes	1 403,85	1 792,18	2 021,22	1 689,11

L'étude des séries chronologiques donne **la même importance aux observations quelle que soit leur ancienneté**. Dans un environnement incertain et changeant, cela revient à donner un poids considérable au passé. Pour s'opposer à cette tendance, certains gestionnaires préfèrent utiliser une autre méthode : le lissage exponentiel.

1.3 Le lissage exponentiel

Cette méthode de prévision calcule, de fait, une moyenne des observations passées mais en les pondérant. Les observations ont **un poids décroissant en fonction de leur ancienneté**.

Pour une période donnée t, la prévision des ventes est calculée selon la formule suivante :

$$Y_t = \alpha\, y_{t-1} + (1 - \alpha)\, Y_{t-1}$$

avec : $\mathbf{Y_t}$: prévision de la période t ;

$\mathbf{y_{t-1}}$: observation de la période précédente ;

$\mathbf{Y_{t-1}}$: prévision de la période précédente ;

α : coefficient de pondération compris entre 0 et 1.

Avec un raisonnement par récurrence, on démontre facilement que Yt est une moyenne de toutes les observations passées, pondérée par des coefficients décroissants avec le temps.

$$Y_t = \alpha\, y_{t-1} + \alpha\,(1 - \alpha)\, y_{t-2} + \alpha\,(1 - \alpha)^2\, y_{t-3} + \ldots + \alpha\,(1 - \alpha)^{n-1}\, y_{t-n+1} + (1 - \alpha)^n\, Y_{t-n}$$

À la vue de cette formule, deux réserves sont à formuler :

• **Sur la valeur du coefficient** α

Plus celui-ci est élevé, plus vite les informations passées perdent de leur importance ainsi :

- pour $\alpha = 0,4$ on a $(1 - \alpha)^4 = 0,1296$;
- pour $\alpha = 0,8$ on a $(1 - \alpha)^4 = 0,0016$.

La valeur du coefficient est donc primordiale pour la validité de la prévision. Seuls des essais sur α permettent de déterminer par la méthode des résidus la valeur qui «colle» le mieux à la série envisagée.

• **Sur la prévision initiale**

En pratique, elle est négligée car son poids devient vite faible dans le lissage.

Exemple : avec un coefficient de 0,6, au bout de quatre périodes, la prévision initiale pèse moins de 3% dans la prévision $[(1 - \alpha)^4 = 0,0256)]$.

Exemple

Soit la série suivante :

1	2	3	4	5	6
570	550	560	570	560	565

En retenant un coefficient de 0,8, on obtient :

$Y_2 = 0,8\ (570) + (1 - 0,8)\ 570 = 570$

$Y_3 = 0,8\ (550) + 0,2\ (570) = 554$

$Y_4 = 0,8\ (560) + 0,2\ (554) = 558,8$

$Y_5 = 0,8\ (570) + 0,2\ (558,8) = 567,76$

$Y_6 = 0,8\ (560) + 0,2\ (567,76) = 561,55$

et donc en prévision pour la période 7 :

$Y_7 = 0,8\ (565) + 0,2\ (561,55) = 564,31$

Dans la logique de la gestion budgétaire, la phase de prévision des ventes terminée et validée, c'est-à-dire déclarée compatible avec les capacités de production à court terme, l'étape suivante peut être commencée : la budgétisation de la prévision.

2. La budgétisation des ventes

Il est un peu artificiel de séparer aussi distinctement les procédures de prévision et de budgétisation. En effet, les prévisions des ventes influent sur les frais commerciaux et de distribution. Par ailleurs, il semble logique de considérer que les actions commerciales envisagées dans le cadre du budget ont une influence sur le niveau des ventes. Ainsi, prévision et chiffrage sont liés.

Cependant, dans le cadre de ce chapitre, nous sommes obligés à cette simplification. Après avoir étudié la procédure de budgétisation, nous présenterons les budgets obtenus.

2.1 Procédures d'élaboration des budgets commerciaux

Le travail de prévision des ventes est souvent effectué par un service des études commerciales en collaboration avec le contrôle de gestion.

Ce travail permet la connaissance des **possibilités commerciales** de l'entreprise et doit permettre à la direction générale de fixer aux services commerciaux les **objectifs** de l'année à venir.

Dans le cadre d'une gestion budgétaire négociée, cette phase doit être réalisée en collaboration avec les opérationnels de la vente. Le degré de participation des services concernés dépend de la nature de la délégation d'autorité et de la culture de l'entreprise.

La prévision retenue, souvent sous deux hypothèses, une haute et une basse, la direction commerciale définira les **moyens à mettre en œuvre** pour réaliser ces objectifs. Elle définit ainsi les **variables d'action** sur lesquelles elle compte asseoir son **plan d'action**.

Les principales variables d'action à ce niveau sont les différentes composantes du plan de marchéage des produits :
- les tarifs pratiqués,
- les ristournes à consentir,
- les actions de promotion,
- les choix de distribution,
- les effectifs de la force de vente.

Ce plan d'action fait l'objet d'un **préchiffrage** qui doit recevoir l'aval de la hiérarchie dans la mesure où il engendre des consommations de facteurs qui doivent rester **compatibles avec les possibilités globales de l'entreprise**.

Cet accord obtenu, le plan est traduit en **budgets**. Il doit y avoir autant de budgets que de responsables. Selon le niveau de responsabilité déléguée, les informations calculées changent : il est possible de trouver des budgets de dépenses, des budgets de recettes ou des budgets combinant recettes et dépenses.

2.2 Les différents budgets des services commerciaux

Il faut généralement distinguer le budget des ventes à proprement parler et celui des frais commerciaux.

a) Le budget principal des ventes

> **Le budget principal des ventes est l'expression chiffrée des ventes de l'entreprise par type de produits, en quantité et prix.**

Selon le niveau hiérarchique concerné, il sera plus ou moins décomposé. En général, il est bon d'obtenir des prévisions par rapport à plusieurs critères :
- **analyse chronologique**, c'est-à-dire la répartition dans le temps des ventes (souvent le mois). Ce type de décomposition est nécessaire pour un suivi efficace des réalisations ;
- **analyse géographique**, c'est-à-dire par zone ou circonscription. Ce découpage respecte l'organisation existante de la force de vente ;

- **analyse par clientèle**, c'est-à-dire par segments de marché qui présentent un comportement similaire et sur lesquels l'entreprise a défini une action spécifique ;
- **analyse des canaux de distribution** : sont distingués, par exemple, les grossistes des détaillants, les ventes directes des ventes par correspondance.

Toutes ces décompositions ne sont pas systématiquement fournies aux responsables commerciaux. En effet, le budget ne doit comporter que les **éléments strictement nécessaires à l'action et au contrôle du responsable concerné**.

b) Le budget des frais commerciaux

Les frais commerciaux comprennent en général :
- la force de vente,
- la publicité et la promotion des marques,
- l'administration de la fonction commerciale,
- les transports et la logistique de distribution,
- le conditionnement.

La prévision de tels frais mérite quelques remarques.

• **Les frais de publicité et promotion des marques** sont les résultats de décisions de nature politique quant au positionnement des produits. L'efficacité «moyens/résultats » est difficile à évaluer et très souvent, ces frais échappent à une procédure de prévision rationnelle.

• **Les autres frais** ont des liens plus précis avec les quantités vendues et seront approchés selon leur comportement en distinguant charges fixes et charges variables.

Ardoin, dans *Contrôle de gestion*[1], illustre la mise en œuvre d'un plan d'action commercial et du budget des ventes dans une entreprise qui commercialise des batteries. Nous lui empruntons son exemple (voir page suivante).

Ces budgets établis en fin d'année N serviront de référence tout au long de l'année N + 1. Les réalisations de l'entreprise y seront régulièrement confrontées : calcul d'écarts, analyse de ces écarts, mise en œuvre d'actions correctives qui permettent de piloter le système entreprise dans les limites définies par les budgets. Au-delà du calcul des écarts, la gestion budgétaire assure une fonction essentielle de pilotage.

Les calculs et les analyses d'écarts relèvent du contrôle budgétaire. Dans le cadre de la gestion budgétaire des ventes, celui-ci doit suivre tout à la fois des budgets de fonctionnement et le budget principal des ventes.

Le calcul d'écarts relatif aux budgets de fonctionnement fait appel à des décompositions similaires à celles étudiées pour les charges indirectes de production (voir chapitre 14) ; en revanche l'analyse du budget principal des ventes renvoie à une démarche spécifique qui a été proposée dans le chapitre 13.

---

1. Publi-Union, 1986.

OBJECTIFS

ADMINISTRATIONS		TOTAL

REVENDEURS	J F M A M J J A S O N D	TOTAL
Batteries PP		

MAGASINS	J F M A M J J A S O N D	TOTAL
Batteries PP		
P1		
P2		
P3		
Batteries E		
E1		
E2		
E3		
Accessoires		

↓

PLAN D'ACTION

TARIFS	MAGASINS	REVENDEURS	ADMINISTRATIONS
Batteries PP			
P1			
P2			
P3			
Batteries E			
E1			
E2			
E3			
Accessoires			
Ristournes			
Conditions de vente			

EFFECTIFS	RÉGION A	RÉGION B	RÉGION C	RÉGION D	SIEGE	TOTAL
Vente						
Administratifs						
Marketing						
Masse salariale						

PUBLICITÉ PROMOTIONS	J F M A M J J A S O N D	TOTAL
Publicité nationale		
Publicité régionale		
P.L.V.		
Promotion		

↓

BUDGET

BUDGET DES VENTES

	J F M A M J J A S O N D	TOTAL
C.A. Batteries PP		
Batteries E		
Accessoires		
C.A. Total brut		
Moins Ristournes magasins		
Ristournes revendeurs		
C.A. Total net		
Frais Personnel		
Charges sociales		
Déplacement		
Coût du personnel commercial		
Coût de publicité		
Frais divers de gestion		
Coût total de commercialisation		

RÉFLEXIONS SUR LE THÈME

1. Le temps est-il un facteur explicatif du niveau des ventes ?

Les modèles de prévision présentés ici sont des modèles par extrapolation qui prolongent l'évolution du passé dans le futur.

Ils supposent implicitement la stabilité du phénomène étudié et la non-apparition d'un bouleversement qui pourrait remettre en cause les tendances mises en évidence.

Ces hypothèses ne sont vérifiées que dans un horizon à court terme et encore faut-il bien comprendre qu'établir des prévisions en s'appuyant sur l'écoulement du temps n'explique pas les causes du phénomène étudié.

Ainsi, on peut préférer utiliser des modèles de causalité qui identifient les variables explicatives ou causales du phénomène étudié : les ventes d'une entreprise peuvent dépendre du prix de vente, de la politique de promotion et du taux de remise consenti aux clients.

La difficulté de tels modèles réside dans leur construction puisqu'il faut repérer les variables causales et les influences sur le phénomène étudié.

2. Nature des campagnes publicitaires et rattachement budgétaire

Dans les années 60-70, le marketing était essentiellement tourné vers le produit et le développement de ses ventes. Les actions commerciales : campagne publicitaire, promotion sur les lieux de ventes relevaient donc du budget des frais commerciaux.

Dans les années 70-80, le marketing a suivi une politique de segmentation en distinguant des cibles précises. Sont séparées :
- la publicité d'entretien qui vise à maintenir le «capital publicitaire» du produit comme des actions ponctuelles ou répétitives ;
- la publicité de lancement dont l'objectif est de faire connaître le produit et dont l'impact doit s'étaler sur plusieurs années ;
- la publicité institutionnelle qui cherche à faire connaître ou reconnaître l'entreprise afin de lui créer une image de marque.

Cette segmentation entraîne des rattachements budgétaires différenciés : la publicité d'entretien continue à relever d'un budget d'exploitation alors que les publicités de lancement et institutionnelle font partie des budgets d'investissement.

Cette distinction doit exister indépendamment des modes de comptabilisation (enregistrement en classe 6).

Applications

① *Société Tube SA*

L'analyse des ventes trimestrielles de tubes Y au cours des quatre derniers exercices a permis de dresser le tableau ci-après :

VOLUME DES VENTES TRIMESTRIELLES
(en milliers de tubes Y)

	N – 3	N – 2	N – 1	N
1er trimestre	524	532	556	660
2e trimestre	378	418	426	482
3e trimestre	354	378	394	434
4e trimestre	636	692	716	724

La composante tendancielle des ventes en volume est représentée par la relation : $Y = 9t + 460$ (origine des temps : 1er janvier N – 3).

I. Lissage par les moyennes mobiles

QUESTIONS

1. Déterminer, à cette fin, les moyennes mobiles centrées (de longueur 4).
2. Représenter graphiquement la suite des observations et celle des moyennes mobiles centrées. Que peut-on conclure ?
3. Calculer, pour chaque trimestre, l'indice saisonnier égal au rapport de l'observation sur la moyenne mobile centrée (prendre 4 décimales).
4. Calculer pour chaque trimestre le «coefficient saisonnier», moyenne pour chaque trimestre des rapports précédents.
5. Donner une estimation des ventes en volume pour les quatre trimestres de l'année N + 1.

II. Lissage exponentiel

On se propose sur les deux derniers exercices (N – 1 et N) de tester les valeurs de α. On hésite entre $\alpha = 0{,}4$ et $\alpha = 0{,}7$:

QUESTIONS

6. Calculer, par la méthode des résidus, la valeur à retenir.
7. À l'aide de la valeur du coefficient retenu à la question précédente, donner une estimation des ventes en volume pour le premier trimestre de l'année N + 1.

(d'après DECF)

② *Société Arcturus*

La société anonyme Arcturus a pour activité exclusive la vente en gros d'articles de sport et de camping. Son exercice se termine le 30 septembre.
On vous fournit un relevé des chiffres d'affaires mensuels hors taxes des trois derniers exercices.

CHIFFRES D'AFFAIRES MENSUELS RÉALISÉS AU COURS DES TROIS DERNIERS EXERCICES

	(N – 3/N – 2)	(N – 2/N – 1)	(N – 1/N)
Octobre	795	1 010	1 130
Novembre	947	1 326	1 391
Décembre	1 339	1 441	1 579
Janvier	1 054	1 361	1 560
Février	585	505	417
Mars	724	775	826
Avril	858	913	1 122
Mai	1 482	1 355	1 428
Juin	1 685	1 770	1 750
Juillet	1 360	1 299	1 252
Août	826	777	649
Septembre	788	934	866
....	12 443	13 469	13 978

QUESTIONS

1. Calculer les coefficients saisonniers (prendre 3 chiffres significatifs après la virgule).

Le service commercial prévoit un chiffre d'affaires hors taxes prévisionnel de 15 700 € pour l'exercice à venir.

2. En utilisant les coefficients saisonniers, établir le budget mensuel des ventes de l'exercice clos le 30 septembre N + 1. (Arrondir les résultats à l'euro le plus proche.)

(d'après DESCF)

(3) *Société des Équipements de bâtiments modulaires*

La société des Équipements de bâtiment modulaires (SEBM) est une petite entreprise industrielle qui fabrique des modules d'échafaudages vendus à une clientèle régionale d'entreprises du bâtiment.
Elle envisage de diversifier ses ventes en proposant à ses clients, à côté des échafaudages classiques, un produit nouveau : l'échafaudage mobile. On vous fournit un descriptif des deux produits.

1. Échafaudage classique
Produit traditionnel ; chaque échafaudage est constitué d'un nombre variable de modules identiques.

2. Échafaudage mobile
Produit de conception nouvelle dont la mise sur le marché est prévue pour début janvier N + 1.
Chaque échafaudage comprend :
– une plate-forme de base munie de roues et motorisée, que la SEBM achète finie chez un sous-traitant ;
– un nombre variable de modules analogues aux modules classiques.

Dans le cadre de la mise en place d'une gestion budgétaire, le contrôleur de gestion vous informe sur les données commerciales des deux produits :

Échafaudages classiques

Structure saisonnière des ventes N – 1 et N

	1er trimestre	2e trimestre	3e trimestre	4e trimestre
N – 1	7 074	14 140	12 120	7 070
N	6 860	13 720	11 760	6 860

Échafaudages mobiles

En l'absence de toute donnée historique, il a constitué un échantillon de clients de la SEBM au sujet de leurs intentions d'achat d'échafaudages mobiles et classiques.
Les résultats en sont qu'ils envisagent de substituer à 20 % de leurs achats de modules classiques, des achats en même quantité de modules mobiles.
De plus, il est vraisemblable qu'une clientèle nouvelle se porterait sur ces échafaudages mobiles et vous estimez que cette clientèle pourrait être égale à celle évoquée ci-dessus.
Par ailleurs, il n'y a aucune raison pour que la saisonnalité des ventes soit différente d'un produit à l'autre.

Les prix de vente prévus en N + 1 seront les suivants :

Module d'échafaudage classique.................................... 500 €
Module d'échafaudage mobile... 400 €
Plate-forme mobile.. 2 000 €

Pour le trimestre 2 de l'année N+1, les données réelles sont les suivantes :

	Chiffres d'affaires	Quantités vendues
Module échafaudage classique (MEC)	5 607 000	12 600
Module Échafaudage mobile (MEM)	2 331 200	4 960
Plate-forme mobile (PFM)	1 246 200	620
Total	9 184 400	

QUESTIONS

1. **Sachant que les prévisions de ventes d'échafaudages classiques, faites sur la base de l'évolution du marché et avant mise au point des échafaudages mobiles, étaient pour N + 1 de 40 000 modules, en déduire les prévisions de vente compte tenu de l'introduction des échafaudages mobiles sur le marché dès le 1er janvier N + 1.**
2. **Établir le budget des ventes en quantité et en valeur, par trimestre, pour l'année N + 1.**
3. **Calculer et analyser l'écart total sur chiffre d'affaires pour le trimestre 2 de l'année N + 1.**

(d'après DECF)

④ *Société Alibert*

Pendant les 12 mois (x) d'une année, la société Alibert a noté le chiffre d'affaires (y) relatif à un produit nouveau (y en euros).

x_i	y_i	x_i	y_i	x_i	y_i
1	31	5	499	9	7 850
2	67	6	1 150	10	17 320
3	125	7	2 025	11	31 450
4	263	8	4 157	12	69 200

QUESTIONS

1. **Calculer u = log y pour chaque mois. Les logarithmes décimaux seront donnés avec 2 décimales.**
2. **Représenter graphiquement l'ensemble des couples (x_i, y_i) et (x_i, u_i).**
3. **Déterminer par la méthode des moindres carrés une droite d'ajustement d'équation : $U = ax + b$.**
4. **En déduire une relation $y = F(x)$ de la forme $y = y_0 A^x$.**

(d'après examen)

16 La gestion budgétaire de la production

La budgétisation de la production est la représentation globale chiffrée de l'activité productive annuelle. Mais ce n'est que l'aboutissement final de toute la procédure de gestion de la production. Auparavant, de manière continue et quotidienne, il faut gérer et optimiser l'organisation du travail et de la production grâce à quelques méthodes et techniques simples. Nous présenterons ici les trois principales.

1. Les techniques de gestion de la production

Dans le cadre d'une organisation taylorienne de la production, trois questions se posent en permanence :

• Combien faut-il produire pour répondre à la demande en tenant compte des contraintes techniques de fabrication ? Les méthodes de **programmation linéaire** permettent d'y répondre.

• Combien faut-il commander et stocker de matières premières pour satisfaire la demande prévue ? Le **calcul des besoins en composants donne la réponse**.

• Comment et combien faut-il charger les ateliers, les machines, les capacités humaines pour que la production corresponde aux besoins ? Les **méthodes de chargement** gèrent les goulots d'étranglements.

1.1 La programmation linéaire

La programmation linéaire est une technique qui permet de répondre à l'interrogation suivante : le programme des ventes déterminé en amont par les services commerciaux permet-il de saturer les contraintes productives et ce, de façon optimale en termes de résultat attendu ?

Sous cette forme, le problème a **deux aspects** qui seront envisagés successivement :
- assurer, si possible, le plein emploi des capacités productives (c'est-à-dire les équipements et la majeure partie de la main-d'œuvre) ;
- choisir une combinaison productive de produits qui maximise la rentabilité.

a) Élaboration d'un programme de production pour assurer le plein emploi des ateliers

L'illustration de cet outil sera envisagée dans le cadre d'un exemple d'entreprise de l'industrie mécanique.

Exemple

Soit une entreprise de construction mécanique qui produit trois types de roulement : R1, R2 et R3. Les trois types de roulement passent successivement dans trois ateliers. Leurs temps de passage en heures et par atelier sont donnés dans le tableau ci-après :

Produits / Ateliers	R1	R2	R3	Capacité des ateliers
A1	4	2	1	2 600 heures
A2	3	3	2	2 500 heures
A3	2	5	3	3 000 heures

Pour des impératifs commerciaux, la production des roulements R3 est fixée à 200 unités.

Existe-t-il un programme de production qui assure le plein emploi des capacités ? En cas de réponse négative, quel programme choisir ?

Les contraintes peuvent être mises en équation, en prenant pour acquis la vente et la production de 200 R3. Le choix se situe donc entre les produits R1 et R2.

Ces différentes contraintes peuvent être rapportées sur un graphique.

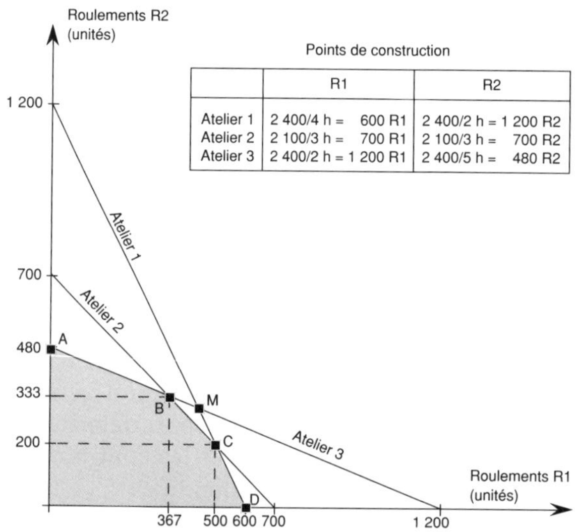

	R1	R2
Atelier 1	2 400/4 h = 600 R1	2 400/2 h = 1 200 R2
Atelier 2	2 100/3 h = 700 R1	2 100/3 h = 700 R2
Atelier 3	2 400/2 h = 1 200 R1	2 400/5 h = 480 R2

Équations des contraintes :

atelier A1 → 4R1 + 2R2 + R3 ≤ 2600 d'où

4R1 + 2R2 ≤ 2 600 – (200 R3 × 1) soit 2 400

atelier A2 → 3R1 + 3R2 ≤ 2 500 – (200 R3 × 2) soit 2 100

atelier A3 → 2R1 + 5R2 ≤ 3 000 – (200 R3 × 3) soit 2 400

Démarche générale

Chaque contrainte partage le plan en trois zones :

- **la droite elle-même** qui représente toutes les combinaisons de produits qui saturent la contrainte ;
- **une zone en dessous de la contrainte** : les combinaisons de cette partie du plan respectent la contrainte mais n'assurent pas le plein emploi de ses capacités ;
- **la partie supérieure du plan** : les combinaisons de produits sont inacceptables puisqu'elles nécessitent plus de facteurs de production que l'on en dispose.

Pour **assurer le plein emploi simultané** des contraintes productives, il faut rechercher la ou les combinaison(s) productive(s) qui **saturent toutes les contraintes** concernées.

Suite de l'exemple

L'ensemble des contraintes définit un polygone de combinaisons acceptables ABCDE. **Aucun point de ce domaine ne permet de saturer toutes les contraintes de production.**

Seuls les points B et C assurent le plein emploi de deux des trois contraintes de production.

Solution B : intersection de l'atelier A2 et de l'atelier A3.

Il suffit de résoudre le système d'équation suivant pour obtenir la combinaison de produits :

$$\begin{cases} 3R1 + 3R2 = 2\,100 \\ 2R1 + 5R2 = 2\,400 \end{cases}$$

et on obtient 367 R1 et 333 R2.

L'atelier A1 est en sous-emploi de :

2400 – (367 R1 × 4) – (333 R2 × 2) = 266 heures

Solution C : intersection de l'atelier A1 et A2.

Sur le graphique, on lit la combinaison de produits soit 500 R1 et 200 R2.

L'atelier A3 est en chômage pour :

2400 – (500 R1 × 2) – (200 R2 × 5) = 400 heures

Démarche générale

À cette étape du raisonnement, le choix doit se faire entre le coût relatif du chômage de chaque atelier.

Il intégrera le montant des charges fixes spécifiques mais également les possibilités d'obtenir des travaux de sous-traitance sur les ateliers en sous-activité afin de réduire cette dernière.

Compte tenu des résultats précédents, l'entreprise peut également chercher des solutions qui permettent d'augmenter les capacités des ateliers :
- recours aux heures supplémentaires ;
- organisation différente du travail : travail sur trois équipes au lieu de deux ;
- réallocation des matériels (lorsque c'est possible) entre ateliers en sous-activité et ceux à qui ils manquent des capacités.

Dans les cas envisagés précédemment, c'est l'atelier A2 **qui limitait la production et obligeait au sous-emploi des autres ateliers : on qualifie cette situation de goulot d'étranglement.**

Suite de l'exemple

L'entreprise décide d'affecter des capacités supplémentaires pour obtenir le plein emploi de ces trois ateliers.

Dans cette perspective, elle choisit la combinaison productive représentée par le point M du graphique qui correspond à 450 R1 et 300 R2 (chiffres lus sur le graphique).

L'atelier A2 devrait disposer d'une capacité de :

(450 R1 × 3) + (300 R2 × 3) = 2 250 heures

Si l'entreprise veut choisir cette solution, elle doit affecter une capacité supplémentaire de 150 heures (2 250 – 2 100) à l'atelier A2.

b) Recherche de la solution optimale en termes de rentabilité

Toutes ces possibilités ont été envisagées sans l'aspect pécuniaire. Mais les choix de l'entreprise ne peuvent s'effectuer sans référence aux coûts des ateliers ni à la rentabilité des différents produits.

Reprenons le cas de l'entreprise de construction mécanique.

Exemple

Supposons que les produits R1,R2 et R3 dégagent respectivement une marge sur coûts variables de 160, 140 et 50 euros.

La solution optimale est celle qui maximise la marge sur coût variable globale. C'est-à-dire : MAX F = 160 R1 + 140 R2

La fonction ainsi définie est appelée **Fonction économique du programme**. Elle peut s'écrire aussi : R2 = – 1,15 R1 + MAX F

Sous cette forme, la fonction économique est une fonction de la forme ax + b et MAX F est une constante qu'il faut maximiser tout en respectant les contraintes de l'entreprise. Cela revient à **chercher la droite de pente égale à – 1,15 et dont l'ordonnée à l'origine est maximum**. Il existe une méthode graphique pour choisir la solution optimale.

Reprenons le graphique précédent.

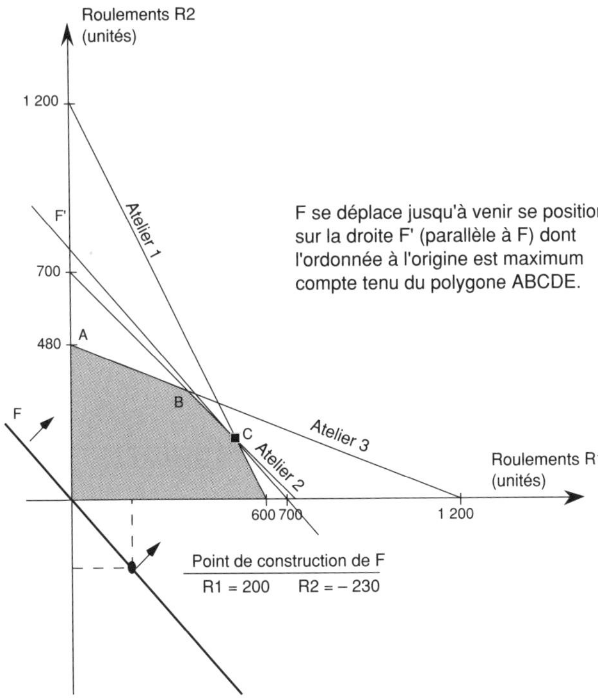

La marge sur coût variable globale dégagée est de :
(160 € × 500 R1) + (140 € × 200 R2) = 108 000 €.

Démarche générale

La fonction économique (F) doit être représentée au point E. Il existe toute une famille de droites parallèles à la droite F et qui possèdent des ordonnées à l'origine de plus en plus élevées dès que l'on se déplace vers le haut du graphique.

Le déplacement sur le graphique d'une droite parallèle à la droite tracée permet de déterminer directement le point d'intersection entre le polygone des solutions acceptables et la fonction économique : ce point est celui de la solution optimale. Ici, il s'agit du point C représentant une combinaison de 500 R1 et de 200 R2.

Cette solution reste **valable** tant que les **capacités de production et les marges générées par les produits restent inchangées.**

Remarque : La solution graphique est praticable dans le cas de deux produits car elle conduit à des représentations géométriques simples. Dès que le **nombre de produits s'accroît, il faut avoir recours aux techniques du simplexe** pour résoudre ce type de problème.

L'emploi de ces méthodes permet, à court terme, d'ajuster les prévisions des ventes et les capacités de production de l'entreprise. Ces choix définis, il est nécessaire de répartir les charges de travail dans le temps et l'espace mais auparavant il faut calculer les besoins en composants.

1.2 Calcul des besoins en composants

Le calcul des besoins en composants ou PBC (planification des besoins en composants) correspond à la gestion des stocks de matières premières nécessaires à la production. Ce calcul s'insère dans un système plus large de gestion de la production : le MRP (*Management Resources Planning*).

Le **MRP** est un système de pilotage par l'amont du processus de production.

Il s'organise selon le schéma suivant :

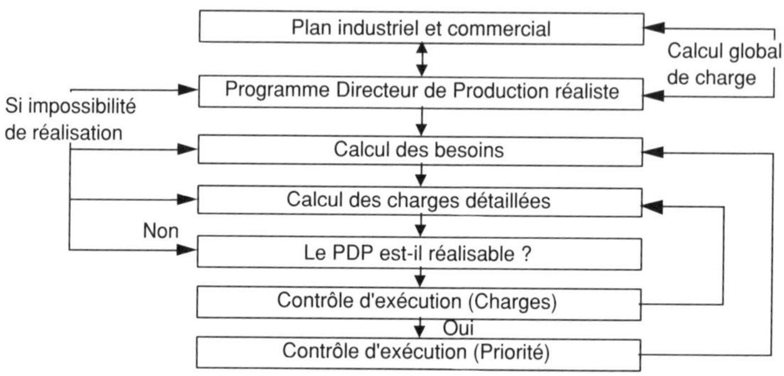

Architecture de M.R.P. - 2

Source : Courtois A., Martin C., Pillet M., *Gestion de production*, Éditions d'Organisation, 1989.

Le **plan industriel et commercial** est «élaboré par familles de produits». Il représente un calendrier des ventes et du niveau des stocks sur une période variable suivant la durée du cycle de fabrication mais qui dépasse souvent le cadre annuel de la gestion budgétaire.

Il s'appuie sur la relation suivante :

Production prévisionnelle	=	Ventes prévisionnelles	+	Niveau de stock désiré	–	Niveau de stock actuel

Le **programme directeur de production** est la traduction en termes de produits ou de sous-ensembles du plan précédent. Il rassemble l'ensemble des demandes sur la production (un même sous-ensemble peut servir à plusieurs produits) et établit un échéancier des productions à effectuer. Son horizon est la semaine, voire le jour. Il doit être compatible avec les capacités usines et répondre aux prévisions commerciales.

Le **calcul des besoins** précise pour chaque élément les besoins en quantités de tous les articles achetés ou réalisés par l'entreprise ainsi que les dates de fabrication ou d'approvisionnement.

Le **calcul des charges** analyse les postes de travail en capacité et gère les flux entrant et sortant dans chaque atelier. Il permet aux gestionnaires de repérer les goulots d'étranglement.

Les **contrôles d'exécution** ordonnancent la charge de travail entre les postes une fois les problèmes de sous ou sur capacité réglés. Il planifie les priorités en termes d'ordres de fabrication.

a) Le principe du calcul des besoins en composants

Chaque produit est composé d'ensembles, de sous-ensembles et de pièces. Ce sont ces composants de base que les services de production doivent usiner. Le programme prévisionnel des ventes exprimées en nombre de produits doit être transcrit en éléments de base dont la charge de travail est à répartir dans le temps et l'espace.

La fabrication d'un produit est composée de phases d'usinage et d'assemblage. Chaque étape de fabrication est caractérisée par :
– un **élément** (ensemble, sous-ensemble ou pièce),
– une **opération** qui s'effectue sur l'élément,
– une **durée** pour réaliser cette opération.

L'ensemble des éléments constitutifs du produit ainsi que la nature et la durée de l'opération qu'ils supportent forme une **nomenclature**. Courtois[1] illustre cette décomposition dans le cas simplifié d'une valise.

Cette nomenclature permet de définir des **besoins dépendants et des besoins indépendants**.

1. Courtois A., Martin C., Pillet M., *Gestion de la production*, Éditions d'Organisation, 1989.

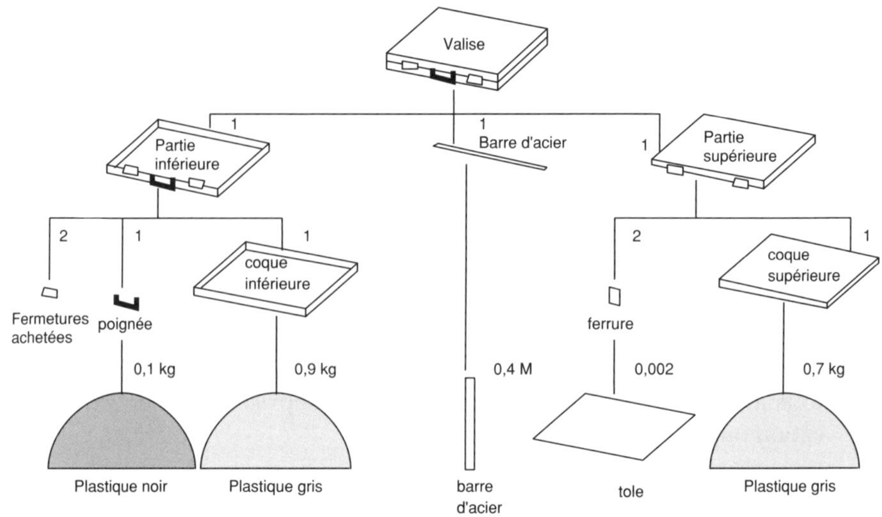

• Les **besoins indépendants** sont constitués de pièces ou produits achetés en l'état à l'extérieur. La prévision de consommation de tels besoins repose uniquement sur une bonne prévision des ventes (exemple : dans le cas de la valise, les fermetures représentent un besoin indépendant).

• Les **besoins dépendants** sont constitués des sous-ensembles pièces et matières nécessaires aux produits finis. Pour de tels besoins, la prévision de consommation ne peut être obtenue que par calcul.

b) Un cas simplifié de calcul des besoins en composants

Exemple

Soit, pour un processus de fabrication par lots, les nomenclatures suivantes, pour 3 produits A, B et C.

Niveau de nomenclature	Matrice de nomenclature				Délai d'assemblage ou d'usinage
1er niveau de nomenclature (Ensemble par produit)	Produit / Ensemble	A	B	C	M = matrice
	E_1 E_2 E_3	1 2 1	1 0 1	2 1 2	$= M_E^P$ 3 mois

	Ensemble / Sous-ensemble	E1	E2	E3	
2e niveau de nomenclature (Sous-ensemble par ensemble)	SE_1 SE_2 SE_3	1 1 0	2 1 1	1 1 2	$= M^{E}_{SE}$ 2 mois
	Sous-ensemble / Pièces	SE_1	SE_2	SE_3	
3e niveau de nomenclature (Pièce par sous-ensemble)	PI_1 PI_2 PI_3	1 1 0	1 1 1	1 2 1	$= M^{SE}_{PI}$ 1 mois
	Pièce / Matières premières	PI_1	PI_2	PI_3	
4e niveau de nomenclature (Matières premières par pièce)	M_1 M_2 M_3	2kg 1 1	0 1 1	2 1 0	$= M^{PI}_{MP}$ 3 mois (de délai d'approvisionnement)

Le carnet de commandes prévisionnelles pour les trois produits est le suivant :

Mois / Produits	Janvier N	Février N	Mars N
A	1	2	1
B	2	1	1
C	0	1	2

Établir le modèle de calcul des besoins en composants correspondant à ces nomenclatures et calculer, pour le carnet de commandes donné, le nombre et la date de disponibilité des ensembles, des sous-ensembles, des pièces et des matières premières.

Le modèle de PBC consiste en une suite de multiplications de matrices qui indiqueront les quantités nécessaires et les dates (en mois) auxquelles ces quantités doivent être disponibles.

Soit M^N_P la matrice représentant le carnet de commandes.

• ***Calcul des besoins en ensembles (niveau 1 de nomenclature)***

$$M^P_E \times M^N_P = M^N_E$$

$$\begin{array}{c} \\ E_1 \\ E_2 \\ E_3 \end{array} \begin{array}{c} A \quad B \quad C \\ \begin{bmatrix} 1 & 1 & 2 \\ 2 & 0 & 1 \\ 1 & 1 & 2 \end{bmatrix} \end{array} \times \begin{array}{c} \\ A \\ B \\ C \end{array} \begin{array}{c} \text{Janv. Fév. Mars} \\ \begin{bmatrix} 1 & 2 & 1 \\ 2 & 1 & 1 \\ 0 & 1 & 2 \end{bmatrix} \end{array} = \begin{array}{c} \\ E_1 \\ E_2 \\ E_3 \end{array} \begin{array}{c} \text{Oct. Nov. Déc.} \\ \begin{bmatrix} \textcircled{3} & 5 & 6 \\ 2 & 5 & 4 \\ 3 & 5 & 6 \end{bmatrix} \end{array}$$

Compte tenu des commandes de janvier N, il faut :

$(1E_1 \times 1A) + (1E_1 \times 2B) + (2E_1 \times 0C) = 3E_1$

Le raisonnement est identique pour E_2 et E_3.

Le mois de disponibilité tient compte du délai d'assemblage des ensembles E1 soit 3 mois.

Si la livraison doit être faite en janvier N, les ensembles E_1, E_2, E_3 doivent être disponibles 3 mois plus tôt soit en octobre N – 1.

- ***Calcul des besoins en sous-ensembles (niveau 2 de nomenclature)***

$$M_{SE}^{E} \times M_{E}^{N} = M_{SE}^{N}$$

$$\begin{array}{c} \\ SE_1 \\ SE_2 \\ SE_3 \end{array} \begin{array}{c} \begin{array}{ccc} E_1 & E_2 & E_3 \end{array} \\ \begin{bmatrix} 1 & 2 & 1 \\ 1 & 1 & 1 \\ 0 & 1 & 2 \end{bmatrix} \end{array} \times \begin{array}{c} \\ E_1 \\ E_2 \\ E_3 \end{array} \begin{array}{c} \begin{array}{ccc} Oct. & Nov. & Déc. \end{array} \\ \begin{bmatrix} 3 & 5 & 6 \\ 2 & 5 & 4 \\ 3 & 5 & 6 \end{bmatrix} \end{array} = \begin{array}{c} \\ SE_1 \\ SE_2 \\ SE_3 \end{array} \begin{array}{c} \begin{array}{ccc} Août & Sept. & Oct. \end{array} \\ \begin{bmatrix} \textcircled{10} & 20 & 20 \\ 8 & 15 & 16 \\ 8 & 15 & 16 \end{bmatrix} \end{array}$$

Le raisonnement est identique au précédent compte tenu d'un délai de 2 mois.

- ***Calcul des besoins en pièces (niveau 3 de nomenclature)***

$$M_{PI}^{SE} \times M_{SE}^{N} = M_{PI}^{N}$$

$$\begin{array}{c} \\ PI_1 \\ PI_2 \\ PI_3 \end{array} \begin{array}{c} \begin{array}{ccc} SE_1 & SE_2 & SE_3 \end{array} \\ \begin{bmatrix} 1 & 1 & 1 \\ 1 & 1 & 2 \\ 0 & 1 & 1 \end{bmatrix} \end{array} \times \begin{array}{c} \\ SE_1 \\ SE_2 \\ SE_3 \end{array} \begin{array}{c} \begin{array}{ccc} Août & Sept. & Oct. \end{array} \\ \begin{bmatrix} 10 & 20 & 20 \\ 8 & 15 & 16 \\ 8 & 15 & 16 \end{bmatrix} \end{array} = \begin{array}{c} \\ PI_1 \\ PI_2 \\ PI_3 \end{array} \begin{array}{c} \begin{array}{ccc} Juil. & Août & Sept. \end{array} \\ \begin{bmatrix} 26 & 50 & 52 \\ 34 & 65 & 68 \\ 16 & 30 & 32 \end{bmatrix} \end{array}$$

- ***Calcul des besoins en matières premières (niveau 4 de nomenclature)***

$$M_{MP}^{PI} \times M_{PI}^{N} = M_{MP}^{N}$$

$$\begin{array}{c} \\ MP_1 \\ MP_2 \\ MP_3 \end{array} \begin{array}{c} \begin{array}{ccc} PI_1 & PI_2 & PI_3 \end{array} \\ \begin{bmatrix} 2 & 0 & 2 \\ 1 & 1 & 1 \\ 1 & 1 & 0 \end{bmatrix} \end{array} \times \begin{array}{c} \\ PI_1 \\ PI_2 \\ PI_3 \end{array} \begin{array}{c} \begin{array}{ccc} Juil. & Août & Sept. \end{array} \\ \begin{bmatrix} 26 & 50 & 52 \\ 34 & 65 & 68 \\ 16 & 30 & 32 \end{bmatrix} \end{array} = \begin{array}{c} \\ MP_1 \\ MP_2 \\ MP_3 \end{array} \begin{array}{c} \begin{array}{ccc} Avril & Mai & Juin \end{array} \\ \begin{bmatrix} 84 & 160 & 168 \\ 76 & 145 & 152 \\ 60 & 115 & 120 \end{bmatrix} \end{array}$$

Ainsi sont planifiés la production et les approvisionnements sur toute la durée du processus de fabrication soit 9 mois.

La validité des prévisions obtenues dépend de la connaissance des ventes futures et de la qualité des informations contenues dans la nomenclature.

Cette démarche est un **modèle d'entreprise complet** : il permet, en fait, à partir des prévisions des ventes ou du carnet de commandes de planifier l'ensemble de l'activité, de réserver des capacités, de gérer les stocks de composants et d'assurer leurs disponibilités aux dates nécessaires.

Sous réserve de données de coûts, il permet également de **calculer les charges de trésorerie** et les **coûts complets standards par produits** dès les prévisions de ventes.

Ainsi donc, la gestion des goulots d'étranglement et d'équilibrage des charges est le point clé de la gestion de la production.

1.3 Les méthodes de chargement et les goulots d'étranglement

La notion de goulot d'étranglement est liée au concept de chargement des ateliers et à un manque de capacité pour satisfaire les besoins de fabrication répertoriés. Intéressons-nous d'abord aux problèmes de chargement des ateliers avant d'envisager l'allocation entre les différents produits en cas de sous-capacité.

a) Tableau de chargement des ateliers

Les points seront développés dans le cadre d'une application.

Exemple

Dans deux ateliers A1 et A2, trois produits X, Y et Z doivent être usinés.

Le temps (exprimé en heures) nécessaire à l'usinage de chacun des produits dans les ateliers est résumé dans le tableau suivant :

Pour / Dans l'atelier	X	Y	Z
atelier A1	1	3	2
atelier A2	1	2	5

Les temps de chargement des différents postes de travail sont de 2 000 heures par an dans l'atelier A1 et de 2 100 heures par an dans l'atelier A2. Il faut compter 10 % pour les temps de réglage et de changement d'outil pendant lesquels les machines ne sont pas en état de marche.

Le nombre maximum de postes utilisables est de 20 pour l'atelier A1 et de 18 pour l'atelier A2.

Le budget des ventes prévoit 7 000 X, 6 000 Y et 4 000 Z.

Les lots de fabrication doivent respecter la proportion des ventes (hypothèse de production simultanée).

Établir un programme de chargement qui permet les ventes en quantités maximales.

Démarche générale

- Calcul des capacités nécessaires à la production maximale.
- Calcul des capacités disponibles.
- Ajustement entre le désirable et le possible.

Suite de l'exemple

Tableau provisoire des temps de chargement :

Intitulé	Atelier 1	Atelier 2
Calcul des capacités nécessaires		
Pour le produit X	7 000	7 000
(7 000 × temps de fabrication)	(7 000 × 1)	(7 000 × 1)
Pour le produit Y	18 000	12 000
(6 000 × temps de fabrication)	(6 000 × 3)	(6 000 × 2)
Pour le produit Z	8 000	20 000
(4 000 × temps de fabrication)	(4 000 × 2)	(4 000 × 5)
Capacités nécessaires (A)	33 000	39 000
Calcul des capacités disponibles		
Temps de marche par poste de travail		
(temps de chargement × 0,90)	1 800	1 890
Nombre de postes par atelier	× 20	× 18
Capacités disponibles (B)	36 000	34 020
Solde		
Excédent de capacités (B) – (A)	3 000	
Manque de capacités (A) – (B)		4 980
Taux de chargement (A)/(B)	0,916	1,146

L'atelier A2 a un taux de chargement supérieur à 1, ce qui n'est pas réaliste. Cet atelier présente un manque de capacité de 4 980 heures : il constitue un goulot d'étranglement. C'est lui qui limite la production possible.

Ajustement :

La contrainte de fabrication simultanée et dans la proportion donnée (7 X, pour 6 Y et 4 Z) définit une combinaison productive qui consomme, lors de son passage dans l'atelier A2 : (7 X × 1) + (6 Y × 2) + (4 Z × 5) = 39 heures

Dans les capacités disponibles de l'atelier A2, on peut avoir :

34 020 h/39 = 872 combinaisons de base et donc une fabrication de :

- 872 combin. × 7 X = 6 104 X arrondie à 6 100 unités,
- 872 combin. × 6 Y = 5 232 Y arrondie à 5 230 unités,
- 872 combin. × 4 Z = 3 488 Z arrondie à 3 480 unités.

Il est alors possible de présenter le **tableau de chargement définitif** :

Intitulés	Atelier 1	Atelier 2
Calcul des capacités nécessaires		
Produit X (6 100 unités × tps de fabication)	6 100	6 100
Produit Y (5 230 unités × tps de fabication)	15 690	10 460
Produit Z (3 480 unités × tps de fabication)	6 960	17 400
	28 750	33 960
Capacités disponibles	36 000	34 020
Solde excédent de capacité	7 250 heures	60 heures
Taux de chargement	0,80	≈ 1

Avec ce programme, les taux de chargement sont tous inférieurs ou égaux à 1 mais l'atelier A1 est en chômage pour 7 250 heures.

b) Goulot d'étranglement et choix des produits

Les programmes précédents ont été obtenus sans référence aux coûts et aux marges générés par les produits. La gestion optimale d'un goulot d'étranglement ne peut s'effectuer hors des éléments de prix.

Reprenons notre exemple en le complétant.

Suite de l'exemple

Le contrôleur de gestion vous fournit les renseignements complémentaires suivants :

	X	Y	Z
Marge sur coût variable par produit	150 €	320 €	400 €

Il vous demande d'établir le programme de production qui génère la plus grande marge globale.

Démarche générale

Il s'agit de saturer les capacités de l'atelier qui constitue le goulot d'étranglement en produisant des quantités différentes de X, Y et Z. **Il n'y a donc plus l'hypothèse de production simultanée.**

L'élément «rare» n'est pas un des produits mais **l'unité de facteur du goulot d'étranglement** (ici, l'heure de marche des machines de l'atelier). Il faut donc utiliser ces heures à produire ce qui rapporte le plus, non pas en termes de produits mais en termes de **marge par unité de facteur du goulot d'étranglement**.

Suite de l'exemple

Calcul de marge par heures de passage et par produit dans l'atelier A2.

	X	Y	Z
Marge sur coût variable par produit	150 €	320 €	400 €
Temps de passage par produit (en heures)	1	2	5
Marge sur coût variable horaire	150	160	80
Ordre de production	2	1	3

Le programme de production s'établit à :

Quantités de produits	Temps nécessaire	Temps disponible	Marge sur coût variable
		34 020 (1)	
6 000 Y	12 000 h	22 020	1 920 000
7 000 X	7 000 h	15 020	1 050 000
3 004 Z	15 020 h	0	1 201 600
Marge sur coût variable globale			4 171 600

(1) Il s'agit de la capacité disponible calculée dans le tableau de chargement provisoire.

Ce programme assure une utilisation optimale des heures de l'atelier A2 et est compatible avec les capacités de l'atelier A1. Il est facile de vérifier que le nombre d'heures de fonctionnement dans cette hypothèse s'élève à 31 008 heures pour A1 et donne un taux de chargement inférieur (0,86 au lieu de 0,92 précédemment).

Les techniques présentées ici l'ont été dans le cadre d'une organisation de production taylorienne.

Les enjeux et les outils utilisés par une organisation productive en JAT ont été décrits dans le chapitre 3 de cet ouvrage. Il s'agit donc d'avoir une compréhension globale de ces dispositifs car, aujourd'hui, coexistent dans les entreprises des ateliers gérés en flux poussés (avec MRP par exemple) et des ateliers en flux tirés (avec kanbans et approvisionnement synchrone).

Tous ces calculs doivent permettre d'harmoniser les prévisions des ventes et le programme de production afin de pouvoir envisager les conséquences budgétaires des choix précédents.

2. La budgétisation de la production

Il s'agit, après avoir défini les variables d'action, de ventiler le programme de production en autant de budgets que nécessaire. Ce travail de budgétisation est réalisé en collaboration avec les services techniques productifs et le contrôle de gestion. Il semble nécessaire de rappeler les tâches des uns et des autres.

2.1 Partage des tâches entre les services de production et le contrôle de gestion

Nous reprendrons la figure exposée p. 348, pour la compléter (voir page suivante).

2.2 Valorisation du programme de production

Pour présenter un plan de production valorisé, l'entreprise utilise les coûts standards des produits définis au chapitre 14. **Ce chiffrage représente l'objectif des services productifs**.

Dans ce chiffrage les charges directes et indirectes de production sont éclatées dans le temps (le mois très souvent) et dans l'espace en fonction de la répartition géographique de la production et des responsabilités.

Ces services doivent proposer un **plan d'action** permettant de respecter, dans les conditions du budget, leurs obligations en matière de production.

Ce plan envisage les variables suivantes :
- le taux de perte de matières premières ;
- le taux de productivité de la main-d'œuvre ;
- les effectifs ;
- la sous-traitance en volume (éventuellement) ;
- l'entretien préventif en taux d'heures perdues, etc.

PARTAGE DES TÂCHES ENTRE SERVICES DE PRODUCTION ET CONTRÔLE DE GESTION

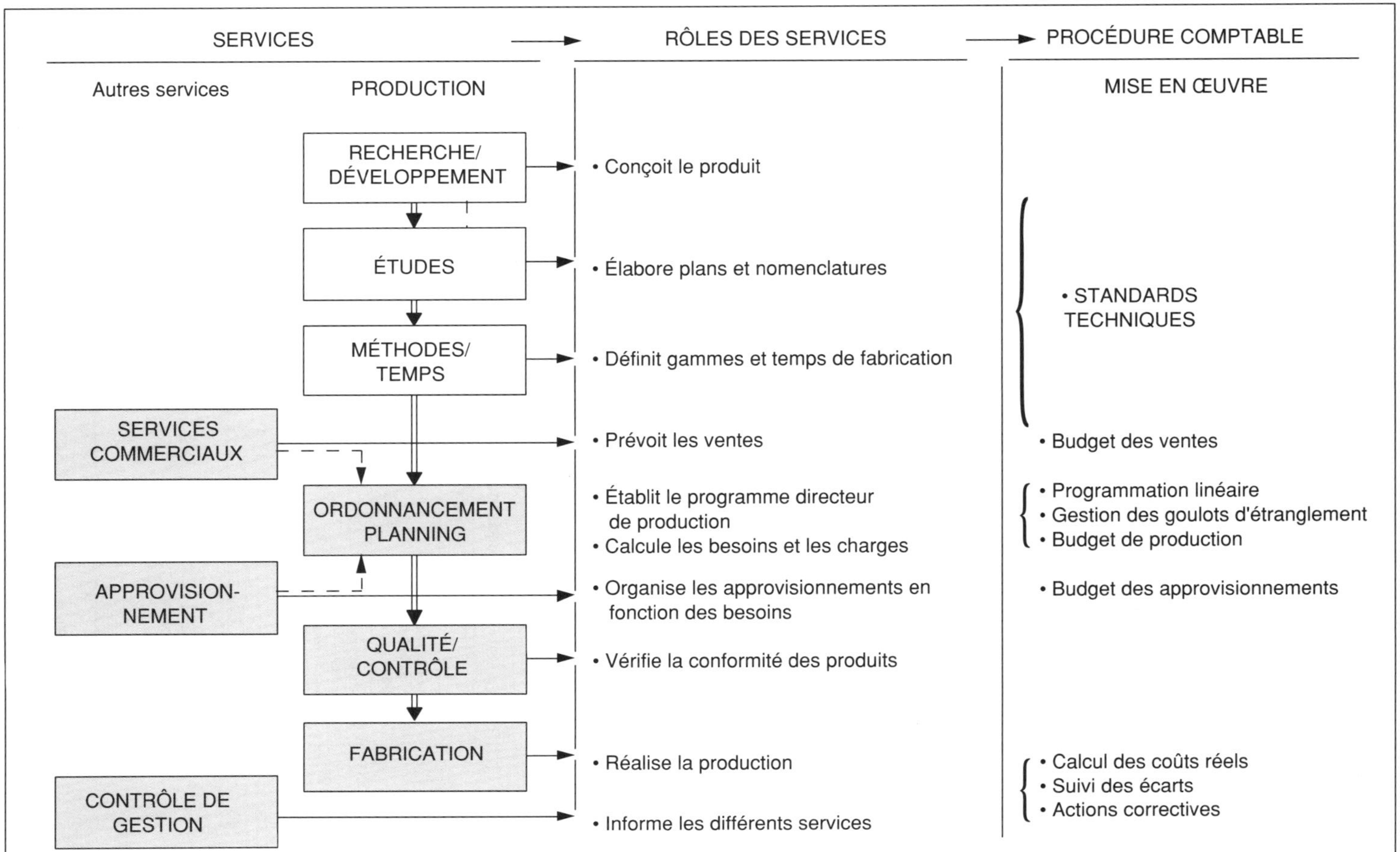

Le contrôle de gestion intervient en collaboration et en conseil pour l'élaboration des budgets dans toutes les zones grisées.

Ainsi, en reprenant l'exemple de l'entreprise de batteries proposé par Ardoin, la budgétisation de la production s'organise comme sur la figure ci-dessous.

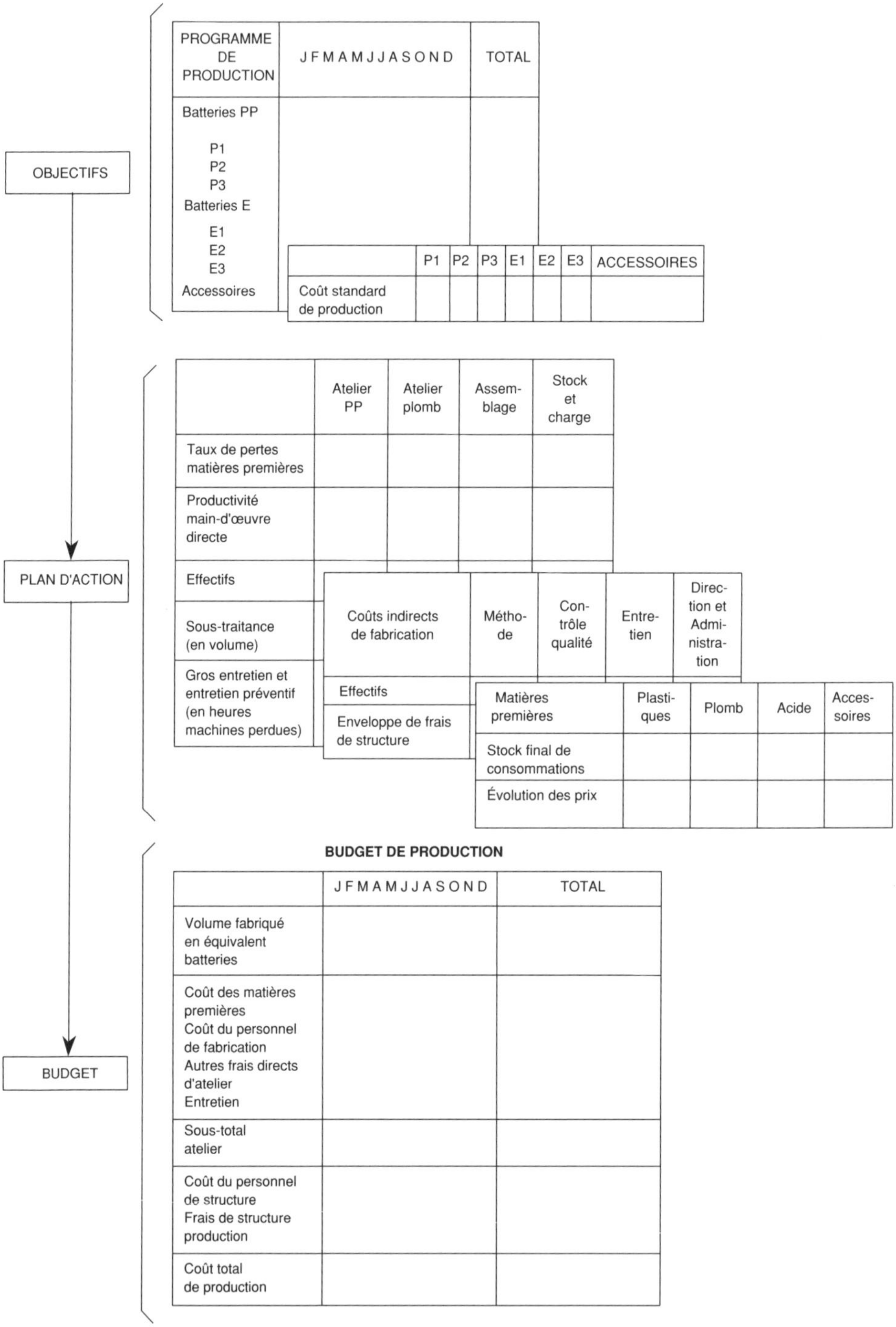

Source : Ardoin J.-L., Michel D., Schmidt J., *Le contrôle de gestion*, Publi-Union, 1986.

RÉFLEXIONS SUR LE THÈME

1. Les techniques de gestion de la production évoluent avec les modifications de l'organisation de la production

Les quelques méthodes présentées ici ont été élaborées dans le contexte productif du début du siècle avec une organisation sur stocks et des produits relativement standards. Elles répondaient alors tout à fait aux besoins d'information et de gestion du moment.

Le contexte actuel est différent. Les stocks sont remplacés par les flux : c'est l'organisation juste-à-temps. Dans cette optique, certaines techniques sont toujours utiles et nécessaires à la gestion de la production (programmation linéaire, programme de chargement) avec des adaptations, d'autres doivent être modifiées comme le MRP.

Pour autant, il est fréquent de voir coexister dans les entreprises, des organisations de production classiques et des gestions en juste-à-temps. Dans ce cas, la gestion de la production utilisera toutes les techniques existantes.

2. La production et la vente sont indissociables

Pour bien connaître la demande et s'y adapter le mieux possible en quantité et en temps, un aller-retour permanent est nécessaire entre la vente et la production. Le budget des ventes ne peut être arrêté sans une vérification des possibilités de fabrication à court terme. Ainsi, en cas de sous-capacité structurelle, ce sont les possibilités productives qui définissent, même, le programme des ventes.

La mise en place de moyens productifs supplémentaires ne peut être envisagée que dans le moyen terme, d'où l'importance des plans stratégique et opérationnel dans lesquels s'inscrit la démarche budgétaire.

C'est pourquoi, il est difficile de dissocier et de classer les budgets des ventes et de production. Ils forment un tout sans une linéarité prédéterminée.

3. L'organisation taylorienne de la production conduit à une déresponsabilisation du personnel exécutant

Historiquement, les services de la production sont ceux qui sont les plus habitués à travailler sur budgets et par rapport à des normes. Ce mode de fonctionnement, en s'attachant à des éléments visibles et sur lesquels les responsables ont un contrôle immédiat, a contribué à déresponsabiliser le personnel exécutant.

Dans ce mode d'organisation, les tâches productives sont parcellisées et le contrôle s'effectue par rapport à des normes quantitatives. Les opérateurs se sont donc progressivement désintéressés de leur travail d'autant qu'on ne leur demandait aucun investissement intellectuel dans la conception de celui-ci. A terme, c'est la qualité même des produits qui est à reprendre. Cet état d'esprit représente un handicap à la mise en place d'une démarche «Qualité» (voir chap. 23).

Applications

① *Entreprise Zed*

L'entreprise Zed fabrique et commercialise un produit S, destiné à l'alimentation du bétail.
Les installations pourraient permettre la fabrication d'un produit nouveau, de l'engrais E.
Elle envisage l'adjonction d'une unité de production d'engrais à ses installations actuelles. En fait les équipements qui servent actuellement à la production de S, notamment les stations de filtration et de cristallisation, peuvent conduire à la production de E. Les temps de traitement sont différents ; il est donc nécessaire, au moment du lancement, de choisir entre la production de S et celle de E.
Les installations spécifiques à la production de E, unités de séchage et criblage, limitent pour l'instant cette production à 180 tonnes par mois, mais exigent aussi une production minimale de 40 tonnes.

- Capacité mensuelle de traitement : station filtration : 700 heures ; station cristallisation : 600 heures.
- Temps de passage dans les stations de filtration et de cristallisation par tonne de produit fini :

	filtration	cristallisation
S :	5 h	6 h
E :	3,5 h	2 h

La marge sur coût variable par tonne de produit fini est de 12 € pour S et de 10 € pour E.

QUESTION

Déterminer quel est le programme optimal de production mensuelle. En déduire le résultat attendu.

(D'après examen.)

② *Produits A et B*

Soit deux produits A et B qui passent successivement dans trois ateliers.
La fiche de coût standard des deux produits est la suivante :

	Produit A	Produit B
Matières premières	2,75	5,20
Main d'œuvre directe	2,35	3,40
Frais variables :		
Atelier 1	1,65	3,30
Atelier 2	1,80	2,70
Atelier 3	1,65	1,65
Frais fixes :		
Atelier 1	0,60	1,20
Atelier 2	1,20	1,80
Atelier 3	1,40	1,40
Frais de distribution :		
8 % du coût variable de production	0,82	1,30
	14,22	21,95

Selon les services commerciaux, il serait possible d'écouler sur le marché, aux prix actuels, 9 000 A et 5 000 B, aux prix respectifs de 16,7 € et 26 € l'unité.

Les temps de passage sur les machines (en centièmes d'heures) sont les suivants :

	Atelier 1	Atelier 2	Atelier 3
A	0,20 h	0,20 h	0,30 h
B	0,40 h	0,30 h	0,30 h
Capacités maximales	2 400 h	2 400 h	3 000 h

QUESTIONS

1. **Calculer la marge sur coûts variables pour une unité de A et pour une unité de B. Évaluer cette marge par rapport au prix de vente unitaire (en pourcentage).**
2. **Déterminer le programme de production qui maximisera le résultat. Une solution graphique est souhaitée. Quel sera alors le résultat global ?**
3. **Pour réaliser le plein emploi des trois ateliers, dans l'hypothèse où les contraintes commerciales ne changent pas et où la capacité de l'atelier 2 ne peut être modifiée, de combien faut-il augmenter la capacité des ateliers 1 et 3 ?**
   Les prix de vente unitaires, les coûts variables unitaires seront supposés constants et on admettra que l'entreprise recherche toujours le bénéfice maximum.
   Quel sera le résultat global dans cette hypothèse ? (On ne tiendra pas compte du coût des investissements nécessaires pour accroître la capacité des ateliers.)

(d'après examen)

③ *Société Granufilm*

Une entreprise fabrique 4 produits M, N, P et Q.
Lors d'une première phase sont obtenus des granulés dans un atelier A.
Lors de la phase suivante, dans un atelier B, ces granulés subissent un traitement complémentaire par mise en œuvre de techniques dépendant de la nature du produit attendu.
Pour l'atelier B, les informations prévisionnelles suivantes pour l'année à venir ont été collectées :

Type de produits	M	N	P	Q
Volume maximal envisageable des ventes	3 000 tonnes	2 000 tonnes	2 000 tonnes	2 500 tonnes
Poids de granulés par tonne de produits	0,3 tonne	0,8 tonne	0,8 tonne	0,945 tonne
Coût de revient spécifique par tonne	2 380 €	2 040 €	3 740 €	3 400 €
dont charges :				
– fixes spécifiques de l'atelier	1 680 €	1 440 €	2 640 €	2 400 €
– variables	700 €	600 €	1 100 €	1 000 €
Prix de vente à la tonne	1 960 €	3 960 €	4 140 €	4 780 €

Les frais fixes sont spécifiques de l'atelier, mais il n'y a pas de frais fixes spécifiques pour un type de production donné.
Il est prévu que durant cette même période l'atelier A ne pourra livrer que 4 913,5 tonnes de granulés. Il n'est pas envisagé pour l'atelier B la possibilité de s'approvisionner ailleurs en granulés. Par contre, il n'y a aucun problème d'approvisionnement en matières complémentaires diverses, ni insuffisance envisageable des capacités de production.
Par ailleurs, sur la production de l'atelier B, il est prévu de réserver impérativement 300 tonnes de chaque type de film pour le client Agro.

QUESTIONS

1. **Calculer la marge sur coûts variables par tonne vendue de chaque type de produit.**
2. **Proposer un programme de production optimal.**
3. **Calculer le résultat optimal prévisionnel correspondant.**

(d'après DECF)

④ *Société Cementex*

La société Cementex produit 4 variétés de ciment C1, C2, C3, C4. Les installations de production actuellement disponibles se composent essentiellement de 3 fours de grande taille A, B, C. Les 4 variétés de ciment doivent obligatoirement être traitées, en un premier temps, dans le four A, puis ensuite, indifféremment dans les fours B et C. Les durées de passage dans les fours et les coûts standards de fonctionnement de ceux-ci figurent à l'annexe.

À la suite des résultats médiocres de la période précédente et particulièrement ceux du premier trimestre N, la direction décide de procéder à une réorganisation de la production et d'opérer de nouveaux investissements.

QUESTIONS

1. **En fonction des conditions de cession (annexe) et des coûts standards, déterminer le programme de production optimal et le résultat mensuel.**
   La direction aimerait connaître le montant maximum des coûts fixes qui pourrait être supporté par le four C dans l'hypothèse du programme de production précédent. Si les coûts fixes excédaient ce montant, quel devrait être le programme de production à adopter ?
2. **Pour des raisons techniques (réparations importantes à effectuer), il est probable qu'il faudra mettre le four B en chômage avant la fin de N. On parviendrait, dans cette hypothèse, à faire fonctionner le four C en 3 équipes, soit 600 heures par mois, ses coûts fixes restant inchangés. Quel serait alors le programme de production à adopter ?**

ANNEXE : CONDITIONS DE FABRICATION ET DONNÉES COMMERCIALES

	Four A		Four B		Four C	
	Fixes	Variables	Fixes	Variables	Fixes	Variables
Montant prévisionnel des charges	1 000	30 000	800	24 000	800	26 000
Activité standard	600 h en 3 équipes		400 h en 2 équipes		400 h en 2 équipes	

NB : Les coûts n'interviennent que lorsque les fours sont en fonctionnement.

Nombre d'heures de passage dans le four	Types de ciment			
	C1	C2	C3	C4
Four A	2	3	2	4
Four B ou Four C	6	4	3	5
Ventes potentielles	50 t	40 t	30 t	20 t
Prix de vente/tonne	600 €	500 €	400 €	600 €

(5) Société Modulec

Une entreprise fabrique des échafaudages en modules. Elle commercialise deux types de produits :

1. Échafaudage classique : produit traditionnel où chaque échafaudage est constitué d'un nombre variable de modules identiques. Chaque module comprend :
– quatre tubes métalliques avec équerres ;
– une plate-forme en plastique ;
– une rambarde de protection en plastique.

2. Échafaudage mobile : produit de conception nouvelle où chaque échafaudage comprend :
– une plate-forme de base munie de roues et motorisée que la société achète finie chez un sous-traitant ;
– un nombre variable de modules analogues aux modules classiques, mais utilisant des tubes moins œuvrés (en moyenne prévue : 8 modules mobiles pour une plate-forme).

Le contrôleur de gestion, vous a chargé d'élaborer les prévisions budgétaires de l'année N + 1, et plus spécialement le plan de production. Dans le travail qui va suivre, vous vous intéressez seulement au centre usinage des tubes.

Compte tenu des données suivantes :

1) Prévisions des ventes pour l'exercice N + 1 (en modules)

Trimestre	1	2	3	4
Échafaudage classique Échafaudage mobile	5 600 2 800	11 200 5 600	9 600 4 800	5 600 2 800

2) Standard de production

	Unité	Tube pour échafaudage classique			Tube pour échafaudage mobile		
		Quantité	Coût unitaire	Montant	Quantité	Coût unitaire	Montant
Tube Ø 25	m	2,50	4,00	10,00	2,20	4,00	8,80
Main-d'œuvre directe	h	0,25	40,00	10,00	0,20	40,00	8,00
Coût direct				20,00			16,80
Centre usinage	h MOD	0,25	100,00	25,00	0,20	100,00	20,00
Coût standard				45,00			36,80

3) Informations sur le centre de production

Centre : usinage des tubes.
Unité d'œuvre : heure de main-d'œuvre directe.
Capacité maximale mensuelle : 3 600 heures productives.
Coût variable unitaire standard : 50 €.
Coût fixe mensuel standard : 144 000 € (calculé sur 11 mois).

4) Indications sur le plan de production

	Stock au 31 décembre N	**Stock au 31 décembre N+1**
Tubes pour échafaudages classiques	6 000 unités	10 000 unités
Tubes pour échafaudages mobiles	1 000 unités	5 000 unités

Problèmes de capacité

La capacité maximale définie pour l'atelier est la capacité maximale exprimée en heures normales productives. En cas de dépassement de capacité, la société pourra recourir aux heures supplémentaires.
Surcoût : 25 % du coût horaire de la main-d'œuvre directe dans la limite de 20 % en sus des heures normales, 50 % au-delà.
Il est à noter que si, au cours d'un trimestre, l'activité d'un atelier chutait en deçà de 80 % de l'activité normale, les heures chômées seraient payées aux ouvriers jusqu'à concurrence de ces 80 %.

Objectifs particuliers du directeur technique

1. Assurer la meilleure répartition dans le temps du système d'activité des ateliers, les éléments étant produits par multiples de 100.
2. Minimiser les coûts de production.
3. Assurer des stocks minima en fin de trimestre de 2 000 tubes pour échafaudages fixes et 1 000 tubes pour échafaudages mobiles.

QUESTIONS

1. Établir le plan de production des deux catégories de tubes de manière à respecter les objectifs particuliers du directeur technique, ainsi que le plan d'activité de l'atelier (résultats arrondis à la centaine d'unités la plus proche).

2. Établir :
– le budget par trimestre des coûts salariaux directs ;
– le budget par trimestre du centre d'analyse.
3. Établir le coût de production budgété des tubes pour modules classiques, des tubes pour modules mobiles (par trimestre).

(d'après DECF)

(6) Ceged

Première partie : Flux poussés

Dans son usine de Blois, l'entreprise Ceged assemble, entre autres, les produits A, B et C. La nomenclature de ces produits est fournie en annexe 1. La production est organisée en flux poussés d'après des programmes établis prévisionnellement. Chaque début de semaine, l'atelier « amont » livre à l'atelier « aval » les quantités nécessaires à la production d'une semaine.

Les trois produits sont assemblés sur une même chaîne de montage par lot contenu dans un container. Compte tenu du volume de chaque produit, le lot d'assemblage est de taille différente selon le produit : 100 unités de A, 200 unités de B et 120 unités de C. La fabrication des produits entraîne un taux de rebut moyen de 2 % des produits lancés en montage. Le montage des lots de produits A, B et C se fait alternativement. La production prévisionnelle hebdomadaire des produits est respectivement de 5 000 A, 10 000 B et 4 800 C.

La pièce P1 est obtenue par un procédé automatisé de fabrication et livrée à l'atelier d'assemblage par lot de 400 unités. Ce procédé fiabilisé par une démarche de qualité totale permet zéro défaut.

La pièce P2 fait l'objet d'un montage manuel ; elle est livrée par lots de 300 unités au poste d'assemblage. Toutefois, le manque de stabilité de la main d'œuvre dans cet atelier oblige à tenir compte d'un taux de rebut de 1 % des pièces montées : un contrôle en bout de ligne élimine ces produits défectueux. En conséquence, l'atelier d'assemblage ne reçoit que des pièces sans défauts.

La pièce P3 est achetée à l'extérieur ; informé par liaison informatique la veille au soir de nos besoins, notre fournisseur nous livre tous les jours la quantité souhaitée par lots de 400 unités. La qualité de cette pièce est excellente.

Le composant C1 est un dispositif basique utilisé dans de nombreuses productions de l'entreprise. Il est fabriqué en interne, est produit en rafale de 10 000 unités et est stocké. Les ateliers qui en ont besoin viennent prélever sur le stock. Afin de programmer la production de C1, les ateliers utilisateurs doivent s'engager sur des prévisions de consommations mensuelles.

Le composant C2 est fabriqué par l'usine de Romorantin distante d'une quarantaine de kilomètres. Ce composant est livré en lots de 1 000 unités. Le stock de sécurité de ce composant est de 2 lots dans l'usine de Blois.

La matière première MP est livrée par un fournisseur extérieur qui impose deux semaines de délai de livraison.

QUESTIONS

1. Présenter, sous forme d'arborescence, la nomenclature du produit A.
2. Compte tenu des ventes prévisionnelles de la semaine, calculer, sur cette période, le nombre d'ordres de fabrication à prévoir dans l'atelier d'assemblage.
3. En déduire le nombre d'ordres de fabrication des pièces P1, P2 et P3.
4. Faire le même travail pour les éléments de niveau 2 de la nomenclature (C1, C2 et MP).
5. Compte tenu des délais de fabrication, préciser à quelle date (en nombre de semaines) il nous faut commander la matière première MP.

Deuxième partie : Flux tirés

Suite à une réorganisation, l'atelier d'assemblage, les ateliers de fabrication de P1 et de P2 et l'approvisionnement du composant C2 sont gérés en juste à temps. Toutefois, dans un premier temps, les tailles des lots et les taux de rebut restent inchangés.

L'atelier d'assemblage est constitué de 10 postes de montage gérés en deux équipes (2 fois 7 heures), 6 jours par semaine. Le taux de marche est de 90 %.

L'atelier de fabrication de P1 est composé de 5 machines fonctionnant en parallèle 7 heures par jour, 7 jours par semaine. Il faut compter 1,4 heure pour la mise à disposition (aller-retour) des containers de P1 (400 unités par container) à l'atelier aval hors temps de production.

L'atelier de montage de P2 est servi par 2 équipes d'ouvriers travaillant chacune 8 heures sur 5 jours. Leur taux d'emploi est de 85 %. La mise à disposition d'un lot de 300 unités à l'atelier aval (temps de montage exclu) est de 1 heure (aller-retour). En moyenne, il faut 3 minutes par ouvrier pour monter une pièce P2.

À l'usine de Romorantin, la fabrication du composant C2 prend une heure pour 500 unités. Le trajet entre les deux usines nécessite une heure aller (temps de chargement et de déchargement compris).

Les prévisions de vente des produits A, B et C conduisent, au maximum, à des demandes hebdomadaires de 25 200 P1 et 19 320 P2.

QUESTIONS

1. **Combien de kanbans différents seront mis en œuvre dans l'organisation ? Préciser pour chacun d'entre eux : la nature de la pièce, l'expéditeur, le destinataire, la taille du container et le délai total nécessaire à un container pour effectuer un cycle complet.**
2. **Quel est le nombre minimal de containers à mettre en place entre le centre d'assemblage et le centre de fabrication des pièces P1 ?**
3. **Est-il possible de satisfaire la demande maximale avec les capacités productives actuelles de l'atelier de fabrication de P1 ? En déduire le quota d'heures supplémentaires à mettre en œuvre par poste et par semaine.**
4. **Calculer le nombre de kanbans nécessaires à l'approvisionnement du centre d'assemblage en pièce P2.**
5. **Quel est le nombre d'ouvriers à affecter à l'atelier de montage de P1 pour répondre à la demande maximale formulée par le centre assemblage ?**

Troisième partie : Goulot d'étranglement

Un incident technique (court-circuit) a endommagé deux postes de montage dans l'atelier d'assemblage. À court terme, il n'est pas possible de pallier ce manque de capacité de production. La direction cherche alors à optimiser les moyens à sa disposition (huit postes en deux équipes).

Les demandes hebdomadaires des produits A, B et C sont celles formulées en partie 1 du sujet et les marges unitaires sur coût variable générées par chaque produit sont respectivement de 42, 30 et 55 €.

QUESTIONS

1. **Proposer un programme de fabrication optimal compte tenu du fonctionnement dégradé de l'atelier d'assemblage.**
2. **Chiffrer la perte engendrée par ce nouveau programme.**

ANNEXE 1 : DONNÉES DE PRODUCTION

Nomenclature des différents produits

Niveau 1

	Produit A	Produit B	Produit C
Pièce 1 (unité)	1	2	1
Pièce 2 (unité)	1	1	2
Pièce 3 (unité)	1	0	2
Temps de gamme en heure	0,03	0,03	0,05
Taille d'un lot	100	200	120
Stock initial (unités)	1 450	2 840	1 670
Stock de sécurité (lots)	2 lots par type de produit		

Niveau 2

	Pièce 1	Pièce 2	Pièce 3	Stock initial
Composant 1 (unité)	2	1	achetée à l'extérieur	NS
Composant 2 (unité)		2		1 790
Matière première (kg)	1			5 290
Temps de gamme	0,01	0,05		
Taille d'un container	400	300	400	
Stock initial (unités)	3 850	5 660	1 670	

7 *Fromagerie du Berry*

La société des Fromageries du Berry propose sur le marché trois produits par tommes de 5 kg :
- un fromage pur lait de brebis (B),
- un fromage pur lait de vache (V),
- et un fromage mixte de lait de vache et de brebis (M).

Elle vous sollicite pour améliorer la rentabilité de sa fabrication. Tous les fromages sont fabriqués à partir de lait cru non pasteurisé. Le lait est empréssuré en cuve de 1 000 litres c'est-à-dire que, chauffé à 32°, il lui est ajouté de la présure naturelle afin d'obtenir le caillé (matières séches) qui, mis dans des moules perforés, devra être égoutté puis affiné dans une cave. La durée d'affinage dépend de la nature du fromage.

Les données de fabrication sont les suivantes :

Fromage	Production	Prix de vente (euro)	Coût variable unitaire	Consommation laitière pour une unité de fromage de 5 kg
B	5 800 tommes	54,20	37,8	27,5 litres de lait de brebis
V	4 000 tommes	30	22,4	45 litres de lait de vache
M	1 800 tommes	40	27,8	10 l de lait de brebis et 28 l de lait de vache

Les charges fixes sont égales à 150 000 euros.

Pour des raisons commerciales avec un distributeur local, la production de fromage mixte est fixée à 3 000 unités, celle de fromage de brebis est limitée à 10 000 unités et celle de fromage de vache à 5 000 unités.

Il est possible de collecter au maximum 261 250 litres de lait de brebis, compte tenu de la qualité désirée pour ce dernier ; par contre, il n'y a pas de contraintes sur le lait de vache.

L'entreprise peut transformer, au maximum, trois cuves de 1 000 litres de lait par jour, sur 5 jours par semaine durant 47 semaines. Le nombre de fromages par cuve de 1 000 litres est de 36 fromages de brebis, 22 fromages de vache ou 26 fromages mixtes.

La cave a une capacité de stockage de 3 000 fromages. La durée d'affinage est de 120 jours pour le fromage de brebis, 45 jours pour le fromage de vache et 75 jours pour le mixte. (Tenir compte d'une année uniforme de 360 jours d'affinage.)

QUESTIONS

1. **Déterminer le programme de production qui conduise au résultat optimum. Proposer une résolution graphique. En déduire le résultat optimal.**
2. **Il serait possible d'augmenter la capacité d'affinage de fromage de brebis en sollicitant un sous-traitant (coût : 1 euro par kilo de fromage). Quel serait alors le programme de production optimal ? En déduire la marge sur coûts variables et le résultat attendu.**
3. **À quelles autres contraintes faudrait-il se plier en priorité pour accroître encore la production ?**

(D'après DECF 1997.)

17 La gestion budgétaire des approvisionnements

L'existence de stock est un **moyen de concilier des objectifs contradictoires** entre :

– la fabrication et la vente dans le cas des produits finis ;
– les impératifs des fournisseurs et ceux de la production pour les matières premières et les composants.

La gestion des matières premières et des composants relève de la compétence des services d'approvisionnements et nécessite un ou des budget(s) spécifique(s).

Cette gestion budgétaire, comme dans le cas des ventes et de la production, s'organise en deux étapes liées :

– une **phase de prévision des approvisionnements nécessaires** compte tenu des modes de gestion des stocks retenus par l'entreprise ainsi que des hypothèses quant au niveau des consommations ;
– une **phase de valorisation** qui conduit à l'élaboration des budgets proprement dits.

C'est pourquoi après avoir analysé les fondements économiques de la gestion des stocks, nous envisagerons succinctement les modèles de gestion des stocks les plus courants et les budgets qu'ils permettent d'élaborer.

1. Les fondements économiques de la gestion des stocks

Le rôle de la fonction d'approvisionnement peut être défini comme l'obligation de fournir matières premières et composants en qualité et quantité suffisantes, au moment voulu et au coût le plus bas possible.

Pour autant, constituer et conserver un stock entraîne des coûts «techniques» dont la minimisation doit être un objectif important de cette fonction.

1.1 Catégories de coûts engendrés par les stocks

Ils sont nombreux mais nous les regrouperons en trois grands types.

a) Les coûts liés à la commande

Passer une commande crée des charges : certaines sont directes et assez faciles à évaluer comme les frais de courrier ou de télex, d'autres plus indirectes et difficiles à cerner comme le suivi de commandes aux spécifications particulières que les services techniques doivent contrôler chez le fournisseur.

Il faut également réceptionner ces commandes, c'est-à-dire recevoir, vérifier les quantités et contrôler la qualité. Ces tâches présentent des aspects techniques mais aussi administratifs : création et circulation de documents internes comme les bons de réception et de qualité, mise à jour des fiches de stocks...

> L'ensemble de ces charges forment le **coût d'obtention des commandes** et ce coût est **fonction du nombre de commandes**.

b) Les coûts liés à la possession du stock

Posséder un stock entraîne deux conséquences : il faut le «loger» et il faut le financer. Ces deux obligations génèrent des charges.

• Le loyer des entrepôts, les assurances, le gardiennage et les suivis administratifs qui en découlent sont constitutifs des coûts du «logement».

• Le coût financier s'analyse comme le coût des ressources nécessaires au financement des besoins en fonds de roulement générés par l'existence du stock. Un financement à court terme comme les crédits de campagne est un coût assez facile à cerner. Si l'entreprise ne met pas en place de financement spécifique, ce coût s'apparente à un coût d'opportunité constitué par les gains dont l'entreprise se prive en affectant des ressources au financement du stock au lieu de les placer sur le marché financier.

> L'ensemble de ces coûts forme le **coût de possession du stock** qui s'exprime comme un **taux annuel de possession appliqué sur la valeur du stock moyen**.

c) Les coûts liés à l'insuffisance des stocks

Il s'agit de l'ensemble des frais résultant pour l'entreprise, du manque de disponibilité d'un article. En dehors des coûts administratifs pour informer de cette indisponibilité, ces coût peuvent, parfois, être calculés comme des pénalités prévues dans les contrats d'approvisionnement.

Mais la majeure partie de ces coûts correspond à un coût d'opportunité dont l'évaluation dépend, en partie, des conséquences de cette pénurie : ventes différées, ventes perdues sans perte de clientèle, ventes perdues avec perte de la clientèle pour les produits finis, arrêt de la production avec ou sans possibilité de dépannage en urgence pour les matières premières et les composants.

L'ensemble de ces éléments forment le **coût de pénurie ou de rupture** qui est **fonction du nombre de ruptures** et le plus souvent, **du temps**.

L'ensemble de ces trois coûts : le coût d'obtention des commandes, le coût de possession du stock et le coût de pénurie constitue un coût que nous appelerons le **coût de gestion du stock**. Il faut y adjoindre le coût d'achat des matières en stock pour obtenir le **coût du stock**.

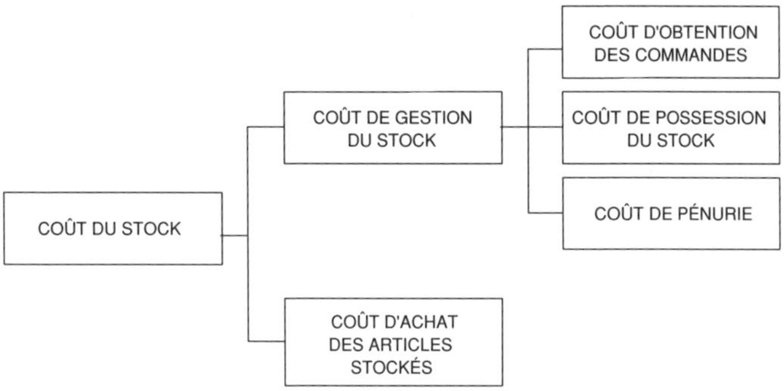

L'objectif des services d'approvisionnement est donc de minimiser le coût de gestion du stock en tenant compte des comportements contradictoires des coûts élémentaires qui le composent. Ce calcul d'optimisation ayant lui-même un coût, il ne sera pratiqué que sur certains stocks.

1.2 Méthodes de suivi administratif des stocks

Le but de ces méthodes est de **déterminer les stocks** qui feront **l'objet d'un suivi précis de la part des services d'approvisionnement**. Il s'agit de classer les articles stockés par valeur décroissante exprimée en pourcentage.

Soit un repère d'axes orthonormés, l'**axe des X représente le pourcentage cumulé du total des articles et l'axe des Y, le pourcentage cumulé de la consommation totale en valeur** (voir courbe page suivante).

Un petit nombre d'articles représente une part très importante en valeur alors que le reste des articles représente une valeur faible. Ce type de représentation s'appelle un **graphique de pareto**, du nom du mathématicien qui théorisa ce type de distribution statistique (voir chapitre 23 sur la qualité).

Cela conduit à classer les articles en groupes qui feront l'objet d'un suivi identique des stocks. En général, deux ou trois groupes sont retenus.

1) Méthode des 20/80

Vingt pour cent des articles en nombre représentent 80 % des articles en valeur : ces références seront suivies de façon approfondie afin de limiter le coût de gestion de ces stocks. Les autres subiront une gestion plus souple.

2) Méthode ABC

La classification s'établit comme suit :

	Pourcentage de consommation en nombre	Pourcentage de consommation en valeur
Groupe A	10 %	65 %
Groupe B	25 %	25 %
Groupe C	65 %	10 %

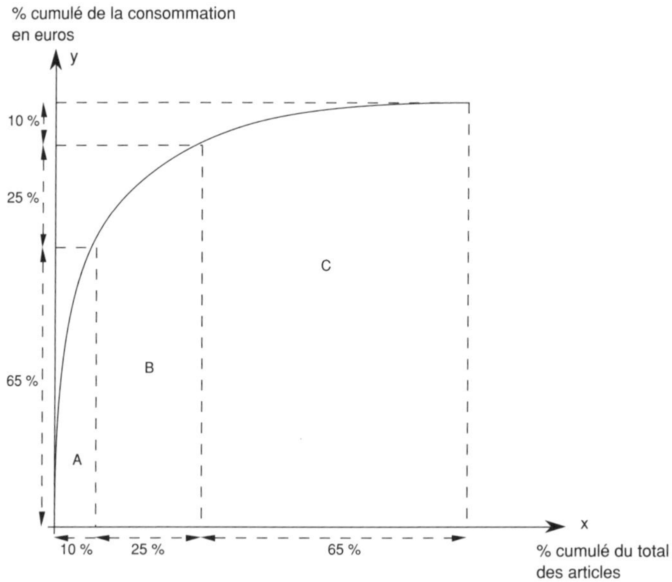

La groupe A va subir un contrôle très précis, alors que le groupe B sera géré de façon plus souple, et qu'il suffira d'éviter la rupture de stocks pour les articles du groupe C.

Une fois repérés les articles qui doivent faire l'objet d'un suivi rigoureux, il faut déterminer le volume optimal de leurs stocks : c'est le but des modèles de gestion des stocks.

2. Les modèles de gestion de stocks

Pour assurer une gestion optimale des stocks, il faut connaître la cadence d'approvisionnement, les délais de livraison et les niveaux de sécurité pour limiter les risques de rupture de stocks. Ces éléments sont à la base des modèles de gestion et devront être préalablement définis.

Il existe de nombreux modèles de gestion des stocks qui répondent à la multiplicité des situations rencontrées en entreprise : les traiter tous obligerait à la rédaction d'un ouvrage particulier.

Pour autant, ils s'appuient tous sur un raisonnement connu sous le nom de modèle de Wilson.

Dans cette section, nous nous contenterons de rappeler les principaux résultats et la logique de leur utilisation en distinguant deux types d'environnement : l'avenir certain et l'avenir incertain.

2.1 Terminologie

Nous définirons le stock actif, le stock de réapprovisionnement, le stock de sécurité.

a) Le stock actif (SA)

C'est la **quantité de produits qui entre en stock à chaque livraison et qui est consommée**. Elle est aussi appelée «quantité économique».

Soit C la consommation annuelle d'une matière, le stock actif dépend de la cadence d'approvisionnement et est égal à :

Nombre d'approvisionnement (N)	1	2	3
Niveau du stock actif (SA) Niveau du stock moyen (SM)	C C/2	C/2 C/4	C/3 C/6

Le niveau du stock actif décroît en fonction du nombre de commandes. En conséquence, plus un stock actif est faible et plus le coût de possession du stock est peu important alors que le coût d'obtention des commandes est majoré.

La représentation du stock actif fait apparaître des graphiques en «toits d'usine» ou en «dents de scie».

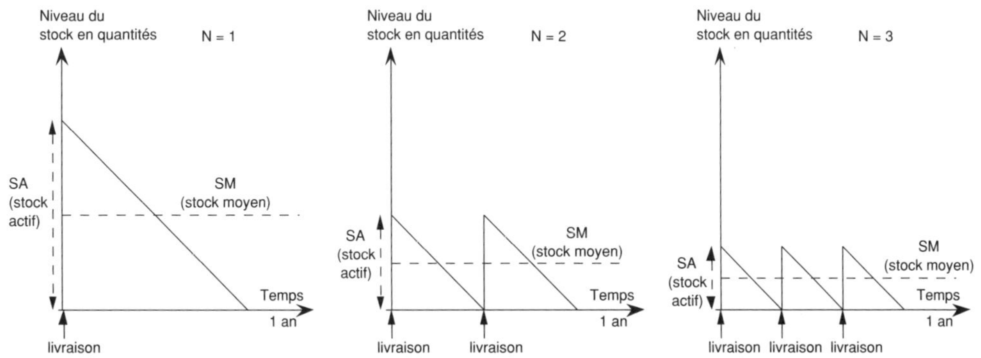

b) Le stock de sécurité (SS)

Le **stock de sécurité** est un volant de stock qui a deux buts :
- faire face à une **accélération de la consommation** pendant le délai de réapprovisionnement ① ;
- faire face à un **allongement du délai de livraison,** c'est-à-dire un retard de livraison ②.

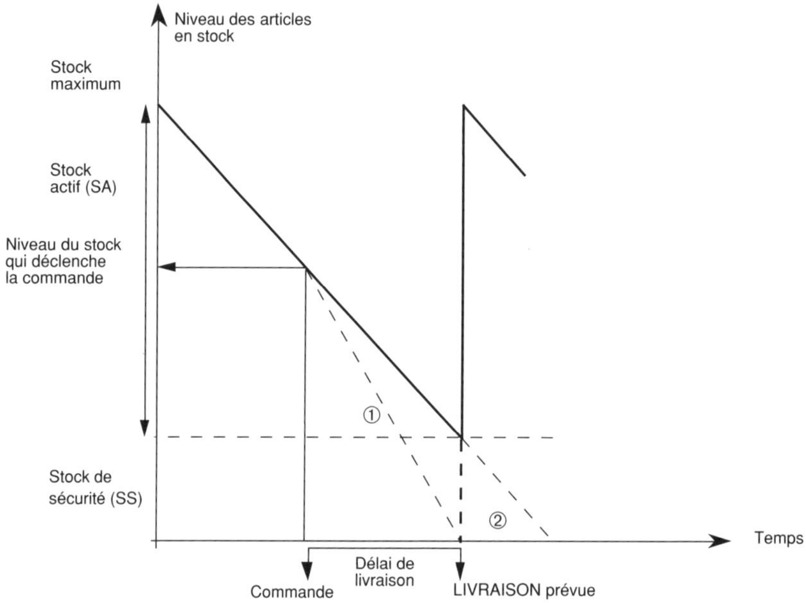

① Accélération de la demande pendant le délai de livraison
② Retard de livraison acceptable.

Exemple

Soit un stock actif mensuel de 300 produits, un délai de livraison de 10 jours et un stock de sécurité de 150 produits.

Accélération possible de la consommation : en 10 jours, il est possible de consommer 150 produits, donc la consommation peut être de 15 produits/jour contre 10 en cas normal (300 produits pour 30 jours), **soit une accélération de 50 %**.

Retard possible de livraison : en supposant la consommation normale (10 produits/jour), le stock de sécurité peut **permettre de «tenir» 15 jours supplémentaires**.

c) Le stock de réapprovisionnement (SR)

Le stock de réapprovisionnement est le **niveau du stock qui entraîne le déclenchement de la commande**. Il inclut le stock de sécurité s'il existe.

Il est égal à la consommation pendant le délai de livraison plus le stock de sécurité et noté :

$$SR = \left(\begin{matrix} \text{Vitesse de} \\ \text{consommation} \end{matrix} \times \begin{matrix} \text{Délai de} \\ \text{livraison} \end{matrix} \right) + SS$$

Selon les ouvrages, il s'appelle aussi : **stock d'alerte, stock critique** ou **point de commande**.

Il se calcule différemment selon la durée du délai de livraison.

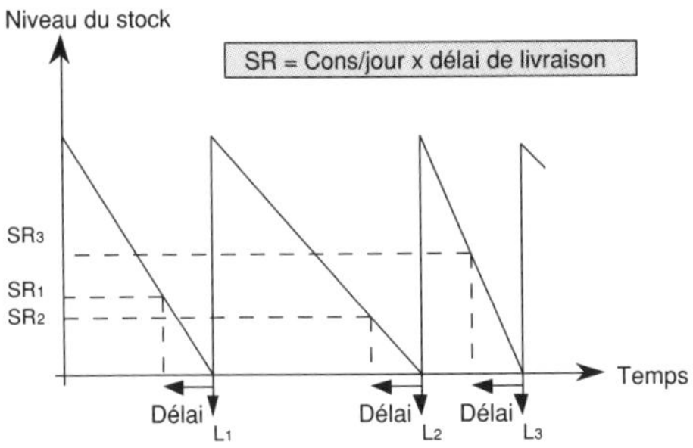

Cas 1 : Délai de livraison < Délai de consommation

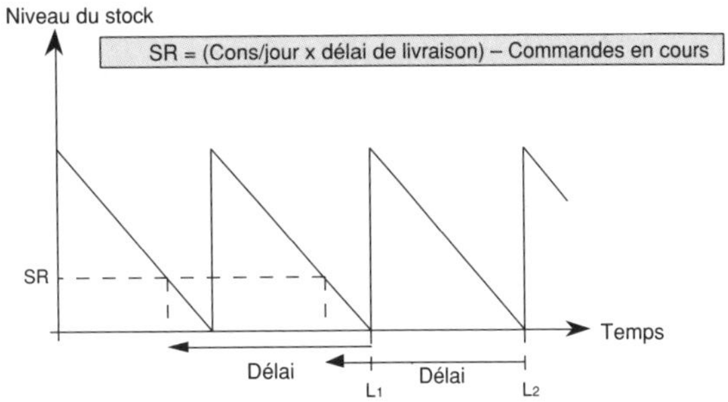

Cas 2 : Délai de livraison > Délai de consommation

Exemple

Soit un stock actif mensuel de 300 produits, un stock de sécurité de 50 produits, **quel est le stock de réapprovisionnement selon que le délai de livraison est de 10 jours ou de 35 jours ?**

- **Délai de 10 jours** → le délai de livraison (10 jours) est inférieur au délai de consommation (1 mois) :

  SR = (10 produits/jour *x* 10 jours) + 50 = 150 produits.

- **Délai de 35 jours** → le délai de livraison (35 jours) est supérieur au délai de consommation (30 jours) :

  SR = (10 produits/jour *x* 35) + 50 - 300 = 100 produits.

Chaque fois que le stock atteindra le niveau du stock de réapprovisionnement, l'entreprise déclenchera une commande.

2.2 Modèles de gestion des stocks en avenir certain

Nous exposerons brièvement le modèle de Wilson pur, puis les améliorations qui y ont été apportées.

a) Modèle de Wilson «pur»

Il s'agit de déterminer la quantité économique qui minimise le coût de gestion du stock afin de permettre l'automatisation des procédures de réapprovisionnement.

Le modèle peut être schématisé comme suit :

Objectifs	**Hypothèses**
• Minimiser le COÛT DE GESTION DU STOCK qui comprend : – coût d'obtention des commandes – coût de possession du stock	• Ventes ou consommations régulières • Docilité du fournisseur • Unicité du tarif du fournisseur
Paramètres	**Inconnues**
• **C** : consommation annuelle en quantité • **f** : coût d'obtention d'une commande • **t** : taux de possession du stock/an • **p** : coût d'un article stocké	• **Q** : quantité économique **ou** • **N** : nombre de commandes avec N = C/Q

1) Formalisation du modèle

Compte tenu des coûts définis au paragraphe 1.1, nous obtenons par rapport à l'inconnue Q :

• **le coût d'obtention des commandes**, noté K_1

$K_1 = f \times N$ et comme $N = C/Q$, $K_1 = f \times C/Q$.

• **le coût de possession du stock**, noté K_2.

Si l'approvisionnement est égal à Q en début de période, le stock initial (SI) sera égal à Q et le stock final (SF) à 0 et compte tenu que :

$$\text{Stock moyen} = \frac{SI + SF}{2} = \frac{Q}{2},$$

on peut écrire que : $K_2 = Q/2 \times p \times t$

Le coût de gestion du stock s'écrit : $K_1 + K_2 = K = \left(f \times \frac{C}{Q}\right) + \left(\frac{Q}{2} \times p \times t\right)$

2) Représentation du modèle

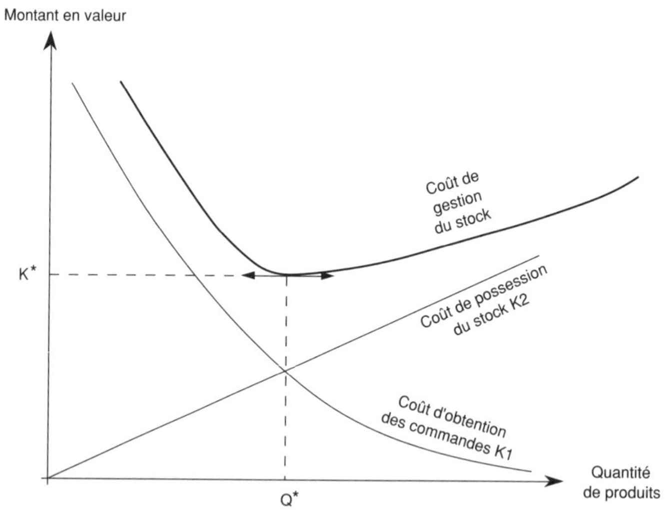

3) *Solution du modèle*

Le coût de gestion K est minimum pour la valeur de Q notée Q*, qui annule la dérivée de K par rapport à Q :

$$Q^* = \sqrt{\frac{2 \times C \times f}{p \times t}}$$

Connaissant la consommation annuelle, la cadence d'approvisionnement optimale N* est égale à :

$$N^* = \frac{C}{Q^*}$$

et pour cette valeur Q*, le coût de gestion du stock est minimum et égal à :

$$K^* = \sqrt{2 \times C \times p \times t \times f}$$

Sous cette forme, les hypothèses restrictives du modèle limitent sa portée pratique. Pourtant, de nombreuses tentatives existent pour le rendre applicable à la réalité.

b) Modèle de Wilson et tarif dégressif du fournisseur

Fréquemment, les fournisseurs proposent des tarifs dégressifs en fonction des quantités commandées, remettant en cause une des hypothèses du modèle de Wilson «pur».

La solution retenue dans ce cas doit tenir compte des économies potentielles que représente l'achat des matières premières à un prix préférentiel. L'objectif du modèle est donc modifié.

Objectifs	Hypothèses
• Minimiser le COÛT DU STOCK qui comprend : – coût de gestion du stock – coût d'achat des matières	• Ventes ou consommations régulières • Docilité du fournisseur
Paramètres	**Inconnues**
• Les mêmes mais le prix **p** s'exprime en plusieurs niveaux **p1, p2**...	• **Q** : quantité économique **ou** • **N** nombre de commandes

Solution du modèle

- Calculer, pour chaque prix du tarif du fournisseur, la quantité optimale obtenue par l'application de la formule de Wilson.
- Vérifier la cohérence entre la valeur obtenue Q* et le prix proposé par le fournisseur.

- En cas d'incohérence, choisir la quantité minimale qui permette de bénéficier du prix proposé.
- Calculer, pour chaque prix proposé, le coût total du stock pour la quantité retenue.
- Choisir la solution qui donne un coût total minimum.

Exemple

Soit une consommation annuelle C = 120 000 articles, un coût d'obtention des commandes de 20 € et un taux de possession du stock évalué à 12 %.

Le fournisseur propose les conditions de prix suivantes :
p = 42 € pour des commandes inférieures à 900 produits,
p = 40 € pour des commandes comprises entre 900 et 1 200 produits,
p = 38 € pour des commandes supérieures à 1 200 produits.

Les résultats sont résumés dans le tableau suivant :

	Prix = 42	Prix = 40	Prix = 38
Quantité économique $Q^* = \sqrt{\frac{2 \times C \times f}{p \times t}}$	$\sqrt{\frac{2.120\,000.20}{42.0,12}}$ Q* = 975	$\sqrt{\frac{2.120\,000.20}{40.0,12}}$ Q* = 1 000	$\sqrt{\frac{2.120\,000.20}{38.0,12}}$ Q* = 1 026
Cohérence entre Q* et le prix proposé	impossible	possible	impossible
Quantité retenue pour bénéficier du prix	Q = 900	Q = 1 000	Q = 1 200
Coût de lancement des commandes : $K_1 = f . \frac{C}{Q}$	2 667	2 400	2 000
Coût de possession du stock : $K_2 = \frac{Q}{2} . p. t$	2 268	2 400	2 736
Coût d'achat des articles : C × p	5 040 000	4 800 000	4 560 000
Coût du stock	5 044 935	4 804 800	4 564 736

L'entreprise choisira des approvisionnements constants de 1 200 produits.

Dans les deux paragraphes précédents, l'entreprise refuse, de façon implicite, d'être en situation de pénurie. Mais, ne peut-on accepter, sous certaines conditions, une gestion des stocks qui prenne en compte des possibilités de rupture d'approvisionnement ?

c) Modèle de Wilson et pénurie

Nous n'envisagerons que le cas d'une pénurie dépendant du nombre d'articles manquant pendant une unité de temps.

Objectifs	Hypothèses
• Minimiser le COÛT DE GESTION du stock qui comprend : – coût d'obtention – coût de possession – coût de pénurie	• Ventes ou consommations régulières • Docilité du fournisseur • Unicité du tarif du fournisseur
Paramètres	**Inconnues**
• Les mêmes que précédemment • **C_r** : coût de pénurie par article manquant et par an • **S** : niveau du stock en début de période de réapprovisionnement	• **Q** : quantité économique et • **S** : niveau du stock en début de période

1) Représentation graphique

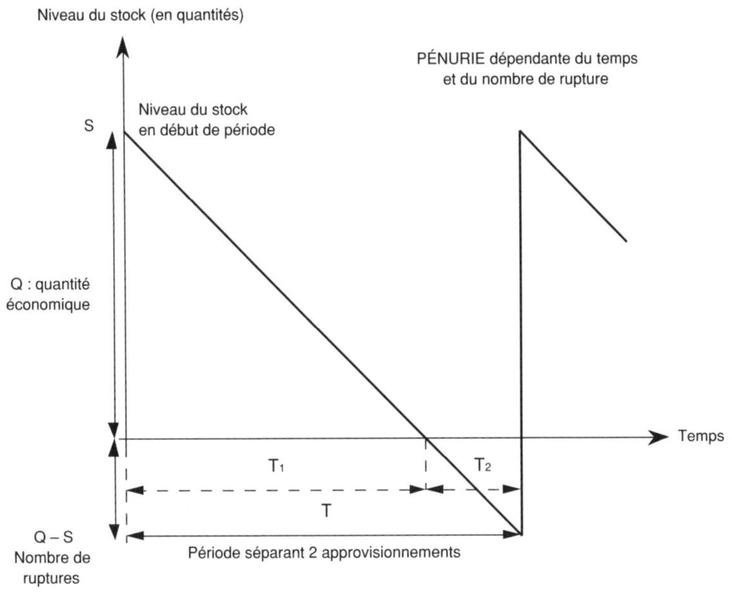

Le temps T séparant deux approvisionnements se partage entre :

– une durée T_1 où le stock permet de satisfaire la demande,

– une durée T_2 où il y a rupture de stock et où les demandes de consommations sont différées.

On peut écrire, en s'appuyant sur les propriétés des triangles semblables, que :

$$\frac{T_1}{T} = \frac{S}{Q} \quad \text{et} \quad \frac{T_2}{T} = \frac{Q-S}{Q}$$

Ces relations nous permettent de calculer la valeur des stocks moyens :

– stock moyen des produits stockés (pendant le temps T_1) :

$$SM = \frac{S}{2} \times \frac{T_1}{T} = \frac{1}{2}\frac{S^2}{Q}$$

– stock moyen des ruptures de stock (pendant le temps T_2) :

$$SM = \frac{Q - S}{2} \times \frac{T_2}{T} = \frac{1}{2}\frac{(Q - S)^2}{Q}$$

2) Formalisation du problème

• **Le coût d'obtention des commandes** est inchangé et se note :

$$K_1 = f \times C/Q$$

• Le **coût de possession** du stock est égal à :

$$K_2 = \frac{1}{2} \times \frac{S^2}{Q} \times p \times t$$

• Le **coût de pénurie** est égal à :

$$K_3 = \frac{1}{2} \times \frac{(Q - S)^2}{Q} \times C_r$$

3) Solution du problème

• Le stock en début de période S est lié à la quantité économique Q par la relation :

$$\boxed{S = \alpha Q}$$

où α représente un taux de service, c'est-à-dire la période relative pendant laquelle le stock n'est pas vide. Ce coefficient dépend des valeurs du coût de possession et du coût de pénurie par article. Il est égal à :

$$\alpha = \frac{C_r}{C_r + C_s} \quad \text{avec} \quad C_s = p \times t$$

• Par ailleurs, la quantité économique Q* qui minimise le coût de gestion du stock est égale à :

$$Q^* = \sqrt{\frac{2 \,.\, C \,.\, f}{p \,.\, t}} \times \sqrt{\frac{1}{\alpha}}$$

Il vient :

$$\boxed{Q^* \text{ avec pénurie} = Q^* \text{ sans pénurie} \times \frac{1}{\sqrt{\alpha}}}$$

• Pour cette valeur Q*, le coût de gestion du stock est égal à :

$$K^* = \sqrt{2 \,.\, C \,.\, f \,.\, p \,.\, t} \times \sqrt{\alpha}$$

Comme le coefficient α est toujours inférieur à 1, la valeur $\sqrt{\alpha}$ est elle aussi inférieure à 1. Le coût de gestion du stock avec pénurie est donc plus faible que celui obtenu sans pénurie. Ainsi et cela paraît logique, vouloir satisfaire la clientèle à 100 % est plus coûteux que de se satisfaire d'un taux de service plus faible.

Tous les raisonnements précédents s'appuient sur une demande régulière et certaine mais de nombreux aléas peuvent apparaître et dans ce cas, il est préférable de se situer en avenir incertain.

2.3 Modèles de gestion des stocks en avenir incertain

Ces modèles s'utilisent dans des situations probabilisables pouvant provenir :
- d'aléas concernant la demande par unité de temps ;
- d'approvisionnements dont les délais ne peuvent être assurés ;
- où de la conjonction des deux phénomènes : demande et délai incertains.

Quelle que soit l'origine de l'incertitude, elle se traduit finalement par une **demande aléatoire** pendant le délai de réapprovisionnement et des risques de rupture de stock.

Pour se protéger contre les variations aléatoires de la demande, l'entreprise doit se constituer un stock de sécurité (SS) au-delà du stock actif. Cela conduit à déterminer deux catégories de stock :
- le STOCK ACTIF, calculé sur la base d'une demande moyenne considérée comme sûre dans les modèles déterministes, c'est-à-dire la quantité économique ;
- le STOCK DE SÉCURITÉ qui dépend de la loi de probabilité suivie par la demande pendant le délai de réapprovisionnement et du taux de service désiré.

Mais constituer un stock de sécurité entraîne des coûts de stockage additionnels qui doivent se justifier par une réduction corrélative des coûts de rupture.

Pour gérer ses stocks, l'entreprise a le choix entre deux modes de gestion :
- la **gestion calendaire** qui consiste à lancer des ordres d'approvisionnement à intervalles réguliers T ;
- la **gestion à point de commande** qui consiste à passer une commande pour reconstituer le stock actif (quantité économique) dès que le niveau du stock atteint le point de commande (SR).

a) La gestion calendaire

Il faut déterminer à quel niveau S* doit se situer le stock en début de période de réapprovisionnement T.

Objectifs	**Hypothèses**
• Minimiser le COÛT DE GESTION du stock qui comprend : – coût de possession – coût de pénurie	• Demande aléatoire pendant le délai de livraison
Paramètres	**Inconnues**
• C_s : coût de possession par article par unité de temps • C_r : coût de pénurie par article manquant et par an • **S** : niveau du stock en début de période de réapprovisionnement • **D** : demande ou consommation du produit stocké	• **S** niveau du stock en début de période

1) Représentation graphique

Soit un niveau S donné, les deux cas suivants apparaissent :

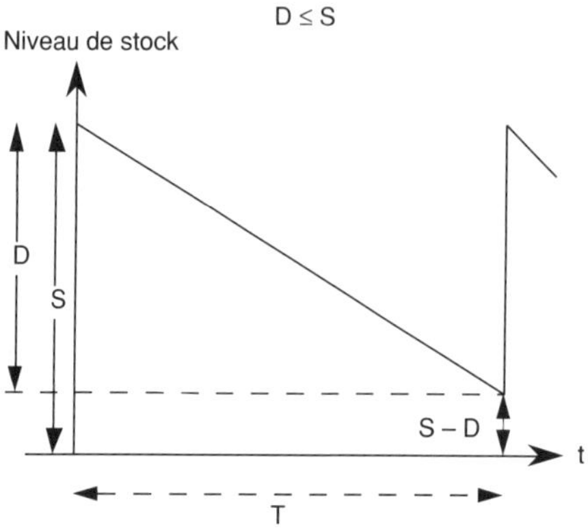

Le stock moyen s'écrit :

$$\frac{S + (S - D)}{2} = S - \frac{D}{2}$$

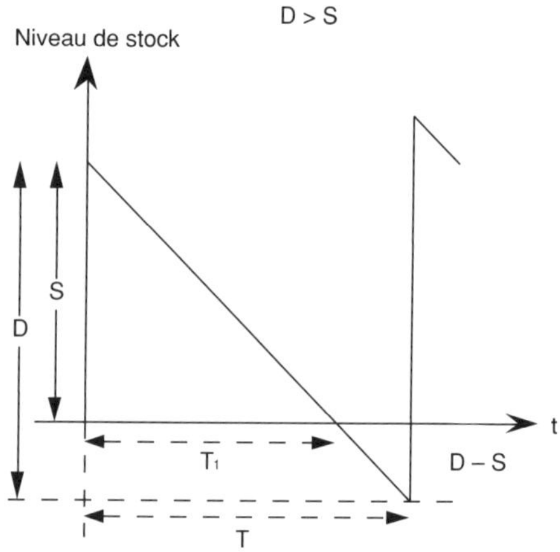

Le stock moyen s'écrit :

$$\frac{S}{2} \times \frac{T_1}{T} = \frac{S}{2} \times \frac{S}{D} = \frac{S^2}{2D}$$

2) Formulation du modèle

Pour minimiser le coût aléatoire de gestion, il faut calculer son espérance mathématique à partir de la loi de probabilité attribuée à la demande. Le coût d'obtention des commandes est indépendant de la demande aléatoire et peut être neutralisé. Les résultats sont donc donnés à une constante près.

	Demande D < Niveau du stock S	Demande D > Niveau du stock S	
La demande est une variable aléatoire discrète	$K = F(D, S) = C_S \sum_{D=0}^{S} \left(S - \frac{D}{2}\right) \text{prob}(D)$ + **coût de stockage si D < S**	$C_S \sum_{D=S+1}^{\infty} \frac{S^2}{2D} \text{prob}(D)$ + **coût de stockage si D > S**	$C_r \sum_{D=S+1}^{\infty} (D-S) \text{prob}(D)$ **coût de rupture si D > S**
La demande est une variable aléatoire continue	$K = F(D, S) = \int_{-\infty}^{S} C_S \left(S - \frac{D}{2}\right) f(D)\, dD$ + **coût de stockage si D < S**	$\int_{S}^{+\infty} C_S \frac{S^2}{2D} f(D)\, dD$ + **coût de stockage si D > S**	$\int_{S}^{+\infty} (D - S) f(D)\, dD$ **coût de rupture si D > S**

3) Solution du modèle

La fonction économique est une combinaison de la fonction de répartition de la demande (D) ainsi que de l'espérance mathématique de cette demande E(D).

Le niveau optimal du stock de début de période, noté S* qui minimise la fonction du coût de gestion est donné dans le tableau suivant :

La demande est une variable aléatoire discrète	La demande est une variable aléatoire continue
S* doit vérifier la relation : **Prob** $\{D \leq S^*\}$ = **F (S*)** $> \frac{C_r}{C_r + C_s}$ avec $\frac{C_r}{C_r + C_s} = \alpha$, taux de service déjà défini	S* doit vérifier la relation : **Prob** $\{D \leq S^*\}$ = **F (S*)** $= \frac{C_r}{C_r + C_s}$; $\frac{C_r}{C_r + C_s} = \alpha$, taux de service déjà défini

L'utilisation de ce type de modèle doit distinguer le cas des variables continues où une simple lecture dans la table de la loi de probabilité permet de résoudre la majorité des problèmes, de celui des variables discrètes où l'on est obligé de reconstituer la fonction économique.

4) Utilisation des résultats dans le cas de variables discrètes

Exemple

Une entreprise s'approvisionne tous les mois en machine à laver de luxe.
La demande de ce produit suit une loi discrète :

Demande	2	3	4	5
Probabilité	0,2	0,4	0,3	0,1

Le coût de stockage par article et par mois s'élève à 25 €.
Le manque à gagner est estimé à 50 € par produit non disponible.
Pour résoudre ce type de problème, il faut envisager pour tous les cas possibles le coût de gestion du stock constitué par :
– le coût de stockage K_2 qui dépend de la valeur de D :

si $D \leq S$ $\quad K_2 = \left(S - \frac{D}{2}\right) 25\,€$ $\qquad$ si $D > S$ $\quad K_2 = \frac{S^2}{2D} \times 25\,€$

– le coût de pénurie K_3 égal à $(D - S) \times 50$.
Les résultats sont présentés dans le tableau ci-dessous :

Niveau de stock S \ Demande D / Prob.	2 (0,2)	3 (0,4)	4 (0,3)	5 (0,1)	Coût de gestion
2	$K_2 = 25$	$K_2 = 16{,}7$; $K_3 = 50$	$K_2 = 12{,}5$; $K_3 = 100$	$K_2 = 10$; $K_3 = 150$	81,43
3	$K_2 = 50$	$K_2 = 37{,}5$	$K_2 = 28{,}12$; $K_3 = 50$	$K_2 = 22{,}5$; $K_3 = 100$	60,68
4	$K_2 = 75$	$K_2 = 62{,}5$	$K_2 = 50$	$K_2 = 40$; $K_3 = 50$	64
5	$K_2 = 100$	$K_2 = 87{,}5$	$K_2 = 75$	$K_2 = 62{,}5$	83,75

Le choix sera un niveau de stock de début de période de 3 car le coût de gestion moyen est minimum.

5) Utilisation des résultats dans le cas de variables continues

Très souvent, la valeur de α déterminée en fonction de C_r et C_s donne des taux de service incompatibles avec la réalité commerciale ou productive de l'entreprise. Dans ce cas, celle-ci abandonne son objectif de minimisation du coût de gestion de stock mais cherche, en fonction d'un taux de service qu'elle se fixe comme commercialement acceptable, le niveau de stock de début de période qui répond à cette contrainte.

Nous ne considérerons que le cas où la demande D suit une loi normale de moyenne m et d'écart type σ. L'entreprise ne cherche pas à minimiser le coût de gestion du stock mais à tester des hypothèses de taux de service. Deux recherches apparaissent donc :

• Déterminer le stock de début de période S qui permet d'assurer un taux de service donné $\alpha°$:

$$\text{Prob}\ (D < S) = \alpha°$$

avec $t = S - m$, il vient $S = \sigma\, t + m$

Sachant que le stock de début de période S est égal à la demande moyenne pendant la durée T plus la quantité du stock de sécurité SS, on peut écrire que :

$$SS = \sigma\, t$$

Exemple

Soit un taux de service fixé à 95 %, et une demande qui suit une loi normale de moyenne 1 000 et d'écart type 150. À quel niveau doit se situer le stock de début de période pour respecter le taux de service fixé ?

On cherche Prob $(D \leq S) = 0{,}95 \Rightarrow t = 1{,}65$

$S = 1{,}65 \times 150 + 1\,000 = 1240$

$SS = 1\,240 - 1\,000 = 240$

À chaque période T, le stock sera complété pour qu'il soit égal à 1 240 produits.

• Déterminer le taux de service qui autorise un niveau de stock de début de période fixé à une valeur donnée S° ?

Donc quelle est la probabilité suivante : Prob $(D < S°) = ?$

Une simple lecture dans la table d'une variable centrée réduite permet de trouver la valeur de α.

Le taux de rupture s'écrira : $1 - \alpha$.

Exemple

Soit une demande qui suit une loi normale de moyenne 200 et d'écart type 50, quel est le risque de rupture si le stock de début de période est égal à 260 ?

Prob(D > 260) $= 1 - \text{Prob}\,(D \leq 260)$

$$= 1 - \text{Prob}\left(D \leq \frac{260 - 200}{50}\right)$$

Pour t = 1,2 on lit probabilité = 0,8849

$\alpha = 88{,}50\ \% \Rightarrow$ **taux de rupture = 11,50 %**

La gestion calendaire lisse la charge de travail du service des achats mais elle oblige à des commandes de montants différents puisqu'il s'agit de reconstituer un niveau de stock de début de période. C'est pourquoi une gestion par commandes de quantité égale peut être préférée.

b) La gestion à point de commande

L'objectif est de déterminer le **niveau du stock qui doit déclencher la commande**, en sachant que ce niveau doit permettre de **faire face à la demande aléatoire pendant le délai de livraison notée Dl et de maintenir le stock de sécurité SS**.

Dans ce cadre, l'analyse porte sur le **coût de gestion du stock de sécurité**. En effet, un stock de sécurité important entraîne des coûts de stockage élevés alors qu'un niveau plus faible de ce stock génère des coûts de rupture. Il s'agit de déterminer le niveau du stock SS qui minimise les coûts de stockage et de rupture qui ont des évolutions antagonistes.

Dans ce type de modèle, il est possible de déterminer soit :
- le **stock de réapprovisionnement** ou point de commande pour un taux de service donné,
- le **taux de service** qu'autorise un point de commande donné.

Les démarches sont les mêmes que celles développées au point précédent.

Tous les modèles de gestion du stock permettent, selon les cas, de déterminer les paramètres nécessaires à la gestion des stocks : la cadence d'approvisionnement, le niveau du déclenchement de commande et celui du stock de sécurité. Il est maintenant possible de budgétiser les approvisionnements.

3. La budgétisation des approvisionnements

Cette budgétisation doit faire apparaître, dans le temps c'est-à-dire chaque mois, l'échelonnement des prévisions en termes de commande, de livraison, de consommation et de niveau de stock.

Ce travail doit être effectué sous deux formes :
- **en quantité** : sous cette forme, le budget offre plus d'intérêt pour les services d'approvisionnement qui devront contrôler son suivi ;

– **en valeur** : les quantités précédentes sont valorisées par un coût unitaire standard. Cette présentation est indispensable pour l'établissement du budget global et du budget de trésorerie ainsi que pour les «documents de synthèse» prévisionnels.

Les budgets précédents ont fourni aux services des approvisionnements les éléments qui leur permettent de déterminer la consommation mensuelle des articles stockés. Les modèles de gestion leur ont apporté la valeur des paramètres optimaux. Il s'agit d'harmoniser ces différentes informations pour obtenir une prévision pragmatique des stocks.

L'entreprise doit choisir entre une gestion calendaire ou une gestion à point de commande : ce choix peut être différent selon les articles. Il entraîne deux modes de budgétisation :

– une **budgétisation par périodes constantes**,
– une **budgétisation par quantités constantes**.

3.1 La budgétisation par périodes constantes

Cette prévision peut être obtenue par une méthode graphique et par une méthode comptable.

Exemple

Soit un produit dont les prévisions de consommation pour les 6 mois à venir sont les suivantes :

Mois	Janvier	Février	Mars	Avril	Mai	Juin
Quantités	800	1 200	1 800	2 400	1 000	800
Quantités cumulées	800	2 000	3 800	6 200	7 200	8 000

Par ailleurs : le stock initial au 1er janvier est de 800 produits, le coût d'obtention d'une commande est de 100 €, le prix de l'unité est de 4 € et le taux de possession du stock sur la période est de 10 %. Le délai de livraison est de 15 jours et l'on souhaite un stock de sécurité égal à 15 jours de consommation à venir.

Calcul des éléments optimaux :

L'utilisation du modèle de Wilson donne une quantité économique égal à :

$$Q^* = \sqrt{\frac{2 \times 8\,000 \times 100}{4 \times 10\,\%}} = 2\,000$$

N* = 8 000 / 2 000 = 4 commandes

T* = 6 mois / 4 = 1 mois et demi

Dans le cadre d'une budgétisation par périodes constantes, il y aura donc quatre livraisons-commandes espacées d'un mois et demi.

a) La méthode graphique

Dans un repère où l'axe des x représente le temps exprimé en mois et l'axe des y les quantités cumulées, traçons les consommations cumulées.

L'objectif est de représenter les entrées cumulées (voir graphe ci-dessous).

Le stock initial étant de 800 produits, et compte tenu des consommations cumulées, il y a risque de rupture à fin janvier. Il est donc nécessaire de **prévoir une livraison au 15 janvier pour respecter la valeur du stock de sécurité** (15 jours de consommation). Cette date détermine les autres livraisons compte tenu de la cadence fixée : 1 mois et demi ; donc 1er mars, 15 avril et 1er juin.

Il reste à **déterminer les quantités à commander : elles doivent couvrir la consommation du mois et demi qui suit la date où il y a risque de rupture de stock** c'est-à-dire le 15 mars, le 1er mai et le 15 juin.

Exemple

Risque de rupture fin janvier.

1 mois et demi de consommation = consommation de février + la moitié de la consommation de mars = 1 200 + 900 = 2 100.

Les dates de commandes sont déduites des dates de livraison en tenant compte du délai de livraison.

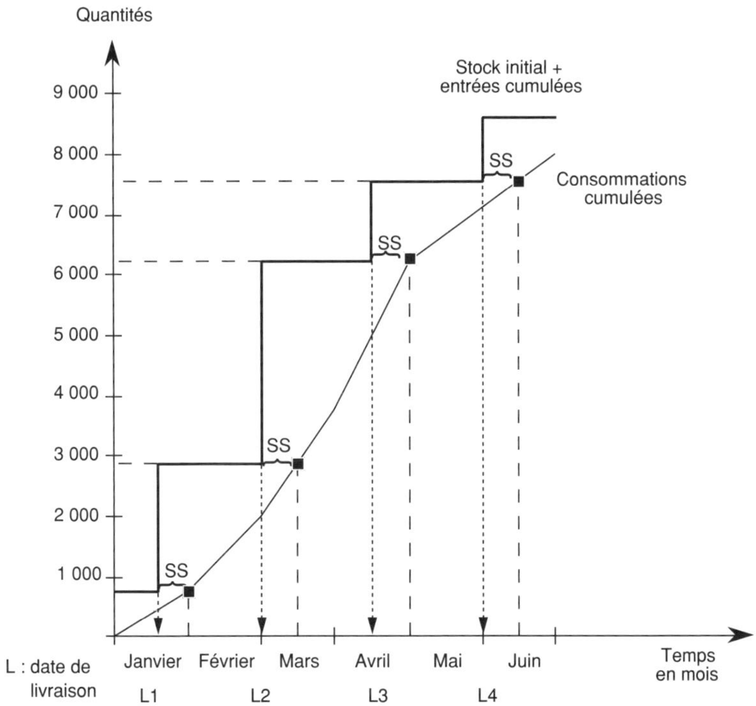

b) La méthode comptable

La recherche des éléments s'effectue à l'aide d'un tableau dont les principales informations sont :

MÉTHODE COMPTABLE

Mois	Consommations	Stock avec ruptures	Entrées	Stock rectifié	Date de livraison	Date de commande	Quantités
Décembre		800					
Janvier	800	0	2 100	2 100	15 Janv.	1er Janv.	2 100
Février	1 200	900					
Mars	1 800	– 900	3 300	2 400	1er Mars	15 Fév.	3 300
Avril	2 400	0	1 400	1 400	15 Avril	1er Avril	1 400
Mai	1 000	400					
Juin	800	– 400	400 + x	x	1er Juin	15 Mai	400 + x
Juillet	x						

Les éléments connus sont les consommations qui sortent tout au long du mois, les entrées apparaissent en début de période (mois, semaine ou décade), et les stocks sont exprimés en fin de mois. Compte tenu de ces approximations, les dates obtenues peuvent être moins précises que celles de la méthode graphique.

La construction du tableau suit l'ordre de la flèche. Il n'appelle pas de remarques particulières.

c) Le budget des approvisionnements

Le budget en quantité peut alors être établi :

Mois	Janvier	Février	Mars	Avril	Mai	Juin
Date de commandes	1er	15		1er	15	
Stock initial	800	2100	900	2400	1400	400
Livraisons	2100		3300	1400		400 + x
Consommation	800	1200	1800	2400	1000	800
Stock final	2100	900	2400	1400	400	x

L'entreprise a choisi une budgétisation par périodes constantes mais elle aurait pu décider de retenir quatre commandes de quantités égales.

3.2 La budgétisation par quantités constantes

Dans ce cas, et en reprenant l'exemple précédent, il y aurait quatre commandes de 2 000 produits à des intervalles irréguliers. Il s'agit de déterminer à quelle date.

a) La méthode graphique

Pour simplifier la recherche des dates, les mois sont de quatre semaines.

La démarche est la suivante.

Le stock initial est de 800. Il y a risque de rupture à fin janvier, il faut donc une livraison de 2 000 au 15 janvier.

Cette entrée permet de «tenir» jusqu'à mi-mars : compte tenu du délai de sécurité, il faut une livraison de 2 000 au début de mars.

Et ainsi de suite...

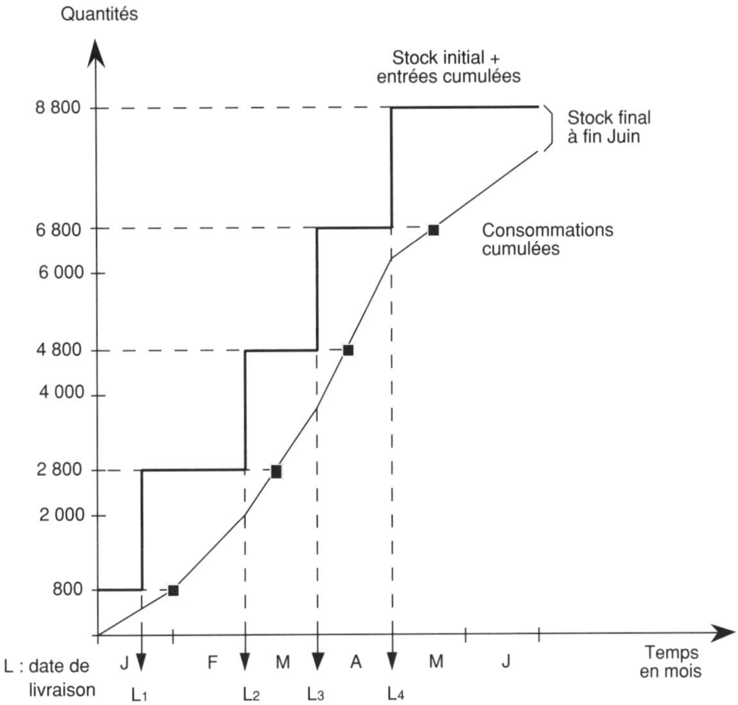

b) La méthode comptable

Le tableau se présente comme page suivante.

Le cheminement est indiqué par la flèche et s'apparente à celui de la budgétisation à périodes constantes.

Les dates obtenues sont moins précises que celles de la méthode graphique du fait de l'approximation sur les dates d'entrée ramenées en début de période.

MÉTHODE COMPTABLE

Mois	Consom. (sorties)	Stock avec ruptures	Livraisons (entrées)	Stock final définitif	Dates livraison	Dates de commandes	Quantités
Décembre		800					
Janvier	800	0	2 000	2 000	15 Janv.	1er Janv.	2 000
Février	1 200	800					
Mars	1 800	– 1 000	2 000	1 000	1er Mars	15 Fév.	2 000
Avril	2 400	– 1 400	2 000	600	1er Avril	15 Mars	2 000
Mai	1 000	– 400	2 000	1 600	1er Mai	15 Avril	2 000
Juin	800	800					

Exemple

À fin avril, le stock final est de 600 produits et représente 18 jours de consommation du mois de mai (consommation journalière de mai = 1 000/30), pourtant la date de livraison est indiquée en début de mois et non pas le 3 comme prévu (18 jours – 15 jours de stock de sécurité).

c) Le budget des approvisionnements

En reprenant les résultats de la méthode comptable, il se présente comme suit :

Mois	Janvier	Février	Mars	Avril	Mai	Juin
Date de commandes	1er	15	15	15		
Stock initial	800	2000	800	1000	600	1600
Livraisons	2000		2000	2000	2000	
Consommation	800	1200	1800	2400	1000	800
Stock final	2000	800	1000	600	1600	800

L'état des stocks obtenu dans ces budgets, ainsi que les dates de commandes et de livraisons, sont de la responsabilité des services des approvisionnements. Pour respecter ces contraintes, ils doivent mettre en œuvre des moyens (effectifs, locaux et frais divers) qui sont regroupés dans un budget de fonctionnement.

3.3 Le budget des services des approvisionnements

Ce budget recense tous les moyens nécessaires pour permettre l'activité du service :
- effectifs,
- services extérieurs (assurance, électricité, fournitures de bureau, frais postaux...),
- transports,
- amortissements des locaux.

Ces éléments représentent des frais indirects et sont souvent regroupés en **deux fonctions principales** :

– les **achats** dont le rôle est la recherche des fournisseurs, la passation et le suivi des commandes et de façon plus générale des tâches administratives de la gestion des stocks ;
– le **magasinage** qui assure le contrôle et le gardiennage des articles stockés.

RÉFLEXIONS SUR LE THÈME

1. La difficulté de trouver un modèle de stock adapté au produit à gérer

Les situations d'approvisionnement sont multiples. Cette diversité s'appréhende par rapport à :

– la nature du produit : matières premières, encours de production, produits semi-finis ou produits finis et à chacun de ces stades d'élaboration l'aspect périssable de l'article introduit une complexité supplémentaire ;
– les possibilités d'approvisionnement : articles banalisés faciles à obtenir par opposition au produit spécifique ou même conçu sur commande précise ;
– le mode de production de l'article : en séries ou par un processus continu ;
– les conséquences de la rupture de stock : ventes différées, ventes perdues sans perte de clientèle, ventes perdues et perte de clientèle pour les produits finis ou risque d'arrêt de production avec ou sans possibilité de dépannage en urgence pour les matières ou les encours.

La combinaison de tous ces paramètres crée des situations spécifiques à chaque entreprise que ne peuvent résoudre les modèles courants exposés dans le cadre du chapitre. C'est pourquoi de nombreux modèles de gestion des stocks ont été élaborés pour intégrer les cas particuliers rencontrés : s'ils retiennent des hypothèses et des paramètres propres à la situation à résoudre, ils s'appuient tous sur un raisonnement de minimisation du coût de gestion du stock similaire à celui qui a été étudié.

2. Le juste-à-temps et les stocks

L'organisation de la production en flux tendus semble nier les stocks et, donc, la gestion des stocks telle qu'elle est exposée ici peut apparaître comme obsolète.

En fait, cette organisation cherche à réduire les stocks de matières, d'en-cours et de produits finis (c'est l'objectif du zéro stock) mais cette exigence n'est jamais atteinte complètement. Il faut donc encore gérer des stocks, de quantités moindres et en privilégiant la disponibilité au détriment des quantités : on choisit de nombreuses livraisons de petites tailles en provenance de fournisseurs avec lesquels ont été élaborées des relations de partenariat.

Par ailleurs, il est fréquent de rencontrer au sein d'une même organisation des activités gérées avec des stocks et d'autres gérées en flux tendus. Les deux modes de gestion de la production obligent à deux types de gestion des stocks : l'une classique et l'autre à stock zéro.

Applications

① *Entreprise Truc*

L'entreprise Truc a prévu une vente annuelle de 10 800 unités d'un produit A.
- Le coût de possession du stock est évalué à 8 % de la valeur moyenne du stock.
- Le coût de passation d'une commande est de 40 €.
- Le prix unitaire d'achat du produit A est de 30 €.

QUESTIONS

1. Déterminer la quantité économique à commander.
2. En déduire le coût total minimum et le rythme optimum de passation des commandes.

② *Entreprise Mathoux*

L'entreprise Mathoux fabrique un aliment pour chats dans la composition duquel entre du potassium. La consommation annuelle de cette matière première est de 6 tonnes.
- Prix d'achat : 4 € le kg.
- Coût de passation d'une commande : 20 €.
- Le coût de possession du stock peut être évalué à 2 € par mois pour 100 kg.
- Le stock de sécurité est fixé à 400 kg.

QUESTIONS

1. Déterminer la quantité économique à commander.
2. Déterminer le niveau du stock après ~~la commande.~~ Livraison

③ *Entreprise de voitures miniatures*

Une entreprise fabrique des voitures miniatures par lots, du fait d'une production irrégulière.
- Les frais de lancement d'un lot sont évalués à 300 €.
- Le coût de possession du stock des produits fabriqués est égal à 15 % de la valeur moyenne du stock.
- La production totale de l'année N est prévue pour 200 000 produits.
- Le coût de production est donné par la relation : $C = 300\,000 + 6Q$, avec Q = quantité produite.

QUESTION

Déterminer le nombre de lots à lancer pour optimiser le coût de gestion du stock.
NB : Chaque lot est livré globalement au moment où le stock est nul.

④ *Entreprise d'électro-ménager*

Une entreprise d'électro-ménager utilise diverses pièces détachées. Les quantités de pièces A consommées sont commandées de manière régulière et en quantité constante, auprès du même fournisseur tout au long de l'année.
- Consommation mensuelle : 60 000 pièces A,
- Coût du stockage = 0,12 € par jour par pièce stockée,
- Coût de lancement d'une commande = 250 € indépendamment de son volume.

QUESTIONS

1. Déterminer les quantités optimales d'une commande de réapprovisionnement.
2. Déterminer la durée optimale séparant deux approvisionnements.
3. Déterminer le coût mensuel de la gestion optimale de ce stock.
4. Délai de réapprovisionnement : 2 jours. Déterminer le niveau du stock devant provoquer la commande (1 mois = 30 jours).

L'entreprise envisage de gérer son stock en acceptant le risque de pénurie. Dans ces conditions, elle est obligée de stocker ses matériels inachevés en attendant les prochaines livraisons de pièces A. Les frais de stockage s'en trouvent donc augmentés. Cette augmentation est égale à 25/11 du coût de stockage des pièces A par unité manquante et par jour.

QUESTIONS

1. Déterminer les quantités optimales d'une commande de réapprovisionnement.
2. Déterminer le niveau optimal du stock en début de période de gestion.
3. Déterminer la durée optimale séparant deux approvisionnements.
4. Déterminer le coût mensuel de la gestion optimale du stock.
5. Déterminer la durée de pénurie pendant un mois de gestion.
Si le délai de réapprovisionnement est de 3 jours, à quel niveau du stock doit-on déclencher une nouvelle commande ?

(5) *Produit de grande consommation*

Une entreprise achète un produit de grande consommation pour le revendre.
- Demande annuelle moyenne : 1 600 produits.
- Coût de lancement d'une commande : 20 €.
- Coût de possession du stock : 0,225 € par produit et par an.
- Délai de livraison : 6 jours.

QUESTION

1. Quelles sont les équations des coûts d'approvisionnement en fonction du nombre de commandes pour l'article considéré ? Présenter ces coûts sur un graphique ; en déduire le nombre optimum de commande de l'article.

Le fournisseur du magasin propose une remise de 5 % sur le PU de l'article pour toute quantité commandée supérieure à 700 lots ; en fonction de son programme d'approvisionnement, le magasin pense qu'il lui faudrait, s'il acceptait la proposition du fournisseur, passer deux commandes par an.

QUESTIONS

2. Sous quelles conditions, l'entreprise a-t-elle intérêt à accepter la remise ?
3. Chiffrer l'économie obtenue si le prix de vente du lot est de 1 €.

Une recherche empirique a permis d'établir que la distribution de la demande de l'article pendant la période économique de commande choisie à la deuxième question suit une loi normale de moyenne 800 et d'écart type 100 unités.

Le magasin choisit comme stock de sécurité celui correspondant à un niveau de service de 84,13 %. Au moment de passer une commande, il reste 125 articles en stock et qu'il n'y a pas de reste à livrer sur les commandes en cours.

QUESTION

4. Déterminer la quantité à commander ; qu'en conclure ?

Le stock de sécurité reste au même niveau mais par suite de difficultés d'approvisionnement dues à des grèves, le délai d'approvisionnement passe à 9 jours et au moment de passer une commande il ne reste que 98 articles en stock par suite d'une augmentation de la demande ;

QUESTION

5. Calculer la nouvelle quantité à commander ; commenter.

⑥ *Entreprise Sitradep*

La Sitradep doit améliorer sa politique de gestion des stocks. Elle s'approvisionne en quantités très importantes en une matière première, l'éthylène, qui entre dans la composition de nombreux produits dérivés. Le stockage est dangereux. Mais, si une rupture de stock se produit, elle entraîne un coût de défaillance pour l'entreprise en raison de l'utilisation massive de l'éthylène dans des fabrications diverses. La demande en produits dérivés de l'éthylène qui s'adresse à l'entreprise est aléatoire et les prévisions de production rendues difficiles.

La Sitradep aimerait connaître quelle politique optimale d'approvisionnement elle doit adopter pour faire face à la production donc à la demande (en millions de tonnes).

- Le service des achats a déterminé qu'une livraison d'éthylène aurait lieu systématiquement chaque début de semaine.

Prévisions de demande	0	1	2	3	4	5
Probabilités	0,1	0,1	0,2	0,3	0,2	0,1

- Le coût de défaillance (ou de pénurie) est estimé à 100 € la tonne.
- Le coût de stockage d'une tonne d'éthylène est évalué à 25 € par semaine.

QUESTIONS

1. **En appelant *Si* (i = 0, 1, 2, 3, 4, 5) le stock initial en début de semaine, c'est-à-dire la quantité livrée à ce moment, et *Dj* (j = 0, 1, 2, 3, 4, 5) la demande au cours de la semaine, exprimer le stock moyen en fonction de *Si* et *Dj*.**
   Puis présenter, sous forme matricielle de préférence, les valeurs du stock moyen en fonction de *Si* et *Dj* (en colonne *Dj* et en ligne *Si*).
2. **En utilisant toujours la présentation matricielle, déterminer la matrice des coûts de stockage et de défaillance en fonction de *Dj* et *Si*.**
3. **Compte tenu des probabilités de réalisation de la demande, déterminer le niveau optimal de stock à approvisionner au début de chaque semaine.**

(d'après examen)

⑦ *Société Agde-Marine*

La société Agde-Marine a centré sa production sur trois types de planches à voile (PAV).

Quel que soit le type de PAV, celle-ci se compose de deux éléments :

– le flotteur fabriqué entièrement par la société Agde-Marine ;

– l'ensemble gréement et voile dont la fabrication est sous-traitée.

La fabrication du flotteur s'effectue à partir d'une matière première, le polyéthylène, dans un atelier «extrusion-soufflage» et donne naissance à un monobloc, qui est alors immédiatement rempli de mousse de polyuréthane, destinée à lui assurer l'insubmersibilité, dans un atelier «moussage».

I. La société Agde-Marine désirerait s'approvisionner régulièrement en mousse de polyuréthane pour éviter toute rupture de stock et de trop amples variations de prix. Pour N, la production prévisionnelle annuelle de PAV serait de :

– Junior : 2 800 ;
– Slalom : 9 000 ;
– Ultra-Speed : 2 150.
Le coût de lancement a été évalué à 450 € par commande et le taux de possession du stock à 10 %.

CONSOMMATION DE CHARGES DIRECTES PAR PAV

Éléments	Junior 420		Slalom 560		Ultra-speed 700	
	Quantité	Coût unitaire	Quantité	Coût unitaire	Quantité	Coût unitaire
Matières Premières :						
Polyéthylène	10 kg	12 €	15 kg	12 €	15 kg	12 €
Mousse de polyuréthane	10 kg	15 €	15 kg	15 €	15 kg	15 €
Revêtement Epoxy fibre de verre					10 kg	25 €

QUESTIONS

1. **Quelle serait la cadence optimale d'approvisionnement ? À justifier. En déduire :**
   – la quantité de mousse à commander ;
   – la période de réapprovisionnement ;
   – le coût total annuel du stock.
2. **La société Agde-Marine souhaiterait, par ailleurs, connaître l'incidence de la fixation d'un stock de sécurité de 3 000 kg sur l'ensemble des paramètres précédents.**
3. **Si le délai d'approvisionnement était fixé à 30 jours, quel serait le stock d'alerte ?**

II. On peut admettre que les ventes annuelles des PAV sont des variables aléatoires indépendantes qui suivent une loi normale dont les paramètres sont :
– Junior (m = 3 000 ; σ = 200) ;
– Slalom (m = 9 000 ; σ = 100) ;
– Ultra-Speed (m = 2 000 ; σ = 50).

QUESTIONS

1. **À quel taux de service correspondrait le stock de sécurité de 3 000 kg ?**
2. **À quel niveau fixer le stock de sécurité si la société Agde-Marine souhaite limiter son taux de rupture de stock à 5 % ?**

(d'après examen)

⑧ *Entreprise de tubes*

Le programme de production en volume, établi par le directeur de la production, fournit les renseignements ci-après pour le premier semestre N :

	Nombre de tubes X	Nombres de tubes Y
Janvier	18 000	240 000
Février	16 000	225 000
Mars	20 000	240 000
Avril	16 000	235 000
Mai	15 000	200 000
Juin	19 000	225 000

L'objectif est d'établir un plan d'approvisionnement en culots de tubes nécessaires pour satisfaire régulièrement les besoins de la fabrication. À cette fin, voici les éléments de la politique d'approvisionnement adoptée par l'entreprise.

1. Culots de tubes X

- Utilisation, pour un tube X, d'un jeu complet de culots présenté sous sachet.
- Acquisition par caisses contenant 1 000 sachets.
- Commandes par quantités constantes de 20 000 jeux de culots, soit 20 caisses, à des dates déterminées en fonction des besoins de la fabrication, la date de commande correspond au jour où le stock réel atteint le stock d'alerte.
- Le stock d'alerte est composé :
  - d'un stock minimum destiné à couvrir le délai de livraison des fournisseurs ;
  - d'un stock de sécurité fixé à 3 000 jeux de culots X.
- Le délai de livraison des fournisseurs est de 1 mois.
- Au 1er janvier N, le stock initial s'élève à 25 000 jeux.
- Le stock au 30 juin N doit être suffisant pour couvrir les consommations du mois de juillet que l'on peut estimer à 20 000 tubes X.

2. Culots de tubes Y

- Utilisation, d'un jeu de culots, par tube, présenté également sous sachet.
- Acquisition par caisses contenant 5 000 sachets.
- Commandes passées le premier jour de chaque mois, en quantités variables déterminées en fonction des besoins de la production.
- Le stock d'alerte est composé :
  - d'un stock minimum correspondant au délai de livraison des fournisseurs ;
  - d'un stock de sécurité fixé à 15 000 jeux de culots Y.
- Le délai de livraison des fournisseurs : 15 jours.
- Stock au 1er janvier N : 140 000 sachets.
- Stock au 30 juin N : stock nécessaire pour couvrir les besoins de la fabrication du mois de juillet, que l'on peut estimer à 245 000 tubes Y.

QUESTIONS

1. Présenter, sous forme de tableau, un programme d'approvisionnement relatif aux culots de tubes X, mettant en évidence, entre autres, les dates de commandes calculées au jour près.
2. Présenter, sous forme graphique, un programme d'approvisionnement relatif aux culots de tubes Y, mettant en évidence les quantités commandées.
3. Rédiger le budget des approvisionnements (en quantité) des deux types de tubes.

(d'après DECF)

18 La gestion budgétaire des investissements

L' investissement se définit comme l'**affectation de ressources à un projet dans l'espoir d'en retirer des profits futurs**. C'est un détour de production.

Les choix d'investissements d'aujourd'hui seront donc ressentis dans le futur et conditionnent l'évolution à long terme de l'entreprise : ainsi l'investissement est un pari sur l'avenir.

Au sein du système de contrôle de gestion, des procédures existent qui permettent de sélectionner, d'autoriser et de contrôler ces investissements.

L'objectif de ces procédures peut être de :

- **choisir entre des projets alternatifs** dans un domaine où les décisions ne peuvent pas ou peu s'appuyer sur des phénomènes d'apprentissage (le développement d'un produit est différent du lancement du produit précédent) et où les univers dans lesquels se positionne la décision sont incertains : les OUTILS D'AIDE À LA DÉCISION peuvent aider le gestionnaire dans ses choix ;
- **s'assurer que les projets** d'investissements proposés par les responsables opérationnels **sont cohérents** avec le développement à long terme et **la stratégie** de l'entreprise : c'est l'objet du PLAN DE FINANCEMENT ;
- **vérifier la validité des projets** sur les plans commerciaux, techniques, financiers et légaux pour en cerner les avantages et les risques **et en déterminer la rentabilité : c'est le but des** MÉTHODES D'ÉVALUATION **des investissements** ;
- **suivre la mise en œuvre des investissements** pour faire respecter les prévisions de dépenses telles qu'elles sont budgétées dans le BUDGET DES INVESTISSEMENTS.

Le premier et le troisième points relèvent du choix des investissements alors que les deux autres constituent, à proprement parler, une prévision des investissements.

1. Critères de choix et sélection des investissements

Les différents outils qui peuvent permettre de choisir entre les investissements sont indissociales de l'univers dans lequel la décision est prise. Dans le domaine du choix d'investissement que l'on considère comme un choix d'une décision non répétitive et particulière qui engage le devenir de l'entreprise, nous envisagerons trois types d'environnement :
– l'avenir certain,
– l'avenir incertain,
– l'avenir indéterminé.

1.1 La formalisation des problèmes de décision

Chaque décision à prendre, quels que soient son niveau hiérarchique et son domaine, est un problème à quatre composantes que l'on peut schématiser de la manière suivante :

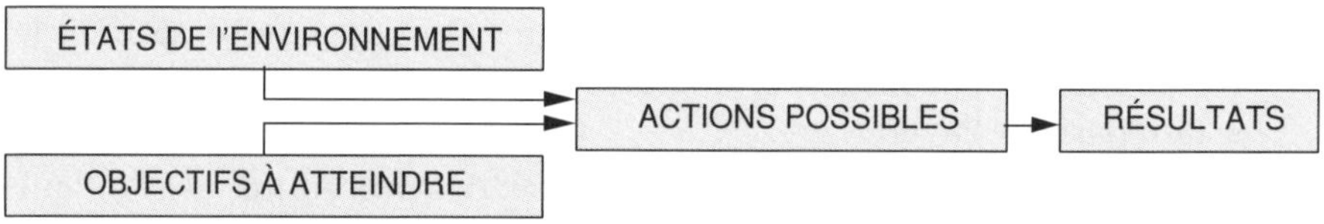

À partir de la représentation du problème, de nombreuses techniques de traitement de l'information sont disponibles pour aider à la prise de décision. Elles seront présentées selon les univers où elles sont utilisées.

a) Les états de l'environnement

Appelés aussi **états de la nature ou événements**, ce sont les conditions extérieures que le décideur ne contrôle ni ne connaît parfaitement et dont il doit tenir compte.

Le décideur choisit une action mais il ne peut prévoir dans quel état de l'environnement cette action va se dérouler.

Les états de l'environnement sont mutuellement exclusifs et leur somme représente donc tous les événements qui peuvent survenir.

Par exemple, la demande future sur un produit peut prendre trois états :
– demande élevée avec probabilité d'apparition de 50 %,
– demande moyenne avec probabilité d'apparition de 30 %,
– demande faible avec probabilité d'apparition de 20 %.

Un seul état se produira en définitive.

Il est possible de distinguer plusieurs types d'avenir pour ces états de l'environnement :

– avenir (ou univers) certain,
– avenir aléatoire, inconnu mais probabilisable,
– avenir indéterminé, inconnu sans probabilité,
– avenir hostile.

b) Les objectifs

Le décideur se fixe un ou plusieurs objectifs en fonction du contexte et des contraintes existantes.

Par exemple :
– maximiser un profit en tenant compte des coûts de production ;
– obtenir simultanément une flexibilité et une productivité de la production en réduisant les délais de fabrication.

La résolution du problème vise à atteindre l'objectif défini.

c) Les décisions

Ce sont le ou les choix possibles, traduits en actions, qui permettront d'atteindre l'objectif.

Plusieurs décisions alternatives sont souvent possibles pour arriver au même but. Il est donc nécessaire de mesurer et d'analyser les diverses possibilités pour choisir la décision la plus satisfaisante.

d) Les résultats

Ils mesurent, en fonction de l'objectif et des contraintes, le degré de réalisation des différentes décisions, selon les états de la nature qui peuvent apparaître. Les résultats permettent de comparer les décisions alternatives possibles et d'aider à choisir la décision.

1.2 Les méthodes de choix en avenir certain

Ces méthodes permettent de connaître la rentabilité économique des investissements et de les sélectionner. Toutes comparent la dépense initiale aux recettes attendues dans les années à venir, mais intègrent différemment le facteur temps ; pourtant dans tous les cas, le cadre de la décision est connu et l'avenir prévisible : l'entreprise est «sûre» de ses informations.

a) Les méthodes de choix sans actualisation

1) Le délai de récupération du capital investi

> Il faut déterminer **le délai au bout duquel les flux nets de trésorerie permettent de récupérer le capital** investi. L'investissement choisi sera celui dont le délai est le plus court.

Exemple

• **Investissement A** :

	0	1	2	3	4	5	Temps
Dépense initiale	**– 150 000**						
Recettes annuelles		50 000	50 000	50 000	50 000	50 000	
Délai de récupération du capital investi		50 000	100 000	**150 000**		Délai = 3 ans	

• **Investissement B** :

	0	1	2	3	4	5	Temps
Dépense initiale	**– 120 000**						
Recettes annuelles		30 000	30 000	30 000	30 000	30 000	
Délai de récupération du capital investi		30 000	60 0000	90 000	**120 000**	Délai = 4 ans	

Choix de l'investissement A

Cette méthode simple présente certains inconvénients :
– les investissements à comparer doivent avoir la même durée de vie,
– les flux de trésorerie postérieurs au délai de récupération ne sont pas pris en compte.

2) Le taux de rentabilité comptable

Le **taux de rentabilité comptable** est le rapport entre le bénéfice annuel moyen procuré par l'investissement et la dépense initiale.

t = Bénéfice moyen/ Capital investi

Exemple

• **Investissement A :**

	0	1	2	3	4	5	Temps
Dépense initiale	**– 150 000**						
Bénéfice annuel		20 000	50 000	80 000	100 000	90 000	

$$\textbf{Bénéfice moyen} = \frac{340\ 000}{5} = \textbf{68 000} \Rightarrow \textbf{Rentabilité comptable} = \frac{68\ 000}{150\ 000} = \textbf{45 \%}$$

• **Investissement B :**

	0	1	2	3	4	5	Temps
Dépense initiale	**– 120 000**						
Bénéfice annuel		20 000	40 000	60 000	30 000	25 000	

$$\textbf{Bénéfice moyen} = \frac{175\ 000}{5} = \textbf{35 000} \Rightarrow \textbf{Rentabilité comptable} = \frac{35\ 000}{120\ 000} = \textbf{29 \%}$$

Choix de l'investissement A

Ainsi sont retenus les projets dont les taux sont les plus élevés.

Ces deux méthodes n'intègrent ni le facteur temps, ni le facteur risque :
- les décideurs ont une préférence pour la disponibilité présente d'une somme par rapport à la possession future de cette même somme, c'est la préférence pour le présent ;
- les décideurs préfèrent une somme certaine à une somme probable : c'est le facteur risque.

Pour intégrer ces deux notions dans le choix des investissements, il faut avoir recours à l'actualisation.

b) Les méthodes de choix avec actualisation

1) La valeur actuelle nette (VAN)

La valeur actuelle nette d'un investissement se définit comme :

VAN = – Dépense initiale + Recettes nettes d'exploitation actualisées

Un investissement est considéré comme rentable quand la **valeur actuelle nette est positive** compte tenu d'un taux d'actualisation i donné.

Exemple

- **Investissement A** :

	0	1	2	3	4	5	Temps
Dépense initiale	**– 150 000**						
Recettes annuelles		50 000	50 000	50 000	50 000	50 000	

$$VAN = -150\,000 + 50\,000\left(\frac{1-(1+i)^{-n}}{i}\right) = -150\,000 + 50\,000\left(\frac{1-(1{,}15)^{-5}}{0{,}15}\right) = 17\,608\ €$$

VAN = 17 608 avec i : 15 % et n : 5 ans

- **Investissement B :**

	0	1	2	3	4	5	Temps
Dépense initiale	**– 150 000**						
Recettes annuelles		80 000	70 000	60 000	20 000	20 000	

$$VAN = -150\,000 + 80\,000\,(1{,}15)^{-1} + 70\,000\,(1{,}15)^{-2} + 60\,000\,(1{,}15)^{-3} + 20\,000\,(1{,}15)^{-4} + 20\,000\,(1{,}15)^{-5}$$

VAN = 33 324 €

Choix de l'investissement B

Les résultats obtenus dépendent du taux d'actualisation retenu : il doit être unique pour l'entreprise et représente le coût moyen des capitaux investis, il doit rémunérer les facteurs temps et risque.

Entre deux investissements, le choix se fait pour celui dont la valeur actuelle nette est la plus élevée.

Le critère de la VAN ne prend pas en compte la différence de durée entre investissements exclusifs.

Exemple

Entre un investissement A de durée de trois ans et un investissement B de durée de cinq ans, comparer les flux de trésorerie de A et B pour obtenir la VAN de chaque investissement n'intègre pas le fait que les capitaux investis dans le projet A seront disponibles pour un éventuel projet C qui devrait s'ajouter à la rentabilité de A.

Il est donc nécessaire de tenir compte d'aménagement dans la méthode de la VAN pour des projets de durées différentes :

- considérer le renouvellement à l'identique du projet le plus court : pour pouvoir appliquer cette règle, il faut que la durée du projet le plus long soit un multiple de la durée du projet le plus court ;
- établir le choix en s'alignant sur le projet le plus court : dans ce cas, il n'est pas pris en compte les flux de trésorerie dépassant pour le projet B la durée de A mais la valeur des installations à la fin de A, valeur qu'il est toujours difficile d'évaluer ;
- calculer l'annuité constante équivalente qui permettrait d'amortir un emprunt d'un montant égal à la VAN, sur la durée du projet à un taux égal au taux d'actualisation retenu.

2) *Le taux interne de rentabilité (TIR)*

Le taux interne de rentabilité est le taux d'actualisation pour lequel la valeur actuelle nette est nulle.

Exemple

• **Investissement A :**

	0	1	2	3	4	5 Temps
Dépense initiale	**– 150 000**					
Recettes annuelles		50 000	50 000	50 000	50 000	50 000

$$-150\,000 = 50\,000 \times \left(\frac{1-(1+i)^{-5}}{i}\right) \rightarrow \text{TAUX INTERNE DE RENTABILITÉ} = i\ ?$$

i = 20 %

• **Investissement B :**

	0	1	2	3	4	5 Temps
Dépense initiale	**– 150 000**					
Recettes annuelles		80 000	70 000	60 000	20 000	20 000

$$150\,000 = 80\,000\,(1+i)^{-1} + 70\,000\,(1+i)^{-2} + 60\,000\,(1+i)^{-3} + 20\,000\,(1+i)^{-4} + 20\,000\,(1+i)^{-5} \rightarrow \text{TAUX INTERNE DE RENTABILITÉ} = i\ ?$$

i = 26,76 %

Choix de l'investissement B

L'investissement qui présente le taux interne de rentabilité le plus élevé est retenu.

Implicitement, l'utilisation du taux interne de rentabilité comme critère de choix d'investissement suppose que les excédents de trésorerie de l'investissement puissent être placés sur le marché financier à un taux égal au TIR. Compte tenu du niveau du TIR, c'est très souvent invraisemblable. Il faut donc, dans ce cas, considérer que les excédents de trésorerie sont réinvestis au taux du marché et calculer, dans ces conditions, la valeur acquise du projet.

Cette limite à l'utilisation du TIR explique que, si sur un choix donné d'investissement, les critères du TIR et de la VAN sont contradictoires, il est préférable retenir le critère de la VAN comme critère prédominant.

1.3 Les méthodes de choix en avenir incertain

Dans ce contexte, l'avenir n'est plus connu, l'entreprise est capable d'envisager l'ensemble des résultats possibles en fonction des états qu'elle peut appréhender et d'affecter à chacun de ces résultats une probabilité d'apparition.

a) Espérance mathématique

1) Définition

Une variable aléatoire peut se définir comme une variable susceptible de prendre des valeurs diverses en obéissant à une loi de probabilité donnée.

2) Principe

L'espérance mathématique de cette variable est alors sa moyenne pondérée par les probabilités d'apparition :

espérance de la variable x : $E(x) = \Sigma x \times p(x)$ ou $\Sigma\, x_i p_i$.

Exemple

Selon la réaction de la demande à son produit, l'entreprise E peut obtenir un bénéfice de : 200 si la demande est forte, probabilité de 20 % ;
150 si la demande est moyenne, probabilité de 70 % ;
100 si la demande est faible, probabilité de 10 %.

x	P(x)	x P(x)
200	0,2	40
150	0,7	105
100	0,1	10
		E (x) = 155

Conclusion

Le gain total espéré pour cette variable aléatoire est de 155. L'entreprise peut espérer un bénéfice moyen de 155.

La fiabilité du résultat tient à la justesse des probabilités d'apparition des trois états de la demande.

b) Arbre de décision probabilisé ou non

C'est une représentation chiffrée qui permet de visualiser de manière synthétique tous les chemins alternatifs possibles issus d'une décision afin de les comparer, en tenant compte du temps.

1) Arbre de décision simple

Exemple

L'entreprise E cherche à savoir si elle doit lancer son produit sur un nouveau marché. Si elle le fait, la demande peut prendre 3 états la première année :

– demande faible, résultat $R_{11} = 20$;

– demande moyenne, résultat $R_{12} = 70$;

– demande forte, résultat $R_{13} = 100$.

La seconde année, l'entreprise peut essayer d'orienter le marché par une politique de prix si la demande est faible et moyenne, par un investissement supplémentaire si la demande est forte. La politique de prix entraîne un coût de 10, l'investissement un coût de 50. La décision de la seconde année produit des résultats différents selon les 3 situations de demande :

– demande faible : avec politique de prix, $R_{21} = 50$
sans changement de prix, $R_{22} = 20$

– demande moyenne : avec politique de prix, $R_{23} = 80$
sans changement de prix, $R_{24} = 50$

– demande forte : avec investissement, $R_{25} = 100$
sans investissement, $R_{26} = 80$

Si l'entreprise ne lance pas son produit sur un nouveau marché, elle maintiendra son bénéfice de 25 sur son marché actuel chaque année.

On peut visualiser tous les résultats possibles et calculer le bénéfice total des deux années pour toutes les branches de l'arbre.

ARBRE DE DÉCISION SIMPLE

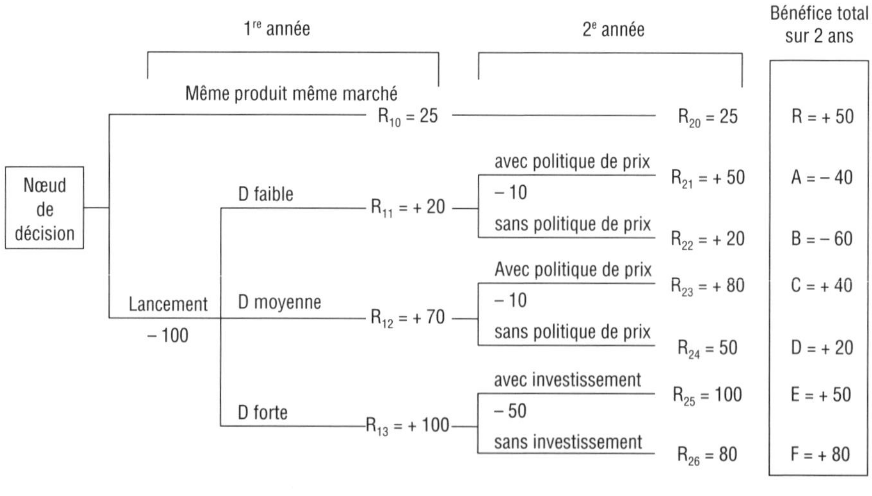

Les bénéfice sur deux ans ont été trouvés de la façon suivante :

	1re année		2e année		
A =	– 100	+ 20	– 10	+ 50	= – 40
B =	– 100	+ 20		+ 20	= – 60
C =	– 100	+ 70	– 10	+ 80	= + 40
D =	– 100	+ 70		+ 50	= + 20
E =	– 100	+ 100	– 50	+ 100	= + 50
F =	– 100	+ 100		+ 80	= + 80
R =		+ 25		+ 25	= + 50

Conclusion

Seuls deux cas (demande forte avec ou sans investissement) sont équivalents ou supérieurs à la situation actuelle (maintien du produit sur le même marché).

Sans information sur les probabilités d'apparition de la demande, il n'est pas certain que l'entreprise se décide à lancer le produit car il faudrait que la demande soit forte avec un investissement supplémentaire.

2) *Arbre de décision probabilisé*

Il faut affecter à chaque branche de l'arbre une probabilité d'apparition pour calculer l'espérance mathématique de l'arbre. Le résultat probabilisé d'un enchaînement de plusieurs décisions peut donc être calculé. Plusieurs simulations de ce type peuvent être faites pour aider à la décision.

Exemple

Premier énoncé complété :

L'entreprise E cherche à savoir si elle doit lancer son produit sur un nouveau marché. Si elle le fait, la demande peut prendre trois états la première année :

- demande faible, probabilité de 10 %, résultat de 20 ;
- demande moyenne, probabilité de 70 %, résultat de 70 ;
- demande forte, probabilité de 20 %, résultat de 100.

La seconde année, l'entreprise peut essayer d'orienter le marché par une politique de prix si la demande est faible et moyenne, par un investissement supplémentaire si la demande est forte. La politique de prix entraîne un coût de 10, l'investissement de 50. La décision de la seconde année produit des résultats différents selon les trois situations de demande :

- demande faible : avec politique de prix, 80 %, R = 50
  sans changement de prix, 20 %, R = 20
- demande moyenne : avec politique de prix, 70 %, R = 80
  sans changement de prix, 30 %, R = 50
- demande forte : avec investissement, 50 %, R = 100
  sans investissement, 50 %, R = 80

Si l'entreprise ne lance pas son produit sur un nouveau marché, elle maintiendra son bénéfice de 25 sur son marché actuel chaque année.

Il ressort l'arbre valorisé et probabilisé suivant :

ARBRE DE DÉCISION PROBABILISÉ

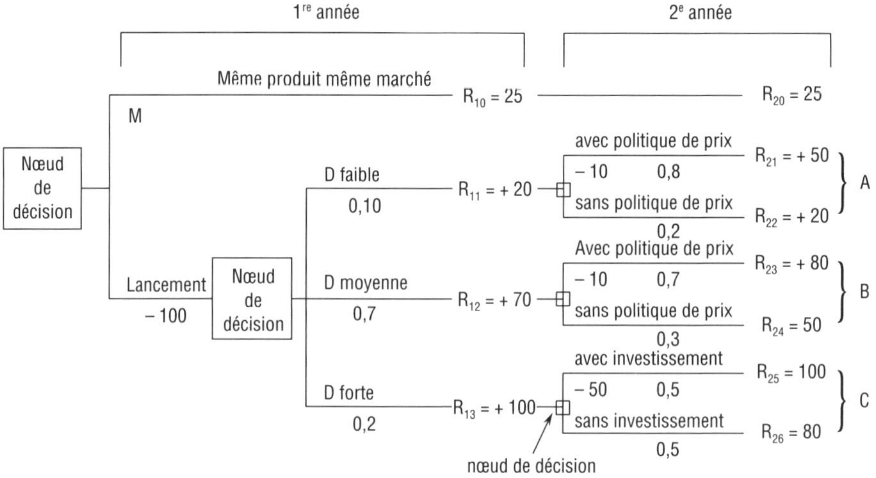

- **Calcul des résultats de la 2e année** :

A = (0,8 × (50 – 10)) + 0,2 (20) = 36

B = (0,7 × (80 – 10)) + 0,3 (50) = 64

C = (0,5 × (100 – 50)) + 0,5 (80) = 65

- **Calcul des résultats de la 1re année** :

(0,10 × 20) + (0,70 × 70) + (0,20 × 100) – 100 = – 29

L'espérance mathématique de la branche L «lancement» est :

– 100 + (0,10 × 20) + [(0,8 × (50 – 10)) + (0,2 × 20)]
+ (0,7 × 70) + [(0,7 × (80 – 10)) + (0,3 × 50)]
+ (0,2 × 100) + [(0,5 × (100 – 50)) + (0,5 × 80)] = **136**.

Conclusion

1. L'entreprise peut lancer son produit sur le nouveau marché puisque deux résultats de la branche «lancement» sont supérieurs à 50, résultat de la branche «statu quo».

2. Au terme de la première année, l'entreprise devra :

– élaborer une politique de prix si la demande a été faible ou moyenne la 1re année ;
– ne pas investir si la demande a été forte la 1re année.

Il est possible de tracer les chemins les plus intéressants pour l'entreprise, correspondant aux décisions qui lui octroient le plus grand bénéfice :

– décision avant l'année 1 → **lancer le produit** ;
– décision avant l'année 2 → **politique de prix** si demande faible ou moyenne ;
→ **pas investissement** si demande forte.

c) Espérance mathématique et risque de dispersion

1) Définition

Pour améliorer le critère de l'espérance mathématique, on peut calculer la variance de la variable aléatoire, indiquant ainsi la dispersion de la distribution de la variable, ce qui permet une analyse du risque encouru.

2) Principe

$$V(x) = \sum x^2 \times P(x) - [E(x)]^2$$

Exemple

On compare deux décisions avec leur espérance et leur variance.

x	$P(x)$	$x\,P(x)$	x^2	$x^2\,P(x)$
200	0,2	40	40 000	8 000
150	0,7	105	22 500	15 750
100	0,1	10	10 000	1 000
		$E(x) = 155$		= 24 750

$V(x) = 24\,750 - (155)^2 = 725$

La variance est de 725 et l'écart type : racine carrée de la variance = 27.

Donc la variable x, compte tenu de ses résultats possibles et de leurs probabilités d'apparition, a une espérance de résultat de 155 avec un risque d'oscillation par rapport à cette moyenne de 27.

y	$P(y)$	$y\,P(y)$	y^2	$y^2\,P(y)$
400	0,05	20	160 000	8 000
200	0,40	80	40 000	16 000
100	0,55	55	10 000	5 500
		$E(y) = 155$		= 29 500

$V(y) = 29\,500 - (155)^2 = 5\,475$

La variance est de 5 475 et l'écart type = 74.

Conclusion

La variable y, compte tenu de ses résultats possibles et de leurs probabilités d'apparition, a une espérance de résultat de 155 comme x, mais un risque de dispersion beaucoup plus fort puisqu'il est de 74 en plus ou en moins par rapport à la moyenne.

Les deux décisions ont la même espérance mathématique mais la dispersion de y est plus grande, donc c'est une décision plus risquée.

d) Équivalent certain

1) Principe

Le décideur définit, pour une action en avenir aléatoire, son équivalent en une autre action qui, elle, serait prise en avenir certain (donc avec la probabilité 1).

Le décideur préfère être sûr d'une décision, même moins fructueuse, plutôt que d'en risquer une autre, plus aléatoire.

Exemple

La décision *A* peut permettre de gagner 100 ou 0 avec une probabilité de 0,5 dans les deux cas. La décision *B* permet de gagner 40 de manière certaine. Si le décideur préfère l'action B, l'équivalent certain de *A* est de 40.

Conclusion : L'équivalent certain permet au décideur d'élaborer son échelle de valeur face au risque. L'outil est donc fortement influencé par le degré de risque accepté par le décideur.

e) Espérance mathématique de l'utilité

Principe

Le décideur fixe subjectivement une «utilité» à chaque décision possible en fonction de son aversion ou de son goût pour le risque. L'ensemble de ces informations permet de déterminer la fonction d'utilité et de tracer la courbe d'utilité. Il est possible de comparer deux actions en calculant l'espérance mathématique de l'utilité.

Exemple

La fonction d'utilité du décideur sur un projet précis s'établit en lui demandant de valoriser son utilité selon l'échelle de rendement espéré du projet.

Le rendement du projet est :	100	250	500	750	1 000
Son utilité est de :	20	25	30	60	100

Il vient la courbe d'utilité suivante :

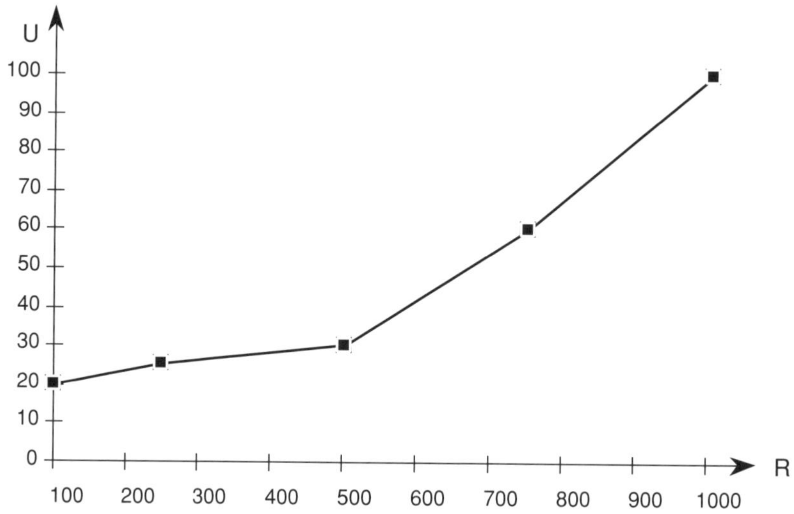

Si maintenant le décideur doit choisir entre l'action *A* : rendement de 600 avec une probabilité de 60 % et de 200 à 40 %, et l'action *B* : rendement de 1 000 avec la probabilité 0,2 et de 300 avec la probabilité de 0,8 :

– l'espérance de *A* : $600 \times 0{,}6 + 200 \times 0{,}4 = 440$

– l'espérance de *B* : $1\,000 \times 0{,}2 + 300 \times 0{,}8 = 440$

• Espérance de l'utilité de *A* : en lisant sur le graphique, pour 600, l'utilité est de 42 et pour 200 de 23, donc l'espérance :

$$42 \times 0{,}6 + 23 \times 0{,}4 = 34{,}4.$$

• Espérance de l'utilité de B : pour 1 000, l'utilité est de 100 et pour 300 de 26, donc l'espérance :

$$100 \times 0{,}2 + 26 \times 0{,}8 = 40{,}8.$$

Conclusion

Les deux actions ont la même espérance mathématique pour le décideur mais *B* a une utilité plus forte pour lui.

1.4 Les méthodes de choix en avenir indéterminé

Le cadre de la décision n'est pas parfaitement connu. L'avenir comporte des risques. Le décideur est capable d'énoncer les différents «états de la nature» possibles mais n'est pas capable de probabiliser l'apparition de ces différentes situations possibles.

1) Les critères de choix : principe

Le décideur, à partir de données chiffrées sur les résultats de différentes actions dans plusieurs contextes possibles, utilise des critères de choix dits objectifs en fonction de son degré d'optimisme et de goût du risque.

Exemple

Un décideur a le choix entre trois actions qui peuvent donner chacune 3 résultats différents (des bénéfices, par exemple) en fonction du type d'environnement (état de la nature) qui apparaît :

État de la nature / Action	I	II	III
A	10	12	15
B	16	8	4
C	13	14	11

1. Critère optimiste (maximax)

On choisit le résultat le plus élevé pour chaque action (en ligne) et l'action ayant le plus grand résultat.

Ici : 15 pour *A* ; 16 pour *B* ; 14 pour *C* → on choisit l'action *B*.

2. Critère pessimiste de Wald (maximin)

On choisit le résultat le plus faible pour chaque action et l'action ayant le plus grand résultat.

Ici : 10 pour *A* ; 4 pour *B* ; 11 pour *C* → on choisit l'action *C*.

3. Critère de Laplace

On calcule la moyenne arithmétique des résultats de chaque action et on choisit l'action à la plus forte moyenne.

Ici : 12,3 pour *A* ; 9,3 pour *B* ; 12,6 pour *C* → on choisit l'action *C*.

4. Critère de Hurwicz

On détermine pour chaque action la valeur $V = \alpha.M + (1 - \alpha)m$ avec M = résultat maximum de l'action et m = résultat minimum, α est un coefficient d'optimisme compris entre 0 et 1 choisi par le décideur. On choisit l'action qui a la plus grande valeur V.

Ici avec $\alpha = 0{,}7$, on a :

– pour *A* : $15 \times 0{,}7 + 10 \times 0{,}3 = 13{,}5$

– pour *B* : $16 \times 0{,}7 + 4 \times 0{,}3 = 12{,}4$

– pour *C* : $14 \times 0{,}7 + 11 \times 0{,}3 = 13{,}1$

On choisit l'action *A*.

5. Critère de Savage ou matrice des regrets (minimax)

On détermine une matrice des regrets, c'est-à-dire le manque à gagner potentiel pour chaque décision, si la meilleure situation se produit sans l'avoir choisie.

Pour ce faire, on repère par colonne (état de la nature) la décision apportant le plus grand résultat et on calcule, pour chaque décision, la différence entre ce maximum possible et le résultat de cette décision dans la colonne.

On choisit pour chaque décision (en ligne) le regret le plus élevé (la différence la plus grande) et on choisit parmi ces valeurs la décision qui a le regret le plus faible.

Ici la matrice des regrets donne :

	I	II	III
A	6	2	0
B	0	6	11
C	3	0	4

Le regret le plus élevé est 6 pour *A* ; 11 pour *B* ; 4 pour *C* → on choisit l'action *C* qui a le plus petit regret.

2) Conclusion

Selon les critères choisis, les résultats sont différents car ils intègrent un degré d'optimisme plus ou moins élevé correspondant à la subjectivité et à la rationalité de chaque décideur. Ces critères ne donnent pas LA solution mais une solution possible dans un contexte précis.

2. La budgétisation des investissements

L'investissement et ses retombées s'inscrivent dans une perspective à moyen ou long terme. Le budget est une simulation de l'activité de l'entreprise pour l'année à venir. Il peut sembler **contradictoire**, dans ces conditions, **de parler de budget des investissements.**

En effet, **la prévision des investissements s'effectue dans un plan prévisionnel à cinq, sept ou dix ans** selon les capacités de planification de l'entreprise. Elle s'inscrit dans la recherche d'équilibre financier à long terme exprimé par le **plan de financement**.

Le **budget annuel des investissements ne retient que les conséquences financières de ce plan pour l'année budgétée.**

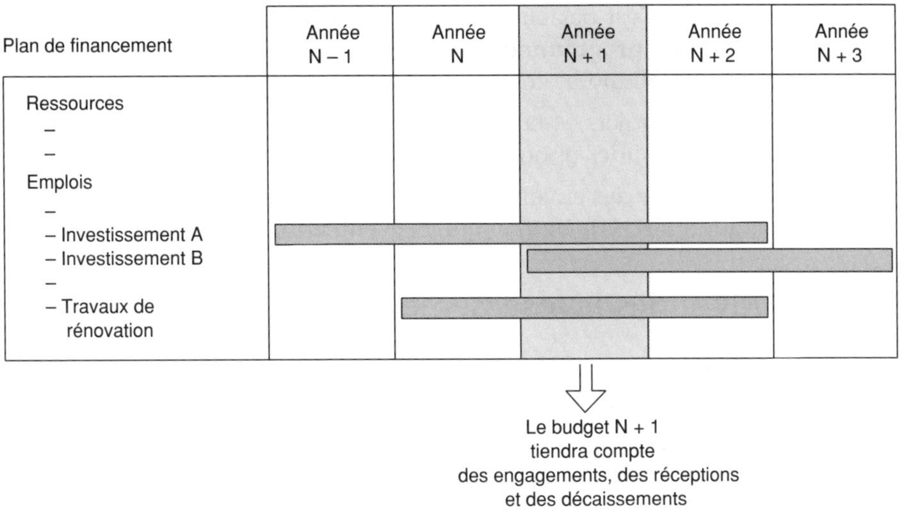

2.1 Le plan de financement

Le plan de financement est un état financier prévisionnel des emplois et des ressources de l'entreprise à moyen terme ou à long terme.

C'est un **instrument de gestion** prévisionnelle qui traduit la stratégie de l'entreprise et qui quantifie ses projets de développement et leurs financements.

Aucun modèle n'est prescrit. En général, les rubriques sont les suivantes dans les **emplois** :
- dividendes à verser ;
- acquisitions d'immobilisations ;
- remboursements de dettes financières ;
- augmentation du besoin en fonds de roulement.

et dans les **ressources** :
- capacité d'autofinancement ;
- cessions d'immobilisations ;
- augmentations de capital,
- subventions d'investissement reçues ;
- augmentation des dettes financières ;
- diminution du besoin en fonds de roulement.

Ce plan, dont la période de base est l'année, se construit en deux étapes.

• **Plan provisoire** : en partant de la trésorerie initiale, une ébauche du plan est construite à partir des prévisions d'activité et des projets d'investissements envisagés. Les flux de trésorerie de fin d'année peuvent être, dans ce cas, déséquilibrés.

• **Plan définitif** : il s'agit de trouver les ressources supplémentaires nécessaires au financement des emplois. Mais ces ressources modifient les emplois des années suivantes et donc le plan ; de proche en proche, il s'agit d'ajuster les emplois et les ressources de chaque année afin d'assurer l'équilibre financier à long terme de l'entreprise.

À ce niveau, il n'est pas envisagé pas de projets d'investissements spécifiques, mais plutôt des **programmes d'investissements** qui regroupent un ensemble de projets plus ou moins complémentaires.

Seuls donc les projets essentiels et leurs enveloppes financières globales, cohérents avec les grandes options stratégiques de l'entreprise, sont retenus.

C'est à l'intérieur des enveloppes financières et des priorités définies au travers du plan que s'inscrit le budget qui, bien entendu, est détaillé.

2.2 Le budget des investissements

Le budget reprend les informations du plan d'investissement en les détaillant par responsable opérationnel afin de permettre un suivi administratif de l'engagement des dépenses.

Très souvent, l'enveloppe budgétaire autorisée ne représente qu'une partie des possibilités d'engagement de l'année. La direction générale préfère garder une partie de ces possibilités financières (10 à 20 %) pour faire face à d'éventuels projets en urgence ou à des dépassements imprévus sur des investissements acceptés.

Le suivi des investissements s'organise en trois temps.

• **Les dates d'engagements** : ce sont les dates à partir desquelles il n'est plus possible de revenir sur les décisions d'investissement sauf à payer un dédit. Elles peuvent donner lieu à versement d'acompte et tout retard dans l'exécution des tâches précédentes contrarie les engagements des tâches suivantes et l'organisation du projet.

• **Les dates de décaissements** : ce sont les différents moments où il faut régler les travaux engagés. Outre leurs conséquences en matière de trésorerie, il est important de vérifier la cohérence entre les montants facturés et ceux budgétés.

• **Les dates de réception** : elles conditionnement le démarrage des activités de fabrication et donc la rentabilité des projets envisagés.

Lorsque les projets sont nombreux, il faut regrouper ces différents éléments dans un budget du type de celui présenté ci-dessous :

Types de suivi	Engagement					Réception			Décaissements							
Année	N	N + 1 **Année à budgéter**				N + 1 **A. à bud.**		N + 2	N	N + 1 **Année à budgéter**						N + 2
Mois	Sept.	Fév	Avr	Juin	Nov	Juil	Sept	Mars	Sept	Fév	Avr	Juin	Juil	Sept	Nov	Solde
Projet 1	1 500						1 500		150	450				900		
Projet 2		1 000				1 000				100	300		600			
Projet 3			500		500	500		500			250		150	100	250	250
Projet 4				200		200						100	60	40		
	1 500	1 000	500	200	500	1 700	1 500	500	150	550	550	100	810	1 040	250	250
	1 500	2 200				3 200		500	150	3 300						250

Projets 1 et 2 = Décaissements comme suit : 10 % à l'engagement, 30 % au début du projet, 60 % à réception des travaux.

Projets 3 et 4 : 50 % à l'engagement, 30 % à réception et le solde à deux mois.

3. Une remise en cause de la vision traditionnelle des investissements

Les modifications apportées aux processus de production tant en termes de technologie que d'organisation ont une influence sur le concept d'investissement : l'apparition des nouvelles technologies de l'information, le suivi des flux, la réintroduction de la dimension humaine dans la gestion, la montée en puissance de la recherche-développement du fait du raccourcissement de la durée de vie des produits remplacent l'investissement matériel par une vision immatérielle de celui-ci.

Dans ce contexte, les outils de choix sont critiquables car inadaptés à la nouvelle perception de l'investissement.

3.1 Évolution de la notion d'investissement

a) Les différents types d'investissements

Le contexte économique a modifié la notion d'investissement en déplaçant ses frontières, sa nature, ce qui remet en cause le concept comptable qui assimile l'investissement à un actif immobilisable. Il est possible de distinguer quatre grandes familles de types d'investissement.

• **Les investissements imposés à l'entreprise** : remplacement à l'identique d'un matériel usé mais qui se trouve contraint par les équipements existants en aval et en amont, ou encore l'accroissement de capacité d'une production standardisée. Dans ce contexte, le choix d'investissement se résume, la plupart du temps, à un choix financier.

• **L'investissement de productivité «pur»** : la volonté de modifier une technologie pour en accroître la productivité peut correspondre à une analyse classique de choix de rentabilité économique ; il entraîne une diminution de charges directes telles que main-d'œuvre, matières ou énergie... Il est, dans ce cas, concevable d'en analyser la rentabilité sans se préoccuper d'autres incidences que celles des charges directes.

Il est à noter que ce type d'investissement, sans influence perceptible autre que sur les charges directes, se rencontre de moins en moins dans une organisation en flux tendus.

• **L'investissement de nature stratégique** : investissement qui structure le fonctionnement de l'entreprise. Il se caractérise par :
- une grande capacité à traiter de l'information en accentuant la substitution capital-travail et donc à permettre une certaine flexibilité en termes de volumes ou de diversité de production ;
- une part importante d'immatériel (logiciel, formation, recherche) que l'entreprise aura intégrée mais dont elle maîtrise mal les effets en termes de qualité sur le résultat final et que les techniques traditionnelles ne savent pas mesurer ;

– une influence sur l'organisation existante de l'entreprise comme une modification sur la logistique, la gestion de production, le contrôle qualité ou le contrôle de gestion. Mais cette influence peut être variée en intensité selon les domaines cités et décalés dans le temps.

• **L'investissement strictement immatériel** assimilable à une dépense immatérielle qui, engagée de manière isolée aujourd'hui, est susceptible de produire par elle-même des revenus futurs sur une période plus longue : dépenses de recherche et développement, formation et développement des ressources humaines, promotion commerciale, organisation et gestion, mise au point de processus de production[1].

Enfin, et indépendamment des critères de choix monétaires, il faut noter qu'un choix rationnel devrait tendre à évaluer l'impact de l'investissement en termes de délai et de qualité : le matériel permet-il de réduire le délai de fabrication ? Ne déplace-t-il pas un goulot d'étranglement vers l'aval ? En quoi la qualité est-elle améliorée ?

D'autre part, compte tenu de sa flexibilité, un investissement additionnel peut changer des investissements précédents : ajouter un pilote à des machines à commandes numériques peut conduire à créer un îlot de production et changer complètement la nature de l'investissement ; qu'en est-il alors des calculs précédemment effectués et de leurs pertinences ?

Les deux derniers types d'investissement tendent à se généraliser et obligent à une réflexion en termes de modernisation, principalement dans un contexte français où la prédominance des ingénieurs conduit souvent à préférer la haute technologie à une démarche de réflexion sur l'organisation dont les avantages sont moins en termes de recettes supplémentaires qu'en termes d'économie de coûts très souvent cachés.

b) Simplifier et/ou moderniser ?

Les politiques en matière d'investissement dépendent des stratégies choisies (élargir la gamme, augmenter le volume, accroître la productivité), de la position concurrentielle, de la durée de vie des produits, de la nature de l'activité ou des volumes de production. Devant tant de facteurs, les choix devraient être divers, pourtant c'est très souvent une démarche uniformisée qui s'applique : il est proposé le remplacement par un équipement de haute technologie de certaines tâches du processus industriel repérées comme déficientes sans réflexion d'ensemble sur l'organisation existante, la technologie de production, la place des hommes dans le processus.

Poser un problème de ce type revient à arbitrer entre simplification et modernisation : la simplification peut souvent, à moindre coût et plus rapidement, régler des problèmes de productivité, mais il sera difficile de la faire percevoir comme un véritable choix d'investissement.

---

1. C. Pierrat, B. Martory, *La gestion de l'immatériel*, Nathan, 1996.

La **simplification,** dans un contexte de gestion en flux tendus, trouve toute son utilité : elle consiste à rapprocher les machines, clarifier les flux de matières ou d'en-cours, diminuer les délais et les stocks, réduire les aléas. Libérant de la place, éliminant des facteurs de complexité, elle permet souvent d'éviter des investissements matériels lourds qui semblaient indispensables dans le cadre de l'ancienne organisation.

Elle n'empêche pas la modernisation mais elle prépare les conditions de sa réussite : en effet, les équipements de haute technologie sont peu efficaces dans un environnement plein d'aléas. Ils nécessitent du personnel polyvalent, avec une bonne compétence technique et possédant une compréhension des nouveaux impératifs de la production.

Enfin, elle permet un **apprentissage organisationnel** qui conduit à une meilleure appréhension de la modernisation dans un contexte de juste-à-temps. Ainsi, les nouveaux équipements doivent :
- s'insérer dans une gestion des flux et donc être simples, déplaçables, flexibles en termes de tailles de séries, avoir une cadence compatible avec les autres équipements ;
- être fiables (peu de pannes) et permettre une maintenance facilitée (par l'opérateur lui-même) ;
- se focaliser sur les tâches à haute valeur ajoutée (éviter les convoyeurs, manipulateurs non indispensables) ;
- utiliser la robotisation pour des tâches spécifiques et non pour remplacer l'homme.

Dans ce contexte, les **investissements de technologie** trouveront toute leur puissance et permettront à l'entreprise d'accéder à un processus de modernisation maîtrisé qui optimisera les aspects organisationnels et la qualité de gestion des aspects immatériels constitutifs de tout problème d'investissement structurant.

Ainsi la nature des investissements, dans un contexte de juste-à-temps, est fortement modifiée. Cette transformation a des influences sur la mise en œuvre des critères de choix étudiés dans la première partie.

3.2 Des critères inadaptés

Les modèles de choix d'investissement sont nombreux, sophistiqués, issus de la sphère financière et fortement influencés par la référence à la gestion des actifs financiers. Leur inadéquation apparaît de plus en plus dans le cadre des nouveaux investissements d'autant que la pratique des entreprises ne suit pas le degré de complexité des outils.

a) Une pratique réductrice

Les méthodes de valeur actuelle nette, ou de taux de rentabilité interne, sont connues des entreprises mais peu appliquées, les choix restent fondés sur le délai de récupération du capital. Lorsque des calculs d'actualisation sont effectués, ils le sont plus pour conforter le critère de délai de récupération que comme véritables outils de sélection.

b) Une information inadaptée

Traditionnellement, les calculs de choix reposent sur une comparaison entre recettes (ou économies de coûts) et des charges directes générées par le projet. Cette vision réductrice ne convient plus à la notion d'investissement actuelle : la vision financière ne résume plus tous les impacts de l'investissement sur le fonctionnement d'une entreprise. Le contrôle de gestion, dans sa vision fonctionnelle de l'organisation, identifie mal les répercussions de l'investissement. Le système d'information analytique est démuni pour analyser les conséquences sur les charges indirectes d'un projet d'investissement. Comment appréhender les gains apportés par un changement rapide d'outils ? De combien une amélioration en termes de fiabilité permet-elle de réduire les contrôles ? Peut-on récupérer des informations de production pour la gestion et à quel coût ?

Seule une analyse en termes de processus et de participation à la chaîne de valeur peut apporter des réponses mais elles sont encore trop partielles pour permettre la construction d'outils pertinents.

c) Des modèles d'inspiration financière inadaptés

Inspirés par la gestion des actifs financiers, ces modèles considèrent implicitement que :
- la collecte et la mise en forme des informations sont aisées ;
- les informations sur le futur sont connues ;
- il est possible de réajuster des décisions qui paraissent erronées : le désinvestissement est possible puisqu'il est fait référence à des actifs financiers volatils et divisibles. C'est oublier l'aspect irréversible du choix d'investissement en matière industrielle.

À l'heure actuelle, le **problème majeur à résoudre par les entreprises est celui de l'apprentissage** : il faut repérer les répercussions des investissements sur tous les aspects de la gestion de l'entreprise (organisation, qualité, délai) afin d'améliorer la collecte de l'information nécessaire à l'étude de l'investissement.

C'est dans un suivi rigoureux des projets que ce processus de collecte s'enrichira et permettra de réintroduire des critères de choix plus pertinents.

RÉFLEXIONS SUR LE THÈME

1. Investissements immatériels et critères de choix quantitatifs

Tous les critères présentés comparent une dépense initiale à des revenus futurs dégagés par les projets. Mais peut-on dans tous les types d'investissement connaître ces paramètres ?

Les investissements peuvent être classés selon la typologie suivante :

- **investissements matériels** parmi lesquels on peut recenser des projets :
  - de maintien du potentiel productif ou commercial,
  - d'expansion et croissance de ce potentiel ;

- **investissements immatériels** dont les principaux sont :
  - la recherche et le développement,
  - la formation et le perfectionnement des hommes,
  - les investissements commerciaux (image de marque des produits, lancement des produits nouveaux...),
  - les investissements de publicité institutionnelle dont le but est de faire connaître l'entreprise à l'extérieur et de développer une culture d'entreprise à l'intérieur.

Il est important de noter que la notion d'investissement dans le contrôle de gestion dépasse largement la notion d'immobilisation du plan comptable.

Globalement, pour tous les types d'investissements, il est possible de connaître les coûts initiaux et les dépenses d'exploitation qu'ils vont entraîner. Mais seuls les investissements matériels permettent une évaluation des recettes probables ; encore faut-il nuancer cette affirmation dans le cas d'investissements matériels dont le but est de se conformer à des obligations légales comme des normes anti-pollution.

Faute de recettes, il n'est pas possible de calculer la rentabilité des projets mais seulement d'arbitrer entre le coût du projet et son utilité subjective pour l'entreprise. Pour autant, ces méthodes ne peuvent être rejetées car elles permettent, tout de même, de classer des projets alternatifs de même nature.

2 Comment fixer le taux d'actualisation ?

Le taux d'actualisation doit être unique pour tous les projets d'investissement d'une entreprise. Il doit garantir la rémunération des capitaux investis et d'autre part permettre de sélectionner les projets les plus avantageux.

Globalement, un projet qui assure une rentabilité égale à ce taux permet la continuité de l'entreprise. Cependant, en fixant ce taux, il ne faut pas oublier que celle-ci est obligée d'investir dans des projets qui ne produisent pas de résultats mesurables. Le taux retenu doit donc tenir compte des projets rentables et des projets nécessaires.

Par ailleurs, tout projet d'investissement est constitué d'un flux monétaire négatif compensé, dans le futur, par un flux monétaire positif. Pour combler ce décalage, il faut disposer de capitaux et envisager le coût des ces derniers.

Les capitaux d'une entreprise sont constitués de capitaux propres qui doivent être rémunérés pour assurer la stabilité des apporteurs de capital et des capitaux empruntés pour lesquels la charge d'intérêt est connue.

Le coût des capitaux permanents est donc déterminé par les facteurs suivants :
- la part relative entre capitaux propres et capitaux empruntés ;
- la rémunération nécessaire des actionnaires qui s'apparente à un coût d'opportunité ;
- les intérêts à payer aux prêteurs après impôts.

Ainsi, le taux d'actualisation représente le coût du capital qui est une moyenne pondérée du coût des fonds propres et du coût des capitaux empruntés, majorée pour tenir compte des projets obligatoires mais sans rentabilité directe.

Applications

① Société Cément

Afin de faire face à l'accroissement de la demande, le directeur général de la société Cément envisage l'acquisition d'un nouveau four, mais hésite entre un four au fuel et un four électrique d'une durée de vie de dix ans chacun. Ils permettraient de produire deux variétés distinctes de ciment pour lesquelles les perspectives de demande sont également favorables de telle sorte que les critères commerciaux ne sauraient présider au choix du type d'investissement à réaliser.
Les caractéristiques de ces deux fours, ainsi que les modalités des deux voies de financement possibles, sont fournies en annexe. En outre, la société a l'habitude de ne retenir les projets d'investissements que lorsqu'ils assurent une rentabilité avant impôt d'au moins 15 % des capitaux investis et 20 % des capitaux propres.

QUESTIONS

1. Déterminer le projet à retenir (ne pas tenir compte de l'influence de l'IS).
2. Choisir le mode de financement le moins onéreux en négligeant l'influence de l'IS.

ANNEXE : PROJET D'INVESTISSEMENT

1) Caractéristiques techniques des fours

	Investissement total (millions d'euros)	Charges de fonc-tionnement/tonne	Prix de vente de la tonne	Production (tonnes)
Four au fuel	1,8	350 €	800 €	1 000
Four électrique	2,5	600 €	1 200 €	800

2) Modalités de financement

Emprunt bancaire
Montant : celui de l'investissement ; taux intérêt : 12 % l'an ; remboursable : en 10 ans par annuités constantes

Crédit-bail
Montant du contrat : celui de l'investissement ; durée de location : 5 ans ; loyer annuel : 450 000 €.
Option au bout des 5 ans : rachat pour un prix égal à 1/4 de la valeur de l'investissement ; poursuite de la location à un loyer égal à 225 000 €.

(d'après examen)

② Société Lasalle

En raison de l'insuffisance de ses capacités de production actuelles, la société Lasalle étudie la création d'une nouvelle unité de production. Les caractéristiques de l'investissement envisagé sont les suivantes :
- construction de bâtiments industriels : 600 000 € (HT) amortissables en 10 ans ;
- acquisition de matériels de production : 250 000 € (HT) amortissables en 5 ans ;
- agencements des installations : 50 000 € (HT) amortissables en 5 ans.

(Par simplification, les amortissements seront calculés selon le mode linéaire.)

Les études prévisionnelles réalisées ont, par ailleurs, permis de collecter les informations suivantes :
- lors de la première année d'exploitation de cette nouvelle usine, la production supplémentaire, entièrement écoulée sur le marché, serait de 20 000 unités vendues au prix de 150 € HT pièce ;
- l'ensemble des charges proportionnelles de fabrication et de distribution s'élèverait à 88,1 € par unité ;
- l'opération projetée entraînerait des charges fixes hors frais d'investissement (c'est-à-dire hors amortissements et hors charges financières) de 500 000 € par an ;
- il est raisonnable de tabler sur une progression du résultat d'exploitation (hors amortissements) de 5 % par an.

Le financement du projet peut être assuré par l'une des deux modalités ci-après :
- un emprunt à moyen terme, à hauteur de 80 % du montant global de l'investissement, au taux de 15 % l'an, remboursable par amortissements constants à terme échu en 5 ans. Le solde ferait l'objet d'un apport en capital des associés auxquels serait servi un dividende annuel de 10 % ;
- un contrat de crédit-bail, assurant le financement des matériels de production et de la moitié des bâtiments, le reste étant acquis sur fonds propres. Le contrat présenterait les caractéristiques suivantes :
  - un crédit-bail mobilier, durée : 3 ans, loyer annuel 90 000 € (HT) payable à terme échu, option d'achat en fin de contrat 80 000 € (supposée effectivement levée par la société Lasalle, les matériels concernés étant amortis en 2 ans) ;
  - un crédit-bail immobilier, durée : 5 ans, loyer annuel 50 000 € (HT) payable à terme échu, option d'achat en fin de contrat 20 000 € (supposée également levée par la société).

Données complémentaires
- Dans les calculs financiers, on considérera que les produits ou les charges, quels qu'ils soient, sont perçus ou acquittés à la fin de chaque période.
- La seule incidence fiscale à prendre en compte est celle de l'impôt sur les sociétés (au taux de 33 1/3 %).
- Si le projet voit effectivement le jour, à la fin des cinq années, la société Lasalle ne compte pas, en tout état de cause, revendre l'unité de production concernée.
- Elle ne souhaite pas réaliser une opération d'investissement telle que les capitaux engagés – quelles que soient les modalités de financement – ne permettent pas d'atteindre une rentabilité minimale de 12 %.

QUESTIONS

1. Pour chacune des deux hypothèses de financement envisagées, présenter le tableau de détermination des flux prévisionnels de trésorerie générés par le projet.

2. La société Lasalle souhaite des conseils sur l'opportunité de l'investissement et sur le choix du mode de financement le plus avantageux.

(d'après DECF)

(3) Matériel de coupe

Dans un atelier de fabrication de tissu, une étude menée sur plusieurs produits a révélé dans tous les cas des écarts importants sur les quantités de matière utilisées. Des recherches complémentaires ont mis en évidence une insuffisance du contrôle des pièces de tissu lors de la réception, les défauts n'étant détectés qu'au moment de la coupe.

Le contrôleur de gestion propose l'installation d'un matériel de contrôle automatique et systématique de toutes les livraisons, matériel déjà installé chez un concurrent et qui semble donner satisfaction. Cette implantation entraînerait la réorganisation de la réception et du magasin matières.

Conditions d'installation du matériel destiné au contrôle des tissus

Matériel

Date d'acquisition : fin décembre N.
Date de mise en service : début janvier N + 1.
Prix d'acquisition : 156 000 € HT.
Frais d'installation : 14 000 € HT.

Durée de vie économique : 5 ans.
Amortissement dégressif.
Valeur vénale fin N + 5 : 1 000 €.

Besoin en fonds de roulement

L'utilisation de ce matériel entraînera des retours beaucoup plus fréquents aux fournisseurs et certaines relations privilégiées en seront modifiées. Il en résultera une réduction des délais de règlement correspondant à une variation du crédit-fournisseur de 50 000 €.

Exploitation

Ce matériel devrait supprimer totalement les pertes de tissu évaluées à 44 000 € par an et réduire les dépenses annuelles de gestion (dépenses de fonctionnement du nouveau matériel déduites) de 9 600 €.

Au service réception, un employé qui effectuait le contrôle des tissus sur une dérouleuse manuelle totalement amortie, part à la retraite et ne sera pas remplacé. Les charges annuelles liées à ce salarié s'élèvent à 10 400 €.

Contexte économique et financier
On retient pour taux d'actualisation des flux économiques le coût moyen pondéré du capital.
Dans l'entreprise :
- le coût des fonds propres est de 15,6 % ;
- 40 % des sources de financement sont empruntées à un coût moyen avant impôt de 11 %.

Hypothèses de travail
Par mesure de simplification, on retiendra les hypothèses suivantes :
- les flux de liquidités sont considérés comme dégagés en fin de période ;
- taux uniforme de 33,1/3 % de l'impôt sur les sociétés.

QUESTIONS

1. **Déterminer la rentabilité économique de ce projet en utilisant le critère de la valeur actuelle nette des flux de liquidités (Taux d'actualisation : 12 %).**
2. **Vérifier que le taux d'actualisation utilisé précédemment par le contrôleur de gestion correspond au coût moyen pondéré des sources de financement de l'entreprise.**

(DESCF extrait)

④ *Société Hugo*

Partie I

Plutôt que de recourir à la sous-traitance, le directeur de la société Hugo propose de réaliser un investissement qui permettrait de produire la quantité supplémentaire prévue, de mieux en contrôler la qualité, mais également de répondre à une demande supérieure en cas de succès du produit.

Deux équipements différents seraient possibles :
- l'un classique, permettrait de générer des flux de trésorerie réguliers sur sa durée de vie ;
- le second, de conception plus récente, nécessiterait des frais de mise en route, de formation du personnel élevés les premières années, mais se traduirait sur les cinq années de durée de vie par un montant global de flux de trésorerie nettement supérieur.

Le directeur financier a chiffré ces deux hypothèses. Il hésite encore sur le taux d'actualisation à retenir et le critère de sélection, valeur actuelle nette ou taux de rentabilité interne.

Les deux équipements auraient un prix d'acquisition identique de 120 000 € et la même durée de vie de 5 ans. Les flux de trésorerie générés par ces investissements, tels que calculés par le directeur administratif et financier, seraient les suivants :
- investissement 1 : 50 000 € par an ;
- investissement 2 : année 1 : 10 000 € ; année 2 : 30 000 € ; année 3 : 50 000 € ; année 4 : 80 000 € ; année 5 : 120 000 € ;

Le directeur financier dispose des informations suivantes pour le choix du taux d'actualisation :
- le taux de rendement des obligations se situe aux environs de 8 % ;
- le coût du capital de l'entreprise est de l'ordre de 10 %.

QUESTIONS

1. **Quel taux d'actualisation le directeur financier doit-il retenir et quelle est sa signification ? Justifier votre choix.**
2. **Calculer la valeur actuelle nette (à l'aide du taux d'actualisation choisi), puis le taux de rentabilité interne de chacun des investissements.**
3. **Constatant une contradiction entre ces deux critères, le directeur financier souhaite utiliser la méthode de la valeur actuelle nette globale (ou intégrée) et du taux de rentabilité interne global. Un exposé de cette méthode est présenté en annexe 1.**

Calculer la valeur actuelle nette globale et le taux de rentabilité interne global de chacun des investissements. Que peut-on en conclure ?

4. **Rédiger un rapport de synthèse dans lequel le directeur financier présentera les différents éléments de décision au directeur général, et qui résumera les avantages et limites de critères proposés. Le directeur général étant particulièrement sensible au risque, proposer un troisième critère adapté.**

Partie II

Au cours des réunions de direction, deux positions se dégagent quant à la stratégie à suivre.

• **Le directeur de la production et le directeur commercial** estiment qu'il faut investir de façon importante pour répondre à une demande susceptible de s'accroître rapidement tout en contrôlant la qualité des produits. En évitant le recours à la sous-traitance, le taux de marge sur coût variable serait supérieur et donc les possibilités de croissance des bénéfices également. Le financement par emprunt d'une partie des investissements permettrait en outre d'offrir aux actionnaires une meilleure rentabilité des capitaux propres investis grâce à l'effet de levier financier, phénomène qui a séduit le directeur commercial au cours de ses études de gestion.

• **Le directeur financier** oppose à ces arguments que l'investissement et le recours à l'endettement accroîtraient le risque global de l'entreprise, ce qui pourrait en revanche gêner les actionnaires. Pour démontrer son point de vue à la prochaine réunion de direction, il a résumé en les simpliant les principales caractéristiques d'exploitation et de financement de l'entreprise.

Compte tenu des nouvelles activités, le chiffre d'affaires hors taxes pourrait s'élever à 2,1 millions d'euros. Mais le directeur commercial estime qu'il peut varier entre plus ou moins 20 %.

Dans l'hypothèse d'un recours à la sous-traitance, les charges variables seraient de l'ordre de 50 % du chiffre d'affaires hors taxes et les charges fixes limitées à 630 000 €.

Au cas où l'entreprise investirait, ses charges variables ne seraient que de 20 % du chiffre d'affaires hors taxes, mais ses charges fixes doubleraient. Jusqu'à présent peu endettée, elle devrait emprunter 700 000 € à 9 % l'an, ses capitaux propres représentant 1 050 000 €.

Soumise à l'impôt sur les sociétés au taux de 33 1/3 %, cette entreprise a réalisé des bénéfices au cours des derniers exercices.

QUESTIONS

1. **Pour chacune des deux situations, vous mettrez en évidence le risque d'exploitation à l'aide de la position de l'entreprise par rapport à son point mort et du levier opérationnel (ou coefficient de volatilité). Celui-ci sera défini comme étant l'élasticité du résultat d'exploitation par rapport au niveau d'activité.**
2. **Dans le cas de la réalisation de l'investissement avec recours à l'emprunt, mettre en évidence l'effet de levier dû à l'endettement, puis le décomposer en bras de levier et différentiel (*annexe 2*).**
3. **Calculer, dans le cas du recours à l'emprunt, le point mort courant de l'entreprise ainsi que le nouveau coefficient de volatilité.**
4. **Comment le risque de perte global a-t-il évolué ?**
5. **Conclure en une dizaine de lignes sur l'apport d'une telle étude dans la prise de décision d'un dirigeant d'entreprise.**

ANNEXE 1

La valeur actuelle nette globale (ou intégrée) est un critère à double taux. Il repose sur l'hypothèse que les flux de trésorerie générés par un investissement sont réinvestis à un taux réaliste *r*, pendant la durée de vie de l'investissement *n*. La valeur acquise de ces flux, appelée aussi facteur d'accumulation, est ensuite actualisée au coût du capital *k* et comparée au montant initial de l'investissement.

La valeur actuelle nette globale est donc la différence entre la valeur actuelle de la valeur acquise des flux de trésorerie et le montant de l'investissement, ce qui peut s'exprimer mathématiquement ainsi :

$$VANg = I_0 + [a_1 (1 + r)^{n-1} + a_2 (1 + r)^{n-2} + \ldots + a_{n-1} (1 + r) + a_n] \times (1 + k)^{-n}.$$

Le taux de rentabilité interne global est le taux d'actualisation k pour lequel la valeur actuelle nette globale est nulle.

Dans le cas de la société Hugo, un taux de réinvestissement des flux de trésorerie de 12 % serait souhaité.

ANNEXE 2

Soit D = Endettement

CP = Capitaux propres

i = Le taux d'endettement net d'IS

R_e = Rentabilité économique = $\dfrac{\text{Résultat d'exploitation net d'IS}}{CP + D}$

R_f = Rentabilité financière = $\dfrac{\text{Résultat courant net d'IS}}{CP}$

L'effet de levier est égal à : $R_f \text{ (avant impôt)} = R_e + (R_e - i) \times \dfrac{D}{CP}$

où $(R_e - i)$ est appelé le différentiel,

et $\dfrac{D}{CP}$ le bras de levier.

(5) *Les critères de choix : cas Chaussurex*

Première partie

La société Chaussurex fabrique des chaussures de sécurité et écoule sa production exclusivement sur le marché français.

On retiendra dans l'analyse structurelle de sa clientèle le schéma suivant.

1. L'intendance qui passe des commandes annuelles irrégulières en fonction de crédit dépendant du budget de l'armée.
2. Des grossistes en chaussures, dont la demande a été remarquablement stable puisqu'elle s'est élevée au même nombre de paires vendues au cours des trois dernières années.

Les besoins normaux de l'armée peuvent être évalués à 500 000 paires. Cependant, des réductions budgétaires ont abaissé les commandes à 250 000 paires au cours des deux dernières années.

Au seuil de l'exercice N, la direction de la société Chaussurex ignore si la commande de l'armée pour N sera normale, c'est-à-dire égale à 500 000 paires, ou réduite à 250 000 paires.

On vous fournit, en annexe, le compte de résultat de l'année N – 1 et on vous a communiqué les informations suivantes sur l'année N – 1 et les perspectives de N :

- toute la production de N – 1 a été vendue et il n'existe pas de stocks de produits finis au 1er janvier N ;
- le réseau commercial actuel de la société Chaussurex ne comprend que des VRP rémunérés strictement à la commission et ils ne peuvent prétendre à aucune rémunération sur les ventes de l'armée ;
- les coûts directs ne sont pas influencés par la pointure des paires de chaussures ;
- aucune variation n'est à prévoir pour N tant en ce qui concerne les coûts variables par paires de chaussures fabriquées et vendues qu'en ce qui concerne les coûts de structure.

Les prix de vente de la paire de chaussures, hors taxes, ont été l'année dernière de :

- 26 € pour les marchés passés avec l'intendance ;
- 36 € pour les marchandises livrées au grossistes.

L'analyse du marché ne permet pas d'envisager une évolution de ces prix de vente dans les deux prochaines années.

QUESTION

Le chef d'entreprise vous appelle en consultation et vous demande de calculer le nombre de paires qu'il devra vendre aux grossistes pour assurer la couverture des charges fixes :

– dans l'hypothèse où l'armée passera une commande normale de 500 000 paires ;

– dans l'hypothèse où cette commande ne sera que de 250 000 paires.

Deuxième partie

Une action de promotion des ventes doit être envisagée pour N.
Elle implique la mise en œuvre d'une campagne publicitaire massive d'un montant total de 1 600 000 €.

La direction commerciale consultée hésite à s'engager sur les résultats de cette action et limite ses hypothèses à deux cas :

1. succès de la campagne publicitaire : augmentation des ventes de 200 000 paires ;
2. échec de la campagne publicitaire : augmentation des ventes de 50 000 paires.

Il est précisé que cette action ne pourra avoir aucune influence sur les commandes de l'armée.

Les services de production techniques fixent à 1 000 000 de paires la capacité maximum de production de l'entreprise, telle qu'elle était équipée en N – 1. Ils estiment à 5 millions le coût de l'investissement supplémentaire nécessaire pour augmenter de 500 000 paires la capacité maximum annuelle de production. La durée d'utilisation de cet investissement est de dix ans et dans la perspective où nous nous plaçons, seul l'amortissement linéaire doit être retenu.

Le stock éventuel de produits terminés, invendus en fin d'exercice, doit être calculé sur la base des coûts directs de fabrication diminué de 3 € par paire pour tenir compte des charges inhérentes au stockage.

Le préjudice commercial pour chaque paire commandée non livrée peut être évalué à 8 euros par paire.
L'augmentation de production rendue possible par l'investissement supplémentaire prendra effet au 1er janvier N.

Les prix de vente hors taxes resteront identiques à ceux de N – 1.

L'armée sera livrée en priorité, malgré des prix de ventes inférieurs, en raison de fortes pénalités spécifiées au cahier des charges établi par l'intendance.

L'entreprise disposant de liquidités inemployées, elle négligera le coût du financement de l'investissement éventuel.

La double incertitude en ce qui concerne le marché a amené la direction à envisager les éventualités suivantes, pour la fixation du budget des ventes en nombre de paires :

Hypothèse A : échec de la campagne publicitaire,
commande de l'armée égale à 250 000 paires.

Hypothèse B : succès de la campagne publicitaire,
commande de l'armée égale à 250 000 paires.

Hypothèse C : échec de la campagne publicitaire,
commande de l'armée égale à 500 000 paires.

Hypothèse D : succès de la campagne publicitaire,
commande de l'armée égale à 500 000 paires.

Elle décide de faire tester par le calcul les résultats de la mise en fabrication des quantités déterminées par les hypothèses B, C et D, l'hypothèse A étant éliminée en raison de son caractère trop nettement pessimiste.

QUESTIONS

1. **Vous présenterez, sous une forme simplifiée, les budgets d'exploitation prévisionnels correspondant aux hypothèses retenues en matière de fabrication en n'omettant pas de prendre en considération pour chacune de ces hypothèses les différentes possibilités envisageables sur le plan des ventes.**
2. **Vous essayerez enfin de dégager de ces résultats quelles devront être en N les décisions de la direction en matière de production, c'est-à-dire le nombre de paires qui devra être mis en fabrication.**
3. **Vous conclurez votre travail, par une courte note, sur l'intérêt des critères de choix que vous aurez envisagés et sur votre proposition finale à la direction.**

ANNEXE

Charges de l'exercice		Produits de l'exercice	
Charges variables de production (tout produit) Charges variables de distribution Charges fixes communes	14 000 000 1 800 000 6 600 000	Production vendue	22 700 000
Total des charges Résultat de l'exercice	22 400 000 300 000		
Total général	22 700 000	Total général	22 700 000

(6) *Les critères de choix : Cas Solidal*

Une des divisions de la société Solidal fabrique des échafaudages qu'elle vend soit à sa filiale, la société Echafex, soit à des grossistes.

Première partie

- *Données commerciales*

La société Echafex étant constituée depuis peu, son service commercial ne s'est pas encore pleinement développé, les prévisions des ventes pour l'année à venir paraissent incertaines.
L'année précédente, la société Echafex a vendu 500 échafaudages ; son service commercial estime que ce chiffre pourrait monter au-delà de 1 000.

Les clients de la société Solidal représentaient, en moyenne, les années passées, un volume de vente d'environ 1500 unités. Un effort commercial étant envisagé, ce volume pourra atteindre 2500 échafaudages si la campagne publicitaire se révèle efficace et si les longues périodes d'intempéries ne sont pas trop nombreuses. La direction de la société Solidal s'interroge donc sur le volume de production à prévoir en fonction de la double incertitude commerciale que l'on peut résumer de la manière suivante :

Demande	Bonne	Mauvaise
Filiale	1000	500
Grossistes	2500	1500

Quatre éventualités commerciales sont donc retenues :
1. Demande filiale bonne et demande grossiste bonne : vente totale : 3500.
2. Demande filiale bonne et demande grossiste mauvaise : vente totale : 2500.
3. Demande filiale mauvaise et demande grossiste bonne : vente totale : 3000.
4. Demande filiale mauvaise et demande grossiste mauvaise : vente totale : 2000.

- *Autres données*

– Le potentiel de fabrication actuel plafonne à 4500 échafaudages par an, dans la structure actuelle. Le montant global prévisionnel des coûts fixes se situe à 800 000 € pour l'année étudiée.
– Le coût moyen variable de fabrication à prévoir par échafaudage peut être considéré comme constant et égal à 400 € par unité.
– Stock initial : 100 unités, valorisé à 450 € l'unité.
– Coût du stockage : 100 € par an et par échafaudage.
– Le stock final sera valorisé à :
  - 450 € pour les 100 premières unités,
  - 350 € pour les suivantes, en raison d'une provision pour dépréciation tenant compte de l'évolution rapide du matériel (normes de sécurité) et de l'incertitude commerciale.

- Prix moyen de vente d'un échafaudage : 800 € hors taxes.
- Compte tenu de la situation concurrentielle sur le marché, on estime à 100 € le préjudice commercial consécutif à une vente manquée.

QUESTION

Choisir un programme de production parmi les quatre éventualités envisagées :

1. **dans le cas où l'on ne possède aucun renseignement sur les probabilités de la demande, les quatre solutions étant équiprobables ;**
2. **dans le cas où la direction estime que la demande «filiale» a une chance sur trois d'être bonne, deux sur trois d'être mauvaise et la demande «grossiste» a une chance sur quatre d'être bonne et trois sur quatre d'être mauvaise.**

NB : Présenter l'étude à l'aide de tableaux à double entrée mettant en rapport les hypothèses de production et les hypothèses de ventes et faisant apparaître :
- les ventes, les ventes manquées, les stocks finals,
- les résultats possibles,
- les résultats probables.

Deuxième partie

La société Solidal s'intéresse à tout investissement rentabilisant à plus de 15 % l'an les capitaux engagés. Entre autres suggestions, ses services d'études proposent à la direction un projet visant à créer un service «location d'échafaudages». Le responsable financier estime qu'il faudrait prévoir, outre le coût variable de fabrication de 400 € par échafaudage, une augmentation des charges de structures (personnel, publicité, et locaux, etc.) de l'ordre de 700 000 € par an au total.

Les autres données prises en considération sont les suivantes :
- durée probable de vie de l'unité : 5 ans ;
- coût annuel de révision et d'entretien d'un échafaudage : 200 € ;
- nombre de jours ouvrables : 200.

La direction estime pouvoir louer :
- entre 50 et 70 % du parc si le nombre d'échafaudages du service location est inférieur à 1000 ;
- entre 40 et 60 % si ce nombre est supérieur à 1 000.

Le prix prévisionnel de location est de 8 € par jour ouvrable.

QUESTIONS

1. **À partir de quel nombre d'échafaudages utilisés pour la location l'opération est-elle rentable dans le sens où l'entend la société ?**
2. **Quelles observations feriez-vous, en quelques lignes, sur la compatibilité du programme de fabrication (question de la première partie) et du programme de location ? De quelles informations complémentaires souhaiteriez-vous disposez pour en examiner plus précisément les interdépendances ?**

(7) *Société Bodog*

Bodog fabrique des aliments en conserve pour animaux. Il vend 100 000 boîtes et réalise une marge de 40 centimes par boîte. Un distributeur D lui propose de fabriquer le même produit vendu dans tout son réseau de magasins sous sa propre marque D avec une marge unitaire de 10 centimes.

Avec ces deux produits, Bodog perdrait un pourcentage x de son marché actuel mais gagnerait 2 fois x sur le nouveau marché.

Le refus de Bodog pourrait entraîner l'acceptation de la proposition par son principal concurrent avec une probabilité de 60 %. Dans ce cas Bodog peut essayer de compenser les pertes de part de marché :
- soit par une promotion dont le coût est de 10 000 € ;
- soit par une baisse de prix en réduisant sa marge unitaire à 0,35 €.

Ces deux actions peuvent entraîner, le lancement d'une action de promotion du concurrent avec une probabilité de 1/2 en réponse à la promotion de Bodog mais de seulement 30 % si Bodog choisit de baisser ses prix.

Les probabilités d'apparition des différents états sont les suivantes :

- Acceptation de l'offre par Bodog et perte *x* de son marché actuel :
  - perte de 10 % → prob 0,1
  - perte de 20 % → prob 0,4
  - perte de 30 % → prob 0,5

- Acceptation de l'offre par le concurrent, pas de réaction de Bodog :
  - perte de 10 % → prob 0,2
  - perte de 20 % → prob 0,4
  - perte de 30 % → prob 0,4

- Acceptation de l'offre par le concurrent, promotion de Bodog et perte de son marché actuel :
  - perte de 5 % → prob 0,1
  - perte de 10 % → prob 0,5
  - perte de 15 % → prob 0,4

- Acceptation de l'offre par le concurrent, promotion de Bodog, promotion du concurrent et perte de son marché actuel :
  - perte de 10 % → prob 0,3
  - perte de 15 % → prob 0,4
  - perte de 20 % → prob 0,3

- Acceptation de l'offre par le concurrent, baisse des prix de Bodog et perte de son marché :
  - perte de 0 % → prob 0,4
  - perte de 5 % → prob 0,3
  - perte de 10 % → prob 0,3

- Acceptation de l'offre par le concurrent, baisse des prix de Bodog, promotion du concurrent et perte de son marché actuel :
  - perte de 5 % → prob 0,4
  - perte de 10 % → prob 0,4
  - perte de 15 % → prob 0,2

QUESTIONS

1. Délimiter toutes les situations possibles et élaborer l'arbre de décision.
2. Évaluer le résultat de chaque branche de l'arbre.
3. À partir de l'espérance mathématique du résultat, quelle décision doit prendre Bodog ?

19 Le budget général et les états financiers prévisionnels

Une fois arrêté le programme des ventes en adéquation avec les capacités productives, il a été possible de définir les différents budgets :
- budget des ventes et des frais commerciaux,
- budget de la production et éventuellement de la sous-traitance,
- budget des approvisionnements,

et d'en déduire les budgets de fonctionnement des différents services.

Il est alors nécessaire de vérifier la cohérence de l'ensemble prévisionnel construit, et la capacité monétaire de l'entreprise à le réaliser.

L'objet du budget de trésorerie est de traduire, en termes monétaires (encaissements et décaissements), les charges et les produits générés par les différents programmes.

L'élaboration du budget de trésorerie est la résultante d'une démarche budgétaire complète. Il faudra la finaliser par l'établissement de documents de synthèse prévisionnels qui devront être cohérents avec les travaux de planification à plus long terme existant dans l'entreprise.

Par ailleurs, ces documents fournissent au contrôleur budgétaire des données sur lesquelles il peut appuyer un suivi des réalisations de l'entreprise, en généralisant le calcul d'écarts à la formation du résultat étudié dans le chapitre 13.

1. Le budget de trésorerie

Le budget de trésorerie est la **transformation** des charges et des produits de tous les budgets précédents **en encaissements et en décaissements**, notions qui **privilégient l'échéance des flux monétaires**.

LE BUDGET DE TRÉSORERIE

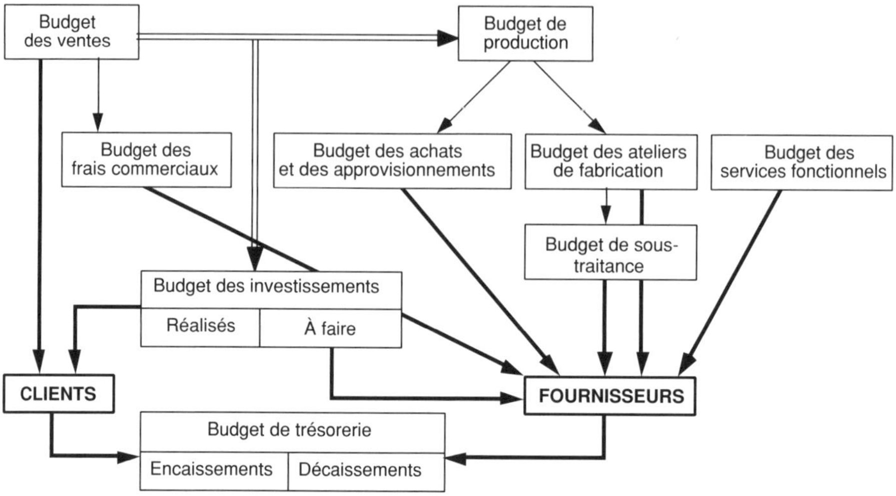

Il ne peut donc être établi qu'une fois l'ensemble de la démarche budgétaire d'un exercice élaboré et les différents budgets approuvés.

Dans une optique strictement budgétaire, le budget de trésorerie répond à deux impératifs :

- **s'assurer d'un équilibre mensuel** entre encaissements et décaissements en vue de mettre en place, **préventivement**, des moyens de financement nécessaires à court terme en cas de besoin de liquidités pour un ou des mois donnés ;
- **connaître le solde de fin de période budgétaire** des comptes de tiers et de disponible, tels qu'ils figureront dans le bilan prévisionnel.

L'établissement d'un budget de trésorerie nécessite plusieurs étapes indispensables qui permettent un bouclage de la démarche budgétaire finalisée par les «documents de synthèse» prévisionnels :

- la collecte des informations nécessaires ;
- la préparation des budgets partiels de trésorerie ;
- l'élaboration et l'ajustement du budget récapitulatif de trésorerie.

Nous envisagerons successivement ces différentes étapes.

1.1 La collecte des informations

Le budget de trésorerie relie des informations budgétaires d'exercices différents. C'est pourquoi la phase de collecte est obligatoire.

Les éléments nécessaires pour élaborer le budget de l'année en cours sont :

- le bilan de l'année précédente,
- tous les budgets approuvés de l'année en cours ;
- la connaissance des modes de règlement de l'entreprise ;
- les décaissements et encaissements exceptionnels qui n'entrent pas dans le cadre d'un budget précis.

Exemple

La société Z vous demande d'établir son budget de trésorerie relatif au premier semestre de l'année N. Vous disposez des documents et renseignements suivants.

Bilan au 31 décembre N–1

Immobilisations brutes	380 000	Capitaux propres	324 360
Amortissements	– 128 000		
Immobilisations nettes	252 000		
Stock de matières premières	22 380	Fournisseurs de matières premières	23 720
Stock de produits finis	33 200	Charges sociales	9 500
Clients (Effets)	46 000	TVA à décaisser	7 440
Disponibilités	11 440		
Total	365 020	Total	365 020

Budgets du premier semestre de l'année N

• *Budget des ventes*

Mois	Janvier	Février	Mars	Avril	Mai	Juin	Total
Prix unitaire(T)	200	200	200	200	200	200	–
Quantités	200	500	250	750	250	350	2 300
Chiffres d'affaires (milliers de €)	40	100	50	150	50	70	460

• *Budget de la production*

	Janvier	Février	Mars	Avril	Mai	Juin	Total du semestre
Charges directes							
– Consommations de matières	40 000	32 000	44 000	48 000	20 000	24 000	208 000
– Salaires de production	4 000	3 000	4 200	4 400	3 000	3 000	21 600
– Charges sociales	2 000	1 500	2 100	2 200	1 500	1 500	10 800
Charges indirectes							
– Entretien	1 000	500	1 000	2 000	500	200	5 200
– Assurances	3 000	3 000	3 000	3 000	3 000	3 000	18 000
– Taxe professionnelle	1 000	1 000	1 000	1 000	1 000	1 000	6 000
– Amortissements	3 000	3 000	3 000	3 000	3 000	3 000	18 000
Total mensuel	54 000	44 000	58 300	63 600	32 000	35 700	287 600

Les charges indirectes, hormis les charges d'entretien, sont des charges abonnées.

• *Budget des achats (en valeur)*

MATIÈRES PREMIÈRES

	Janvier	Février	Mars	Avril	Mai	Juin	Total du semestre
Stock en début de mois	22 380	12 380	20 380	26 380	28 380	8 380	
Livraisons (début de mois) +	30 000	40 000	50 000	50 000	–	30 000	200 000
Consommations du mois –	40 000	32 000	44 000	48 000	20 000	24 000	208 000
Stock de fin de mois =	12 380	20 380	26 380	28 380	8 380	14 380	

- *Budget des services fonctionnels*

	Janvier	Février	Mars	Avril	Mai	Juin	Total du semestre
Salaires et appointements	15 000	15 000	15 000	15 000	15 000	15 000	90 000
Charges sociales	7 500	7 500	7 500	7 500	7 500	7 500	45 000
Charges de gestion	2 000	3 000	500	1 000	2 000	800	9 300
Total du mois	24 500	25 500	23 000	23 500	24 500	23 300	144 300

Renseignements divers

- *Règlements clients*

Les ventes sont encaissées moitié comptant, moitié 30 jours-date de facturation, par le biais d'effets escomptables.

- *Règlements fournisseurs*

Les fournisseurs de matières premières sont réglés à 30 jours fin de mois ; les autres fournisseurs sont réglés comptant.

- *Taxe sur la valeur ajoutée*

Tous les produits et les charges passibles de TVA sont imposés au taux de 19,6%. L'entreprise paye la TVA le 25 du mois suivant et relève du régime de droit commun. Le crédit de TVA éventuel s'impute sur la TVA à payer des mois suivants.

- *Règlements divers*

– L'acompte de taxe professionnelle de 6 000 € est payé en juin.
– Les primes d'assurances annuelles s'élèvent à 36 000 € et sont réglées globalement en mars.
– Les salaires sont payés le dernier jour du mois échu.
– Les charges sociales relatives aux salaires sont payées le 15 du mois suivant.

Chacune des informations fournies a des implications sur les encaissements ou les décaissements quant à leur montant, ou leur échéance ; il est donc **impératif de s'assurer de l'exhaustivité** des informations collectées et **également de leur fiabilité** : version définitive des budgets, modes de règlement toujours en vigueur, etc.

Il est alors possible d'organiser la phase de préparation des budgets partiels.

1.2 Les budgets partiels de trésorerie

Les budgets sont établis généralement en montant hors taxes. Les encaissements et les décaissements doivent être exprimés toutes taxes comprises.

Par ailleurs, l'application des règles de droit commun en matière de TVA oblige à un calcul particulier pour déterminer le montant de la «TVA à décaisser» du mois qui sera payable le mois suivant.

C'est pourquoi, il est fréquent d'établir trois budgets partiels :
– un budget des encaissements ;
– un budget de TVA ;
– un budget des décaissements.

a) Le budget des encaissements

Le budget comprend deux zones :

- la **partie haute du tableau** permet le calcul du chiffre d'affaires TTC et du montant de la TVA collectée du mois (reprise dans le budget de TVA) ;
- la **partie basse du tableau** tient compte des décalages d'encaissements introduits par les modes de règlement, elle intègre les créances clients figurant au bilan de l'année précédente.

Exemple

Pour le premier semestre de l'année N, le budget des encaissements de l'entreprise Z se présente comme suit :

BUDGET DES ENCAISSEMENTS

	Janvier	Février	Mars	Avril	Mai	Juin	Total du semestre
Ventes hors taxes (voir budget des ventes)	40 000	100 000	50 000	150 000	50 000	70 000	460 000
TVA collectée (taux 19,6 %)	7 840	19 600	9 800	29 400	9 800	13 720	90 160
Chiffres d'affaires TTC	47 840	119 600	59 800	179 400	59 800	83 720	550 160
• Clients de l'année N – 1 (voir Bilan année précédente)	46 000						Bilan
• Encaissements comptant dans le mois (1/2 du CA TTC)	23 920	59 800	29 900	89 700	29 900	41 860	
• Encaissements par effets (à 30 jours date de facturation)	–	23 920	59 800	29 900	89 700	29 900	41 860
Encaissements du mois	69 920	83 720	89 700	119 600	119 600	71 760	

Il est utile de faire figurer dans une colonne spéciale le montant des encaissements attendus à fin juin de l'année N ; cette information facilite l'élaboration des «documents de synthèse» prévisionnels.

b) Le budget de TVA

Ce budget permet le calcul du décaissement de TVA selon les règles de droit commun, à savoir :

TVA à décaisser du mois M	=	TVA collectée du mois M	–	TVA déductible /immobilisations du mois M	–	TVA déductible /biens du mois M

La «TVA à décaisser» d'un mois donné est payable dans le courant du mois suivant.

La construction du budget de trésorerie oblige à déterminer le montant de «TVA déductible» du mois, et donc à reconstituer les achats de toute nature en valeur toutes taxes comprises (TTC).

La **partie haute du tableau** permet la reconstitution des achats TTC, ainsi que le calcul de la «TVA déductible» du mois reprise dans la partie basse du tableau.

La **partie basse du tableau** conduit à la détermination de la «TVA à décaisser» d'un mois en appliquant la règle ci-dessus énoncée : c'est cette zone qui constitue à proprement parler le budget de TVA.

Exemple

Le budget de TVA pour l'entreprise Z se présente comme suit :

BUDGET DE TVA

	Janvier	Février	Mars	Avril	Mai	Juin	Total du semestre
Achats de matières premières (voir budget des achats)	30 000	40 000	50 000	50 000		30 000	200 000
TVA sur matières premières (A)	5 880	7 840	9 800	9 800	0	5 880	39 200
Achats de matières premières TTC	35 880	47 840	59 800	59 800	0	35 880	239 200
Charges diverses (entretien et charges de gestion)	3 000	3 500	1 500	3 000	2 500	1 000	14 500
TVA sur charges diverses (B)	588	686	294	588	490	196	2 842
Charges diverses TTC	3 588	4 186	1 794	3 588	2 990	1 196	17 342
TVA déductible du mois (A) + (B)	6 468	8 526	10 094	10 388	490	6 076	42 042
							BILAN
TVA collectée du mois (voir budget des encaissements)	7 840	19 600	9 800	29 400	9 800	13 720	
TVA déductible du mois	6 468	8 526	10 094	10 388	490	6 076	
TVA à décaisser du mois	1 372	11 074	– 294	19 012	9 310	7 644	
TVA payable dans le mois (TVA à décaisser du mois précédent)	7 440 (1)	1 372	11 074	–	18 718 (2)	9 310	7 644

(1) Données obtenues dans le bilan N – 1.
(2) 19 012 – 294.

c) Le budget des décaissements

Il regroupe les dépenses figurant dans les budgets de charges selon leur mode de règlement. Ces éléments sont repris pour leur montant TTC.

On y retrouve le montant de la «TVA payable dans le mois» obtenue dans le budget de TVA.

Exemple

Le budget des décaissements de l'entreprise Z regroupe les règlements par échéance :

– les règlements des fournisseurs de matières premières payables le mois suivant ;

– les règlements des «autres fournisseurs» sont payables comptant. Ils sont constitués par :

  • les charges d'entretien relevées dans le budget de production,

  • les charges de gestion prévues dans le budget des services fonctionnels.

Il se présente comme suit :

BUDGET DES DÉCAISSEMENTS

	Janvier	Février	Mars	Avril	Mai	Juin	BILAN
• Achats de matières premières TTC	23 720 (1)	35 880	47 840	59 800	59 800	0	35 880
• Charges diverses TTC	3 588	4 186	1 794	3 588	2 990	1 196	–
• Assurances			36 000				18 000 (2)
• Taxe professionnelle						6 000	
• Salaires et appointements (cf. Budgets de production et des services fonctionnels)	19 000	18 000	19 200	19 400	18 000	18 000	
• Charges sociales	9 500 (1)	9 500	9 000	9 600	9 700	9 000	9 000
• TVA à décaisser	7 440 (1)	1 372	11 074	0	18 718	9 310	7 644
Total mensuel	63 248	68 938	124 908	92 388	109 208	43 506	

(1) Données obtenues du bilan de l'année N – 1.
(2) Charges constatées d'avance.

Il est utile de faire figurer dans une colonne spéciale le montant des décaissements attendus à fin juin de l'année N ; cette information facilite l'élaboration des documents de synthèse prévisionnels.

Ces budgets partiels établis, il est possible de présenter le budget de trésorerie proprement dit.

1.3 Le budget récapitulatif de trésorerie

Ce budget récapitulatif est généralement présenté sous **deux versions successives**. Dans ce cas, le travail budgétaire consiste en :

- l'établissement d'une **version initiale** du budget, faisant apparaître les **soldes bruts mensuels de trésorerie**,
- la **mise au point d'un budget de trésorerie ajusté**, compte tenu des desiderata financiers de l'entreprise.

a) La version initiale du budget

Dans cette optique, mois par mois, les encaissements sont comparés avec les décaissements, tels qu'ils sont apparus dans les budgets partiels précédents, et en tenant compte des disponibilités qui figurent au bilan de l'exercice antérieur.

Cette version s'établit colonne par colonne puisque le solde final de trésorerie d'un mois donné est la trésorerie initiale du mois suivant.

Exemple

Dans l'entreprise Z, la version initiale du budget est la suivante, et fait apparaître une trésorerie négative au cours du mois de mars.

BUDGET RÉCAPITULATIF DE TRÉSORERIE (VERSION INITIALE)

	Janvier	Février	Mars	Avril	Mai	Juin
• Solde de trésorerie en début de mois	(1) 11 440	18 112	32 894	– 2 314	24 898	35 290
• Encaissements	69 620	83 720	39 700	119 600	119 600	71 760
• Décaissements	63 248	68 938	124 908	92 388	109 208	43 506
• Solde de trésorerie de fin de mois	18 112	32 984	– 2 314	24 898	35 290	63 544

(1) Informations du bilan N – 1.

b) Le budget de trésorerie ajusté

Il présente obligatoirement des **soldes de trésorerie nuls ou positifs puisqu'il tient compte des modes de financement retenus par l'entreprise pour équilibrer sa trésorerie.**

En effet, négocier préventivement des financements à court terme est généralement moins coûteux et plus sûr que le recours éventuel à des crédits à court terme en situation de trésorerie négative.

Exemple

La direction financière de l'entreprise Z souhaite qu'il y ait toujours, par sécurité, une encaisse minimale de 9 000 €. Il est possible d'escompter les effets des clients moyennant un taux d'intérêt de 12 % l'an.

Compte tenu de cette exigence, le budget de trésorerie ajusté se présente comme suit :

BUDGET DE TRÉSORERIE AJUSTÉ

		Janvier	Février	Mars	Avril	Mai	Juin
Solde début de mois		11 440	18 112	32 894	9 002	24 784	35 176
Encaissements bruts	+	69 920	83 720	89 700	119 600	119 600	71 760
Effets escomptés dans le mois précédent	–	–	–	–	– 11 430	–	–
Encaissements nets	=	81 360	101 832	122 594	117 172	144 384	106 936
Décaissements	–	63 248	68 938	124 908	92 388	109 208	43 506
Solde de trésorerie brut	=	18 112	32 894	– 2 314	24 784	35 176	63 430
Effets escomptés dans le mois	+	–	–	(1) 11 430	–		
Intérêts à 12 % l'an sur les effets	–	–	–	(2) 114	–		
Solde de trésorerie net (fin de mois)	=	18 112	32 894	9 002	24 784	35 176	63 430

(1) Déficit + encaisse minimale = 99 % des effets escomptés bruts arrondis à la dizaine d'euros supérieurs.
(2) Coût moyen de l'escompte : 12 % l'an soit 1 % sur 1 mois.

Ce budget ajusté devrait, dans la pratique, être amélioré : il considère la notion d'encaisse minimale comme un montant en deçà duquel il ne faut pas descendre. En toute logique, un excès de trésorerie non placé est un signe de mauvaise gestion, au même titre que des déficits non souhaités. Il faudrait alors envisager des placements pour les mois à trésorerie excédentaire, et tendre à une encaisse de 9 000 € si l'on retient ce montant comme élément de sécurité.

Cette mise en œuvre concrète est généralement effectuée au sein de la fonction Trésorerie chargée d'exécuter les décisions arrêtées, au vu des éléments budgétaires. La gestion de trésorerie n'apparaît pas dans notre démarche. Notons simplement qu'elle a pour vocation, entre autres, d'assurer quotidiennement la pérennité de l'entreprise en lui maintenant un niveau de liquidités suffisantes par une gestion en temps réel des comptes bancaires et des refinancements nécessaires.

POINT MÉTHODE

- Le bilan de l'exercice précédent doit être un bilan après répartition afin que la partie décaissée du résultat, c'est-à-dire les dividendes à payer, soit connue.
- Bien lire les informations relatives aux modes de règlement : ainsi les expressions «paiement à 30 jours» et «paiement à 30 jours fin de mois» ne sont pas synonymes. La première décompte la durée du crédit à partir de la date de facturation, et donc entraîne un encaissement dans le mois suivant celle-ci. La seconde entraîne une exigibilité à la fin du mois suivant celui de la facturation, et donc un encaissement sur les premiers jours du mois prochain, soit deux mois de décalage par rapport au mois de facturation.
- Attention aux informations des budgets qui sont fournies hors taxes, elles doivent toujours être reprises dans un budget de trésorerie toutes taxes comprises.
- Ne pas assimiler charges à décaissements et produits à encaissements. Il existe des charges non décaissées (toutes les dotations aux amortissements et aux provisions), et des décaissements qui ne sont pas des charges (les remboursements de capital financier, les acquisitions d'immobilisations).
- Le budget de TVA présenté respecte les règles de droit commun, mais il existe d'autres régimes d'assujettissement : la TVA sur les encaissements, celle sur les débits. Il s'agit toujours dans la conception de ce budget de respecter les règles d'«exigibilité» et de «fait générateur», pour déterminer le montant de la «TVA à décaisser».

À ce niveau d'élaboration, le budget de trésorerie a répondu à son premier objectif : équilibrer les encaissements et les décaissements dans le cadre de la démarche prévisionnelle qui caractérise les budgets. Il est possible alors d'établir les documents de synthèse prévisionnels.

2. Les «documents de synthèse» prévisionnels

L'établissement de «documents de synthèse» prévisionnels répond à deux exigences :

- **assurer l'équilibre comptable de l'année budgétée** entre les budgets des différents services et le budget de trésorerie, afin de **permettre un suivi en termes d'écarts de tout le système «Entreprise»,**
- **vérifier la cohérence de la démarche budgétaire** avec celle retenue dans le **plan à moyen terme** : il est impératif que les objectifs à moins d'un an des budgets soient compatibles avec ceux, à moyen terme, du plan opérationnel.

Il s'agit, en regroupant les informations des différents budgets de dresser :
- un compte de résultat prévisionnel faisant apparaître le résultat budgété de l'année ;
- le bilan prévisionnel à la fin de l'exercice budgétaire.

2.1 Le compte de résultat prévisionnel (ou budgété)

Il respecte les principes comptables et regroupe les charges et les produits par nature pour leur montant hors taxes.

Exemple

Compte tenu d'un stock final de produits finis de 40 000 €, le compte de résultat prévisionnel de l'entreprise Z pour le premier semestre de l'année N se présente comme suit :

COMPTE DE RÉSULTAT AU 30.06.N

Charges			Produits		
Achats de matières premières		200 000	Ventes de produits finis		460 000
Variation de stocks		+ 8 000	Production stockée		+ 6 800
• Stock initial	22 380		• Stock final	40 000	
• Stock final	14 380		• Stock initial	33 200	
– Consommation de matières premières		208 000			
– Autres achats et charges externes		32 500			
• entretien	5 200				
• assurance	18 000				
• charges de gestion	9 300				
– Salaires et charges de personnel		167 400			
• salaires	111 600				
• charges sociales	55 800				
– Impôts et taxes		6 000			
– Amortissements		18 000			
– Charges financières		114			
Total des charges		432 011			
Résultat de l'exercice		**34 786**			
Total général		466 800	Total général		466 800

Le résultat budgété s'élève à 34 786 €.

Il permet également l'équilibre avec le bilan prévisionnel.

2.2 Le bilan prévisionnel (ou budgété)

Son élaboration s'effectue à l'aide :
- du bilan de l'exercice précédent ;
- des résultats des budgets de trésorerie en ce qui concerne les comptes de tiers ou de disponible ;
- des budgets de production et d'approvisionnement pour les éléments stockés ;

– du compte de résultat prévisionnel pour les amortissements et le résultat budgété.

Exemple

Au 30 juin N, le bilan budgété de l'entreprise Z se présente ainsi :

BILAN BUDGÉTÉ AU 30.06.N

Actif		Passif	
Immobilisations brutes	380 000	Capitaux au 1.1.N	324 360
Amortissements (128 000 + 18 000)	146 000	**Résultat de l'exercice**	**34 786**
Immobilisations nettes	234 000	Capitaux propres au 30.6.N	359 146
Stock de matières premières	14 380		
Stock de produits finis	40 000	• Fournisseurs de matières premières	35 880
Clients (Effets à recevoir)	41 860	• Charges sociales	9 000
Disponibilités	63 430	• TVA à décaisser	7 644
Charges constatées d'avance	18 000		
	411 670		411 670

POINT MÉTHODE

- La construction des «documents de synthèse» budgétés est fortement facilitée par l'existence dans tous les tableaux des budgets, soit d'une colonne «montant total de la période budgétée» pour ce qui concerne les éléments du compte de résultat, soit d'une colonne «montant figurant au bilan» pour les comptes de tiers et de disponible.
- Le compte de résultat prévisionnel ne retient que des éléments hors taxes, en application des règles du plan comptable, alors que les dettes et les créances figurent au bilan pour un montant toutes taxes comprises.
- La démarche budgétaire est correcte si elle aboutit à l'équilibrage de tous les budgets exprimés dans les «documents de synthèse» prévisionnels : les étudiants à qui l'on demande ce travail, doivent y voir une obligation de résultat et pas seulement de moyens.

Les documents de synthèse prévisionnels établis serviront de référence pour ajuster le pilotage du système «Entreprise». Régulièrement (souvent sur une périodicité mensuelle), les réalisations seront confrontées aux chiffres budgétés.

RÉFLEXIONS SUR LE THÈME

1. Le budget de trésorerie n'est pas la gestion de la trésorerie

Le budget de trésorerie a pour vocation principale la mise en évidence de certains déséquilibres monétaires dans le cadre du budget annuel.

La gestion des besoins ou des excédents de trésorerie est prise en charge par le technicien compétent : le trésorier au sein d'une fonction spécifique, la fonction **trésorerie** .

L'objectif du trésorier d'entreprise est, dans le cadre d'une délégation bien précise, d'assurer la liquidité à court terme et au moindre coût de l'entreprise pour qu'elle puisse faire face à tous moments à ses obligations.

La fonction trésorerie a en charge depuis quelques années, et suite aux développements rapides des marchés financiers, «l'immunisation» de l'entreprise à un certain nombre de risques et tout spécialement :

- le risque de change,
- le risque de taux.

En ce sens, l'approche budgétaire devra, pour les entreprises à forte activité internationale, être menée de manière plurimonétaire de façon à prévoir, aussitôt que possible, les risques encourus par la firme et donc de mettre en œuvre les couvertures nécessaires et indispensables si telles sont les directives de la direction générale.

2. Gestion budgétaire et comptabilité financière

La mise en œuvre des budgets conduit en final à l'élaboration de documents financiers prévisionnels comme le compte de résultat et le bilan. Pourquoi le contrôle de gestion éprouve-t-il le besoin de ce cadrage avec la comptabilité financière ?

Certes, les budgets sont la déclinaison à court terme de la stratégie et il peut sembler normal de vouloir établir des documents de synthèse prévisionnels pour s'assurer que les résultats à court terme s'insèrent de façon satisfaisante dans les plans opérationnels de moyen terme.

Mais, des questions subsistent : pourquoi l'horizon des budgets est-il l'année comme celui de la comptabilité générale ? Pourquoi les documents finals prennent-il la forme de documents financiers et non pas de documents spécifiques à la comptabilité de gestion ? Pourquoi faut-il réintroduire la vision patrimoniale dans une comptabilité de flux ?

Il faut y voir des indices de l'ambiguïté des rapports entre les deux «comptabilités» de l'entreprise : la vision patrimoniale est nécessaire à la comptabilité générale et la qualité des documents prévisionnels obtenus par la gestion budgétaire permet à celle-là de se servir pour ses propres objectifs des résultats de celle-ci, en particulier pour répondre à des obligations de comptes prévisionnels dans le cadre de cotation sur des bourses internationales.

L'influence de la comptabilité générale conduit encore à des contraintes qui ne s'imposent pas en tant que telles dans la logique de la gestion budgétaire :

- le découpage annuel n'est pas un découpage de gestion, de nombreuses actions ou objectifs demandent à être suivies sur d'autres horizons ;
- les ressources et les charges prises en compte en gestion budgétaire sont celles de la comptabilité générale et réduisent les possibilités d'analyse de gestion par, implicitement, le refus de charges ou de coût qui ne sont pas du cadre strict financier.

Applications

① *Budget des encaissements*

Le service commercial d'une entreprise a établi les prévisions mensuelles de ventes consignées dans le tableau ci-dessous :

Mois	Volume des ventes de tubes X	Volume des ventes de tubes Y
Janvier	18 000	235 000
Février	18 000	230 000
Mars	20 000	235 000
Avril	16 000	170 000
Mai	14 000	150 000
Juin	14 000	170 000

- prix de vente hors taxe d'un tube X : 25 € ;
- prix de vente hors taxe d'un tube Y : 12 € ;
- TVA au taux normal.

Conditions générales de règlement des clients

- *Clients de tubes X :*
  - 10 % du montant hors taxe à la commande qui a lieu, en moyenne, un mois avant la livraison ;
  - 50 % de la facture à la livraison ;
  - le solde à 30 jours.
- *Clients de tubes Y :*
  - 20 % à la livraison ;
  - 50 % à 30 jours ;
  - le solde à 60 jours.
- Au 31 décembre N, le compte 411 Clients est débiteur des sommes dues au titre :
  - des ventes de tubes Y du mois de novembre : 3 415 680 € ;
  - des ventes de tubes Y du mois de décembre : 3 486 840 €.

QUESTIONS

1. Établir le budget des ventes de tubes X, ainsi que le budget des ventes de tubes Y pour le premier semestre N + 1.
2. Établir le budget des encaissements de créances-clients de tubes X, ainsi que le budget des encaissements des créances-clients de tubes Y, pour le premier semestre N + 1.
3. Préciser le solde du compte : 411 Clients à la date du 30 juin N + 1.

(d'après DECF)

② *Entreprise commerciale Solver*

L'entreprise commerciale Solver fabrique, un article unique P au prix de 4 000 € HT l'unité. La distribution du produit est assurée par des VRP multi-cartes rémunérés par des commissions égales à 10 % du chiffre d'affaires HT.

La fabrication d'un produit nécessite :
- 20 kg de matières premières à 30 € HT le kg ;
- 600 € de frais de fabrication variables.

Les frais fixes de fabrication comprennent des salaires et des amortissements. Ils s'élèvent à 1 200 000 €. Les frais fixes d'administration sont constitués pour partie de services extérieurs soumis à TVA (montant : 780 000 € HT) et pour le reste d'amortissements.

L'inventaire physique au 31.12.N a dénombré :
- 2000 kg de matières premières,
- 1000 unités de produit finis.

Le bilan au 31 décembre N de la même entreprise se présente ainsi :

Bilan au 31 décembre N			
Passif		Actif	
Immobilisations	1 600 000	Capital (1)	2 140 000
Matière première	60 000	Emprunt	282 000
Produits finis	264 000	Fournisseurs	20 000
Clients	160 000	État, TVA à payer	38 000
Effets à recevoir	320 000	Personnel, charges à payer (2)	30 000
Trésorerie	106 000		
	2 510 000		2 510 000

(1) Après virement des comptes *Résultats* et *Compte personnel de l'exploitant.*
(2) Les charges à payer représentent le montant des commissions dues aux représentants.

Pour l'exercice N + 1 les prévisions sont les suivantes :
- *Achats de matière première* : 6 000 kg tous les trois mois, le premier achat ayant lieu en janvier.
- *Production* : 100 articles par mois, sauf en août où l'atelier est fermé.
- *Ventes* : 960 articles ; coefficients saisonniers mensuels :
  - de janvier à mars 0,6
  - d'avril à juin 1
  - de juillet à septembre 1,6
  - d'octobre à décembre 0,8
- *Règlements* : les clients règlent en moyenne 50 % de leurs achats par crédit à un mois et 50 % par effets à 2 mois négociables.
  - Les fournisseurs sont payés en moyenne 50 % comptant et 50 % à un mois.
  - Les frais de fabrication et administratifs sont réglés le mois même de leur apparition ; les décaissements concernant les frais fixes se répartissent à peu près uniformément sur les douze mois de l'année.
  - Les commissions aux représentants sont réglées le mois suivant celui des ventes correspondantes.
- *Emprunt* : il doit être amorti de 72 000 € en mars. Les intérêts de cet emprunt sont compris dans les frais administratifs.
- *Frais fixes* : ceux de production comprennent 240 000 € d'amortissements, ceux d'administration en comportent 120 000 €.
- *Investissements* : un matériel de production doit être acheté en mars, sa valeur hors taxes est de 400 000 € (TVA : 19,6 %). Il est envisagé de le payer 50 % en juin et 50 % en janvier N + 2. Les amortissements correspondants prévus pour N + 1, qui se montent à 120 000 €, n'ont pas été compris dans l'estimation initiale des frais.

QUESTIONS

1. Présenter :
- **a) le budget mensuel des recettes de N + 1 ;**
- **b) le budget mensuel de la TVA payée en N + 1 ;**
- **c) le budget mensuel des dépenses de N + 1 ;**
- **d) la situation mensuelle de la trésorerie de N + 1 (situation théorique).**

2. Prévoir, en se conformant aux directives données en annexe, les ajustements nécessaires pour maintenir en permanence la trésorerie à un niveau suffisant : limiter les calculs aux trois premiers mois de l'année N + 1.

3. Établir le compte de résultat prévisionnel de l'exercice N + 1, compte tenu des frais financiers résultant des ajustements des soldes mensuels de trésorerie, frais estimés à 35 000 € pour l'année complète.

(Cette question peut être traitée avant les trois qui précèdent.)

ANNEXE

Il s'agit d'obtenir, à la fin de chaque mois, un solde de trésorerie positif en recourant :

– à la négociation des effets à recevoir en portefeuille, aux conditions suivantes :
  - remise mensuelle : par tranches de 10 000 €, les effets les plus anciens étant négociés les premiers ;
  - coût mensuel : 1 % (compter les mois en nombres entiers).

– à l'avance bancaire si nécessaire :
  - par tranches mensuelles de 10 000 € ;
  - frais : 2 % par mois immédiatement inscrits au débit du compte de l'entreprise ; % de la plus forte avance mensuelle imputés en fin d'année.

(d'après examen)

③ *Société Oce*

Vous êtes chargé d'élaborer pour le chef d'entreprise de la société Oce des documents prévisionnels du prochain trimestre. Vous disposez des informations suivantes :

BILAN AU 30.04.N

Actif				Passif	
Fonds commercial	145 400	–	145 400	Capital	1 200 000
Terrains	153 300	–	153 300	Réserve légale	120 000
Constructions	930 000	440 000	490 000	Résultat de l'exercice	251 116
Installations techniques	448 000	213 500	234 500		
Autres immobilisations	64 200	18 900	45 300		
				Emprunts auprès des	
Stocks de marchandises	910 000	–	910 000	établissements de crédit	440 434
Créances clients	455 000		455 000	Dettes fournisseurs	355 000
Autres créances	48 800		48 800	Dettes fiscales (État)	150 750
				Autres dettes	100 000
Disponibilités	103 050		103 050		
Charges constatées d'avance	31 950		31 950		
	3 289 700	672 400	2 617 300		2 617 300

1. Le poste «Autres créances» est encaissable en mai.

2. Le poste «Dettes fiscales (État)» représente :
   – la TVA due au titre d'avril, à décaisser en mai ;
   – le solde (acomptes provisionnels déduits) de l'impôt sur les sociétés de l'exercice clos le 30 avril N.
   Le résultat fiscal de l'exercice clos le 30 avril N – 1 était de 126 000 €.
   L'impôt sur les sociétés dû au titre de l'exercice clos le 30 avril N s'élève à 98 700 € ; les acomptes provisionnels représentent 33 1/3 % du résultat fiscal de référence.
   L'impôt dû est payé le plus tard possible.

3. Le plan d'amortissement de l'emprunt figurant au passif du bilan est le suivant :

(Extraits)

Échéance	Capital dû en début de période	Intérêt	Amortissement	Trimestrialité	Capital dû en fin de période
31.3.A	455 550,00	19 247,00	21 233,00	40 480,00	434 317,00
30.6.A	434 317,00	18 350,00	22 130,00	40 480,00	412 187,00
30.9.A	412 186,89	17 415,00	23 065,00	40 480,00	389 122,00

(Il s'agit d'un emprunt remboursable par trimestrialités constantes, au taux annuel de 18 %.)

4. Les «Autres dettes» figurant au passif du bilan ne donneront lieu à aucun remboursement en mai, juin et juillet.
5. L'assurance responsabilité civile et l'assurance incendie, dont la prime annuelle s'élève à 42 600 €, a été réglée d'avance le 1.2.N.
6. Les immobilisations sont amortissables selon le mode linéaire. Aucune n'arrivera en fin d'amortissement au cours de la période. Aucune n'est totalement amortie. On n'envisage ni acquisition, ni cession.
   Les taux d'amortissement pratiqués sont les suivants :
   – constructions .... 5 % l'an
   – installations techniques, matériel et outillage industriel .... 10 % l'an
   – autres immobilisations corporelles .... 15 % l'an

Prévisions d'exploitation

1. Chiffre d'affaires prévisionnel :
   Mai N .... 957 600 € HT
   Juin N .... 806 600 € HT
   Juillet N .... 1 109 400 € HT
   (toutes les ventes sont passibles de la TVA au taux normal).
2. Marge sur prix d'achat : en moyenne 30 % du prix de vente.
3. Habitudes de paiement de la clientèle :
   50 % règlent au comptant ; 50 % règlent à 30 jours fin de mois.
4. Prévisions d'achats :
   Mai N .... 763 400 € TTC
   Juin N .... 756 300 € TTC
   Juillet N .... 655 500 € TTC
   (tous les achats sont passibles de la TVA au taux normal).
5. Prévisions de «charges diverses» (autres qu'intérêts d'emprunts, assurances et amortissements) :
   80 000 € TTC (dont 5 000 € de TVA déductible) par mois.
6. Règlement des achats et des «charges diverses» :
   – achats : 40 % au comptant et 60 % à 30 jours fin de mois.
   – «charges diverses» : on les supposera toutes réglées au comptant.
7. La TVA est réglée à l'administration fiscale le 20 de chaque mois.

QUESTIONS

Présenter :

1. Le budget de trésorerie (mois par mois) du prochain trimestre avec les étapes intermédiaires :
– du budget des encaissements ;
– du budget des décaissements (lui-même précédé du budget de TVA).

2. Le compte de résultat prévisionnel (schématique) du trimestre.

3. Le bilan prévisionnel en fin de trimestre.
Faire les calculs à l'euro près.

(d'après examen)

20 Prévisions et maîtrise de la masse salariale

1. *Prévoir la masse salariale*
2. *Analyser et décomposer l'évolution de la masse salariale*
3. *Piloter les ressources humaines*

Dans une conjoncture de forte concurrence, maîtriser les coûts salariaux devient un enjeu important tant sur le plan externe du positionnement commercial qu'interne à l'entreprise dans le cadre de négociation possible de salaires. Cet objectif de maîtrise est délicat à gérer compte tenu des différents aspects qu'il revêt d'autant que certains facteurs structurels font que la masse salariale peut s'accroître alors même que le niveau des rémunérations reste stable. C'est pourquoi cette préoccupation s'inscrit dans une optique de pilotage à court terme dont la logique de base reste celle des budgets.

Mais avant de simuler les évolutions de la masse salariale, il s'agit d'abord de la définir : dans un contexte de gestion budgétaire, la masse salariale représente l'ensemble des salaires versés à une population donnée pour une période donnée généralement l'année. L'objectif est de chiffrer le coût global et réel des salaires ; seront donc pris en compte la masse des salaires telle qu'elle apparaît dans la DADS, les charges patronales, les primes non soumises à charges.

Cette masse est très souvent le poste de charges le plus important du compte de résultat : la qualité et la fiabilité des prévisions sont donc aussi importantes que la maîtrise de cette donnée.

1. Prévoir la masse salariale

1.1 Calcul de la masse salariale

L'évolution d'une masse salariale d'une année par rapport à l'autre doit tenir compte de différents phénomènes :

– les augmentations de salaires dites générales, c'est-à-dire s'appliquant à tous les salariés ;

– les augmentations de salaires dites individuelles (mérite ou promotion) ;
– les mouvements de personnel en entrées (embauche) ou en sorties (départs en retraite, démission ou licenciement).

a) Principe de calcul

La base de calcul d'une masse salariale s'appuie sur un recensement exhaustif des éléments de salaire stables de décembre de l'année qui précède la projection : il s'agit de l'ensemble des éléments fixes de la remunération comme les appointements ou les salaires de base mais aussi certaines primes dès lors qu'elles évoluent comme ce salaire (prime d'ancienneté, assiduité ou autre...).

Cette masse salariale dite «de base» évolue en fonction de plusieurs paramètres : des paramètre liés à la politique sociale comme les augmentations générales de salaires ou individuelles, des paramètres liés à l'évolution de l'emploi comme les variations d'effectifs.

Ces mouvements de personnel peuvent être représentés par le schéma suivant :

MASSE SALARIALE ET MOUVEMENT DE PERSONNEL

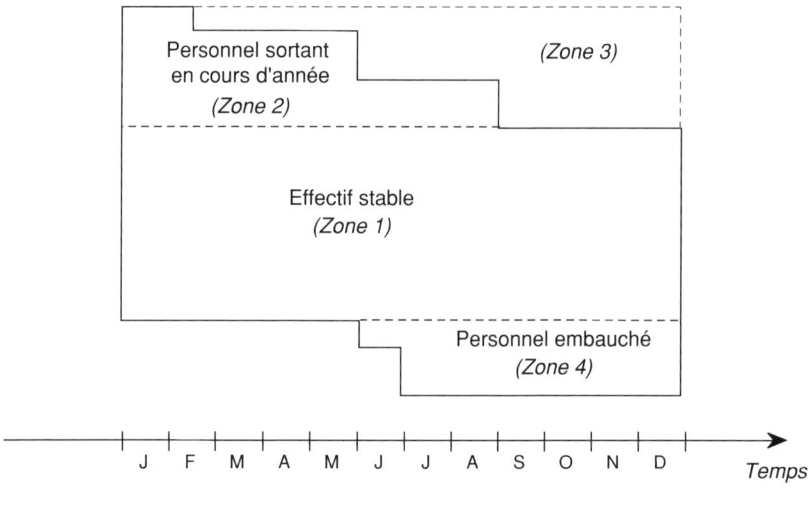

Deux modes de calculs sont alors possibles :

Masse salariale de l'année N	=	Masse salariale de l'effectif stable *(zone 1)*	+	Masse salariale du personnel sortant *(zone 2)*	+	Masse salariale du personnel embauché *(zone 4)*

ou

Masse salariale de l'année N	=	Masse salariale de l'effectif présent au 1er janvier *(zones 1, 2 et 3)*	–	Salaires non versés au personnel sortant *(zone 3)*	+	Masse salariale du personnel embauché *(zone 4)*

Dans ce chapitre, nous utiliserons la première méthode. Les travaux de prévisions de la masse salariale seront effectués sur le thème d'application suivant.

Thème d'application

Effectifs de l'année N

	Effectifs	Salaires bruts annuels	Salaires bruts décembre
Direction	5	357 000	6 025
Techniciens	220	10 337 250	3 975
Ouvriers	53	1 916 000	3 050
Employés	45	1 820 000	3 400

Accord salarial (pour l'année à venir, c'est-à-dire année N+1)

• Augmentation uniforme des salaires sans distinction de catégories socio-professionnelles : 1 % au 1er mars
1,50 % au 1er septembre

• Augmentations individuelles : elles représentent 0,97 % de la masse salariale de décembre de l'année N et seront accordées au 1er juin de l'année N+1. Elles représentent des augmentations au mérite accordées par la hiérarchie dans le cadre d'une enveloppe globale. Ces augmentations ne sont accordées ni au personnel devant partir, ni à celui embauché en cours d'année.

Prévisions des mouvements de personnel

• Deux ouvriers (salaires bruts de décembre N = 3 300 €) seront promus techniciens le 1er mars (salaires prévus = 3 625 €); ils ne participeront pas à l'augmentation générale des salaires du mois de mars.

• ***Tableau des départs et embauches prévus***

Catégories	Mois de départ (fin de mois)	Salaire brut décembre N	Mois d'arrivée (début de mois)	Salaire brut prévu
Ouvrier	Juillet	3 675	Avril	2 300
Ouvrier	Novembre	3 825	–	
Employé	Juillet	3 950	–	
Employé	Novembre	3 725	–	
Technicien	Août	4 500	Juillet	3 025
Technicien			Décembre	3 250

Les départs prévus sont des départs à la retraite.

Pour obtenir la masse salariale de l'année N+1, nous respecterons le premier principe de calcul présenté en tête de chapitre. C'est pourquoi nous calculerons successivement :

– la masse salariale de l'effectif stable en définissant :
  - l'effectif stable par catégories ;
  - l'indice multiplicateur des salaires ;

– l'influence des mouvements de personnel en distinguant :
- l'influence des départs ;
- l'influence des arrivées.

b) Masse salariale de l'effectif stable

Il s'agit dans un premier temps de déterminer l'effectif attendu de l'année N+1 compte tenu de tous les mouvements de personnel en mettant en évidence l'effectif dit stable.

Cette prévision de la masse salariale tient compte de l'ensemble des augmentations envisagées au cours de l'année prochaine. Cependant, d'autres aspects intéressent le gestionnaire. Quelles sont les conséquences d'une décision en matière de politique salariale ?

- ***Effectifs par catégorie en fin d'année N+1***

Catégories	Effectif année N	Départs année N+1	Effectif stable N+1	Entrées année N+1	Effectifs année N+1
Direction	5		5		5
Techniciens	220	1	219	4	223
Ouvriers	53	4	49	1	50
Employés	45	2	43		43
Total	323	7	316	5	321

Afin de garder de la souplesse dans les calculs et de gagner du temps, il est préférable de travailler en indice (base 100 pour décembre N), plutôt que sur l'évolution de la masse exprimée en francs.

Comme les augmentations sont successives, il est nécessaire d'étudier leur influence dans le temps d'autant qu'elles sont de nature différente :
– les augmentations générales sont ici de nature multiplicative c'est-à-dire qu'elles s'appliquent de façon cumulative et les unes sur les autres ;
– les augmentations individuelles sont qualifiées d'additives c'est-à-dire qu'il suffit de les ajouter globalement à la masse salariale.

- ***Calcul de l'indice multiplicateur pour l'effectif stable***

Période	Nombre de mois	Détail des calculs	Indice	Total
Janvier à février	2		100	200
Mars à juin	4	100 × 1,01 = 101	101	404
Juillet à août	2	101 + (100 × 0,97) =101,97	101,97	203,94
Septembre à décembre	4	101,97 × 1,015 = 103,5	103,5	414
Valeur de l'indice multiplicateur				1 221,94
soit un coefficient multiplicateur de :				*12,2194*

Il est alors possible de calculer la masse salariale pour l'effectif stable.

• ***Masse salariale de l'effectif stable***

Catégories	Effectif stable	Salaire décembre N	Coefficient multiplicateur	Masse salariale (en €)
Direction	5	6 025	12,2194	368 109
Techniciens	219	3 975	12,2194	10 637 293
Ouvriers	49	3 050	12,2194	1 826 189
Employés	43	3 400	12,2194	1 786 476
Total	316			14 618 068

Ce travail de prévision de la masse salariale doit maintenant intégrer l'influence des variations de personnel.

c) Influence des mouvements de personnel

Nous envisagerons successivement les mouvements de sorties puis les mouvements d'entrées.

• ***Influence des départs : masse salariale versée au personnel sortant***

Catégories	Mois de départ (fin de mois)	Durée de rémunération (en mois)	Nombre de mois payés à l'indice (1)			Salaire décembre N	Coefficient (3)	Total
			100	101	102,515			
Ouvriers	Juillet	7	2	5		3 675	7,05	25 909
Ouvriers	Novembre	11	2	6	3	3 825	11,13545	42 593
Ouvriers promus	Février	4 (2)	4			3 300	4	13 200
		22	Sous-total ouvriers					81 702
Employés	Juillet	7	2	5		3 950	7,05	27 848
Employés	Novembre	11	2	6	3	3 725	11,13545	41 480
		18	Sous-total employés					69 327
Techniciens	Août	8	2	6		4 500	8,06	36 270
		8	Sous-total techniciens					36 270
Durée de rémunérations		48	Total général					187 299

Remarque sur ce tableau :

(1) L'indice 100 concerne les mois de janvier et de février, celui de 101 est applicable du 1er mars au 31 août, l'indice 102,515 exprime la valeur des salaires à compter du 1er septembre compte tenu de taux multiplicatifs (1,015 × 101 = 102,515).

(2) Les ouvriers promus sont au nombre de 2 : cette information est prise en compte par l'intermédiaire du nombre de mois (2 ouvriers × 2 mois = 4).

(3) Le coefficient de 11,13545 est obtenu par : (2 × 100) + (6 × 101) + (3 × 102,515)/100. Les autres coefficients sont obtenus par le même principe.

• ***Influence des entrées : Masse salariale versée au personnel embauché***

Catégories	Mois d'arrivée (début de mois)	Durée de rémunération (en mois)	Nombre de mois payés à l'indice (1)			Salaire d'embauche	Coefficient (3)	Total
			100	101	102,5			
Ouvriers	Avril	9	5		4	2 300	9,06	20 838
		9	Sous-total ouvriers					20 838
Techniciens promus	Mars	20 (2)	12		8	3 625	20,12	72 935
Techniciens	Juillet	6	2		4	3 025	6,06	18 332
Techniciens	Décembre	1	1		0	3 250	1	3 250
		27	Sous-total techniciens					94 517
Durée de rémunérations		36	Total général					115 355

Remarque sur ce tableau :
(1) L'indice 100 concerne pour chaque salarié les premiers mois d'embauche avant qu'il ne bénéficie d'une augmentation générale des salaires : seuls les salariés embauchés avant le 1er mars peuvent bénéficier de la totalité des augmentations générales prévues.
(2) Les personnes promues sont au nombre de 2 : cette information est prise en compte par l'intermédiaire du nombre de mois (chaque ouvrier est présent 10 mois).
(3) Les coefficients sont obtenus par le même principe que dans le tableau précédent.
Il ne reste plus qu'à regrouper dans un tableau synthétique l'ensemble des données.

- ***Masse salariale de l'année N+1***

Catégories	Effectif stable		Départs		Arrivée		Masse salariale N+1	
	Effectif Personnes /an	Montant	Effectif Personnes /mois	Montant	Effectif Personnes /mois	Montant	Effectif Personnes /an	Montant
Direction	5	368 109					5,00	368 109
Techniciens	219	10 637 293	8	36 270	27	94 517	221,92	10 786 080
Ouvriers	49	1 826 189	22	81 702	9	20 838	51,58	1 928 729
Employés	43	1 786 476	18	69 327	0		44,50	1 855 803
	316	14 618 068	48	187 299	36	115 355	318	14 552 612

Cette prévision de la masse salariale tient compte de l'ensemble des augmentations envisagées au cours de l'année prochaine. Cependant, d'autres aspects intéressent le gestionnaire. Quelles sont les conséquences d'une décision en matière de politique salariale ?

1.2 Notion d'effet report

L'intérêt d'une démarche de prévision est d'anticiper des évolutions ; cet aspect est fondamental dans la maîtrise de la masse salariale. Il est important que les décideurs puissent appréhender les conséquences de leur choix en matière d'augmentations salariales, d'autant que les décisions d'augmentations prises sur une année ont des effets sur les années suivantes.

a) Évolution en niveau

L'évolution dite «en niveau» ou **effet niveau** est le rapport du salaire mensuel d'un salarié ou d'une catégorie de salarié entre deux dates données, pour un même niveau de qualification.

Il se calcule très souvent sur les salaires des mois de décembre. Il est alors égal à :

$$\text{Évolution en niveau} = \frac{\text{Salaire décembre N+1}}{\text{Salaire décembre N}}$$

Thème d'application

Reprenons le thème d'application précédent.

Par facilité, nous considérons le personnel de direction dont l'effectif est stable sur les deux années.

– salaire moyen de décembre N : 6 025 €
– salaire moyen de décembre N+1 : il faut le reconstituer compte tenu des augmentations prévues sur N+1.

Il est égal à [(6 025 € × 1,01) + (6 025 × 0,0097)] × 1,015 = 6 236

$$\text{Évolution en niveau} = \frac{\text{Salaire décembre N+1}}{\text{Salaire décembre N}} = \frac{6\,236}{6\,025} = 1{,}035$$

Cette évolution en niveau avait déjà été calculée dans le tableau de l'indice multiplicateur de l'effectif stable (voir paragraphe 1.1. b.)

Il représente le coefficient multiplicateur à appliquer au salaire du mois de décembre N (base 100) pour obtenir une prévision du salaire de décembre N+1.

L'effet niveau peut s'exprimer en indice, soit 103,5 ou en pourcentage 3,5 %.

L'effet niveau exprime, ici, la variation à la hausse du salaire telle qu'elle peut être perçue par le salarié. C'est l'indicateur utilisé dans le cadre de négociations salariales, mais il ne correspond pas à la vision de l'entreprise car un employeur raisonne en global et sur l'année en terme de coût réel des dépenses engagées.

b) Évolution en masse

L'évolution dite «en masse» ou **effet masse** est la variation de la masse des salaires annuels pour une année de simulation par rapport à une masse salariale sans augmentation.

$$\text{Évolution en masse} = \frac{\text{Salaires annuels (année N+1)}}{\text{Salaires annuels (année N)}}$$

Thème d'application

Considérons toujours le personnel de direction.

Le *salaire moyen annuel* de cette catégorie est de :

– année N : 71 400 €

– année N+1 : 368 109/5 = 73 622 €

L'évolution en masse est alors égale à : $\frac{73\,622}{71\,400} = 1{,}0311$

Comme l'effectif dans ce cas est stable, la base de calcul aurait pu être la masse salariale de cette catégorie :

$$\frac{\text{masse salariale N+1}}{\text{masse salariale N}} = \frac{368\,109}{357\,000} = 1{,}0311$$

L'effet masse peut s'exprimer en indice, soit 103,11 ou en pourcentage : 3,11 %.

L'effet masse, quand il est comparé à l'effet niveau, représente l'impact du temps puisqu'il intègre dans son mode de calcul le calendrier d'apparition des augmentations.

Dans notre exemple, les augmentations ont été successives et réparties dans le temps :
– 1 % en mars et 1,5 % en septembre pour les augmentations générales ;
– 0,97 % en juin pour les augmentations individuelles.

Leur impact concerne que certains mois de l'année N+1.

En conséquence, pour une même augmentation en niveau, l'effet masse dépend de la date où l'augmentation aura été accordée. **Pour une même augmentation en niveau, plus l'augmentation est tardive et plus l'effet masse est faible.** Si les deux effets sont égaux, c'est que l'augmentation a été accordée au 1er janvier de l'année.

En conséquence, cet indicateur est perçu par l'employeur comme stratégique et rarement communiqué parce qu'il mesure le coût réel à supporter par l'entreprise et lui permet de construire sa politique salariale.

Quel que soit le choix retenu par l'entreprise dans les négociations salariales, les décisions de l'année engagent les dépenses de l'année suivante puisqu'il est très difficile de revenir sur une hausse des salaires. Cet aspect est mesuré par l'effet report.

c) L'effet report

L'effet report représente l'évolution de la masse salariale de l'année simulée, compte tenu des augmentations attribuées dans le courant de l'année précédente.

Il se définit de la manière suivante : $\dfrac{\text{Salaire mensuel de décembre N} \times 12 \text{ mois}}{\text{Salaire annuel (année N)}}$.

Cet effet met en évidence que la masse salariale de l'année N + 1 augmentera, quelles que soient les mesures salariales de l'année N + 1, uniquement à cause des mesures de hausse de salaires prises en année N. Dans cette optique, l'expression du numérateur (salaire mensuel de décembre × 12 mois) représente une masse salariale «plancher», c'est-à-dire la masse en dessous de laquelle l'année N + 1 ne peut pas être.

$$\text{Effet report} = \frac{\text{Salaire décembre N+1} \times 12 \text{ mois}}{\text{Salaire annuel N+1}} = \frac{6\,236 \times 12}{73\,622} = \frac{74\,832}{73\,622} = 1{,}0164$$

L'effet report peut s'exprimer en indice, soit 101,64 ou en pourcentage 1,64 %.

Compte tenu des liens existant entre effets, il y a pour un même effet masse sur une année donnée, un effet report plus important quand l'augmentation en niveau est obtenue de façon plus tardive dans l'année.

Les liens entre les trois effets sont exprimés par le schéma suivant :

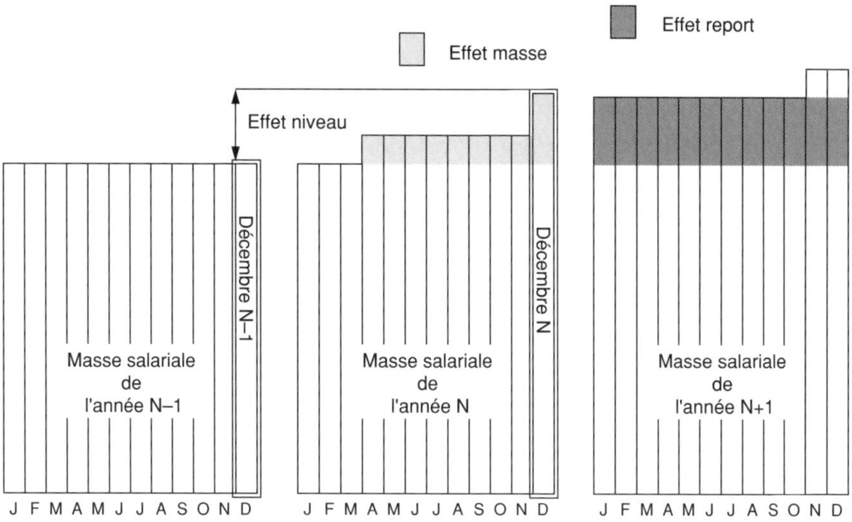

Nous le voyons, ces différentes notions sont importantes en matière de politique salariale. En effet, une politique de contrôle des coûts conduit souvent à vouloir maîtriser l'évolution de la masse salariale en masse.

Le décideur, **pour une même augmentation en masse,** a le choix entre plusieurs possibilités d'augmentation en niveau en fonction du calendrier des hausses retenu : plus **le calendrier est tardif, plus l'augmentation en niveau peut être élevée.** Mais dans ces choix, il lui faut intégrer la notion d'effet report qui traduit les conséquences sur le futur de décisions d'aujourd'hui (coûts irréversibles) : **plus l'augmentation en niveau est tardive plus l'effet report sera important.**

2. Analyser et décomposer l'évolution de la masse salariale

La compréhension des mécanismes qui expliquent l'évolution de la masse salariale d'une année sur l'autre ne se limite pas à la connaissance des différents effets calculés plus haut. Des facteurs structurels expliquent également l'évolution à la hausse de ce poste de charges comme l'accroissement de l'ancienneté ou de la qualification des personnels. Il s'agit ici d'étudier l'influence de ces facteurs par un calcul d'écarts significatifs.

2.1 Mise en évidence d'écarts significatifs

Le nombre et la nature des écarts calculés dépendent des éléments constitutifs de la masse salariale. Dans la vision la plus large, on retient généralement quatre composantes.

a) Structure des éléments constitutifs d'une masse salariale

• La masse salariale d'une année donnée est le résultat d'un effectif global (E) par un salaire moyen annuel global (S).

• Cet effectif est composé de catégories : employés, ouvriers, techniciens ou ingénieurs, etc. Le **poids relatif de chaque catégorie** dans l'effectif global définit une **structure de masse salariale** pour une année donnée. Pour chaque catégorie, on connaît l'effectif de la catégorie (E_c) et le salaire moyen annuel global (S_c). Il est évident que le salaire moyen annuel global (S) dépend de la structure de la masse pour l'année concernée. En effet :

$$(S) = \frac{\text{Somme } \{(E_c) \times (S_c)\}}{(E)}$$

• Dans la vision la plus complète de cette méthode, on peut analyser la composition par ancienneté de chaque catégorie. Dans ce cas, on connaît l'effectif par ancienneté (E_a) ainsi que le salaire moyen annuel global de ce niveau d'ancienneté (S_a). Dans tous les cas, on vérifie que :

$$(E_c) = \text{Somme } (E_a) \text{ et } (S_c) = \frac{\text{Somme } \{(E_a) \times (S_a)\}}{(E_c)}$$

Ainsi une masse salariale s'exprime par quatre composantes :
- un effectif global (E) ;
- un salaire moyen annuel global (S) ;
- des salaires moyens annuels globaux de catégories (S_c) ;
- des salaires moyens annuels globaux de niveau d'ancienneté (S_a).

Les effectifs des catégories (E_c) et des anciennetés (E_a) n'ont qu'une fonction de pondération dans les calculs de salaires moyens.

Thème d'application

Soit l'évolution d'une masse salariale entre les années N et N+1 composée de deux catégories de personnel. Les salaires moyens annuels sont exprimés en euros.

• *Structure Année N*

Ancienneté	moins de 15 ans	de 15 à 25 ans	plus de 25 ans	Total
Effectifs ouvriers	**60**	**100**	**40**	**200**
Salaires moyens annuels	19 200	24 000	26 400	
Effectifs techniciens	**15**	**22**	**13**	**50**
Salaires moyens annuels	30 000	28 800	33 800	

- ***Structure Année N+1***

Ancienneté	moins de 15 ans	de 15 à 25 ans	plus de 25 ans	Total
Effectifs ouvriers	**80**	**110**	**30**	**220**
Salaires moyens annuels	20 000	25 200	27 600	
Effectifs techniciens	**30**	**22**	**08**	**60**
Salaires moyens annuels	31 400	30 400	35 600	

Le tableau suivant présente la masse salariale pour les deux années successives en positionnant les différentes informations définies au paragraphe 2.1.

		Masse salariale année N					Masse salariale année N+1				
Catégorie	Nature ancienneté (ans)	Effectif catégorie (E_c)	Effectif ancienneté (E_a)	Salaires catégorie (S_c)	Salaires ancienneté (S_a)	Montant global (en milliers d'euros)	Effectif catégorie (E_c)	Effectif ancienneté (E_a)	Salaires catégorie (S_c)	Salaires ancienneté (S_a)	Montant global (en milliers d'euros)
Ouvriers	– de 15		60		19 200	1 152 000		80		20 000	1 600 000
	15 - 25		100		24 000	2 400 000		110		25 200	2 772 000
	+ 25		40		26 400	1 056 000		30		27 600	828 000
Sous-total		200		23 040		4 608 000	220		23 636,36		5 200 000
Techniciens	– de 15		15		30 000	450 000		30		31 400	942 000
	15 - 25		22		28 800	633 600		22		30 400	668 800
	+ 25		13		33 800	439 400		8		35 600	284 800
Sous-total		50		30 460		1 523 000	60		31 593,33		1 895 600
Total général		250		24 524		6 131 000	280		25 341,43		7 095 600

b) Calcul des différents écarts

Compte tenu des composantes définies de la masse salariale et de leur structure de type «gigogne» (le salaire moyen global dépend des salaires moyens des catégories qui, eux-mêmes, dépendent des salaires moyens par niveau d'ancienneté), la décomposition des écarts va consister à «recalculer des masses salariales» en modifiant successivement chacun des paramètres afin d'isoler leur influence dans un écart spécifique.

1) Écart sur effectif

Il s'agit de calculer la différence d'effectif global (E) entre les deux années, valorisé au salaire moyen global annuel de l'année de référence.

$$\text{Écart/effectif} = \{(E)_{n+1} - (E)_n\} \times (S)_n$$

Ce calcul conduit à reconstituer la masse salariale attendue en N+1 si le seul élément de changement avait été le nombre de salariés. Il est possible d'appeler cette donnée **«masse salariale N+1 à salaire global constant»**, qui sera notée MS_{sal}.

Thème d'application

Masse salariale à salaire global constant

$= \text{Effectif}_{n+1} \times$ Salaire moyen global de N = 280 personnes × 24 524 = 6 866 720

Écart sur effectif = $MS_{sal} - MS_n$ = 6 866 720 – 6 131 000 = + 735 720 Défavorable.

2) Écart de structure professionnelle

L'effet effectif ayant été éliminé, il s'agit de mettre en évidence les facteurs qui peuvent modifier le salaire moyen global entre deux années. Ce dernier dépend du poids relatif des différentes catégories qui définit une structure professionnelle. **Cet écart cherche à mesurer la différence due aux variations de structure professionnelle entre les deux années.**

La masse salariale à salaire global constant a pour référence le poids relatif des catégories de l'année de base : l'effectif des catégories $(E_c)_n$ et les salaires moyens des catégories $(S_c)_n$.

Il faut donc recalculer la masse salariale N+1 en prenant l'effectif N+1 des catégories $(E_c)_{n+1}$ valorisé aux salaires moyens des catégories de l'année de base $(S_c)_n$. Cette masse salariale peut se nommer «**masse salariale à structure professionnelle constante**» et on la note MS_{cat}.

Thème d'application

Masse salariale à structure professionnelle constante = Somme $\{(Ec)_{n+1} \times (S_c)_n\}$

MS_{cat} = (220 ouvriers × 23 040) + (60 techniciens × 30 460) = 6 896 400

Dans notre exemple, l'écart sur structure est égal à :

Écart de structure = $MS_{cat} - MS_{sal}$

Écart/Structure = 6 896 400 – 6 866 720 = + 29 680 Défavorable.

La nature de l'écart de structure professionnelle peut être mise en évidence d'une autre façon :

$$\text{Écart sur structure professionnelle} = MS_{cat} - MS_{sal}$$
$$= \Sigma\ \{(E_c)_{n+1} \times (S_c)_n\} - \Sigma\ \{(E_c)_n \times (S_c)_n\}$$

$$\text{Écart de structure professionnelle} = \text{Somme}\ \{(E_c)_{n+1} - (E_c)_n\} \times (S_c)_n$$

Sous cette forme, il est aisé de constater que ce qui est mesuré ici est l'influence, entre les deux années, des effectifs respectifs des différentes catégories.

Cet écart est provoqué par le glissement des salariés dû à des promotions individuelles parce qu'ils acquièrent une technicité supplémentaire : salaires plus élevés dus au mérite dans la même catégorie, promotion d'une catégorie à l'autre.

L'effet structure ayant été analysé, il faut maintenant s'intéresser à l'influence de l'ancienneté puisque le salaire moyen des catégories dépend des salaires moyens des niveaux d'ancienneté.

3) Écart de composition d'ancienneté

La démarche va être similaire à celle de l'écart précédent. Une «**masse salariale N+1 à composition d'ancienneté constante**» notée MS_{anc} est calculée et comparée à la masse salariale à structure constante. Elle se définit comme :

$$MS_{anc.} = \text{Somme}\ \{(E_a)_{n+1} \times (S_a)_n\}$$

Ce calcul revient à recalculer un salaire moyen de la catégorie en s'appuyant sur les salaires moyens de N pondérés par les effectifs par niveau d'ancienneté de N+1. Il est alors possible d'écrire que :

$$MS_{anc.} = \text{Somme }\{(E_c)_{n+1} \times \text{Somme }\{(E_a)_{n+1} \times (S_a)_n\}\}$$

Comme la masse salariale à structure professionnelle constante peut aussi s'écrire :

$$MS_{\ cat.} = \text{Somme }\{(E_c)_{n+1} \times \text{Somme }\{(E_a)_n \times (S_a)_n\}\},$$

Il est possible de déduire que l'écart de composition d'ancienneté est égal à :

Écart /composition d'ancienneté

$$= \text{Somme }\{(E_c)_{n+1} \times \text{Somme }\{(S_a)_n\ \{(E_a)_{n+1} - (E_a)_n\}\}\}$$

Thème d'application

Masse salariale à composition d'ancienneté constante = Somme $\{(E_a)_{n+1} \times (S_a)_n\}$

	$(E_a)_{n+1}$	$(S_a)_n$	Total	Salaire moyen de la catégorie
Ouvriers				
moins de 15 ans	80	19 200	1 536 000	
de 15 à 25 ans	110	24 000	2 640 000	
plus de 25 ans	30	26 400	792 000	
Sous-total	*220*		*4 968 000*	*22 581,82*
Techniciens				
moins de 15 ans	30	30 000	900 000	
de 15 à 25 ans	22	28 800	633 600	
plus de 25 ans	8	33 800	270 400	
Sous-total	*60*		*1 804 000*	*30 066,67*
Total	**280**	**24 185,71**	**6 772 000**	

Écart/ ancienneté = $MA_{anc.} - MS_{cat.}$ = 6 772 000 – 6 896 400 = – 124 400

Favorable ou encore = (22 581,82 – 23 040) 220 + (30 066,67 – 30 460) 60

Cet écart est très souvent favorable car il traduit le remplacement des salariés âgés qui partent en retraite par des plus jeunes qui, à qualification égale, sont moins bien rémunérés.

Cet effet de remplacement de générations est appelé «effet de noria». Il caractérise dans la composition d'une masse salariale, l'influence sur les salaires nominaux du remplacement des salariés âgés par des salariés plus jeunes.

Pour le calculer, il faut impérativement connaître la composition par ancienneté des salaires à l'intérieur d'une catégorie.

Il reste maintenant à mesurer l'influence de la hausse à proprement parler des salaires nominaux d'une année sur l'autre.

4) Écart sur taux nominal

Il suffit de comparer la masse salariale de N+1 à la masse salariale à composition d'ancienneté constante. En effet :

$$MS_{n+1} = \Sigma \{(E_a)_{n+1} \times (S_a)_{n+1}\}$$

$$MA_{anc.} = \Sigma \{(E_a)_{n+1} \times (S_a)_n\}$$

donc la différence évalue, pour des effectifs n+1, la différence de salaires nominaux.

$$\text{Écart/Taux nominal} = \text{Somme } \{(E_a)_{n+1} \times \{(S_a)_{n+1} - (S_a)_n\}\}$$

Thème d'application

Écart sur taux nominal $= MS_{n+1} - MS_{anc.}$
$= 7\,095\,600 - 6\,772\,000 = +\,323\,600$ Défavorable

On vérifie aisément que la somme des écarts mis en évidence est égale à la différence entre les deux masses salariales.

$MS_{n+1} = 7\,095\,600$ $MS_n = 6\,131\,000$ Différence = + 964 600

Somme des écarts = (+ 735 720) + (+ 29 680) + (– 124 400) + 323 600 = 964 600.

Ces écarts expriment les différentes influences des facteurs d'évolution de la masse salariale en valeur absolue ; il peut être plus pratique d'exprimer ces différents effets en valeur relative.

2.2 Analyse des taux d'accroissement de la masse salariale

Cette analyse s'appuie sur la même décomposition que celle des écarts. Elle peut se calculer sur la base des masses salariales précédemment obtenues ou sur celle des salaires moyens globaux. Le schéma page suivante définit et synthétise les différentes notions entre elles.

Il est alors possible de relier les différents effets définis et d'analyser ainsi l'accroissement global de la masse salariale entre N et N+1.

Thème d'application

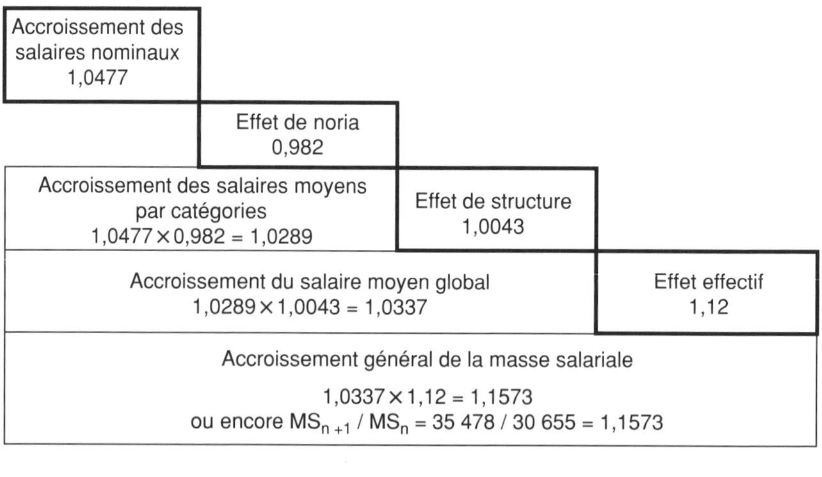

la masse ainsi nommée	Masse salariale N+1	Masse salariale à ancienneté constante	Masse salariale à structure constante	Masse salariale à salaire constant	Masse salariale N
notée	MS_{n+1}	$MS_{anc.}$	$MS_{cat.}$	$MS_{sal.}$	MS_n
est calculée par rapport à un effectif global de :	$(E)_{n+1}$	$(E)_{n+1}$	$(E)_{n+1}$	$(E)_{n+1}$	$(E)_n$
valorisé par un salaire moyen global noté	$(S)_{n+1}$	$(S_{anc.})$	$(S_{cat.})$	$(S)_n$	$(S)_n$
par référence à : – une structure de catégories	$(E_c)_{n+1}$	$(E_c)_{n+1}$	$(E_c)_{n+1}$	$(E_c)_n$	$(E_c)_n$
– une composition d'ancienneté	$(E_a)_{n+1}$	$(E_a)_{n+1}$	$(E_a)_n$	$(E_a)_n$	$(E_a)_n$

La comparaison entre les MS permet la mise en évidence d'écarts qui se nomment :	Écart sur taux nominal	Effet noria ou sur composition d'ancienneté	Écart sur structure professionnelle	Écart d'effectif
Le rapport défini comme suit :	$(S)_{n+1}/(S_{anc.})$	$(S_{anc.})/(S_{cat.})$	$(S_{cat.})/(S_n)$	$(E)_{n+1}/(E)_n$
exprime l'effet relatif suivant :	Effet sur taux	Effet de noria	Effet de structure	Effet d'effectif

Mise en œuvre sur le thème d'application

Effectif global Salaire moyen global Masse salariale obtenue (en €)	280 25 341,43 7 095 600		280 24 185,71 6 772 000		280 24 630 6 896 400		280 24 524 6 866 720		250 24 524 6 131 000
Valeur de l'écart (en €)		323 600		– 124 400		29 680		735 720	
Valeur de l'effet		1,0477		0,982		1,0043		1,12	

2.3 Notion de GVT (glissement, vieillissement, technicité)

Les trois termes renvoient aux notions suivantes :

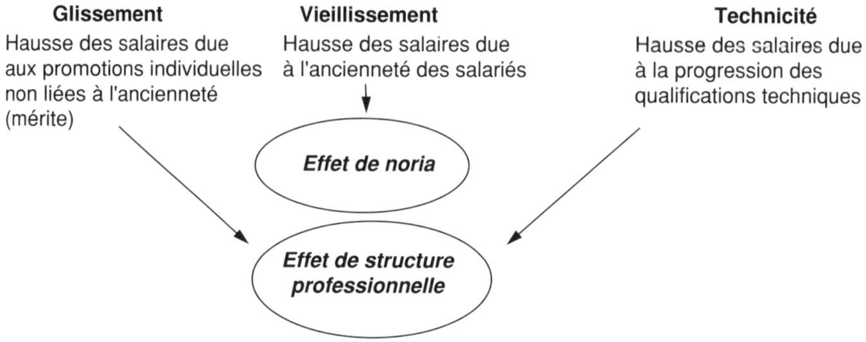

Thème d'application

La masse salariale a été multiplié par 1,1578 au cours de l'année N+1. Sur la même période, il est observé que:
- les salaires nominaux sont multipliés par 1,0477 ;
- les effectifs sont multipliés par 1,12.

Le GVT s'établit à : 1,1578/(1,0477 × 1,12) = 0,986, soit un GVT négatif de 1,34 %.

Ce calcul peut également être obtenu par :

Effet de noria × Effet de structure = 0,9820 × 1,0043 = 0,9862.

3. Piloter les ressources humaines

Dans de nombreuses grandes entreprises se développe un pilotage social de l'organisation, c'est-à-dire un système d'information pour mieux gérer les ressources humaines au plan quantitatif et qualitatif.

D'après B. Martory (1999), le pilotage social consiste à fixer des cibles sociales ou socio-économiques à atteindre à court terme (1 mois) et à moyen terme (un à trois ans) et à réguler les écarts enregistrés par des actions ou des modifications des cibles.

Ainsi, pour ce pilotage social, il est possible de construire un système d'information pour un contrôle de gestion sociale à l'image du contrôle de gestion ; il s'agit alors de concevoir un tableau de bord comprenant des indicateurs pour suivre les salariés, leurs performances, les coûts, pour faire des analyses d'écarts sur budgets de frais de personnels, des analyses de coûts sociaux cachés, des analyses d'évolution des performances.

Par exemple, il est possible d'élaborer un tableau de bord de l'évolution de la masse salariale, selon des modèles différents : indicateurs pour une analyse globale, indicateurs pour une analyse des inerties de la masse salariale, indicateurs pour un suivi budgétaire.

Exemples tirés de l'ouvrage B. Martory (1999)

- **Analyse globale**

SCHÉMA DE PRINCIPE

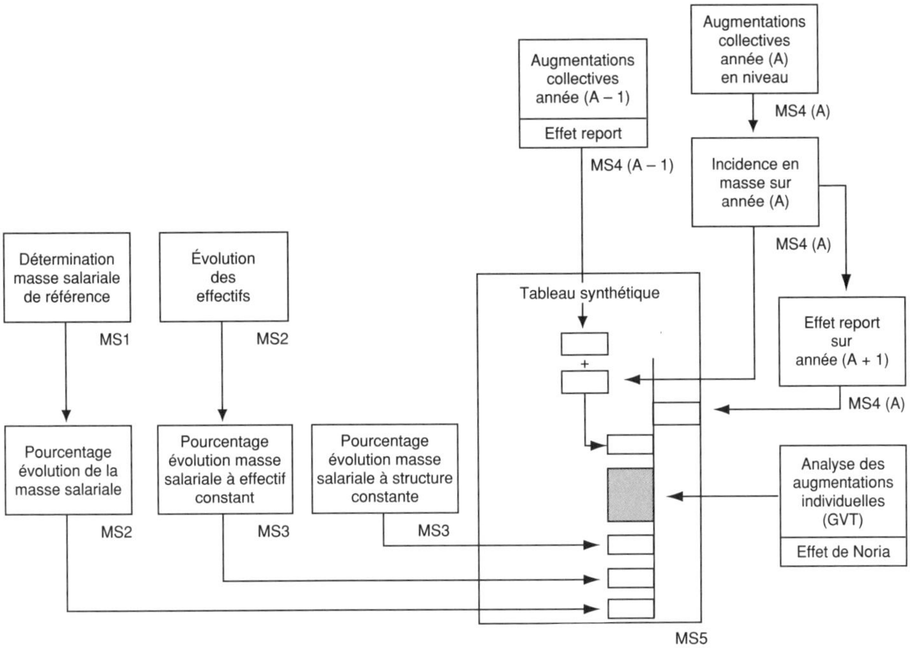

B. Martory, *Contrôle de gestion sociale*, Vuibert, 1999.

- **Analyse des inerties de la masse salariale**

Masse salariale année A : 58 648 316

		Montant	%
Effets mécaniques	Report sur augmentations individuelles	42 000	0,072 %
	Report sur augmentations générales	200 000	0,341 %
	Report sur augmentations en monnaie		
	Report sur embauches	300 000	0,512 %
	Report sur départs	– 476 667	– 0,813 %
	Noria	– 50 000	– 0,085 %
	Vieillissement	251 468	0,429 %
	Sous-total	**266 807**	**0,455 %**
Évolution d'activité et primes	Variation des primes	450 000	0,767 %
	Variation des heures supplémentaires	623 870	1,064 %
	Prime annuelle	– 1 243 667	– 2,121 %
	Sous-total	**– 169 797**	**– 0,290 %**

Effectifs	Entrées Sorties	1 087 275 – 197 200	1,854 % – 0,336 %
Augmentations	Générales Individuelles En monnaie	222 995 223 360 30 000	0,380 % 0,381 % 0,051 %
	TOTAL	**1 463 434**	**2,495 %**

Masse salariale Année A + 1 : 60 111 750

B. Martory, *op. cit.*

RÉFLEXIONS SUR LE THÈME

1. Une vision classique de l'évolution de la masse salariale

Cette analyse avec mise en évidence d'écarts s'appuie sur une vision très classique de la masse salariale. Elle fait référence de façon implicite à des systèmes de rémunérations très codifiés où le salaire dépend majoritairement d'un statut ou d'une classification dans une convention collective, ce qui est le cas dans des entreprises fortement marquées par l'organisation scientifique du travail et à dominante industrielle.

Elle ne répond pas aux besoins actuels de dynamisation des ressources humaines où les hommes sont regroupés par projets autour de compétences spécifiques qui dépassent largement le strict plan des catégories classiques d'une grille de salaires. Ainsi elle reste centrée sur le salaire alors que de nombreux moyens annexes apparaissent pour rémunérer le personnel : intéressement aux résultats, stock-options…

Cette analyse n'est que monétaire et quantitative, elle contrôle des consommations de ressources, calcule des écarts qui n'expliquent pas les phénomènes mais les constatent : en ce sens, elle n'est pas un outil de projection du futur.

Elle exprime une vision hiérarchique et verticale de l'organisation du travail loin d'une démarche transversale et d'un questionnement sur la participation des hommes à des activités apportant de la valeur.

2. Coûts visibles et coûts cachés dans les coûts de la main-d'œuvre

Parallèlement à l'étude des coûts visibles de la masse salariale, H. Savall a développé une démarche spécifique pour mettre en évidence les coûts cachés générés par la gestion des ressources humaines mais non mis en évidence par le système d'information comptable. Il s'agit principalement de :
- l'absentéisme qui donne lieu à des salaires versés sans contrepartie ;
- les accidents du travail qui provoquent des perturbations dans l'organisation ;
- la rotation du personnel qui oblige le nouvel arrivant à devoir être formé par du personnel en place ;
- les défauts de qualité qui engendrent des temps de reprise, de réparations sur les produits défectueux ;
- les écarts de productivité directe comme des pannes ou des arrêts exagérément longs.

La méthode des coûts cachés touche les «vraies» causes des dérèglements. En soi, les dysfonctionnements n'ont pas de coût mais ils obligent à mettre en place des régulations qui engendrent des coûts. Ainsi, il est fréquent de constater :

- des sursalaires constitués par le coût de la personne remplaçante par rapport à celle qui aurait dû tenir le poste ;
- des surconsommations : toutes les dépenses (télécommunications, intérimaire) générées pour mettre en place le système de régulation ;
- des surtemps ou le temps passé à mettre en place la régulation et qui n'est pas consacré aux tâches habituelles ;
- les non-productions générées par les arrêts marchines ou la sous-activité d'un remplaçant moins expérimenté ;
- des non-créations de potentiel stratégique c'est-à-dire le temps des dirigeants consacré à gérer des dysfonctionnements de routine au lieu de concevoir des moyens de remédiation définitive aux problèmes ou d'envisager des projets porteurs de valeur ajoutée.

Dans ce domaine, il faut distinguer la régulation qui est faite par toutes les entreprises à très court terme pour remédier aux dysfonctionnements, de l'action de prévention à long terme qui doit permettre d'éliminer la cause des dysfonctionnements et donc d'éliminer les coûts cachés.

Ces actions de prévention relèvent de plans de formation, de réorganisations des lieux de production, d'améliorations des processus, toutes actions qui sont du domaine de l'investissement immatériel. Il est donc fondamental qu'une étude des coûts cachés soit faite pour justifier de la nécessité de ce choix d'investissement afin de mettre en avant le manque à gagner à ne rien faire.

Applications

① *Évolution de la masse salariale*

Soit la structure de masse salariale suivante (en milliers d'euros) :

Catégories	Ancienneté	Masse salariale année N			Masse salariale année N + 1		
		Effectifs	Salaire annuel	Total	Effectifs	Salaire annuel	Total
Ingénieurs	a1	12	40,50	486	10	41,50	415
	a2	14	45,00	630	13	45,50	591,5
	a3	6	52,50	315	7	54,25	379,75
Techniciens	a1	45	30,25	1 361,25	52	32,00	1 664
	a2	60	36,00	2 160	55	38,00	2 090
	a3	30	39,25	1 177,5	32	39,75	1 272

QUESTIONS

1. **Analyser l'évolution de cette masse salariale entre N et N+1.**
2. **Présenter l'influence des différents effets sur son taux d'accroissement (présentation schématique).**

② *Entreprise Mesine*

L'exercice comptable s'étend du 1er juillet au 30 juin.

Le calendrier des augmentations de salaires négociées au cours du premier semestre de N est le suivant :

- + 2 % au 1er septembre N ;
- + 3 % au 1er mars N+1 ;
- + 2 % au 1er décembre N+1 ;
- + 1 % au 1er juin N+2.

La somme des salaires bruts de juillet N s'est élevée à 46 800 € et aucune augmentation de salaires n'avait été accordée durant l'exercice N–1/N.

Il n'y a pas eu en N/N+1 d'augmentation des effectifs et des heures travaillées par rapport à l'exercice précédent.

Dans ce qui suit, l'exercice N/N+1 sera noté «exercice 1» et l'exercice N+1/N+2 sera noté «exercice 2».

QUESTIONS

1. **Calculer le taux de variation globale de la masse des salaires de l'exercice 2 par rapport à celle de l'exercice 1. Ce taux sera noté VG.**
2. **Dans l'hypothèse où aucune augmentation ne serait consentie au cours de l'exercice 2 et où l'on maintiendrait les augmentations prévues pour l'exercice 1, calculer le taux de variation de la masse des salaires de l'exercice 2 par rapport à celle de l'exercice 1. Ce taux sera noté V1. Dans cette hypothèse, calculer la masse salariale de l'exercice N/N+1 et celle de l'exercice N+1/N+2. Commenter.**
3. **Dans l'hypothèse où aucune augmentation ne serait consentie au cours de l'exercice 1 et où l'on maintiendrait les augmentations prévues pour l'exercice 2, calculer le taux de variation de la masse des salaires de l'exercice 2 par rapport à celle de l'exercice 1. Ce taux sera noté V2.**
4. **Mettez en évidence, sans la démontrer, la relation qui lie VG, V1 et V2.**

NB **: Pour calculer les divers taux de variation demandés, il pourra être commode de raisonner sur une masse salariale de 100 en juillet N.**

③ *Entreprise Liani*

La direction vous communique les informations relatives à la masse salariale :

Catégories socioprofessionnelles	Décembre N – 1		N – 1	Décembre N		N
	Effectif	Salaire brut mensuel moyen	Salaires bruts annuels (€)	Effectif	Salaire brut mensuel moyen	Salaires bruts annuels (€)
Personnel de direction	5	6 030	357 000	5	6 150	365 520
Ingénieurs-stylistes	15	4 240	754 920	16	4 610	879 552
Techniciens	220	3 970	10 243 200	222	4 085	10 789 200
Ouvriers	53	3 210	2 031 384	50	3 132	1 869 000
Employés	45	3 420	1 819 800	45	3 450	1 839 240
Total	338		15 206 304	338		15 742 512

Il n'y a eu aucun mouvement externe du personnel en N, ni départ, ni embauche.

Prévisions des augmentations de salaire

L'accord salarial pour N + 1 prévoit une augmentation uniforme des salaires, sans distinction par catégorie socioprofessionnelle comme cela avait été le cas en N.

- Augmentations générales : 1 % au 1er février ; 1,60 % au 1er septembre.
- Augmentations individuelles : elles représentent 0,95 % de la masse salariale de décembre N et seront accordées au 1er juillet N + 1.

Prévisions des mouvements de personnel

Aucune promotion interne n'est prévue pour N + 1. Par contre, des mouvements externes doivent être envisagés. Des départs à la retraite libèreront des postes. Tous ne seront pas pourvus. Les postes d'employés seront supprimés en raison de la diminution de l'étendue des tâches à réaliser et des gains de productivité obtenus. Par contre, du personnel sera recruté pour faire face à l'accroissement de l'activité.

Catégorie	Mois de départ	Salaire brut mensuel (€)	Mois d'arrivée	Salaire brut mensuel (€)
Ouvrier	mars	3 695	avril	2 300
Ouvrier	novembre	3 812	–	–
Employé	juillet	3 950	–	–
Employé	novembre	3 750	–	–
Technicien	août	4 637	juin	3 112
Technicien	–	–	novembre	3 112
Technicien	–	–	novembre	3 112

Les départs prévus sont des départs à la retraite. Ils se font le dernier jour du mois de départ. Les salaires bruts mensuels sont donnés en valeur au 31/12/N.

Les arrivées sont effectives le premier jour du mois. Les salaires bruts mensuels sont ceux qui seront proposés dans le contrat d'embauche.

Ni les salariés devant partir en cours d'année, ni ceux embauchés en cours d'année ne bénéficieront des augmentations individuelles.

QUESTIONS

1. Sachant que les effectifs globaux sont inchangés, analyser l'évolution de la masse salariale (salaires bruts versés) en N en estimant l'effet des promotions internes d'une part, l'effet de la variation des taux de rémunération d'autre part. Commenter brièvement les résultats.

2. Calculer la masse salariale prévisionnelle de N + 1 compte tenu de l'application de l'accord salarial et des mouvements d'effectifs (voir NB). Quelle signification donnez-vous à ces résultats, du point de vue de l'entreprise et du point de vue des salariés ?
(Vous présenterez toutes les valeurs globales en euros.)

NB **: Choisir un calcul qui mette en évidence : les économies dues aux départs ; le coût des arrivées.**

4 *Soldecor*

Vous intervenez dans l'entreprise Soldecor pour procéder à une analyse de l'évolution de la masse salariale dont les données sont fournies dans le tableau suivant :

Catégories	Année N		Année N+1	
	Effectif moyen	Salaire moyen mensuel par salarié	Effectif moyen	Salaire moyen mensuel par salarié
Ingénieurs	152	6 320	185	7 000
Maîtrise	220	4 480	235	4 800
Employés	85	1 920	80	2 060
Ouvriers	2 315	1 700	2 250	1 770
Total	2 772	2 180,71 [1]	2 750	2 389,2 [1]

1. Moyenne pour l'ensemble du personnel

Vous décidez de procéder en trois étapes.

Première étape

Vous décidez d'expliquer l'évolution de la masse salariale globale par l'utilisation d'une méthode dite «volume-prix» en mettant en évidence un écart de sur salaires nominaux et un écart sur volume.

Deuxième étape

Remarquant que la structure des effectifs évolue, vous décidez d'identifier et de mesurer l'effet de cette modification de structure en vous inspirant des méthodes utilisées en contrôle budgétaire pour l'analyse des écarts sur marge (trois sous-écarts).

Troisième étape

Vous relevez que le salaire moyen de décembre toutes catégories confondues est respectivement de 2 230 € pour N et de 2 440 € pour N+1. Par ailleurs, le salaire moyen de décembre N toutes catégories confondues pondéré par la structure des effectifs de N + 1 s'élève à 2 340 €. Vous décidez d'étudier les impacts des hausses de salaires sur les années futures. Par ailleurs, vous avez noté que les décisions d'augmentations prises durant l'année N ont engendré un effet report de 2 % sur la masse des salaires de N+1.

QUESTIONS

1. **Procéder à la décomposition demandée dans la première étape : mise en évidence de deux sous-écarts. Commenter vos résultats.**
2. **Procéder à la décomposition demandée dans la deuxième étape : mise en évidence de trois sous-écarts. Commenter vos résultats.**
3. **Analyser la décomposition précédente (question 2.) sous forme de taux d'accroissement de la masse salariale en mettant en évidence l'influence de l'accroissement des salaires nominaux, l'effet de structure et celui d'effectif.**
4. **Calculer le GVT (glissement, vieillesse, technicité) de l'année N+1.**
5. **Calculer l'augmentation des salaires en niveau et en masse de N+1 par rapport à N (travail à effectif constant par rapport à ceux de N+1). Déterminer le niveau des hausses de salaires accordé sur N+1 hors effet report.**
6. **Dans l'hypothèse où la hausse de salaires calculée à la question 5. a été accordée en une fois et à tout le personnel le 1er octobre N+1, calculer l'effet report pour l'exercice N+2. Cet effet aurait-il été différent si la hausse de salaires était intervenu le 1er août de la même année ? Justifier votre réponse.**

⑤ Entreprise OP

(À partir du sujet 2003, épreuve DESCF 2.)

La société OP produit des machines d'impression et de façonnage d'emballages et étiquettes de bouteilles, de produits alimentaires, de paquets de cigarettes, de produits liquides et surgelés.
Du suivi d'un contrat « G » avec un groupe chinois, sont extraites les données suivantes :

Service : fabrication Limoges Période : du 01.10.N au 31.12.N				Phase : découpage rotatif Contrat : Gaoxing			
Heures de main d'œuvre directe							
Catégories	Budget (pour la partie réalisée au 4e trimestre N)			Réalisations (4e trimestre N)			Taux réel sans majoration (1)
	Heures	Taux	Montant	Heures	Taux	Montant	
Ingénieurs	300	28,00 €	8 400	340	28,10 €	9 554	28,10 €
Techniciens	760	19,60 €	14 896	850	20,50 €	17 425	19,70 €
Ouvriers	6 040	14,00 €	84 560	6 460	15,50 €	100 130	13,90 €
Total	7 100		107 856	7 650		127 109	

(1) Ce taux exprime le taux réel de la main d'œuvre sans majoration pour heures supplémentaires.

Vous trouverez ci-joint un extrait du rapport d'activité du 4e trimestre N ; il exprime les réticences du responsable du centre de Limoges sur les modalités de mises en œuvre du contrôle budgétaire de l'entreprise.
« Le service a dû traiter en priorité un contrat de machines signé en début d'année. La direction générale a exigé un traitement prioritaire de ces contrats pour satisfaire le client. Cette priorité a fait prendre du retard sur la réalisation du contrat G.

D'autre part, début octobre N, deux ouvriers professionnels travaillant au découpage rotatif ont démissionné et ont dû être remplacés dans l'urgence. Nous avons recruté deux ouvriers aux qualifications proches qui ont dû suivre une formation sur le tas, alors que l'atelier travaillait sur le découpage rotatif de la machine G. J'estime que cela a provoqué un allongement des temps imputés au contrat : 320 heures chez les ouvriers, 75 heures chez les techniciens.

Ces deux facteurs expliquent le recours important aux heures supplémentaires en novembre et décembre N afin de limiter le retard pris sur le contrat G.

Je suis assez critique sur le calcul des coûts, qui est à la base de l'évaluation des performances de mon service. Je considère que le temps «perdu» en formation des nouveaux ne devrait pas être imputé au contrat G : il s'est trouvé par hasard que leur formation est arrivée alors que mon service travaillait sur ce contrat, mais cela n'est pas directement lié à la réalisation du contrat.

Une autre critique concerne les heures supplémentaires : les contrats venant en dernier dans le planning se voient toujours imputer ces heures supplémentaires, ce qui n'est pas juste, car ces heures sont provoquées par des retards sur les contrats en tête de planning. Je propose que le coût imputé au contrat ne retienne pas les majorations de taux horaire entraînées par le recours aux heures supplémentaires. »

QUESTIONS

1. Pour le service « fabrication Limoges », vous analyserez l'écart sur la main-d'œuvre directe en le décomposant en écart sur taux (salaires), sur structure et sur quantité (nombre d'heures).

2. En prenant en compte les remarques du responsable de Limoges, recalculez le montant des charges de main-d'œuvre imputable au coût du contrat, en déduire les écarts et sous-écarts demandés à la question précédente. Que pensez-vous de l'analyse que vous venez de faire ?

3. Le montant non imputé est-il attribuable au responsable du centre concerné ? Que deviendrait le montant non imputé au coût du contrat (à la question précédente), comment l'interpréter ?

Sous-partie 3

De nouveaux indicateurs pour piloter la performance

Les outils de gestion, d'aide à la décision, de pilotage et de contrôle évoluent en permanence en fonction des contextes et des besoins des gestionnaires. C'est pourquoi, cette troisième sous-partie présente des méthodes plus ou moins récentes utilisées par les gestionnaires et les contrôleurs de gestion visant à améliorer le pilotage des organisations par des représentations et des principes différents de ceux des coûts et des budgets.

Certains outils sont des prolongements des techniques classiques, d'autres sont de conception radicalement différente.

21 Le surplus de productivité globale

1. *La notion de productivité*
2. *Le surplus de productivité globale*
3. *Le surplus de productivité totale*

Pour certaines entreprises dont l'objectif n'est pas uniquement le profit mais des obligations de services publics, il est difficile d'apprécier leurs performances, avec les critères classiques.

Dans ce but, une méthode française a été élaborée et mise en place dans des grandes entreprises telles que EDF, SNCF et Charbonnages de France.

Elle vise à mesurer la valeur créée par l'activité de l'entreprise dans ses rapports avec tous les acteurs internes et externes et comment ce surplus dégagé par l'entreprise a été partagé entre ces partenaires.

1. La notion de productivité

La productivité constitue toujours un des objectifs des entreprises, quel que soit le contexte, car elle induit la performance et donc la différenciation par rapport à la concurrence.

Les décideurs cherchent donc à l'améliorer et pour ce faire il leur faut disposer d'une mesure fiable qui montre les interdépendances des facteurs influençant la productivité.

1.1 La productivité

En première approximation, la productivité est un rapport entre un résultat et les moyens mis en œuvre pour l'obtenir.

Exemple

$$\frac{\text{Production (en quantité)}}{\text{Matières premières (en quantité)}} = \frac{\text{1 kg de produits}}{\text{10 000 kg de matières premières non transformées}} = 0{,}0001 = 0{,}01\ \%$$

C'est le rapport pour extraire l'or du minerai ; la productivité est très faible.

Une mesure directe de la productivité s'effectue à partir d'un seul facteur, en général, la main-d'œuvre. Mais il y a d'autres facteurs de production et cette mesure directe n'est pas applicable pour des productions hétérogènes.

La comptabilité analytique permet de déterminer l'incidence des différents facteurs mais il y a des interactions et des influences réciproques entre ces facteurs. C'est pourquoi, il est nécessaire d'analyser globalement la productivité.

1.2 La productivité globale

Le PC définit la productivité globale de l'entreprise comme le rapport de la production totale sur l'ensemble des facteurs de production, pondérés selon leur participation aux coûts.

Exemple

Production totale : 1000 unités de produit qui a nécessité une consommation de :

- facteur A : 2000 unités de facteur pondéré à 20 %
- facteur B : 500 unités de facteur pondéré à 80 %

→ productivité globale : $\frac{1000}{2000 \times 0{,}2 + 500 \times 0{,}8} = 1{,}25$

Dans ce contexte, la méthode des surplus essaie de donner une image de la productivité globale de l'entreprise et de son évolution.

Elle permet également d'identifier le partage effectif de cette productivité globale entre les partenaires.

2. Le surplus de productivité globale

2.1 Objectifs et définition

a) Objectifs

La méthode du surplus de productivité globale place l'entreprise dans ses **relations avec tous les partenaires économiques** extérieurs en amont et en aval ainsi qu'avec les acteurs internes à son organisation.

Elle permet donc d'analyser les **rapports de force et de négociation** qui s'instaurent et qui évoluent entre l'entreprise et ses clients, ses fournisseurs, ses salariés, ses banquiers, ses actionnaires.

Elle cherche à répondre à deux question majeures :
- **comment** a été obtenu le surplus de productivité (s'il y en a un) ?
- **qui** a bénéficié de ce surplus ?

La méthode peut également souligner l'évolution des objectifs de l'entreprise sur plusieurs périodes et la répartition des moyens mis en œuvre.

b) Définition

Le surplus de productivité globale (SPG) analyse les performances de l'entreprise dans une approche globale de sa rentabilité.

C'est l'OECCA (Ordre des experts-comptables et comptables agréés) qui édite la méthode des comptes de surplus de l'entreprise en 1981, à partir des études des revenus et des coûts réalisées par le CERC (Centre d'études et de recherche sur les coûts) :

> Le SPG mesure la variation de la productivité globale, c'est-à-dire le gain ou la perte qui existe dans la combinaison des moyens de production et calcule la contribution de chaque moyen de production à la variation de cette productivité.

Il faut remarquer que le **surplus est donc une variation d'une année sur l'autre** et non une mesure absolue.

De plus, la méthode du surplus met en évidence tous les partenaires, les bénéficiaires comme les perdants.

2.2 Une relecture du compte de résultat

Il faut définir les éléments de calcul avant d'en exposer le traitement.

a) La délimitation des termes de produits et de facteurs de production pour la méthode du SPG

• **Produits** : proches de la terminologie comptable, ce sont les produits d'exploitation, en particulier les biens, les travaux et les services qui constituent la PRODUCTION de l'entreprise.

• **Facteurs** : ce sont les moyens de production que l'on appréhende, dans cette méthode, à travers l'expression de leurs coûts.

Il en résulte deux hypothèses sous-jacentes de la méthode :
- **l'importance du facteur vient de son coût** et non de son type ;
- il n'y a **pas de retraitement** entre les charges de la comptabilité générale et les charges prises en compte par la méthode.

b) Les composantes d'une valeur comptable

> **Chaque élément (produit ou facteur) est décrit par l'expression :**
> **– d'un prix et – d'un nombre d'unités physiques,** **ou** **– d'un taux et – d'une assiette.**

Si P et F sont respectivement les quantités des produits et des facteurs, et p et f les prix ou taux unitaire, alors le compte de résultat peut se résumer par :

$$\sum_{i=1}^{n} P_i p_i = \sum_{i=1}^{n} F_i f_i$$

Les expressions de prix font référence à des prix moyens sur la période considérée.

Le solde du compte de résultat (EBE ou résultat d'exploitation) est traité comme un facteur (ou un produit en cas de perte) qui exprime la rémunération du facteur capital.

c) Les difficultés d'analyse sur les postes de charge et de produit

Des variables exogènes biaisent la mesure des facteurs de production, en particulier l'inflation et la qualité.

• **L'inflation** : la méthode donne toute sa validité dans un contexte de stabilité des prix. Il ne faudrait pas que l'inflation perturbe l'influence de l'augmentation des prix. Or les données de la comptabilité générale sont enregistrées au coût historique. Il faut donc utiliser des méthodes de réévaluation pour neutraliser l'effet de l'inflation le cas échéant.

• **La notion de qualité** : cette analyse reste quantitative. Elle n'intègre pas de critères qualitatifs que la comptabilité analytique ne contient pas. Il est donc difficile de comparer des produits qui diffèrent sur ces aspects.

2.3 Le calcul du surplus : l'analyse des variations de quantité

La comptabilité analytique analyse des écarts de valeur qui se décomposent en écart sur quantité et écart sur prix.

La méthode des comptes de surplus utilise cette même approche.

Deux remarques préalables

• Sont analysées les variations d'une année par rapport à une année de référence. La période 1 est la période traitée, la période 0 est la période de référence.

• La méthode précise que les prix traduisent «les conditions concrètes d'échange entre biens et services dans l'économie de marché où opère l'entreprise».

De ce fait, les variations en volume doivent être débarrassées de l'influence des mouvements de prix et l'activité productive est évaluée au prix de la période de référence.

a) Première étape : définition des variations

Soit Δ = Variation, P = Quantité de produits obtenus, p = Prix du produit.

L'expression comptable d'un produit (quantité de produit x prix du produit) s'écrit :

– pour la période de référence : $P.p$

– pour la période traitée : $(P + \Delta P)(p + \Delta p)$,

ainsi la différence s'écrit : $(P + \Delta P)(p + \Delta p) - P.p$

$$\text{ou encore} = \Delta P.p + P.\Delta p + \Delta P.\Delta p$$

$$= \Delta P.p + \Delta p\,(P + \Delta P)$$

$$= \underbrace{(P_1 - P_0).p_0}_{} + \underbrace{(p_1 - p_0).P_1}_{}$$

= Variation de quantité valorisée au prix de la période de référence + Variation de prix pondérée par la quantité de la période traitée

Remarque : le choix d'intégrer l'écart $\Delta P.\Delta p$ à l'écart sur prix est conventionnel. Le terme n'est pas déterminant pour modifier les rapports entre grandeurs.

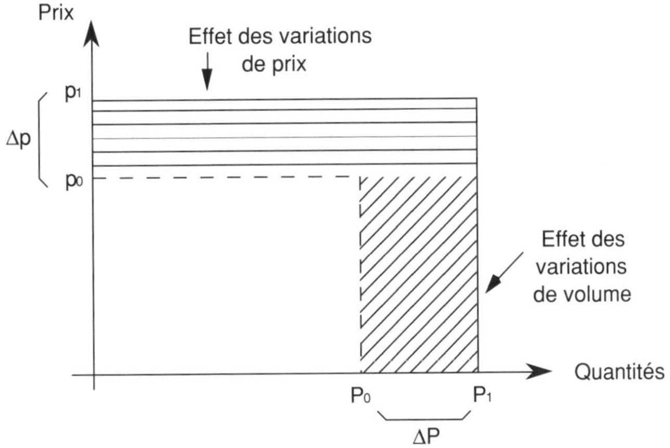

La même décomposition peut être faite pour les facteurs consommés.

Exemple

Les comptes de résultat d'une entreprise se présentent comme suit pour les années N et N + 1.

COMPTE DE RÉSULTAT DE L'EXERCICE N

Charges	Quantité	PU (€)	Total en M€	Produits	Quantité	PU	Total en M€
Consommation de matières	40 000 t	125	5 000	Ventes P_1	1 200 000 u	12	14 400
Frais de personnel	800 000 h	10	8 000	Ventes P_2	700 000 u	8	5 600
Impôts et taxes	1 900 000 u	0,6	1 140				
Frais financiers	20 000 000 €	0,1	2 000				
Dotation aux amortissements	16 250 000 €	0,16	2 600				
Résultat	15 750 000 €	0,08	1 260				
			20 000				20 000

COMPTE DE RÉSULTAT DE L'EXERCICE N + 1

Charges	Quantité	PU	Total en M€	Produits	Quantité	Pu	Total en M€
Consommation de matières	43 000 t	110	4 730	Ventes P_1	1 320 000 u	11,8	15 576
Frais de personnel	850 000 h	10,8	9 180	Ventes P_2	770 000 u	8,1	6 237
Impôts et taxes	2 090 000 u	0,7	1 463				
Frais financiers	21 250 000 €	0,104	2 210				
Dotation aux amotissements	16 250 000 €	0,16	2 600				
Résultat	16 300 000 €	0,1	1 630				
			21 813				21 813

Pour chaque poste de charges et de produits, on calcule la variation en volume et la variation en prix.

Application pour les frais de personnel (F : quantités de facteur, f : prix du facteur) :

$$(F_1 - F_0) . f_0 \quad + \quad (f_1 - f_0) F_1$$
$$= (850\,000 - 800\,000)\ 10\ € \quad + \quad (10,8 - 10)\ 850\,000$$
$$= \quad 500\,000\ € \quad + \quad 680\,000\ €$$

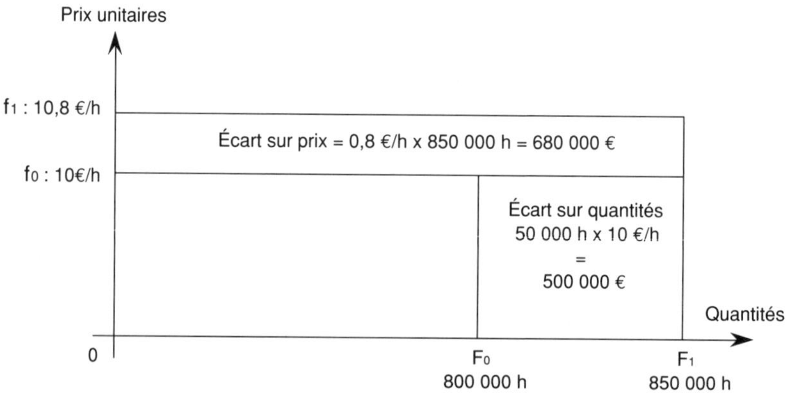

b) Deuxième étape : productivité et surplus

Le **surplus de productivité globale des facteurs** (SPG) est la différence, positive ou négative, entre volume des produits et volume des facteurs. Autrement dit, le surplus de productivité globale est la différence, entre deux périodes, entre les excédents de quantités produites et les excédents de quantités consommées, ces quantités étant évaluées en coûts ou prix constants.

$$SPG = \sum_{i=1}^{n} p_i(P_i + \Delta P_i) - \sum_{i=1}^{n} f_i(F_i + \Delta F_i)$$

- $\sum_{i=1}^{n}$ avec n : nombre de produits ou de facteurs
- et comme $\sum p.P = \sum f.F$, il vient :

$$\boxed{SPG = \sum p.\Delta P - \sum f.\Delta F}$$

avec p : prix des produits
f : prix des facteurs
P : quantité des produits
F : quantité des facteurs.

Exemple

En poursuivant la même application :

CALCUL DU SPG (SURPLUS DE PRODUCTIVITÉ GLOBALE)
COMPTE DE RÉSULTAT DIFFÉRENTIEL (N + 1) – N EXPRIMANT LES VARIATIONS DE QUANTITÉS

Variation du volume des facteurs de production				Variation du volume de production			
	ΔF entre N + 1 et N	f_0 (N)	Total		ΔP entre N + 1 et N	p_0 (N)	Total
Consommation de matières	+ 3 000 t	125	375 000	Ventes P_1	+ 120 000 u	12	1 440 000
Frais de personnel	+ 50 000 h	10	500 000	Ventes P_2	+ 70 000 u	8	560 000
Impôts et taxes	+ 190 000 u	0,6	114 000				
Frais financiers	+ 1 250 000 €	0,1	125 000				
Dotation aux amortissements	–						
Résultat	+ 550 000 €	0,08	44 000				
Sous-total			1 158 000	Sous-total			2 000 000
Surplus de productivité globale (SPG)			**842 000**				
Total			2 000 000	Total			2 000 000

Le surplus de productivité globale est donc de 842 000 €.
$\sum p . \Delta P - \sum f . \Delta F$
2 000 000 – 1 158 000 = 842 000.

3. Le surplus de productivité totale

3.1 Les avantages et les désavantages de prix

Le raisonnement sera exposé par rapport aux facteurs. Il se généralise aisément aux produits.

L'ensemble des charges de l'entreprise sont **simultanément** :
- des **coûts** pour l'entreprise et,
- des **ressources** pour certains bénéficiaires : fournisseurs, salariés, apporteurs de capitaux, banques, État.

> Est appelé «**avantage**» les suppléments de valeurs obtenus, du fait des variations de prix, par les acheteurs des produits de l'entreprise ou par les agents économiques qui lui procurent ses facteurs de production.

Ainsi une hausse des prix d'un article :
- est un avantage pour le fournisseur et un désavantage pour l'entreprise si cet article est un facteur de production pour cette dernière ;
- mais c'est un avantage pour l'entreprise et un désavantage pour le client si cet article est un produit fini de l'entreprise.

Exemple

Pour les frais de personnel de l'application : nous avons obtenu un écart sur prix de 680 000 € et un écart sur quantité de 500 000 €.

Les 680 000 € s'analysent en un «avantage» réparti aux salariés (augmentation de leurs salaires) et une «perte de productivité» de 500 000 € due à un allongement du temps de travail à moins qu'elle ne soit compensée par une augmentation au moins égale de la valeur produite.

Démarche

- Il faut calculer d'où vient le surplus c'est-à-dire quels sont les apporteurs,
- puis entre qui il est partagé, c'est-à-dire quels en sont les bénéficiaires.

De la même manière que : $(P + \Delta P)(p + \Delta p) - P.\,p = \Delta P.\,p + \Delta p\,(P + \Delta P)$
- on peut écrire : $(F + \Delta F)(f + \Delta f) - F.\,f = \Delta F.\,f + \Delta f\,(F + \Delta F)$
- du fait de l'égalité des comptes de résultat, on obtient :

$$\Delta P\,.\,p + \Delta p\,(P + \Delta P) = \Delta F\,.\,f + \Delta f\,(F + \Delta F) \quad \text{et}$$

$$\underbrace{\Delta P\,.\,p - \Delta F\,.\,f}_{\text{SPG}} = \underbrace{- \Delta p\,(P + \Delta P) + \Delta f\,(F + \Delta F)}_{\Sigma \text{ des avantages des acheteurs de produits ou des apporteurs de facteurs}}$$

Le surplus mesure globalement l'impact des changements autres que les mouvements de prix dans le processus productif.

Exemple

En continuant l'exemple :

COMPTE DE RÉSULTAT DIFFÉRENTIEL (N + 1) – N EXPRIMANT LES VARIATIONS DE PRIX

	Δf	F_1 (N + 1)	Total		Δp	P_1 (N + 1)	Total
Consommations de matières	– 15	43 000 t	– 645 000	Ventes P_1	– 0,2	1 320 000	– 264 000
Frais de personnel	+ 0,8	850 000 h	+ 680 000	Ventes P_2	+ 0,1	770 000	+ 77 000
Impôts et taxes	+ 0,1	2 090 000 u	+ 209 000				
Frais financiers	+ 0,004	21 250 000 €	+ 85 000				
Dotation aux amortissements	–						
Résultat	+ 0,02	16 300 000 €	+ 326 000				
Total			655 000				– 187 000
				SPG			**+ 842 000**
Total			655 000	Total			655 000

Il est possible de définir aussi le taux de surplus comme le rapport pour une année donnée :

$$\frac{SPG}{\Sigma p \, . \, P}$$

Il permet des comparaisons entre plusieurs périodes pour une même firme ou entre firmes de taille et de structure différentes.

Exemple

Pour l'application, il vient :

$$\frac{842\,000}{21\,813\,000} = 0{,}038 = 3{,}8\ \% \quad \text{du chiffre d'affaires de N + 1.}$$

Qui sont ces parties prenantes aux surplus ?
- les partenaires extérieurs : clients, fournisseurs, prêteurs ;
- le personnel de l'entreprise ;
- l'entreprise par l'intermédiaire des amortissements et ou de l'EBE pour sa partie non distribuée.

Le compte de surplus va permettre de mesurer les apports et les bénéfices de chaque partenaire.

3.2 Le compte de surplus

Parmi toutes les parties prenantes au surplus, certaines bénéficient d'avantages de prix, d'autres en concèdent.

Le **SPG auquel s'ajoutent les désavantages subis par les parties prenantes forme une masse appelée surplus de productivité totale** (SPT), qui est répartie entre tous les agents bénéficiant d'avantages, d'où le compte de surplus :

SPT = SPG + héritages (ou désavantages) des partenaires
= avantages des acheteurs de produits ou des apporteurs de facteurs

Le compte de surplus rassemble ces informations :

COMPTE DE SURPLUS **Emplois faits par l'entreprise**	 **Ressources de l'entreprise**
 Avantages accordés aux : – clients – fournisseurs – salariés – entreprise **= Total réparti (SPT)**	**SPG si positif** **+ Avantages cédés par :** – clients – fournisseurs – salariés – autres tiers **= Total disponible (SPT)**

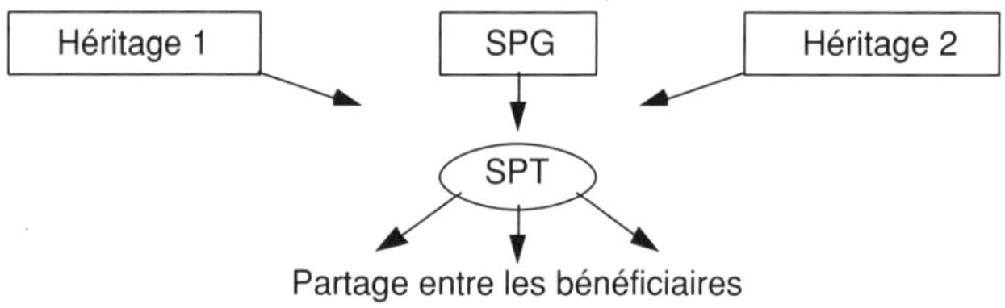

Exemple

Dans l'exemple, le surplus global positif de 842 000 € est ensuite réparti entre les différents partenaires de l'organisation ou parfois complété par des «héritages» provenant de partenaires victimes de la redistribution. Ainsi, les fournisseurs apportent 645 000 € à l'organisation dans la mesure où ils consentent à une diminution du prix des matières premières. De même, les acheteurs de P2 apportent un surplus qui n'est pas de productivité (car indépendant de la combinaison des facteurs de production) dans la mesure où ils supportent une hausse de prix de vente de cet article. L'ensemble de ces opérations peut être résumé dans le tableau et le schéma suivants :

COMPTE DE SURPLUS

Emplois faits par l'entreprise			Ressources de l'entreprise		
	en €	en % production N		en €	en % production N
En faveur : – des clients P1 – du personnel – de l'État – des prêteurs – des propriétaires	 264 000 680 000 209 000 85 000 326 000	 1,32 3,4 1,045 0,425 1,63	SPG Apport provenant : – des fournisseurs – des clients P2	842 000 645 000 77 000	4,21 3,225 0,385
Total réparti (SPT)	1 564 000	7,82	Total disponible (SPT)	1 564 000	7,82

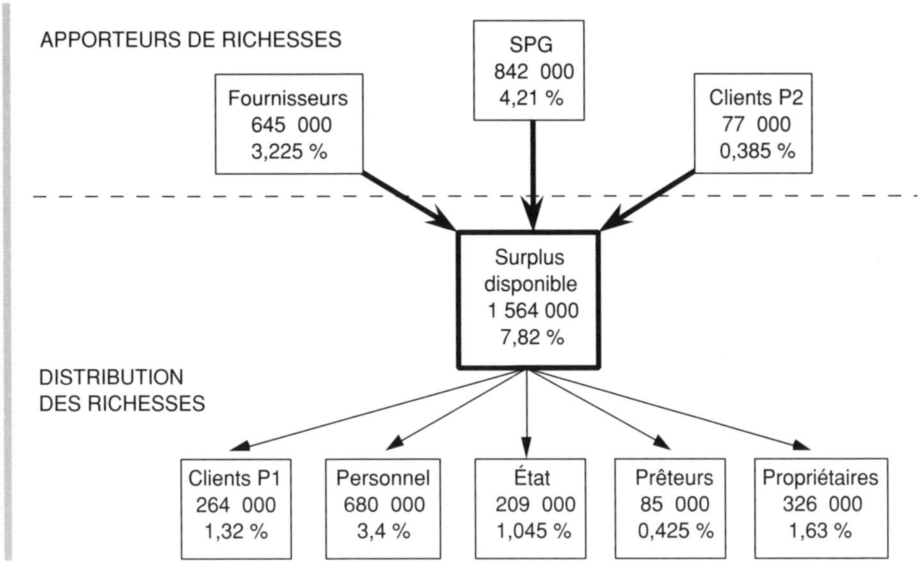

RÉFLEXIONS SUR LE THÈME

1. Intérêt de la méthode des comptes de surplus

Trois points positifs ressortent de l'analyse de cette méthode :

- une meilleure compréhension des finalités de l'entreprise ;
- une appréhension complète et interdépendante de l'environnement de l'entreprise ;
- un nouvel éclairage des rapports de force et des pouvoirs de négociation de l'entreprise avec ses différents partenaires extérieurs et internes.

Mais il faut relativiser ces avantages. La mise en place et l'obtention de données fiables est difficile, longue et coûteuse pour l'entreprise, en particulier pour les postes secondaires du compte de résultat qui doivent être retraités en facteurs de production. Ceci est d'autant plus vrai que l'entreprise est diversifiée.

2. La réalité du surplus dans l'entreprise

Un surplus plus ou moins important est généré dans toute entreprise tout au long de son activité, même s'il n'est pas calculé. La «distribution» de ce surplus se fait au fur et à mesure de l'exercice automatiquement sans décision objective ni procédure formalisée.

L'analyse du surplus de productivité globale ne fait que mettre en évidence un état de fait. Le calcul du surplus, des apports et/ou des avantages pour chaque partenaire permet d'analyser la situation et de l'améliorer le cas échéant.

Mais le surplus n'est pas une «cagnotte» collectée l'année N et partagée officiellement l'année N+1 !

Applications

① *Société Cinmalo*

La société Cinmalo a pour objet la fabrication de bidons susceptibles de contenir des matières inflammables. Elle distribue ses produits auprès de deux circuits principaux de distributeurs : un réseau de détaillants pour des bidons de petites tailles et un réseau de grossistes qui alimente des industriels pour des bidons de contenance plus grande.

Au cours de l'année N, elle a profondément modifié son organisation productive en implantant le juste-à-temps, tant pour les approvisionnements de matières premières que pour les livraisons vers ses réseaux de distribution. Elle en a profité pour moderniser son appareil productif par l'implantation de matériels plus économes en énergie.

Vous trouverez des informations chiffrées sur l'exploitation de l'entreprise dans les annexes :

- Annexe 1 : Compte de résultat des exercices N–1 et N.
- Annexe 2 : Détail du calcul du surplus de productivité globale pour la période N/N+1.
- Annexe 3 : Compte de surplus pour la période N/N+1.

QUESTIONS

1. Calculer le surplus de productivité globale pour la période N–1/N.
2. Calculer le surplus de productivité totale pour la période N–1/N. En déduire le compte de surplus pour la même période.
3. Commenter vos résultats.
4. Reconstituer le compte de résultat de l'exercice N+1.
5. Analyser l'évolution de la productivité de cette entreprise sur la période N/N+1.

ANNEXE 1

COMPTE DE RÉSULTAT DES EXERCICES N–1 ET N

	Exercice N–1			Exercice N		
	Quantité	Prix	Total	Quantité	Prix	Total
Produits						
Ventes détaillants	1 000 000	5	5 000 000	1 170 000	5,2	6 084 000
Ventes grossistes	4 620 000	3,5	16 170 000	4 730 000	3,3	15 609 000
Total produits			21 170 000			21 693 000
Charges						
Matières premières consommées (en tonnes)	3 530	3 890	13 731 700	3 740	3 780	14 137 200
Autres approvisionnements (en tonnes)	1 712	342	585 504	1 897	344	652 568
Services extérieurs (unités)	30 000	12	360 000	34 000	11	374 000
Transports de biens (km/tonnes)	12 000	16	192 000	34 000	14,8	503 200
Impôts, taxes et versements assimilées (en unités)	171 800	0,5	85 900	183 400	0,52	95 368
Frais de personnel de production (en heures)	32 580	76	2 476 080	30 670	78	2 392 260
Frais de personnel administratif (en heures)	6 590	240	1 581 600	6 900	230	1 587 000
Frais financiers (euro d'emprunts)	6 700 000	0,08	536 000	7 890 600	0,1	789 060
Dotations aux amortissements (euros d'immobilisations)	3 280 570	18 %	590 503	4 380 000	25 %	1 095 000
Total charges			20 139 287			21 625 656
Résultat (actif net en euros)	5 430 000	18,9818 %	1 030 713	5 500 000	1,22444 %	67 344

ANNEXE 2
Détail du calcul du surplus de productivité globale pour la période N/N+1

Produits	Calcul du SPG N/N+1	**Charges**	Calcul du SPG N/N+1
Ventes détaillants	585 000	Matières premières consommées	1 200 500
Ventes grossistes	1 850 000	Autres approvisionnements	275 600
		Services extérieurs	47 000
		Transports de biens	32 000
		Impôts, taxes et versements assimilées	8 200
		Frais de personnel de production	– 65 790
		Frais de personnel administratif	1 430
		Frais financiers	– 108 500
		Dotations aux amortissements	240 000
Total produits	2 435 000	Total charges	1 630 440
		Résultat	100 700
		Surplus de productivité	703 860

ANNEXE 3
Compte de surplus pour la période N/N+1

Compte de surplus N/N+1			
Emplois de l'entreprise		Ressources de l'entreprise	
		Surplus de productivité globale	703 860
Clients grossistes	150 000	Clients détaillants	485 000
Fournisseurs matières	287 100	Fournisseurs autres approvts	73 600
État	1 300	Fournisseurs services extérieurs	15 000
Personnel de production	172 790	Transporteurs	12 000
Personnel administratif	5 070	Établissements financiers	1 500
Actionnaires (résultat)	684 700	Autofinancement	10 000
Surplus de productivité totale	1 300 960	Surplus de productivité totale	1 300 960

② *Établissement Sicopla*

L'établissement Sicopla propose à ses clients des imprimés de toute catégorie : imprimés informatiques, administratifs ou commerciaux.
L'activité «continu» fournit les imprimés informatiques. L'activité «à plat» fournit les autres imprimés.

La direction de l'imprimerie sait qu'à plus ou moins long terme l'activité «continu» perdra son attrait car les imprimantes à aiguilles utilisées par les clients sont de plus en plus remplacées par des imprimantes laser feuille à feuille. C'est pourquoi la politique suivie depuis deux ans est une politique de diversification.

La direction souhaite analyser les résultats sur plusieurs périodes. Les informations suivantes sont communiquées :

– annexe I : compte de résultat N – 2, N – 1, N, Établissement Sicopla ;
– annexe II : formation du surplus de productivité globale N – 1 ;
– annexe III : renseignements complémentaires.

QUESTIONS

1. **Présenter en quelques lignes en quoi consiste l'analyse du surplus de productivité globale et sa répartition ; montrer son intérêt pour la gestion d'une entreprise.**
2. **Calculer le surplus de productivité globale de l'année N, et établir le tableau de répartition du surplus pour cette même année. (Faire le travail en centaines d'euros).**
3. **Comparer et commenter les deux comptes de surplus obtenus en N – 1 et N.**

(DECF)

ANNEXE 1

ÉTABLISSEMENT Sicopla

COMPTE DE RÉSULTAT N – 2, N – 1, N

(en centaines d'euros)

	N – 2	N – 1	N
Production vendue	45 086	49 884	52 645
– « continu »	(27 146)	(27 735)	(28 620)
– « à plat »	(17 940)	(22 149)	(24 025)
Production stockée	– 16	+ 241	– 806
Production globale HT	**45 070**	**50 125**	**51 839**
Approvisionnements	17 597	17 239	14 958
Variation de stocks	498	298	1 920
Services liés à l'investissement	1 577	4 078	4 178
Services liés à l'activité	5 815	8 218	8 527
Consommation	**25 487**	**29 833**	**29 583**
Valeur ajoutée	**19 583**	**20 292**	**22 256**
Impôts et taxes	832	970	1 048
Charges de personnel (1)	14 727	16 725	17 469
Excédent brut d'exploitation	**4 024**	**2 597**	**3 739**
Amortissements Provisions	2 421	1 996	2 673
Résultat d'exploitation	**1 603**	**601**	**1 066**
Frais financiers	761	690	922
Résultat courant avant impôt	**842**	**– 89**	**144**
Opérations exceptionnelles Impôts sur les sociétés	450	0	101
Résultat net comptable	**392**	**– 89**	**43**

(1)

Charges de personnel	N – 2	N – 1	N
«Continu»	3 000	3 094	2 225
«À plat»	2 691	3 276	4 038
Administrations	4 904	5 408	5 953
Charges sociales	4 132	4 947	5 253

ANNEXE 2 : Répartition du surplus de productivité globale N – 1

(En centaines €)

Surplus négatif		**6 664**	Clients «continu» :	=	3 913
Crédit-bail :	=	1 477	Clients «à plat» :	=	1 449
État :	=	30	Production stockée :	=	29
			Perte assumée par l'entreprise	=	482
			Fournisseurs :	=	1 548
Administrations :	=	271	Personnel :		
URSSAF :	=	353	«Continu» :	=	73
Organismes financiers :	=	20	«À plat» :	=	674
			Entreprise :	=	647
		8 815			8 815

ANNEXE 3 : Renseignements complémentaires

	N – 2	N – 1	N
Consommation de matières :			
– quantité (en tonnes)	2 350	2 470	1 940
– prix au kg	7,70	7,10	8,70
Crédit-bail (services liés à l'investissement) :			
– assiette en centaines €	8 524	14 063	16 070
– taux en %	18,5	29	26
Services liés à l'activité :			
– augmentation volume %	–	42,46	0,1
– indice prix base N – 2		99,20	102,83
Salaires «continu» :			
– effectifs	24	23	23
– nombre d'heures travaillées	45 000	47 500	49 000
– coût horaire	66,67	65,14	45,41
Salaires «à plat» :			
– effectifs	29	39	42
– nombre d'heures travaillées	54 500	80 000	89 500
– coût horaire	49,38	40,95	45,12
Salaires administrations :			
– effectifs	23	24	25
– nombre d'heures travaillées	42 000	44 000	46 000
– coût horaire	116,76	122,91	129,41
Charges sociales : taux %	39	42	43
Amortissements :			
– immobilisations en centaines €	16 469	17 982	23 866
– taux %	14,7	10,5	11,2
Impôts sociétés :			
– résultat fiscal	1 000	0	259
– taux %	45	42	39
Impôts et taxes :			
– base :	4 356	4 924	5 458
– taux %	19,1	19,7	19,2
Production «continu» :			
– quantité en milliers d'imprimés	245	215	216
– prix pour le mille	110,80	129	132,50
Production «à plat» :			
– quantité en milliers d'imprimés	26	30	31
– prix pour le mille	690	738,30	775
Production stockée :			
– quantités	178	2 360	7 600
– prix	89,80	102,12	106,05

③ *Surplus et juste-à-temps*

Dans une démarche de surplus de productivité, il vous est fourni les renseignements suivants relatifs à l'exploitation comparée d'un centre de profit entre deux années (en milliers d'euros) :

Valeur des écarts	Écart de volume = $(Q_1 - Q_0) P_0$	Écart de prix = $(P_1 - P_0) Q_1$
Ventes du produit A	+ 3 940	+ 2 420
Ventes du produit B	+ 2 110	– 1 210
Achat de matières premières	+ 500	+ 510
Approvisionnements divers	+ 200	– 30
Transports	– 300	+ 350
Autres charges externes	+ 400	– 50
Rémunération (charges sociales incluses)	+ 1 000	+ 2 700
Impôts divers	+ 20	+ 215
Frais financiers	– 300	+ 400
Excédent d'exploitation	–	+ 1 645

QUESTIONS

1. Calculer le surplus de productivité globale (SPG).

2. Établir le compte de surplus en mettant en évidence le surplus de productivité totale (SPT).

3. Pour la rubrique « Approvisionnements divers », a-t-il été consommé plus de facteurs de production entre les deux années ? Justifier la réponse. L'entreprise a-t-elle bénéficié d'héritages au titre de l'année 1 pour cette rubrique du compte de résultat ? Justifier la réponse.

Dans un atelier, il a été installé un approvisionnement en juste-à-temps. Cette nouvelle organisation a eu pour conséquence de diminuer les stocks et donc les frais financiers relatifs à ce stockage, de libérer des entrepôts loués et donc de diminuer le coût des loyers ; par contre les frais de transport ont subi une forte augmentation. La direction s'interroge sur le bien fondé d'une telle décision.

Les informations comptables (en milliers d'euros) relatives à cette modification d'organisation sont regroupées dans le document suivant :

Année de référence	Avant la nouvelle organisation	Après l'installation du juste-à-temps
Chiffre d'affaires en euros constants	418 145	470 600
Frais de transport	25 732	37 258 Hausse des prix constatée = + 4 %
Frais financiers relatifs aux stocks	12 750	Écart de volume entre les deux années = – 2 460
Location entrepôt pour le stockage	7 200	1 600 m^2 pour 3 360 k€ Diminution de 2 000 m^2 des surfaces louées Hausse moyenne des loyers = 5 %

QUESTIONS

4. Analyser pour les frais de transport le gain ou la perte de productivité due à la nouvelle organisation.

5. Globalement, cette décision de réorganisation est-elle positive ? Chiffrer la réponse.

22 La gestion de la qualité totale

Le contrôle technique mis en place dans le contexte taylorien s'intéresse à la production de manière quantitative. Avec l'évolution de l'environnement et de la problématique de la production (voir chapitres 1 et 3), une approche globale de toutes les étapes dès la conception des produits, tant technique qu'organisationnelle et humaine, est nécessaire pour maîtriser les coûts, les délais, la satisfaction du client, la valeur du produit.

C'est pourquoi, après avoir présenté quelques principes du contrôle technique, la gestion de la qualité totale, correspondant à cette démarche d'amélioration globale, sera analysée ainsi que la méthode d'analyse de la valeur.

1. Du contrôle technique traditionnel à la qualité

1.1 Pourquoi le contrôle technique ?

Le contrôle de la production vise à faire respecter les normes techniques préétablies pour obtenir le produit désiré.

Dans l'organisation de la production mise en place au début du siècle et qui prévaut encore aujourd'hui dans certaines entreprises, le contrôle est confié à un service qui vérifie le travail des exécutants.

Le contrôleur repère et rejette les fabrications non conformes aux **normes**.

1.2 Les moyens du contrôle technique

a) Les normes et le contrôle statistique

En fonction de normes de qualité et de seuils d'acceptation fixés par les techniciens, des statistiques sont élaborées sur des échantillons de produits prélevés à la fin du processus de production.

Le contrôle repose alors sur l'utilisation de lois de probabilité.

Exemple

1. Il faut contrôler 100 pièces dans lesquelles le risque d'erreur est, *a priori*, estimé à 1 %. Quel nombre d'erreurs pouvez-vous accepter au maximum dans cet échantillon (niveau de confiance exigé 95 %) ?
2. Avec un échantillon de 300 pièces, le nombre d'erreurs acceptable serait-il multiplié par 3 ?
3. Après un sondage portant sur 300 pièces, vous avez découvert 8 erreurs. Combien devez vous examiner d'enregistrements supplémentaires, sans erreur, pour que l'hypothèse du taux d'erreur de 1 % puisse être considérée comme vérifiée, au niveau de confiance exigé.

TABLE DE POISSON

$$P_X = e^{-m} \frac{m^x}{x!}$$

m / x	0,5	1,0	1,5	2	2,5	3	3,5	4	4,5	5	5,5
0	0,6065	0,3679	0,2231	0,1353	0,0821	0,0498	0,0302	0,0183	0,0111	0,0067	0,0041
1	0,3033	0,3679	0,3347	0,2707	0,2052	0,1494	0,1057	0,0733	0,0500	0,0337	0,0225
2	0,0758	0,1839	0,2510	0,2707	0,2565	0,2240	0,1850	0,1465	0,1125	0,0842	0,0618
3	0,0126	0,0613	0,1255	0,1804	0,2138	0,2240	0,2158	0,1954	0,1687	0,1404	0,1033
4	0,0016	0,0153	0,0471	0,0902	0,1336	0,1680	0,1888	0,1954	0,1898	0,1755	0,1558
5	0,0002	0,0031	0,0141	0,0361	0,0668	0,1008	0,1322	0,1563	0,1708	0,1755	0,1714
6		0,0005	0,0035	0,0120	0,0278	0,0504	0,0771	0,1042	0,1281	0,1462	0,1571
7		0,0001	0,0008	0,0034	0,0099	0,0216	0,0385	0,0595	0,0824	0,1044	0,1234
8			0,0001	0,0009	0,0031	0,0081	0,0169	0,0298	0,0463	0,0653	0,849
9				0,0002	0,0009	0,0027	0,0066	0,0132	0,0232	0,0363	0,0519
10					0,0002	0,0008	0,0023	0,0053	0,0104	0,0181	0,0285
11					0,0001	0,0002	0,0007	0,0019	0,0043	0,0082	0,0143
12						0,0001	0,0002	0,0006	0,0016	0,0034	0,0065
13							0,0001	0,0002	0,0006	0,0013	0,0028
14								0,0001	0,0002	0,0005	0,0011
15									0,0001	0,0002	0,0004
16										0,0001	0,0001

Réponses

1. Nombre d'erreurs pouvant être accepté au maximum

Il est supposé que le phénomène «erreur» est relativement rare et qu'il suit une loi de Poisson.

- Paramètre de la loi :
  m = 100 × 0,01 = 1.
- En se référant à la table pour m = 1, on lit :
  Pr {x = 3} = 0,0613, donc > 6 %.
  Pr {x > 3} = Pr {x = 4} + Pr {x = 5} + Pr {x = 6} + Pr {x = 7} + …
  = 0,0153 + 0,0031 + 0,0005 + 0,0001 = 0,019

soit 1,9 %.

Donc il est possible d'admettre 3 erreurs au maximum.

2. Cas de l'échantillon de 300 pièces

Dans ce cas, m = 300 × 0,01 = 3.

Pr {x > 6} = 0,0216 + 0,0081 + 0,0027 + 0,0008 + 0,0002 + 0,0001
= 0,0335

soit 3,35 % < 5 %.

On peut donc admettre 6 erreurs au maximum, le nombre d'erreurs acceptable n'est pas multiplié par 3, mais seulement par 2 (soit 3 × 2 et non pas 3 × 3).

3. Nombre de pièces supplémentaires à examiner

Il convient de rechercher dans la table :

Pr {x > 8} < 0,05 et Pr {x ≥ 8} > 0,05
avec m le plus petit possible.

Cette condition est vérifiée pour m = 5.

D'où m = 0,01 x et n = 400.

Il faut donc examiner 100 pièces supplémentaires (400 – 300 = 100) sans erreur.

Ce contrôle même avec un seuil de tolérance très faible comporte des limites. Avec une norme de 99,9 % pour accepter la qualité d'un service, voilà ce que cela signifierait dans la vie quotidienne des Français :

- au moins 4 000 mauvaises prescriptions médicales seraient faites chaque année ;
- plus de 3 000 nouveau-nés tomberaient accidentellement des mains des médecins chaque année ;
- de l'eau non potable vous serait fournie presque 1 heure chaque mois ;
- il n'y aurait pas d'électricité et d'eau pendant 8,6 heures chaque année ;
- plus de 10 minutes par semaine, le téléphone et la télévision seraient en panne ;
- près de 100 opérations chirurgicales par semaine seraient incorrectes ;
- 400 lettres par heure n'arriveraient jamais à destination.

Les entreprises cherchent donc à atteindre le zéro défaut et mettre en place des procédures de qualité totale.

b) Le graphique de Pareto

L'analyse statistique de Pareto consiste à comptabiliser et à classer les défauts ou les pannes dans un ordre décroissant. L'expérience montre que quelques défauts représentent un pourcentage important de non-qualité. Il est donc nécessaire de les recenser pour les traiter en priorité.

La démarche consiste donc :
- à faire un relevé statistique des types de pannes observées ;
- à calculer le cumul pour chaque type de pannes ;
- à ordonner ces totaux. Trois classes sont constituées A, B, C (d'où le nom parfois utilisé de la méthode ABC) ou davantage.

La classe A représente la panne ou le défaut qui apparaît le plus grand nombre de fois donc le problème qu'il faut régler en premier.

Exemple

Feuille de relevé						
Anomalie	Lundi	Mardi	Mercredi	Jeudi	Vendredi	Total
1	IIII	II	IIII	II	IIIII	17
2	I	II			II	5
3	II	III	IIII	III	II	14
4	IIII	IIIIIII	IIIIIIII	IIIII	IIIIIII	31
5	II	I	I	II	II	8
6		I		I		2
7	II				I	3
8				I		1
Total	15	16	17	14	19	81

Analyse de Pareto

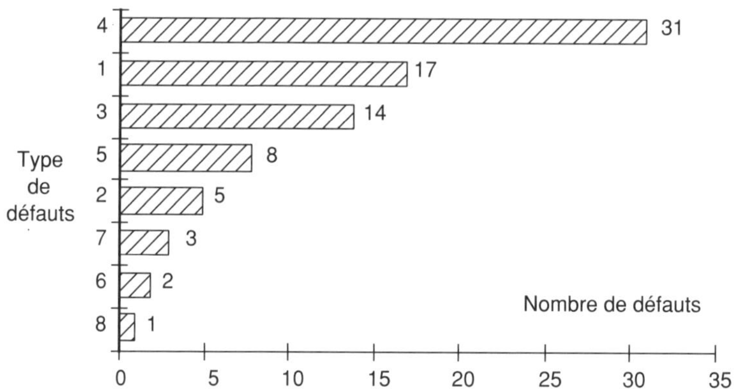

Le défaut 4 apparaît le plus fréquemment (31 fois) ; c'est donc celui qu'il faut traiter en premier. Il est moins nécessaire d'accorder du temps et des ressources pour pallier les défauts 7, 6 et 8 qui sont les moins fréquents.

c) La courbe d'apprentissage

Au fur et à mesure que l'entreprise fabrique un produit, elle acquiert savoir-faire et expérience qui lui permettent de diminuer le temps et le coût par produit.

Il est possible de calculer et de représenter cette acquisition d'expérience avec le temps et de mesurer la baisse de coût correspondante. C'est la courbe d'apprentissage.

L'entreprise cherche alors à atteindre le plus rapidement possible la quantité qui lui permet de réduire le coût. La courbe détermine quel est le gain de coût obtenu avec un doublement de la production.

Exemple

Quantité produites cumulées ①	Heures productives cumulées ②	Temps unitaire moyen cumulé ② / ①
10	1 000	100
20	1 600	80
40	2 560	64
80	4 096	51,2

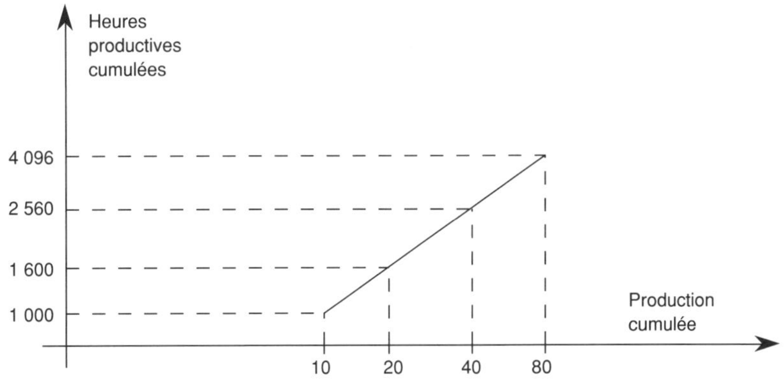

Le graphique comporte des axes logarithmiques mais il est possible de représenter les variables en valeur réelle.

- Quand la production double de 10 à 20, le temps unitaire moyen cumulé passe de 100 à 80 donc diminue de 20 %.
- De même quand la quantité passe de 20 à 40, le temps unitaire moyen cumulé diminue aussi de 20 %, de 80 à 64.

Ainsi on dit que l'expérience est de 80 % : lorsque la production double, le temps moyen cumulé diminue de 20 %.

d) Le contrôle par sondage ou échantillonnage

Ce type de contrôle doit normalement suppléer à un contrôle exhaustif considéré comme trop coûteux. Le principe est le suivant : dans le cadre de livraisons régulières et fréquentes d'un grand nombre de pièces de même type appelé «lot», seul un échantillon des pièces est contrôlé et en fonction du résultat du contrôle (nombre de défauts présents dans l'échantillon), le lot est accepté ou refusé.

Exemple

Pour des livraisons régulières de 10 000 pièces, le contrôle portera sur un échantillon de 100 pièces extraites au hasard.

Pour instaurer un contrôle par échantillonnage, il est nécessaire de définir :
- la taille de l'échantillon, notée n ;
- une règle de décision : elle exprime le nombre maximum de pièces défectueuses dans l'échantillon pour pouvoir accepter le lot.

Exemple

Le lot sera accepté si le nombre de défauts présents dans l'échantillon est inférieur ou égal à 5, dans le cas contraire le lot en entier sera refusé.

Ce mode de contrôle présente des risques pour le fournisseur et pour le client, il faut donc définir les règles de fonctionnement de cet accord.

1) Le risque supporté par le fournisseur

Le résultat obtenu sur l'échantillon n'est peut-être pas généralisable à l'ensemble du lot et il est possible que le lot (10 000 pièces) soit refusé en application de la règle de décision alors même qu'un contrôle exhaustif montrerait que ce lot présente un niveau de qualité tout à fait acceptable (ce risque est aussi appelé risque de première espèce). Cela conduit le fournisseur à définir deux paramètres :
- un **niveau de qualité acceptable** ou NQA : ainsi un NQA de 0,96 traduit qu'un taux de 4 % de pièces défectueuses est acceptable sur l'ensemble du lot (avant l'instauration d'une démarche de qualité totale, il était considéré comme «normal» de ne pouvoir sur des livraisons répétées assurer un niveau de qualité de 100 %) ;
- le niveau du risque qu'il accepte, ou **risque du fournisseur,** noté α, c'est-à-dire le risque α qu'un lot lui soit retourné en application de la règle de décision alors que ce lot présente un niveau de qualité égal ou supérieur au niveau de qualité acceptable (NQA).

Exemple

Soit un niveau de qualité acceptable défini à 0,97, quel est le risque α supporté par le fournisseur ?

Compte tenu de la règle de décision retenue plus haut : le lot est accepté si l'échantillon présente un nombre de défauts (D) inférieur ou égal à 5, il s'agit de calculer la probabilité suivante : $\alpha = \text{Prob}\{D > 5\}$ sachant que le niveau réel de qualité du lot (t) est inférieur ou égal à NQA.

La fréquence d'apparition du défaut dans le lot est de 3 % puisque NQA est égal à 0,97, donc dans l'échantillon cette fréquence suit une loi binominale de paramètres n = 100 (taille de l'échantillon) et p = 0,03 (taux de défaut).

Cette loi peut être approximée par une loi de Poisson de moyenne m = np, soit ici m = 3.
Il vient : $\alpha = \text{Prob}_{t\,=\,0{,}97}\{D > 5\} = 1 - \text{Prob}_{t\,=\,0{,}97}\{D \leq 5\}$.

Par lecture d'une table de la fonction de répartition de la loi de Poisson, il ressort que : $\alpha = 1 - 0{,}916 = 0{,}084$ soit 8,4 %.

Ainsi dans 8,4 % des cas, le fournisseur se fera refuser un lot alors même que ce lot présente un niveau de qualité réel supérieur ou égal au NQA.

2) Le risque supporté par le client

Ce risque est la contrepartie du risque du fournisseur : il consiste, au vu des résultats de l'échantillon, à accepter un lot qui présente un nombre trop important de défauts eu égard à un niveau de qualité toléré. Il conduit le client à définir deux paramètres :
- le **niveau de qualité tolérable** (NQT), c'est-à-dire le pourcentage maximum acceptable de défauts sur le lot : ainsi si l'on accepte un pourcentage de 6 %, cela revient à définir un NQT égal à 0,94 ;
- le niveau du risque qu'il accepte ou **risque du client** noté β (ce risque est aussi appelé risque de deuxième espèce).

Exemple

Soit un niveau de qualité tolérable défini à 0,90, quel est le risque β supporté par le client ?

Compte tenu de la règle de décision retenue plus haut, il s'agit de calculer la probabilité suivante :

$\beta = \text{Prob}\,\{D \leq 5\}$ sachant que le niveau réel de qualité du lot (t) est inférieur à NQT.

La fréquence d'apparition tolérée du défaut dans le lot est de 10 % puisque NQT est égal à 0,90 ; donc dans l'échantillon cette fréquence suit une loi binomiale de paramètres n = 100 (taille de l'échantillon) et p = 0,10. Cette loi peut être approximée par une loi de Poisson de moyenne m = np, soit ici m = 10.

Il vient : $\beta = \text{Prob}_{t\,=\,0{,}90}\,\{D \leq 5\}$

Par lecture d'une table de la fonction de répartition de la loi de Poisson, il ressort que : $\beta = 0{,}067$ soit 6,7 %.

Ainsi dans 6,7 % des cas, le client devra accepter un lot qui présente un niveau de qualité réel inférieur au NQT.

Dans le cadre de relations fréquentes, il est donc important que le client et le fournisseur trouvent un accord sur la règle de décision, la taille de l'échantillon et les niveaux de qualité acceptable et tolérable car ces éléments déterminent les risques respectifs supportés par les partenaires.

1.3 Évolution du contrôle technique vers la qualité

a) De nouveaux objectifs

Le contrôle classique est effectué à la **fin du processus, en temps différé et par sondage.** Il ne permet donc pas de correction, seulement l'élimination des produits défectueux, ce qui augmente les délais et les coûts.

Pour améliorer la productivité, pour réduire les coûts, et grâce aux performances des nouvelles technologies, le contrôle **se déplace vers l'amont du processus et se fait à plusieurs stades de la fabrication**. Il permet donc de rectifier la production et de ne pas attendre la fin de la fabrication.

La notion de contrôle s'est élargie à celle de **qualité** englobant toutes les étapes et tous les acteurs de la production.

L'objectif n'est plus le **niveau de qualité acceptable** mais «**la qualité totale**» c'est-à-dire l'objectif de «**zéro défaut**».

ÉVOLUTION DES SYSTÈMES QUALITÉ

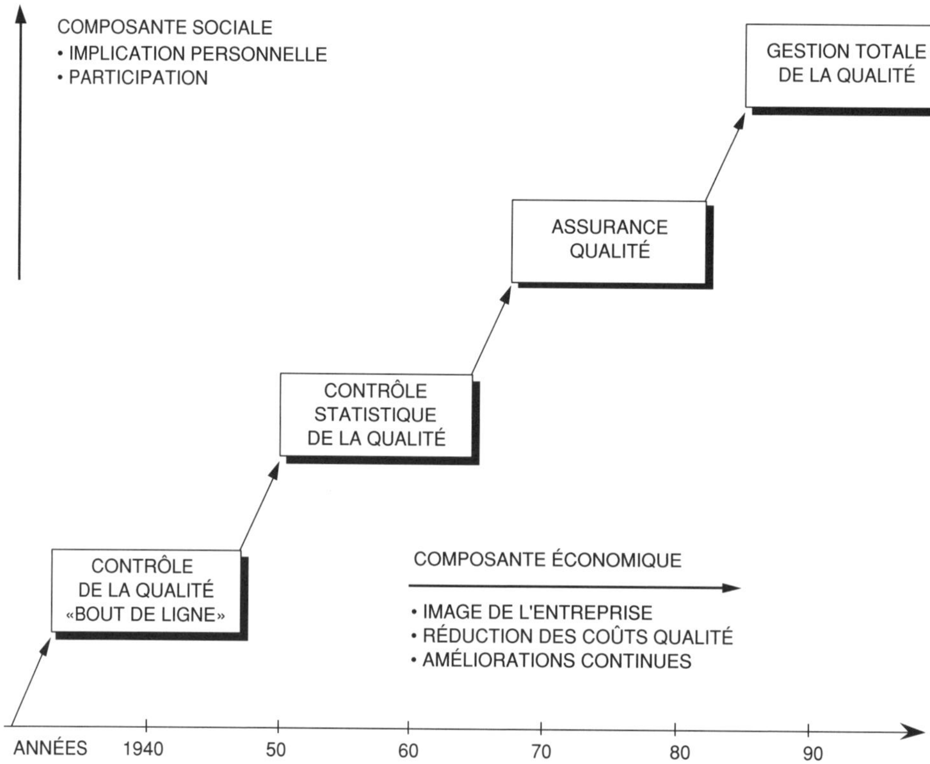

Source : Socotec.

Dans le cadre d'une organisation taylorienne de la production, le contrôle exhaustif a eu tendance à être remplacé par des méthodes de contrôle par échantillonnage dans une optique de réduction des coûts. Une démarche de qualité totale ne conduit pas à réintroduire un contrôle exhaustif mais à le déplacer dans le processus de production : il apparaît dès le début du processus productif et tout au long de son déroulement, sur des composants élémentaires comme sur des ensembles de pièces et non plus en bout de chaîne sur des produits terminés. Dans ces conditions seulement, il contribue à l'obtention de la qualité totale.

b) La qualité

La **qualité d'un produit** résulte :

- de sa capacité à satisfaire les besoins de l'utilisateur (**domaine commercial** et **conception du produit**),
- et du contrôle technique durant la fabrication pour tester la fiabilité du produit et éviter les défauts (**domaine de la production**).

La qualité doit permettre de mieux vendre les produits et de les fabriquer à un coût plus bas.

> La qualité résulte de la mise sur le marché d'un produit performant, disponible, à un prix raisonnable avec des services associés.
>
> Donc la QUALITÉ c'est = PERFORMANCE
> + PRIX
> + DISPONIBILITÉ
> + SERVICE

1.4 La qualité totale

a) Définition

> La qualité totale est un ensemble de principes et de méthodes organisés en stratégie globale visant à mobiliser toute l'entreprise pour obtenir une meilleure satisfaction du client à moindre coût.

La qualité totale doit répondre à cinq impératifs :

- conformité,
- mesure,
- excellence,
- prévention,
- responsabilité.

Le concept de qualité totale correspond à une vision globale de l'entreprise. Cela suppose la recherche à tous les niveaux, dans tous les services et les fonctions, des améliorations matérielles, organisationnelles et humaines pour accroître la qualité.

Ainsi les plans d'amélioration de la qualité mis en place dans les entreprises comportent en général trois axes :

- **technique** : mettre en œuvre tous les moyens pour se rapprocher du zéro-défaut et réduire les sources de non-qualité pour les produits et les processus de fabrication ;
- **humain** : exploiter, gérer les compétences et les savoir-faire du personnel pour améliorer leur participation et donc réduire les défauts ;
- **organisationnel** : simplifier et améliorer l'organisation physique et intellectuel du travail de tous les postes.

Toutes les étapes du processus productif et tous les services sont concernés.

b) Les facteurs influençant la qualité

La qualité d'un produit, d'un processus, d'une entreprise n'est pas le fruit du hasard. Elle nécessite la participation de tout le personnel et la coordination de tous les moyens mis en œuvre.

Il est possible de recenser les principaux facteurs qui affectent la qualité, à partir de la représentation suivante du système de production en sept points :

1. **Le management** : définit, planifie et contrôle la gestion du système.
2. **Le matériel** : les machines outils et les équipements nécessaires pour réaliser le produit.
3. **Les matériaux** : les intrants du système qui font l'objet d'une valeur ajoutée après le processus de transformation.
4. **Les méthodes de production** : les spécifications, les instructions et les processus régissant la méthodologie pour les approvisionnements et la production du produit.
5. **La main-d'œuvre** : le personnel, spécialisé ou non, nécessaire pour l'exécution du travail.
6. **Le milieu de travail** : l'espace physique de l'entreprise et son climat social.
7. **La monnaie** : les investissements et les fonds requis pour le développement et le fonctionnement opérationnel de l'entreprise. Elle provient des ventes et doit gérer des profits.

Cette approche systémique de la production fait ressortir que la qualité du produit peut être affectée par sept facteurs interdépendants. Ces facteurs sont connus dans l'industrie sous la désignation des «7 M» :

- Management
- Matériel
- Matériaux
- Méthodes de production
- Main-d'œuvre
- Milieu de travail
- Monnaie

Il faut donc gérer la qualité.

2. La gestion de la qualité dans les processus industriels

La qualité a un coût qu'il faut connaître pour mettre en place les méthodes adaptées pour la contrôler et l'améliorer.

2.1 Les coûts cachés et le coût de la qualité

L'activité de production, comme toute autre, génère des déperditions d'énergies, de ressources humaines et physiques qui n'apparaissent pas dans les systèmes classiques de comptabilité où seuls les coûts de matière, de main-d'œuvre et d'atelier sont pris en compte. Ce sont des **coûts cachés** liés à des problèmes d'organisation. La recherche de la qualité totale doit permettre de réduire ces coûts cachés.

Mais l'amélioration de la qualité a aussi un coût. C'est pourquoi sont définis :
– le **coût de la gestion de la qualité** = coût de prévention + coût de détection ;
– le **coût de non-qualité** = coût de la détection + coût de la malfaçon ;
– le **coût de la malfaçon** = coût de la défaillance interne et externe.

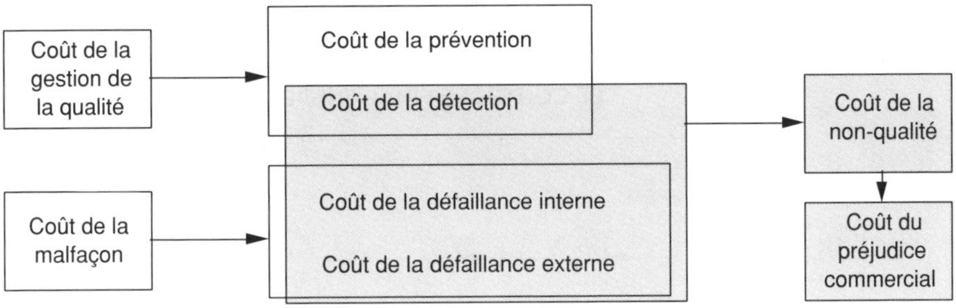

Exemple

Coût de prévention :
– la personne du service entretien qui passe systématiquement une fois par semaine pour contrôler une machine ;
– la formation du personnel.

Coût de détection :
– un système mécanique ou électronique de contrôle, couplé sur une machine et qui l'arrête automatiquement dès qu'un défaut ou une panne survient ;
– une inspection chez le fournisseur.

Coût de la défaillance interne :
– le manque à gagner lorsque la production s'arrête à cause de la panne soudaine d'une machine ;
– vol, pertes de pièces.

Coût de la défaillance externe :
– l'arrêt de livraison d'un fournisseur provoque un surcoût car il faut faire appel rapidement à un autre fournisseur à d'autres conditions ;
– frais d'expertise lors d'un litige.

Le coût de la non-qualité peut être défini comme la différence entre le prix de revient actuel du produit et son coût réduit, s'il n'y avait aucune erreur et aucun défaut durant la conception, la réalisation, la commercialisation et l'utilisation.

Il est possible de calculer le coût de la non-qualité en pourcentage du chiffre d'affaires d'une entreprise ou du PIB d'une nation (10 % du PIB de la France en 1996 soit 107 milliards d'euros).

Voilà pourquoi il faut gérer la qualité et l'optimiser grâce à diverses méthodes.

La gestion de la qualité comprend :
- **la prévention** (détection des pannes et des défauts) ;
- **la maintenance** (entretien des machines) ;
- **le contrôle,** qui ne se situe plus seulement à la fin de la fabrication mais tout au long du processus de production.

La gestion de la qualité s'étend et se diversifie comme le montrent les trois figures de la page suivante retraçant son évolution.

FIGURE 1
LE CONTRÔLE FINAL (INSPECTION)

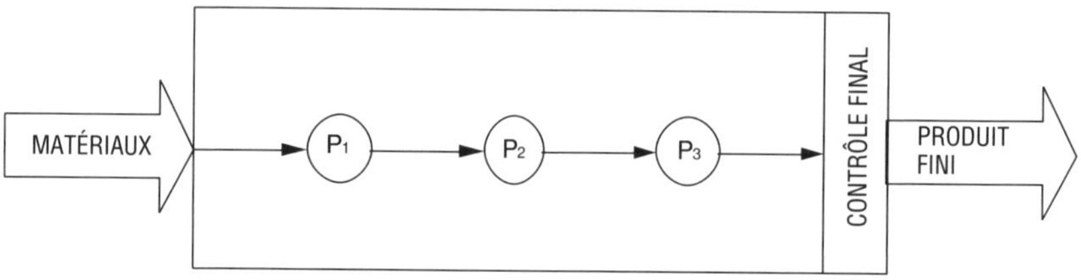

FIGURE 2
LE CONTRÔLE STATISTIQUE PAR CARTE DE CONTRÔLE ET PLAN D'ÉCHANTILLONNAGE

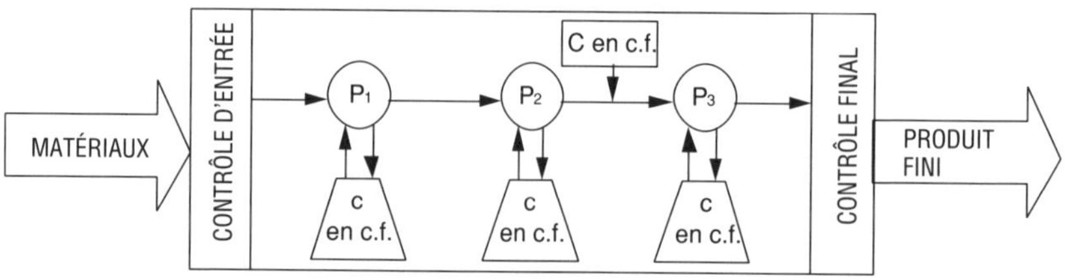

«c en c.f.» = contrôle en cours de fabrication par carte de contrôle.

FIGURE 3
LE CONTRÔLE INTÉGRÉ DE LA QUALITÉ

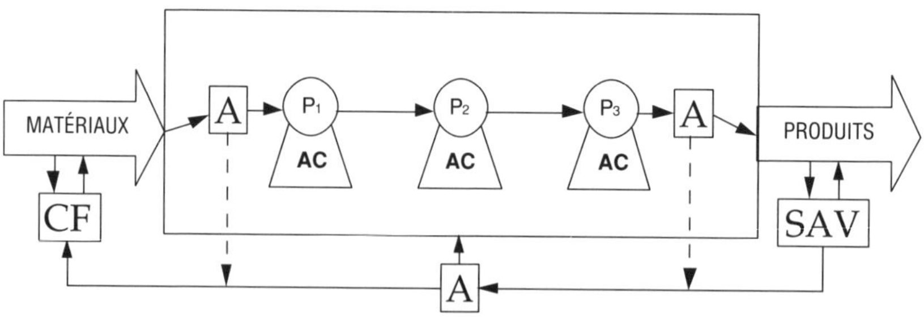

P = Procédé de fabrication – Étape 1, 2, … N

AC = auto-contrôle CF = certification de fournisseurs A = audit qualité SAV = service après vente

2.2 Des méthodes pour gérer la qualité

Au-delà de méthodes techniques et ponctuelles pour prévenir des erreurs ou corriger des défauts (*poka-yoke*), des démarches globales d'analyse pour améliorer l'ensemble d'un processus se diffusent (cercles de qualité, analyse de la valeur, diagramme d'Ishikawa).

a) Le système poka-yoke ou les systèmes détrompeurs

Les défauts dans la production peuvent se situer à plusieurs niveaux : la machine, l'opérateur, le processus.

Pour améliorer la qualité et tendre vers la qualité totale, **il faut empêcher le processus de production de générer des défauts**.

Pour ce faire, il est nécessaire d'identifier les défauts, de trouver les causes, de supprimer les causes.

Après les phases d'étude pour identifier les défauts et analyser des causes, il faut mettre en place des systèmes manuels ou automatiques pour éviter ces causes tant sur les machines, les processus que pour les opérateurs.

Pour supprimer les causes de défauts dus aux opérateurs, des entreprises installent des systèmes «anti-erreurs» ou «détrompeurs» (du mot japonais *poka-yoke*).

Ces systèmes très **variés,** parfois très **simples**, sont là pour **informer** et **aider** les opérateurs. Voici quelques exemples de *poka-yoke* :

Avant l'amélioration	Après l'amélioration
L'examen de la résistance à de hautes tensions électriques comportait le risque de toucher la partie sous tension au cours de l'examen.	On a ajouté un couvercle, et seulement lorsque ce couvercle est baissé, la tension s'exerce sur la pièce à tester.

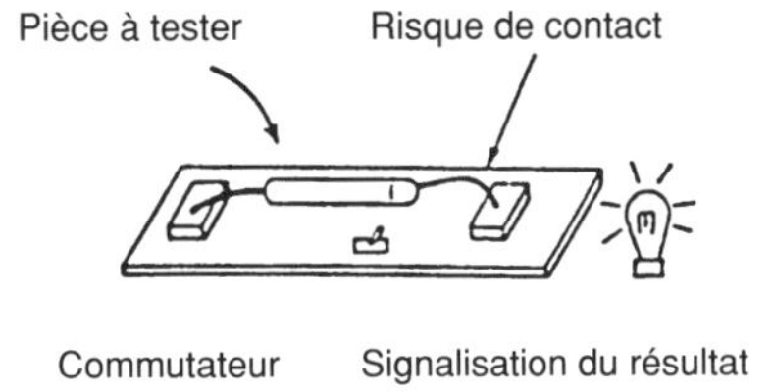

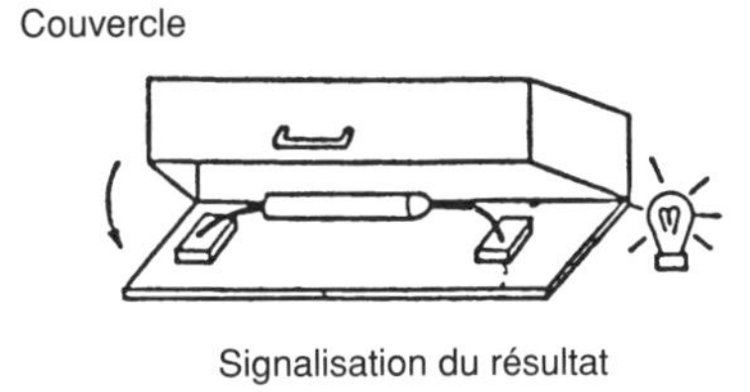

Avant l'amélioration	Après l'amélioration
Il y avait risque de confusion entre les pièces de la boîte A et celles de la boîte B.	Les boîtes sont munies de couvercles.

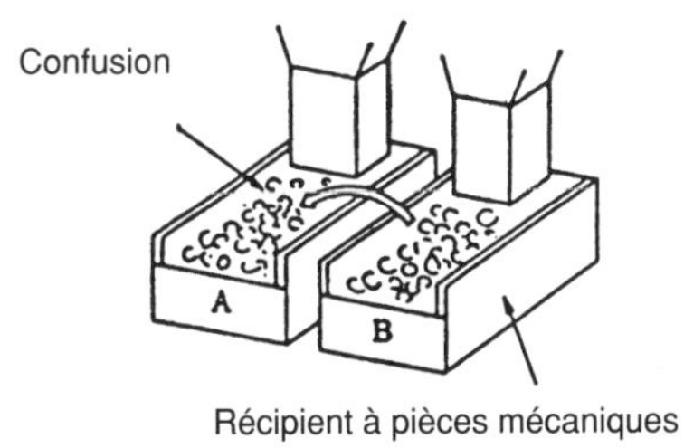

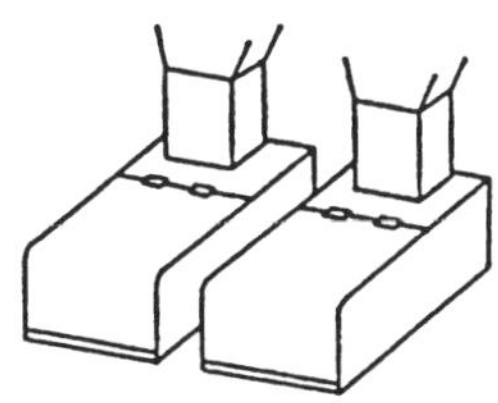

Extrait : *Manuel pratique de gestion de la qualité*, Collection Afnor Gestion.

Vérification à effectuer	Dispositif	
Constitution d'ensembles (kits) contenant un nombre précis de pièces	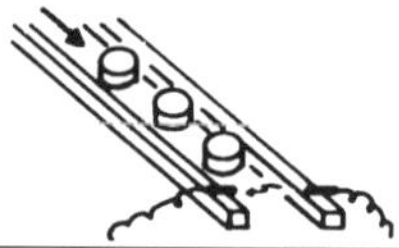	• Décompte automatique déclenché par un système photo-électrique installé sur le convoyeur
		• Installation d'un support mural dont la longueur correspond exactement au nombre de pièces requis (avec éventuellement des contacteurs vérifiant l'utilisation du système)
Produits spécial non oublié (ici produit anti-desserrage sur un bouton)	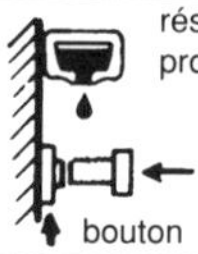	• Bouton interrupteur • Si l'opérateur n'appuie pas sur le bouton : – le liquide ne tombe pas – le produit ne peut avancer au poste de montage suivant
Choix correct de pièces à monter sur chaque produit	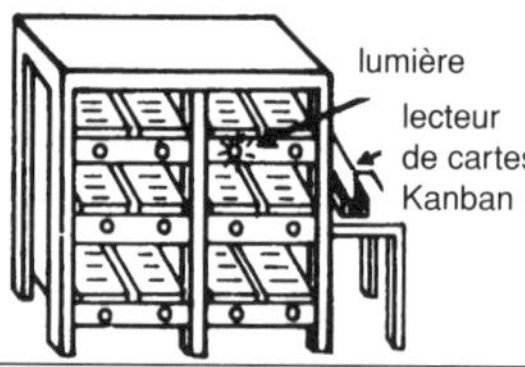	• Repérage lumineux des bacs de composants à utiliser (en fonction de la carte Kanban ou de tout autre système identifiant le produit à traiter)

Source : Béranger P., *Les nouvelles règles de la production : vers l'excellence industrielle*, Dunod, 1989.

Pour l'analyse d'un processus, productif ou non, plusieurs démarches récentes apparaissent.

Les cercles de qualité, l'analyse de la valeur, le diagramme d'Ishikawa sont quelques exemples qui se développent actuellement dans les entreprises pour gérer la qualité.

b) Les cercles de qualité

1) Définition

> C'est un petit groupe (3 à 10) de collaborateurs volontaires appartenant à la même unité de travail (atelier, service) qui se réunissent régulièrement pour rechercher, identifier, analyser et résoudre des problèmes professionnels quotidiens sur le terrain.

Animé par un responsable hiérarchique direct, le cercle utilise des méthodes et des outils d'analyse précis, élabore des solutions et les met en application.

Les cercles de qualité existent depuis 1962 au Japon, 1974 aux États-Unis et 1979 en France qui en compte maintenant plus de 20 000 mais dont le nombre commence à décroître.

2) *Intérêt*

Face à des pressions internes et externes, les cercles de qualité doivent permettre de faire évoluer les structures et les hommes vers un management participatif pour une meilleure qualité.

3) *Mode de fonctionnement*

Le point de départ est la détection d'un problème. Si un cercle de qualité est mis en place, une méthodologie pour résoudre le problème est suivie :
- délimitation du problème,
- analyse des éléments du problème,
- recherche des solutions possibles en utilisant de nombreux outils d'analyse,
- valorisation et classement des solutions possibles en fonction de critères choisis,
- choix d'une solution,
- mise en œuvre de la solution,
- mesure et contrôle des résultats,
- mise en place de la solution définitive.

4) *Conditions de réussite*

Sont nécessaires pour la réussite du cercle :
- une volonté et un engagement clair des cadres dirigeants,
- un volontariat des membres participants,
- une formation,
- des problèmes à résoudre précisément délimités,
- une communication directe, persévérante et patiente entre les membres.

5) *Démarche méthodologique des cercles de qualité*

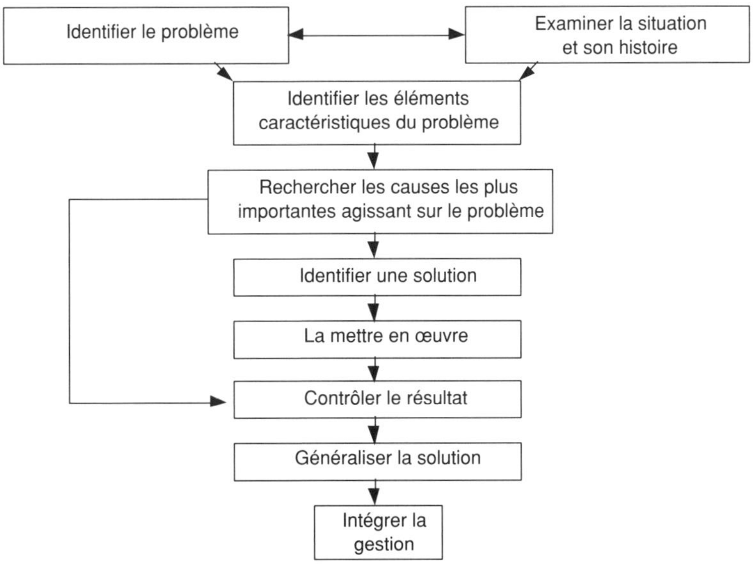

c) Le diagramme d'Ishikawa

Kaoru Ishikawa a proposé une démarche de réflexion pour mener une analyse d'amélioration d'une situation ou de résolution de problème : c'est le **diagramme cause-effet** ou en arête de poisson.

C'est une structure en arborescence qui synthétise toutes les causes classées par domaine qui aboutissent à un problème ou une situation précise.

1) Graphe général

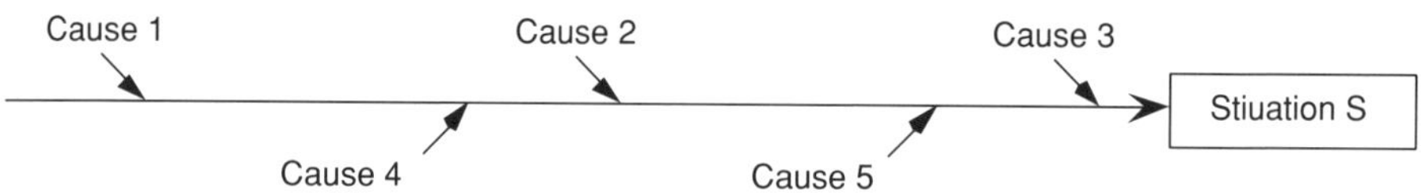

2) Exemple : analyse des causes de fuites sur des bocaux

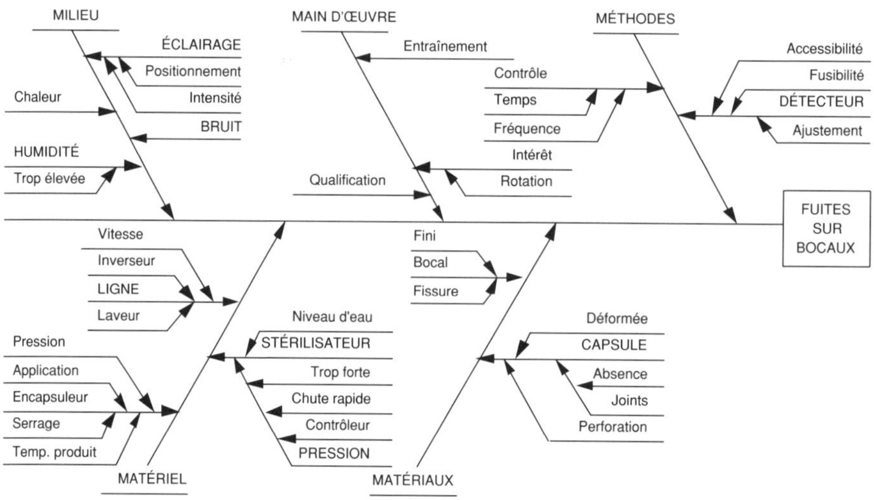

3) Intérêt de la méthode

Cette démarche générale qui peut s'appliquer à de très nombreux problèmes est :
- un **outil de dialogue**, pour analyser systématiquement une situation ;
- un **instrument de collecte d'informations** sur un sujet ;
- un **outil de diagnostic** permettant une vision globale et interdépendante des éléments en cause ;
- un **outil pour convaincre et former** les participants ;
- une **méthode pour une recherche** rapide des solutions à un problème.

d) Analyse de la valeur

Dans cet environnement économique et technologique contraignant pour l'entreprise et dans le cadre de la nouvelle problématique de la production, il faut bien coordonner et contrôler l'organisation et chercher en permanence à l'améliorer, aussi bien dans ses procédures que dans ses coûts, pour que les produits soient en adéquation avec la demande. L'analyse de la valeur est alors une méthode utile dans ce sens.

1) Définition de l'analyse de la valeur

La «**valeur**» est une grandeur qui croît lorsque la satisfaction de la fonction pour laquelle le produit a été conçu augmente ou que le coût du produit diminue.

$$\text{Valeur} = \frac{\text{Satisfaction de la fonction}}{\text{Coût}}$$

L'analyse de la valeur a été élaborée en 1947 aux États-Unis par L.D. Miles, ingénieur à la General Electric et introduite en France dans les années 60.

> C'est une méthode qui analyse un produit et cherche à l'améliorer en vue d'en augmenter son **utilité** et d'en diminuer son **coût**.

le produit doit

Maximiser la satisfaction *l'utilité du client* — ET — **Minimiser les coûts** *être rentable*

pour dégager de la Valeur

C'est le logo de l'AFAV : l'Association française d'analyse de la valeur.

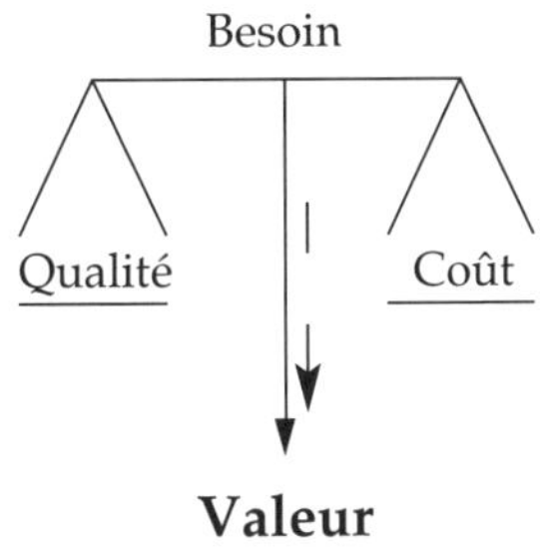

L'amélioration recherchée se traduit par une fonction utilité précise ; par exemple, il faut déterminer un certain niveau de performances nécessaire et suffisant avec un coût minimal. Ainsi l'analyse de la valeur essaie de répondre à la question :

Quelles sont les fonctions du produit qui permettront l'adéquation des besoins des clients à l'optimisation du coût des moyens ?

L'analyse de la valeur cherche à obtenir au moindre coût les seules fonctions nécessaires et jugées utiles d'un produit, tout en améliorant la qualité, la sécurité, la durée du produit. L'analyse de la valeur peut être menée pour un produit existant ou pour un produit entièrement nouveau.

L'Afnor propose la définition suivante :

> L'analyse de la valeur est une méthode de compétitivité organisée et créative visant la satisfaction du besoin de l'utilisateur par une démarche spécifique de conception à la fois fonctionnelle, économique et pluridisciplinaire.

2) Objectifs de l'analyse de la valeur

- **L'analyse de la valeur remplit plusieurs fonctions**

C'est un **outil d'amélioration** : le but est de mieux satisfaire le client en proposant des fonctions plus adéquates aux besoins.

C'est un **outil d'économie** : l'analyse cherche à réduire le coût total du produit.

C'est un **outil d'innovation** : l'analyse du produit et la recherche d'améliorations apportent souvent des progrès sur d'autres points non prévus au départ.

- **L'analyse de la valeur occasionne une dynamique de l'organisation**

C'est un outil qui nécessite un **état d'esprit d'ouverture et une communication** libre sans blocage. Les réunions ne sont pas des lieux d'affrontement mais permettent de dégager un consensus et un intérêt commun.

C'est un outil qui permet un **décloisonnement interne** de l'organisation. Les clivages hiérarchiques et professionnels sont gommés par l'analyse de la valeur qui requiert une communication entre tous les niveaux verticaux et horizontaux de la structure.

3) La démarche de l'analyse

Le principe est :
- de recenser de manière exhaustive **toutes les fonctions remplies par un produit** ;
- d'en mesurer le **coût** ;
- puis de déterminer quelles sont les **fonctions essentielles** à conserver et/ou à améliorer ;
- quelles sont celles **nouvelles à créer** pour mieux répondre aux besoins du client,
- et quelles sont celles qui peuvent être **supprimées** ;
- tout en identifiant le **coût minimum** auquel ces fonctions peuvent être assurées en éliminant le superflu ;
- tout en conservant la **qualité et la sécurité** du produit.

Le graphique permet de bien visualiser la démarche :

Démarche traditionnelle de résolution

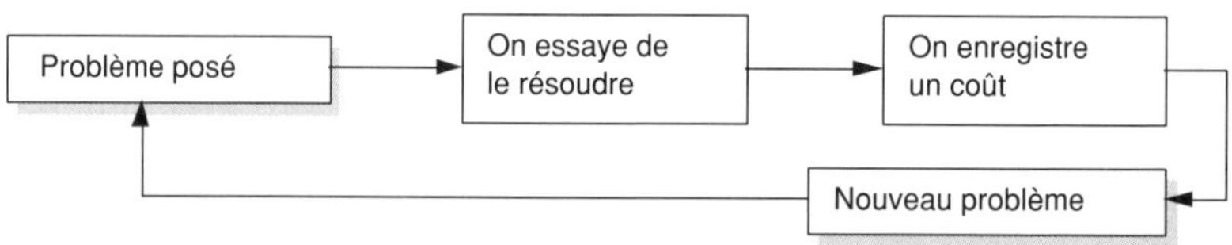

Démarche analyse de la valeur

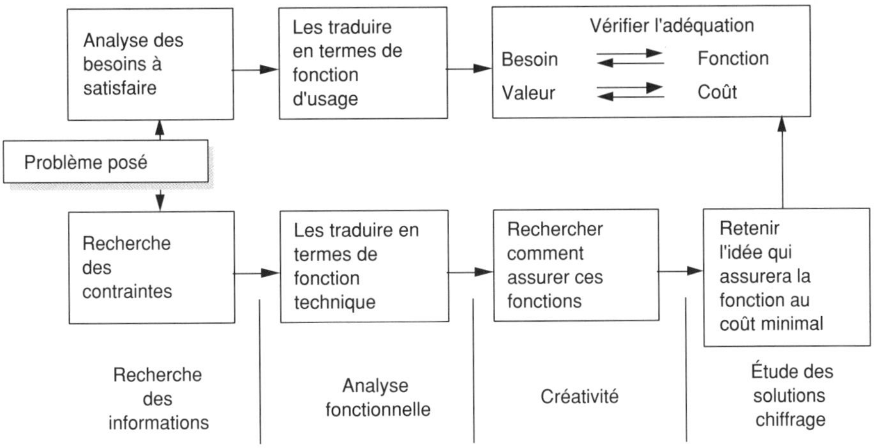

4) Les étapes de travail

La décomposition n'est pas strictement délimitée et identique pour toutes les analyses mais il est possible de repérer les étapes principales et incontournables.

- **Formulation du problème**

Pour bien orienter l'action, il faut délimiter l'objet de l'étude et son champ d'analyse, quantifier l'objectif, former l'équipe de travail et élaborer le planning de travail.

- **Recherche de l'information**

La recherche de l'information, qui peut être longue, est essentielle puisque les données recueillies constitueront le matériel de base pour le travail d'analyse.

Il faut collecter les informations internes et externes à l'entreprise, les informations sur les besoins à satisfaire et celles sur les fonctions à assurer.

- **Analyse de l'existant**

Elle comprend l'étude des fonctions actuelles du produit ainsi que les coûts actuels totaux sur ce produit.

- **Recherche des idées**

Après avoir constitué le groupe de travail, les participants vont utiliser plusieurs méthodes de réflexion et de créativité pour trouver des idées nouvelles puis classer ces idées par fonction du produit.

- **Analyse critique des idées**

Après avoir constitué un autre groupe de travail comprenant les services concernés de l'entreprise encadrés par le premier groupe de réflexion, il est procédé à la vérification concrète et pratique des possibilités de réalisation des idées émises ainsi qu'à la vérification des coûts engendrés par ces solutions alternatives.

- **Proposition de la solution**

Le groupe de travail présente la ou les solutions possibles retenues après sélection, en justifiant son choix, et établit un bilan prévisionnel et budgété des solutions préconisées. Le groupe de travail ne fait que proposer, la décision finale appartient aux seuls dirigeants.

- **Suivi de l'action et contrôle de la réalisation**

Si une action est lancée, elle sera suivie et contrôlée par les services de l'entreprise sans participation du groupe d'analyse de la valeur, sur instructions du décideur.

5) Quelques outils de l'analyse de la valeur

Pour détailler les fonctions du produit, pour détecter les défauts existant sur les produits et leurs composants, pour trouver d'autres idées, les groupes de travail utilisent diverses méthodes d'analyse, la plupart connues de longue date.

En voici présentées quelques-unes :
- le travail de groupe : communication, motivation et animation,
- les méthodes pour stimuler la créativité :
  - analytiques : *osborn*, attributs, entrée-sortie,
  - libre association d'idées : déchaînement, *gordon*, *brainstorming* ;
- analyse des priorités : loi de Pareto, ABC, 20-80 ;
- analyse de corrélation : test de Spearman ;
- analyse et structure des coûts ;
- analyse des tâches : réseau PERT ;
- analyse des stocks : modèles de gestion ;
- analyse de la qualité ;
- analyse de l'organisation physique : implantation des services, des machines, des postes de travail et ergonomie.

6) Exemple d'analyse de la valeur

Voir schéma page ci-contre.

La comparaison des fonctions et des coûts permet d'identifier les premières pistes d'amélioration du rapport qualité-coût :
- suppression des fonctions non demandées, mais néanmoins satisfaites (F6). Cette fonction entraîne des surcoûts inutiles ;
- études approfondies des fonctions marginales qui sont aujourd'hui réalisées pour un haut niveau de coût (F2), ce qui suppose au départ un mauvais rapport qualité-coût ;
- amélioration de la qualité des fonctions demandées par le client, mais mal assurées (F5), dont le niveau de satisfaction est égal à zéro.

ANALYSE DE LA VALEUR D'UN PRODUIT DE CONSOMMATION COURANTE P

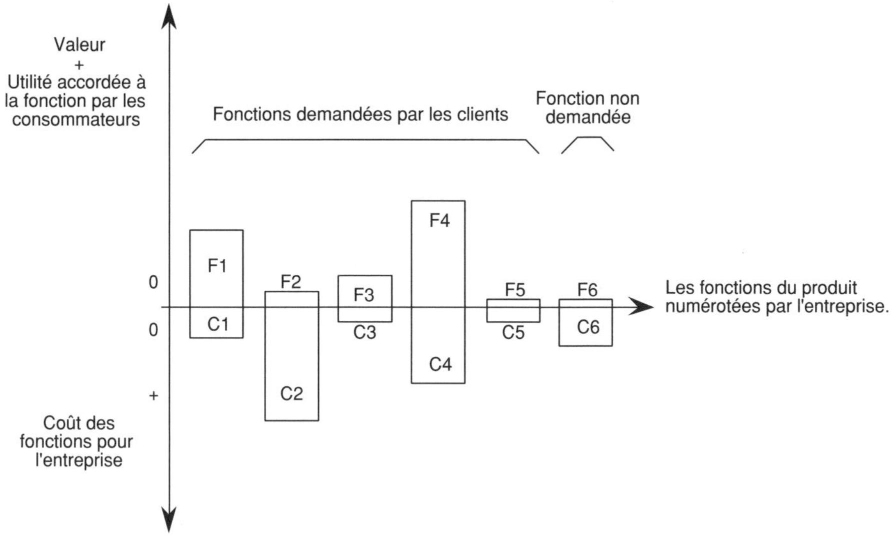

L'ordre de valeurs des fonctions pour les consommateurs : F4 – F1 – F3 – F2 – F5 – F6
L'ordre des coûts des fonctions pour l'entreprise : C2 – C4 – C1 – C6 – C3 – C5

7) *Limites de l'analyse de la valeur*

- **L'analyse de la valeur est parfois longue et coûteuse**

La recherche des informations et la réflexion pour de nouvelles solutions prennent du temps, occupent de nombreuses personnes durant de multiples réunions. Les salariés de l'entreprise qui participent au groupe de travail ne sont pas directement productifs pendant ces réunions.

Les solutions peuvent parfois apparaître comme mineures par rapport au temps et au coût dépensé.

- **L'analyse de la valeur requiert un dialogue ouvert et une communication large**

Une condition *sine qua non* de la réussite d'une analyse de la valeur est la bonne entente des participants, leur compréhension mutuelle malgré les distorsions d'approche et de vocabulaire propres à chaque spécialité et la transparence des informations qu'ils détiennent

Si le dialogue est réussi, ce peut être l'amorce de nouvelles communications entre les acteurs et avec les partenaires extérieurs de l'entreprise, source d'amélioration de l'efficacité de l'organisation.

8) Les apports de l'analyse de la valeur pour le contrôle de gestion

- **La portée trop restreinte du contrôle de gestion**

Les études et la conception d'un produit représentent 75 % du coût de revient total et la préparation du travail plus de 10 %. Donc les techniques classiques de réduction de coût issues du **contrôle de gestion qui ne portent que sur les matières et la fabrication ne s'intéressent qu'à 15 % du coût total**.

- **Une vision globale du coût d'un produit apportée par l'analyse de la valeur**

Non seulement l'analyse de la valeur intègre toutes les phases et tous les composants d'un produit dans une **optique productive** du côté de l'entreprise, mais l'analyse de la valeur tient compte **aussi de l'optique commerciale** et de l'utilisation faite par le client.

Objectif des méthodes traditionnelles de réduction des coûts : RÉDUIRE LE COÛT DE FABRICATION ⇓	Objectif de l'analyse de la valeur : RÉDUIRE LE COÛT DE LA (OU DES) FONCTIONS UTILES ⇓
Moyen : le contrôle de gestion donne une information sur le coût	*Moyen* : le contrôle de gestion est un système d'information insuffisant

Le coût est un fleuve dont presque tout le débit est généré à sa source :

PART DE RESPONSABILITÉ DANS LA FORMATION DES COÛTS (EN %) EN MOYENNE

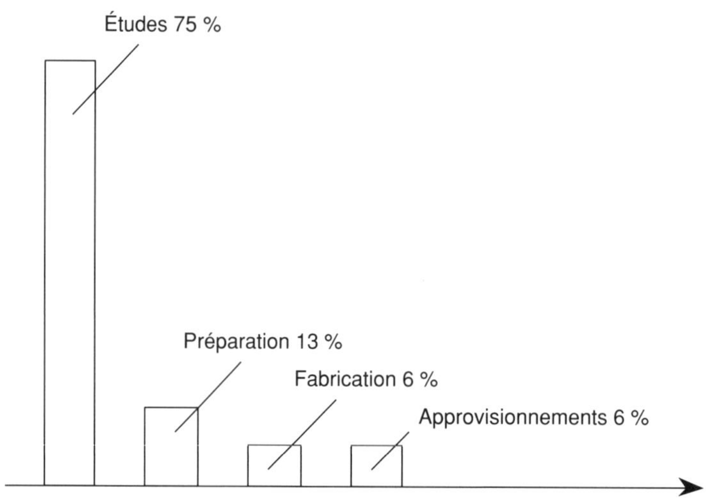

d'où l'intérêt de pratiquer l'analyse de la valeur qui part de la conception du produit.

• Une adaptation possible du contrôle de gestion

M. Bettan[1] analyse les faiblesses du contrôle de gestion face à l'analyse de la valeur et propose une modification des techniques budgétaires.

Remise en cause du contrôle de gestion

«Depuis dix ans environ nous travaillons autour des concepts et méthodes et nous avons pu en mesurer à la fois l'utilité et l'efficacité. De nombreuses entreprises se sont engagées dans des remises en cause de leurs coûts, de leurs organisations, de leurs procédures.

La participation à de telles opérations nous a conduits à nous demander pourquoi les techniques du contrôle budgétaire et du contrôle de gestion n'avaient pu mettre en évidence les activités non indispensables ni faciliter les décisions de recherches et réalisations d'économies.

Pourquoi ces techniques qui ont longtemps été les outils du progrès et de la performance n'ont-elles pu s'adapter aux nouvelles situations ?

Le contrôle budgétaire a su parfaitement mettre en évidence les résultats insuffisants dus à la crise, à la décroissance de certaines activités, à la concurrence internationale.

Par contre il est clair que ces techniques n'ont pas su faire prendre conscience de l'inadaptation de certaines activités, les changements de priorités, des besoins de technologies nouvelles et par conséquent de la décroissance nécessaire de certaines activités traditionnelles.

Le contrôle de gestion s'est fortement appuyé dans le passé sur les méthodes de contrôle des activités de production proprement dites, c'est-à-dire des activités directes ; il n'a pu mettre en place des systèmes équivalents pour les activités fonctionnelles et plus généralement indirectes. Le seul outil de contrôle de ces activités reste le budget qui est à la fois trop imprécis et trop global en ce domaine.

Si on examine ce problème avec l'œil du praticien de l'AV, on peut considérer que le contrôle de gestion doit adapter les prestations qu'il fournit à ses "clients", aux besoins actuels et aux moyens et demandes de ceux-ci.»

Le contrôle continu de l'organisation

«L'adaptation des techniques budgétaires aux besoins du marché consiste bien évidemment à dépenser moins en ce qui concerne les points non indispensables, pour investir davantage dans les fonctions les plus attendues par les utilisateurs.

Le budget base zéro lorsqu'il est inscrit dans le calendrier annuel de l'entreprise est une première réponse dans ce sens.

Partant de l'observation faite sur la charge de l'encadrement, nous avons plutôt recherché des allégements pour proposer le contrôle continu de l'organisation.

L'idée de base est que les fonctions et services indirects évoluent plus lentement que les phases du calendrier budgétaire annuel.

En effet les fonctions indirectes et de structures évoluent par sauts en fonction à la fois des variations d'activités et des changements de technologies.

Très souvent, leur évolution se fait tous les deux ou trois ans. De plus cet horizon du changement est souvent assez facile à prévoir : informatisation, changement d'organisation, modification de procédures, etc.

Aussi nous suggérons de prendre en compte la réalité de cette évolution.

Pour cela chaque service se voit attribuer des objectifs, des moyens et un horizon à l'occasion de l'opération d'AV administrative ou à l'occasion d'un contrôle postérieur.

Pendant la période de deux ou trois ans ainsi définie, le responsable de l'activité fonctionne sur les bases prévues et avec les moyens attribués.

Il en résulte que le budget annuel devient une formalité simplifiée puisqu'il ne fait que prendre en compte des options déjà définies par ailleurs.

1. Bettan M., *Bulletin AFAV*.

Si en plus on fixe astucieusement les dates des échéances des services (horizon), on peut arriver à ce que chaque mois un comité de direction soit consacré à l'examen de deux ou trois fonctions qui arrivent à échéance. À cette occasion on examinera si l'activité doit être poursuivie, quelles en sont les performances et prestations demandées, quels sont les moyens à accorder, etc.

On a ainsi remplacé une opération annuelle par un étalement mensuel, ce qui lisse la charge de travail de l'encadrement et de la direction, et on a en même temps allégé la charge d'élaboration du budget annuel.

Les sous-produits de cette procédure sont intéressants également. Par exemple on peut dire que le calendrier retenu, s'il est convenablement construit, permet à la direction de rencontrer régulièrement chaque responsable et cela sur un sujet capital qui est à définir et ce que la direction attend de chacun.

On peut imaginer de combiner cette procédure avec les techniques d'intéressement aux résultats obtenus, ainsi qu'avec des techniques d'amélioration des performances et de la qualité.»

Le temps et l'entreprise

«Le fait de rechercher un étalement de la procédure de contrôle budgétaire avec le contrôle continu nous a conduits dans certaines entreprises à suggérer une réflexion sur le "temps". Ce mot est vu là au sens calendrier. On va examiner chaque procédure en recherchant dans quelle mesure le temps et la période consacrés à cette procédure sont bien choisis.

Par exemple, pourquoi continuer de demander du temps au personnel et en particulier aux cadres dans des périodes où tous les efforts doivent être consacrés à la production ou au chiffre d'affaires ? Pourquoi envoyer des personnels en formation en fonction des calendriers des formateurs et non en fonction des besoins de l'entreprise ? On peut également imaginer de créer des incitations pour adapter certains congés d'hiver avec les besoins de production ou vente.»

3. La gestion de la qualité dans les processus de service

3.1 Qu'est-ce qu'un service ?

Un service est une offre immatérielle, intangible, fortement dépendante du client. Plusieurs caractéristiques permettent de délimiter un service :

- le service est immatériel et intangible : le client ne peut toucher que les biens matériels qui lui sont associés mais pas le service lui-même (exemple : les plats préparés dans un service de restauration) ;
- un service est périssable et ne peut être stocké : une place disponible sur un vol aérien est perdue et ne peut être proposée sur un autre vol. Cette caractéristique a un fort impact sur la gestion des capacités ;
- la consommation d'un service est concomitante à sa production : on ne peut donc «retoucher» un service dont la qualité est médiocre, il faut faire «bien» du premier coup en intégrant que cette prestation unique est réalisée en présence du client ou avec sa participation (dans la restauration rapide, le client porte son plateau et cherche lui-même sa place). Ces aspects sont fondamentaux pour évaluer la qualité d'un service ;

– la réalisation d'un service demande une interaction forte avec des supports matériels (sièges dans un avion, comptoirs de réservation dans une agence de voyages...), avec le processus (attente, participation ou réclamation...), avec du personnel en contact (hôtesses, personnel d'accueil, vendeuses...) et éventuellement avec d'autres clients concernés.

Il est possible de reprendre la typologie des services pour en donner des illustrations :

	Service pour une personne	Service pour un objet
Service tangible	Santé, transport, soins de beauté...	Réparation, pressing
Service intangible	Éducation, théâtre, musée	Banque, assurance, services juridiques

3.2 La gestion de la qualité des services

La gestion des activités de service doit intégrer plusieurs contraintes impératives : présence et participation des clients, contact avec le personnel, gestion en temps réel, partage avant-scène/arrière-scène, immatérialité ou faible matérialité de la production, flux sans stock.

La qualité du service va dépendre de plusieurs paramètres qu'il est possible d'isoler pour mieux en comprendre la mesure et le suivi, la capacité et l'attente.

a) La capacité

1) Mesure

Il s'agit de connaître, pour chaque étape de la prestation du service, la capacité de charge possible pour en déterminer les éventuels goulots d'étranglement et ajuster le flux.

Des indicateurs doivent donc être élaborés et utilisés pour mesurer, si possible en temps réel, le taux d'occupation de chaque étape et donc connaître les goulots à gérer, les capacités à anticiper, les flux à orienter.

Exemple

Dans un hôpital, l'admission, les examens, les tests et le dîner sont des activités relativement flexibles qui peuvent être ajustées assez facilement. Les deux goulots d'étranglement principaux sont le nombre de chambres disponibles et la capacité limitée du bloc opératoire, aussi bien en termes d'installations que de disponibilité des chirurgiens. Cette analyse interne du système de délivrance permet de déterminer les capacités nécessaires à mettre en œuvre aux points sensibles. La capacité du bloc opératoire est particulièrement critique dans les hôpitaux car la durée des interventions est très variable. L'un des moyens d'optimiser l'utilisation des capacités disponibles est de segmenter les salles d'opération en salles rapides, moyennement rapides, lentes et réservées aux urgences, en fonction de la durée prévisible et de la variabilité des interventions.

2) Actions

Il est alors possible de mettre en œuvre une ou plusieurs actions pour gérer la capacité totale et donc gérer la qualité de l'ensemble du service ; par exemple :

• **Limiter l'offre**. La capacité peut être accrue par la réduction du temps d'interaction :

- en simplifiant la transaction : aux heures de pointe, le menu est simplifié ou les transactions bancaires longues et complexes ne sont pas acceptées ;
- en réduisant au maximum les temps morts et le temps perdu ;
- en transférant certaines activités : les patients devant subir une intervention peuvent être anesthésiés dans une autre salle avant d'entrer dans la salle d'opération et se réveiller dans une salle de réveil.

• **Sous-traiter des activités**. Par exemple, en réduisant les activités de cuisine à un strict minimum, en centralisant et en sous-traitant la préparation des plats, Taco Bell a radicalement changé son métier. Il est passé « d'un métier de restauration à un métier de distribution » ; plus petites, les cuisines ont laissé plus de place à la salle, ce qui a accru la capacité disponible et le chiffre d'affaires.

• **Faire participer le client**. De même, la restauration rapide n'a pas besoin de serveurs pour porter les plats et débarrasser les tables. Le client est coproducteur ; on s'attend à ce qu'il porte son plateau, qu'il débarrasse sa table, et, qui plus est, qu'il mange vite aux heures de pointe.

• **Développer la flexibilité des installations**. La capacité de production du service est limitée, d'une part, par les installations et les équipements et, d'autre part, par la disponibilité de la main d'œuvre :

- jouer sur le temps disponible : le moyen le plus simple de modifier la capacité est de faire varier les horaires d'ouverture. Par exemple, en éclairant les courts de tennis, il est possible de jouer en nocturne. La capacité est ainsi accrue si les clients acceptent ce nouvel horaire ;
- rendre la capacité flexible : la capacité de certains services est élastique. En acceptant des passagers debout, les trains et les métros peuvent doubler ou tripler le nombre de personnes transportées. Les compagnies aériennes ne sont pas en mesure bien sûr d'en faire autant mais, en tirant un simple rideau, elles peuvent faire varier le nombre de sièges de la classe affaires ;
- partager la capacité : certains hôpitaux peuvent se partager un équipement de traitement cardiaque, des compagnies aériennes peuvent utiliser en commun les portes d'embarquement ;
- louer le matériel : en louant des salles de conférences à des hôtels internationaux, il est possible d'y organiser des séminaires sans avoir à investir.

• **Développer la flexibilité de la main d'œuvre**. Le manque de personnel peut réduire la capacité disponible tout autant que les installations :

- organiser le temps de travail : programmer les horaires de travail peut se révéler particulièrement complexe lorsque le service se fait sans interruption, 7 jours sur 7, et qu'il faut tenir compte des préférences du personnel ou des impératifs légaux, comme les jours de repos compensateurs ;

- faire appel au personnel à temps partiel ou en sous-traitance : il est possible de recourir à un personnel à temps partiel pour seconder le personnel permanent. La restauration rapide fait appel aux étudiants et les pompiers à des groupes de bénévoles qui sont d'astreinte moyennant une somme modique ;
- partager le personnel : les compagnies aériennes partagent parfois leur personnel de bord et leur personnel au sol pour certaines destinations secondaires ; le personnel revêt simplement un uniforme différent ;
- avoir recours à un personnel polyvalent : lorsque certaines activités sont surchargées alors que d'autres sont moins demandées, le personnel peut être transféré d'une activité à l'autre, à condition qu'il soit polyvalent ; il peut, de même, passer du *back office* au *front office* aux heures de pointe.

b) L'attente

1) Mesure

L'avantage d'une file d'attente pour le prestataire de service, c'est de maintenir le personnel constamment occupé et les installations pleinement utilisées. Mais de longues attentes signifient forcément que les clients ne reçoivent pas le service auquel ils ont droit et cette impression négative peut influencer leur jugement global sur la qualité de service.

La valeur d'un service perçue par le client dépend de l'attente tant objective que subjective. Si le contrôle de gestion peut difficilement modifier le « sentiment d'attente du client », il peut fournir des indicateurs pour évaluer l'importance de l'attente dans le service et proposer des actions concrètes pour réduire cette attente.

Il faut donc mesurer l'attente, élaborer des indicateurs qui déterminent les seuils acceptables pour chaque étape. À partir de ces informations, des actions sont possibles.

2) Actions

Pour réduire l'attente il faut améliorer les opérations et réduire la longueur des files :

- en déplaçant la demande sur des plages horaires plus larges ;
- en regroupant la demande et en faisant appel à des opérateurs polyvalents ;
- en filtrant et en segmentant la demande en fonction de différents critères, notamment l'urgence (par exemple le tri des patients qui ont besoin de soins urgents) ou le temps de traitement (file express pour transactions rapides) ;
- en différenciant le traitement par le prix : des comptoirs d'enregistrement différents pour différentes catégories de passagers (classe affaire ou économique) ;
- en maîtrisant le temps de service : soit en réduisant la gamme des services offerts aux heures de pointe (simplifier le menu...), soit en ayant recours à l'informatique et à l'automatisation pour faciliter le travail du personnel (exemple : caisses enregistreuses avec lecture laser) ;

– en faisant participer le client : pendant l'attente, les clients peuvent remplir les formulaires, préparer leur demande, aider d'autres clients, ce qui contribuera à diminuer le temps de traitement proprement dit ;
– en maîtrisant la dispersion des temps de service : en séparant les tâches longues des tâches courtes, en traitant séparément différentes catégories de clients, en demandant à un employé de parcourir la file d'attente pour traiter les demandes simples ;
– en modifiant les horaires de l'équipe, en réorganisant les horaires de déjeuner, en rentabilisant mieux les activités de support pour dégager plus de temps pour servir le client.

c) Le rôle du contrôle de gestion

1) Pour les coûts

Cet ajustement de la charge de travail et de la capacité de production du service est primordial : si la capacité est supérieure à la charge, un coût de non-utilisation va être supporté et, si la charge est supérieure à la capacité, un coût de gestion des files d'attente apparaît. Le contrôle de gestion peut évaluer, présenter ces coûts, et proposer des actions ad hoc.

Coût de gestion des files d'attente : • coût des personnes supplémentaires • coût du matériel supplémentaire (fixe et variable) • coût d'opportunité des clients perdus	⇒ **Action sur la capacité :** • gestion des horaires du personnel et du personnel intérimaire • automatisation ou externalisation de certaines opérations • …
Coût de non-utilisation : • coût fixe des installations et des personnes • …	⇒ **Action sur la charge :** • offre de services supplémentaires pour attirer le client • tarif différencié, prix plus bas en période creuse (*yield management*)

2) Pour la productivité

Le rapport entre résultat-output/moyens-input est souvent difficile à calculer pour les services et insuffisant comme critère d'évaluation : il est nécessaire d'élargir la notion en tenant compte du délai, de la qualité, de l'amplitude d'ouverture du service, de la diversité dans la gamme du service. Les difficultés de définition et de mesure conduisent à constater une faible productivité dans les services, qu'il semble mal aisé de pallier. Les méthodes classiques d'évaluation, comme l'analyse de la valeur, les ratios, retracent mal les performances des services. Pour améliorer la productivité, il faut poser des questions transversales et remettre en cause toute l'organisation, les procédures, les processus, les acteurs, bien au-delà des seuls paramètres quantitatifs.

3) Pour les prix

La connaissance précise des coûts unitaires de biens offerts sur un marché est capitale pour une entreprise industrielle car c'est sur cette connaissance que s'appuient toutes les politiques d'économie d'échelle. Souvent, ce coût constitue une référence sur laquelle la marge va être calculée pour aboutir au prix de vente.

Dans l'offre de service, la proportion des coûts fixes est souvent très importante surtout dans les services de capacité : hôtellerie, transports, parc d'attractions, etc. Il n'est donc pas possible de s'appuyer sur des coûts unitaires pour la tarification, d'autant que l'on ne connaît pas *a priori* le volume d'unités de service qui va être produit.

Dans ce contexte, l'outil le plus utile est celui du point mort grâce auquel on simulera des politiques de prix en jouant sur les élasticités de la clientèle, du taux de remplissage espéré et des possibilités du marché. La mise en œuvre d'une optimisation des recettes par certaines activités de service (transports par exemple) trouve son aboutissement dans des démarches de yield management.

Le yield management est un ensemble de techniques au service d'un objectif, la gestion des capacités, en vue de maximiser le revenu global d'une entreprise de service. Il s'appuie sur une tarification différenciée par segment de clientèle, une allocation de capacité à chaque segment et un suivi en temps réel du remplissage de la capacité (exemple : le système informatisé de réservation du transport aérien Amadeus qui permet de remplir un avion jusqu'à la dernière heure en proposant des prix de plus en plus bas).

3.3 La mesure de la qualité d'un service

La qualité d'un service se mesure à la satisfaction du client pendant et après la réalisation du service, critère subjectif et peu itératif car les clients sont hétérogènes et les prestations de service également : il n'y a pas de standard et la dimension psychologique est importante.

L'ensemble des paramètres à prendre en compte peut être représenté dans le schéma suivant :

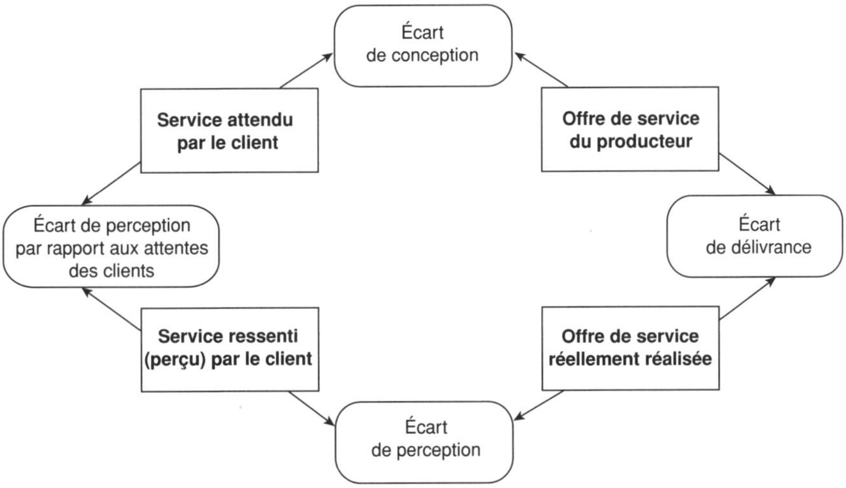

• **L'écart de conception** mesure la distorsion entre les besoins du consommateur et la conception du service (cahier des charges) élaboré par l'entreprise. Seule une bonne connaissance des besoins de la clientèle peut réduire cet écart.

• **L'écart de délivrance** est la différence entre le service réel fourni par l'entreprise et le service tel qu'il avait été spécifié par le cahier des charges.

Il s'agit alors pour le contrôle de gestion d'élaborer des critères mesurables, par exemple :
– présence d'éléments tangibles : apparence du personnel ;
– fiabilité du service : capacité à réaliser le service (quantité et temps) ;
– serviabilité : bonne volonté du personnel (taux de réactivité) ;
– assurance : confiance inspirée par le service (taux de satisfaction) ;
– empathie : prise en considération des clients, (temps d'attente).

• **L'écart de perception** évalue l'écart entre le service réellement délivré par l'entreprise et sa perception par le client. Cet écart dépend de la subjectivité du client et il est plus difficilement maîtrisable par l'entreprise. Il dépend beaucoup de la capacité du personnel en contact : ce dernier doit être attentif aux perceptions du client et mettre en œuvre des solutions de remédiation immédiates en cas de dysfonctionnement, comme des offres complémentaires ou des diminutions de prix.

• **L'écart de perception du client par rapport à ses propres attentes** : comme le service est immatériel, un consommateur peut ne pas être satisfait du service reçu par rapport à l'image qu'il s'en faisait. Difficilement réductible, seule une offre claire et précise du producteur peut limiter cet écart.

La qualité globale d'un service dépendra donc de la maîtrise de l'ensemble de ces écarts : si le contrôle de gestion peut intervenir sur les deux premiers, il est plus démuni pour agir sur les deux autres.

RÉFLEXIONS SUR LE THÈME

1. Les limites des cercles de qualité

L'expérience des cercles de qualité a montré leurs limites :
- la difficulté pour instaurer dans certaines entreprises une communication franche, directe et verticale nécessaire à la réussite des cercles ;
- une structure inadaptée qui bloque la procédure des cercles de qualité pour analyser un problème.

Après l'engouement pour les cercles de qualité, techniques ponctuelles et isolées dans l'entreprise, une approche plus globale de la qualité dans l'organisation est mise en place.

Une fonction pour gérer la qualité est érigée au même titre que les ressources humaines.

2. Les autres applications de l'analyse de la valeur

L'analyse de la valeur peut aussi étudier des procédures de travail administratif ou des services pour en améliorer la qualité tout en essayant d'en réduire le coût.

Elle est également utilisée dans d'autres domaines que la production. Voici quelques exemples de résultats d'analyse de la valeur administrative :

- réduction des coûts administratifs des circuits et documents de vente et de distribution de 15 % tout en abaissant de moitié les délais de livraison et en assurant une sécurité accrue dans le contenu des expéditions ;
- diminution de 20 % dans une compagnie pétrolière du coût de la production et de la diffusion de «l'écrit» ;
- abaissement de 4 % de l'ensemble des coûts de fonctionnement d'une compagnie d'assurances en conservant, et en améliorant sur certains points, la qualité des services rendus ;
- sans toucher aux dépenses de personnel stable ou intérimaire, définition d'une nouvelle organisation dégageant une capacité potentielle de production suffisante pour absorber avec un coût moindre de 5 % l'accroissement de charge prévue pour les deux prochaines années ;
- dans des services après vente et entretien, comprenant plusieurs centaines d'inspecteurs et de réparateurs de machines de bureau, réduction de 3 % du temps d'intervention sur les machines et augmentation de 7 % du nombre de machines ;
- à coût constant, gain d'exactitude et de six semaines de délai dans la production des «résultats mensuels» d'une société à activités multiples.

3. Les difficultés du contrôle de gestion pour piloter les services

À partir d'une étude de terrain menée en 1998[(1)], l'auteur montre que le contrôle de gestion mesure mal la qualité des services, que les données financières priment au détriment d'indicateurs plus qualitatifs. Même si, selon la nature du service, les mesures peuvent être plus fiables et plus pertinentes, le contrôle de gestion conserve un rôle trop seulement financier et permet peu un pilotage de l'ensemble des leviers d'action d'un service.

De plus, il ressort que le positionnement du service de contrôle de gestion dans la structure, sa place par rapport à la direction générale, au service qualité le cas échéant, influence la nature du travail effectué ainsi que la part de qualitatif dans les indicateurs de mesure.

---

1. V. Melleret, «Contrôle de gestion et mesure de la qualité du service», *Économie et sociétés*, série Économie et gestion des services, n° 15, 1999, p. 71-94.

Applications

① *Alarm*

(Prévoir une table de la fonction de répartition de la loi de Poisson : P (X < = k).)

Une entreprise est spécialisée dans la fabrication d'alarmes. Le boîtier électronique qui contrôle le système se révèle être le cœur du dispositif mais les services productifs ont du mal à maîtriser la fiabilité de ce boîtier. Une étude exhaustive des types de défauts que présente ce matériel conduit la direction à s'intéresser au composant F22. Ce composant est fabriqué par une unité A et livré en totalité à l'unité de montage B. Les livraisons se font par lot de 3 000 pièces.
La direction décide d'instaurer un contrôle par échantillonnage : elle hésite entre deux plans de sondage.

Plan 1 : Taille de l'échantillon 120 pièces.
Règles de décision : le lot est refusé si le nombre de pièces défectueuses est égal ou supérieur à 8 unités.
Le niveau de qualité acceptable (NQA) est de 97 %.
Le niveau de qualité tolérable (NQT) est de 90 %.

Plan 2 :Taille de l'échantillon : 180 pièces.
Règle de décision : le lot est accepté si le nombre de pièces défectueuses est inférieur ou égal à 8 unités.
Le niveau de qualité acceptable (NQA) est de 95 %.
Le niveau de qualité tolérable (NQT) est de 93 %.

QUESTIONS

1. **Calculer, pour chaque plan, les risques du centre A et ceux du centre B. Rappeler leur signification. Analyser les résultats.**
2. **Quel plan sera retenu par le centre B si ce dernier envisage de minimiser son risque ? Quelle doit être la règle de décision à retenir dans le plan 2 si ce centre décide de fixer son risque à 3 % ?**
3. **Chacun des centres voudrait limiter son risque à 5 %. Pour des raisons techniques, le NQA est fixé à 97 % et le NQT à 92 %. Quelle devrait être la taille de l'échantillon si l'on retient la règle de décision du plan 1 ?**

② *Non-qualité*

La société X fabrique un produit P en lot de 1 000 unités en 3 phases : – [1] – [2] – [3] → P

L'entreprise dispose des données suivantes :

Phase	Coût de production ajouté à chaque phase	Taux de défaut à chaque phase
1	20	4 %
2	50	4 %
3	80	2 %

Le taux de défaut est exprimé en pourcentages des produits entrés en fabrication.
Le produit P est vendu 200 € l'unité. Le client s'aperçoit toujours du défaut et l'entreprise remplace gratuitement le produit défectueux.
À l'heure actuelle, aucun contrôle n'est effectué sur la production.
La direction, soucieuse d'améliorer la qualité, envisage d'instaurer un contrôle exhaustif après chaque étape.

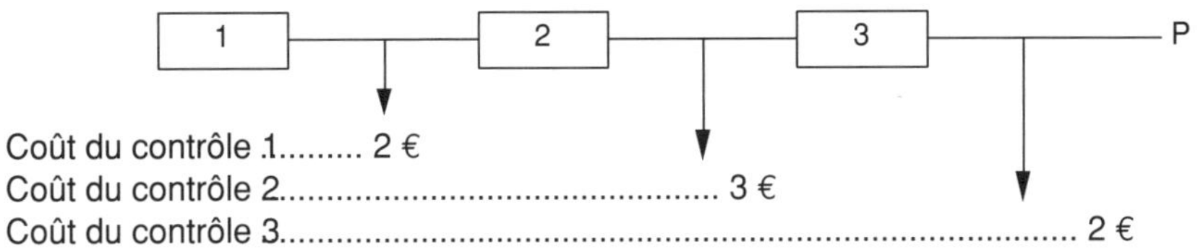

Ce contrôle permet de détecter les produits défectueux et de les éliminer pour la phase de fabrication suivante.

QUESTIONS

1. Quel est le coût de non-qualité lorsqu'aucun contrôle n'est effectué ?
2. En cas de mise en place du contrôle, quel serait le coût d'obtention de la qualité ?
3. L'entreprise a-t-elle intérêt à instaurer la gestion de la qualité ? Chiffrez le gain attendu d'une telle stratégie ?

③ *Qualité micro*

Une entreprise est spécialisée dans le montage et la vente de micro-ordinateurs via deux établissements :
– l'un, à vocation industrielle, situé dans la région parisienne,
– un autre, à vocation commerciale, situé dans la région lyonnaise.

L'établissement parisien réceptionne tous les composants et procède au montage de quatre configurations standard. Toute la production est ensuite acheminée vers l'établissement lyonnais.

L'établissement lyonnais a, quant à lui, une activité essentiellement commerciale. D'une part, il vend des ordinateurs sur commande après avoir contrôle et configuré les micro-ordinateurs reçus de la région parisienne. D'autre part, il assure des prestations de service après-vente :
– mise en œuvre de la garantie d'un an pièces et main-d'œuvre sur les micro-ordinateurs vendus,
– opérations de maintenance sur des appareils hors garantie,
– ventes d'autres périphériques, définition de nouvelles configurations.

De nombreuses réclamations parviennent à la secrétaire commerciale de l'établissement lyonnais. La plupart des clients se plaignent de la durée d'intervention (entre quarante-huit et soixante-douze heures), de la faiblesse des prestations offertes par l'établissement en termes de diversité et de qualité.

Par ailleurs, la comptabilité analytique a mis en évidence une dégradation des résultats de l'établissement et tout particulièrement une croissance trop élevée du coût du SAV sur les interventions effectuées dans le cadre du contrat de garantie.

Le directeur général décide la mise en œuvre d'un plan organisé autour de trois axes : maîtriser les coûts du service, augmenter la diversité des prestations offertes, et suivre la qualité des interventions du service après-vente.

Première partie : maîtriser le coût du service

Un recensement des différentes pannes intervenues au cours de l'exercice montre que 60 % des incidents proviennent de petits composants (résistances, condensateurs) défectueux. Ces composants, à titre individuel, ont une valeur quasi négligeable. Toutefois, leur localisation reste longue et difficile. À eux seuls, ils absorbent 80 % des coûts de main-d'œuvre. Actuellement, tous les composants sont systématiquement testés lors du montage. Néanmoins les normes actuelles de tolérance doivent être considérées comme insuffisantes.

Dans le but d'améliorer la qualité de ces composants, l'entreprise souhaite développer un partenariat avec ses fournisseurs. Contre un planning prévisionnel de commandes, ces derniers s'engagent à fournir des lots de composants dans lesquels moins de 5 % des pièces seront jugés hors normes.
Ainsi, les résistances XM 2.58 sont considérées comme acceptables si elles présentent une mesure moyenne de 1 000 ohms avec un écart type de 75 ohms.

QUESTIONS

1. **Si la mesure des résistances suit une loi normale, quelles sont les mesures extrêmes ou tolérances que l'on peut accepter si l'on souhaite respecter les contraintes imposées aux fournisseurs (pas plus de 5 % de pièces hors normes) ?**
2. **Lors d'une livraison, on prélève au hasard 100 résistances. Les caractéristiques du lot sont les suivantes :**
   – moyenne observée : 981 ohms,
   – écart-type observé : 100 ohms.
   Estimez la proportion de résistances livrées non conformes c'est-à-dire ne respectant pas les tolérances précédentes. Commentez votre résultat.

Deuxième partie : augmenter la diversité des prestations offertes

Une étude de la concurrence locale indique que l'agence commerciale concurrente offre des mises à disposition de matériels en cas de pannes, un service «numéro d'urgence» 24 heures sur 24, 7 jours sur 7, un délai d'intervention moyen de douze heures.

L'entreprise décide donc, pour mieux satisfaire la clientèle de proposer :
- une assistance téléphonique,
- des actions de parrainage auprès des bureaux des élèves des grandes écoles lyonnaises,
- la vente de formations sur matériel ou sur logiciel.

Pour cette dernière proposition, l'entreprise envisage un programme de 40 journées de formation par an, avec en moyenne 6 participants par journée. Elle prévoit un taux de marge de 25 % sur le chiffre d'affaires obtenu.
Une étude de marché a permis d'établir des simulations quant au niveau des prix de telles manifestations. (annexe).

QUESTIONS

1. **Déterminer le prix susceptible de convenir au plus grand nombre de clients potentiels.**
2. **Chiffrer la marge supplémentaire annuelle attendue pour ce type de prestations.**

Troisième partie : suivi de la qualité des interventions du service après-vente

Compte tenu de la variété des prestations proposées et d'un dérapage toujours possible des coûts, l'entreprise souhaite suivre mensuellement la qualité de son service après-vente.

QUESTIONS

1. **Analyser les différentes missions du SAV et les différents aspects que doit recouvrir la notion de qualité dans un service de ce type.**
2. **Proposer un tableau de bord «Qualité» pour ce service. Ce document serait mensuel.**

(d'après DECF 1993)

ANNEXE
ÉTUDE DE PRIX

Prix proposé pour une formation d'une journée	Pourcentage cumulé de clients considérant le prix insuffisant pour un niveau de qualité acceptable	Pourcentage cumulé de clients refusant d'acheter, jugeant le prix excessif
800	100 %	0
1 000	68 %	0
1 200	42 %	0
1 400	25 %	4 %
1 600	10 %	8 %
1 800	4 %	47 %
2 000	0	75 %
2 200	0	100 %

(4) *Entreprise Nettcar*

L'entreprise Nettcar monte et commercialise des nettoyeurs haute pression à destination des industriels. Dans le cadre d'une stratégie de différenciation retardée, elle décide de mettre en œuvre une analyse de la valeur afin de définir un modèle de base de nettoyeurs à destination des particuliers. Ce modèle est censé être distribué dans un réseau d'hypermarchés de bricolage sous une marque de réseau et auprès de revendeurs agréés sous le nom de la société.

Structure du produit

L'étude technique du produit a permis de lister les éléments constitutifs du produit qui sera **identique sur le plus d'aspects possibles afin de bénéficier d'économie d'échelle** pour le montage, les éléments de différenciation devant être assemblés le plus tard possible. Dans ce contexte, et dans une première approche, l'entreprise cherche sur une base commune (pompe moteur châssis flexible) à structurer ses deux modèles.

Un nettoyeur haute pression est positionné sur un *châssis* monté avec ou sans roulettes. Il supporte un ensemble *moteur-pompe haute pression* qui détermine la puissance du jet. L'ensemble est recouvert d'une *coque de protection* pouvant intégrer un *réservoir à détergent*. Le châssis peut présenter des espaces de rangement pour les *accessoires* : lances, buses ou brosses. Un *flexible haute pression* est branché à la sortie de la pompe. Sur ce flexible est fixée une *lance haute pression* qui reçoit les accessoires de jet. Des dispositifs de raccordement alimentent le moteur en électricité et la pompe en eau.

- *Bloc moteur pompe*

La qualité des composants de la pompe est un élément fondamental de sa durabilité et de la pression du jet. Le moteur sert à développer plus ou moins de puissance. Les critères de choix se situent entre la pression du jet exprimé en bars et le débit d'eau exprimé en litres/heure. La qualité de la pompe et la puissance du moteur interviennent dans leur prix d'achat. Quatre types de pompes ont été retenus : ils combinent pression et débit. La pression conditionne la « performance en nettoyage ». Le débit est un aspect de la « modularité du produit ».

Débit maximum	Pression 100 bars	Pression 120 bars	Pression 150 bars
2000 l/h 400 l/h	60 € 70 €	72 € 80 €	81 € 85 €

• *Flexible haute pression*

Deux systèmes sont envisagés :
- un flexible haute pression en caoutchouc de 6 m de long, coût 26 € ;
- un flexible haute pression armé tressé métal, plus solide, de 10 m de long : coût 46 €.

L'enrouleur pour le flexible armé tressé métal oblige à un axe plus solide : surcoût par rapport au modèle de base prévu sur le châssis : 2€.

La solution technique la plus simple est indispensable à la fonction « puissance du jet », la qualité du flexible est un élément de durabilité assimilé au « confort d'utilisation ».

• *Châssis*

Trois types de châssis sont compatibles avec les modèles de pompe envisagés :
- modèle de base : coût 4 € ;
- modèle simple avec roulettes : coût 6 € ;
- même modèle que ci-dessus mais équipé d'enrouleurs pour les flexibles et l'alimentation électrique : 13 €.

Un arceau peut être fixé au châssis pour le rangement des accessoires :
- kit 1 : quatre accessoires et une lance : coût 12 € ;
- kit 2 : six accessoires, deux lances : coût 16 € ;
- kit 3 : système de rangement pour brosse rotative : coût 1,5 €.

Le châssis assure la fonction « mobilité » ; les enrouleurs sont à rapprocher de la fonction « confort d'utilisation et mise en service » ; l'arceau assure la fonction de « facilité de rangement ».

• *Alimentation électrique*

Trois systèmes sont proposés par le fournisseur :
- système simple de 6 m de fil, coût : 5 € ;
- même système avec deux crochets à fixer sur l'arceau pour enroulement manuel : coût 7 € ;
- système avec enrouleur mais permettant de développer 20 mètres de fil, coût : 10 €.

Le système électrique de base est considéré comme lié à la fonction « puissance du jet » (alimentation du moteur en énergie). Le système d'accroche manuelle améliore les performances de « rangement ». La longueur de fil déroulé est un élément de « confort d'utilisation ».

• *Lances et accessoires : buses et brosse rotative*

Les différences dans les solutions proposées tiennent :
- aux lances haute pression qui peuvent être réglables ou non réglables ;
- à la nature du jet : simple ou jets modulés ;
- au nombre d'accessoires fournis.

	Jet simple		Jet combiné	
	Kit 1	Kit 2	Kit 1	Kit 2
Lance réglable	8 €	10 €	11 €	13 €
Lance non réglable	6 €	9 €	8 €	12 €

La solution « lance non réglable, jet simple » est rattachée à la fonction « puissance du jet » non réalisable en l'absence de lances. L'adoption d'un jet combiné ainsi que celle d'une lance réglable sont des éléments de « confort d'utilisation » alors que la multiplication du nombres d'accessoires améliore « l'adaptabilité du nettoyeur ». Adjoindre une brosse rotative ne se comprend que si son rangement est prévu sur le châssis : coût de la brosse 5 €.

• *Coque*

Le fournisseur propose deux modèles de coque : modèle « standard » et modèle « design » respectivement retenus pour les produits distribués sous la marque du distributeur et pour les produits Nettcar, afin de différencier l'image commerciale des produits. Les coûts respectifs sont de 4 € et 15 €. L'entreprise a demandé une proposition de prix pour une coque plus « mode » pouvant contenir un réservoir à détergent incorporé ; le surcoût serait de 24 € par unité (nécessité de fabriquer un nouveau moule et d'assurer l'étanchéité du contenant). Ce surcoût serait affecté par tiers aux fonctions « confort », « modularité » et « esthétique ».

Modalités de fabrication

Cette activité serait organisée en deux étapes :

- *Atelier de montage du bloc châssis moteur pompe*

La chaîne de montage autoriserait la fabrication de plusieurs types de modèle. Le coût mensuel de cette chaîne s'élèverait à 72 000 €. Un personnel qualifié surveillerait le passage de blocs sur la chaîne ; son coût horaire prévu est de 54 € et le temps de main d'œuvre par unité assemblée serait de 2 minutes.
En fonction des choix de conception, la production s'organisera de façon différente :
- soit les blocs châssis moteur pompe sont identiques et dans ces conditions fabriqués en continu ;
- soit ils sont différenciés selon les modèles et la production sera alors organisée en lots alternés de 2 000 unités de chaque modèle afin de permettre une flexibilité en termes de distribution. Compte tenu de l'automatisation de cette installation, chaque changement de séries entraîne des temps d'immobilisation de 3 heures à faire supporter à la série en fabrication.

- *Atelier de montage diversifié de la coque et des accessoires*

À ce niveau et compte tenu des modèles, les blocs moteurs recevront les coques ainsi que les accessoires : arceau de fixation, flexible, lances et systèmes d'alimentation. Les coûts horaires seront de 22,5 € pour la main-d'œuvre et 40 € pour les coûts d'atelier. Le temps d'intervention prévu est de 0,10 heure par unité assemblée sans arceau et 0,12 heure pour un modèle avec arceau (main-d'œuvre et atelier inclus).
Les coûts de montage du bloc châssis moteur pompe sont affectés à la fonction « puissance du jet », les coûts d'assemblage de la coque et des accessoires sont représentatifs de la fonction « confort d'utilisation » pour le coût sans arceau. Le surcoût dû à la pose d'un arceau relève de la fonction « facilité de rangement ».

Tarification du produit

Ce produit serait commercialisé sous deux versions : l'une basique pour le modèle réseau, l'autre plus élaborée pour le modèle vendu sous la marque Nettcar. Les prix de vente public TTC retenus sont de 271 € et 389 €. La grande distribution demande une marge de 35 % sur le prix public HT alors que les revendeurs agréés se contentent de 20 % de marge.
L'entreprise a retenu des taux de marge proportionnels aux prix de vente en gros à savoir : 15 % pour la grande distribution et de 25 % pour les revendeurs.

Aspirations des consommateurs

Une étude menée auprès de 1 000 consommateurs potentiels a montré la valeur accordée aux principales fonctions attribuées au produit et évalué le marché mensuel à 30 000 unités pour les nettoyeurs vendus sous la marque du distributeur et à 22 000 unités pour les produits écoulés sous le nom de l'entreprise.

Fonctionnalités demandées au produit	Puissance du jet	Mobilité et facilité de rangement	Confort d'utilisation et mise en marche	Modularité d'utilisation	Esthétique
Modèle grande distribution	64 %	14 %	12 %	8 %	2 %
Modèle de marque	49 %	11 %	17 %	16 %	7 %

QUESTIONS

1. **Rappeler brièvement en quoi consiste une stratégie de différenciation retardée. Quels sont les facteurs de différenciation que peut choisir l'entreprise pour un même produit, de sorte à justifier des prix de vente différents selon la nature de la distribution ?**
2. **Calculer le coût d'assemblage d'un nettoyeur en envisageant :**
   - **les deux modes de production au niveau de l'atelier automatisé ;**
   - **les deux types de modèles (avec ou sans arceau) au niveau de l'atelier de montage manuel.**
3. **Calculer le coût objectif ou coût cible obtenu à partir des prix de vente public de chaque modèle.**
4. **Calculer le coût estimé d'un modèle en supposant que l'entreprise retient, pour chaque composant, la solution de base et la solution la plus performante.**
5. **Éclater le coût estimé entre les fonctions assumées par le produit, de manière à calculer le pourcentage du coût total consacré à la satisfaction de chacune de ces fonctions.**
6. **Comparer le coût objectif et le coût estimé pour le modèle destiné à être vendu sous la marque Nettcar. Commenter les résultats. Proposer des ajustements en fonction des deux types de produits afin d'aligner la structure du coût des fonctions sur celle de l'utilité reconnue aux produits par les consommateurs.**

(5) *Thalasso Détente*

(D'après agrégation 2003.)

La société Thalasso Détente (TD), située en Bretagne Nord, est un complexe complet proposant des soins de thalassothérapie et un hôtel. Ce centre est géré par un directeur général et deux directeurs adjoints (l'un s'occupant de l'activité « soins » et l'autre de l'activité « hébergement-restauration ») ; il fonctionne depuis dix ans correctement mais le directeur souhaite faire une analyse de la situation en 2002.

Un diagnostic est alors établi qui se développe suivant quatre axes :
- le produit se démocratise avec une extension de la gamme des services ;
- la clientèle se diversifie ; au-delà des curistes traditionnels, une population urbaine à fort pouvoir d'achat recherche un niveau plus élevé de qualité de service ;
- le coût de fonctionnement des installations augmente ;
- les investisseurs actionnaires recherchent une rentabilité financière plus importante.

Face à ces constats, une réorientation stratégique est envisagée :
- un élargissement des prestations de soins et un remplacement des appareils par des machines multifonctions aux nouvelles normes ;
- une diversification des services annexes proposés (halte garderie, institut de beauté, salon de thé, boutique) ;
- un développement des activités hôtelières avec des partenaires et une rénovation de l'hôtel existant ;
- l'ouverture du centre à des clients extérieurs à l'hôtel, pour une journée ou une demi-journée, soins à la carte, accès à la piscine, à la salle de gymnastique.

Les charges sont les suivantes :
- coûts d'électricité, eau, chauffage, climatisation ;
- frais de gardiennage (gardien et forfait entretien à société extérieure) ;
- frais administratifs (3 personnes à temps plein) ;
- coût de la halte garderie ;
- coût vestiaire (un salarié à temps plein) ;
- coût nettoyage et remplacement des peignoirs et serviettes ;
- coût des produits d'entretien des installations et piscines ;
- coût du petit matériel de la salle de gymnastique à renouveler tous les ans ;

– amortissement des appareils et amortissement des locaux ;
– coût d'un technicien de l'eau (payé en honoraires).

Au bout d'un an, le mécontentement des clients comme des salariés (administratifs et personnel de soins) apparaît, décrit au travers des remarques annexées.

QUESTIONS

1. Quelles sont les forces et faiblesses des prestations de service proposées par TD ?
2. Quelles pourraient être les axes d'amélioration ?

ANNEXE

Remarques recueillies au cours du mois de décembre

Sentiments des clients

C1 – « Ce centre offre une belle prestation par rapport à d'autres établissements : le site est exceptionnel, le climat très agréable et le personnel de soins attentif, encore que, pour certains soins, il se contente de régler les appareils et, ensuite, on ne le revoit plus ; quelquefois même, je ne savais pas, à l'arrêt des appareils, si le soin était terminé ou si je devais attendre le retour de l'hydrothérapeute. »

C2 – « Je suis satisfait de ma cure en terme de bien-être mais je trouve que l'organisation des soins laisse à désirer ; déjà, le premier jour, il faut se battre pour obtenir des soins groupés et l'accueil a modifié trois fois mon programme avant d'établir mon planning définitif. Pendant la semaine, il n'y a pas de stabilité avec les soigneurs et c'est désagréable : pour apprécier les massages, il faut pouvoir se détendre et établir des liens avec les masseurs, or, ce ne sont jamais les mêmes. »

C3 – « Je ne comprends rien au fonctionnement de ce centre : il vous propose une offre globale dans sa plaquette publicitaire à un prix donné ; déjà, quand vous recevez le bon de commande pour la demande d'acompte, le prix de l'hôtel est distinct de la facturation des soins et il faut faire tout un calcul pour s'apercevoir que c'est la même chose ; mais, le pire, c'est au moment de payer : les consommations prises au salon de thé ou les suppléments de restauration ne sont pas facturés avec la facture de l'hôtel. Pour moi, comme ma femme avait pris un forfait « cure beauté », j'ai payé les soins esthétiques à l'institut de beauté, les consommations chaudes au salon de thé, les suppléments en vin au restaurant et, enfin, le reste de la cure et l'hébergement à l'accueil de l'hôtel. »

C4 – « J'ai peu apprécié l'organisation des soins de thalasso et de beauté : j'avais pris un forfait "cure beauté" et je pensais que l'accueil gérait toutes les prestations. En fait, il faut patienter deux fois de suite : une fois pour les soins de thalasso, puis une fois pour les soins en institut de beauté. Conclusion, tous les créneaux horaires de soins de beauté étaient pris par des demandes de clients occasionnels et j'ai dû me contenter d'horaires très tardifs et, même, je n'ai pas pu faire une excursion avec mes amis car le dernier soin compris dans le forfait ne pouvait être mis que sur cet après-midi libre. Cela ne tient pas au personnel, il fait ce qu'il peut, il est très aimable, mais c'est mal organisé ! ».

Remarques des hôtesses d'accueil

H1 – « Certes, le logiciel de réservation a été remanié en fonction de nos demandes et de la spécificité de notre centre, mais il reste lourd et peu pratique : chaque lundi matin, c'est très compliqué pour organiser les plannings de la semaine des curistes résidentiels ; nous sommes trois à travailler en parallèle et c'est à qui de nous trois va s'inscrire en premier sur les créneaux horaires. Nous essayons bien de nous ajuster oralement mais, devant les curistes qui demandent, voire exigent, des regroupements horaires, la variété des offres de soins, les offres promotionnelles aux clients occasionnels, ce n'est pas facile, d'autant qu'il n'est pas possible de visualiser le planning d'ensemble à un moment donné ; aussi, souvent, préfère-t-on éditer le planning du curiste et le reprendre s'il apparaît trop morcelé.

Même le planning général informatique répond mal à nos besoins : quand le traitement était manuel, nous avions un planning horizontal à fiches de couleurs différenciées et il était simple de voir les trous dans les emplois du temps du personnel et donc de pouvoir améliorer le programme des curistes et celui des hydrothérapeutes. Aujourd'hui, ce planning général est sur informatique mais il est vertical, sur plusieurs pages écran et sans distinction de couleurs ; la nature des soins est uniquement représentée par des codes. C'est beaucoup moins lisible. »

H2 – « Tout est devenu plus rigide avec l'informatisation : avant, quand les soignants détectaient qu'il y avait un problème sur le planning d'un curiste, ils s'ajustaient entre eux et, pour le curiste, cela n'avait pas d'impact. Maintenant, ils ne peuvent accéder sur le poste écran qu'à leur programme de travail et, donc, ils n'ont plus de vision d'ensemble des disponibilités de chacun. Pour nous aussi, à l'accueil, c'est devenu plus compliqué : pour ouvrir une capacité de soins supplémentaire comme une baignoire à jet ou un drainage lymphatique, il faut une autorisation du directeur et lui démontrer que les postes de soin de même nature sont saturés, alors les clients attendent et constatent nos difficultés à établir leur planning. »

Remarques des hydrothérapeutes

HY1 – « Ce n'est plus comme avant, du temps du Dr X ! À cette époque, on avait la préoccupation du curiste ; maintenant, avec les matériels multifonctions programmables, notre rythme de travail s'est accru et est devenu moins intéressant : on nous demande de surveiller plus de cabines, ce qui fait que l'on a souvent juste le temps de voir le curiste au début et à la fin de son soin. C'est important de passer pendant le soin d'un curiste ; outre l'effet de créer une atmosphère conviviale, cela se révèle indispensable car il arrive que certains d'entre eux ressentent malaises ou angoisses. De plus, on nous programme plus de soins avec machines et moins de soins en face à face (douche à jet ou abdominale) qui demandent d'être présent toute la durée du soin ; or, ce sont ces indications qu'apprécient le plus les curistes et qui, pour nous, sont les plus valorisantes : on se sent utile à quelque chose, pas uniquement à appuyer sur des boutons ! »

HY2 – « L'ambiance n'est plus la même : le rythme de travail s'est accru mais ce n'est pas le plus grave car cela reste acceptable. Non, ce qui me gène le plus, c'est l'ambiance de travail qui se détériore : avant, pour chaque jour, était établi un planning de fonctionnement où les affectations de chacun étaient visibles ; cela nous permettait de nous organiser. Maintenant, notre seul interlocuteur est l'écran et nous ne pouvons voir que notre planning de travail (chacun a un code d'accès) et, normalement, c'est l'accueil qui actualise trois fois par jour ce planning, aussi certains en profitent pour en faire le moins possible. En plus, compte tenu de la chaleur et de l'humidité ambiante, les postes informatiques ne sont pas fiables : les pannes sont fréquentes et, dans ce cas, il faut remonter à l'accueil pour connaître son emploi du temps. »

Remarques des kinésithérapeutes

K1 - « Je suis plutôt contente de la nouvelle organisation, cela me permet de connaître à l'avance mes horaires sur plusieurs jours et, pour la famille, c'est plus pratique. Mais, ce qui me déplaît, c'est l'absence de contrôle médical sur la prescription de certains soins : les clients, pour certains, ne se rendent pas compte de leur état de santé et demandent des soins (enveloppement d'algues, bain en eau chaude, même certains massages) qui sont inadaptés, voire peuvent provoquer un risque cardiaque important ; c'est nous qui sommes au contact du malade, c'est notre responsabilité médicale qui est en jeu. Hier, avec le maître nageur, nous avons eu une altercation avec un curiste qui est resté plus d'une demi-heure au hammam : vu son poids, il n'aurait pas dû dépasser dix minutes. C'est sûr, c'est plus facile de prescrire des soins en baignoires automatiques que des massages ou des douches à jet qui demandent du personnel spécialisé »

Remarques du responsable de la boutique/salon de thé

« Notre activité marche bien, de nombreux curistes viennent se détendre entre les soins dans nos locaux mais ils seraient demandeurs d'un forfait « boissons chaudes » ou « tisanes à volonté » sur la durée du séjour car la facturation à la consommation leur donne le sentiment de toujours payer, d'autant que le système de facturation suit jour par jour et boisson par boisson les consommations qu'ils nous règlent en fin de séjour. Ce serait plus agréable pour eux et plus facile pour nous si un forfait était compris dans le prix de leur séjour mais il paraît que cela poserait des problèmes de reversement et que le contrat de franchise n'a pas prévu ce cas. »

Remarques du responsable du restaurant

« Le service à table n'est pas simple : on doit répondre à deux types de clientèle opposés, celle qui demande une cuisine du terroir riche et originale, et celle qui profite de son séjour pour respecter une hygiène de vie et manger diététique. Évidemment, en fonction du menu du jour, il y a toujours quelques clients diététiques qui demandent à manger à la carte ; pour nous, cela nous oblige à suivre la suppression du supplément diététique qui leur est facturé dans leur forfait. Comme cela se fait pendant le service, il y a des erreurs et les clients concernés sont mécontents. »

Remarques du responsable de l'hôtel

« Le service de l'hôtel satisfait notre clientèle, tous nos indicateurs l'indiquent, mais des améliorations simples sont délicates à mettre en œuvre : nos clients souhaiteraient trouver dans leur chambre des bouteilles d'eau et des fruits à disposition. Cette amélioration serait peu coûteuse et facile à organiser mais cet approvisionnement devrait passer par le restaurant compte tenu des contrats de franchise signés, et nous n'avons pas pu trouver un moyen simple de refacturation entre nous. De même, le restaurant n'arrive pas à nous faire connaître les changements de menu dans le choix des curistes ; cela crée des problèmes de facturation. Nous avons aussi demandé au comité directeur de changer de logiciel de facturation pour avoir une facturation conforme à nos offres commerciales : un forfait journalier qui inclut soins, hébergement et restauration, mais ce n'est pas à l'ordre du jour ; pourtant, cela éviterait aux agents de comptoir beaucoup d'explications et justifications au moment du règlement du séjour par les curistes. »

23 Les tableaux de bord

Les tableaux de bord sont de plus en plus utilisés pour aider au pilotage de la performance.

1. Définition et principes de conception

1.1. Définition

Connaître les réalisations de l'entreprise reste une des préoccupations principales du contrôle de gestion. Avec ou sans gestion budgétaire, le pilotage et le contrôle du système «Entreprise» reposent sur des informations récentes de toute nature relatives aux performances de l'entreprise.

Or, les systèmes d'information comptables ne répondent pas forcément aux exigences du contrôle de gestion. La comptabilité générale produit de nombreuses informations sur les réalisations mais les règles comptables présentent des insuffisances qui réduisent la portée des informations :
- aucun critère d'importance n'est pris en compte ;
- la durée du traitement de l'information (au mieux J + 30, et souvent plus) interdit des réactions rapides ;
- la présentation des documents ne permet pas une localisation des responsabilités et des performances de chacun ;
- l'information traitée reste essentiellement monétaire et relative aux flux externes.

La comptabilité analytique permet de juger des performances et d'identifier les responsabilités puisqu'elle traite des flux internes mais elle présente le même défaut de lenteur dans la présentation des résultats du fait de sa forte imprégnation comptable. C'est pourquoi le contrôle de gestion éprouve le besoin d'un outil qui réponde à ses besoins spécifiques, à savoir :
- avoir une connaissance sur **les informations essentielles au pilotage**,
- obtenir ces données **le plus rapidement possible**, et en **permanence**. Cet outil s'appelle le **tableau de bord**.

> Un tableau de bord est un ensemble d'indicateurs organisé en système suivis par la même équipe ou le même responsable pour aider à décider, à coordonner, à contrôler les actions d'un service.
>
> Le tableau de bord est un instrument de communication et de décision qui permet au contrôleur de gestion d'attirer l'attention du responsable sur les points clés de sa gestion afin de l'améliorer.

1.2 Principes de conception

Un tel système d'information n'est efficace et donc utile que si sa conception répond à certaines règles précises tant pour son fonctionnement que pour son contenu. La présentation des informations, si elle peut revêtir des formes variées, se doit de respecter certaines contraintes de concision et de pertinence. Dans ce cas, l'ensemble des tableaux de bord de l'entreprise incite au dialogue et à la motivation des responsables. Son rôle dépasse alors la stricte fonction de contrôle qu'il était censé remplir.

C'est la définition même du tableau de bord qui impose ces principes de conception :
- une cohérence avec l'organigramme,
- un contenu synoptique et agrégé,
- une rapidité d'élaboration et de transmission.

a) Une cohérence avec l'organigramme

Un des reproches formulés à l'encontre des systèmes d'information comptables traditionnels est la non-localisation des responsabilités. Le découpage des tableaux de bord doit donc respecter le **découpage des responsabilités** et des **lignes hiérarchiques**.

Pour l'ensemble de la firme, la cartographie des tableaux de bord doit se calquer sur celle de la structure d'autorité. Cette dernière s'apparente à une pyramide où chaque responsable appartient de fait à deux équipes :
- **il reçoit une délégation de pouvoir** du niveau hiérarchique supérieur et doit, périodiquement, rendre compte ;
- **il délègue au niveau inférieur** une partie de son pouvoir.

Cette structure oblige chaque niveau de responsabilité à trois types de communication :
- une communication **descendante** quand un niveau donne une délégation de pouvoir assortie d'objectifs négociés au niveau inférieur ;
- une communication **transversale** entre les responsables de même niveau hiérarchique ;
- une communication **montante** quand un niveau rend compte de la réalisation des objectifs reçus.

Le réseau des tableaux de bord est donc une mécanique «gigogne» aux caractéristiques suivantes :
- chaque responsable a son tableau de bord ;
- chaque tableau de bord a une ligne de totalisation des résultats qui doit figurer dans le tableau de bord du niveau hiérarchique supérieur ;
- chaque tableau de bord d'un même niveau hiérarchique doit avoir la même structure pour permettre l'agrégation des données ;
- l'empilage des informations des tableaux de bord doit respecter la ligne hiérarchique.

Une illustration d'un tel réseau dans une entreprise de grande distribution est présentée ci-dessous.

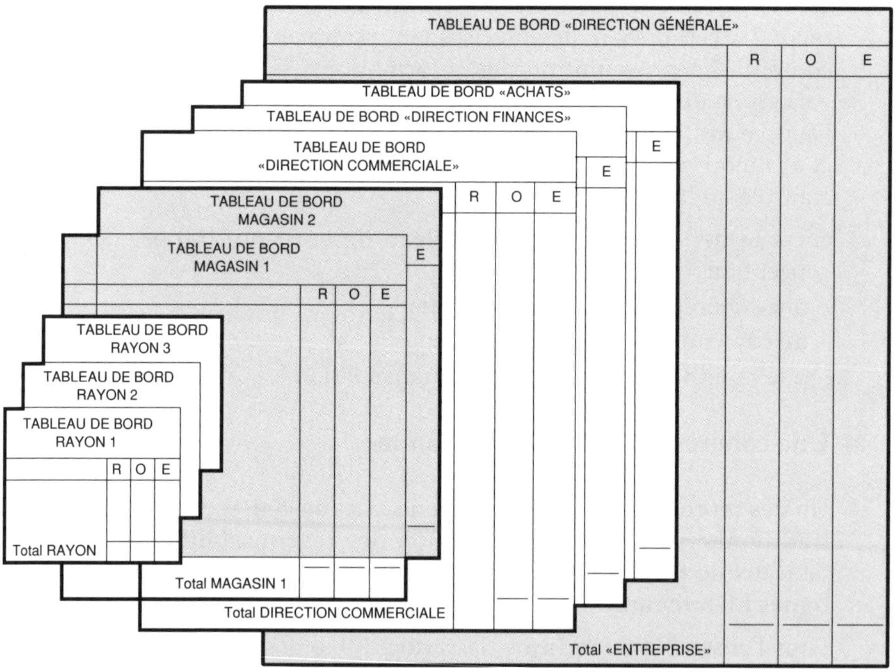

Avec R = réalisations ; O = objectifs ; E = écarts

Pour chaque responsable, les **informations retenues concernent spécifiquement sa gestion** car il en est le premier destinataire. Il doit y trouver les éléments dont il a besoin pour éclairer ses décisions mais uniquement ceux dont il a la maîtrise en accord avec la délégation qu'il a reçue.

Voici des exemples d'indicateurs possibles selon les niveaux hiérarchiques.

INFORMATIONS CLASSÉES PAR NIVEAU ET PAR NATURE

Niveau ↑ / Nature →	Main-d'œuvre	Ventes	Stock	Action de promotion
Magasin	• Effectifs magasin (tous services confondus) • Coût MOD par rayon par rayon	• Chiffre d'affaires par rayon • Marge brute par rayon	• Cumul par rayon (en % du CA HT) • Taux de rotation	Analyse des frais de promotion maîtrisables à chaque niveau
Rayon	• Effectifs • Absences • Cumul des heures par période (Cumul par équipes)	• Détail par famille d'articles des quantités vendues	• Détail par référence • Taux d'invendus	Analyse des frais de promotion maîtrisables à chaque niveau
Équipe	• Effectifs • Taux d'absentéisme (par individus) • Détail du nombre d'heures effectuées			

Dans le cas d'une entreprise de distribution de stature nationale, les tableaux de bord « Magasins » peuvent être regroupés par zone géographique au sein d'un tableau de bord général.

b) Un contenu synoptique et agrégé

Il s'agit de sélectionner parmi toutes les informations possibles celles qui sont essentielles pour la gestion du responsable concerné.

Le choix consiste à **déterminer les indicateurs pertinents** par rapport au champ d'action et à la nature de la délégation du destinataire du tableau de bord.

Cette recherche doit, par ailleurs, permettre l'addition d'informations cohérentes entre elles afin d'obtenir des indicateurs agrégés de plus en plus synthétiques.

Pour chaque centre de responsabilité, il faut donc suivre la démarche présentée ci-après (voir page suivante).

Pour autant, la recherche d'indicateurs performants ne doit pas conduire à la publication tardive du tableau.

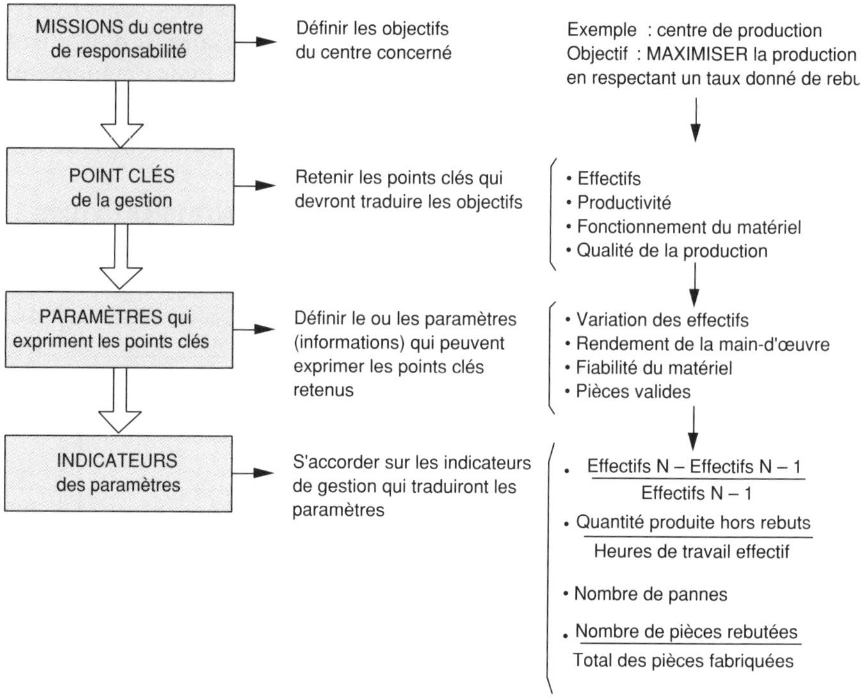

c) La rapidité d'élaboration et de transmission

En ce domaine, la rapidité doit l'emporter sur la précision : il est souvent préférable d'avoir des éléments réels estimés plutôt que des données réelles précises mais trop tardives.

Le rôle principal du tableau de bord reste d'alerter le responsable sur sa gestion. Il doit mettre en œuvre des actions correctives rapides et efficaces.

La précision des résultats est de toute façon obtenue dans les rapports d'activité à périodicité mensuelle de la comptabilité analytique.

Cette rapidité et la fréquence de publication expliquent que les Anglo-saxons nomment souvent les informations collectées dans les tableaux de bord «**Flashs**».

L'ensemble de ces documents, tableaux de bord, rapport d'activité analytique et plan d'actions correctives, constitue le suivi budgétaire.

2. Les instruments du tableau de bord

Le contenu du tableau de bord est variable selon les responsables concernés, leur niveau hiérarchique et les entreprises. Pourtant, dans tous les tableaux de bord des points communs existent dans :
- la conception générale,
- les instruments utilisés.

2.1 La conception générale

La maquette d'un tableau de bord type fait apparaître quatre zones.

Tableau de bord du centre			
	Résultats	Objectifs	Écarts
Rubrique 1 • Indicateur A • Indicateur B • • • Rubrique 2			

Zone «paramètres économiques — Zone «résultats» — Zone «objectifs» — Zone «écarts»

- La **zone «paramètres économiques»** comprend les différents indicateurs retenus comme essentiels au moment de la conception du tableau. Chaque rubrique devrait correspondre à un interlocuteur et présenter un poids économique significatif.
- La **zone «résultats réels»** : ces résultats peuvent être présentés par période ou/et cumulés. Ils concernent des informations relatives à l'activité :
  - nombre d'articles fabriqués ;
  - quantités de matières consommées ;
  - heures machine ;
  - effectifs ;

  mais aussi des éléments de nature plus qualitative :
  - taux de rebuts ;
  - nombre de retours clients ;
  - taux d'invendus.

  À côté de ces informations sur l'activité, figurent souvent des éléments sur les performances financières du centre de responsabilité :
  - des marges et des contributions par produit pour les centres de chiffres d'affaires ;
  - des montants de charges ou de produits pour les centres de dépenses ;
  - des résultats intermédiaires (valeur ajoutée, capacité d'autofinancement) pour les centres de profit.
- La **zone «objectifs»** : dans cette zone apparaissent les objectifs qui avaient été retenus pour la période concernée. Ils sont présentés selon les mêmes choix que ceux retenus pour les résultats (objectif du mois seul, ou cumulé).
- La **zone «écarts»** : ces écarts sont exprimés en valeur absolue ou relative. Ce sont ceux du contrôle budgétaire mais aussi de tout calcul présentant un intérêt pour la gestion.

Si cette présentation est souhaitable, la forme des informations peut être très variée.

2.2. Les indicateurs

a) Définition

> Les tableaux de bord sont constitués **d'indicateurs qui sont des informations précises, utiles, pertinentes pour le gestionnaire exprimés sous des formes et des unités diverses.**

Les fonctions des indicateurs sont multiples :
- suivi d'une action, d'une activité, d'un processus ;
- évaluation d'une action ;
- diagnostic d'une situation, d'un problème ;
- veille et surveillance d'environnements et de changements.

Les champs d'analyse des indicateurs sont multiples puisque tous les domaines peuvent être mesurés en fonction des besoins des utilisateurs par des paramètres qui portent sur toutes les variables d'action : rendement, temps, qualité, flux, productivité, taux de marge, stock, sécurité, service, complexité, etc.

b) Typologies d'indicateurs

Plusieurs critères peuvent être utilisés pour classer les indicateurs :
- **indicateurs de résultat ou de progression** : information sur le résultat d'une action finie ou sur une action en cours ;
- **indicateur financier ou non financier** ;
- **indicateur global ou ponctuel** : un indicateur peut être synthétique, calculé à partir de plusieurs informations pour donner une image à plusieurs dimensions ou au contraire très ciblé sur un seul paramètre très précis ;
- **indicateur de reporting ou de pilotage** : un indicateur peut être demandé par un niveau hiérarchique en vue de contrôler des engagements (reporting), mais il peut aussi aider le responsable à orienter son action ; c'est plutôt l'orientation actuelle donnée aux indicateurs.

c) Évolution des indicateurs

Dans un cadre stratégique de recentrages et d'alliances, dans un contexte concurrentiel fondé aussi bien sur les coûts que sur la qualité et les services, les gestionnaires éprouvent la nécessité de mettre en place **des indicateurs non plus seulement financiers qui impliquent davantage les responsables et qui aident à un suivi permanent.**

Ainsi, aujourd'hui **la performance globale** implique la mise en place de trois types de fonctions pour bien la mesurer et la piloter.

• Une **fonction de coordination** : les compétences, les métiers sont variés au sein d'une organisation changeante et apprenante mais il faut que la synergie s'établisse entre tous les acteurs ; c'est pourquoi il est nécessaire d'assurer une coordination entre les objectifs de différents niveaux par une connaissance permanente des indicateurs de chacun.

• Une **fonction de suivi** : la collaboration entre de nombreux partenaires internes et extérieurs induit un suivi nécessaire pour recentrer, si besoin est, par des indicateurs qui intègrent toutes les dimensions quantitatives, financières et qualitatives.

• Une **fonction de diagnostic** : les facteurs clés de succès actuels et potentiels doivent être connus en permanence pour assurer les orientations stratégiques les plus performantes ; là encore, des indicateurs sur des paramètres variés internes et externes doivent aider à surveiller les évolutions en temps réel.

C'est pourquoi, il est possible de résumer les caractères des indicateurs utilisés aujourd'hui : pour être des **indicateurs de performance globale,** ils sont plutôt **synthétiques et ponctuels, financiers et non financiers,** de **progression et de pilotage.**

Exemple 1

Construction d'indicateurs pour une entreprise de service en conseil et formation qui commence son activité (extrait de Cérutti, Gattino, *Indicateurs et tableaux de bord*, Afnor Gestion).

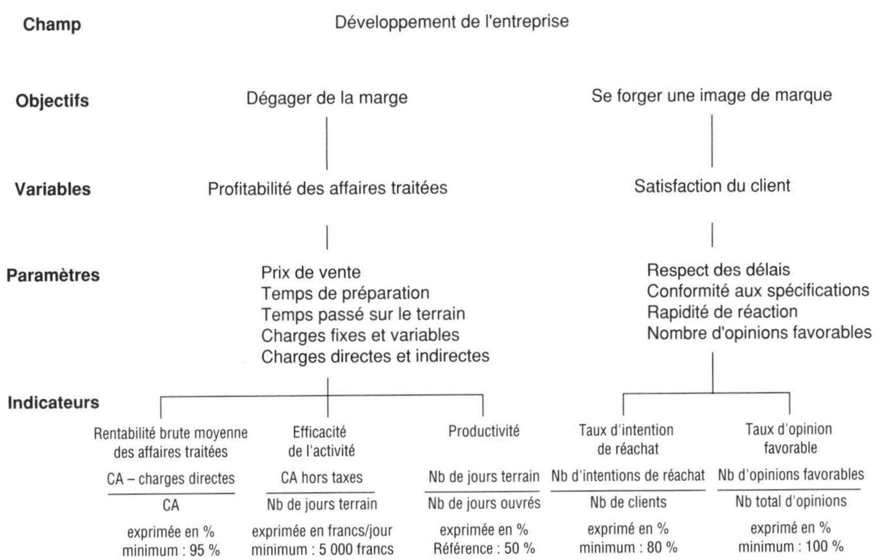

Exemple 2

Construction d'indicateurs dans une entreprise industrielle fabriquant des menuiseries en PVC pour traiter une commande (extrait de Cérutti, Gattino, *Indicateurs et tableaux de bord*, Afnor Gestion).

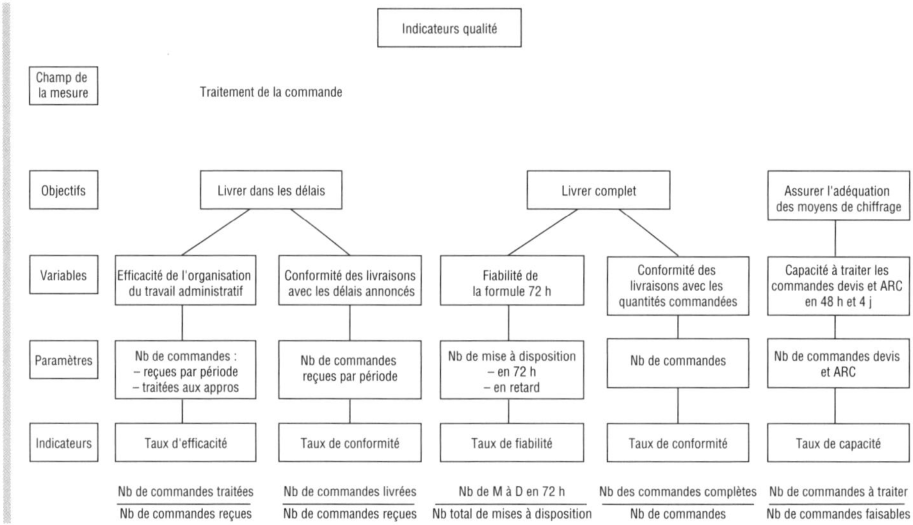

2.3 Les instruments utilisés

Les instruments les plus fréquents sont les écarts, les ratios, les graphiques et les clignotants.

a) Les écarts

Le contrôle budgétaire permet le calcul d'un certain nombre d'écarts. Il s'agit alors de repérer celui (ou ceux) qui présente(nt) un intérêt pour le destinataire du tableau de bord.

Exemple

Un directeur commercial ne sera pas intéressé par un écart de rendement d'un atelier alors qu'il désire des informations sur des écarts sur les ventes (par familles de produits).

En règle générale, un tableau de bord doit uniquement présenter les informations indispensables au niveau hiérarchique auquel il est destiné et seulement celles sur lesquelles le responsable peut intervenir.

b) Les ratios

Les ratios sont des rapports de grandeurs significatives du fonctionnement de l'entreprise.

$$\text{exemple : } \frac{\text{Réalisé à fin M}}{\text{Budget total de l'exercice}} \times 100$$

En règle générale, un ratio respecte les principes suivants :
- un ratio seul n'a pas de signification : c'est son évolution dans le temps et dans l'espace qui est significative ;
- il faut définir le rapport de telle sorte qu'une augmentation du ratio soit signe d'une amélioration de la situation.

La **nature** des ratios varie selon le **destinataire** et son niveau hiérarchique : voici des exemples de ratios possibles mais non exclusifs.

Directeur d'usine	Directeur commercial	Directeur financier	Directeur du personnel	Direction générale
$\frac{\text{Coût de production total}}{\text{Nombre de pièces usinées}}$	$\frac{\text{Résultat d'une unité}}{\text{Capitaux engagés par l'unité}}$	$\frac{\text{Capitaux propres}}{\text{Capitaux permanents}}$	$\frac{\text{Charges de personnel}}{\text{Effectif}}$	$\frac{\text{Valeur Ajoutée}}{\text{Effectif}}$
$\frac{\text{Quantités fabriquées}}{\text{Heures machine}}$	$\frac{\text{Marge sur achats}}{\text{Chiffre d'affaires}}$	$\frac{\text{Ressources stables}}{\text{Immobilisations nettes}}$	$\frac{\text{Charges sociales}}{\text{Effectif}}$	$\frac{\text{Résultat}}{\text{Chiffre d'affaires}}$
$\frac{\text{Rebuts}}{\text{Quantités produites}}$	$\frac{\text{Chiffre d'affaires}}{\text{Nombre de vendeurs}}$	$\frac{\text{Charges financières}}{\text{Emprunts}}$	$\frac{\text{Chiffre d'affaires}}{\text{Effectif}}$	$\frac{\text{Résultat}}{\text{Capitaux propres}}$

c) Les graphiques

Ils permettent de visualiser les évolutions et de mettre en évidence les changements de rythme ou de tendance. Leurs formes peuvent être variées :

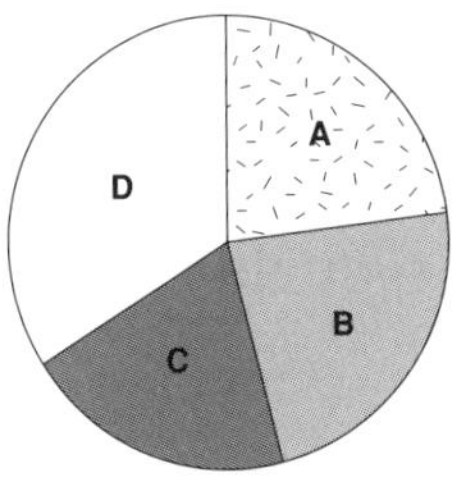

a) Graphique en «camembert» : nature des ventes par famille

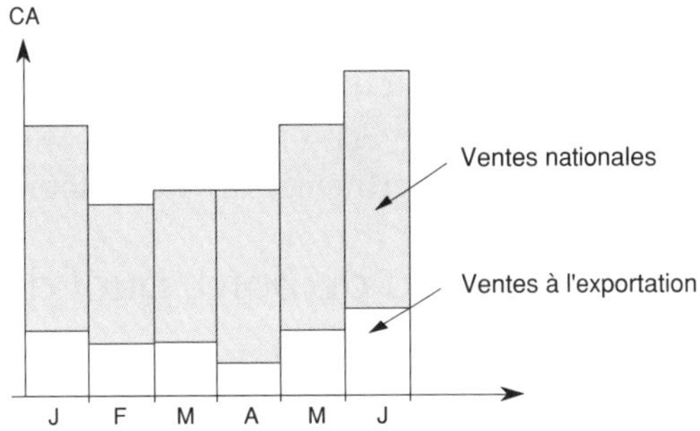

b) Histogramme : structure de ventes

d) Les clignotants

Ce sont des seuils limites définis par l'entreprise et considérés comme variables d'action. Leur dépassement oblige le responsable à agir et à mettre en œuvre des actions correctives.

Toute la difficulté de l'utilisation de tels indicateurs réside dans leur définition, puisqu'il faut choisir l'information pertinente parmi la masse des informations disponibles.

Tous ces instruments ne se révéleront performants que dans le mesure où ils sont une aide à la décision, notion essentiellement contingente puisqu'elle dépend des entreprises, des secteurs d'activité, des niveaux hiérarchiques, des délégations données.

Bien conçu, un tableau de bord se révèle très utile à l'ensemble de l'entreprise.

3. Évolution des rôles du tableau de bord

Le tableau de bord est, dans sa conception même, un instrument de contrôle et de comparaison. Mais le système d'information qu'il constitue en fait aussi un outil de dialogue et de communication ainsi qu'une aide à la décision.

3.1 Le tableau de bord, instrument de contrôle et de comparaison

Le tableau de bord permet de contrôler en permanence les réalisations par rapport aux objectifs fixés dans le cadre de la démarche budgétaire.

Il attire l'attention sur les points clés de la gestion et sur leur dérive éventuelle par rapport aux normes de fonctionnement prévues.

Il doit permettre de diagnostiquer les points faibles et de faire apparaître ce qui est anormal et qui a une répercussion sur le résultat de l'entreprise.

La qualité de cette fonction de comparaison et de diagnostic dépend évidemment de la pertinence des indicateurs retenus.

3.2 Le tableau de bord, outil de dialogue et de communication

Le tableau de bord, dès sa parution, doit permettre un dialogue entre les différents niveaux hiérarchiques. Pour l'efficacité d'une telle communication, il est important que l'emboîtement de type «gigogne» décrit dans le première partie soit respecté.

Il doit permettre au subordonné de commenter les résultats de son action, les faiblesses et les points forts. Il permet des demandes de moyens supplémentaires ou des directives plus précises.

Le supérieur hiérarchique doit coordonner les actions correctives entreprises en priviligiant la recherche d'un optimum global plutôt que des optimisations partielles.

Enfin, en attirant l'attention de tous sur les mêmes paramètres, il joue un rôle intégrateur, en donnant à un niveau hiérarchique donné, un langage commun.

3.3 Le tableau de bord, aide à la décision

Le tableau de bord donne des informations sur les points clés de la gestion et sur ses dérapages possibles mais il doit surtout être à l'initiative de l'action.

La connaissance des points faibles doit être obligatoirement complétée par une analyse des causes de ces phénomènes et par la mise en œuvre d'actions correctives suivies et menées à leur terme. Ce n'est que sous ces conditions que le tableau de bord peut être considéré comme une aide à la décision et prendre sa véritable place dans l'ensemble des moyens du suivi budgétaire.

3.4 Les limites des tableaux de bord traditionnels

Cette évolution des rôles vers un outil de diagnostic, de dialogue, de motivation, de suivi de changement ne correspond pas toujours à la pratique traditionnelle des tableaux de bord conçus et utilisés seulement comme des reporting financiers.

Plusieurs insuffisances apparaissent dans la réalité actuelle des entreprises :

- Il n'y a pas de tableau de bord adapté à chaque service ou niveau hiérarchique mais un tableau unique qui ne correspond pas toujours aux spécificités de l'activité.
- Le tableau de bord est souvent figé pendant des années sans souci d'adaptation à de nouveaux besoins, de nouveaux objectifs ou moyens.
- L'objectif du tableau de bord reste trop souvent celui du contrôle sans aide au changement ou aux améliorations.
- La périodicité du tableau de bord est souvent la même pour tous les services alors qu'elle peut apparaître inadaptée pour certains métiers.
- La conception des tableaux de bord est trop peu souvent laissée à l'initiative de ceux qui vont les utiliser mais plutôt centralisée loin du terrain.
- Les indicateurs utilisés sont parfois déconnectés de la stratégie globale et ne permettent pas d'orienter l'action au bon moment.
- Les tableaux de bord sont souvent conçus de manière interne, en fonction du style de gestion de l'entreprise sans souci de comparaison avec des organisations concurrentes meilleures (*benchmarking*).
- Les tableaux de bord ne mettent pas assez en évidence les interactions entre les indicateurs, ne favorisant pas la gestion transversale.
- Les indicateurs ne sont pas remis en cause et le manque de recul sur une longue période conduit à une gestion routinière.

Ainsi des réflexions ont été menées pour faire évoluer la conception traditionnelle des tableaux de bord.

4. Des tableaux de bord pour un pilotage de la performance

Il s'agirait de passer d'un tableau de bord pour synthétiser rapidement des informations déjà présentes dans l'organisation à un tableau de bord en temps réel pour suivre et améliorer tous les niveaux d'action, de décision, en termes financiers mais aussi non financiers :

Tableau de bord		Tableau de bord
=	⇒	=
reporting financier		PILOTAGE PERMANENT DES FCS

Des réflexions et des formalisations de nouveaux tableaux de bord apparaissent pour essayer d'aider au pilotage de la performance. Il est possible de repérer quelques-unes de ces pistes.

4.1 Un tableau de bord reflétant l'organisation

De même que les calculs de coûts et les budgets ont évolué pour mieux s'adapter au découpage de l'organisation (coût par activité et par processus, budget par activité et par processus), les tableaux de bord peuvent être élaborés en se calquant sur la même décomposition plus transversale et dynamique de la structure : tableau de bord par activité, tableau de bord par processus.

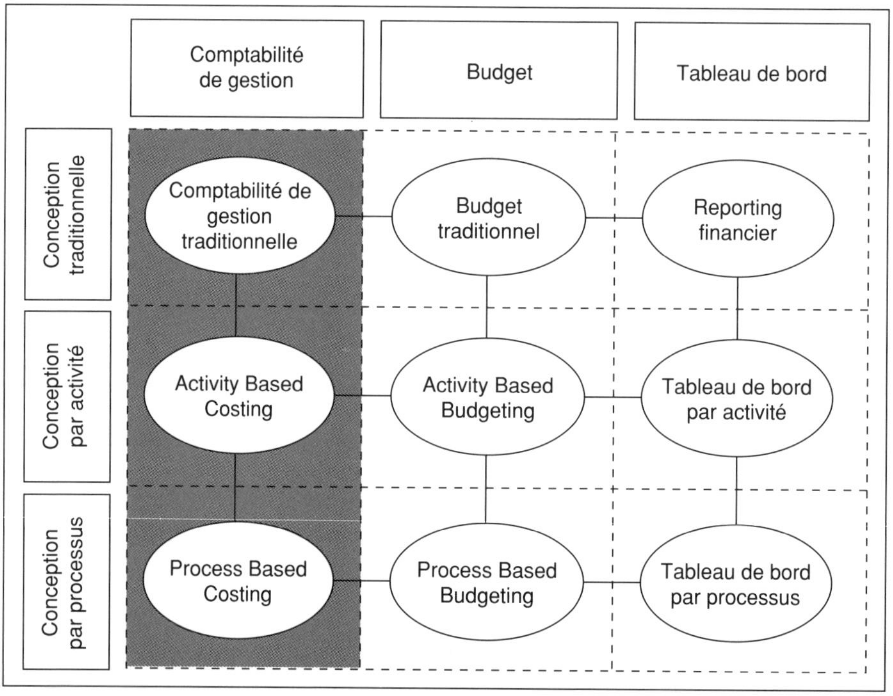

Ainsi, le tableau de bord évolue avec les reconfigurations de l'organisation ou se construit sous trois angles complémentaires : fonction, activité et processus.

INDICATEURS DU DIALOGUE DE GESTION PAR ACTIVITÉ (CAS : GESTION DE COMMANDES)

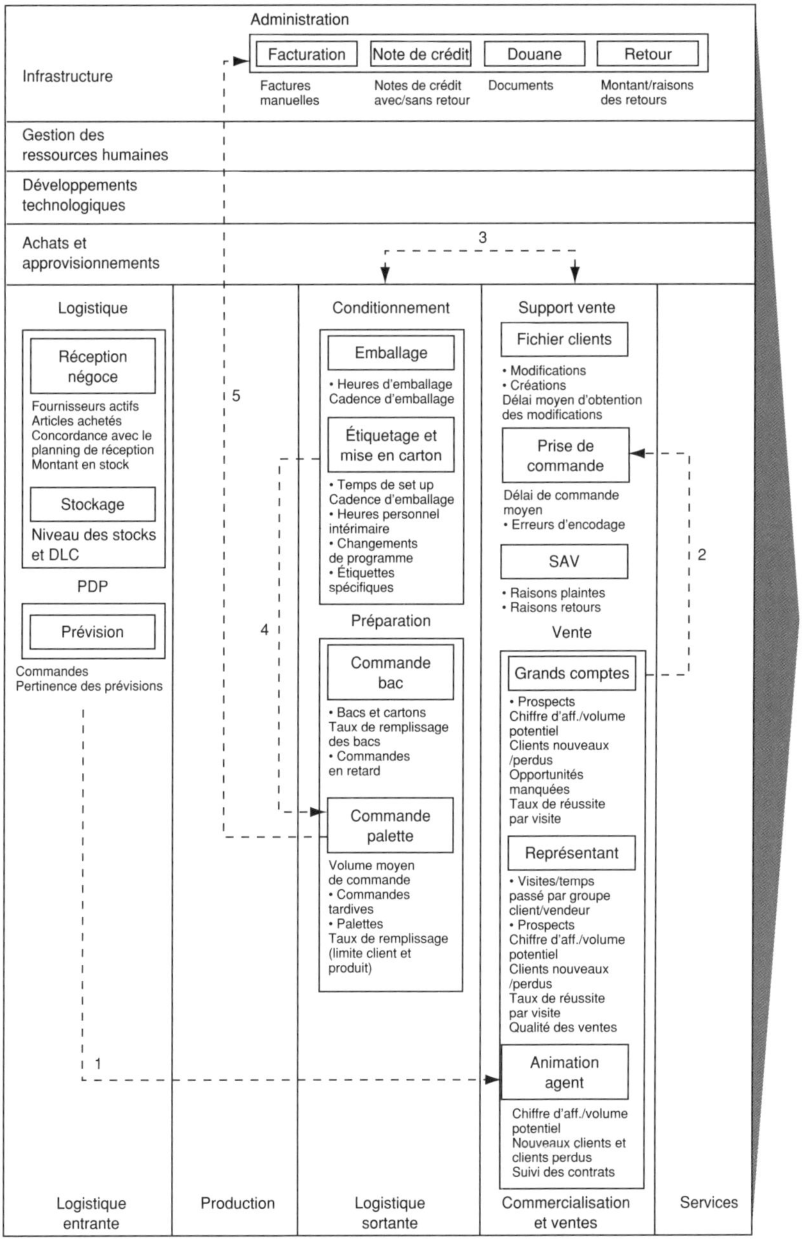

« 47 indicateurs pour mesurer la performance en termes de qualité-délai-service-coût des activités… »

Source : M. Vlasselaer, *Le Pilotage de l'entreprise*, Publi-Union, 1997.

Pour un tableau de bord par activité, les indicateurs doivent être construits en fonction des objectifs, des besoins et des contraintes d'une activité, d'un processus, et non au sein d'une fonction. Le tableau de bord n'est plus seulement un reporting financier d'une fonction mais un diagnostic quantitatif et qualitatif d'une activité.

Ces tableaux de bord sont ainsi analysés au sein du contrôle de gestion comme un outil de gestion de la performance par le dialogue et la coordination qu'ils suscitent et l'amélioration continue des activités.

4.2. Un tableau de bord reflétant le présent pour prévoir le futur

Pour M. Vlasselaer (1997) un tableau de bord efficace pour le pilotage de la performance devrait permettre de concilier plusieurs axes, parfois contradictoires :
- regarder derrière et devant ;
- réfléchir et agir ;
- créer une dynamique dans l'organisation.

Il s'agit alors de proposer un outil de gestion de la performance qui soit un lien entre la stratégie (les objectifs, les facteurs clés de succès) et l'opérationnel (les indicateurs de mesures des activités et des métiers). Cette orientation correspond au tableau de bord prospectif par R.S. Kaplan et de D.P. Norton ou Balanced Scorecard.

a) L'utilité dans le contexte actuel

Les décideurs cherchent à mettre en place un pilotage plus global de la performance, car les pressions des partenaires internes et externes à l'organisation sont fortes pour que l'entreprise crée de la valeur pour tous.

Il s'agit alors de construire et d'utiliser des outils de gestion qui permettraient de synthétiser et d'intégrer plusieurs dimensions et objectifs, parfois antinomiques, de la gestion comme la production et le commercial, le financier et les ressources humaines. Ainsi, dans cette optique, des praticiens ont essayé d'élaborer un tableau avec des indicateurs qui regroupent plusieurs domaines.

b) La construction du tableau

Parmi plusieurs tentatives et propositions, il est intéressant de retenir celle de R.S. Kaplan et D.P. Norton (1987) qui essaient d'intégrer quatre domaines pour construire un **tableau de bord prospectif ou Balanced Scorecard**. L'objectif est d'ajouter aux indicateurs financiers de la performance passée, des paramètres relatifs aux clients, aux processus internes et à l'apprentissage organisationnel, déterminés à partir des objectifs et des stratégies de l'entreprise, pour mieux piloter la performance future.

Les concepteurs recherchent, à travers cette démarche, non seulement un système de mesure plus diversifiée, mais aussi une aide pour un processus de management, car le tableau de bord prospectif oblige d'abord à bien formaliser les directions souhaitées et à bien quantifier les objectifs.

Il répond aux besoins de pilotage de la performance. S'appuyant sur les missions et la stratégie de l'entreprise, il décline celles-ci en objectifs et en mesures autour de quatre axes jugés primordiaux :
- l'axe **financier** qui permet de juger des résultats des autres axes ;
- l'axe **client** qui identifie les segments de marché sur lesquels l'entreprise souhaite se positionner ;
- l'axe **processus internes** qui analyse les politiques d'amélioration de trois composantes : l'innovation/conception des produits, la production (processus classiquement étudié dans tous les tableaux de bord), l'après-vente qui permet d'envisager la valeur du produit sur un cycle complet intégrant utilisation mais aussi recyclage… ;
- l'axe **apprentissage organisationnel** qui porte sur les infrastructures (ressources humaines, systèmes et procédures) que l'entreprise doit mettre en place pour améliorer la performance et générer la croissance à long terme.

UN SUPPORT POUR TRADUIRE LA STRATÉGIE EN OBJECTIFS OPÉRATIONNELS

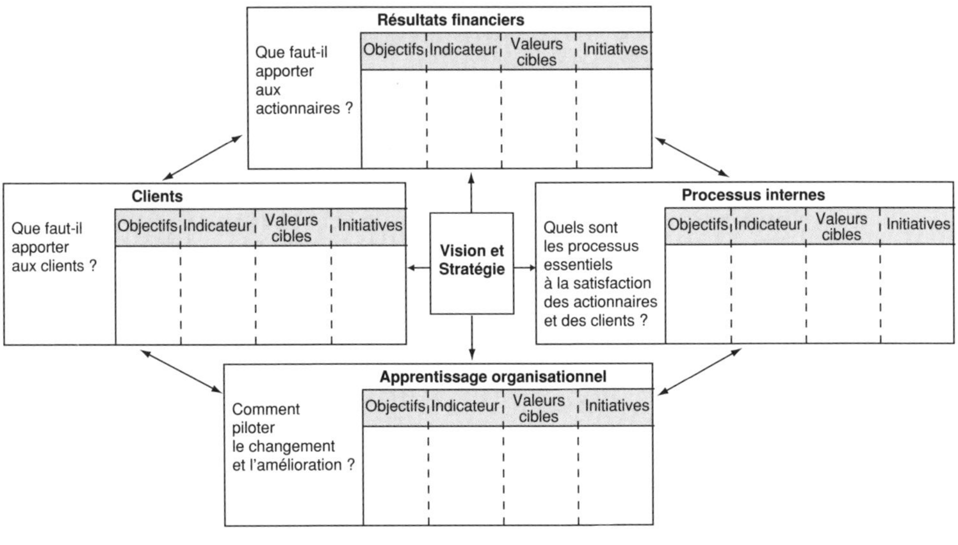

R.S. Kaplan et D.P. Norton, *Le tableau de bord prospectif*, Éd. d'Organisation, 1987.

Les caractéristiques de chacun des axes sont présentées dans le tableau ci-après :

SYNTHÈSE DES QUATRE AXES CONSTITUTIFS DES TABLEAUX DE BORD PROSPECTIFS

	Axe «financiers»	Axe «clients»	Axe «processus internes»	Axe «apprentissage organisationnel»
Missions	Base des autres axes, permet de mesurer les résultats des centres opérationnels. Ses objectifs varient en fonction du cycle de vie du produit.	Formuler la stratégie de marché qui produira la performance financière optimale dans le futur.	Maîtriser au mieux l'ensemble des processus : de l'innovation au SAV.	Atteindre les trois autres axes grâce aux potentiels des salariés, aux capacités des systèmes d'information en jouant sur la motivation et la responsabilisation des acteurs. Alignement des objectifs de l'entreprise et du management des salariés.
Points clés/ paramètres	La croissance du chiffre d'affaires, la rentabilité des actifs, des produits ou/et des services, l'amélioration de la productivité.	Part de marché, conservation des clients, acquisition de nouveaux clients, satisfaction des clients et rentabilité des segments.	Amélioration de la qualité, diminution du coût et des délais.	Satisfaction des salariés, fidélisation du personnel, productivité individuelle, suggestions et alignement des objectifs individuels et de l'entreprise.
Indicateurs	Part de résultat générée par les nouveaux produits, accroissement de profits, taux de rentabilité des actifs.	Chiffre d'affaires, volume d'achat, pourcentage de croissance du volume d'activité réalisé avec les clients existants, nombre de clients gagnés, nombre de plaintes, rentabilité brute moyenne.	Taux de retours pour défauts de qualité ; délais de rotation des stocks ; taux de déchets recyclés par l'entreprise ; temps moyen de réglage.	Enquête pour déterminer un indice général de satisfaction, chiffre d'affaires réalisé par salarié, taux de rotation du personnel, nombre de suggestions par salarié.
Commentaires	Permet d'évaluer les effets économiques quantitatifs des actions passées et de juger de l'atteinte des objectifs sur le résultat de l'entreprise.	Il identifie les segments de marché sur lesquels l'entreprise souhaite se positionner, ceux qui généreront le chiffre d'affaires nécessaire à la réalisation des objectifs financiers. Les indicateurs de cet axe permettent ainsi d'établir de mesures clés de la performance concernant les clients parfaitement adaptées aux segments visés.	Élément novateur du TBP : permet de mesurer les segments de marché rentables, de diminuer l'influence de l'entreprise sur l'environnement, d'améliorer les processus en améliorant la qualité, en diminuant les coûts et les délais.	Les entreprises doivent investir afin de donner de nouvelles compétences à leurs salariés, d'améliorer les systèmes d'informations et d'ajuster les procédures et les pratiques, ce qui permettra d'améliorer la performance et de générer la croissance à long terme.

1) Les étapes de la construction

• Définir, à partir d'une vision stratégique pour l'entreprise, les objectifs de la stratégie.

• Décomposer ces objectifs selon les quatre axes du tableau de bord : l'axe financier, l'axe clients, l'axe processus internes et l'axe apprentissage.

• Pour chaque axe, délimiter les indicateurs et leurs mesures à prendre en considération.

• Pour chaque indicateur, collecter les informations selon la périodicité choisie.

• Enfin, déterminer la manière d'analyser et d'utiliser le tableau pour un pilotage dynamique de l'entreprise.

2) Les limites de la démarche

Dans sa première phase, le tableau de bord prospectif peut être difficile à expliciter et à faire accepter aux acteurs de l'organisation. Les informations peuvent être difficiles à collecter et à traduire en mesures simples.

Dans l'utilisation, les objectifs techniques locaux peuvent être minorés au profit d'indicateurs plus globaux alors même que la performance opérationnelle technique est aussi importante.

4.3 Un tableau de bord reflétant la dimension humaine et sociale des organisations

On demande au contrôle de gestion d'être carrefour et intégrateur de paramètres financiers et de données sociales, de proposer des tableaux de bord pour aider les directeurs financiers comme les directeurs de ressources humaines à piloter la performance économique et sociale.

Un tableau de bord social est un ensemble d'instruments mis à la disposition des responsables rassemblant et présentant l'information en vue d'aider les décisions sociales et de favoriser la décision sociale.

Il est possible de construire un tableau de bord par étape progressive en fonction des besoins perçus et de l'expérience accumulée ; ainsi, B. Martory repère trois niveaux possibles : un niveau minimal, niveau intermédiaire de transition, niveau complet évolué.

Voir tableau page ci-après.

Le **contrôle de gestion sociale**, en tant que système d'aide au pilotage social de l'entreprise, doit essayer de tenir compte, au-delà des coûts des salariés et des dimensions quantitatives de leur travail (absentéisme, *turn over*, démographie, etc.), du jeu des acteurs, de leur rationalité limitée, de l'intuition, du charisme, des effets de clan, de culture, des intérêts individuels qui s'entrechoquent dans les comportements humains avec un certain degré d'aléas et de hasard.

Quatre domaines / Trois niveaux	Effectifs Ressources humaines	Formation Performances Compétences	Rémunérations Coûts salariaux	Climat Dysfonction-nements
MINIMUM VITAL	Tableau mensuel d'effectif Pyramides âges ancienneté État des compétences (sur les services clefs)	Suivi des opérations de formation Plan de formation Indicateurs de productivité pour les productifs	Paie Salaire moyens, médians, structure de salaire Analyse des évolutions de la masse salariale Enquête de salaires	Turn-over global Absentéisme Accidents Conflits
SYSTÈME DE TRANSITION	+ Projection d'effectifs Analyse prévisionnelle des compétences Pyramides fines Plans de remplacement	+ Suivi de la formation par projet Analyse des incidences formation Performance des fonctionnels	+ Suivi des compétences Structure des rémunérations (nuage de points) Projection de masse salariale Budgets de frais de personnel	+ Analyses fines des dysfonctionnements • Turn-over • Absentéisme par site, sexe, catégorie… Accidents, incidents par heures, jours…
	UNE GESTION INDIVIDUELLE DÉTAILLÉE ET INTERACTIVE			
SYSTÈME ÉVOLUÉ	+ Gestion prévisionnelle systématique ↕ Gestion des carrières ←→ ↕ Maîtrise ←→ des compétences	+ Suivi systématique des performances Projet individuel de formation	+ Systèmes d'intéressement Projection de masse salariale (système évolué)	+ Enquêtes sur les départs Enquêtes régulières de climat Coûts des dysfonctionnements
	UN SYSTÈME COMPLET D'INFORMATION ET DE PILOTAGE			
	EFFECTIFS COMPÉTENCES ←→	APPRÉCIATIONS ←→	RÉMUNÉRATIONS ←→	COMPORTEMENTS

Ainsi, il est possible de proposer des familles d'indicateurs pour construire des tableaux de bord sociaux, par exemple :

Indicateurs de performances socio-économiques	Indicateurs de productivité	• CA/effectifs • VA/effectifs • EBE/effectifs • Création valeur économique/effectifs
	Indicateurs de mise sous tension des ressources humaines pour la création de valeur	• Pourcentage rétribution performances individuelles & Collectives/rétribution globale • Pourcentage collaborateurs actionnaires • Nombre d'incidents dus à un manque de fiabilité individuelle et collective • Nombre réunions en retour d'expérience • Nombre de projets innovants
Indicateurs de risque social	Évolution du climat social et risque de conflictualité	• Niveau satisfaction personnel • Litiges sur discrimination • Coûts du contentieux RH • Nombre accords signés avec *n* syndicats représentatifs
	Indicateurs de dysfonctionnement	• Taux *turn over* par démission • Taux de conflits • Taux d'absentéisme • Accidents travail
	Capacité de flexibilité	• Pourcentage personnel redéployé depuis 2 ans • Taux mobilité interne
Indicateurs de développement durable	Attractivité entreprise	• Nombre candidature par poste • Taux maintien du personnel • Emplois offerts/acceptés • Taux départ nouveaux entrants
	Développement des compétences	• Pourcentage personnel polycompétent • Amélioration du taux et de la qualité de l'encadrement • Capacité à s'enrichir des compétences externes
	Développement social	• Pourcentage femmes cadres supérieurs • Budget formation/coût d'exploitation • Existence d'une charte éthique

Le contrôleur de gestion peut aussi collaborer avec le directeur des ressources humaines pour mesurer l'implication des acteurs d'une organisation, au travers de tableaux de notation élaborés à partir de plusieurs questions, comme par exemple (d'après la revue *Échanges*, n° 199, mai 2003) :

Questions		Note de 1 à 5	
Vos idées sont-elles ?	Vite oubliées		Écoutées
Les réunions sont-elles ?	À sens unique		Participatives
L'information est-elle ?	Protégée		Transparente
La collaboration est-elle ?	Difficile		Facile
La direction prise par l'entreprise est-elle ?	Floue		Claire

4.4 Un tableau de bord intégrant la dimension sociétale

Les pressions internationales politiques et économiques conditionnent les entreprises pour qu'elles intègrent dans leur stratégie un comportement socialement responsable, éthique, c'est-à-dire tenant compte des pays pauvres du sud, des problèmes écologiques et sociaux de la planète pour préserver les générations futures. Le développement durable, mode idéologique ou véritable prise de conscience, consiste à gérer la croissance des activités et des entreprises tout en préservant les ressources, en équilibrant le commerce mondial et en investissant dans des domaines sociétaux.

Là encore, cela suppose une remise en cause du calcul classique des coûts ; la comptabilité analytique classique ne détaille pas, ne mesure pas les coûts cachés et les coûts externalisés à la collectivité, aux fournisseurs, aux actionnaires (réchauffement de l'air, de l'eau, atteintes à la santé, etc.) ; il faudrait donc que le contrôle de gestion actuel apporte une lisibilité sur ces coûts non visibles aujourd'hui (coûts de gestion des déchets, de recyclage, coût pour gérer le patrimoine, coût pour informer les clients, citoyens et actionnaires, par exemple parmi beaucoup d'autres).

La connaissance précise de tous ces éléments de coûts, que l'entreprise doit supporter et ne plus faire subir à ses partenaires extérieurs, permettra aux stratèges une nouvelle fixation des prix pour les intégrer : l'enjeu est donc de taille et nécessite la mise en place de nouveaux indicateurs, de nouveaux découpages et analyses de coûts. Il n'y a pas encore beaucoup de propositions en ce domaine.

En revanche, en France, avec les nouvelles régulations économiques (loi NRE de mai 2001), l'article 116 impose aux entreprises cotées de rendre compte des conséquences sociales et environnementales de leur activité ; ainsi, on voit émerger des indicateurs sociétaux, des agences d'observation et de notation qui élaborent des bilans sociétaux, des scores, des classements d'entreprises en tenant compte de critères environnementaux (du produit, du processus de production), sociaux (quant aux clients, actionnaires, collaborateurs, société civile).

Une première société de notation est apparue en France en 1997 (ARESE), puis une autre en Suisse (ETHOS) ; il y a aujourd'hui neuf agences de notation en Europe, toutes nationales. ARESE, reprise par VIGEO en juillet 2002 et dirigée par Nicole Notat, est la première entreprise européenne qui vend à des investisseurs et à des entreprises des notations sur l'éthique et le développement durable. Ces agences apprécient plusieurs dimensions du comportement éthique, avec de nombreux critères à partir d'informations recueillies sur l'entreprise par des questionnaires, des entretiens, des articles de presse, des communications internes et externes de l'entreprise, tant sur sa politique de ressources humaines que sur sa politique pour l'environnement naturel, ses relations avec la société civile, sa politique en direction des actionnaires, sa transparence.

EXEMPLE DE GRILLE DE NOTATION SOCIETALE

Domaine	Indicateurs
Environnement	• Politique environnementale • Méthodes de production, recyclage • Gestion des déchets et des risques environnementaux • Labels écologiques • Information sur les produits • Programme d'économie d'énergie • Matériaux, substances, emballages
Ressources humaines dans l'entreprise	• Conditions de travail et prestations sociales • Motivation et satisfaction des collaborateurs • Formation et participation • Attitude face aux syndicats • Création d'emplois, partage du travail
Clients et qualité	• Qualité des produits • Impact social des produits • Relations avec les clients • Relations avec les fournisseurs • Attitude face aux concurrents
Actionnaires	• Transparence & politique d'information • Égalité de traitement des actionnaires • Composition du conseil d'administration • Rémunération des instances dirigeantes • Propositions d'actionnaires
Société civile	• Relations avec collectivités publiques • Relation avec populations locales • Attitude face à la législation • Respect de la démocratie, droits de l'homme • Mesures anti-corruption

(À partir de documents de ARESE et de ETHOS.)

Exemple de bilan sociétal

De nombreuses réflexions ont été menées depuis les années cinquante aux États-Unis et en Europe. Aujourd'hui, l'association CJDES (Centre des jeunes dirigeants de l'économie sociale) a élaboré un outil innovant dans la perspective d'une promotion des valeurs et des acteurs de l'économie sociale. Voici la structure du référentiel élaboré et les critères d'appréciation.

Structure générale des domaines du référentiel

1. Activité et relations clients

Positionnement du produit/service et étude d'impact
Co-production du produit/service
Politique commerciale et relations clients

2. Gestion économique

Fournisseurs
Recours à la sous-traitance ou à la délocalisation
Investissements
Éthique financière
Politique de placements
Affectation des résultats
Contrôle de gestion, audit et évaluation : moyens et pratiques

3. Anticipations – Innovation – Prospective

Quelle démarche et quels objectifs ?
Veille, vigie et prospective
Participations professionnelles
Budget de recherche et développement

4. Production – Organisation du travail

Métiers et compétences
Transparence de l'organisation
Valorisation et conditions d'emploi des ressources internes
Organisation participative

5. Ressources humaines

Procédures de recrutement
Accueil
Participation-Motivation
Évolution au sein de l'entreprise
Recherche d'équité
Création et maintien de l'emploi
Formation opérationnelle
Formation non-opérationnelle
Conditions de travail-Sécurité
Temps de travail

6. Acteurs internes – Citoyens de l'entreprise

Valorisation du bénévolat
Participation des salariés
Participation financière
Évaluation ascendante
Soutien à des initiatives citoyennes des salariés
Participation au logement des salariés
Communication interne en direction des salariés

7. Environnement humain, social et institutionnel

Ouverture des infrastructures de l'entreprise aux personnes extérieures
Politique de transports
Engagement des salariés dans la vie locale
Relations des élus de l'entreprise et des responsables locaux
Apports à la vie locale
Soutien matériel et technique aux établissements d'enseignement
Aide à l'insertion économique des élèves et des étudiants
Aide technique à la création et aux créateurs
Relations avec les fournisseurs
Rapports avec les organismes impliqués dans la gestion de l'emploi
Partenariats avec des structures d'insertion pour le maintien de l'emploi
Participations aux institutions et actions professionnelles
Actions humanitaires et mécénat
Transferts de technologies
Communication institutionnelle
Information
Publicité

8. Environnement bio-physique

Respect du site
Construction
Niveau de bruit
Existence de risques
Identification des risques
Personnes et choses exposées à des risques
Normes
Coopération et mobilisation
Politique active concernant les matières premières, les rejets
Initiatives, mesures anticipatrices, responsabilités

9. Finalités – Valeurs – Éthique

Lisibilité des valeurs
Transmission des valeurs de l'entreprise
Respect de la législation
Respect de l'Homme
Transparence et justification des décisions et des pratiques
Organisation du pouvoir et du contrôle

Critères d'appréciation et défintions

1. Activité

Rapport entre l'occupation observée et les potentialités offertes par les ressources humaines et les équipements.

2. Citoyenneté interne

Capacité de l'organisation à promouvoir la démocratie interne.

3. Citoyenneté locale et économique

Modes de comportements avec les acteurs de l'environnement géographique immédiat visant à œuvrer dans un intérêt commun ou général ; modes de comportements avec les partenaires économiques externes visant à œuvrer dans un intérêt commun.

4. Compétitivité

Capacité à faire face à la concurrence en s'adaptant aux évolutions du marché.

5. Convivialité

Capacité à entretenir des rapports positifs entre les personnes.

6. Créativité et esthétique

Capacité d'innovation, de développement de nouvelles idées ; capacité à fournir une qualité visuelle visant à l'harmonie des formes et des couleurs.

7. Efficacité et efficience

Rapport entre les résultats obtenus et les objectifs prévus ; rapport entre les résultats obtenus et les moyens ou ressources utilisés.

8. Employabilité et développement des capacités cognitives

Capacité à fournir un potentiel de réemploi à un salarié ; capacité à développer des compétences individuelles et collectives.

9. Éthique

Capacité à respecter des valeurs auxquelles l'organisation adhère.

10. Respect de l'environnement

Capacité à favoriser le développement durable.

11. Satisfaction

Capacité de réponse aux attentes des consommateurs et/ou des salariés dans leur travail.

12. Sécurité – Santé

Degré d'exposition aux risques encourus par le personnel, les clients, les tiers.

13. Solidarité

Capacité à l'assistance, au soutien de publics prioritaires.

14. Utilités sociale et collective

Capacité à fournir un service ou un produit répondant à un besoin peu ou mal satisfait.

15. Viabilité

Capacité de l'organisation à assurer seule sa longévité et sa pérennité.

M. Capron, « Le bilan sociétal », *Comptabilité, Contrôle, Audit*, numéro spécial, mai 2003.

RÉFLEXIONS SUR LE THÈME

1. Un «bon» tableau de bord peut être un avantage compétitif

Pour les directions générales, connaître en temps réel les résultats et les performances de l'entreprise est plus que jamais une nécessité impérative.

La mondialisation oblige les entreprises qui interviennent sur des marchés de plus en plus complexes et concurrentiels à des adaptations fréquentes et rapides sur divers plans (commercial, productif mais aussi financier).

Pour répondre à ces évolutions, les directions générales ont fréquemment besoin de données pertinentes sur les ajustements à entreprendre.

Parallèlement, l'introduction de l'informatique transforme l'entreprise en un lieu de production d'informations de toute nature dont le nombre devient un handicap à leur exploitation. Il devient primordial de faire des tris et d'extraire les données synthétiques nécessaires à la prise de décision.

Dans ce contexte, un tableau de bord adapté et performant peut donner à l'entreprise un avantage concurrentiel décisif.

2. Le tableau de bord et le contrôle de gestion

En donnant à chaque responsable opérationnel les repérages nécessaires pour piloter son centre de responsabilité, le tableau de bord ne se substitue-t-il pas au contrôle de gestion ?

La mise en place d'un réseau de tableaux de bord donne à chaque opérationnel une autonomie de gestion qui peut faire croire à l'inutilité d'un contrôle de gestion.

Pourtant, ce dernier reste un médiateur indispensable :

- c'est souvent le contrôle de gestion qui est à l'origine de la mise en place de cet outil. Il aide à la définition des objectifs et des délégations sur toute la ligne hiérarchique. Il définit en collaboration avec les intéressés les paramètres à retenir ainsi que leur fréquence d'édition ;
- le contrôle de gestion intervient pour permettre le dialogue et la négociation lors de l'exploitation des tableaux ;
- enfin, le contrôleur peut, plus vite que les opérationnels, s'apercevoir d'un décalage entre les informations fournies par les tableaux de bord et celles souhaitées : c'est son rôle que d'inciter à une remise à jour des indicateurs.

Applications

(1) *Entreprise Delyse*

L'entreprise Delyse traite une matière première, la mélasse de betteraves. Celle-ci fermente dans de grandes cuves ; il en sort alors du moût, produit intermédiaire, qui doit être purifié dans une station de purification. On récupère la «lysine» et des effluents. Les effluents donnent naissance au sous-produit, le «sirional».

Les techniques de gestion mises en œuvre à Zedlyne procèdent de la direction participative par objectifs, aussi la comptabilité analytique s'attache-t-elle particulièrement à l'analyse des causes des écarts significatifs entre les réalisations et les objectifs assignés à chaque centre de responsabilité, dans un document appelé le «tableau de bord». Ce document permet d'envisager des actions correctives en retour. L'objectif de mise en jeu de responsabilité a conduit l'entreprise à n'incorporer dans les coûts de production que les éléments pour lesquels le contrôle de la consommation peut être attribué à un responsable.

Le tableau de bord regroupe l'ensemble des charges et des produits préétablis conformément aux objectifs de production fixés et des charges et des produits préétablis et constatés relatifs à la production réelle. Les coûts unitaires préétablis appelés «unité de compte industriel» (UCI) sont le résultat d'études techniques et aussi de négociations, chaque centre de production (auxiliaire ou principal) devient centre de responsabilité. Il lui est affecté les charges directes et indirectes le concernant.

La société calcule un écart sur prix des achats de matières premières dès l'entrée en stock des matières.

Une gestion par exceptions conduit à n'analyser que les écarts sur éléments de coûts de production supérieurs à 10 % du coût préétabli.

Document 1 : État des consommations constatées du centre Fermentation et Contrôle biologique (pour une production réelle de moût de 2 418,3 tonnes)

(en euros)

	Quantité	Coût unitaire	Coût total
Mélasse			1 079,2
Fournitures de laboratoire	2 696,4	0,025	67,41
Services extérieurs	2 692,3	0,015	42
Charges de personnel			22
Centre gestion des personnels			5
Centre gestion des bâtiments			25,4
Centre gestion des matériels			27
Centre prestations connexes			13,5

Document 2 : Extrait du tableau de bord du centre Fermentation et Contrôle biologique

Production préétablie du centre.. 2 700 t de moût.
Activité préétablie du centre.................................... traitement de 3 000 t de mélasse.
Les unités de comptes industriels (UCI) sont établies pour chaque centre, par unité d'activité.

		Objectifs			Réalisations		
		Q	UCI	Total	Q unitaire	Coût	Total
Produits et services entrants :							
Mélasse	V	3 000	0,4	1 200	Q_R	UCI	R
Fournitures de laboratoire	V	3 000	0,028	84	Q_R	CR	R
Services extérieurs indirects	V	3 000	0,005	15	Q_R	CR	R
	F			15			
Charges de personnel	V	3 000	0,0075	22,5	Q_R	UCI	R
Prestations des centres auxiliaires :							
Gestion des personnels	V	3 000	0,002	6	Q_R	UCI	R
Gestion des bâtiments	V	3 000	0,01	30	Q_R	UCI	R
Gestion des matériels			Forfait	27		Forfait	
Prestations connexes	V	3 000	0,005	15	Q_R	UCI	R
Total des charges			0,4575	1 414,5			
Produits sortants : Moût		2 700	0,5239	1 414,5			

▭ Écarts sous la responsabilité du centre.
R : Résultat réel constaté.
C_R : Coût réel constaté.
Q_R : Quantité réelle calculée. Les variations de coûts, lorsque les coûts unitaires sont des UCI, sont assimilées à des variations de quantité.
V : Partie variable des charges.
F : Partie fixe des charges.
Forfait : Allocation de charges facturées par le centre fournisseur, indépendante de l'activité du centre consommateur.

QUESTIONS

1. **Présenter le tableau de bord du centre «Fermentation et contrôle biologique».**
2. **Calculer les écarts des composants du coût du centre «Fermentation et contrôle biologique».**
3. **Analyser les écarts significatifs.**
4. **Dire comment l'on peut justifier la prise en compte par le consommateur d'un montant forfaitaire de charges de «Gestion des matériels» (service entretien notamment) et non des consommations réelles. Dire qui serait responsable d'un éventuel écart de consommations.**
5. **Expliquer l'intérêt des UCI. Pourquoi les prestations réelles sont-elles valorisées à l'aide de l'UCI ?**

(d'après DECF)

(2) *SA Garage du Lauragais*

La SA Garage du Lauragais est une entreprise implantée dans la zone industrielle de Villefranche-de-Lauragais et dont l'objet social réside essentiellement dans :
– l'achat et la vente de véhicules neufs et de véhicules d'occasion ;
– les travaux de réparation-mécanique ;
– la vente de pièces détachées, d'accessoires, de carburants et de pneumatiques de toutes marques ;
en vue de la constitution de tableau de bord pour les activités suivantes :
– vente de véhicules neufs ;
– vente de véhicules d'occasion ;
– travaux de réparation-mécanique.

M. Mabil, PDG du Garage du Lauragais, vous fournit les renseignements consignés ci-après :

1) Activité «Vente de véhicules neufs»

La SA Garage du Lauragais est agent exclusif de la marque «Recigeot» ; les engagements commerciaux et les commissions ont été définis comme suit avec le concessionnaire du canton :

Véhicules neufs	Ventes mensuelles	Prix de vente moyen (HT)	Commissions sur vente
Bas de gamme : BG	3	8 000	6 %
Milieu de gamme : MG..........................	4	12 000	8 %
Haut de gamme : HG.............................	1	20 000	10 %

Garantie des véhicules neufs

Les travaux de réparation effectués dans le cadre de la garantie légale et de la garantie contractuelle constituent une opération «blanche» pour l'entreprise, car les frais de main-d'œuvre et le coût des pièces défectueuses échangées, gratuits pour le client, sont refacturés au constructeur aux prix habituels.

2) Activité «Vente de véhicules d'occasion»

On peut estimer à quatre-vingt-dix le nombre de véhicules d'occasion vendus chaque année.
Ces véhicules sont vendus au prix moyen de 5 000 € HT en réalisant une marge bénéficiaire de 800 € HT.

Généralement, ces véhicules ont fait l'objet d'une «reprise» auprès des acheteurs de véhicules neufs et leur remise en état exige, en moyenne, trois heures de réparation-mécanique par véhicule ; par ailleurs, M. Mabil estime à 30 € HT par véhicule le coût d'achat des pièces détachées utilisées pour ce type d'opération.

Garantie des véhicules d'occasion

Ces véhicules sont garantis trois mois «pièces et *main-d'œuvre*» par le Garage du Lauragais. L'expérience a montré que l'exercice de cette garantie représentait en moyenne une heure de réparation par véhicule, la proportion «*main-d'œuvre/pièces détachées*» étant identique à celle des travaux de réparation facturés habituellement à la clientèle.

3) Activité «Travaux de réparation-mécanique»

Cette activité est assurée par quatre personnes, un chef d'atelier et trois mécaniciens, dont on peut estimer le temps productif annuel à 45 semaines par an, à raison de 39 heures par semaine et la demande locale est suffisante pour envisager une activité régulière sur l'ensemble des jours ouvrés.
Par ailleurs, une heure productive est facturée 1 heure et quart en moyenne, en raison des gains sur temps barémés par les constructeurs.
L'analyse des factures portant sur des travaux de réparation-mécanique a permis de constater que le montant hors taxes d'une facture est formé à raison de 60 % par de la main-d'œuvre facturée et à raison de 40 % par des pièces facturées.
L'heure de main-d'œuvre est facturée 24 € HT ; on estime à 25 % la marge commerciale sur les pièces détachées facturées.

QUESTIONS

1. **Définir les *missions*, les *objectifs* et les *facteurs clés de succès* du centre de profit «Travaux de réparation-mécanique».**
2. **Proposer un tableau de bord permettant à la direction d'avoir un suivi périodique de cette activité.**
3. **Proposer un système de mesure des performances du centre de profit «Véhicules d'occasion» par rapport à ses objectifs, à sa mission et à ses moyens.**

(D'après DESCF)

③ *Sablières de Sologne*

Les Sablières de Sologne, dont l'activité première était l'exploitation de carrières distantes de quelques kilomètres et la fabrication de sable et de gravier dans deux centres de traitement, s'est diversifiée dans la fabrication de grave et de béton (centre de traitement 3) à destination de grands chantiers régionaux de BTP.

Sa dirigeante, Mme Chantereau, avait le sentiment que le contrôle de son entreprise lui échappait : baisse du chiffre d'affaires, problèmes incessants de trésorerie, désorganisation au niveau de la production, arrêts fréquents des matériels ayant pour cause un matériel vieillissant et un laxisme du service d'entretien.

La force de vente était peu motivée car son responsable était absorbé par des problèmes liés à la gestion des véhicules qui doivent tout à la fois servir au transport des matériaux des carrières, aux centres de traitement et aux livraisons aux clients.

Une première mission d'organisation a été confiée à votre cabinet, mission qui a débouché sur la mise en place d'une comptabilité analytique permettant de suivre les mouvements de matériaux, de les valoriser et de connaître les coûts de revient des différents produits finis (cf. exercice 4 du chapitre 5).

Suite à votre mission, un jeune technicien spécialiste en logistique a été embauché pour prendre en charge la gestion des camions et optimiser leur rotation et l'organisation des tournées de livraisons en termes de délais et de coûts. Il est également chargé du suivi et du coût de l'entretien du parc de véhicules, entretien qui a été confié à un prestataire extérieur à l'entreprise.

Par ailleurs, une réflexion a été engagée afin de développer le chiffre d'affaires et de trouver de nouveaux clients. Il a été décidé :
- d'améliorer la rapidité de livraison des chantiers de BTP compte tenu des pénalités prévues contractuellement et de la volonté de développer les ventes à destination de ces clients ;
- de développer des produits spécifiques à destination des particuliers : l'urbanisme de la région entraîne de nombreux chantiers de constructions neuves ou de rénovation pris en charge par des ménages.

Ces derniers sont demandeurs de produits facilement transportables ou de livraisons de petites tailles. Une installation d'ensachage a été acquise d'occasion et elle permet de proposer les différents sables et graviers en sacs de 50 kg. Parallèlement, l'entreprise a acquis en leasing deux toupies de petites tailles qui, jointes à une pompe facilement transportable, permettent de livrer du béton en petites quantités et à domicile.

Mme Chantereau vous confie donc une nouvelle mission : elle souhaite la conception et la réalisation de tableaux de bord. Sa demande se structure autour de deux axes :
- un **tableau de bord de gestion** à destination du responsable « gestion des camions » qui permette de suivre facilement la réalisation des objectifs et les moyens alloués à ce dernier ;
- un **tableau de bord de direction**, optique tableau de bord prospectif pour elle-même afin de fédérer les responsables de son entreprise autour d'axes d'amélioration clairs :
  - développer à 3 ans le marché des particuliers de sorte qu'il représente 20 % du chiffrre d'affaires de l'entreprise et dégage une rentabilité de 20 % avant impôt sur les moyens nouveaux acquis,
  - satisfaire les clients BTP de sorte que le chiffre d'affaires augmente de 10 % l'an,
  - optimiser la gestion du parc de camion,
  - diminuer notablement les arrêts matériels en améliorant la qualité de l'entretien et la motivation des hommes.

QUESTIONS

1. Concevoir le tableau de bord de gestion à destination du responsable « gestion des camions ». Expliciter la démarche et proposer un document finalisé.
2. Rappeler brièvement l'intérêt et la logique des axes du tableau de bord prospectif.
3. Concevoir le tableau de bord prospectif (TBP) à destination de Mme Chantereau.

④ Cabinet Expert

Le cabinet comptable Expert est une structure de taille moyenne (une trentaine de personnes) qui envisage de racheter un cabinet de taille légèrement inférieure (une vingtaine de personnes).
Conscients de la difficulté de valoriser leur savoir-faire auprès de la clientèle et de la concurrence accrue qui les oblige à une baisse du prix de facturation des prestations, les trois experts-comptables associés souhaitent profiter de cette acquisition pour engager une réflexion sur le développement de leur entreprise et son potentiel d'amélioration. Ils ont contacté un cabinet de conseil organisationnel qui leur propose une démarche originale de segmentation de leur clientèle.

Vous disposez des documents suivants :
- *Annexe 1* : Organisation actuelle du cabinet
- *Annexe 2* : Démarche de segmentation de la clientèle proposée par le cabinet conseil.
- *Annexe 3* : Éléments de stratégie retenus par les dirigeants du cabinet d'expertise.

Dans le but de suivre la réalisation de leurs choix stratégiques, de mobiliser leurs collaborateurs et d'analyser les facteurs de performance du cabinet, les dirigeants souhaitent promouvoir de nouveaux indicateurs. Ils envisagent la mise en œuvre de nouveaux tableaux de bord inspirés d'une démarche de tableau de bord prospectif.

QUESTIONS

1. **Analyser la pertinence des tableaux de bord utilisés actuellement par le cabinet.**
2. **Préciser les éléments de management qui doivent prévaloir dans la mise en place de tableaux de bord.**
3. **Proposer une architecture générale de tableaux de bord adaptés au Cabinet Expert. Pour chaque tableau, préciser les finalités, la nature des indicateurs, le ou les destinataires, et la périodicité de sa publication.**

ANNEXE 1
Organisation actuelle du cabinet

Le cabinet est organisé en 6 groupes de travail structurés autour d'un chef de mission et de collaborateurs de qualification différente. Chaque groupe est responsable d'un portefeuille clients, sauf un qui s'occupe spécifiquement du domaine social (établissement des bulletins de salaires, conseils liés aux mouvements de personnel) et qui travaille pour les 5 autres. L'organisation du travail est gérée au niveau des groupes : certains chefs de mission privilégient la polyvalence des collaborateurs sur tous les dossiers du groupe, d'autres affectent les dossiers clients à des collaborateurs précis.

Les missions du cabinet sont classiques pour une structure de cette taille :
- dossier de tenue et de petite révision comptable avec quelques travaux fiscaux (TVA) pour des TPE (très petites entreprises) ;
- expertise comptable (« montage » de bilan et de documents fiscaux pour des comptabilités tenues chez le client) à destination des PME ;
- révision légale ou contractuelle ;
- quelques missions exceptionnelles comme des dossiers de fusion ou d'audit dans le cadre de restructuration.

Les clients, au nombre de 372 se répartissent en 178 entreprises de petites tailles (TPE), 80 PME et 112 missions de commissariat aux comptes.

Principes de facturation

Les honoraires sont définis par les experts en fonction du temps à passer estimé et du niveau de difficulté du dossier.

Ce niveau de difficulté définit le niveau de compétence du ou des collaborateurs qui doivent intervenir sur la mission. Le taux de facturation est de 2 pour mille de la rémunération brute annuelle du collaborateur concerné. À l'estimation obtenue, un « bonus » de 10 % de temps d'expert ou de chef de mission est ajouté pour conseils récurrents sur le dossier.

Dans 70 % des dossiers, un acompte mensuel est demandé avec réajustement semestriel en fonction de la réalité du temps passé sur le dossier. Les travaux à caractère exceptionnel sont facturés au coup par coup. Les clients paient majoritairement par chèque, 30 % par prélèvement, 15 % par traite. Le délai moyen de paiement est de l'ordre de 3 mois et demi et a tendance à s'allonger.

Suivi des performances

Il est constitué essentiellement du suivi des heures facturables. Chaque collaborateur remplit des feuillles de temps où il spécifie tous les temps passés en travail sur un dossier, en formation, en tâches administratives, etc. Les heures facturables sont celles qui permettent une facturation aux clients. Chaque collaborateur a ainsi un objectif de productivité compte tenu de son niveau de qualification et d'une norme en termes de niveau d'activité demandé.
La gestion du temps de travail est très décentralisée et annualisée : un excès d'heures permet des demi-journées de récupération selon un système souple au grè de chacun sous la responsabilité du chef de groupe.

Un budget existe mais il est simpliste et se contente de grandes masses : chiffre d'affaires facturé, chiffre d'affaires facturable, masse salariale, loyers.

L'ensemble de ces informations est regroupé dans un **tableau de bord mensuel** à deux niveaux :
- un pour chaque chef de groupe ;
- un pour les trois experts-comptables.

La structure est identique pour les deux types de destinataires mais le niveau de détail diffère : les informations fournies à chaque chef de groupe concernent chaque collaborateur, celles à destination des experts ne reprennent que des totalisations par niveau de qualification au sein de chaque groupe de travail.

Les informations fournies concernent :
- l'avancement par dossier : les heures réelles passées sur le dossier par chaque collaborateur, compte tenu de leur taux horaire, déterminent une facturation théorique qui est comparée à la facturation réelle sous forme d'écart calculé en valeur absolue et en valeur relative ;
- la productivité des collaborateurs : il s'agit d'un récapitulatif du temps des collaborateurs selon sa nature : absence (maladie, congé, récupération), temps facturé, temps de formation, temps d'administration non facturable. Un ratio de pourcentage de facturation est établi et confronté aux normes de la profession.

Dans le tableau de bord à destination des dirigeants, il a été ajouté quelques informations globales : chiffre d'affaires facturé du mois, chiffre d'affaires encaissé du mois, nombre de factures, montant moyen d'une facture, montant moyen de la facturation par collaborateur.

Par ailleurs, les experts suivent plus spécifiquement la trésorerie du cabinet.

ANNEXE 2

DÉMARCHE DE SEGMENTATION DE LA CLIENTÈLE PROPOSÉE PAR LE CABINET CONSEIL

Ce cabinet conseil propose d'établir une segmentation de la clientèle afin de connaître les clients qualitativement et de mettre en évidence des possibilités de développement de produits nouveaux.
Chaque collaborateur doit alors intégrer dans sa relation avec le client une fonction commerciale et développer une logique marketing. Cette étude est élaborée collectivement par chaque groupe de travail et demande la participation de chaque collaborateur afin de sensibiliser le personnel à son nouveau rôle de prescripteur.

Un dossier client est analysé par rapport à trois critères :
– critère 1 : la personnalité du dirigeant ;
– critère 2 : la nature de l'activité de l'entreprise cliente ;
– critère 3 : la capacité de l'entreprise cliente à s'organiser.

Critère 1 : la personnalité du dirigeant

La personnalité du dirigeant est répertoriée en deux types de profil :

Profil A : le dirigeant est avant tout un homme d'action, de flair et d'instinct. Il présente de bonnes capacités à développer son affaire si le secteur d'activité le lui permet. Le monde de l'administratif, de l'organisation, de la rigueur lui est étranger, voire considéré comme une perte de temps. Il est sensible au contact et au relationnel mais le langage de l'expert-comptable n'est pas adapté à ce type de personne. Cependant, son critère de choix est souvent le prix de la prestation.
Profil B : le dirigeant est un homme d'action mais aussi de réflexion, il sait correctement s'entourer, ses décisions sont réfléchies. Il apprécie une démarche qualité. Il attend de l'expert-comptable d'être l'interlocuteur privilégié qui le sécurise dans la réflexion.

Critère 2 : la nature de l'activité de l'entreprise cliente

Dans une première approche, seuls trois types d'activités sont retenus :

Activité 1 : activité caractérisée par un faible niveau de concurrence, un rayon d'action local, une obligation de qualité faible. Les entreprises de ce secteur ont peu de personnel, un chiffre d'affaires inférieur au plafond du réel simpllifié. Cette activité ne nécessite pas de son dirigeant des qualités managériales développées. Le marché du conseil y est délicat et difficile.
Activité 2 : activité plus stressante, présentant un niveau d'investissement plus élevé, demandant une plus grande réactivité et des efforts de communication interne et externe. Ces activités demandent des capacités managériales supérieures et un fort degré d'analyse. Ce secteur est porteur pour les missions de conseil.
Activité 3 : activité régulée par des contraintes institutionnelles ou ne relevant pas directement du secteur marchand : il s'agit des associations, des collectivités territoriales ou du commissariat aux comptes.

Le maillage de ces deux critères fait alors apparaître des catégories de clients dont la potentialité est plus ou moins forte, voire risquée pour le cabinet d'expertise comptable.

Compte tenu de l'entité retenue pour tester la démarche au sein du cabinet Expert, seules les activités 1 et 2 sont analysées.

TABLEAU DE MAILLAGE

	Activité 1	Activité 2
Profil A	Adéquation bonne entre l'homme et l'activité **Type de marché pour le cabinet :** • Missions basiques externalisées chez le client, • Documents simples mais parlants, • Standardisation de la production , • Politique de prix « marché »	Personnalité inadaptée, voire dépassée par les événements. Entreprises fragiles qui présentent un fort risque de dépôt de bilan. **Type de marché pour le cabinet :** • Missions d'accompagnement, • Vigilance en termes de délai de règlement.
Profil B	Le dirigeant est « surqualifié » pour le type de marché sur lequel il se situe. Potentiel intéressant pour le cabinet. **Type de marché pour le cabinet :** Aide au développement de l'entreprise pour « faire passer » l'activité 1 en activité 2.	Maillage de bonne qualité **Type de marché pour le cabinet :** • Développement du conseil, • Documents analytiques, • Formation et implication des clients, • Politique « rapport qualité/prix », • Standardisation des méthodes, • Production décentralisée chez le client (portable).

Critère 3 : la capacité de l'entreprise cliente à s'organiser

La capacité d'une entreprise cliente à s'organiser dépend du niveau de maturité de l'entreprise et de la personnalité de son dirigeant. Elle génère des besoins de conseil et une plus ou moins bonne compréhension des services vendus par le cabinet d'expertise. Or, cette capacité des clients à comprendre ce qui leur est fourni retentit sur le paiement et le niveau des honoraires : « un client ne paie bien que ce qu'il comprend ».

Il s'agit d'analyser le portefeuille du cabinet dans une perspective qualitative : à chaque stade d'organisation administrative et financière de l'entreprise cliente corrrespond des missions à mettre en place chez le client. Cette segmentation permet de détecter les clients « mûrs » pour certaines prestations.

Le cabinet conseil a retenu, dans des expériences antérieures, sept stades d'organisation. Un groupe de travail du cabinet d'expertise comptable Expert a accroché des produits possibles à chaque stade d'organisation. Les résultats de ces travaux sont les suivants :

Stade d'organisation	Produits potentiels à proposer aux clients par le cabinet
Stade 1 : Démarrage	*Juridique* : Création de la société (statuts, formalités). *Organisation* : Aide au recrutement au personnel administratif (profil, compétences). *Social* : Embauche (contrat, formalités).
Stade 2 : Mise en place d'une organisation	*Organisation* : Outil de suivi simple de la trésorerie. Procédures administratives simples, règles de classement ou d'archivage.
Stade 3 : Recherche d'une qualité des opérations	*Comptabilité* : Organisation d'une tenue comptable. Procédures informatiques. *Gestion* : Esquisse de tableau de bord (résultat flash).
Stade 4 : Demande de maîtrise de l'entreprise	*Comptabilité* : Surveillance, situation comptable périodique, révision et établissement de bilan.
Stade 5 : Suivi à court terme	*Gestion* : Analyse financière. Tableau de bord d'exploitation. Contrôle budgétaire.
Stade 6 : Recherche d'une amélioration de l'organisation	*Gestion* : Choix d'investissement et de financement. *Fiscalité* : Diagnostic fiscal. *Social* : Diagnostic social. *Juridique* : Modification statutaire.
Stade 7 : Organisation mature	Très souvent, les entreprises qui atteignent ce stade de maturité organisationnelle ont un service interne de conseils et le recours au cabinet d'expertise comptable est exceptionnel. Conseils stratégiques. Transmission d'entreprises.

Chaque groupe de travail du cabinet doit analyser son portefeuille client sous ces différents aspects afin d'en connaître le profil. Cette étude permet de connaître la composition de la clientèle par rapport aux critères suivants :
- la nature de l'activité,
- la personnalité des dirigeants,
- les phases d'organisation des entreprises clientes,
- le volume horaire par type de dossier et sa facturation,
- la pyramide des âges de la clientèle,
- la qualité des encaissements par dossier,
- la qualité des relations avec les clients.

Cette étude met donc en perspective les dossiers en fonction de leur qualité pour le cabinet : dossiers à fort potentiel, clients à choyer, à fidéliser ou dossiers à risques. Elle permet de visualiser tous les dossiers où il existe un potentiel de développement en termes de proposition de produits nouveaux et donc détermine un chiffre d'affaires virtuel qu'il s'agit de transformer en honoraires réels.

Un plan de progrès peut donc être mis en œuvre par chaque groupe de travail compte tenu de la structure de sa clientèle et des objectifs prioritaires définis par la direction.
Par ailleurs, une réflexion sur la qualité des prestations proposées par le cabinet est engagée et doit conduire à définir un manuel de production pour chaque mission spécifiant la définition de la prestation, le contenu du dossier remis au client, le délai de réalisation, le compétence du collaborateur, le lieu de réalisation, le processus d'élaboration…
Ce travail de standardisation, transversal à chaque groupe de travail, est le produit d'une réflexion collective et devient par la suite **la règle** pour le cabinet.

ANNEXE 3

Éléments de stratégie retenus par les dirigeants du cabinet d'expertise

Ces éléments de stratégie s'appuient sur les constats obtenus suite à la mise en œuvre de la démarche de segmentation proposée par le cabinet conseil.

Les résultats **principaux** sont les suivants :

Structure de la clientèle

	Activité 1	**Activité 2**	**Activité 3**
Nombre de clients	51 %	15 %	34 %
CA (en %)	32 %	24 %	45 %
Heures expert ou chef de groupe	4 %	8 %	88 %
Heures collaborateurs	52 %	26 %	22 %
Taux facturation moyen par dossier CA moyen par dossier	77 4 130	109 11 928	140 8 152

Les hommes de profil A représentent 85 % des clients en activité 1 et 42 % en activité 2. Les problèmes d'organisation pénalisent 37 % des clients (essentiellement de très petites entreprises) et ce sont ces dossiers qui ont le taux horaire le plus faible. La majorité des clients de l'activité 1 n'ont pas dépassé le stade 4 d'organisation alors que ceux de l'activité 2 sont en stade 5 ou au-delà.

Structure des honoraires

Volumes honoraires	Moins de 2 000 €	De 2 à 4 999 €	De 5 à 6 999 €	Plus de 7 000 €
% clients	19 %	18 %	17 %	46 %
% chiffre d'affaires	4 %	10 %	14 %	72 %
% temps	4 %	14 %	17 %	65 %
Taux de facturation moyen	92	69	87	115
Prix moyen du dossier	1 950	3 554	6 172	11 070

Respect des règlements clients

Retard de paiement/dates convenues	Néant	Moins de 15 jours	de 16 à 30 jours	Plus d'un mois
% clients	55 %	12 %	15 %	18 %
% chiffre d'affaires	58 %	10 %	16 %	16 %
% temps	63 %	10 %	11 %	16 %
Taux de facturation moyen	112	82	91	93
Prix moyen du dossier	7 124	4 558	9 459	7 060

Conscients que la réussite et la pérennité du cabinet Expert les obligent à développer une logique de marché où la profession ne vend plus du temps passé mais des produits, les dirigeants souhaitent mettre en avant des facteurs de différenciation suivants :
- fidélisation des clients par une proposition systématique de produits nouveaux adaptés ;
- consolidation de la qualité de la clientèle en termes adéquation hommes-activités ;
- optimisation des activités de base ;
- sécurisation des règlements par réduction des délais et règlement systématique par prélèvement ;
- standardisation de la production (établissement des manuels de production proposés par le cabinet conseil) ;
- valorisation des compétences de chacun et facilitation de la compréhension de la stratégie du cabinet par la participation à un programme de rédaction d'un manuel commercial spécifiant la définition de la cible, un argumentaire de vente, le support marketing, un plan d'entretien et une proposition de prix, ce travail devant être fait pour tous les produits nouveaux recensés dans l'annexe 2.

(5) *Tableau de bord et qualité*

Pour l'étude de la conception d'un tableau de bord visant à analyser la qualité des prestations d'un service après-vente, voir aussi l'application n° 3, intitulée «Qualité micro», du chapitre 22 «La gestion de la qualité totale».

(6) *Thalasso Détente*

Reprendre le texte de l'application 5, « Thalasso Détente », proposée au chapitre 22 et poursuivre l'analyse avec la question suivante :

QUESTION

Trouver des indicateurs d'un contrôle de gestion pour mieux piloter la performance globale des prestations de service.

24 Le pilotage permanent de l'organisation : management par activités, méthode des coûts cibles, supply chain

1. *Le management par les activités*
2. *La méthode des coûts-cibles ou* target costing
3. *Le pilotage des processus d'approvisionnement ou supply chain*

Les entreprises d'aujourd'hui sont confrontées à des marchés versatiles, une concurrence accrue, une incertitude accentuée dans leur connaissance du futur.

Il leur faut être flexible et réactive, maîtriser la qualité mais aussi les délais, réduire les coûts mais sans détériorer la valeur.

Elles doivent piloter leur organisation en fonction du marché en déclinant les contraintes stratégiques en objectifs opérationnels.

La logique taylorienne centrée sur les consommations de ressources et les responsabilités individuelles n'est plus valable. Il faut **piloter les processus et les compétences afin d'améliorer la performance dans une démarche continue de progrès.**

C'est pourquoi les entreprises sont à la recherche de méthodes globales de management qui peuvent fournir une réponse à toutes ces demandes ou proposer une vision cohérente des progrès à entreprendre. Dans ce chapitre nous présenterons deux pistes qui semblent répondre aux préoccupations actuelles des organisations : le management par les activités et la méthode du coût-cible.

1. Le management par les activités (ABM)

Le management par activités s'appuie sur un découpage de l'entreprise par activités assez similaire à celui défini par la méthode ABC. Pourtant, les liens entre ABC (calcul des coûts par activités) et ABM (management par les activités) sont complexes et diffèrent selon la lecture effectuée des deux méthodes.

Pour les uns, le management par les activités est perçu comme un développement, une amélioration de la méthode ABC. Pour d'autres, l'ABC n'est qu'un sous-produit de l'ABM. Enfin, certains défendent une conception différente : l'ABC ne serait qu'un outil de calcul des coûts, alors que l'ABM devrait être considéré comme une philosophie du management de la performance et du progrès continu. Nous ne trancherons pas le débat mais nous proposerons des éléments de réponses avec pour objectif de montrer en quoi le bloc ABC/ABM peut être un outil complet de management.

1.1 De l'ABC à l'ABM

Pour des raisons pédagogiques, nous avons regroupé le calcul des coûts par activités (voir chapitre 10) avec toutes les méthodes existantes de calcul des coûts. C'est pourquoi nous définirons l'ABM en partant des enseignements tirés de l'ABC sans que cette présentation crée dans notre esprit une hiérarchie entre les deux approches.

a) Les gains apportés par l'ABC

La mise en œuvre d'un calcul des coûts par l'ABC permet d'éviter la prise en compte de subventionnements éventuels entre produits, traduit la réalité de la diversité des conditions de fabrication des produits et améliore la modélisation de l'architecture des coûts de l'entreprise.

Les critères de **traçabilité** et de **causalité** sont réintroduits dans le système de calcul des coûts, ainsi la structure des coûts (hors matières) passe de «30% coûts directs/70% coûts indirects» à une structure de type «**70 % de coûts traçables/30 % de coûts non traçables**».

Mais calculé à un instant T, ce système ré-alloue les consommations de ressources entre les objets de coûts selon des critères plus pertinents mais ne donne pas de moyens d'action pour agir sur la réduction des coûts et, sous cette forme, ne peut être considéré comme une technique de pilotage.

Le calcul des coûts par la méthode ABC permet l'**abandon d'une vision de «contrôle des ressources» au profit d'une vision «contrôle des activités»** mais elle ne fournit pas en l'état le moyen d'un pilotage des activités et d'un apprentissage collectif.

Enfin sa mise en œuvre dépend d'une implication forte des opérationnels dans le repérage des activités, de leur inducteur et permet une sensibilisation à des démarches de progrès continu et d'apprentissage organisationnel. Or, une démarche complète d'ABC pour s'assurer que les produits sont bien «dans le marché» ne demande pas un rythme plus fréquent que le semestre. Comment, dans ces conditions, pérenniser l'implication des opérationnels ?

Sans oublier que notre présentation ne signifie aucunement que l'introduction de l'ABM soit dépendante de l'existence d'une méthode de calcul des coûts par l'ABC, nous pouvons essayer de définir l'ABM.

b) Un essai de définition de l'ABM

> Il semble possible de définir l'ABM comme une méthode de management de l'entreprise qui doit permettre un pilotage stratégique de l'organisation dans le but d'améliorer la performance par des démarches de progrès continu.

L'ABM conçoit l'entreprise comme un réseau d'activités organisées en processus transversaux qui concourent tous à la création de la valeur.

La force du management par activités c'est qu'il semble en phase avec toutes les pratiques managériales apparues récemment comme la gestion par projet, la qualité totale, le juste-à-temps... voire qu'il facilite leur mise en œuvre.

1.2 Un moyen de pilotage stratégique

L'ABM peut permettre un pilotage cohérent avec la nouvelle définition du concept de produit par l'analyse des processus et des activités.

a) Une «nouvelle vision» du produit

L'analyse stratégique retient des couples «produit-marché» qui deviennent des supports de marge. Il s'agit donc d'analyser, pour le segment concerné, les facteurs clés de succès (FCS) de façon à pouvoir prendre des décisions qui améliorent ces FCS dans la mise en œuvre de la gestion au jour le jour.

Ces couples «produit-marché» n'ont de valeur que parce que le marché leur en reconnaît une. Pour l'entreprise cette orientation vers le marché a deux conséquences :

- il faut chercher à optimiser le **couple «valeur-coût»** par des actions qui agissent sur les deux aspects du binôme : réduire les coûts et jouer sur la valeur ;
- il faut percevoir le coût dans une **vision de coût global** en intégrant les coûts d'utilisation ou de destruction du bien car ces coûts peuvent être facteurs de différenciation et porteurs de valeur pour les clients.

Ces deux aspects doivent être établis, segment par segment, et dans une logique de portefeuille de produits actuels et futurs afin de maîtriser les FCS en développant des indicateurs de pilotage cohérents avec les choix stratégiques.

Mais pour traduire en termes opérationnels cette création de valeur indispensable au client et porteuse de la rentabilité de l'entreprise, il faut repérer au sein de l'entreprise les activités et les processus.

b) L'entreprise vue comme un ensemble de processus

> P. Lorino[1] définit le **processus** comme un ensemble d'activités reliées entre elles par des flux d'information ou de matière significatifs et qui se combinent pour fournir un produit matériel ou immatériel important et bien défini.

1. Lorino P., *Le pilotage de la performance*, Éditions d'Organisation, 1996.

Exemple

- Le processus de fabrication : ensemble des activités concourant à la transformation de la matière première en produit fini.
- Le processus de ventes combinant l'ensemble des activités nécessaires pour assurer la vente.
- Le processus logistique qui regroupe toutes les activités permettant en partant de la commande d'assurer une livraison physique.

Cette description des processus dépasse les découpages par métiers, par fonctions ou par domaines de responsabilité pour privilégier une vision transversale de l'organisation.

Cette vision transversale n'est pertinente que si elle est reliée à celle de création de valeur entendue comme réponse aux besoins des clients. **Les activités sont le lien entre valeur et processus.** Elles doivent être analysées par rapport au questionnement suivant : est-ce que cette activité concourt à la création de valeur ? Cette problématique s'appuie sur la notion de **chaîne de valeur de Porter** qui a mis en évidence l'interaction entre les différentes activités dans la recherche de la performance.

Exemple

La Redoute s'engage à livrer ses clients en 48 heures chrono et recherche par cette action un avantage concurrentiel fort par rapport à ses concurrents. Pour réussir, elle doit s'assurer que les fonctions de prise de commande, achats, de logistique et de facturation soient parfaitement coordonnées. C'est l'activité combinée de ces différents services qui crée la performance de l'entreprise.

Comment traduire cette recherche de valeur dans le pilotage des activités ? Ce questionnement soulève de nombreuses difficultés.

- La fourniture d'une prestation par une activité est toujours antérieure à la création de valeur reconnue par le client : comment alors piloter cette activité et juger de sa performance ?
- Certaines activités ne semblent pas créer de valeur pour le client final et pourtant elles sont indispensables pour l'obtention du produit : Shank[1] évoque l'exemple du transfert d'un atelier à l'autre d'une caisse automobile non peinte.
- La performance ne peut plus être jugée **individuellement** mais par rapport à **«l'utilité» de l'activité dans le processus pour la création de valeur finale** : comment alors mesurer une performance sans intégrer une vision globale qui remet en cause tous les systèmes d'évaluation actuels ?

Les entreprises y répondent en développant des modèles de types «cause-effets» dont l'objectif principal est de rechercher les facteurs déclenchant les coûts.

1. Shank S., Sovindarajan V., *La gestion stratégique des coûts*, Éditions d'Organisation, 1995.

c) Les méthodes de réduction des coûts

Pour un pilotage par processus, il faut connaître, pour chaque processus, les activités qui le composent et leurs paramètres principaux comme les ressources utilisées, le coût de l'activité, les fournisseurs de ressources, le client (interne ou externe), l'inducteur d'activité, une capacité, des indicateurs d'efficience comme des ratios de productivité, un délai moyen de réponse, d'attente ou de fabrication, un taux de service… Ces paramètres seront ceux sur lesquels s'appuieront les opérationnels pour orienter leur action.

Cette action sur la réduction des coûts s'organise en trois grands axes.

• Une **restructuration des activités** conduisant à éliminer les processus et les activités sans valeur ajoutée afin de rationaliser l'organisation interne.

• Une recherche de l'efficience des activités restantes et porteuses de valeur ajoutée **par des études d'étalonnage concurrentiel** ou *benchmarking* qui consiste à chercher à acquérir le savoir-faire et la performance en se comparant systématiquement à un «meilleur» choisi parmi les concurrents ou un partenaire.

• Une **action de réduction des coûts par identification de leviers d'action.**

L'essentiel de l'action en faveur de la performance et par conséquence, de la réduction des consommations de ressources, est une action sur la baisse des coûts en remontant à la source et en cherchant les leviers d'action qui permettent la réelle diminution des ressources consommées pour une même quantité d'outputs sans détérioration des délais et de la qualité.

Cette démarche conduit à distinguer plusieurs notions d'inducteurs dans la gestion par activités. La terminologie n'étant pas stabilisée, nous proposons les définitions suivantes :

Inducteur de coût : cause du niveau du coût de l'activité. il se situe en amont très généralement de l'activité et représente le levier d'action qui permettra d'améliorer la performance.

Inducteur d'activité : facteur explicatif du niveau de l'activité. Il sert à imputer le coût des activités aux produits.

Certains auteurs définissent également des **inducteurs de ressource** assimilés à des «clés de répartition» pour affecter les ressources aux activités.

Exemple

Pour une activité de facturation, **l'inducteur de ressource** permettra d'affecter la part du salaire du responsable du service à cette activité.

L'inducteur d'activité sera sans doute la ligne de facturation.

En revanche, le facteur explicatif du niveau du coût ou **inducteur de coût** de l'activité dépend de la variété des produits proposés et de la spécificité des clients qui commandent plus ou moins de produits par factures.

Seule une action sur le volume des inducteurs de coûts permet une réduction efficace des ressources consommées : réduire le nombre de lignes de facturation conduirait à une diminution du chiffre d'affaires, résultat contraire à celui recherché. Ici, il faut analyser les causes explicatives au nombre de lignes de facturation sur les factures et mener une réflexion en amont sur les moyens de réduire ces causes : ainsi la performance de l'activité facturation dépend d'améliorations apportées en amont du processus et oblige à une vision transversale et collective de l'analyse et de la résolution du problème.

La mise en œuvre des trois axes d'amélioration de la performance oblige à un **apprentissage de l'action collective en termes organisationnels** et la nécessité d'une démarche de progrès continu.

1.3 L'ABM et la cohérence avec les nouvelles pratiques managériales

L'ABM, par le réseau des activités qu'il instaure, par les paramètres qu'il analyse pour les activités, est compatible avec de nombreuses techniques ponctuelles de management et peut les organiser dans une cohérence d'ensemble.

• Les **démarches de ré-ingénierie** deviennent plus lisibles puisque l'ABM fournit une clé pour déterminer les activités porteuses de valeur ajoutée et celles qui ne le sont pas,

• Les **démarches de qualité totale** ont besoin d'analyses des dysfonctionnements et du repérage des points critiques d'une chaîne d'activités pour en analyser les causes. L'analyse par activité permet d'appliquer des outils développés en production à des activités répétitives du tertiaire comme le contrôle statistique de processus ; d'autre part, les démarches de qualité totale cherchent à responsabiliser les opérationnels sur la qualité de leur prestation en obligeant à s'insérer dans une démarche client-fournisseur interne. La démarche ABM en développant des logiques de coopération interne et une vision transversale et collective permet d'éviter la reconstruction de territoires indépendants.

Enfin, le chiffrage du coût des actions qualité, comme celui des coûts d'obtention de la qualité (COQ) et celui du coût de non-qualité, est facilité par une analyse par activités grâce à la traçabilité retrouvée des consommations de ressources.

• Les **démarches de juste-à-temps** cherchent à éliminer au sein de la fonction productive les activités non créatrices de valeur ajoutée : manutention, attente, stockage, contrôle en bout de ligne et à fiabiliser les processus productifs. L'ABM permet, ici aussi, une meilleure lisibilité des processus et de la carte des activités performantes. En définissant pour chaque activité des paramètres d'efficience autres que monétaires, il redonne aux opérationnels des outils de pilotage et de mesure de leur performance plus adaptés aux exigences actuelles.

• Enfin, en apprenant aux acteurs de l'entreprise à travailler ensemble, dans des démarches de progrès continu, en se focalisant sur des optimums globaux, en privilégiant des visions transversales des processus, l'ABM peut enrichir la **gestion par projets** en ayant sensibilisé les participants à une démarche collective de résolution des problèmes.

1.4 L'ABM et la mesure des performances

La vision transversale par processus demande une autre mesure de la performance.

La mesure de la performance structurée autour d'une vision traditionnelle de l'efficience et évaluée par des indicateurs uniquement monétaires, codifiés dans la procédure budgétaire, dont le but est de contrôler des consommations de ressources de centres de responsabilité autonomes, n'est plus adaptée.

Il faut donc redéfinir la notion de performance et celle de sa mesure.

a) Une nouvelle vision de la performance

La performance devient multicritère : elle doit intégrer des aspects de coûts, de délais, de qualité de prestation et de participation à la valeur. De locale, elle doit maintenant exprimer les efforts de l'ensemble des activités qui concourent aux processus : elle est devenue interfonctions.

Sa mesure se doit d'inciter à développer des comportements cohérents avec les objectifs stratégiques et d'éviter les effets pervers du positionnement de certains indicateurs.

Exemple

Il est reconnu qu'une focalisation excessive des entités opérationnelles des firmes américaines sur le niveau du ROI a conduit ces dernières à une baisse du niveau des investissements pour ne pas détériorer le dénominateur du ratio sur lequel les responsables étaient jugés. Ces choix, logiques à court terme, se révèlent désastreux sur le long terme et pour la survie de l'entreprise.

Des psychosociologues ont montré que toute organisation, face à un paramètre d'évaluation de sa performance, développe, à terme, des comportements qui conduisent à concentrer l'ensemble des efforts sur l'obtention d'un bon chiffre au détriment du sens de l'action opérationnelle.

Par ailleurs, les facteurs de la performance sont trop souvent non localisés à l'endroit où la mesure est opérée : la performance des activités d'aval est déterminée par des choix effectués par des activités amont. Ce problème entre mesure et possibilité d'action sur la performance est au centre de la démarche de réduction des coûts en conception (voir section 2, la méthode des coûts cibles) : il s'agit alors de mesurer une performance virtuelle.

Exemple

Hewlett-Packard a mis en évidence neuf inducteurs de coût à limiter de façon prioritaire au moment de la conception comme facteur de performance dans une division qui fabrique des systèmes informatiques dont la durée de vie est extrêmement courte.

b) De nouveaux indicateurs de performance

Il s'agit en s'appuyant sur les paramètres définis pour chaque activité, et en accord avec les opérationnels, de définir des **indicateurs de mesure de la performance** et des **indicateurs de maîtrise de la performance** ainsi que des **indicateurs de suivi des plans d'action et de progrès.**

• Les **indicateurs de mesure** de la performance évaluent le résultat de l'activité ou du processus. Ils sont recherchés dans les systèmes d'information existants mais intègrent une vision multicritère.

Exemple

Le coût unitaire d'un inducteur, le délai moyen d'attente, le taux de satisfaction des clients...

• Ces indicateurs doivent donner une bonne vision de l'atteinte des objectifs et leur calcul doit être effectué dans un délai court.

Les **indicateurs de maîtrise** de la performance regroupent l'ensemble des leviers d'action qui permettent de maîtriser la performance. Ils correspondent aux facteurs de cause de performance dans une analyse cause-effets. Leur repérage est réalisé avec l'aide des outils de la gestion de la qualité pour retrouver les causes de dysfonctionnements : les cinq pourquoi, le diagramme d'Ishikawa...

Le choix d'indicateurs de maîtrise ou de leviers d'action détermine, de fait, un choix entre actions prioritaires.

Exemple

Pour une activité d'ordonnancement de la production, il est possible d'évaluer la mesure de la performance par le nombre de séries lancées mais les indicateurs de maîtrise de la performance seront le nombre de ruptures de charge ou le nombre de versions de chaque produit.

• Les **indicateurs de suivi ou de progrès** regroupent l'ensemble des indicateurs qui permettent de juger de l'avancement du plan d'action.

Exemple

Pour améliorer la qualité de l'accueil d'un service en liaison avec la clientèle, on peut retenir comme indicateur de performance le pourcentage de clients satisfaits et le délai moyen d'attente au guichet, comme indicateur de maîtrise du processus la formation du personnel aux techniques d'accueil, ou l'adéquation entre le nombre de clients et le nombre de guichets ouverts. Un indicateur de suivi pourra être le pourcentage de personnel ayant reçu une formation à l'accueil.

L'ensemble de ces indicateurs seront regroupés dans l'architecture de tableaux de bord et du système de reporting de l'entreprise.

Ce travail de mise en place et d'exploitation des indicateurs doit être fait dans une approche transversale d'apprentissage collectif qui se positionne en contradiction complète avec les modes d'animation traditionnels des structures.

P. Lorino[1] résume les différences de culture entre les deux approches dans le tableau suivant :

Responsabilité individuelle	Apprentissage collectif
Autonomie locale/discipline hiérarchique/«verticalisation»	Interdépendances et solidarités transversales/coordinations non hiérarchiques
Pilotage centré sur l'utilisation des ressources (le responsable est responsable, avant tout, de l'utilisation de «ses» ressources : le patrimoine qu'on lui a délégué)	Pilotage centré sur la production de savoirs collectifs (la bonne utilisation des ressources découle de la maîtrise des bons savoir-faire collectifs et la production de nouveaux savoirs)
Risque de rétention d'information, opacité (défense de la marge de liberté propre, dissimulation de l'échec par crainte des sanctions)	Besoin de transparence, circulation de l'information (mise en commun des informations pour dynamiser le diagnostic collectif)
Maîtrise locale des ressources	Fluidité/mobilité dans l'utilisation des ressources au mieux de l'apprentissage organisationnel
Responsabilité individuelle	Engagement collectif
Pilotage par les résultats individuels	Pilotage par des objectifs partagés
Sanction de l'échec et du succès (récompense et punition), recherche du responsable de l'échec.	Utilisation cognitive de l'échec et du succès, recherche de la cause de l'échec pour capitaliser le retour d'expérience

Indépendamment de cette batterie d'indicateurs de pilotage, les informations collectées sur les activités permettent une meilleure analyse de l'efficience en mettant en évidence les coût de surcapacités.

c) Une mesure plus systématique des coûts de capacités

L'ABM conduit à définir pour chaque activité :
- une mesure de l'activité : par exemple, la ligne de facturation ;
- un volume d'activité : par exemple, 11 000 lignes de facturation en mars ;
- une capacité pour cette activité : par exemple, 12 000 lignes de facturation par mois.

Dans ce contexte, la maîtrise des coûts ne redescend plus jusqu'au produit mais se contente d'une maîtrise du coût unitaire de l'inducteur. Cependant cette analyse de l'aspect coût de la performance cherche à distinguer dans la notion d'efficience ce qui relève :
- du **non-gaspillage** comme le nombre de lignes traitées/heures de personnel nécessaires ;
- de **l'oisiveté des structures** par l'inadéquation entre le nombre de lignes traitées par rapport à la capacité de traitement.

1. *Op. cit.*

Exemple

Pilotage des coûts de surcapacité dans l'entreprise de jouets électroniques Videorev

Le marché de Videorev croît en moyenne très vite, mais avec des oscillations du taux de croissance assez importantes et difficiles à prévoir et des incertitudes majeures sur les produits particuliers. Le pilotage des coûts de surcapacité est un véritable enjeu, qui met en cause :

– la pertinence des prévisions à moyen-long terme qui fondent les plans et les décisions d'investissement (pilotage stratégique),

– la pertinence des prévisions à court-terme et des budgets qui fondent l'engagement de ressources (pilotage tactique),

– la flexibilité et la réactivité des opérationnels pour ajuster leurs moyens sur le court terme.

Videorev décide de définir le coût de surcapacité comme «sous-absorption des coûts fixes». Le niveau «normal» d'activité est le niveau d'activité planifié dans le dossier d'investissement. Le coût de surcapacité est décomposé en trois éléments complémentaires :

1. Le coût imputable à la différence entre activité planifiée et activité budgétée : ce coût est imputée aux planificateurs, qui en répondent. Ils doivent notamment déterminer si la situation de surcapacité est conjoncturelle ou durable et proposer des plans d'action en conséquence (réduction de la capacité si la surcapacité n'est pas simplement conjoncturelle).
2. Le coût imputable à la différence entre activité budgétée et activité réelle, jusqu'à concurrence de 10 % d'écart : ce coût est imputé aux opérationnels de production, à qui on demande de pouvoir s'adapter sans surcoût à des variations de charge de plus ou moins 10 %.
3. Le coût imputable à la différence entre activité budgétée et activité réelle, au-delà de 10 % d'écart : ce coût est imputé aux commerciaux, dont les prévisions de vente servent de base au budget de production. Au-delà de 10 % de variation de charge, on juge que les commerciaux ne peuvent pas s'en remettre à la flexibilité des usines.

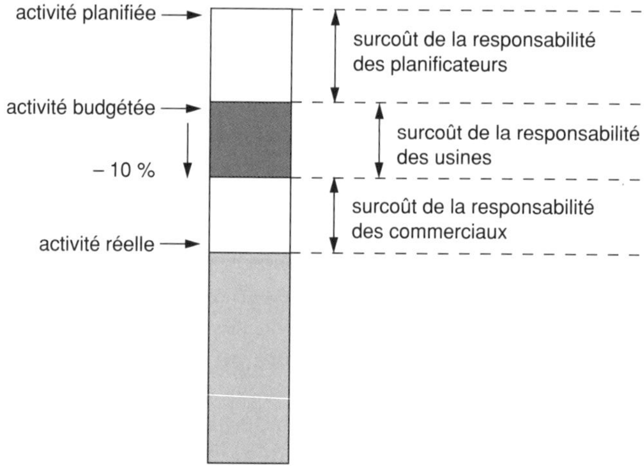

Source : P. Lorino, *op. cit.*

De cette façon, Videorev estime avoir établi des règles du jeu claires et équitables pour un bon pilotage des capacités et des coûts éventuels de surcapacité.

1.5 L'ABM : une vision globale et cohérente de management ?

Le schéma suivant positionne les différents liens entre ABC et ABM.

LES ACTIVITÉS, PIVOT DES DÉMARCHES ABC ET ABM

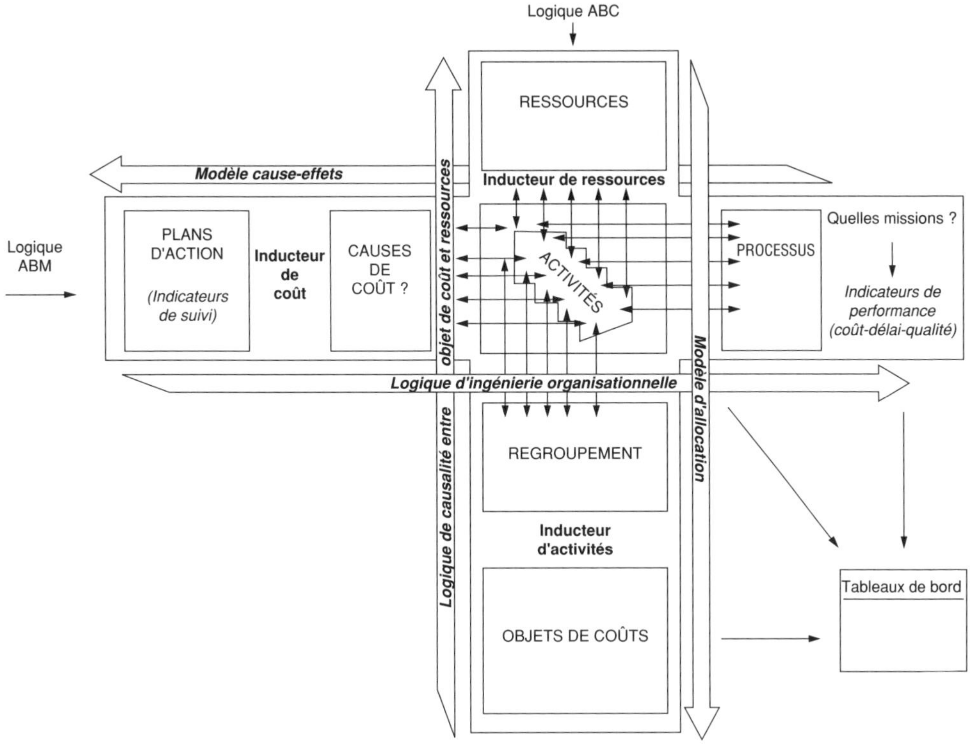

La notion d'activités est au centre des méthodes ABC et ABM qui fournissent des réponses à des logiques différentes mais qui sont l'objet de questionnement pour le contrôle de gestion actuel. Il reste des cohérences à trouver pour en faire une conception globale de management. L'intégration de la démarche budgétaire pose encore problème, la structuration des tableaux de bord n'est pas très nette. Certes des pistes existent comme l'*Activity Based Budgeting* ou *Process Based Budgeting* mais ce ne sont que des prémices qui demandent à être développées pour juger de leur pertinence.

Enfin, la vraie «révolution» n'est pas dans la mise en place de nouveaux outils mais dans la culture de coopération et de progrès continu qu'elle implique car il sera difficile aux entreprises de se débarrasser de plusieurs dizaines d'années de culture taylorienne.

2. La méthode des coûts cibles ou *target costing*

Le développement de la méthode des coûts cibles s'inscrit dans une démarche de gestion stratégique des produits. Dans cette approche, le produit est considéré sur la totalité de son cycle de vie et plus particulièrement dans sa phase de conception.

La mise en œuvre de cette méthode renvoie à la **capacité d'apprentissage de l'organisation** dans le domaine stratégique de la conception des produits.

2.1 Les fondements de la méthode

Partant du constat simple que ce sont les produits qui génèrent le profit de l'entreprise, et que cette profitabilité est définie dès les phases de conception, la méthode du *target costing* s'appuie sur les constatations suivantes : prédominance de l'amont dans le cycle de vie d'un produit, saturation de capacités d'amélioration en production, nécessité de gérer le changement.

a) L'amont du cycle de vie

Actuellement, il est acquis que 80 % des coûts du cycle de vie d'un produit sont déterminés lors des phases de conception du produit alors même que cette même proportion de coûts ne sera effectivement dépensée qu'après le lancement de la première unité. Ce point a été étudié et explicité dans le chapitre 3 (paragraphe 2.3).

En conséquence :
- les coûts réels (production et distribution) constatés au moment de la mise en fabrication dépendent de décisions prises lors de la conception : ce sont donc des choix de conception qui déterminent la performance future du produit ;
- l'activité de conception induit des coûts qui sont décalés dans le temps : les résultats présents ne prennent en compte que les consommations (limitées) de l'activité de conception alors que celle-ci détermine les coûts opérationnels futurs et donc les résultats attendus par ces choix en matière de conception de produit.

C'est pourquoi la vision du coût d'un produit doit intégrer celle du coût de ce même produit sur la totalité de son cycle de vie.

b) La saturation des capacités d'amélioration en production

Les nouvelles organisations de la production ont profondément rénové les processus productifs et logistiques. Les démarches de juste-à-temps, de qualité totale ont permis des gains de productivité importants. Les potentiels de progrès en production semblent devenus marginaux et il faut chercher d'autres gisements possibles d'améliorations : l'amont du cycle de vie du produit.

Cette constatation modifie la perception du concept de produit : d'objet matériel qui subit des manipulations physiques comme les stockages, les transports ou des transformations, il devient un **support de manipulations informationnelles** caractérisées par des spécifications, des éléments de conception, des choix technologiques.

Or ces choix de conception répondent à des exigences du marché : le **produit est donc un vecteur d'information vers le marché et porteur de valeur pour les clients.**

c) Nécessité de gérer le changement

La perception du marché a profondément changé : la demande, la valeur «estimée» des produits par le marché, la satisfaction des clients, l'écoute du marché aval constituent le point de départ des décisions, des choix et des actions des entreprises.

Ce renversement dans l'analyse du marché a joué également dans la détermination des prix de vente. Comme ce prix est (ou sera) imposé par le marché et que le profit à réaliser sur le produit est imposé par des choix en termes de gestion de portefeuille, décisions de nature stratégique, la variable d'action devient le coût, c'est-à-dire la cible à atteindre si l'entreprise veut réaliser ses objectifs stratégiques.

Coût cible = Prix de vente imposé – Profit désiré

Compte tenu des compétences et des savoir-faire de l'entreprise au moment du calcul, très souvent, l'évaluation du coût du produit fait apparaître un coût dit «**coût estimé**» supérieur au coût cible précédent.

L'un des objectifs de la méthode du *target costing* va consister à réduire l'écart entre coût estimé et coût cible : il s'agit d'analyser les raisons de l'écart, trouver des solutions et donc mettre en œuvre des pratiques de changement systématique. En ce sens, elle se sert du présent pour modéliser le fonctionnement futur de l'entreprise dans une **perspective d'amélioration continue et de progrès.**

DÉMARCHE DE *TARGET COSTING* DÉCRITE PAR NISSAN SELON HORVATH

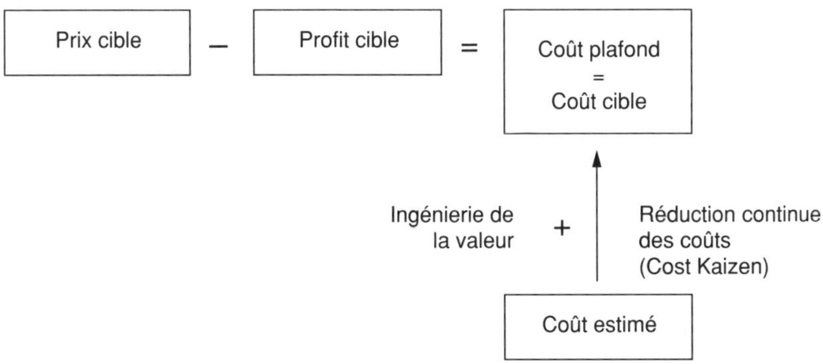

Dans cette perspective, la méthode des coûts cible n'est pas une nouvelle comptabilisation des coûts mais une **démarche globale d'optimisation du processus de développement d'un produit, tout au long de son cycle de vie.** Cette démarche utilise de nombreux outils techniques et des outils de gestion mais la réussite dépend d'abord du comportement et de l'implication des acteurs qui y participent.

Le *target costing* est une méthode pratiquée initialement par les firmes japonaises, importée aux États-Unis et plus récemment diffusée en Europe qui demande à être plus précisément définie.

2.2 Plusieurs définitions pour cerner la notion de coût cible

Le coût cible est un concept de gestion des coûts développé et utilisé dans les entreprises japonaises depuis les années 70.

• Pour Sakurai (1989), «le coût cible est un outil de gestion des coûts permettant de réduire le coût total d'un produit sur l'intégralité de son cycle de vie, grâce aux départements de la production, de la recherche et développement, du marketing et de la comptabilité».

• Pour Cooper (1992), «l'objectif du coût cible consiste à identifier le coût de production d'un produit de manière à ce que, une fois vendu, ce dernier génère la marge bénéficiaire souhaitée».

• La CAM-I donne une définition assez large : «Le coût cible est un ensemble de méthodes et d'outils de gestion permettant de passer d'objectifs de coûts et d'activité à la conception et à la planification de nouveaux produits, de fournir une base au contrôle effectué par la suite lors de la phase opérationnelle, et de s'assurer que ces produits atteignent les objectifs de profitabilité fixés pour leur cycle de vie.»

P. Horvath[1] précise les objectifs du coût cible :

« Les objectifs principaux du *target costing* sont :

- une orientation d'ensemble de l'entreprise, et notamment de sa gestion des coûts vers le marché ;
- un lien stratégique grâce à une R & D tournée vers le marché ;
- un soutien à la gestion des coûts dans les premières phases de conception d'un produit ;
- une gestion des coûts dynamique, puisque les coûts cibles sont constamment réévalués ;
- des améliorations en termes de motivation, car les comportements sont directement influencés par des contraintes issues du marché, et non par des objectifs abstraits valables pour toute l'entreprise.

Pour couvrir cette grande variété d'objectifs, nous suggérons une définition assez large du *target costing* :

1. P. Horvath, *Revue française de gestion*, n° 104, p. 73-74.

Le *target costing* est construit sur un large ensemble d'instruments de prévision, de gestion et de contrôle des coûts, appliqués en premier lieu aux premières étapes de conception du produit et des process, afin de permettre de faire évoluer les structures de coût du produit résultant des contraintes déduites du marché. L'utilisation du *target costing* nécessite la coordination, dans une optique de coûts, de toutes les fonctions liées au produit (voir le tableau ci-dessous).»

LES PRINCIPES D'ORIENTATION DU *TARGET COSTING*

<table>
<tr><th>Application / Principe</th><th>Organisation</th><th colspan="3">Outils</th><th>Motivation</th></tr>
<tr><td>Orientation marché</td><td>• Poids important du directeur de production
• Engagement obligatoire (prix, coûts, etc.)</td><td rowspan="3">Éclatement du coût cible</td><td rowspan="3">Table de coût</td><td rowspan="3">Calculs accompagnant le processus de développement</td><td rowspan="3">• Responsabilité individuelle
• Autocontrôle
• Système d'incitation
• Encadrement par l'activité de contrôle</td></tr>
<tr><td>Orientation équipe</td><td>• Interdisciplinaire
• Interne et externe
• Couverture de toute la chaîne de procédure jusqu'au lancement de la production</td></tr>
<tr><td>Orientation procédure</td><td>• Consignes claires
• Couverture de toute la chaîne de valeur</td></tr>
</table>

2.3 Les étapes de la méthode

a) La fixation du prix cible

Ce prix doit être établi sur la durée de vie du produit, c'est donc plus une famille de prix que d'un prix unique dont il s'agit. Il est obtenu par des techniques d'études de marché.

Il s'appuie sur un recensement des différents besoins des consommateurs et en particulier sur les éléments de valeur retenus par les consommateurs dans leurs relations avec le produit. Ces études doivent permettre d'identifier des créneaux présentant suffisamment de clients potentiels pour un produit donné à un prix fixé par le marché.

Enfin ces segments potentiels doivent être analysés dans une perspective de pilotage stratégique. Cette vision doit conduire à ce que les choix de développement de produits d'aujourd'hui définissent un portefeuille de produits compatibles avec les exigences de gammes et d'équilibrages entre produits pour le futur dans le cadre d'un respect des choix stratégiques définis globalement.

b) La fixation du profit cible

Cette fixation découle de la planification stratégique de l'entreprise à moyen terme et de son portefeuille de produits à cet horizon. Ce n'est pas un montant fixe mais une courbe de profit en fonction du cycle de vie du produit qui simule, à l'aide d'analyses financières, la rentabilité attendue du produit compte tenu d'hypothèses en volume.

Ces simulations permettent de prévoir la rentabilité des modèles futurs, le même travail d'anticipation étant fait pour les modèles existants, il est possible d'évaluer la rentabilité générale de la société sur plusieurs années à différents niveaux de vente. Ces résultats seront comparés aux objectifs de rentabilité à long terme définis par la direction générale. Lorsque la définition du portefeuille de produits est satisfaisante en termes de rentabilité et en accord avec l'objectif défini, le profit cible des nouveaux modèles est alors arrêté.

Ce processus d'élaboration ne doit pas être perçu comme unique et linéaire. En fait, la procédure qui consiste à définir un coût cible d'un prix imposé et compte tenu d'un profit désiré est répétée plusieurs fois en affinant à chaque itération la qualité des informations traitées et connues. Si les estimations de profit sont globales et approximatives au début du processus, elles deviennent plus précises et plus fiables dès lors que les caractéristiques du produit futur sont plus clairement définies, que les attentes du marché sont mieux cernées et que les grands aspects de choix de conception sont clarifiés.

c) Le coût cible

Le coût cible se déduit des calculs précédents par simple soustraction.

À ce stade, il n'est pas opératoire car trop global : il doit donc être décomposé en fonction des composants et des sous-ensembles du produit en coûts cibles partiels.

Cette décomposition peut être faite à l'aide de deux grandes familles de méthodes.

• La **décomposition organique** qui décompose le produit en sous-ensembles compte tenu de sa structure physique. Cette méthode s'appuie sur la connaissance des coûts actuels des composants et de la capacité de l'entreprise à les réduire. Elle suppose une continuité et la conservation des techniques existantes. Elle sera peu adaptée si les caractéristiques du produit sont innovantes car il faut alors inventer la structure du produit.

• La **décomposition fonctionnelle** qui analyse le produit en partant des besoins repérés du client : chaque fonction représente un besoin du client que le produit doit satisfaire. Ainsi présenté le produit ne souffre d'aucun *a priori* technique et peut permettre la meilleure analyse en termes de progrès ou de mise en place de nouvelles techniques.

Cette méthode est plus conforme à la philosophie du *target costing* puisqu'elle s'appuie sur les besoins du client et du marché.

Compte tenu de son mode d'élaboration, le coût cible n'est pas un coût additif de consommations de ressources mais plutôt une «**mesure de la valeur**» telle qu'elle peut être évaluée par l'étude de marché : le **coût cible traduit ce que les clients sont prêts à payer pour l'ensemble des services attachés au produit**. Ce que doit gérer l'entreprise ce n'est pas la réduction des coûts de conception mais l'optimisation du couple «valeur-coût» du produit.

En ce sens, P. Lorino[1] définit «le ***target costing*** **comme le lieu de rencontre entre le marché et les compétences internes de l'entreprise : entre la valeur et le coût.** Il consiste à évaluer et à gérer la performance virtuelle d'un concept de produit, son couple valeur-coût.»

À ce stade, l'entreprise est en possession d'une cible en termes de coût qui doit être confrontée aux capacités de l'entreprise de faire le produit demandé avec des fonctionnalités précises : cette capacité se traduit dans l'expression du coût estimé souvent supérieur au coût cible qui devient alors un coût plafond qu'il ne faut pas dépasser. C'est cette confrontation entre coût cible et coût estimé qui va devoir faire l'objet d'une démarche de réduction de coût.

2.4 Politiques de réduction des coûts

La pertinence des politiques de réduction des coûts en conception s'appuie sur la qualité de l'estimation du coût estimé. Aussi nous nous intéresserons aux méthodes d'obtention de ce coût puis aux pratiques connues de réduction de l'écart entre coût estimé et coût cible.

a) Le coût estimé

Calculer le coût d'un produit *a priori* en amont de son existence est une pratique connue des entreprises sur la base de données techniques répertoriées dans les nomenclatures et les gammes. Cependant, il faut clarifier, dans ce domaine, certains points compte tenu de son aspect stratégique : connaître le coût futur d'un produit avec précision et justesse est un avantage concurrentiel certain.

De quel coût parle-t-on ? S'agit-il d'un coût partiel ou complet, d'un coût de production ou d'un coût de revient ?

Il semble que les entreprises s'accordent à considérer que le **coût estimé doit inclure tous les coûts qui peuvent être déterminés par la conception ou la planification des produits** : il comprend donc les coûts directs de production mais aussi tous les frais de soutien générés par son mode de production et de distribution : nombre de composants, taille des lots, nature des services après-vente, nature des réseaux de distribution… En revanche, sont exclus du coût estimé les frais sans rapport avec l'existence du produit : publicité institutionnelle, recherche et développement par exemple. Il ne s'agit donc pas d'un coût complet optique « plan comptable » mais d'un coût attribuable au produit assez proche d'une vision ABC.

1. Lorino P., *Méthodes et pratiques de la performance*, Éditions d'Organisation, 1996.

Comme le profit cible ou le coût cible, le coût estimé n'est pas unique ni instantané : il s'agit d'**une vision du coût sur la durée de vie du produit** intégrant phénomènes d'apprentissage et phénomènes d'échelles.

Les méthodes d'évaluation du coût estimé sont multiples et peuvent être mises en œuvre successivement dans les phases itératives du *target costing*. Il s'agit principalement :

- de **méthodes paramétriques** : des lois de corrélation sont établies entre le coût des produits et des paramètres physiques comme le poids ou le volume ; ces méthodes approximatives seront utilisées plutôt dans les premières estimations ;
- de **méthodes analogiques** : le coût est dérivé du coût d'un produit similaire ; elles nécessitent des conditions techniques stables et un concept de produit pas trop innovant ;
- des **méthodes analytiques** qui se fondent sur une analyse technique du produit, de sa complexité, de ces modes d'industrialisation. Les coûts sont obtenus en valorisant les données techniques élaborées par des éléments monétaires fournis par la comptabilité analytique.

Ce point nécessite d'être approfondi car de la pertinence des éléments comptables dépend celle du *target costing*.

b) Coût estimé et méthode ABC

La pertinence du modèle d'allocation des coûts aux produits est fondamentale pour obtenir un coût estimé pertinent.

Une perception juste des subventionnements évite de faire des choix qui se révèlent désastreux pour le futur : la production en petites séries doit être le résultat d'une contrainte de fonctionnalité du produit et allouée sur une base juste au produit au risque de sous-estimer le coût futur réel.

La prise en compte dans le coût des produits :

- de leur complexité (nombre de composants, niveau de standardisation des pièces, sous-traitance ou pas),
- de leur mode de fabrication (nombre d'opérations, taille des séries ou des lots),
- de leur mode de distribution (type de réseaux ou nature de clientèle),

doit être correctement évaluée, ce qui suppose un système d'allocation des coûts aux produits qui soit sensible à ces paramètres ; c'est pourquoi les méthodes ABC sont très utilisées dans une démarche de *target costing*.

Ces méthodes de calcul fondées sur les activités permettent également d'envisager différents scénarios de conception et d'évaluer les gains de chacun de ces choix, voire d'y apporter des améliorations en termes de coûts.

c) Ajustement entre le coût estimé et le coût cible

La plupart du temps, le coût estimé calculé est supérieur aux coûts cibles obtenus du marché. Il s'agit donc de réduire l'écart entre coût estimé et coût cible par une meilleure conception (plus économe) et par une amélioration des gammes opératoires et de l'organisation de la production future. Ces améliorations doivent toujours être élaborées dans une perspective valeur-coût : il ne s'agit pas de réduire le coût si cela doit affecter la valeur reconnue au produit mais d'optimiser les rapports entre les deux notions.

Ce processus d'optimisation s'effectue par les analyses de la valeur successives afin de ramener le coût estimé à un niveau acceptable. Là encore, il s'agit d'un **processus itératif d'améliorations continues.**

La réduction des coûts est généralement envisagée en plusieurs étapes.

• Une première réduction de l'écart de coût est obtenue par l'optimisation en phase de **conception** ① (environ 80 %). À ce stade, le coût prévisionnel du produit futur peut être assimilé à un coût standard plus bas que les coûts actuels pratiqués par l'entreprise. Ce coût estimé est un coût planifié.

• Une deuxième étape est prise en compte dans la phase de production proprement dite qui consistera à contrôler les coûts réels pour les maintenir proches des coûts cibles : on parle alors de «**maintenance du coût**» ② de sorte que les conditions réelles de fabrication et de distribution ne gaspillent pas les gains obtenus par la réduction des coûts. Cet ajustement est illustré par le schéma suivant, connu sous le nom de modèle de T. Makido :

LA MAÎTRISE DES COÛTS : LE MODÈLE DE MAKIDO

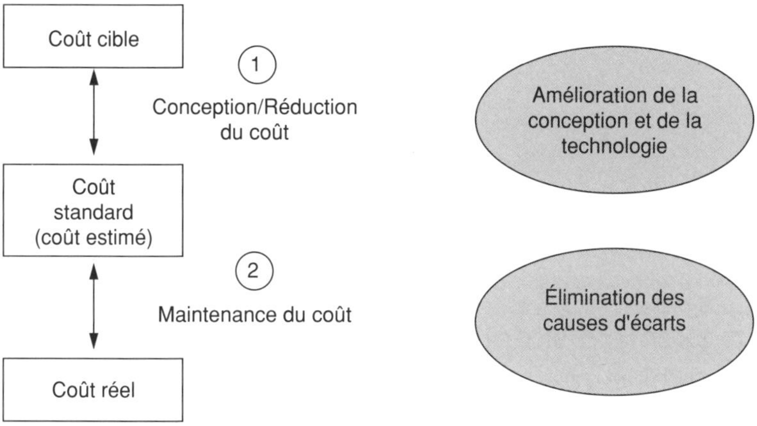

D'autres praticiens envisagent une réduction de l'écart entre coût estimé et coût cible en trois temps.

• Une réduction des coûts au **moment de la conception** ① permet de définir un niveau de coût intermédiaire qui est appelé coût plafond. Ce coût plafond bien que plus faible que le coût estimé reste supérieur au coût cible.

• Une nouvelle réduction est anticipée **lors de la production** ② par la mise en œuvre de phénomènes d'apprentissage ou d'améliorations prévues des méthodes de production. À ce stade, le coût plafond est quasiment égal au coût cible.

• La dernière étape est celle de la **maintenance du coût** ③ où l'on assure que le coût réel reste fidèle au coût plafond prévu.

LA MAÎTRISE DES COÛTS : LE MODÈLE DE SAKURAI

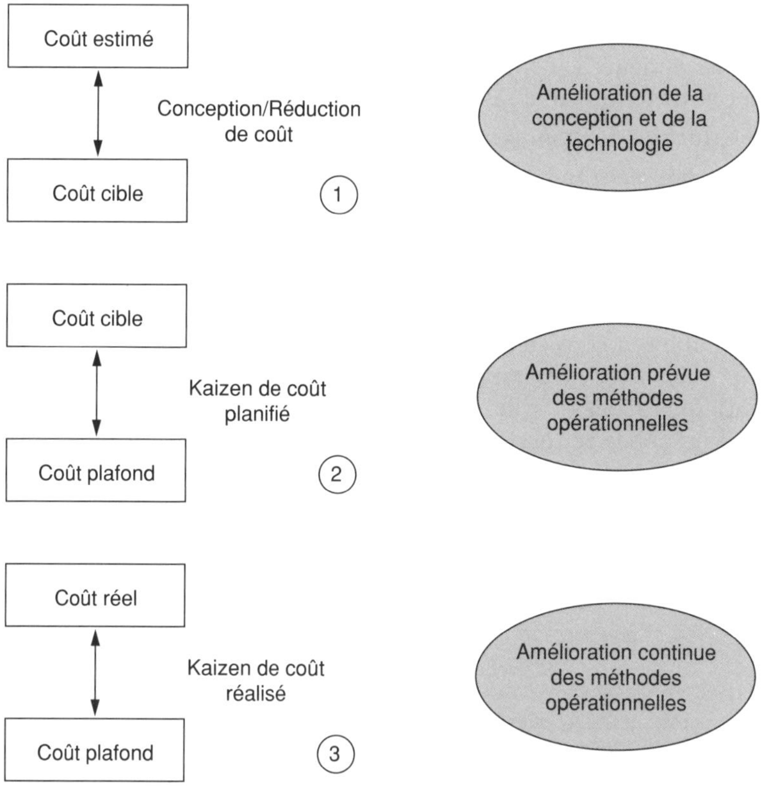

2.5 Un exemple simplifié de la méthode des coûts cibles : un réveille-matin

L'ensemble de l'élaboration d'un coût cible est illustré à partir de l'article de Horvath[1].

• Première étape : analyse de la demande du consommateur, de ses souhaits, ses besoins, de l'utilité accordée aux éléments du produit

Pour ce faire, une analyse conjointe est menée, c'est-à-dire une combinaison de plusieurs méthodes d'analyse des données multivariées. La vision globale du produit est «décortiquée» selon les différents composants de l'appareil.

1. *Op. cit.*, p. 75-78.

Un tableau classant les fonctions de l'appareil selon l'utilité et l'importance accordées par la demande est obtenu :

RÉSULTATS DE L'ÉTUDE DE MARCHÉ POUR UN RÉVEILLE-MATIN

Fonction	Degré d'importance	Pourcentage
Facilité de lecture	9	16,98 (1)
Adaptabilité	7	13,21
Exactitude	6	11,32
Design	9	16,98
Silencieux	3	5,66
Facilité de lecture dans le noir	6	11,32
Sonnerie de réveil	2	3,77
Durée de vie	4	7,55
Solidité	7	13,21
Total	**53**	**100,00**

(1) → 9/53 = 16,98 %

• **Deuxième étape : mise en relation des composants techniques du produit et des fonctions du produit retenues par la demande.**

Il faut valoriser l'apport de chaque composant (au plan technique) à une ou plusieurs fonctions :
- par exemple, dans le tableau suivant, la fonction «lecture facile» est apportée pour 40 % par l'électronique et le moteur, pour 55 % par les aiguilles et la transmission et pour 5 % par le boîtier extérieur ;

MATRICE *TARGET COSTING* DU RÉVEILLE-MATIN
APPORTS DES COMPOSANTS AUX FONCTIONS (EN %)

Composants \ Fonctions	Facilité de lecture	Adaptabilité	Exactitude	Design	Sillencieux	Facilité de lecture dans le noir	Sonnerie de réveil	Durée de vie	Solidité
Importance des fonctions (en %)	16,98	13,21	11,32	16,98	5,66	11,32	3,77	7,55	13,21
Piles						10		64	
Amortisseurs de vibration			78						
Électronique et moteur	40		1		60			21	2
Aiguilles et transmission	55	5	4	5	35			2	4
Contacts		95	17	3					12
Boîtier extérieur	5			82	5		2		82
Buzzer							98		
Éclairage				10		90		13	
Total	100	100	100	100	100	100	100	100	100

- ensuite il est possible de valoriser l'importance des composants dans la composition du réveille-matin ;
- la fonction «facilité de lecture» a un poids de 16,98 % parmi les neuf fonctions citées ;
- on calcule donc l'importance de chaque composant du réveil en fonction des souhaits du consommateur : ici, l'électronique apporte 40 % × 16,98 % = 6,79 % de l'ensemble ; les aiguilles apportent 55 % × 16,98 % = 9,34 % de l'ensemble ; le boîtier apporte 5 % × 16,98 % = 0,85 % de l'ensemble.

MATRICE *TARGET COSTING* DU RÉVEILLE-MATIN
IMPORTANCE DES COMPOSANTS (EN %)

Composants \ Fonctions	Facilité de lecture	Adaptabilité	Exactitude	Design	Sillencieux	Facilité de lecture dans le noir	Sonnerie de réveil	Durée de vie	Solidité	
Importance des fonctions (en %)	16,98	13,21	11,32	16,98	5,66	11,32	3,77	7,55	13,21	**100**
Piles						1,13		4,83		**5,96**
Amortisseurs de vibration			8,83							**8,83**
Électronique et moteur	6,79		0,11		3,40			1,59	0,26	**12,15**
Aiguilles et transmission	9,34	0,66	0,45	0,85	1,98			0,15	0,53	**13,96**
Contacts		12,55	1,92	0,51					1,59	**16,57**
Boîtier extérieur	0,85			13,93	0,28		0,08		10,83	**25,97**
Buzzer							3,69			**3,69**
Éclairage				1,70		10,19		0,98		**12,87**
Total	**16,98**	**13,21**	**11,32**	**16,99**	**5,66**	**11,32**	**3,77**	**7,55**	**13,21**	**100**

- **Troisième étape : mise en parallèle du degré d'importance de chaque composant (calculé en fonction de son utilité reconnue et de ses caractéristiques techniques) et de son coût**

Il convient alors de trouver des améliorations et des solutions quand il y a dépassement du coût par rapport à l'utilité apportée.

Il découle ainsi le tableau suivant : par exemple, les piles qui représente 5,96 % de l'importance du produit (somme de leur participation à deux fonctions, facilité de lecture 1,13 % et durée de vie 4,83 %) aborbent 8,70 % du coût total.

Les calculs s'arrêtent là mais les recherches et analyses pour diminuer des coûts trop élevés (indice de valeur inférieur à 1) ou investir pour améliorer des composants jugés «utiles» (indice de valeur supérieur à 1) commencent.

CALCUL DE L'INDEX DE VALEUR POUR LE RÉVEILLE-MATIN

Fonction	Pourcentage de coût (2)	Degré (1) d'importance	Index de valeur
	Nouvelles informations	Tableau précédent	(1) / (2)
Piles	8,70	5,96	0,69
Amortisseur de vibration	11,20	8,83	0,79
Électronique et moteur	10,30	12,16	1,18
Aiguilles et transmission	20,10	13,96	0,69
Contacts	12,60	16,57	1,32
Boîtier extérieur	18,30	25,96	1,42
Buzzer	5,60	3,69	0,66
Éclairage	13,20	12,87	0,98
Total	**100,00**	**100,00**	

2.6 Les apports de la méthode

Cette méthode, utilisatrice de nombreux outils, est une philosophie complète de gestion et de communication de et dans l'entreprise qui combinent plusieurs pratiques managériales apparues récemment en les intégrant dans une logique de gestion de la performance.

a) Une vision transversale et une gestion des décloisonnements

La méthode implique de nombreuses fonctions dans une démarche unique : le marketing pour les études de marché, les études et les méthodes pour la conception du produit et les choix en termes de process industriels, le contrôle de gestion pour les éléments de valorisation, les achats pour le choix des composants achetés et celui des fournisseurs.

La coopération entre ses fonctions n'est pas hiérarchisée, elle est multiple, variée, en réseau et les décisions d'une fonction retentissent sur toutes les autres.

Exemple

Une modification de process conduit à une modification du cahier des charges, donc des achats ce qui modifie également la valorisation d'un composant.

Ces liens entre fonctions obligent à des décloisonnements, à la prise en compte des contraintes des autres, à l'abandon des hiérarchies entre métiers, à percevoir une solution dans une vision globale d'optimisation du couple «valeur-coût» et pas comme une «belle solution technique» et ce dès les premières phases de réflexion sur les nouveaux produits.

Cette obligation de communiquer doit être portée par un système de mesure de la performance cohérent : il faut abandonner les cultures de gestion budgétaire et de DPO qui relèvent de la responsabilisation sur des territoires autonomes au profit de systèmes de mesure de la performance collective : primes sur des résultats collectifs, responsabilisation collective par des démarches de projet...

Enfin, le décloisonnement ne doit pas se limiter aux frontières de l'entreprise mais intégrer les fournisseurs en amont et, éventuellement, les distributeurs en aval. Compte tenu des informations critiques qui doivent leur être diffusées si l'on souhaite qu'ils intègrent la stratégie de réduction des coûts, il s'agit de développer des relations claires sur la confidentialité et un haut degré de confiance réciproque.

Tous ces besoins doivent se traduire par la mise en œuvre d'outils de gestion adaptés :
- la constitution de tableaux de bord et de comité de pilotage sur des paramètres clés et transversaux ;
- la gestion de projet qui permet transversalité et maîtrise du temps ;
- l'ingénierie simultanée qui réduit les temps de conception et qui évite que des décisions aval de process soient contraintes par des choix amont dans la conception. Elle permet plus facilement la mise en œuvre de la différenciation retardée, standardisation des pièces et des process.

b) Une entreprise tournée vers le marché

La vision du *target costing* est une **vision orientée marché.** C'est lui qui détermine la valeur d'un produit et qui met sous tension l'organisation pour optimiser le couple valeur-coût. Il donne un objectif pour piloter les activités de l'entreprise par rapport à un questionnement du style : est-ce que cette activité concourt à l'augmentation du couple valeur-coût ? Il donne donc une orientation à un management de type ABM.

Il reste totalement compatible avec des démarches de *benchmarking* ou de qualité totale.

c) Un moyen de gérer la performance future

Le *target costing* permet une simulation du futur de l'entreprise et l'oblige à réfléchir dès l'amont des processus à leurs implications futures. Or cette démarche d'anticipation est positive dans des domaines autres que la conception des produits comme, par exemple :
- les choix d'investissements,
- les systèmes d'informations,
- les formes d'organisation,
- les choix stratégiques.

C'est au tout début de la réflexion que le degré de liberté par rapport au choix est le plus élevé : en être conscient et savoir le mettre en œuvre, c'est un moyen de capitaliser une expérience qui peut se révéler un avantage compétitif certain.

Ce regard sur la gestion de l'entreprise déplace l'horizon de la mesure de la performance : il faut mesurer, à un instant T, la performance définie à des instants antérieurs à T. Il s'agit donc au moment de la mise en œuvre du *target costing* de **construire la performance d'une entreprise virtuelle.**

d) Un processus d'apprentissage collectif

La multiplicité des outils mis en œuvre dans une démarche de *target costing* ne trouvera son aboutissement que si il y a mobilisation des compétences et informations de toutes les parties prenantes.

Ce point est d'autant plus important que l'objet du discours, le produit, est virtuel, que les anticipations et les choix de production le sont tout autant et donc qu'il y a matière à discussion puisque la performance du produit est sujette à interprétation.

Pour être performant, le *target costing* demande une participation de tous, une transparence en termes d'informations et d'évaluations et une prise en charge collective des choix et des erreurs qui peuvent en résulter. Il demande la création de langages communs, de visions communes et de transferts sur des savoirs expérimentaux pour une réelle transversalité.

Il nécessite de la part des dirigeants une implication forte afin de surmonter les habitudes en place, la culture budgétaire des territoires afin de promouvoir une coordination non hiérarchique, ouverte à la critique, négociée en termes d'objectifs.

3. Le pilotage des processus d'approvisionnement

Il est aujourd'hui reconnu que la maîtrise de tous les flux qui permettent de transférer des biens entre des entités constitue un atout stratégique et une source de valeur.

L'éclatement des frontières entre les organisations, l'importance accordée à la réduction des délais et l'utilisation de l'informatique conduisent à améliorer le pilotage de tout le processus d'approvisionnement.

3.1 La logistique et la chaîne d'approvisionnement

a) Définition et évolution des coûts

La logistique est la gestion des flux de matières et d'informations qui circulent entre tous les acteurs qui travaillent ensemble le long d'une chaîne d'activités.

La logistique est le processus qui permet d'optimaliser les réseaux de distribution des biens et des services pour satisfaire complètement, rapidement et au coût le plus juste, une commande.

Depuis les années 80, la logistique externe (distribution des produits en aval sur les marchés) et la logistique interne (approvisionnement auprès des fournisseurs) sont intégrés dans un même système logistique ou *total supply chain*, chaîne de valeur physique totale ou chaîne logistique totale.

La *supply chain* est définie comme un ensemble de trois entreprises ou plus, directement liées par un ou plusieurs flux amont et aval de produits, de services, d'informations, du point d'origine au point de consommation final.

Les coûts logistique représentent en moyenne pour tous les secteurs de l'industrie française environ 10 à 12 % du chiffre d'affaires : les coûts de transports constituent la part la plus importante, environ 50 %, les coûts de stockage environ 20 %.

Ces coûts ont tendance à baisser car ils sont mieux pris en compte, contrôlés et mieux gérés que par le passé par la mise en place d'une fonction logistique dans de nombreuses organisations.

b) Importance stratégique

Avec la notion de chaîne de valeur de Porter, quelle que soit la stratégie adoptée, le contrôle des coûts logistiques et l'amélioration de la performance des services fournis augmentent la valeur qu'offre une entreprise et conduit à une meilleure rentabilité.

La logistique peut ainsi devenir un avantage concurrentiel pour une entreprise, aussi bien pour une stratégie de domination par les coûts que pour une stratégie de différenciation par un meilleur service. Cette prise de conscience a induit des démarches de pilotage, la mise en place de calcul de coûts, de tableau de bord.

Cette importance a été renforcée par la large diffusion de la production en juste-à-temps qui impose à tous les fournisseurs en amont de la production de se plier au rythme de l'aval et donc de gérer autant le temps de livraison et de stockage que le temps de production. Le juste-à-temps est efficace si les flux d'information et de matières sont optimisés donc la logistique devient la pierre angulaire de l'édifice et le pivot qui peut améliorer ou détériorer la performance de l'ensemble.

3.2 Le pilotage et le contrôle de toute la chaîne : supply chain

a) Pilotage

Dans ce contexte, il semble nécessaire de mettre en place un système d'information qui permette de mesurer et de suivre un certain nombre d'indicateurs physiques et financiers pour piloter en temps réel cette chaîne stratégique et source de valeur.

La gestion intégrée de la logistique doit arbitrer entre les différentes étapes de la chaîne en fonction de leurs coûts, délais, qualité.

Le contrôle de gestion doit ainsi donner des éléments sur les **coûts** spécifiques de la chaîne logistique :

Les coûts de transports entre chaque étape	• Coût selon mode de transport
Les coûts d'entreposage	• Coûts par produit et par entrepôt
Les coûts de traitement des commandes	• Coût selon mode de traitement
Les coûts intrinsèques des stocks	• Coût de financement des investissements en stocks • Coûts associés à la tenue de stock (assurances, taxes) • Coûts associés à l'espace de stockage, (entrepôts privés, loués, publics) • Coûts associés aux risques sur stock (dégats, obsolescence, vols, transbordement)
Les coûts de production définis par lots : c'est-à-dire les coûts engendrés par la mise en place d'un lot supplémentaire pour satisfaire un niveau de service supérieur, en quantité ou qualité	• Coût de préparation et de mise en route de la production du lot • Coût de capacité perdue par changement de production • Coût de manutention, d'ordonnancement, d'expédition du lot

Le contrôle de gestion peut aussi analyser **la productivité**, pour aider au pilotage de la chaîne d'approvisionnement :

– il est possible de mesurer le rapport entre un output et un input réel : par exemple, dans un entrepôt, le nombre de palettes chargées-déchargées par hommes-heures ;
– le rapport à des standards : par exemple, le nombre réel de palettes chargées-déchargées sur le nombre standard planifié ;
– l'utilisation d'une capacité disponible : par exemple, le nombre d'hommes-heures disponibles par rapport au nombre d'hommes-heures effectivement occupés.

Ainsi, à partir de mesures, de standards, de calcul d'écarts, il est possible avec le temps et l'expérience, de construire un ensemble de données sur la productivité de chaque étape de la chaîne logistique, de fixer des objectifs pour améliorer cette productivité et donc ensuite d'optimiser le coût logistique total.

Il peut également être mis en place un **audit interne** des opérations logistiques : des mesures de performances opérationnelles sont faites et comparées avec celles désirées par les clients ou offertes par les concurrents. D.M. Lambert et R.L. Cook proposent six éléments pour élaborer cet audit (*Business 40*, n° 3, septembre 1990) :

Niveaux de service-clientèle	• Rupture de stock • Cycle de commande • Précision des systèmes • Capacités
Transports	• Modes et nombre d'expéditeurs • Nombre et taille des expéditions • Coût • Refus, retours, erreurs
Opération d'entreposage	• Productivité • Degré d'automatisation • Erreur d'enlèvement • Endommagement, pertes • Précision des envois
Traitement des commandes	• Degré d'automatisation • Temps pour compléter les tâches • Coût de la commande • Retard, erreur de commande
Considérations sur les quantités à produire par lot	• Fournisseurs • Taille des commandes • Précision des prévisions • Nombre/coût des changements de production • Identification des problèmes de production
Gestion des stocks	• Investissement en stocks • Rotation des stocks • Système de gestion des stocks

b) Intégration par les systèmes d'information

La gestion de la logistique et de la *supply chain* a été fortement influencée par la mise en place des systèmes d'information et de communication qui ont construit un réseau virtuel entre tous les partenaires de la chaîne.

L'EDI (*cf.* chapitre 4) échange de données informatisées avec un langage commun entre clients et fournisseurs, permet en effet de transmettre à tout moment en temps réel des informations pour ajuster les flux entre deux points de la chaîne. L'intégration technique réalisée par la télématique conduit à une intégration de la gestion des flux et un pilotage plus précis de toutes leurs caractéristiques.

La rapide diffusion de l'EDI est due à ses nombreux avantages ; réduction du temps de traitement des informations entre les acteurs, fiabilité et sécurité des informations transférées, réduction des erreurs, réduction des niveaux de stocks, meilleure maîtrise du temps par l'information en temps réel qui réduit l'incertitude ; tous ces éléments contribuent à réduire les coûts si les entreprises maîtrisent les investissements informatiques à réaliser.

Exemple

L'expérience ECR entre carrefour et ses fournisseurs

L'ECR (Efficient Customer Response) consiste en un ensemble de méthodologies techniques et organisationnelles matérialisant l'existence d'un véritable partenariat distributeur-fournisseurs. Les gains, destinés à être partagés, peuvent être considérables avec une augmentation du chiffre d'affaires de l'ordre de 5 % et une économie de 40 % à 60 % sur le coût de la gestion des flux. Les fournisseurs acquièrent une meilleure visibilité sur leurs carnets de commandes qu'ils peuvent anticiper. Le distributeur bénéficie d'une meilleure maîtrise de ses approvisionnements. En contrepartie, l'ECR requiert un engagement sur le long terme ce qui permet l'échange d'informations confidentielles. Cet engagement se concrétise par l'établissement d'une culture commune, voire d'un langage commun, ou encore par la mise en œuvre de fabrications dédiées. Toutes ces adaptations concourent à une parfaite synchronisation des flux. « Autrefois, le fournisseur recevait des commandes d'une manière qui lui paraissait aléatoire. Désormais, c'est lui qui, dans certains cas, déclenche ses sorties », déclare Jean-Marie Picard, Directeur logistique alimentaire chez Carrefour.

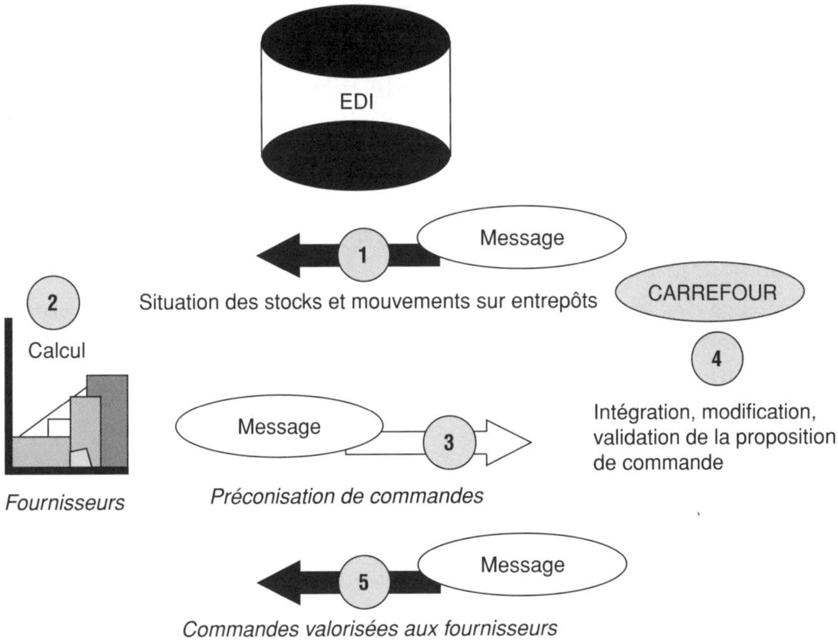

Pour l'instant, l'ECR concerne les fournisseurs représentant 40 % du volume des produits alimentaires vendus par Carrefour. L'objectif est de généraliser le processus aux 1 700 autres fournisseurs agroalimentaires.

La clé de voûte de l'ECR, garante de la réactivité du système de distribution, repose sur l'Échange de Données Informatisées (EDI) reliant tous les points de vente, en France et à l'étranger.

Source : d'après un entretien avec Jean-Marie Picard, Directeur logistique alimentaire de Carrefour, publié dans *Logistiques Magazine* de mai 1998.

Une étape supplémentaire dans l'intégration et le pilotage en réseau est franchie avec l'apparition de logiciels qui gèrent les flux d'approvisionnement entre clients et fournisseurs : la **GPA gestion partagée des approvisionnements**.

Les dysfonctionnements observés sur les processus classiques d'approvisionnement (décalage entre plan de production du fournisseur et demande d'approvisionnement du client) et les liaisons télématiques possibles entre fournisseur et clients ont incité au développement de la gestion partagée des approvisionnements (GPA) : le fournisseur et le client se transfèrent des informations et utilisent des logiciels pour planifier au fur et à mesure la production du fournisseur en fonction des besoins du client.

1) Schéma classique

Fournisseur : plan commercial ⇒ programme de production.

Client : vente ⇒ gestion de la demande ⇒ commande.

2) Schéma GPA

• *GPA faite par le fournisseur* : informations sur les ventes du client qui déterminent ⇒ le programme d'approvisionnement du client par le fournisseur qui détermine ⇒ le programme de production du fournisseur.

Dans ce cas, le fournisseur peut mieux gérer son plan de production donc ses coûts et ses prix de vente.

• *GPA faite par le client* : le client en fonction de ses ventes détermine son programme d'approvisionnement pour le fournisseur ⇒ programme de production pour le fournisseur.

Dans ce cas, le fournisseur se voit imposer son plan de production et sa marge de manœuvre est réduite pour optimiser ses coûts.

On peut même associer un ERP et une GPA pour intégrer la prévision des ventes.

LIAISON ENTRE LA GESTION PARTAGÉE DES APPROVISIONNEMENTS (GPA) ET LA PRÉVISION DES VENTES

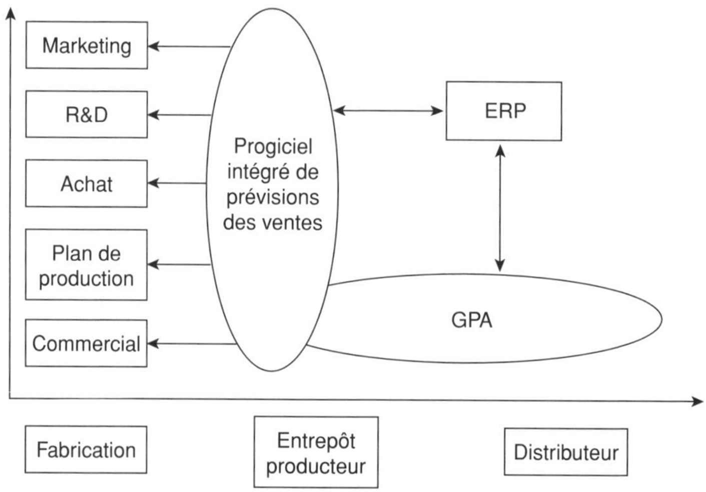

Source : C. Fiore, *Supply Chain en action*, Les Échos Éditions, 2001.

c) Difficultés et limites

Plusieurs questions peuvent être posées :

- il y a un risque de dépendance, ou de perte d'indépendance, des acteurs les uns par rapport aux autres, par l'utilisation d'un système d'information qui transcende les structures de chaque organisation et qui oblige à des procédures collectives standardisées. Dès qu'un élément de la chaîne est arrêté, tous les autres sont bloqués par ricochet dans le réseau ;
- les logiciels utilisés par les acteurs d'une chaîne logistique risquent également de « normer » des décisions et des actions, d'imposer des « routines » alors que les gestionnaires peuvent trouver des nouveautés pour améliorer la gestion des processus ;
- enfin, le contrôle de gestion, s'il doit donner des informations pour aider au pilotage d'une chaîne logistique, doit être harmonisé entre tous les acteurs participant aux mêmes flux pour que les indicateurs, les mesures soient homogènes, codifiables, transférables.

RÉFLEXIONS SUR LE THÈME

1. L'ABM en France

À l'heure actuelle, il n'existe pas d'études sur les pratiques d'ABM dans les entreprises françaises d'autant que la distinction entre ABM et ABC n'est pas clairement établie. L'introduction de ces méthodes suit des logiques variées.

- L'entreprise commence par une comptabilité d'activités et tente d'adapter à la base de données des activités une logique d'ABM avec des réussites diverses car le maillage d'activités nécessaire à un management pertinent par ABM est plus fin que celui nécessaire à une modélisation des coûts et le repérage des inducteurs d'activité ne signifie pas la possibilité de baisse rapide de leur volume car il faut introduire une réflexion sur leurs causes et la connaissance des inducteurs de coûts.
- L'entreprise, sur un site pilote et stratégique compte tenu du couple «produit/marché» auquel il s'adresse, se lance dans une analyse critique des activités dans un projet de valorisation des gisements de productivité potentiels, puis une fois la suppression des activités sans valeur ajoutée faite et une culture de changement et de progrès continue introduite, obtient sans difficulté majeure des calculs de coûts plus pertinents.

Par ailleurs, il faut noter que le changement culturel impliqué par l'introduction des démarches de progrès continu et la coopération transversale intra-métiers et fonctions qu'elle demande est assez éloigné de la culture française où les relations entre services sont fortement marquées par des fiertés de corps ou de métiers. Dans ce monde de corporatismes, la «logique de l'honneur» justifie que l'on défende son territoire, que toute mesure de performance soit perçue comme un manque de confiance, que l'on refuse les ajustements officiels au profit d'arrangements à l'amiable où chacun garde son pouvoir. Ces modes de fonctionnement sont peu compatibles avec la transparence à la base de la méthode ABM.

2. Le *target costing* dans le monde [1]

Aucune étude exhaustive n'existe et les firmes sont peu disposées à fournir des informations sur leurs méthodes.

- **Au Japon**

Il semble que la diffusion du *target costing* puisse être datée des années 80 bien qu'il soit connu et pratiqué depuis plus de trente ans. En 1991-1992 une estimation des pratiques donne les résultats suivants : 100 % dans l'industrie automobile, 88,5 % dans l'industrie électronique, 82,8 % dans les industries de biens d'équipement, 75 % dans les équipements de précision, 31,3 % dans l'industrie chimique et pharmaceutique, 28,6 % dans l'industrie alimentaire.

Les pratiques sont orientées dans une vision stratégique forte : secret des procédures, mise en place sur des incitations de la direction générale.

- **En Occident**

La prise en compte de l'optimisation possible entre conception et coût des produits ne date que d'une dizaine d'années. Les outils techniques comme les estimations de coût, l'ingénierie de la valeur, la conception à coût objectif sont connus et même quelquefois mis en œuvre mais les pratiques de management et la vision stratégique que peut prendre le *target costing* se heurtent à des incompatibilités culturelles : la vision de l'ingénieur concepteur s'oppose à celle du manager, le contrôleur de gestion se sent désarmé face aux outils techniques de l'analyse fonctionnelle et de la valeur pour initier le projet.

Seule la conception à coût objectif (*Design to cost*) intègre dans le processus de conception des produits des objectifs de cibles de coût mais elle reste le fait de professionnels de la conception et ignore la vision transversale entre les différentes fonctions.

Les aspects humains, culturels et managériaux ne sont pas pris en compte par les entreprises occidentales et il n'est pas possible de parler de pratique de *target costing* dans ce cas.

1. Lorino P., *op. cit.*

Applications

(1) *Société Alix*

La société Alix est la filiale d'un groupe textile qui s'est constitué après la Seconde Guerre mondiale par la fusion et le rachat de plusieurs entreprises de dimension moyenne. Le groupe s'est doté d'une structure de holding et chaque filiale jouit d'une indépendance pour sa gestion. Le groupe s'adresse à différents marchés.

La société Alix a été créée pour répondre aux besoins spécifiques de la grande distribution (Carrefour, Cora, Auchan...).

La société Alix est une entreprise spécialisée dans la commercialisation de lingerie féminine de jour (soutiens-gorge, body...). Elle a son siège dans la région de Troyes. Elle emploie 45 personnes.

Alix élabore les modèles, choisit les tissus et donne des ordres à une société sous-traitante qui s'occupe de la coupe, du montage et de la finition des modèles féminins. La société sous-traitante est une filiale à 90 % de la société Alix. Elle emploie 90 personnes.

Alix vend sa lingerie en France par le réseau des grandes surfaces. Elle vous soumet les problèmes auxquels elle est confrontée aujourd'hui.

La société Alix désire pénétrer le marché haut de gamme des magasins spécialisés en leur proposant des produits de grande qualité. Dans ce but, elle a racheté un atelier équipé pour fabriquer des bodys. L'atelier constitue un centre de gestion autonome.

M. Gillard, nommé directeur de cette unité, travaille en étroite relation avec l'équipe de direction de la société Alix. Il a la responsabilité de la mise en place du système d'information de gestion de l'atelier. Celui-ci doit permettre une véritable optimisation des coûts pour atteindre une rentabilité égale à 10 % du prix de cession à la société Alix.

D'après une étude de marché, 30 % de la production de la première collection pourrait être écoulée dans les magasins spécialisés en leur proposant trois modèles différents en exclusivité.

Le reste de la production, composé de deux autres modèles différents, pourrait être acheté par les centrales d'achat des grands groupes de distribution.

On considérera que les tailles n'ont pas d'incidence, ni sur les prix de vente, ni sur les coûts.

Première partie : Préparation de la réunion

M. Gillard doit préparer la réunion ayant pour ordre du jour la fixation du prix de cession des produits entre l'atelier et la société Alix. Il vous demande de l'aider dans sa réflexion.

Les calculs des coûts unitaires seront arrondis au centime le plus proche et les prix de cession seront arrondis à la dizaine de centimes par excès.

QUESTIONS

1. **À l'aide des annexes 1 à 4 et en considérant que le *coût de revient unitaire est une donnée essentielle pour la fixation des prix de vente,* déterminer les prix de cession à proposer pour chacun des produits de façon à réaliser l'objectif de marge.**
2. **Dans une note d'une page environ, commenter l'affirmation suivante : «La question du coût de revient dans la démarche de fixation des prix est un faux problème car c'est le marché qui fixe le niveau des prix.»**
   Présenter les conséquences de cette constatation sur *les méthodes de suivi des coûts* et sur les *méthodes de fixation des prix.*

Deuxième partie : Mise en place d'un système d'information

La réunion ayant pour objet la fixation du prix de cession a eu lieu. Les responsables de la société Alix convaincus que le prix de vente doit être déterminé à partir des données du marché n'ont pas retenu les propositions de M. Gillard. Ils ont fait faire une étude approfondie des couples produit-marché. Les négociations qu'ils ont ensuite menées avec les centrales d'achat et un panel représentatif des magasins spécialisés ont permis de déterminer les prix de vente qui seront proposés au client final :

	Circuit de distribution				
	Centrales d'achat		Magasins spécialisés		
Modèles	B1	B2	B3	B4	B5
PV TTC	65,10	92,90	123,50	181,20	241,10

M. Gillard doit maintenant mettre en œuvre la production en tenant compte de ces prix de vente. Il vous demande de l'aider.

Pour cette partie, garder 3 chiffres après la virgule comme nombre significatif.

QUESTIONS

1. À l'aide de l'annexe 5 :
- **a) calculer le prix de cession qui sera appliqué lors du transfert des produits de l'atelier à la société Alix (*rappel* : chaque modèle ne concerne qu'un circuit de distribution) ;**
- **b) en déduire le coût cible qui devra être atteint pour réaliser l'objectif de rentabilité ;**
- **c) pourquoi la méthode de calcul du coût minute est-elle insuffisante pour mettre en œuvre une politique de réduction des coûts ?**

2. L'annexe 6 présente une analyse détaillée des coûts. Après avoir procédé au regroupement des activités par inducteurs de coûts, calculer le volume de chaque inducteur et son coût unitaire (en pourcentage pour l'inducteur «valeur ajoutée»).

3. L'annexe 8 présente un tableau de calcul des nouveaux coûts estimés hors administration générale, puis administration générale comprise par unité de produit (les calculs ont déjà été réalisés pour les modèles B1, B2 et B3).
- **a) terminer le tableau en calculant les coûts estimés pour les modèles B4 et B5.**
- **b) comparer ces coûts avec ceux obtenus à la question a) de la première partie. Quelles conclusions en tirez-vous ?**
- **c) comparer ces coûts avec ceux obtenus à la question 1). Quelles conclusions en tirez-vous ?**

4. Supposons que le calcul des coûts à base d'activités ne soit pas mis en place. Calculer, à partir des coûts cibles obtenus en 1., le montant global d'économies de coût à réaliser. En tenant compte des remarques faites par les collaborateurs (annexe 9), proposer une optimisation des coûts globaux. Quelles conclusions en tirez-vous ?

ANNEXE 1
ORGANISATION DE L'ATELIER

Il comprend :
- une section approvisionnement matières et fournitures diverses ;
- une section coupe où sont conçus et dessinés les modèles de chaque collection, où sont élaborés les patrons servant à la coupe et où sont coupés les tissus après avoir organisé l'ordonnancement de la production ;
- une section piquage, organisée en fonction du processus de production et regroupant deux unités de vingt machines disposées en ligne de part et d'autre d'un convoyeur, système de transport suspendu ;
- une section conditionnement ;
- une section contrôle ;
- une section administrative et comptable.

ANNEXE 2

DESCRIPTION DES PRODUITS ET PRÉVISION DES VENTES POUR LA SAISON PRINTEMPS-ÉTÉ N

La fabrication prévue est de 210 000 bodys se décomposant ainsi :

- Ventes dans les centrales d'achats des grands magasins :
  - 90 000 modèles B1 (sans armatures, blanc, effet broderie anglaise),
  - 57 000 modèles B2 (à armatures, vert, en maille, façon soulignée de dentelle extensible).
- Ventes dans les magasins spécialisés :
  - 30 000 modèles B3 (à armatures, bleu porcelaine avec demi-bonnets et jambes, garnis de dentelle de Calais extensible).
  - 22 000 modèles B4 (à manches longues, blanc en dentelle extensible, se fermant au dos avec fermeture à bouton),
  - 11 000 modèles B5 (d'une très grande originalité, noir en dentelle élastique et satin, soutien-gorge intégré avec fermeture à crochets).

ANNEXE 3

NOMENCLATURE DES PRODUITS ET PRIX D'ACHAT UNITAIRE DES MATIÈRES

Les quantités nécessaires de tissus ont été calculées en mètre par les responsables de la coupe en fonction de la laize (largeur de la pièce d'étoffe prise entre deux lisières) et du placement des différentes pièces de tissu à couper.

	B1	B2	B3	B4	B5	Prix d'achat unitaire
Doublure fond coton	0,002	0,002	0,003	0,003	0,003	25,000 €
Dentelle élastique	–	–	–	–	0,16	65,000 €
Dentelle extensible	–	0,05	0,06	0,08	–	57,500 €
Maille 48 % polyamide	–	0,15	–	–	–	36,500 €
Maille 92 % polyamide	–	–	0,15	–	–	38,500 €
Maille 95 % coton	–	–	–	0,14	–	45,000 €
Broderie anglaise	0,16	–	–	–	–	40,000 €
Bretelles réglables	2	2	2	–	2	2,000 €
Boutons-pression	2	2	3	3	2	0,100 €
Crochets soutien-gorge	–	–	–	–	1	0,075 €
Boutons et attaches	–	–	–	1	–	0,250 €
Armature	–	2	2	–	–	0,025 €
Motif	1	1	1	–	–	0,600 €
Dentelle en 5 cm	–	–	–	0,35	–	3,500 €
Dentelle en 8 cm	–	–	–	0,40	–	5,000 €
Ruban élastique	0,8	–	–	0,8	–	1,250 €
Cintre	1	1	–	–	–	0,250 €
Emballage individuel	–	–	1	1	1	0,750 €

ANNEXE 4

DÉTAIL DES COÛTS INDIRECTS PRÉVUS POUR LA SAISON

Le système de gestion actuel est articulé autour du coût-minute, calculé deux fois par an, au début de chacune des collections printemps-été et automne-hiver.

Le coût-minute est le coût de revient de la minute de piquage. Il est égal au montant de l'ensemble des charges autres que les achats de tissus et fournitures diverses, divisé par le temps global de piquage exprimé en minutes. Toutes les charges de personnel et toutes les charges de fonctionnement sont présumées consommées en fonction des minutes de piquage.

Les temps de passage dans la section piquage, établis à partir du chronométrage de jeux d'essais, sont les suivants :

Modèles	B1	B2	B3	B4	B5
Temps	6 minutes 30 secondes	11 minutes	9 minutes 30 secondes	13 minutes	10 minutes

Le total des frais de personnel, pour la saison, est de 2 218 860 €.
Le montant des frais de fonctionnement, pour la saison, est de 1 169 610 €.

ANNEXE 5

NIVEAU DES MARGES SUCCESSIVES

Le prix de cession des produits à la société Alix est égal à 60 % du prix de vente aux distributeurs (le reste couvre les frais de distribution, les frais généraux et la marge de Alix).
La marge réalisée par les grands magasins est de 25 % de leur prix de vente hors taxes, celles des magasins spécialisés est de 50 %. La TVA est au taux normal.

ANNEXE 6

ANALYSE DÉTAILLÉE DES COÛTS

Une première analyse des charges, autres que les matières, a permis de les affecter de la manière suivante :

Total	Approvisionnement	Coupe	Piquage	Conditionnement	Contrôle	Administration
3 388 470	285 850	781 450	1 597 670	141 750	71 100	510 650

La production se fait en juste-à-temps et les produits finis sont expédiés vers la société Alix. Le nombre de lots à fabriquer ainsi que leur importance sont présentés dans le tableau suivant :

Modèles	B1	B2	B3	B4	B5
Production prévue	90 000	57 000	30 000	22 000	11 000
Lots de 5 000	10	6	–	–	–
Lots de 2 000	20	10	–	–	–
Lots de 1 000	–	7	5	2	1
Lots de 500	–	–	10	10	5
Lots de 100	–	–	150	100	50
Lots de 50	–	–	100	100	50

ANNEXE 7

Dans un deuxième temps, après consultation de l'ensemble du personnel, on a dénombré les principales activités de l'atelier et les inducteurs de coûts correspondants et la ventilation des charges prévues entre les activités.

Les résultats de ces travaux sont présentés dans le tableau ci-après :

	Activités	Inducteurs de coût	Charges ventilées
Approvisionnement	relation fournisseurs	nombre de références matières	49 000
	contrôle réception	nombre de références matières	24 500
	suivi des stocks	nombre de références matières	18 000
	approvisionnement de la coupe	nombre de manipulations (1)	150 850
	approvisionnement autres sections	nombre de lots mis en fabrication	43 500
Coupe	étude-élaboration des patrons	nombre de modèles	197 500
	ordonnancement	nombre de lots mis en fabrication	107 500
	matelassage et coupe	nombre de manipulations	476 450
Piquage	piquage	nombre de minutes	1 597 670
Conditionnement	conditionnement magasins spécialisés	nombre de produits pour magasins spécialisés	99 000
	conditionnement pour centrales d'achat	nombre de lots pour centrales d'achat	42 750
Contrôle	contrôle	nombre de lots mis en fabrication	71 100
Administration	comptabilité fournisseurs	nombre de références matières	87 500
	administration générale	valeur ajoutée aux matières (hors coût administration générale et hors résultat)	423 150

(1) Nombre de manipulations $= \sum_{i=1}^{5} \left(\text{nombre de lots mis en fabrication par modèle i} \times \text{nombre de lots référence tissus par modèle} \right)$ (il y a 7 références possibles)

ANNEXE 8
CALCUL DES COÛTS ESTIMÉS PAR LA MÉTHODE DES COÛTS À BASE D'ACTIVITÉS

	B1	B2	B3	B4	B5
Matières	12,50	13,50	15,00	16,50	15,50
Coût des inducteurs					
a) **Inducteurs «référence matières»**					
Doublure	0,041	0,041	0,062		
Dentelle élastique					
Dentelle extensible		0,078	0,093		
maille 48 %		0,174			
maille 92 %			0,331		
maille 95 %					
Broderie anglaise	0,110				
Bretelles réglables	0,053	0,053	0,053		
Boutons pressions	0,042	0,042	0,063		
Crochets soutien-gorge					
Boutons et attaches					
Armature		0,114	0,114		
Motif	0,056	0,056	0,056		
Dentelle 5 cm					
Dentelle 8 cm					
Ruban élastique	0,089				
Cintre	0,068	0,068			
Emballage			0,158		
b) **Autres inducteurs**					
Manipulation	0,236	0,429	9,381		
Lot de fabrication	0,116	0,141	3,085		
Référence produit	0,439	0,693	1,317		
Minute de piquage	5,486	9,284	8,018		
Produit vendu en magasin			1,571		
Lot vendu en centrale	0,269	0,325			
Coût de revient hors administration	**19,505**	**24,998**	**39,302**		
Inducteur «valeur ajoutée»	1,000	1,641	3,468		
Coût de revient estimé	**20,505**	**26,639**	**42,770**		

ANNEXE 9
RÉFLEXIONS DES COLLABORATEURS

Marie Marocatir, contremaîtresse dans la section piquage :

«Le temps de marche disponible est de 33 696 heures. Le temps nécessaire calculé à partir des gammes opératoires est de 31 550 heures. Cependant, il me semble nécessaire de prévoir une marge de battement de 10 % du temps nécessaire pour les retards, pannes et retouches éventuelles. Sans cette marge, on risque la saturation, les heures supplémentaires, donc des coûts supplémentaires.

Avec le nombre d'employées actuel, on assure le fonctionnement de deux postes de piquage supplémentaires.

D'autre part, il me semble possible d'intégrer le contrôle au piquage. Avec une formation qualité et la mise en place de contrats qualité, on pourrait alors envisager de muter les deux personnes affectées au contrôle, dans la société mère, qui d'après mes informations doit embaucher quatre personnes.»

La suppression des deux postes de contrôle entraînerait 21 000 € d'économie par poste (charges sociales 40 %), la mise en place de contrats-qualité coûterait 9 465 € (par saison).

Paul Roca, responsable de l'ordonnancement :

«En changeant légèrement la conception des bodys B3 et B4 tout en conservant la même matière première consommée, on pourrait gagner une minute de piquage pour un body B3 et deux minutes pour un body B4. Je rappelle qu'une employée dans la section piquage coûte 25 000 € par saison.»

Bruno Durand, chargé du suivi des stocks :
«Avec un coût stockage minime (6 000 € par saison) car il y a de la place, il me semble que la production pourrait se faire par lots de 100 au minimum ; beaucoup de transactions seraient ainsi évitées.»

Jeanne Gilles, responsable de la coupe :
«L'acquisition d'un nouveau système de gradation et de placement permettrait de faire des économies à la coupe en réduisant les déchets de tissus. Avec un coût supplémentaire de 34 997 € par saison, on pourrait réduire les quantités nécessaires de tissu par produit de 5 % pour les composants suivants : dentelle élastique, dentelle extensible, maille 48 % polyamide, maille 92 % polyamide, maille 95 % coton et broderie anglaise.»

Armelle Majape, responsable de l'approvisionnement :
«Un nouveau fournisseur d'emballages propose des produits adaptés à 0,50 € pièce, si on s'engage à commander une quantité de 75 600 sacs par saison.
Par ailleurs, il me semble que l'on pourrait mettre une dentelle de 5 cm autour des manches du body B4 et ne pas acheter ainsi de dentelle de 8 cm.»

(2) Bourgogne Nouvelle

Le quotidien *La Bourgogne Nouvelle*, entreprise familiale, appartient à la presse quotidienne régionale (PQR). Ce journal, créé en 1944, est issu de la Résistance. C'est une entreprise de presse régionale de taille moyenne qui détient un quasi-monopole dans la zone où elle diffuse. Depuis une dizaine d'années, on assiste à une érosion des ventes. Les impératifs financiers et la pression de la concurrence ont conduit la direction du journal à lancer en septembre N – 2 l'édition du dimanche ou 7e jour et à entreprendre une recherche de diversification.
La situation financière de l'entreprise s'est pourtant dégradée ces dernières années, en particulier en N – 1 où l'entreprise est confrontée à de lourdes pertes.
L'entreprise a réalisé ces deux dernières années d'importants investissements pour intégrer les évolutions technologiques auxquelles le secteur de la presse est confronté. La modernisation du système informatique à l'étude depuis plus de trois ans est enfin achevée. Le matériel et les logiciels informatiques relativement anciens obligeaient le montage manuel du journal. Leur remplacement par un matériel sophistiqué permet une fabrication totalement informatisée des différentes éditions. Les journalistes de *La Bourgogne Nouvelle* doivent désormais réaliser eux-mêmes la composition des pages du journal. La modernisation du système informatique nécessite de repenser l'organisation de la rédaction. Elle s'accompagne d'un plan social (licenciements, préretraites et reconversions) en raison de la transformation des métiers et nécessite un programme de formation des journalistes.

La direction générale de *La Bourgogne Nouvelle* profite de l'embauche dans l'entreprise d'une nouvelle directrice administrative et financière (DAF), Madame Catelas, pour projeter une refonte du système d'information sur les coûts permettant d'orienter les choix stratégiques en matière de produits nouveaux.

Insatisfait des résultats de l'entreprise, le prédécesseur de Madame Catelas avait engagé une réflexion sur la rénovation du système d'information de gestion. Dans ce but, il avait demandé à un cabinet d'audit une proposition d'organisation de la comptabilité de gestion telle qu'il soit possible d'obtenir des informations pertinentes sur la structure du coût des produits, sur le coût respectif des modes de diffusion..., afin d'orienter les choix en matière de diffusion et d'organisation du processus de production et d'aider à trouver des voies de diversification de l'activité.

Le cabinet d'audit vient de remettre un prérapport dont vous trouverez en *annexes 2* et *3* les principaux éléments. Avant de valider la démarche proposée, Madame Catelas souhaite tester les propositions du cabinet.

Première partie

Dans un premier temps, Madame Catelas décide d'analyser les résultats actuels de l'entreprise en appliquant les procédures proposées par le cabinet.

QUESTION

Attention : pour cette partie du dossier présenter des calculs en centimes (centièmes d'euros) avec deux chiffres après la virgule.

Calculer en respectant la procédure proposée :

1. **Le coût hors papier d'un exemplaire imprimé plié de chacun des sous-numéros définis par le cabinet d'audit ;**
2. **Le coût hors papier d'un exemplaire d'un numéro imprimé, plié, avant diffusion ;**
3. **Le coût de revient d'un exemplaire d'un numéro du journal servi par abonnement ;**
4. **Le coût de revient d'un exemplaire d'un numéro du journal distribué au numéro.**
5. **Calculer, pour un exemplaire d'un tirage, le résultat pour :**
   - **un exemplaire vendu au numéro,**
   - **un exemplaire servi par abonnement.**
6. **Commenter les résultats. Indiquer, dans une courte note, les apports ou les insuffisances de la démarche proposée. Illustrer le propos à partir des données chiffrées obtenues aux questions précédentes.**

Deuxième partie

Souhaitant mieux percevoir les implications de l'analyse proposée par le cabinet d'audit, Madame Catelas a poursuivi l'étude. Ses travaux complémentaires ont permis de définir, compte tenu d'une activité normale, des indicateurs clés par tirage. Ces informations sont regroupées dans *l'annexe 4.*

Elle décide d'appliquer la démarche à un produit nouveau qui permettrait une meilleure utilisation des moyens tout en dynamisant le titre.

En effet, pour remobiliser le lectorat du journal, il est nécessaire d'ouvrir ce dernier vers les jeunes et les femmes. La régie de presse d'un grand groupe national propose à *La Bourgogne Nouvelle* (*BN*) une solution originale : un magazine « clé en mains » destiné aux femmes dans lequel BN insérerait des pages régionales afin d'attirer des annonceurs locaux. Ce supplément hebdomadaire serait diffusé gratuitement avec le quotidien. Les données relatives à ce projet sont fournies en *annexe 4.*

QUESTIONS

Attention : pour cette partie du dossier, présenter des calculs en euros.

1. **Exprimer, le coût théorique d'un supplément plié avant diffusion en fonction :**
   - **du nombre de pages d'informations régionales noté PR ;**
   - **du nombre de pages de publicité noté PP ;**
   - **du tarif du magazine clés en mains noté *t*.**
2. **Calculer, par période de l'année de lancement, le nombre de pages publicitaires nécessaires pour tenir les objectifs de résultats imposés par Madame Catelas sur ce produit.**
3. **Analyser les résultats obtenus, leur pertinence par rapport aux objectifs initiaux du système d'information de gestion. Quelles sont les limites de la méthode ?**

ANNEXE 1

Processus de production

L'entreprise Bourgogne Nouvelle propose à ses lecteurs un quotidien d'une quarantaine de pages diffusé en kiosque et par abonnement. Ce journal contient principalement des informations locales concernant les départements de diffusion. Il sert également de support pour des encarts publicitaires et propose des services payants comme la diffusion de petites annonces en provenance de particuliers ou d'entreprises (offres d'emploi) ainsi que des annonces légales.

La structure de Bougogne Nouvelle reste classique pour une entreprise de ce secteur ; plusieurs services sont rattachés à la direction générale suivant le modèle ci-après :

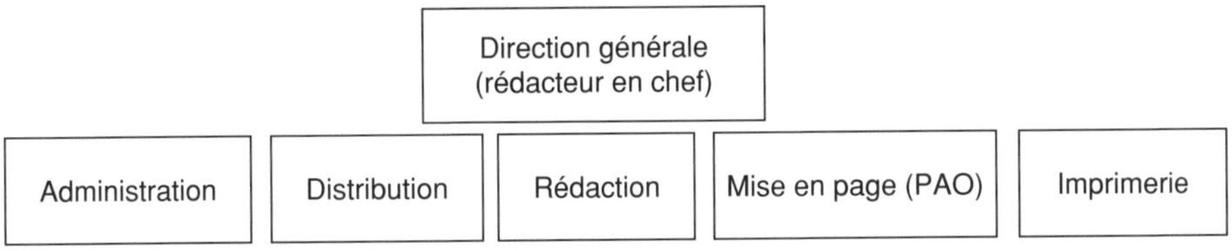

Pour des raisons historiques, la fabrication du journal est très intégrée. Toutes les activités sont réalisées dans l'entreprise par du personnel peu enclin à envisager des externalisations. Pour autant, le coût de fabrication reste lié principalement au nombre d'articles, de publicité et de pages proposées. Les économies d'échelle existent sur les coûts d'impression dont les montants unitaires décroissent avec le tirage, et sur les tarifs de la publicité et des pages à services payants qui augmentent avec ce même tirage.

Cependant le concept « journal » s'est transformé pour répondre à la concurrence des autres médias, à la demande des lecteurs et à l'influence des nouvelles technologies de l'information. Ces évolutions rendent plus complexe l'analyse des ressources consommées par les différentes activités et obligent à une vision transversale et non fonctionnelle du processus de production.

La rédaction

Le journal dispose de 400 correspondants locaux, de 10 rédactions détachées qui ont été majoritairement informatisées. Elles transmettent par télématique leur objet rédactionnel. Obligées de « coller » le contenu rédactionnel aux attentes des lecteurs, elles proposent en plus des informations locales ou régionales, des informations achetées à l'extérieur. D'autre part, l'évolution technologique des progiciels amène les journalistes à préparer la maquette de leur article mais aussi de la page sur laquelle il sera imprimé.
Maquetter devient une partie des activités de la rédaction alors qu'auparavant cette fonction était totalement assurée par le service « pré-presse ».

La PAO (publication assistée par ordinateur)

Cette activité est porteuse de valeur pour le client et les annonceurs car elle permet, en jouant sur la présentation des rubriques, la mise en valeur des photos et l'utilisation judicieuse des couleurs, de créer une différenciation qui permet un accroissement des ventes.
Compte tenu des impératifs d'impression, la majeure partie de la PAO est concentrée sur une plage horaire de 6 heures par jour. De ce fait, les coûts sont affectés par la sous-activité de l'outil informatique induite par la périodicité du journal.

L'impression

L'informatique a, là aussi, profondément modifié la nature du travail : la composition lettre par lettre des pages par les typographes a disparu au profit de matériels capables, à partir d'un fichier informatique, de fabriquer les plaques sensibles qu'utilisent l'impression offset. Cette dernière permet de meilleures photos et la quadrichromie.
Les rotatives offset mobilisent des moyens considérables (30 à 50 millions d'euros l'unité) mais permettent des rendements exceptionnels (50 000 à 60 000 exemplaires à l'heure).

La diffusion

Cette activité subit de fortes contraintes : il s'agit de servir 750 dépositaires, 150 bureaux de poste et 40 coursiers pour le portage à domicile, de telle sorte que le journal puisse être en kiosque dès 7 h 00 du matin, inclus dans les tournées des facteurs qui commencent dès 8 heures et mis à disposition avant 10 heures dans les boîtes aux lettres pour le portage personnalisé.

La publicité

Elle concerne deux types d'annonceurs : des annonceurs nationaux, dont le critère reste essentiellement la taille du lectorat, et des annonceurs locaux dont la majeure partie appartient au secteur de la grande distribution.

Cette publicité est maintenant collectée par les correspondants locaux alors que ceux-ci estiment que leur activité principale doit être de rédiger des articles.

La gestion des abonnements

Perçue longtemps comme une activité essentiellement administrative, elle comporte de plus en plus une dimension de promotion indispensable au développement des ventes et à l'équilibre financier. Elle intègre aussi la prise en compte de services additionnels comme le portage à domicile personnalisé développé dans les zones urbaines ou des actions promotionnelles ciblées.

La promotion du titre

Cette activité récente est assurée par la rédaction, la fonction commerciale et la direction. Elle prend des formes variées comme la publication de suppléments gratuits, des partenariats avec des radios locales ou du soutien à des manifestations locales.

ANNEXE 2

Conception du système d'information dans une vision d'analyse par activités

Compte tenu de l'évolution actuelle du processus de fabrication, le cabinet d'audit a considéré que *BN* participait en fait à la constitution de trois journaux en parallèle, dont les contenus sont collectés par les mêmes personnes, mis en page et imprimés sur les mêmes moyens, mais qui représentent trois logiques de gestion différentes : un journal de pages d'informations, un journal de pages publicitaires et un journal de pages payantes. Ces trois logiques définissent trois « macros-processus » qu'il est important de distinguer.

C'est pourquoi une nouvelle analyse des coûts est proposée. Elle porte sur 5 points principaux :

a) Une nouvelle modélisation du fonctionnement de l'entreprise :

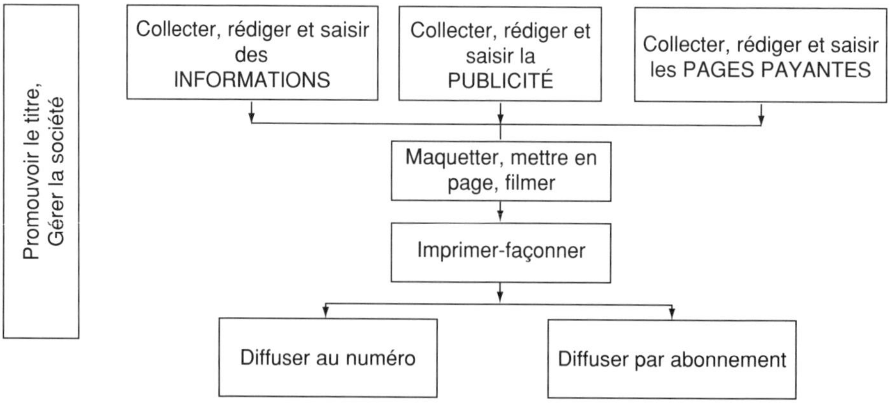

b) La définition de « produits internes » qui consiste à scinder un numéro du journal (journal d'un jour donné) en trois sous-numéros :
- le numéro d'informations qui comprend l'ensemble du contenu rédactionnel évalué en nombre de pages ;
- le numéro de publicité constitué de l'ensemble des annonces publicitaires évalué en nombre de pages ;
- le numéro de « pages payantes » regroupant l'ensemble des annonces payantes et annonces légales évalué en nombre de page.

c) La perception d'un journal comme étant un produit à structure variable en fonction du nombre de pages de chaque nature retenu dont il importe de calculer le coût et/ou la contribution.

d) Le mode de diffusion comme critère exclusif de confrontation avec le marché et donc la nécessité de distinguer deux services différents : la diffusion au numéro, et la diffusion servie par abonnement.

e) Un mode de calcul original des coûts de revient qui analyse le coût complet du journal selon la procédure suivante :
- calcul du coût du journal imprimé plié pour chacun des trois sous-numéros hors consommation de papier ;
- coût d'un journal imprimé plié avant diffusion = coût du numéro d'informations – marge sur numéro de publicité – marge sur numéro de « pages payantes » ;
- coût du service rendu = coût du journal imprimé plié non diffusé + coût direct du papier consommé + coût de la diffusion + coût des activités de soutien.

Ce calcul est réalisé pour les deux types de diffusion : au numéro et par abonnement.

ANNEXE 3

DONNÉES CHIFFRÉES OBTENUES DANS LE CADRE DE LA NOUVELLE ANALYSE

Dans l'esprit du nouveau système d'information de gestion, le cabinet d'audit aidé du prédécesseur de Mme Catelas a analysé les charges de l'entreprise pour l'année N et calculé, compte tenu d'un « produit type » correspondant à un fonctionnement normal pour l'activité « publication d'un quotidien », le coût unitaire des inducteurs retenus.

A. Informations concernant le « produit type »

Quotidien de 40 pages comprenant 24 pages d'informations, 6 pages de publicité et 10 pages d'annonces tiré en 86 000 exemplaires par jour pendant 360 jours en moyenne.

Tarifs

Prix de l'abonnement annuel : 220 euros. Prix public au numéro : 75 centimes.
Taux de commission aux dépositaires : 22,85 % sur prix public.

Structure des ventes

Nombre d'exemplaires servis par abonnement-équivalent année : 25 160.
Taux d'invendus : 10 % des exemplaires diffusés au numéro.

Notoriété du titre

Des études de marché ont noté qu'en moyenne un exemplaire du journal diffusé par abonnement était lu par 2,4 lecteurs contre 1,2 pour un exemplaire diffusé au numéro.

Indicateurs types de l'entreprise

Chiffre d'affaires d'une page entière de publicité par tirage : 1 998 euros.
Chiffre d'affaires par page d'annonces pour trois parutions dans la semaine : 3 500 euros.
Format d'une page imprimée : 2 000 mm/colonne.
Coût d'achat d'une feuille de papier : 0,64 centime.
Nombre de pages par feuille : 4.
Forfait de feuilles consommées pour mise en route des rotatives : 400 feuilles.
L'impression du journal s'effectue de minuit à 5 heures du matin pour une mise à disposition dans les kiosques dès 7 heures.

Portage des journaux diffusés par abonnement

La diffusion à domicile est effectuée, soit par la poste, soit par portage individuel. Dans le premier cas, il s'agit d'approvisionner 150 bureaux de poste avant 8 heures, heure de départ des tournées des préposés ; dans le second cas, les tournées des livreurs sont organisées de telle sorte que 80 % des journaux distribués soient à disposition des lecteurs dès 10 heures chaque matin.

B. Activités, inducteurs et coûts unitaires (en centimes)

Activités	Inducteurs d'activité (1)	Coût unitaire de l'inducteur
Collecter, rédiger et saisir l'information	mm/colonne d'informations	8,72 centimes
Collecter, rédiger et saisir la publicité	mm/colonne de publicité	4,72 centimes
Collecter, rédiger et saisir les pages payantes	mm/colonne d'annonces	1,44 centimes
Maquetter, mettre en page, flasher	la page maquettée	3 910,87 centimes
Imprimer et façonner	exemplaire imprimé	40,43 centimes
Diffuser au numéro	exemplaires vendus	23,31 centimes
Gérer les invendus (2)	exemplaire invendu	12,72 centimes
Diffuser par abonnement	exemplaire servi	27,57 centimes
Promouvoir le titre	lecteur par exemplaire (3)	7,1 centimes
Gérer la société	mm/colonne	1,46 centimes

(1) *Glossaire de comptabilité de gestion*, OEC, 1999 : Variable causale qui relie un objet de coût (la cause) et une activité (la conséquence) car on ne met en œuvre l'activité que dans le but de créer l'objet de coût ou un des attributs qui le composent.
(2) Cette activité consiste à ramasser, dans les points de vente, les exemplaires invendus d'un tirage, à suivre les implications comptables sur les commissions de ces non-ventes. Ce coût n'inclut pas le coût de fabrication des exemplaires non vendus.
(3) Un exemplaire lu par un seul lecteur entraîne un coût de promotion du titre de 7,1 centimes ; un exemplaire lu par deux lecteurs entraîne un coût de promotion du titre de 3,55 centimes.

ANNEXE 4

DONNÉES CLÉS RELATIVES AU SUPPLÉMENT GRATUIT

A. Données standard retenues par l'entreprise pour un tirage de 86 000 exemplaires

- Coût papier pour une page : 140 euros.
- Coût de collecte d'une page d'informations : 175 euros.
- Coût de collecte d'une page de publicité : 94 euros.
- Coût de collecte d'une page payante : 29 euros.
- Coût de maquettage d'une page : 40 euros.
- Coût de l'impression et du pliage : 34 500 euros (pour un tirage de 86 000 exemplaires).

B. Projet de supplément gratuit

Publication hebdomadaire, présentée comme un supplément gratuit destiné aux femmes de 20 à 55 ans.

La base du magazine est achetée à la régie de presse du grand quotidien national « clé en mains », c'est-à-dire rédigée et mise en page : ce produit de 10 pages rédactionnelles est prêt à être imprimé. *BN* se charge d'ajouter des pages rédactionnelles d'intérêt local ou régional et de collecter, auprès des annonceurs, de la publicité évaluée en nombre de pages. Dans une première version, il n'est pas envisagé d'y joindre des « pages payantes »

Format d'une page imprimée : 2000 mm/colonne.
Ce supplément serait imprimé sur du papier de qualité identique à celle du journal, dans des conditions similaires (4 pages par feuille) mais le forfait de mise en route des rotatives est inutile puisque ce supplément s'intègre à l'édition du quotidien.

Des études de marchés ont montré :
- qu'un tel supplément devrait posséder au moins 5 pages rédactionnelles sur des informations locales intéressant le public concerné ;
- que le nombre maximum de pages de publicité ne peut, sur un produit de ce type, être supérieur au nombre total de pages rédactionnelles ;
- que la régie de publicité du *BN* peut collecter par page publicitaire sur un projet comme celui-ci, en moyenne et par tirage :
  - 2 834 euros sur les 2 premiers mois du lancement,
  - 3 333 euros sur les 4 mois suivants,
  - 4 167 euros par mois, une fois la notoriété du titre acquise, durée estimée à 6 mois de publication.

La régie de presse du grand quotidien national propose, compte tenu des tirages de *BN* qui ne peuvent à court terme être augmentés, les tarifs suivants : 8 centimes par exemplaire édité pendant 6 mois à titre promotionnel, puis 15 centimes par exemplaire édité.

Madame Catelas estime que la diffusion d'un tel supplément n'entraînerait pas des coûts supplémentaires de diffusion puisqu'il serait inséré dans le quotidien régional. En revanche, elle souhaite dégager sur ce projet un gain de 8 centimes par exemplaire imprimé soit 6 880 euros par tirage.

Troisième partie

La mise en œuvre du contrôle de gestion

25 L'organisation du contrôle de gestion

Le contrôle de gestion apparaît sous des formes plus ou moins élaborées selon la nature des organisations et suscite des remises en causes plus ou moins importantes dans sa conception comme dans son implantation.

1. La place du contrôle de gestion dans différentes organisations

Les objectifs du contrôle de gestion sont identiques pour toutes les entreprises, quels que soient leur secteur et leur taille : aider, coordonner, suivre et contrôler les décisions et les actions de l'organisation pour qu'elle soit la plus efficace et la plus efficiente possible.

Mais la mise en place des outils et des procédures du contrôle de gestion varie selon les entreprises.

1.1 Selon la taille

a) Le contrôle de gestion dans les grandes entreprises

1) Les spécificités des grandes entreprises

Les analyses contemporaines de l'organisation ont montré **qu'il n'y a pas de modèle standard de contrôle de gestion** applicable dans toutes les entreprises.

Le contenu, l'organisation et la position de ce dernier dans l'organigramme sont donc spécifiques à chaque entreprise.

Pour les grandes entreprises **la taille** est le facteur essentiel qui conditionne l'organisation d'un contrôle de gestion.

Il en découle :
- **une structure lourde**, rigide, parfois éclatée en plusieurs sites ;
- **des processus décisionnels longs** avec de nombreux acteurs ;
- **des systèmes d'information complexes**.

Ces spécificités rendent difficile la mise en place d'un contrôle de gestion complet et intégré.

2) Le contrôle de gestion dans les grandes entreprises

• La position dans l'organigramme

Le contrôle de gestion doit aider les responsables fonctionnels (aide à la prise de décision) et opérationnels (contrôle de l'action).

Le système d'information du contrôle de gestion utilise la structure de l'entreprise. De ce fait, sa place et celle du contrôleur varient selon les structures adoptées par les organisations.

Dans la plupart des grandes entreprises, le choix de la position du contrôle de gestion se fait entre deux possibilités :
- **une position fonctionnelle** : soit le contrôle de gestion est intégré à la fonction financière, soit il est indépendant si l'entreprise est très grande. Il est donc une fonction comme une autre en dessous de la direction générale ;
- **une position de conseil** : directement rattaché à la direction générale, le service contrôle de gestion, décentralisé, travaille à tous les niveaux de la structure puis globalise les informations.

• Les outils et les procédures du contrôle de gestion

Les méthodes utilisées doivent intégrer un grand nombre de données et de variables, les procédures sont plus longues à élaborer mais la démarche et la logique restent identiques.

3) Le contrôle de gestion dans les groupes internationaux

Plusieurs difficultés apparaissent pour gérer et contrôler les filiales à l'étranger d'un groupe :
- quel est le degré d'autonomie accordé à la filiale ?
- sur quelles informations juger de sa performance ?

• L'autonomie de décision

La délégation des responsabilités et des décisions est plus ou moins importante selon l'identité du groupe et le comportement des leaders mais il est un domaine qui reste généralement de la compétence de la maison-mère : **le budget d'investissement**.

La gestion des investissements d'une filiale permet d'en contrôler les activités et les grandes orientations.

• **Le système d'information**

La difficulté essentielle est de rendre homogène le contrôle de gestion d'un groupe aux multiples activités, surtout s'il est international. Deux techniques peuvent y remédier :

L'articulation des budgets

Les budgets sont élaborés pour chaque unité ou filiale. Mais il faut **homogénéiser** les procédures puis consolider tous les budgets.
L'articulation consiste donc à regrouper tous ces budgets.

La consolidation des budgets nécessite une certaine standardisation des opérations qui peut rigidifier le système d'information et ne pas correspondre tout à fait aux besoins d'une unité.

La consolidation des budgets s'appuie sur la structure du groupe.

La procédure d'articulation peut laisser une plus ou moins grande marge de manœuvre et de liberté : les budgets peuvent être très intégrés (les objectifs et les budgets fixés par le directeur de filiale doivent s'insérer dans ceux du groupe ; ils sont négociés avec la hiérarchie de la maison-mère avant d'être acceptés). Les budgets peuvent être plus autonomes dans le cadre local de la filiale ; le contrôle de la maison mère est moins rigoureux.

Le reporting

Ce sont les procédures de circulation d'information qui permettent de «remonter» les informations depuis les filiales et les unités de base vers la direction générale.

C'est donc un système d'informations essentiel pour le groupe.

Il est constitué de rapports ponctuels ou généraux, de comptes et de ratios, et peut être scindé en reporting financier et reporting de gestion pour les très grandes firmes.

Cette organisation de l'information et de son traitement doit permettre de contrôler le fonctionnement des filiales d'un groupe.

• **Les problèmes de contrôle de gestion pour les filiales à l'étranger**

Malgré ces informations, il est souvent difficile de contrôler la gestion et d'apprécier la performance d'une unité établie à l'étranger pour de multiples raisons :
– les différences entre les systèmes comptables des pays ;
– les différentiels des taux d'inflation des différents pays ;
– la fluctuation des monnaies et donc des changes ;
– les différences de comportements humains et de culture entre les pays.

Avant toute analyse des coûts et des budgets, il faut donc procéder à des corrections et à des réajustements.

b) Le contrôle de gestion dans les PME

1) Les spécificités de la PME

- **La structure de la PME**

Les tâches et les services ne sont pas toujours clairement isolés. Les membres sont beaucoup plus polyvalents car les moyens sont limités. Les participants communiquent directement entre eux de manière informelle. La structure souvent floue s'adapte aux évolutions de l'entreprise.

- **Les processus décisionnels dans la PME**

Le dirigeant est le décideur principal. Son style de commandement est prépondérant pour orienter le mode de fonctionnement et de gestion de l'entreprise, l'importance du contrôle et de la délégation des pouvoirs.

2) Le contrôle de gestion de la PME

Le rôle du contrôle de gestion dans une PME est identique et tout aussi important que dans une entreprise plus grande.

- **Les outils et les procédures du contrôle de gestion lui sont applicables en respectant ses spécificités**

Mais la pratique montre que le contrôle de gestion est peu formalisé et consiste seulement à agir lorsque des difficultés spécifiques apparaissent. C'est une gestion par exception des opérations courantes.

- **La position dans l'organigramme sera fonction du nombre de personnes et des services mis en place :**

– ce peut être le comptable chargé de la comptabilité générale et de la comptabilité analytique qui élabore les budgets et utilise les techniques du contrôle ;

– ce peut être le dirigeant si l'entité est petite ou s'il souhaite coordonner et suivre lui-même les activités.

La réalité des entreprises est loin de correspondre aux démarches théoriques proposées pour le contrôle de gestion.

Si la comptabilité générale existe dans toutes les petites entreprises parce qu'elle est obligatoire, la comptabilité analytique apparaît peu fréquemment et le contrôle de gestion encore moins.

Pourtant la connaissance des coûts est essentielle pour la compétitivité des PME dans l'environnement actuel et le contrôle des décisions et des actions permettrait de mieux orienter les décisions.

En rappelant que 95 % d'entreprises françaises ont moins de 10 salariés, il faut être modeste quant à l'application et à la portée du contrôle de gestion.

1.2 Selon l'activité

Il serait également possible de faire apparaître des spécificités de conception, de mise en place, de fonctionnement du contrôle de gestion pour des entreprises offrant des **services** marchands et *a fortiori* non marchands.

En effet, il a été montré que le contrôle de gestion a été créé pour des entreprises de production industrielle ; donc il faut l'adapter pour tenir compte de plusieurs caractéristiques.

• Un **service est hétérogène** : il peut varier d'un client à l'autre ; il est donc difficile de déterminer un processus standard d'élaboration avec un coût standard ou référence car les composantes du service ne sont pas toujours les mêmes.

• Le service est produit **au moment même où il est consommé** ; il n'est ni stocké ni transporté. Le service ne peut donc être compté, mesuré, testé, vérifié avant sa vente ; le coût prévisionnel est difficile à déterminer.

• Le prix est très dépendant des **relations avec le client** qui participe parfois à production du service ; il est donc difficile de fixer des prix et des marges standards, des budgets et des écarts par rapport à des normes.

• La matière première essentielle d'un service est le **travail des personnes**. Le contrôle de gestion doit donc être capable d'isoler le temps passé par client, par activité, sans pour autant pouvoir déterminer des temps standards « normaux » car les services sont très hétérogènes.

• Un service peut correspondre à un **processus complexe** qu'il faut être capable de décomposer de manière assez fine. Le contrôle de gestion doit donc trouver en interne des données précises pour reproduire cette complexité dans les coûts et les budgets.

1.3 Selon le statut

a) Le contrôle de gestion dans les organisations publiques

Les difficultés pour contrôler les entreprises publiques

Alors que leurs missions sont d'intérêt général, il est demandé aux organisations publiques une gestion «rentable» aussi efficace et performante que celle des entreprises privées qui ont une mission de profit.

Le contrôle de ces organisations est délicat et les méthodes sont mal adaptées à leurs spécificités.

Le schéma suivant montre l'exécution et le contrôle des dépenses publiques :

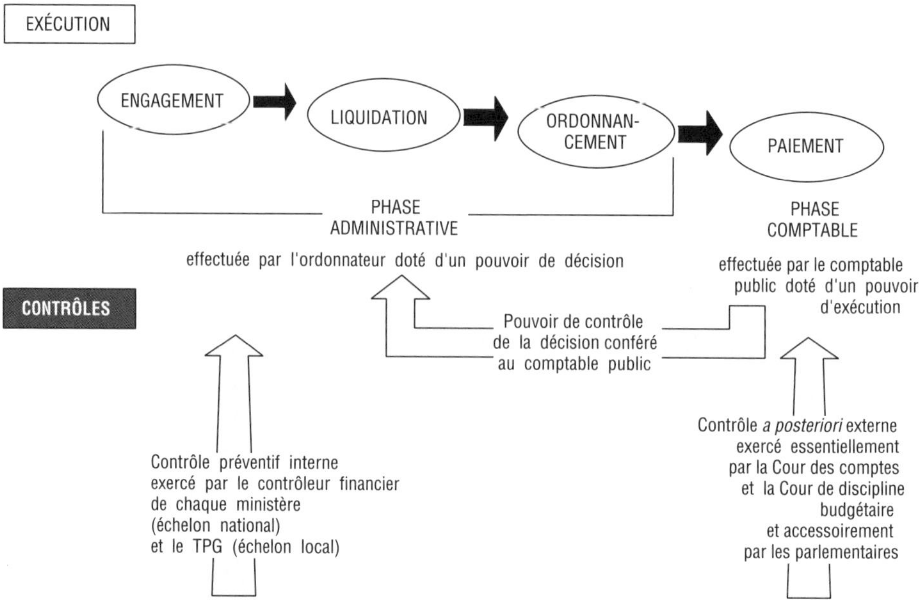

Source : Recueil de notices sur les finances publiques, La Documentation française, 1974.

«Les méthodes de contrôle sont de plus en plus inadaptées ; les règles de contrôle formel sur la régularité des procédures sont impropres à sanctionner la responsabilité nouvelle de l'administration au niveau auquel elle s'exerce désormais : celui de l'adéquation des actes aux besoins sociaux objectifs.»

b) Une forme innovante du contrôle de gestion dans un cabinet d'expertise comptable

L'expérience a été menée au sein d'un cabinet de taille moyenne (moins de 10 millions de chiffre d'affaires et une vingtaine de salariés) où les missions d'expertise-comptable représentent la moitié du chiffre d'affaires.

Constatant une baisse des tarifs sur ce type de mission et le développement des centres de gestion, le cabinet estime vital de se démarquer des concurrents en mettant en œuvre une politique de segmentation de marché. Les objectifs sont clairs :
- fidéliser la clientèle ;
- développer des produits nouveaux et les rendre solvables ;
- obtenir des gains de productivité sur les missions courantes en rationalisant les méthodes ;
- supprimer la «surqualité» non rentable.

1) Une segmentation de la clientèle

La segmentation de la clientèle est effectuée en privilégiant deux critères :

– l'homme qui dirige l'entreprise ;
– l'activité économique développée.

L'activité est scindée en trois grandes catégories.

• Les **activités A** qui ne demandent pas à son dirigeant de grandes qualités managériales : chiffre d'affaires faible, peu de concurrence, rayon d'action local, peu de demande en termes de qualité ; ce type d'activité fait plus appel à l'action qu'à la réflexion, le marché du conseil sera faiblement développé.

• Les **activités B** qui sont plus concurrentielles, qui demandent un niveau d'investissement plus élevé et des efforts de communication : ce type d'activité exige de son dirigeant de grandes qualités managériales ; la réflexion est un préalable à l'action, le marché du conseil doit y être porteur.

• Les **activités particulières** où la rationalisation est plus difficile compte tenu de demandes très disparates : associations, communes, comités, etc.

Les hommes sont partagés en deux grands groupes.

1. Les hommes d'action, d'instinct et de contact. Ils ont en général une vue globale des choses, les données chiffrées, analytiques, le contrôle ne font pas partie de leur registre. Le langage de l'expert-comptable ne leur convient pas, mais c'est indispensable, alors, de fait, leur critère de choix reste le prix de la prestation.
2. Les hommes d'action et de réflexion. Ils pèsent le pour et le contre, ils savent s'entourer, ils comprennent et apprécient une démarche qualité : ils sont plus en phase avec l'expert.

Le maillage homme-activité définit quatre catégories et donc quatre positionnements pour le cabinet.

• **Activité A – Homme 1** : maillage bon, marché sur lequel le cabinet doit offrir des missions basiques, documents simplifiés mais parlants, positionnement sur le prix du marché, donc standardisation de la production, baisse des prix de revient.

• **Activité B – Homme 2** : maillage bon, marché porteur pour les missions de conseil, documents analytiques, bon rapport»qualité/prix, standardisation des méthodes, production dans l'entreprise (portables).

• **Activité B – Homme 1** : maillage mauvais, dirigeant dépassé par les événements, vigilance et missions d'accompagnement sont nécessaires : 80 % de ces entreprises déposent leur bilan.

• **Activité A – Homme 2** : maillage médiocre mais potentiel intéressant pour le cabinet si celui-ci aide au passage d'une activité A à une activité de type B.

2) Une réflexion sur les produits

Cette segmentation du marché est complétée par un niveau de maturité d'organisation de l'entreprise et de son dirigeant : sept phases de maturité sont retenues et pour chaque phase le cabinet propose des produits particuliers répondant aux problèmes d'organisation de l'entreprise : par exemple un kit trésorerie, un kit de classement, un tableau de bord, un résultat flash, ou des check-list d'aide à l'embauche...

Ces produits ont été élaborés par les collaborateurs afin de permettre un développement des prestations du cabinet. Ces produits sont standardisés dans leurs méthodes de production (manuel de procédures internes comprenant ce qui doit être fait, comment le faire, en combien de temps, le processus d'élaboration et son coût de revient) et leurs méthodes de distribution (manuel commercial spécifiant la cible, les avantages pour le client, pour le cabinet, l'opportunité de la vente, le support marketing, l'argumentaire, et la proposition de prix).

3) Conclusion

Ce travail de réflexion sur l'adéquation entre marchés et produits a permis au cabinet :

- à court terme :
  - de s'apercevoir de certains dysfonctionnements qui ont permis la restructuration du portefeuille de dossiers ;
  - d'améliorer la trésorerie du cabinet par la proposition systématique de paiement des honoraires par prélèvement ;
- à long terme :
  - de structurer le cabinet dans une logique de marché en optimisant les activités de bases par la standardisation des produits et des méthodes et en étendant la gamme des prestations offertes tout en matérialisant du produit final ;
  - de repenser le travail et la place de chacun dans le cabinet, le collaborateur n'est plus un technicien, il devient un commercial, il ne vend plus des heures mais des produits.

Le marché des missions d'expertise-comptable est à maturité, il faut donc se différencier des concurrents en apportant plus de valeur au client par la personnalisation du service rendu moins par le produit en lui-même que par la qualité de l'écoute et la réponse aux besoins des clients.

1.4 Le contrôle de gestion dans les entreprises françaises

a) Les influences de la culture sur le contrôle de gestion

Les normes américaines de management ont souvent été proposées en France comme le «modèle» à suivre mais leur application ne va pas sans quelques heurts.

Les systèmes de contrôle fonctionnent parfaitement dans les **entreprises américaines** car ils s'intègrent dans **l'esprit des individus qui acceptent les règles d'évaluation** et savent que cela ne remet pas en cause leur personnalité et leur intégrité.

Des études montrent que les **entreprises françaises ont des difficultés à élaborer, à mettre en place, à faire accepter et à utiliser des systèmes de contrôle de gestion.**

Les attitudes psychologiques et les réactions sociales des individus face aux procédures de contrôle constituent souvent des résistances fortes.

Alors que la culture et le modèle américain permettent une mesure quantifiée des actions, les français y voient des marques de **défiance, de pressions de la hiérarchie**, des contrôles personnels.

L'optique japonaise est encore différente. L'abnégation de la personne au profit de la collectivité permet au **contrôle de gestion d'être global, non personnel** ni passionnel.

Ceci montre bien que le **contrôle de gestion** n'est pas seulement un outil de gestion, **c'est aussi un outil social d'animation et de coordination des membres de l'organisation.**

b) La pratique du contrôle de gestion dans les entreprises françaises

Des observations sur les systèmes de contrôle de gestion dans plusieurs entreprises françaises ont permis de dresser un panorama des différents styles ou modèles existants et d'en tirer des conclusions quant aux facteurs influençant le contrôle de gestion.

Quatre dimensions principales permettent de délimiter les systèmes de contrôle :

- **le degré de formalisation** des objectifs, des stratégies et des procédures budgétaires ;
- **la participation des responsables des centres opérationnels dans l'élaboration des plans** ;
- **les objectifs du système** de contrôle ;
- le degré **de couplage et d'interaction** entre les trois sous-systèmes : **plan, budget, contrôle**.

À partir de ces quatre dimensions, il est possible de repérer quatre styles de contrôle de gestion.

1) Deux styles extrêmes

• Un contrôle de gestion **strictement financier** : le plan est élaboré en fonction de la consolidation financière retenue.

• Un contrôle de **gestion de consensus** : le système de planification est orienté vers une formalisation des objectifs et des programmes après négociation et coordination entre les différents niveaux de la hiérarchie.

2) Deux styles intermédiaires

• Un contrôle de gestion qui recherche le consensus : le contrôle budgétaire conserve encore son caractère de contrôle administratif et l'allocation des ressources n'est pas exclusivement fondée sur la négociation budgétaire.

• Un contrôle de gestion mixte : le système de contrôle apparaît très bureaucratique ; il y a peu de participation et d'autocontrôle, le plan et le budget sont peu intégrés et le budget conserve son caractère financier.

De plus tous les facteurs de contingence internes et externes conditionnent le style du contrôle de gestion adopté dans les entreprises françaises.

L'incertitude et la complexité de l'environnement, la technologie de la production, la taille, la structure et le style de pouvoir et de management influencent le rôle, la place et le type de contrôle de gestion mis en place dans l'entreprise.

2. Le contrôle de gestion aujourd'hui

2.1 Les objectifs actuels du contrôle de gestion

L'analyse des objectifs et des procédures du contrôle de gestion paraît plus évidente après l'étude des techniques du contrôle de gestion.

a) Un système d'objectifs plus large et plus qualitatif

L'étude des techniques et de l'évolution du contexte productif a montré l'extension et l'enrichissement permanent des buts assignés au contrôle de gestion.

La construction initiale du système «contrôle de gestion» est quantitative et répond à une rationalité mécaniste.

Le modèle cherche à vérifier l'activité des différents modules et à les comparer.

Mais au fur et à mesure de l'évolution, les décompositions de l'entreprise se compliquent et il devient difficile de les relier dans un modèle unique ; les indicateurs ne sont plus reliés entre eux et seuls les budgets permettent de regrouper l'ensemble.

De plus les décideurs ne cherchent plus seulement à contrôler des résultats, mais aussi à mesurer la performance de l'ensemble du système.

Il faut donc élargir les objectifs et les outils du contrôle de gestion et les intégrer dans une démarche stratégique.

Des critères qualitatifs apparaissent ainsi que des méthodes pour avoir une vision globale et interdépendante des activités (analyse de la valeur).

b) Une coordination par un suivi permanent, en temps réel

Pour piloter le système entreprise dans un environnement de plus en plus complexe et incertain, les décideurs ont besoin d'un système d'information permanent et en temps réel tels des clignotants sur un tableau de bord.

Le contrôle de gestion ne doit plus seulement mesurer *a posteriori* les résultats ; il doit aider à la prise de décision tout au long du processus stratégique et opérationnel.

Il est possible de schématiser l'évolution de la manière suivante :

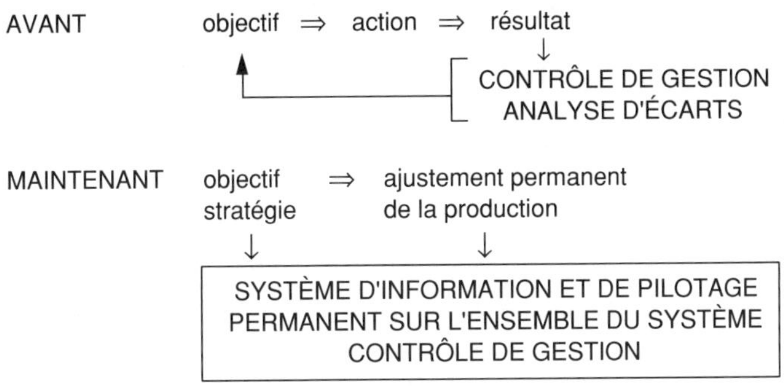

2.2 Évolution du contrôle de gestion vers le contrôle de la performance

Nous retiendrons trois éléments essentiels pour situer le contrôle de gestion des vingt dernières années :
- un système d'information sur les performances ;
- un système d'animation de l'organisation ;
- un système s'adaptant aux évolutions de la production.

a) Un contrôle de gestion pour les performances

Le contrôle de gestion est considéré à l'heure actuelle comme un système d'information, captant et traitant en permanence des informations passées et présentes pour mesurer la performance de l'activité de l'entreprise.

L'approche cybernétique de la boucle de rétroaction pour représenter le contrôle de gestion est insuffisante. Il faut l'intégrer dans une approche systémique comme un outil d'aide aux décisions stratégiques.

Le contrôle de gestion devient alors un système d'information pour assurer :
– la coordination,
– et l'apprentissage de l'organisation.

H. Bouquin analyse ce système d'information comme devant répondre à trois questions :
- pour quoi ?
- sur quoi ?
- pour qui ?

La finalité devient stratégique, l'horizon s'étend au long terme et pour tous les acteurs de l'organisation.

b) Un contrôle de gestion pour l'animation

Dans une entreprise considérée comme un système socio-économique, le contrôle de gestion doit assumer de plus en plus **un rôle d'animation parmi les acteurs de l'organisation.**

c) Un contrôle de gestion pour le système de production actuel

Les évolutions de la problématique et des contraintes de la production ainsi que les modifications dans la structure des coûts industriels nécessitent des adaptations et des améliorations du contrôle de gestion.

L'utilisation de la main-d'œuvre directe comme clé de voûte de toute l'architecture du coût de revient est remise en cause, car elle ne représente plus que 10 à 15 % des charges des entreprises industrielles.

Les interdépendances entre les fonctions, la qualité du produit et du processus productif, le coût de la conception, de la maintenance, de la logistique et des services attachés au produit ne sont pas prises en considération.

Tous ces éléments, facteurs de performance et de différenciation pour la concurrence, ne sont **pas correctement intégrés dans les techniques classiques du contrôle de gestion.**

Il faut donc trouver des méthodes pour améliorer la pertinence de ce système d'information, essentiel pour le pilotage stratégique et tactique de l'entreprise.

2.3 Les nouveaux champs du contrôle de gestion

Les nombreuses mutations du contexte économique, social et technologique, provoquent des adaptations et des évolutions nécessaires du contrôle de gestion, élargissant ainsi ses champs d'action et développant des méthodes de management bien au-delà de simples techniques de coût.

Il est possible de repérer quelques tendances fortes :
- la mondialisation et les alliances, la pression des actionnaires, les nouvelles formes d'organisation, la recherche d'innovation et de création de valeur, le développement de la société de l'information, qui ont orienté le management et le contrôle de gestion vers de nouvelles variables ;
- la gestion de la complexité et de l'incertitude, la gestion du temps et de l'espace ;
- la gestion de l'immatériel, des connaissances et des ressources humaines, la gestion du changement.

Ainsi, le contrôle de gestion voit se développer de nouveaux champs, comme le contrôle de gestion sociale, le contrôle de gestion des processus et des activités, le contrôle de gestion de l'immatériel.

2.4 Les pratiques d'entreprises françaises

1. L'adaptation des systèmes de coût à la mesure de la performance

Tout d'abord, les méthodes ABC tendent à occuper une place non négligeable parmi les systèmes de coût dont les objectifs généraux convergent vers l'analyse de la création de valeur (produit-process, activités, etc.). Ensuite, les tableaux de bord se spécialisent et s'enrichissent en s'ouvrant plus fortement sur des standards de proximité et de qualité tandis que le processus budgétaire s'approprie progressivement des techniques de simulation permettant d'envisager différentes perspectives.

Enfin, plus récemment, on notera, même si notre enquête n'en fait pas directement état, que les méthodes relatives aux coûts cibles – *target costing* – [...] inspirées des pratiques japonaises, comme celles relevant du *benchmarking* [...] sont progressivement introduites dans les grandes organisations.

[...]

Comme le présente la figure ci-dessous, notre étude confirme une forte émergence des nouvelles comptabilités de gestion qui représentent 17 % des systèmes de coûts mis en œuvre dans notre échantillon. Mais les méthodes traditionnelles de coût complet et de coût partiel (*direct costing*) sont loin d'être délaissées puisqu'elles restent prédominantes et solidement ancrées dans les grandes organisations. Il n'est pas exclu que cet état de fait puisse être imputable aux traditionnelles résistances opposées à tout changement d'organisation et aux difficultés techniques de mise en œuvre.

Quant aux autres résultats obtenus, on déplorera en particulier que l'approche coût réel/coût préétabli (standard) ne soit pratiquée que dans 50 % des cas alors qu'elle présente des avantages indéniables en termes de maîtrise des dépenses.

TYPOLOGIE DES SYSTÈMES DES COÛTS UTILISÉS

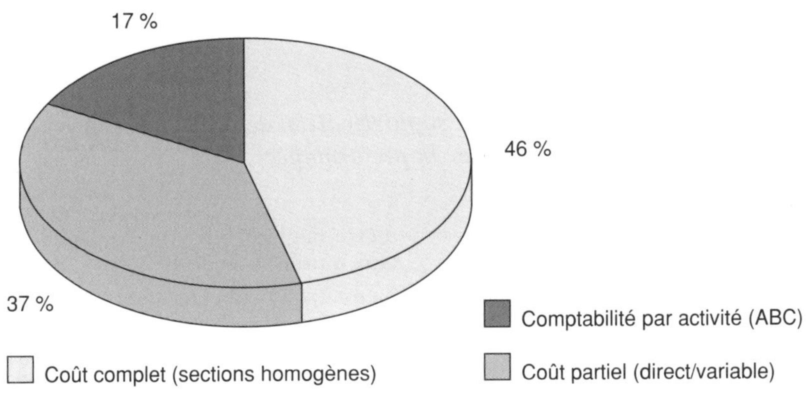

Sur un plan plus technique, on note enfin que les bases d'allocation des frais indirects les plus cités demeurent très classiquement la main-d'œuvre directe (52 %) et les heures machine (23 %). Sur ce point, la situation semble peu différente de celle de la fin des années 1980 [...]. Autrement dit, les inducteurs de coût préconisés en leur temps par les partisans de l'ABC [...] semblent encore fortement minoritaires par rapport aux clés de répartition traditionnelles.

OBJECTIFS ASSIGNÉS AU SYSTÈME DE COÛTS

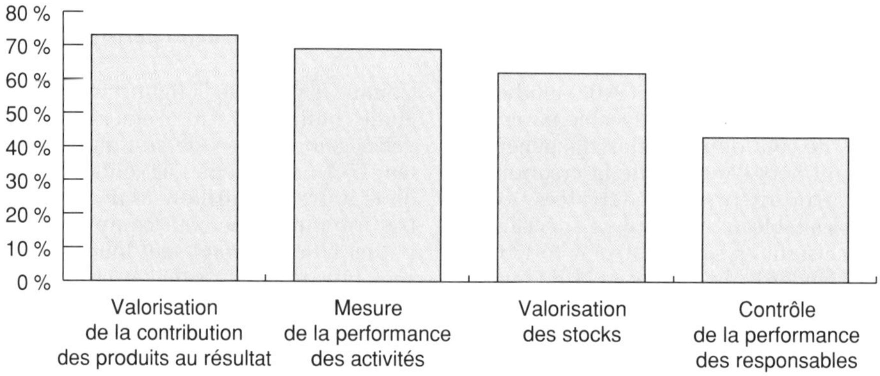

La priorité donnée à la mesure de la performance : sans négliger pour autant les obligations légales d'inventaire, les systèmes de coûts affichent très clairement comme premier objectif la mesure de la performance (*cf.* figure ci-dessus). Qu'il s'agisse de savoir quelle est la part contributive de chaque produit à la formation du résultat économique (75 %) ou bien encore la rentabilité globale des activités (69 %), ceux-ci sont jugés comme foncièrement orientés vers l'évaluation de la rentabilité en termes financiers. C'est certainement pour cette raison qu'ils sont utilisés, dans une moindre proportion, pour le contrôle de l'efficience des équipes afin de pas réduire cette évaluation à de simples données financières. En l'espèce, la déclinaison de tableaux de bord de performance par secteur (services ou ateliers), voire par individu (plan de progrès), semble, en effet, plus adaptée au contrôle de la réalisation des objectifs assignés aux responsables de l'entreprise. Notons enfin que deux tiers des entreprises interrogées citent la valorisation des stocks comptables très probablement en raison de son caractère obligatoire qui la rend *de facto* incontournable.

2. La spécialisation et la sophistication des outils de contrôle de la performance

Tout d'abord, signalons qu'environ 90 % des entreprises consultées disposent de tableaux de bord de gestion et pratiquent un reporting mensuel des principales informations. On remarquera ensuite que les principales données de notre enquête confirment une tendance à la sophistication et à l'adaptation des tableaux de bord aux besoins internes de l'entreprise. Dans ce sens, on note en effet que les clignotants utilisés sont majoritairement quantitatifs (81 %) mais laissent aussi une place importante aux indicateurs volumiques (58 %) type tonnages industriels. Le recours à des ratios (exemple : délai de recouvrement client) et à des critères qualitatifs (exemple : degré de satisfaction) est loin d'être négligeable avec respectivement des taux d'utilisation de 44 % et 15 %.

En effet, on peut constater :

- une spécialisation fonctionnelle des tableaux de bord à laquelle correspondent des indicateurs propres au domaine concerné (production, commercial, achat, etc.) […] ;
- une déclinaison hiérarchique des outils de gestion en fonction de l'échelon visé, qu'il s'agisse, pour ne prendre que ces deux exemples extrêmes, de la mise en œuvre d'EIS (*Executive Information System*) à destination des directions générales ou de tableaux de bord de performance individuelle dans les ateliers de production.

3. *Les systèmes comptables face aux besoins des utilisateurs*

Il ressort que les utilisateurs mettent en première position l'adéquation de l'offre d'information par rapport aux différents besoins internes ou externes à l'organisation. Autrement dit, ils recherchent avant tout des outils de gestion à la fois souples et spécialisés permettant d'obtenir des données individualisées et différenciées.

PRINCIPAUX BESOINS EXPRIMÉS PAR LES USAGERS

Besoins exprimés par les usagers	Importants	Moyens	Faibles ou nuls
Automatisation/informatisation	**38 %**	22 %	40 %
Intégration des systèmes	**35 %**	16 %	49 %
Standardisation/normalisation	**25 %**	22 %	53 %
Adéquation aux besoins d'information	**44 %**	27 %	29 %
Actions de contrôle	**23 %**	25 %	52 %

Cette demande importante en informations spécialisées n'est, en définitive, que le reflet de la complexité croissante de la grande entreprise avec ses contraintes nouvelles. À chaque niveau de l'organisation, il est exigé de pouvoir réagir dans des délais de plus en plus courts et avec une prise de risque minimale. Dans ce contexte, la production d'information doit pouvoir être réalisée dans le respect du cahier des charges fixé par l'utilisateur dont les exigences sont grandissantes au fur et à mesure des années. Par ailleurs, avec les nouveaux moyens de communication, il existe de moins en moins d'obstacles techniques empêchant de répondre favorablement à ce type de requêtes très spécialisées. Incontestablement, ceci favorise la demande exprimée par les usagers.

Extraits de E. Tort, « Regard sur l'organisation des systèmes comptables des grandes entreprises en France, *Comptabilité, contrôle, audit, Revue de l'Association française de comptabilité,* vol. 1, tome 6, mars 2000.

2.5 La dimension culturelle des outils de gestion

Un outil de gestion ne peut être déconnecté de son contexte culturel. Une illustration peut en être faite avec un outil français, le tableau de bord, et un outil américain, le *balance scorecard* (A. Bourguignon, V. Malleret, H. Norreklit, *Comptabilité, contrôle, audit,* numéro spécial mai 2002).

À partir d'une comparaison entre le tableau de bord français et le *balance scorecard* américain, il est possible de repérer des points communs et des différences dans la conception, les finalités et les moyens liés à la prise en compte de la dimension culturelle du pays.

Trois points communs apparaissent :
- dans le tableau de bord comme dans le *balance scorecard*, cohabitent des indicateurs financiers et non financiers pour mieux appréhender les résultats de l'activité,
- de plus, les indicateurs sont sélectionnés en fonction des besoins d'informations du manager ;
- dans les deux cas, ces indicateurs ont pour but de préparer, d'anticiper, voire d'améliorer les prises de décision et donc le pilotage.

Trois différences peuvent être distinguées :

- dans le *balance scorecard*, les liens de causalité entre choix stratégiques et performances sont prédéterminés avec des variables d'action définies et acceptées par toutes les parties prenantes constituant ainsi un modèle causal de la performance ; alors que dans les tableaux de bord, aucune vision stratégique explicite n'est proposée, imposée, chaque manager détermine les variables d'action qui lui semblent pertinentes pour son activité ;
- le *balance scorecard* est positionné en haut de la hiérarchie, pour la direction générale, alors que les tableaux de bord apparaissent à tous les différents niveaux hiérarchiques d'une entreprise ;
- enfin, le *balance scorecard* doit aussi servir à évaluer la performance du manager pour en déduire sa rémunération ; ce lien de causalité n'apparaît pas dans le tableau de bord.

Ces observations et ces constats découlent de certains traits culturels caractéristiques des deux pays. Ainsi, les auteurs de l'article en repèrent plusieurs :

- les relations sociales se construisent au sein des entreprises américaines à partir de la notion de contrat, engagement librement consenti pour faire ce qui est juste et bon ; donc l'obéissance est naturelle, la décentralisation et la délégation sont des pratiques communes, la hiérarchie n'est pas prégnante et le contrôle associé au contrat est perçu positivement ; en France, les relations sociales sont davantage fondées sur l'honneur, indissociable d'une société hiérarchisée, avec des droits et des devoirs pour chacun. La hiérarchie reste implicitement forte dans la société et l'obéissance plus difficile, le contrôle étant perçu comme contraire à l'honneur ;
- l'empirisme et le pragmatisme dominent aux États-Unis alors que le modèle scientifique et culturel français est davantage fondé sur des idées et des théories ;
- le besoin de sécurité apparaît beaucoup plus élevé en France qu'aux États-Unis, ce qui rend les managers français avers aux risques et les Américains ouverts aux challenges ; ce comportement est renforcé par un système éducatif de grandes écoles peu orienté vers la gestion en France alors que les Américains accordent de l'importance aux formations en gestion et en outils de gestion.

Ces différences culturelles expliquent que :

- le *balance scorecard* crée de la hiérarchie alors qu'elle est préexistante dans le tableau de bord ;
- le *balance scorecard* est un outil prêt à l'emploi pour obtenir des résultats alors que le tableau de bord requiert une démarche de réflexion, un processus d'élaboration avant d'être utilisé ;
- le *balance scorecard* sert à évaluer le manager, pas le tableau de bord ;
- le *balance scorecard*, avec des indicateurs connus et déterminés par la direction, réduit l'incertitude, alors que le tableau de bord, qui laisse une plus grande marge de manœuvre au manager, crée un climat d'incertitude ;
- les managers américains font davantage confiance aux outils de gestion du *balance scorecard* que les Français au tableau de bord.

3. Le contrôleur de gestion aujourd'hui

3.1 L'évolution du métier du contrôleur de gestion

Face aux évolutions du contexte dans lequel doit travailler le contrôleur de gestion :
– le choix de structures transversales ou plates,
– le partenariat extérieur et les réseaux,
– la forte concurrence et la mondialisation des marchés,
– l'importance des activités de service,
– la participation et l'implication des acteurs de l'organisation (voir l'analyse plus précise dans les chapitre 2 et 21),
ses missions se sont étendues et développées.

Le contrôleur de gestion doit être polyvalent. Il doit être en effet à la fois :

– **spécialiste** : maîtriser les outils pointus,
  et généraliste : organiser, coordonner les procédures ;
– **opérationnel** : gérer l'exécution,
  et fonctionnel : conseiller les décideurs ;
– **technicien** : intégrer la dimension technique,
  et humain : gérer les hommes et les groupes.

Ainsi apparaissent une extension et une diversification des missions du contrôleur de gestion. Il doit :
– mettre en place les procédures de contrôle opérationnel nécessaires ;
– former et motiver les exécutants pour les responsabiliser ;
– informer et conseiller les décideurs.

La diversité des missions du contrôleur de gestion montre le rôle stratégique de ce système d'information et les **compétences tant techniques qu'organisationnelles et humaines requises par la fonction.**

Ces missions nombreuses portant sur des procédures de travail, des individus élargissent beaucoup le rôle initial du contrôleur de telle manière que l'on peut s'interroger sur le profil nécessaire.

Le contrôleur ne contrôle plus... il conseille, aide à la décision, conçoit des systèmes d'information, évalue les performances, met en place des indicateurs de qualité.

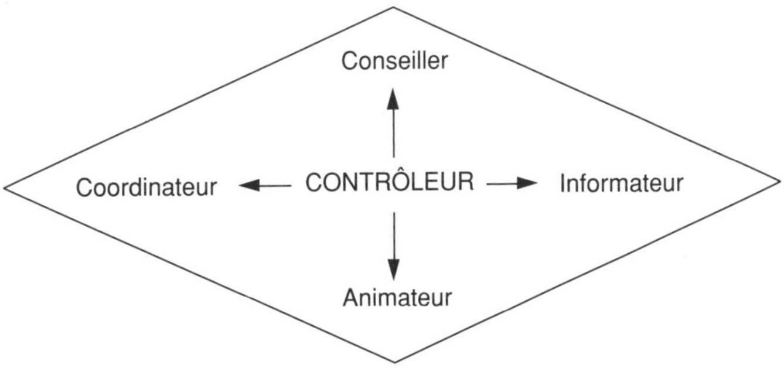

Ce n'est certes pas la même fonction que celle demandée par les entreprises des années 50. Quelle formation, quelle compétence attend-on de lui ? À quel niveau hiérarchique doit-on le rattacher si le contrôle de gestion devient stratégique ?

Une analyse de M. Lebas développe ces points :

VUE SCHÉMATIQUE DU RÔLE D'INGÉNIERIE ORGANISATIONNELLE DU COMPTABLE DE GESTION

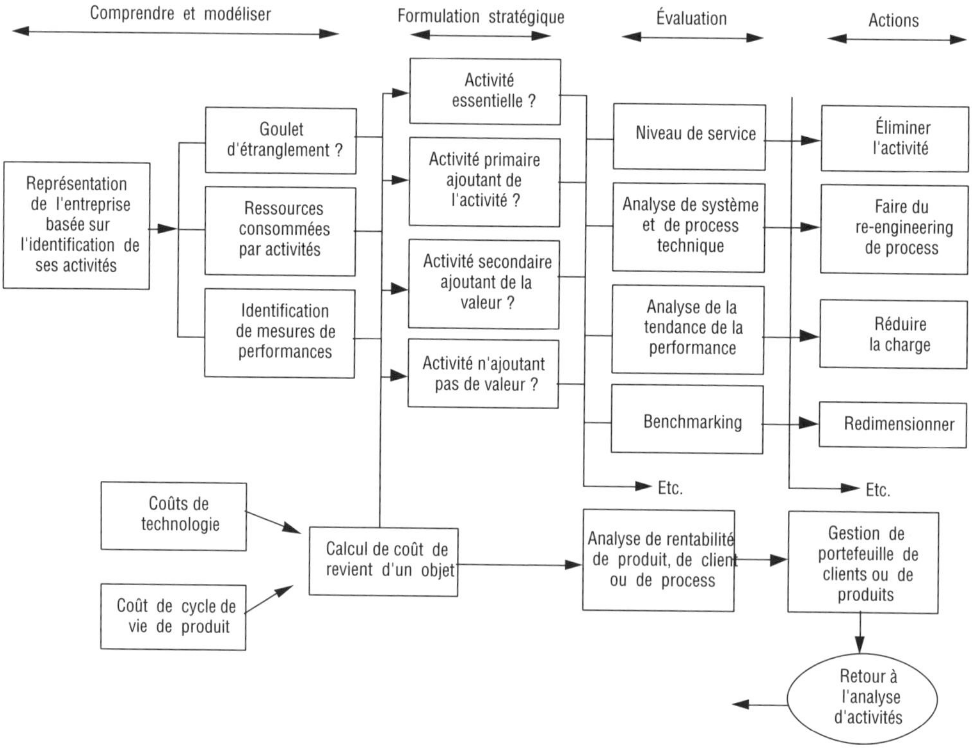

«En fournissant des informations sur l'état de performance de chaque activité ou processus par le biais des mesures ou des analyses qui en sont faites, le comptable peut contribuer grandement à cette tâche d'architecte ou d'ingénieur organisationnel. Le diagramme ci-dessus [...] donne un schéma du processus de raisonnement auquel le comptable doit participer continuellement pour répondre aux attentes des managers avant que d'autres spécialistes ne se lancent dans l'offre de réponses qui ne pourraient être aussi satisfaisantes que celles du comptable car non connectables directement sur l'image comptable avec la qualité et la fiabilité comptable, même sur des informations non financières.

La figure montre que le rôle traditionnel de calcul des coûts passe au second plan de la mission du comptable de gestion. Le premier plan est occupé par un raisonnement constructiviste qu'on peut appeler "ingénierie organisationnelle". Le comptable devient le critique permanent de l'état des choses et une source de suggestions quant à ce qui pourrait être fait différemment. Tout ce raisonnement constructiviste repose sur une représentation organique de l'entreprise en tant que réseau d'activités et du développement des relations causales.

La colonne intitulée "formulation de la stratégie" est sans doute la plus fondamentale, tant pour le comptable que pour les managers. En répondant aux questions indiquées dans le diagramme, c'est la véritable stratégie de la firme qui est définie et explicitée. Il est clair que les activités qui ne créent pas de valeur pour le client ont vocation à être éliminées. La définition de ce qui crée de la valeur n'est pas chose facile mais c'est un exercice inévitable et fondamental. Le comptable de gestion devra participer aux décisions stratégiques d'éliminer telle ou telle partie de l'organisation, directement en donnant son opinion et indirectement en permettant de faire apparaître les coûts associés avec ces activités qu'on veut éliminer. Nous distinguons les activités ajoutant de la valeur en deux catégories (primaire et secondaire) afin de souligner le fait qu'il entre dans la responsabilité du comptable de gestion d'indiquer que, de son point de vue, la question de la sous-traitance de – ou de partenariat sur – certaines activités (secondaires) mérite d'être examinée sérieusement.

Par exemple il existe en France une société de service qui administre les salaires de plus de 600 entreprises, dont des très grandes, prenant ainsi en charge la paie de plus d'un million et demi de salariés dans la plus grande confidentialité. L'administration de la paie est clairement une activité ajoutant de la valeur du point de vue du client (sans paie il n'y aurait pas de salariés, donc pas de production, donc pas de satisfaction du client) mais puisque les changements de législation ou de réglementation sont très fréquents (cotisations sociales, retraites, salaire minimum, aide à l'insertion des jeunes, CSG, taxes diverses sur les salaires, etc.), l'entreprise de service concernée a estimé qu'il était plus économique de «regrouper» de nombreuses entreprises chez un «sous-traitant» commun qui n'a à mettre à jour les logiciels qu'une seule fois à chacun de ces changements, réduisant ainsi le coût des mises à jour pour tous les clients.

Dans la rubrique évaluation (colonne 3 de la figure), on définira le niveau de service (la philosophie du BBZ n'est pas morte, heureusement), on évaluera les opérations de chaque processus, on développera un système d'analyse de la tendance de la performance, dans un esprit d'amélioration continue, et on mettra en place un système de *benchmarking* [1] interne ou externe avec des organisations parmi les meilleures au monde afin d'offrir des solutions innovantes pour obtenir le plus de résultat au moindre coût.

Les «actions» (colonne 4 de la figure) seront, bien entendu, choisies à l'initiative des managers mais le comptable de gestion y sera impliqué en particulier dans la conception des systèmes d'information appropriés pour le suivi de la mise en œuvre de ces décisions.

Les rôles du comptable de gestion dans le fonctionnement de l'organisation performante

La figure suivante présente dans une forme condensée les nombreux aspects des interactions du comptable de gestion avec les managers tout au long du cycle de performance. Cette figure présente tant les tâches des managers que celles du comptable. Il est important de remarquer que le cœur de tout ce schéma est le processus de communication. Le comptable ne doit plus être isolé ou se cantonner dans son rôle d'analyste d'arrière-boutique, il doit devenir un élément pivot du système de communication interne et externe de l'organisation, facilitant et apportant ainsi son soutien à la fois au développement de la convergence des buts et à l'amélioration continue.

Le message du schéma de la figure est que le comptable des dix prochaines années sera impliqué à toutes les étapes des décisions de gestion, outre ses rôles de «fabricant de mesures», d'assistant des managers, de «teneur de crayon» dans les activités de planification et de budgétisation, il développera son rôle d'analyste et deviendra, aux côtés des managers, et à part entière, un concepteur de systèmes et de processus, un communicateur, et un important acteur dans la gestion du changement.»

---

1. Le *benchmarking* est le processus de choix d'un point de référence dont on admet qu'il est lui-même évolutif, et de mesure continue de sa propre performance par rapport à ce point de référence. Le *benchmarking* suppose que l'entreprise mette en œuvre ce processus sur tout un ensemble d'activités qui contribuent à la réalisation de la performance.

RÔLES DU COMPTABLE DE GESTION DANS LE FONCTIONNEMENT DE L'ENTREPRISE (ADAPTÉ DE CAM-I EUROPE)

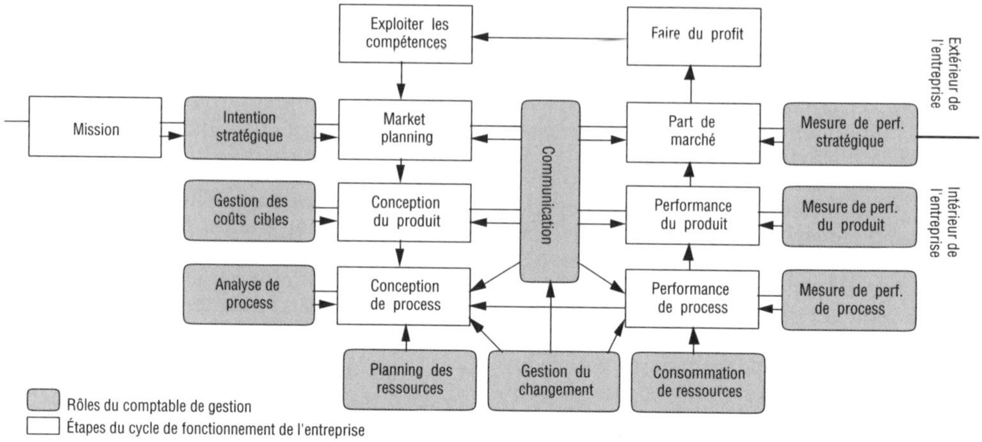

Source : *Revue française de comptabilité*, mars 1995.

3.2 La place du contrôleur dans l'organisation

Le contrôleur de gestion n'a pas d'autorité hiérarchique dans l'ensemble de l'entreprise sauf dans son service s'il regroupe plusieurs personnes.

Il a une position de conseil et doit donc informer sans juger ni imposer une action.

En fait la place du contrôleur n'a pas d'importance intrinsèque. La place et le rôle du contrôleur dépendent de l'intérêt que porte le décideur, le manager au contrôle de gestion. Le service peut rester une «coquille vide» ou à l'inverse devenir «l'éminence grise» de la direction.

L'identité de l'entreprise, le système de valeur et le comportement du dirigeant sont déterminants pour fixer le rôle du contrôleur de gestion.

En conclusion, il faut noter que les techniques du contrôleur peuvent être les mêmes dans toutes les entreprises mais que le rôle, l'importance et la place accordés au contrôle de gestion sont fonction des stratégies adoptées, dans le cadre **du métier** de l'entreprise, ainsi que de la culture de l'entreprise et des comportements psychosociologiques des acteurs et des dirigeants.

3.3 Les pratiques observées dans les entreprises françaises

Une responsabilisation accrue des opérationnels sur leurs prévisions et leurs actions correctives, malgré un environnement plus incertain

Implication des responsables opérationnels	1976	1982	1986	1998 (> 500 p.)	1998 (< 500 p.)
Pour présenter et défendre le plan pluriannuel	28 %	28 %	29 %	70 %	40 %
Pour présenter et défendre le budget annuel	35 %	65 %	41 %	78 %	41 %
Pour proposer ensuite des actions correctives	38 %	57 %	32 %	90 %	87 %

Cette responsabilisation accrue est soutenue par un système de primes liées à l'atteinte des objectifs individuels et collectifs dont le développement est également marquant puisqu'il concerne le dirigeant et les opérationnels dans 80 % des cas (grandes et petites structures) contre 50 % précédemment.

Concernant les objectifs inscrits au plan et au budget, ils sont définis selon les entreprises – comme un engagement ferme, une orientation relativement rigide, ou une simple prévision. Le cas de l'engagement ferme, toujours très faible concernant le plan, s'est singulièrement réduit pour les objectifs à 1 an :

Objectif = Engagement ferme	1976	1982	1986	1998 (> 500 p.)	1998 (< 500 p.)
à l'horizon pluriannuel (plan)	22 %	23 %	32 %	22 %	22 %
à l'horizon annuel (budget)	59 %	69 %	80 %	56 %	43 %

Une forte coopération sur le terrain entre contrôleur de gestion et opérationnels

Le contrôleur de gestion avait parfois été décrit comme enfermé dans sa tour d'ivoire, et les précédentes enquêtes avaient montré que, s'il existait des situations de travail en commun entre contrôleur et opérationnels, les cas étaient plus nombreux où chacun travaillait de son côté. Qu'il s'agisse de la préparation du budget, du suivi mensuel des résultats, ou de la conduite d'études *ad hoc*, le travail en coopération sur le terrain n'était pas la situation la plus répandue. Cette coopération s'est très fortement développée en matière de suivi et d'analyse des résultats mensuels, particulièrement dans la phase active de la préparation des actions correctives :

Coopération contrôleur/opérationnels	1976	1982	1986	1998 (> 500 p.)	1998 (< 500 p.)
Analyse des résultats et des écarts	7 %	15 %	12 %	46 %	35 %
Compte rendu et explication des résultats	6 %	11 %	22 %	43 %	30 %
Proposition d'actions correctives	7 %	9 %	18 %	50 %	42 %

Le contrôleur de gestion central est de plus en plus rattaché à la direction financière (plutôt qu'à la DG), et les contrôleurs décentralisés (grandes structures) sont davantage qu'auparavant rattachés au contrôle de gestion central :

Positionnement du contrôleur de gestion	1976	1986	1989	1998 (> 500 p.)	1998 (< 500 p.)
C de G central rattaché à la direction financière	43 %	50 %	55 %	62 %	58 %
C de G central rattaché à la direction générale	33 %	50 %	41 %	32 %	40 %
C de G local rattaché au resp. opérationnel local			75 %	62 %	
C de G local rattaché au contrôle de gestion central			13 %	38 %	

Les constantes

Les opérationnels restent relativement éloignés de la valorisation et de la mensualisation de leurs budgets

[...]

Cette constante témoigne donc d'un renouvellement continu des hommes dans la fonction.

Les services placés sous l'autorité du contrôleur sont de même nature et de même importance. On trouve par ordre de poids décroissant :

- 100 % : Budget/Suivi et contrôle budgétaire/Tableaux de bord,
- 80 % : Comptabilité analytique,
- 50 % à 70 % : Planification à plus d'un an,
- 45 % : Informatique de gestion,
- 30 % : Comptabilité générale,
- 25 % : Audit interne.

Le contrôleur de gestion, toujours jeune, supervise les mêmes services et conserve les mêmes fonctions

Enfin le contrôleur de gestion, même s'il intervient par ailleurs à de nombreuses phases du processus de planification et de contrôle, conserve un rôle dominant dans les étapes *mécaniques* de ce processus : chiffrage du plan, chiffrage et mensualisation du budget, analyse des écarts de résultats par rapport au budget et aux objectifs.

La fonction qu'il remplit le moins, de très loin et depuis toujours, est celle de l'évaluation des performances des responsables et de leurs collaborateurs.

Les projets d'amélioration et de développement

À l'analyse des pratiques observées, il ressort un certain nombre de besoins d'amélioration et de développement, tant en ce qui concerne les outils proprement dits qu'au niveau des rôles joués par les acteurs dans le processus de planification et de contrôle.

Les entreprises elles-mêmes annoncent des projets d'action en matière de contrôle de gestion, mais ceux-ci ne correspondent pas toujours aux besoins dans les proportions souhaitables :

LES PROJETS	Les entreprises	
	celles qui en ont besoin	celles qui annoncent un projet
Mise en place EIS, Intranet, Datawarehouse, progiciels intégrés	?	55 %
Tableaux de bord par responsable, par projet, indicateurs concurrentiels, commerciaux, sociaux	50 à 80 %	10 %
Outils analytiques de mesure de la rentabilité Repérage des gammes, clients, secteurs les plus – et les moins – rentables	60 %	25 %
Impliquer davantage les opérationnels dans le chiffrage et la mensualisation des budgets, ainsi que dans l'analyse et l'explication des écarts	50 à 70 %	négligeable
Mise en place d'une comptabilité d'engagements	55 %	négligeable
Outils de prévision à moyen terme	35 à 45 %	négligeable

Extraits de H. Jordan, Cahier de recherche « Planification et contrôle de gestion en France, Direction de la recherche », HEC, Jouy-en-Josas, 1998.

4. Des exemples de pratiques de contrôle de gestion

Les développements de nouveaux outils en contrôle de gestion ne sont pas restés au stade de la recherche et de la formalisation théorique. Des entreprises de toute taille et de toute activité ont essayé d'introduire ces nouvelles méthodes mettant en évidence des améliorations de procédure et aussi des difficultés de mise en œuvre. Quelques exemples sont relatés ci-dessous.

4.1 La méthode ABC installée dans une entreprise publique de service : le CNED, Centre national d'enseignement à distance

ABC AU CNED : IMPLEMENTATION DE LA METHODE[1]

1. Le contexte

Le CNED, premier opérateur français sur le « marché » de l'enseignement à distance et partenaire de nombreux projets Campus Numérique, s'est engagé (depuis plusieurs mois) sous l'impulsion de Monsieur Guy Aubert dans un projet ambitieux visant à soutenir ses orientations stratégiques (soutenir la politique stratégique en matière de tarifs). Ce projet a bénéficié dès le départ du soutien financier de la DIRE (financement des équipes de travail, déplacements, etc.) pour expérimenter une **démarche qui repose sur la méthode *Activity Based Costing* (ABC)**, telle que nous l'avons nous-même préconisé et tenté de mettre en œuvre dans le cadre de cette étude. En ce sens, nous avons pu constater que nos premiers travaux sur les coûts (cadre conceptuel, outils de mise en œuvre) recoupaient la démarche de nos collègues et étaient relativement bien dimensionnés et pertinents au regard des objectifs de nos investigations.

2. Les objectifs visés

Le CNED avec ses huit instituts et trois services communs (école de formation, audiovisuel, centre d'appels) a décidé sous l'impulsion conjointe de Monsieur Aubert et du contrôleur de gestion Monsieur Al Kehdr de parfaire sa connaissance des coûts sur les produits et services existants afin de pouvoir engager très rapidement une **refonte de sa politique tarifaire** (hors produits nouveaux) sur les produits existants. Lors de nos entretiens, il nous est apparu que la notion d'objectifs était très importante : pourquoi veut-on tracer les coûts, pour quoi faire ensuite... ? Supprimer une offre de service qui perd de l'argent, mieux allouer les ressources, réorganiser, revoir la politique tarifaire... ?

3. La démarche : quelques préalables...

D'une part, la démarche doit être une priorité du management (c'est-à-dire être décidée, soutenue, dynamisée par le président d'université). D'autre part, Nabil Al Kehdr (contrôleur de gestion du CNED) a confirmé que, sans pouvoir disposer d'un système d'information suffisamment fiable, il est totalement illusoire voire impossible de mener à bien ce type d'investigations : le CNED a pour sa part développé un progiciel de gestion. C'est notamment à partir de cet outil qu'une partie des données a pu être collectée. Sans cette instrumentation de gestion, ce système permettant de tracer les dépenses et leurs affectations, il est impossible de modéliser quoi que ce soit. Nos difficultés à Amiens illustrent bien cet état de fait. Ensuite, il s'agit de clarifier avec le management les objectifs : des bénéfices, quelle marge, un ROI, etc. ? Enfin, il faut impulser un gros travail d'animation avec les services déconcentrés et tout particulièrement sur la dimension outils : outils d'analyse des coûts pour les gestionnaires au niveau local.

---

1. Algora (A. Coulon et M. Ravailhe), «Les coûts de la FOAD», Étude Ministère de l'Éducation nationale, Bureau B3, avril 2003.

4. *Le réalisé*

Les premiers travaux ont été réalisés à Rennes et Rouen : six mois de travail par institut avec implication forte des directeurs. Objectifs : connaissance des coûts pour déterminer une éventuelle révision des tarifs. Pour se faire, six stagiaires BAC + 4/5, épaulés de deux personnes dédiées au contrôle de gestion ont accompagné ce travail. Ces deux premières investigations ont donné lieu à une généralisation avec un timing très serré avec une révision des modèles expérimentés. Cette démarche nécessite de mettre « en ligne » tout le personnel pour travailler avec les outils, suivre les procédures pour savoir où imputer, renseigner correctement les outils de gestion, etc. ; donc on doit établir un lien très fort avec les problématiques organisationnelles.

Les étapes :

- identifier les processus et activités : problème pour déterminer la nomenclature des activités. L'ensemble des acteurs a été associé, de manière très participative, sans analyse des temps (auto-appréciation) au chrono ;
- différencier les produits existants des produits nouveaux ;
- se focaliser sur les produits existants ;
- déterminer les inducteurs (certains ont un rapport direct avec l'activité : nombre de contacts téléphoniques, nombre d'inscrits, nombre de pages publiées, d'autres n'ont pas de rapport notamment sur les personnels administratifs – pour eux l'inducteur c'est le nombre d'inscrits, cela permet aussi de donner du sens à leur travail car en fait ces gens ne voient pas les clients, etc.).

Cela sous-entend, à terme, de catégoriser l'offre et d'arbitrer avec les directeurs et les responsables de formation la nature des inducteurs.

5. *Les freins rencontrés*

Ils se situent à différents niveaux :

- la grosse difficulté réside dans la modélisation des activités afin de rendre compte des processus dans les dispositifs,
- la question des objectifs est elle aussi source de tensions : quels modèles de coûts pour quels objectifs ? En effet, la démarche réinterroge les bases sur lesquelles se fondent la mise en œuvre d'un DFOAD et la révision de cette base ;
- se pose également le problème de représentation : qu'est-ce qui relève de la sphère publique et de la sphère privée ? Il faut définir, aussi précisément que possible, au sein des institutions ces dites frontières afin que l'État puisse orienter ses efforts en matière de financement. Sommes-nous dans le social ou dans l'économique ? Il appartient d'être vigilant pour ne pas financer sur les fonds publics une activité qui relève de la sphère marchande (Monsieur Al Kehdr a annoncé comme objectif : 30 % de bénéfices afin de se caler sur les prix du marché dès que l'on se situe dans la sphère du marchand) ;
- la culture et le langage constituent également des freins non négligeables : il existe un réel problème de représentations (souvent très hétérogènes et marquées par les contextes) qui peut gêner la révision de l'offre de service et donc la politique tarifaire ; des ajustements culturels doivent accompagner les objectifs stratégiques et les objectifs de coûts. Il faut faire évoluer les représentations et les cultures. Cela signifie, à plus ou moins long terme et très concrètement, de rattacher un acte, un mode de faire, à un impact en terme de coût.

6. *Les résultats*

Sans volonté forte de la direction, sans objectif précis (exemple : réviser politique tarifaire), ces calculs ne servent à rien (exemple : effets de subventionnement interne via la logique de pot commun). La démarche a généré une grosse émulation au sein du CNED : chacun tente de comprendre. Un processus d'animation a été mis en place (ce qui requiert de disposer d'un contrôleur de gestion de type animateur car les objectifs sont aussi le calage culturel). Le projet ayant bien marché dans sa phase test, il existe aujourd'hui une volonté, une demande pour généraliser la démarche. Le travail entrepris a permis de mieux appréhender la structure des coûts. Deux lectures sont possibles : verticale (par centres de responsabilité) et transversale (par processus en fonction des contributions des différents des centres de responsabilité). Cette structure de coûts est décomposée en quatre éléments de base : service, technologie, contenu et administration générale. À partir de ces quatre rubriques est défini un coût global avec une marge si elle est souhaitée. En ce qui concerne l'arborescence des activités, le CNED s'est arrêté à un stade suffisamment éclairant et significatif sans chercher forcément à aller dans le détail. Notons que la maille que nous avons utilisée est plus fine que celle du CNED ce qui peut en partie expliquer nos difficultés.

La démarche a permis également de déterminer des inducteurs très précis et parlant : matière, taux de récurrence de la matière (le cours réutilisé dans différents services), heure de matière (heure de cours par rapport au volume global du parcours), nombre de références (car l'expédition est facturée en regard du nombre de références dans un colis), nombre de pages A4 par cours, nombre d'inscrits, coefficient de complexité des inscrits (par exemple, pour enregistrer un dossier de BTS sur tel domaine, on passe *x* minutes en plus par rapport à un autre inscrit qui n'a pas forcément les mêmes rubriques à renseigner sur l'application qui enregistre les inscrits…), nombre de devoirs à rendre, taux d'assiduité, etc.

Elle a enfin permis d'identifier des tarifs sous-optimaux (exemple : à travers un taux d'assiduité élevé, la prolifération de pages A4, etc.) donc des formations qui perdent de l'argent. Ce sont les formations où le taux d'assiduité est le plus élevé qui perdent de l'argent : le «fameux» modèle économique de l'échec. Via la méthode ABC et les inducteurs, on peut aujourd'hui mesurer les écarts et les expliquer : récurrence, nombre d'articles, etc.

L'un des effets induits se situe au niveau organisationnel (lien méthode ABC et ABM) : les pédagogues doivent maintenant apprécier le nombre de devoirs à réaliser avec plus de précision, pour aboutir a minima, et limiter le nombre de corrections qui viendrait consommer l'ensemble du budget. L'appétence des inscrits et donc l'assiduité aux cours faisant varier les tarifs. De fait, on peut s'orienter vers de nouveaux modes de faire : par exemple, à partir d'un certain nombre de devoirs, on considère qu'il faut faire payer les devoirs corrigés complémentaires. Le paiement à la carte est envisagé en fonction des objectifs des apprenants. Exemple : je prépare tel ou tel concours, il faut que je bachotte sur telle et telle matière, il me faut *x* devoirs…

7. *Les perspectives*

Fort du succès rencontré et, compte tenu de son implication dans nombre de campus, le CNED tente une application de la démarche sur une vingtaine de campus.

Le problème majeur réside dans la vérification des temps passés par chacun des acteurs. Cela a abouti à la structuration d'une grille de calcul des coûts, inspirée de la première démarche. Les partenaires remontent des informations fiables *a priori* qui sont concaténées dans la grille de lecture du CNED. Par exemple : trois paquets (processus) + un ont été identifiés sur CANEGE : Technologie, Services, Contenus et Adminis-tration générale en parallèle. Toutefois, cette grille ne rend pas compte *a priori* de la «dynamique» du dispositif. Nous retrouvons dans notre modèle (exemple du compte de résultat du DEUST TSI) ces quatre composantes mais à travers les processus qui traduisent le développement du projet de FOAD.

Plus souple et moins «rigide» sur le niveau de détail à atteindre, le modèle du CNED permet de s'affranchir partiellement du rattachement des ressources (hors temps passé tels que logiciels, matériels, etc.) aux activités. Ce qui pourrait pénaliser au demeurant un travail de réorganisation.

4.2 Une entreprise publique de service : Aéroport de Paris

L'ordonnance du 24 octobre 1945 a créé les Aéroports de Paris (ADP), entreprise publique dotée de la personnalité morale et de l'autonomie financière avec deux autorités de tutelle, le ministère des Finances et le ministère des Transports. Elle doit assurer un service public identique pour tous ses clients et rester indépendante vis-à-vis des compagnies aériennes.

L'entreprise exploite et développe les aéroports et aérodromes civils de l'État dans une région de 50 km du centre de Paris (16 terrains) qui traitent plus de 600 000 mouvements d'avions et 1 500 000 tonnes de fret par an. Ses clients sont 150 compagnies aériennes, 60 millions de passagers, 600 entreprises industrielles de site, 200 concessionnaires de commerce et 400 entreprises professionnelles de fret avec un principe d'égalité de tous ces clients devant le service public et un principe d'indépendance vis-à-vis des compagnies aériennes.

ADP utilisait des résultats globaux par semestre, une comptabilité analytique sans comparaison automatique avec le budget, un système budgétaire glissant ne concernant que les produits et charges externes.

Ces outils sont apparus insuffisants pour piloter une entreprise très intégrée de 9 000 personnes regroupant plus de 400 métiers différents (comme un cabinet d'architecture, des bureaux d'études, des ateliers de maintenance, un dispensaire d'urgence, un opérateur de télécommunication, des unités de production d'énergie et de fluides) pour des clients très différents, dans un nouvel environnement économique : une croissance quantitative de 5 % (75 millions de passagers prévus en 2002) et une concurrence par les prix.

Dans ce contexte et face à ces contraintes, cette organisation recherche des outils pour mieux piloter son développement et atteindre de nouveaux objectifs : une vision articulée et des indicateurs plus pertinents.

Il s'agit de passer d'un plan stratégique «généraliste» à un plan plus décentralisé et hiérarchisé pour déterminer si toutes les activités doivent être conservées, si certaines doivent être filialisées ou externalisées. Il s'agit d'aider à la détermination des facteurs clés de succès pour orienter les choix stratégiques sur le cœur des métiers d'ADP. ADP souhaite mettre en place une gestion par les résultats et les objectifs et non par l'allocation de ressources, comme une certaine culture d'entreprise administrative a pu l'y habituer depuis sa création.

ADP désire intégrer plus d'indicateurs qualitatifs et de paramètres qui soient vraiment utiles aux managers en limitant le nombre d'indicateurs.

a) La mise en place d'un nouveau pilotage

Il y a d'abord eu refonte de l'organisation et des procédures avant la mise en place du logiciel intégré SAP.

1) Une nouvelle organisation du contrôle de gestion

ADP a cherché à mettre en place un département de contrôle de gestion central proche de la direction financière mais avec un réseau de contrôleurs de gestion au niveau de chaque direction (ADP est structuré en neuf activités ou neuf directions).

2) Une évolution du système budgétaire

Plusieurs modifications ont été proposées aux services afin que le système budgétaire assure mieux son rôle de contrôle et de suivi des activités pour recentrer les actions avant qu'elles ne soient achevées.

3) L'élaboration de tableaux de bord

D'abord, en 1998, il a été demandé à toutes les directions de présenter mensuellement un tableau de bord limité à un reporting financier. Cela avait pour but d'obtenir des informations de manière transparente et rapide et de susciter la communication avec les gestionnaires responsables.

Chaque département avait la liberté de choisir ses indicateurs, seule la présentation était standardisée. Pour la première période de 1998, seuls cinq tableaux de bord sur neuf étaient prêts, avec un nombre élevé d'indicateurs non caractéristiques, élaborés manuellement avec un tableur.

4) L'introduction du logiciel intégré : SAP

Après la mise en place des tableaux de bord, le contrôle de gestion central a décidé d'investir dans un logiciel intégré de gestion pour mieux relier les activités de production, de vente, de finance et de contrôle de gestion.

Le choix s'est porté sur le logiciel SAP mis en place en 1999. Installé par le contrôle de gestion, cet outil a permis une plus grande lisibilité et une plus grande sécurité des informations.

b) Les résultats

Plusieurs **effets positifs** ont été repérés :
- des informations qui n'étaient pas élaborées ni remontées auparavant sont aujourd'hui constituées tous les mois ;
- un début de communication s'instaure entre contrôleur de gestion, directeur financier, manager, même si cela peut faire naître quelques tensions et conflits ;
- les tableaux de bord sont équilibrés (selon la démarche du balanced scorecard de Kaplan et Norton) avec quatre domaines : les performances financières, les performances commerciales, les performances de qualité de gestion interne et les performances en termes d'amélioration à long terme.

Mais des **dysfonctionnemen**ts apparaissent aussi :
- il y a trop d'indicateurs par tableau de bord pour pouvoir dégager des tendances et aider au pilotage :

- les métiers des différentes directions étant très différents et chacune ayant construit son tableau de bord à partir de l'organisation existante, il n'est pas possible d'agréger les tableaux pour une vision globale, sauf pour les indicateurs sur les ressources humaines ;
- trois années après cette première étape, les tableaux de bord n'ont pas évolué ; ils sont toujours élaborés à la main, sans réduction du nombre d'indicateurs et sans modification de l'organisation, de la responsabilité des acteurs et des procédures de gestion. Le fonctionnement des directions est davantage fondé sur une base administrative que dans une optique de management orienté vers l'action.

Pour le logiciel intégré des difficultés organisationnelles sont aussi apparues :

- l'outil a été implanté sur la structure existante, sans aucune adaptation ou reconfiguration de l'organisation. La démarche habituelle est de procéder en sens inverse. Les directions se rendent compte après coup des adaptations nécessaires mais ici, de par l'état d'esprit et la culture de l'entreprise, les évolutions de l'organisation seront plus longues et plus difficiles à développer par la suite ;
- l'outil a suscité des difficultés de mise en place, en particulier au plan humain. Le logiciel a engendré de nombreux coûts supplémentaires mais n'a pas induit de gains de productivité de la part des départements et des services. Les réticences, les blocages des acteurs pour connaître et utiliser le logiciel intégré retardent les procédures et l'efficacité de ce système de pilotage.

Il est possible de faire ressortir des difficultés techniques et organisationnelles à l'issue de ces trois années d'expérience chez ADP :

- **Une lenteur de mise en place**

Une fois l'impulsion donnée, la première étape de mise en place des tableaux de bord qui devait être rapide et transitoire perdure encore. Le premier essai n'a pas encore été transformé en une version élaborée et efficace qui permette un pilotage en temps réel. L'installation est longue et l'utilisation est lente.

- **Une trop grande quantité d'indicateurs**

La détermination des indicateurs faite par les directeurs avec l'aide du contrôleur de gestion n'a pas été limitée au départ. Certains tableaux de bord comprennent plus de 200 indicateurs ce qui rend difficile un pilotage rapide et efficace. Même dans un deuxième temps, les décideurs n'ont pas sélectionné les seules variables dont le suivi leur permet de réorienter leur action en fonction des facteurs clés de succès.

- **Un reporting sans pilotage**

Le reporting est resté financier, comme une présentation de statistiques passées, sans évolution vers des domaines plus qualitatifs et plus prospectifs, et les managers ne l'utilisent pas dans un but de recentrage des actions ou de base pour leur stratégie future.

- **Un blocage culturel fort**

Tous les acteurs, à tous les niveaux de la hiérarchie, ont émis des résistances face à ces nouvelles procédures de travail.

Le frein s'explique, au-delà du seul bouleversement de la technique des outils, par une culture «administrative» de l'organisation. ADP est profondément marqué par une histoire liée au ministère de l'Équipement, à des cadres techniciens et ingénieurs davantage que gestionnaires et à un état d'esprit de service public sans contrainte de rentabilité. De plus, la situation économique de l'entreprise est bonne, ce qui n'incite pas à modifier des modes de fonctionnement.

- **Des coûts supplémentaires sans gain de productivité**

Les tableaux de bord comme le logiciel intégré de gestion ont été implantés sans modification de la structure ni de l'organisation du travail. Donc l'intégration et l'utilisation des nouveaux outils du contrôle de gestion ont généré un lourd investissement en argent, en temps, en hommes, en énergie, sans pour autant susciter des réductions sur d'autres postes de travail ou activités. ADP sait mesurer l'effort consenti pour ce système de pilotage mais ne peut pas évaluer les gains réalisés.

4.3 Le contrôle de gestion et les associations

Le secteur associatif appartient à une branche de l'économie un peu particulière, c'est ce qu'on appelle une économie sociale de marché.

- **Les associations constituent une économie sociale de marché**

Elles contribuent à l'action publique en produisant des biens collectifs et à ce titre elles bénéficient de subventions. Elles produisent également des biens individualisables dont le prix de vente est payé par le client. Elles produisent enfin un lien social qui est financé par le paiement de cotisations.

Le contrôle de gestion des associations doit s'efforcer de prendre en compte ces trois dimensions et il convient de montrer la légitimité de leurs sources de financement (objectif du système de contrôle).

- **Légitimité et système de contrôle**

Les prix (biens individualisables) et les cotisations (appartenance à une association sportive par exemple) sont légitimés par la liberté de ne pas participer (et donc de ne pas payer), sous réserve de l'existence d'une concurrence.

La subvention provient d'un prélèvement obligatoire et elle est légitimée par la théorie du changement social (par exemple pour une association sportive, il s'agit de créer des liens entre les jeunes et d'éviter la délinquance).

Étant donné qu'il y a deux sources de légitimité, les systèmes de contrôles de gestion doivent chercher à les prendre en compte.

Le contrôle s'exerce sur les modalités de décision dans une organisation publique (puisqu'elles sont financées par les prélèvements obligatoires).

Le modèle de contrôle de la décision articule alors trois dimensions :
– le contrôle de gestion (efficience) ;
– l'évaluation de la politique (efficacité) ;
– la déontologie (les valeurs morales).

Le schéma suivant permet de souligner que les trois aspects sont complémentaires, sans priorité apparente.

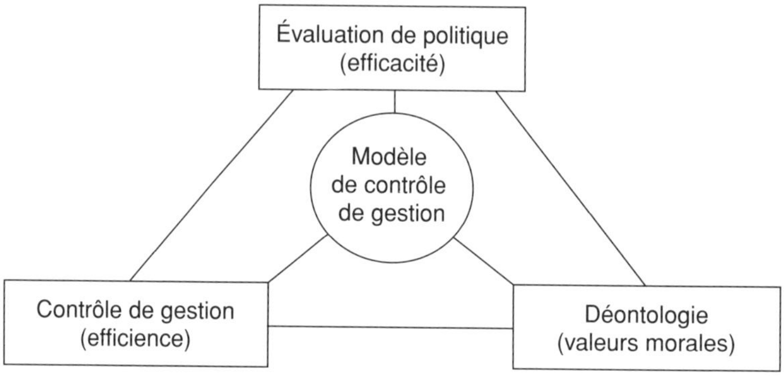

Au-delà des mécanismes techniques, le contrôle plus informel de la moralité, de la déontologie, reste important dans les associations, alors que ce mode de contrôle n'a pas la même importance dans les autres formes d'organisations. Même si on a tendance à s'attacher aux valeurs déontologiques des dirigeants d'associations, ceux-ci peuvent avoir instauré des systèmes de contrôle de gestion et d'évaluation des politiques qui sont efficaces.

Pour le contrôle de gestion, les outils sont relativement connus, répandus mais pour l'évaluation de la politique il y a plus de difficultés, la part des sciences humaines est plus importante, cela se passe par des enquêtes pour connaître comment les politiques sont perçues par le public qui est censé en bénéficier.

Le contrôle de gestion est une activité interne à une organisation et il peut recouvrir plusieurs politiques publiques. C'est une sorte de fonction de production molle. Cette forme de contrôle de gestion est relativement bien pratiquée et s'inspire largement des modes de contrôles de gestion des entreprises privées.

Enfin un dernier point concerne la **coexistence de modalités de contrôle**.

On ne peut pas opposer contrôle de la performance et contrôle de régularité : la régularité peut contribuer à la performance. La régularité contribue à la légitimité. Les contrôles de régularité sont multiples : commissaires aux comptes, chambres régionales des comptes, préfets…, mais tiennent-ils comptes de la dimension déontologique ?

Dans le secteur associatif, il y a des modes de contrôles originaux qui peuvent être mis en place et qui sont aujourd'hui insuffisamment explorés par la communauté académique et par les praticiens. Actuellement, nous n'avons fait qu'apporter des outils du management des entreprises privées puis nous avons essayé de les plaquer sur le secteur associatif. Le management public est une discipline peu développée dans la communauté académique. Il semble important de rechercher des modes de contrôles originaux, articulant les trois dimensions nécessaires du contrôle des associations, de les développer et de les mettre en place.

Exemple

La mise en place d'un système d'information dans le cadre de fédérations du domaine de la santé, reconnues d'utilité publique et faisant appel à la générosité du public (la Croix Rouge par exemple).

Ces fédérations regroupées disposent de beaucoup de bénévoles et de peu de salariés. Elles ont la volonté de ne pas recourir aux subventions (pour avoir un maximum d'autonomie). Elles font appel à la générosité du public et un peu d'activité commerciale (marginal).

Nous allons préciser au travers du schéma suivant les objectifs du contrôle de gestion dans les associations.

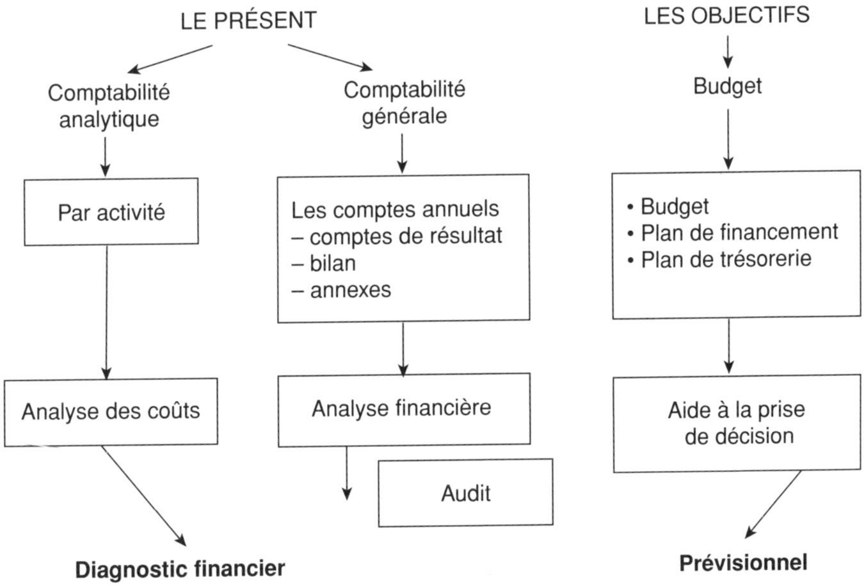

Le contrôle de gestion permet de prévoir, de mesurer et d'agir en utilisant des normes, prévisions, objectifs, plan d'action et budgets

Dans le cadre d'une fédération (RUP), il s'agit plus particulièrement au niveau financier de produire des comptes agrégés (ce qui suppose des pratiques homogènes entre des structures régionales).

En terme de pilotage de l'activité de la fédération, il s'agit d'établir des suivis budgétaires et analytiques, des tableaux emplois-ressources afin de satisfaire la réglementation (pour les RUP).

Les objectifs sont alors de mettre en place des outils informatiques pour :

- suivre l'évolution du projet associatif dans ses aspects quantitatifs et qualitatifs ;
- suivre la conformité des réalisations et des engagements au budget ;
- avoir une vue d'ensemble de l'activité par objets statutaires ;
- mesurer la rentabilité des actions et la performance d'ensemble de l'association ;

– suivre périodiquement le niveau de trésorerie ;
– rendre compte des actions aux tiers intéressés (donateurs, administrateurs, salariés, banquiers, financeurs, bénévoles).

Les moyens mis en œuvre sont :
– l'automatisation des interfaces entre les systèmes (comptables, bancaires, donateurs…) ;
– la construction de tableau de bord d'activité ;
– la mise en place de module d'engagement budgétaire (pour cela, il convient d'utiliser une ou plusieurs comptabilités analytiques, axes analytiques) ;
– définition de ratios simples à calculer et à exploiter ;
– appréciation de la couverture des frais fixes annuels avant d'engager des programmes de prospection commerciale ;
– prévision d'un reporting périodique automatisé ;
– mise en place d'un outil de simulation afin d'apprécier l'impact des décisions en cours (nouveaux programmes par exemple) sur l'exécution du budget et des équilibres financiers.

Pour tout cela une étape clef est le chaînage des outils de gestion (avec des interfaces informatisées).

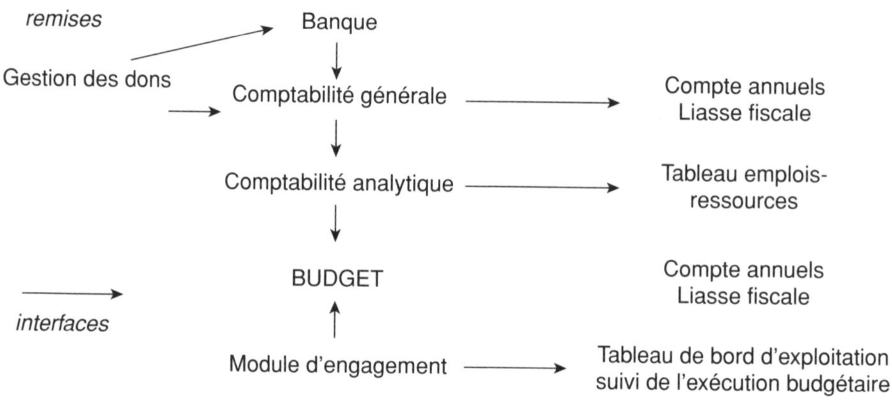

L'outil numéro 1 est donc la construction d'un tableau emplois-ressources.

Celui-ci, construit à partir des données de la comptabilité analytique, est établi :
– au niveau des emplois par objet statutaire ;
– au niveau des ressources par nature des ressources.

Il permet ainsi d'avoir une vue de l'activité par objet statutaire.

Emplois	
Frais de collecte des dons	
Objet statutaire 1	
Objet statutaire 1	
…	
Frais de fonctionnement	

Total emplois

=

Ressources	
Collecte de fonds (dons)	
Subventions	
Legs	
Recettes manifestations	
Autres produits	

Total ressources

L'outil numéro 2 est l'utilisation d'une comptabilité analytique pour suivre l'exécution du budget.

Cela permet de suivre le niveau des dépenses et de contrôler la bonne rentrée des recettes (cotisations, subventions, dons, legs...).

Analyse budgétaire D'après les postes budgétaires					Période du au Tenue de compte
Numéro de compte	**Détail postes budgétaires**	**Prévisions budgétaires de la période**	**Réalisations de la période**	**Écarts**	**% réalisation**
6420000	Frais de mailing	1 200 000,00	1 081 480,21	– 118 519,79	90,12 %
	Résultats budgétaires	– 1 200 000,00	– 1 081 480,21	118 519,79	90,12 %

Les **perspectives** pour affiner ce contrôle de gestion sont :

– de mettre en place un manuel de procédures afin d'homogénéiser les pratiques entre le siège et les associations régionales, de définir les règles et de matérialiser les écarts ;

– d'accélérer la production des informations en utilisant un réseau interactif de communication par le service de gestion, par un contrôle périodique des méthodes utilisées par les différentes structures et par la mise en place de reportings privilégiés ;

– de faciliter l'aide à la prise de décisions par la construction d'un outil de simulation des impacts des décisions prises sur les équilibres financiers.

RÉFLEXIONS SUR LE THÈME

1. Le contrôle de gestion dans sa conception actuelle ne se développe que dans quelques grandes entreprises.

Ce modèle «idéal» pour piloter une organisation performante, efficace et efficiente est loin de s'implanter dans toutes les entreprises. Il ne faut pas oublier que le tissu industriel français est constitué à 95 % par des petites entreprises de moins de 10 salariés et dans la majorité d'entre elles le système en est encore à la phase 0 du tableau de la page précédente.

Peu de PME ont mis en place une comptabilité analytique, *a fortiori* il ne saurait être question d'un contrôle de la gestion permanent, en temps réel avec un contrôle qualité, une analyse de la valeur ou une comptabilité d'activité.

2. Les entreprises de service sont de plus en plus importantes.

Les entreprises de service ne diffèrent pas beaucoup des autres entreprises et l'objectif de rentabilité doit aussi être contrôlé. Il leur faut donc des outils fiables pour leur activité. Les outils et les méthodes actuelles du contrôle de gestion doivent s'adapter pour mieux répondre aux particularités des services.

3. Évolution de la notion de rentabilité pour les entreprises publiques

Les missions du service public sont toujours d'ordre public et d'intérêt général mais les exigences de la compétitivité et la nécessité d'être rentable ne les épargnent pas plus que les autres entreprises.

Il faut donc introduire dans ces entreprises les procédures et les outils de contrôle de gestion qui leur permettent de gérer leur fonctionnement avec la même précision et les mêmes moyens que les autres entreprises.

La rationalisation des choix budgétaires (RCB) est une procédure d'information et de contrôle conçue dans les années 60 pour aider à la gestion des services publics. Pourtant des études et des prévisions pour aider aux décisions publiques, des budgets pour suivre et contrôler les actions publiques doivent être élaborés afin de concilier les objectifs de service public et les impératifs économiques.

Application

Des tableaux de bord pour l'hôpital

(T. Nobre, «Des tableaux de bord pour l'hôpital», 1re journée d'études *Audit organisationnel des systèmes industriels* (AOSI), CEREMO, Université de Metz, mai 2002.)

I. Un premier extrait présente deux expériences menées dans un hôpital public de la région de Milan, en Italie, avec 22 000 patients et 2 000 salariés et dans un hôpital suédois avec 1 500 salariés.

II. Un second extrait présente le tableau de bord et le système hospitalier français.

QUESTION

Quels peuvent être les apports et utilités de cet outil ?

I. Cas italien et suédois

Les conclusions tirées de ces deux expériences peuvent être présentées suivant quatre thèmes principaux : management et mesure, le lien entre les quatre perspectives du TBP (tableau de bord prospectif), l'inversion du contrôle top-down, la transformation du système de contrôle.

1. Management et mesure

Les quatre perspectives du TBP impliquent la définition d'indicateurs nécesitant une mesure. Or, dans les organisations relevant du domaine de la santé l'utilisation dans le cadre du management de mesures précises et significatives des activités médicales est généralement considérée comme difficile voire impossible. Les deux expériences réalisées permettent d'établir trois constats :

- la mesure est inhérente à la culture scientifique. Comme la médecine repose sur une démarche scientifique, il s'avère que les médecins ont su définir des mesures appropriées pour traduire leurs activités. La mesure n'a pas constitué un obstacle insurmontable à la réalisation du TBP ;
- la multiplicité des indicateurs a permis aux membres du corps médical de présenter une image suffisamment différenciée et complexe de l'activité médicale sans tomber dans les excès de réductionnisme des indicateurs budgétaires et comptables. Cette représentation de l'activité médicale est d'autant plus significative et acceptée que les médecins et chirurgiens ont effectivement participé à la production des indicateurs ;
- dans les deux cas les professionnels du domaine de la santé ont su définir les indicateurs et les moyens de mesure propres à chacune des quatre dimensions.

2. La reconstruction des liens entre les quatre perspectives

Le TBP tel qu'il a été conçu initialement définit une série de relation de cause à effet entre les différents indicateurs et entre les différentes perspectives. Lors de la mise en œuvre dans ces établissements de santé, il s'avère que la hiérarchie entre les quatre perspectives a été remplacée et les liens entre elles ont été redéfinis. Le terme *balanced* (équilibré) a acquis une nouvelle signification. Il ne s'agit plus d'un équilibre entre des objectifs de long terme et de court terme, entre des indicateurs financiers et non financiers, entre une performance externe et interne. Les quatre perspectives ne sont pas considérées comme ordonnées hiérarchiquement mais comme un réseau de perspectives. Les professionnels ne considèrent pas une des perspectives comme plus importante que les autres. le TBP est utile car il permet aux hôpitaux de préciser les relations entre ces perspectives. Dans le cas suédois, le directeur du Country Council considère le TBP comme un instrument de planification à long terme et, dans ce cas, la perspective financière constitue une limite aux trois perspectives. La perspective financière impose des contraintes aux perspectives processus internes et apprentissage. Ces trois dernières perspectives déterminent comment la perspective patients peut être développée.

3. L'inversion du contrôle TOP-DOWN

À l'origine le TBP est conçu pour traduire les missions et la stratégie d'une organisation en objectifs et en mesures concrètes. Naturellement, pour les organisations non marchandes la perspective financière constitue une contrainte et non une finalité. La définition d'objectifs et leur traduction en actions concrètes s'avère ainsi ambiguë. Par exemple, dans l'hôpital suédois la déclinaison des missions de l'hôpital en objectifs stratégiques est particulièrement floue. Dans ce contexte, il s'avère, *a priori*, difficile d'utiliser les quatre perspectives pour décliner la stratégie en objectifs.

Les professionnels ayant introduit le TBP ne l'ont pas considéré comme un outil de gestion « top-down ». Sa force réside dans la production d'une vue « bottom-up » des activités déployées au sein des services. Cela a permis la communication entre les services et l'administration de l'hôpital et de compléter la vision financière par les autres dimensions en particulier le point de vue du patient. Les indicateurs et les mesures des quatre perspectives ont favorisé la production d'une nouvelle image de la réalité à l'administration et aux responsables politiques. Le TBP est devenu un contrepoids face à la suprématie de la vision budgétaire en favorisant le point de vue du patient.

4. Le changement stratégique du mode de contrôle

Le TBP a changé le système de management à l'intérieur des services. La mesure des différentes facettes de l'activité ne s'est pas avérée être un obstacle majeur pour des professionnels accoutumés à la démarche scientifique. Le TBP a permis de planifier, présenter et suivre les activités courantes et le développement de l'activité médicale dans les services. Les chefs de service ayant utilisé le TBP ont considéré cet outil comme une solution aux problèmes de management auxquels ils sont confrontés. Le TBP a favorisé un réel changement dans la conception de la performance des professionnels. Il a favorisé :

- une meilleure définition des responsabilités en terme de résultats atteints plutôt que d'activités réalisées ;
- le développement des capacités d'analyse stratégique des objectifs à long terme ;
- la prise en compte des conséquences pour l'hôpital des comportements individuels ;
- le passage d'une vision de l'hôpital centré sur le personnel à une vision de l'hôpital centré sur les patients ;
- la compréhension des mécanismes de la performance dans une organisation complexe dans laquelle la performance ne dépend pas seulement de l'excellence d'individualités agissant en « solo », mais plutôt de leur capacité à la coordination et de leur travail en équipe.

En conclusion la figure suivante présente la perception par les différents acteurs concernés de l'utilisation du tableau de bord prospectif.

LA PERCEPTION DU TABLEAU DE BORD PROSPECTIF
PAR LES ACTEURS IMPLIQUÉS DANS SON EXPÉRIMENTATION

Force Faciliter le dialogue Permettre la discussion sur la vision et les objectifs nécessaires Un cadre pour le travail sur la qualité Un langage pour la communication, utilisable à différents niveaux, compréhensible et pédagogique	**Faiblesses** Un mélange de mesures sans priorités évidentes pour le domaine de la santé Exigeant (management, formation en technique d'information de support) Le nom (en Suède est traduit par « control-card » et associé au contrôle financier)
Possibilities Stimuler la discussion stratégique Stimuler la comparaison conduisant à la participation et à la coopération Mesure de la performance pédagogique pour l'apprentissage Outil de planification de long terme	**Menaces** Une mode Un contrôle top-down au lieu d'un dialogue Des supports en systèmes d'information insuffisants Trop consommateur en ressources (en temps et en personnel)

II. Le TBP et le système hospitalier français

La mise en place dans le système de santé d'une régulation reposant massivement sur un contrôle budgétaire est vécue comme une vision trop restrictive de l'activité déployée au sein des hôpitaux. En particulier, l'usage de l'expression « la logique comptable de la régulation des dépenses de santé » est rarement accompagnée d'une connotation positive. Autrement dit, les personnels de la santé et, plus particulièrement le corps médical, sont demandeurs d'une approche plus diversifiée et moins réductrice de la performance des établissements hospitaliers. Ainsi, le TBP mérite une certaine attention pour définir s'il constitue une alternative envisageable pour contribuer à une évolution de la gestion de la performance des hôpitaux français.

Afin de compléter les conclusions tirées des expériences réalisées dans le contexte italien et suédois, nous analysons l'intérêt des quatre perspectives du TBP en insistant plus particulièrement sur la perspective processus interne.

1. La dimension financière

La perspective financière de l'analyse de la performance a été massivement introduite dans la gestion des établissements lors des dernières années. En particulier, l'enveloppe globale et la mesure de l'activité productive des hôpitaux par le PMSI (programme de médicalisation du système d'information) ont donné aux tutelles un système de pilotage budgétaire permettant à terme de relier les budgets alloués à l'activité déployée. Or tout système budgétaire repose sur deux hypothèses fondamentales :

– une bonne mesure de l'activité productive ;

– une bonne connaissance des liens le causalité entre les inputs et les outputs.

Il s'avère que, pour l'hôpital, ces deux hypothèses ne sont pas totalement vérifiées.

L'instrument de mesure (le PMSI) ne concerne que l'activité curative médicale et chirurgicale exercée au sein de l'hôpital et oblitère les autres fonctions de l'hôpital public. De même, compte tenu des systèmes d'informations actuels, les liens de causalité entre input et output sont encore difficiles à expliciter.

L'utilisation prudente par les agents des informations résultant du PMSI tendrait à montrer que la seule perspective financière doit être complétée par d'autres approches pour apprécier, évaluer et piloter la performance des établissements. C'est pourquoi nous nous intéressons maintenant aux autres dimensions envisagées par le TBP.

2. La dimension processus

Afin d'analyser l'utilité de la dimension processus interne, nous nous appuyions sur deux interventions de recherche-actions réalisées dans des structures hospitalières dont l'objectif consiste à recenser et à valoriser les dysfonctionnements organisationnels. La première concerne l'analyse d'un centre hospitalier de 350 lits et employant environ 500 personnes, la seconde, la pharmacie centrale d'un centre hospitalier universitaire employant 150 personnes. Les résultats montrent l'existence d'une insuffisance de coordination suivant deux modalités : une insuffisance de coordination horizontale et une insuffisance de coordination verticale :

– l'insuffisance de coordination horizontale résulte de la division de l'hôpital en unités et services (les différents services médico-chirurgicaux, les unités médico-techniques, logistiques et administratives) ;

– l'insuffisance de coordination verticale provient de la coexistence de catégories d'acteurs (corps médical, personnel soignant, administration, direction) obéissant à des logiques comportementales différentes.

La figure ci-après présente quelques exemples de ces insuffisances de coordination verticale et horizontale.

LES INSUFFISANCES DE COORDINATION VERTICALE ET HORIZONTALE

		Dysfonctionnements	Coût (en F)	Coordination horizontale	Coordination verticale
Cas 1	1	Non-respect des procédures de demande d'examens	392 252	SMC/ Laboratoire	
	2	Prise en charge post-opératoire défaillante	70 017	Bloc/SMC	Chirurgiens/Cadre infirmier
	3	Retards et interruptions au bloc	702 148		Personnel soignant/corps médical
	4	Détournement du rôle des urgences	129 416	Urgences/SMC	Personnel soignant/corps médical
	5	Programmation du bloc insuffisante	153 007	SMC/Bloc/ Administration	
	6	Planification des visites insuffisante	100 498		Personnel soignant/corps médical
	7	Planification des sorties insuffisante	41 134		Personnel soignant/corps médical
Cas 2	8	Non-respect des délais des cahiers nominatifs	105 871		Pharmaciens/préparateurs
	9	Non suivi des manquants	352 694	Pharmacie/SMC	
	10	Mode de rangement interne des caisses insuffisant	25 143	Pharmacie/SMC	
	11	Attente au guichet service	111 745	Pharmacie/SMC	

SMC : Services Médicaux et Chirurgicaux

Par exemple, le dysfonctionnement numéro 2, « Prise en charge post-opératoire défaillante », représente le cas de patients qui arrivent dans les services chirurgicaux après une intervention mais pour lesquels il existe une certaine incertitude concernant les soins ou les prescriptions post-opératoires. Ce dysfonctionnement nécessite la régulation suivante :

- l'infirmière appelle le cadre infirmier et lui soumet le problème ;
- le cadre infirmier appelle le bloc opératoire pour avoir les informations ;
- en cas de non-obtention de l'information, le cadre se rend au bloc après avoir pris le dossier du patient ;
- si le cadre n'a pas obtenu l'information, il laisse un message, pour être contacté ultérieurement.

Pour chaque étape, ont été calculés, les délais et les durées, le nombre de personnes concernées, et la fréquence. Ces informations ont permis une valorisation des dysfonctionnements présentés dans la colonne «coûts». Naturellement cette valorisation ne tient pas compte des risques encourus.

Dans cet exemple, il s'agit d'une insuffisance de coordination horizontale, car elle concerne la coordination entre le bloc et le service chirurgical concerné, et d'une insuffisance de coordination verticale, car elle concerne la coordination entre le corps médical et le personnel soignant.

Il s'avère que cette insuffisance de coordination verticale et/ou horizontale constitue en fait une interruption des processus internes de l'hôpital. Or les outils de gestion utilisés actuellement ne permettent pas d'analyser la performance de ces processus internes. En conséquence, la perspective « processus interne » proposée par le TBP pourrait constituer une solution pour donner une vision globale de ces processus internes et en permettre le pilotage à partir des indicateurs appropriés afin de réduire les dysfonctionnements ce qui à terme aurait une influence sur les coûts de fonctionnement de l'hôpital.

À titre d'exemple nous proposons pour chacun des dysfonctionnements présentés un indicateur qui permettrait d'alimenter le TBP.

EXEMPLE D'INDICATEURS DE PROCESSUS INTERNES

		Dysfonctionnements	Indicateurs	Pilotes		Origine de l'information
				Services	Acteurs	
	1	Non-respect des procédures de demande d'examens	Nb de demandes d'examen ne respectant pas la procédure	Laboratoire	Cadre labo.	Laboratoire biologiste
	2	Prise en charge post-opératoire défaillante	Nb de patients arrivant dans les services hors procédures	Bloc	Cadre bloc	SMC
	3	Retards et interruptions au bloc	Durée cumulée des retards et interruptions	Bloc	Cadre bloc	Cadre bloc
Cas 1	4	Détournement du rôle des urgences	Nb d'admissions programmées passant par les urgences	Urgences	Médecin urgences	Urgences
	5	Programmation du bloc insuffisante	% d'interventions (hors urgence) exécutées hors programmation	Bloc	Cadre bloc	Cadre bloc
	6	Planification des visites insuffisante	Nb de visites hors créneau horaire	SMC	Cadre infirmier	SMC
	7	Planification des sorties insuffisante	Nb de sorties hors procédures	SMC	Cadre infirmier	SMC
	8	Non-respect des délais des cahiers nominatifs	% des cahiers nominatifs hors délais	Pharmacie	Cadre préparateur	Cadre préparateur
Cas 2	9	Non suivi des manquants	Nb des manquants non suivis ou non remplacés	Pharmacie	Cadre préparateur	préparateur pharmacie
	10	Mode de rangement interne des caisses insuffisant	Nb de caisses mal rangées	Pharmacie	Cadre préparateur	SMC
	11	Attente au guichet service	Temps d'attente cumulé	Pharmacie	Cadre préparateur	Préparateur guichet

3. La dimension patient

Depuis la dernière décennie l'hôpital connaît une politique volontariste de transformation de ses rapports avec les patients. Visibles dans la loi hospitalière de 1996, cette évolution transparaît clairement dans les projets en cours. Cela prend différentes formes et concerne, par exemple : la qualité des soins, la relation du patient avec le corps médical, l'accent mis sur le consentement éclairé et la prise en compte de la douleur, la reconnaissance de droits du patient comme l'accès à l'information et au dossier médical. Tous ces objectifs entraînent des transformations des pratiques et des comportements des différents acteurs de l'hôpital nécessitant des délais non négligeables. Le suivi de la mise en œuvre de ces objectifs constitue ainsi un des éléments centraux de la dimension patient préconisée par le TBP. Cette perspective de l'outil permettrait ainsi d'instrumenter le pilotage des choix institutionnels de l'hôpital dans le cadre de ses relations avec les patients.

4. La dimension « apprentissage organisationnel »

L'analyse des perspectives processus interne et patient montre la nécessité de la transformation de certaines pratiques et de certains comportements au sein des hôpitaux français. L'étude du fonctionnement des organisations montre que ce type de transformations est rarement spontané et aisé. En conséquence, une démarche volontariste doit instaurer et stimuler les initiatives allant dans ce sens. De plus, afin de piloter effectivement ces évolutions organisationnelles, des indicateurs doivent permettre le suivi des résultats obtenus mais aussi le suivi de la mise en œuvre des moyens nécessaires. Compte tenu de la place du facteur humain dans le fonctionnement des hôpitaux, les moyens à mettre en œuvre concernent massivement des apprentissages individuels et organisationnels. La dimension de l'apprentissage organisationnel du TBP pourrait ainsi constituer un levier de pilotage pertinent pour atteindre ces objectifs de transformation de l'hôpital.

« *Last but not least* », les hôpitaux doivent affronter le passage aux 35 heures qui va entraîner soit une embauche de personnel, soit le changement de fonctions ou de tâches de certaines catégories de personnel. Dans les deux cas de figure, compte tenu des effectifs concernés, cela représente pour les établissements des efforts de formation et de transfert de savoir-faire et de compétences très importants. La dimension apprentissage organisationnel du TBP pourrait aussi constituer dans ce domaine une solution envisageable pour instrumenter le suivi des actions d'accompagnement et de mise en œuvre des 35 heures.

Au-delà des constats faits dans le cadre des expérimentations suédoise et italienne du TBP permettant de définir l'apport du TBP au management hospitalier, l'analyse du contexte français fait apparaître certaines spécificités [...]. Les trois perspectives envisagées par le TBP, complétant la perspective financière, constituent un cadre d'analyse et une instrumentation méthodologique envisageable pour mettre en œuvre et piloter les actions nécessaires à l'évolution souhaitée.

L'APPORT DES PERSPECTIVES DU TBP COMPLÉMENTAIRES À LA PERSPECTIVE FINANCIÈRE

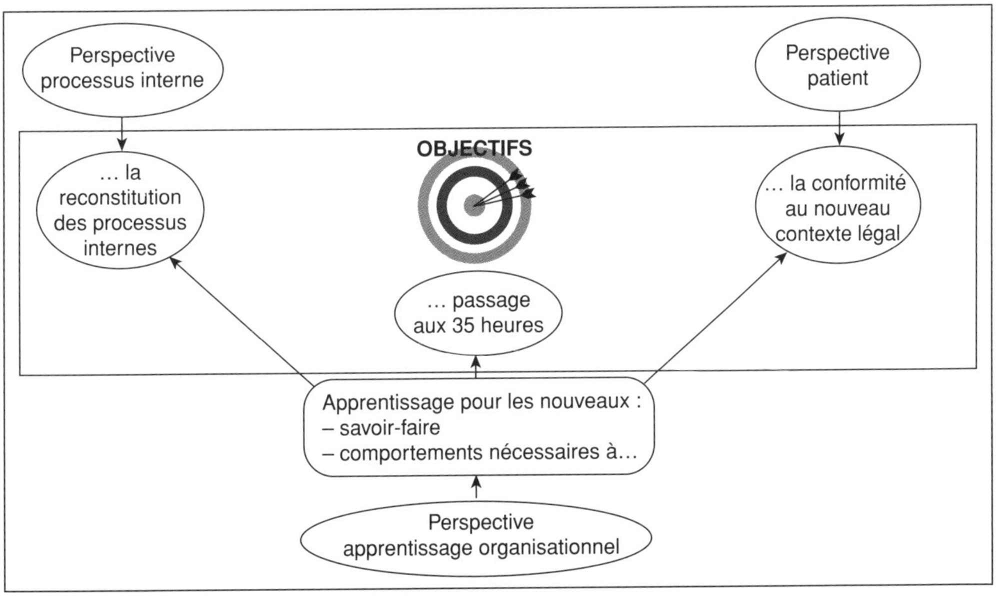

Index

047502 - (6,2) - (II) - OSB 80° - EDI-MMC
Dépôt légal de la 1ère édition 2e trimestre 1996 - Dépôt légal Juillet 2005
Imprimerie CHIRAT - 42540 Saint-Just-la-Pendue
N° 6359

Imprimé en France